HEYNE FILMBIBLIOTHEK

Ballhaus
The last temptation of Christ
Broadcast News

FILM-
JAHRBUCH
1989

Herausgegeben von Lothar Just
in Zusammenarbeit mit
Norbert Stresau und Uwe Wilk

Originalausgabe

WILHELM HEYNE VERLAG
MÜNCHEN

HEYNE FILMBIBLIOTHEK
Nr. 32/130

Herausgeber: Bernhard Matt

BILDNACHWEIS

Arsenal, Ascot, Atlas, Barfuß Film, Basis, Cinevox, Columbia-TriStar, Concorde, Delta, Denzer, Endfilm, FiFiGe, Filmcooperative, Filmverlag der Autoren, Filmwelt, Forum des jungen Films, Freunde der deutschen Kinemathek, Futura, Highlight, Hungaro Film, Impuls-Film, Inter-Team-Film, Jugendfilm, Kinowelt, Kuchenreuther, Metropol, NEF, Neue Constantin, Orion, Pandora-Film, Prokino, Ring-Film, Senator, Scotia-Cannon, Tivoli, Tobis, Twentieth Century Fox, Unidoc, U.I.P., Verleihgenossenschaft, Warner-Bros.

Umschlagfoto: Warner Bros. München
Printed in Germany 1989
Satz: Satz & Repro Grieb, München
Herstellung: Dieter Lidl
Druck und Verarbeitung: Ebner Ulm

ISBN-3-453-03012-5

Inhalt

Das Filmjahrbuch 1988

Herausgegeben von Lothar R. Just in Zusammenarbeit mit Uwe Wilk und Norbert Stresau.

Mitarbeit: Volker Baer, Johannes Klingsporn, Karsten Prüßmann, Hans Schifferle, Rolf Selas; Recherche und Eingabe: Brita Geisler. Herstellung: Computergestützte Datenverarbeitung in Zusammenarbeit mit »Filmdata«. Programm und Satzkodierung: Norbert Stresau.

Kritiken

Die abgedruckten Kritiken und Texte stammen hauptsächlich aus den Zeitungen und Zeitschriften:
Abendzeitung, München, muldimedia, Wien; tip, Berlin; tz, München; Video Woche, München; Video Markt, Hamburg; Zoom, Zürich.

Ferner aus:
Kölner Stadtanzeiger; Der Tagesspiegel, Berlin; Die Zeit, Hamburg.

Wir danken den Redaktionen und Autoren, die uns erlaubten, ihre Kritiken und Texte abzudrucken:
Michael Althen, Birgit Amon, Lars-Olav Beier, Wolfgang Brenner, Wolf Donner, Angie Dullinger, Richard Emele, Anne Frederiksen, Wilfried Geldner, Frauke Hanck, Alfred Holighaus, Uli Hübsch, Anne Rose Katz, Helmut A. Lange, Kai Niemeyer, Milan Pavlovic, Harald Pauli, Michael Peter, Hans-Ulrich Pönack, Ponkie, Frank Scheller, Claudius Seidl, Klaus Tröster, Meinold Zurhorst u.v.a.

Danksagung

Die umfangreiche Arbeit an diesem Jahrbuch wäre nicht zu schaffen gewesen ohne vielseitige Hilfe. Deshalb einen herzlichen Dank an alle, die uns bei der Arbeit unterstützten:
Silvia Andresen, Claudia Baumhöver, Elisabeth Berg, Unifrance, Redaktion und Verlag Blickpunkt Film, Kirsten Bollmann, Gaby Brandt, Klaus Eder, Redaktion und Verlag Filmecho/Filmwoche, Deutsches Institut für Filmkunde, Robert Fischer, Bodo Fründt, Freiwillige Selbstkontrolle der Filmwirtschaft (FSK), Filmbewertungsstelle Wiesbaden (FBW), Sylvia Gieber, Micky Glässge, Leonhard Gmür, Benedikt Just, Jochen Kahn Gen. Loretelli, Anica, Josef Nagel, Adam Olech, Helge Post, Reinhard Pyrker, Peter Raschner, Uschi Reich, Susanne Reimann, Detlev Schaller, Uta Schnitthelm, Martin Stucki, Vera Sommer, Elisabeth Sudar, Hungaro Film, Rolf Thissen, Steffen Wolf.
Ein weiterer Dank an alle Mitarbeiter in den Presseabteilungen der Verleih- und Videofirmen und allen, die mit Informationen und Material zum Gelingen beitrugen.

Redaktionsschluß: 20. Dezember 1988
Erstverkaufstag 15. März 1989

Kunst, Kommerz und Kapital

1144 Filme werden in diesem Jahr vorgestellt. Diese bisher in keinem Jahrbuch erreichte Zahl ist die Reaktion auf den Wunsch zahlreicher Benutzer nach einer möglichst vollständigen Übersicht aller im deutschsprachigen Raum jährlich neu verbreiteten Filme. Deshalb haben wir die Kinofilme in Deutschland, Österreich und der Schweiz berücksichtigt, sowie die Erstaufführungen auf Video und im Fernsehen. Dabei waren wir weniger puritanisch als in den vergangenen Jahren. So mancher Fernsehfilm, der vom Anbieter als »Spielfilm-Erstaufführung« deklariert wurde ist auch darunter, nur haben wir in diesem Falle das auch deutlich gemacht. So erfüllt die große Zahl der aufgenommenen Filme auch noch einen anderen Zweck: Die Filmbranche in ihrer Gesamtheit wird übersichtlicher, das Schaffen der darin arbeitenden Personen, gleich ob vor oder hinter der Kamera, transparenter und in späteren Jahren leichter nachvollziehbar. Denn sollte der Billigfilmer Chuck Vincent mal als Trivialregisseur entdeckt werden, seine vier Filme, die 1988 bei uns zu sehen waren sind in diesem Buch enthalten. Aber auch Edouard Niermans, der mit »Engel aus Staub« auffiel ist mit einem weiteren Film vertreten. Auch die Filmographie von Schauspielern wird dadurch erst vollständig erkennbar, denn wer mag sich schon daran erinnern, daß Rutger Hauer mit drei Filmen, Max von Sydow mit vier und die wunderbare Tilda Swinton mit zwei Filmen bei uns vertreten war. Sofern er sich dafür interessiert, ist für jeden Leser die Wechselbeziehung von Kunst, Kommerz und Kapital recherchierbar.

Dazu trägt auch eine Übersicht bei, die wir erstmalig in diesem Band veröffentlicht haben. Der Journalist Volker Baer hat in mühevoller Kleinarbeit aus allen nur möglichen Quellen eine Übersicht zusammengestellt aus der ersichtlich ist, wie und mit welchen Mitteln ein Teil der deutschen Filme gefördert wurde. Daß es sich bei dieser Förderung nicht nur um Steuergelder handelt, sondern ein Großteil des Geldes von der Kinobranche und deren Besucher aufgebracht wird, soll dabei nicht unerwähnt bleiben. Die künstlerische Relevanz aller vorgestellten Filme wird erkennbar in der kurzen und prägnanten Beschreibung der Autoren, ihre Akzeptanz durch das Publikum vermittelt die Rubrik »Filmwirtschaft«.

Die Verbindung von Kunst, Kommerz und Kapital aufzuzeigen oder wenigstens nachvollziehbar zu machen, haben wir auch schon in den vorhergegangenen Jahrbüchern versucht. Deshalb die »Hitliste« im Anhang, damit auch festgestellt werden kann, wie der hochgelobte und preisgekrönte Film beim Publikum ankam, bzw. überlegt werden kann, was falsch gemacht wurde bei seiner »Vermarktung«. Dieser Zusammenhang ist durch die aktuelle Filmberichterstattung nur schwer herzustellen und die Aufgabe der Filmkritik ist es bestimmt nicht, darauf Bezug zu nehmen. Aber daß die in der Überschrift vorgestellte Dreieinigkeit zunehmend auch von den Filmjournalisten ernstgenommen wird, belegt eindrucksvoll und auf hohem Niveau die Filmzeitschrift »stadycam« aus Köln.

Das neue Kinojahr hat schon wieder begonnen. Wir wünschen uns bei allem Verständnis für die wirtschaftlichen Belange des Films, daß wir viele interessante, künstlerisch wertvolle Filme in gut ausgestatteten Kinos mit hervorragender Projektion zu sehen bekommen. Denn trotz Medienvielfalt ist der Film nur auf der Leinwand richtig erlebbar.

Erläuterungen

Die Sternchenbewertung dient zur schnellen Einschätzung des Films. Dabei ist es durchaus möglich, daß die Bewertung im Gegensatz zur Meinung des Autors oder auch der FWB steht. Sie gibt Vorlieben der Mitarbeiter wieder, bemüht sich aber um eine objektive, dem Genre angemessene Beurteilung. Die Sternchen besagen:

* = Schrott, vergessen, ärgerlich
** = Zwiespältig, uninteressant
*** = Annehmbar, kann man sehen
**** = Sehenswert, sollte man sehen
***** = Spitzenklasse, herausragend, muß man sehen

Stab und Besetzung Regie, Drehbuch, Kamera, Musik und Schnitt werden in der Regel genannt. Die Schauspieler soweit das festzustellen ist, mit ihren Rollen. Produzent, Produktion Herkunftsland und Entstehungsjahr werden in einem Eintrag zusammengefaßt. Bei der Jahresangabe wird gewöhnlich das Jahr der ersten öffentlichen Vorführung genannt. In Ausnahmen, bei denen Fertigstellung und Erstaufführung erheblich voneinander abweichen auch das Herstellungsjahr.

Längenangabe Die Angaben dazu sind häufig widersprüchlich. Wir haben bei den meisten Filmen die gemessene Länge der FSK wiedergegeben, wenn die nicht vorlag Längenangaben aus Festivalkatalogen oder Int. Filmzeitschriften. Bei großen Abweichungen wurden beide Angaben abgedruckt.

Verleihangaben Es wurde der jeweilige Verleih in der BRD, Österreich und der Schweiz in dieser Reihenfolge angegeben, danach folgt der Videovertrieb für den deutschen Markt. Lief der Film bis Redaktionsschluß noch nicht, oder nur ausschließlich, in einem Land, so ist das durch die Gedankenstriche ersichtlich.

Abkürzungen haben wir nach Möglichkeit vermieden, bis auf jene Zeitungsnamen, die unter Abkürzungen bekannt sind. Die richtige Schreibweise lautet:

AZ = Abendzeitung München
FAZ = Frankfurter Allgemeine Zeitung
FR = Frankfurter Rundschau
NRZ = Neue Züricher Zeitung
SZ = Süddeutsche Zeitung
TZ = Tageszeitung München

Abkürzungen bei der FSK (Freiwillige Selbstkontrolle der Filmwirtschaft)-Freigabe: FBW = Filmbewertungsstelle Wiesbaden. o. A. = ohne Altersbeschränkung, d. h. auch Kleinstkinder können diesen Film sehen.

A Corps Perdu 1

A CORPS PERDU ****

Regie: Léa Pool
Darsteller: Matthias Habich (Pierre Kurwenal), Johanne-Marie Tremblay (Sarah), Michel Voita (David), Jean François Pichette (Quentin), Kim Yaroshevskaya (Noémie), Jacqueline Bertrand (Mutter)
Drehbuch: Léa Pool, Marcel Beaulieu nach der Erzählung »Kurwenal« von Yves Navarre
Kamera: Pierre Mignot (Farbe)
Musik: Osvaldo Montes
Schnitt: Michel Arcand
Produktion: Denise Robert, Robin Spry für Xanadu/Telefilm/SOGIC, Kanada/ Schweiz 1988
Verleih: -/-/Filmcooperative Zürich
Erstaufführung: 3.9.1988, Int. Filmfestspiele Venedig
Kinostart: Sept. 88
Länge: 92 Min.

Der Filmjournalist Pierre wird in Nicaragua Zeuge zweier brutaler Hinrichtungen. Kaltblütig und scheinbar unbeteiligt fotografiert er die Greuel. Als zuhause in Montréal angekommen auch seine zehnjährige Beziehung zu Sarah und David auseinandergegangen ist, holen ihn die Erlebnisse von Nicaragua ein. Selbsttherapeutisch setzt er sich mit seiner Vergangenheit, seiner Beziehung und seiner Heimatstadt auseinander. Die Collage-Montage des Films folgt einer narrativen Erzählform und macht mit ausgesprochen großer Sensibilität äußere Bilder zum Spiegel einer gebrochenen Innenwelt. *Zoom*

Dominik Slappning in: Zoom, 19/88

Der Aasgeier 2

DÖGKESELYÜ ****

TV

Regie: Ferenc Andras
Darsteller: György Cserhalmi (Jozsef Simon), Hedi Temesyy (Frau Halmos), Zita Perczel (Frau Szanto), Maria Gladkowska (Cecilia Halmos), Dorttya Udvaros (Agi), Ferenc Bacs (Kowarski), Laszlo Szabo (Hauptmann Kovacs)
Drehbuch: Ferenc Andras und Miklos Munkacsi nach einem Roman von Miklos Munkacsi
Kamera: Elemer Ragalyi
Musik: György Kovacs, György Vukan
Schnitt: Mihaly Morell
Produktion: Mafilm Studio Dialog, Ungarn 1982
Erstaufführung: Filmfestspiele Berlin 1983, Wettbewerb
Sendetermin: 20.7.88, ZDF
Länge: 113 Min. (TV-Fassung: 109 Min.)
Publikumspreis Filmfestspiele Berlin 1983

Jozsef Simon ist Taxifahrer in Budapest. Als ihm eines Tages von zwei älteren Trickbetrügern seine gesamte Tageseinnahme gestohlen wird, seinen Schilderungen aber nirgendwo Glauben geschenkt wird, geht er über zur Eigeninitiative und startet eine weitreichende Vergeltungsaktion. »Der Aasgeier« ist angefüllt mit Handlungs-und Bildzitaten aus verschiedenen amerikanischen und französischen Filmen. Simon selbst scheint den Gestus eines Kinohelden angenommen zu haben: Versteckt in einem Trenchcoat führt er seinen perfekten Plan mit der gelassenen Kaltschnäuzigkeit eines Profis aus. Ausschließlich aus der Perspektive Simons erzählt, wird sich der Betrachter erst nach einiger Zeit über die Ungeheuerlichkeit seiner Handlungen bewußt. Die Zahllosen nebenbei eingestreuten Details machen den Film zu einem vielschichtigen, gut erzählten, schnell inszenierten Kino-Abenteuer, dessen pessimistischer Schluß schon in den ersten Bildern angelegt ist. *Kölner Stadt-Anzeiger*

Anne Rose Katz in: SZ, 22.7.88; Volker Baer in: Tagesspiegel, 25.2.83; Str. in: Berliner Morgenpost, 24.2.83; Hellmut A. Lange in: Badisches Tagblatt, 22.7.88; Ponkie in: AZ München, 22.7.88; B.Z. in: Stuttgarter Zeitung, 22.7.88

Ab in den Knast 3

TUTTI DENTRO ****

TV

Regie: Alberto Sordi
Darsteller: Alberto Sordi (Annibalo Salvemini), Joe Pesci (Corrada Parisi), Giorgia Moll (Annibaos Frau), Dalila Di Lazzaro (Iris Del Monte)
Drehbuch: Rodolfo Sonego, Alberto Sordi
Kamera: Sergio D'Offizi
Schnitt: Tatiana Casini Morigi
Produktion: Augusto Caminito für A.C.D.E./ Scena Film, Italien 1984
Sendetermin: 18.3.88, ARD

Annibalo Salvemini, ein ehrenwerter römischer Richter, führt einen ebenso einsamen wie zähen Kampf gegen einen Abgrund von Korruption. Als er hochgestellte Persönlichkeiten in hellen Scharen hinter Gitter schickt, halten es seine aufgescheuchten Widersacher aus Politik und Wirtschaft für höchste Zeit, den übereifrigen Richter zu stoppen. Sie stellen ihm eineFalle und er tappt auch prompt hinein. Alberto Sordis filmische Satire traf in Italien voll ins Schwarze, auch wenn im Nachspann der haarsträubenden Gesellschaftskomödie der obligate Hinweis erscheint, alle Figuren der Handlung seien frei erfunden, wußte man dort sehr gut, wer die Vorbilder waren. *ARD*

Abenteuer auf Schloß Candleshoe 4

CANDLESHOE **

Video

Regie: Norman Tokar
Darsteller: David Niven, Helen Hayes, Jodie Foster, Leo McKern, Veronica Quilligan, Ian Sharrock, Sarah Tamakuni
Drehbuch: David Swift, Rosemary Anne Sisson. Nach dem Roman »Christmas at Candleshoe« von Michael Inness
Kamera: Paul Beeson (Technicolor)
Musik: Ron Goodwin
Schnitt: Peter Boita
Produktion: Ron Miller für Walt Disney, USA 1977
Verleih: -/-/-/Walt Disney Home Video
Erstaufführung: 23.3.88
FSK: ab 6 J.
Länge: 101 Min.

Der geldgierige Gauner Bundage überredet die freche Straßengöre

Sarah Polley und John Neville in »Die Abenteuer des Baron Münchhausen«.

Märchen oder Fantasy-Spektakel: Münchhausen fliegt wieder.

Casey, für ihn den sagenhaften Schatz von Schloß Candleshoe zu finden. Heiter-sentimentale Abenteuerkomödie aus der Disney-Produktion.

Video Woche

Die Abenteuer des Baron Münchhausen 5

***

Regie: Terry Gilliam
Darsteller: John Neville (Baron Münchhausen), Sarah Polley (Sally), Jack Purvis (Jeremy/Gustavus), Charles McKeown (Rupert/Adolphus), Eric Idle (Desmond/Berthold), Winston Dennis (Bill/Albrecht), Peter Jeffrey (Sultan), Oliver Reed (Vulkan), Robin Williams (König), Valentina Cortese (Königin Ariadne), Uma Thurman, Jonathan Pryce, Bill Paterson, Sting
Drehbuch: Charles McKeown, Terry Gilliam
Kamera: Giuseppe Rotunno (Farbe)
Musik: Michael Kamen
Schnitt: Peter Hollywood
Produktion: Thomas Schühly für Laura Film/Prominent Features, BRD/Italien 1988
Verleih: Neue Constantin/Constantin/-
Uraufführung: 8.12.88
Kinostart: 8.12.88
FSK: ab 12, ffr.
Länge: 126 Min.
Prädikat: Wertvoll

Ein Riesenspektakel mit Mammutausstattung, aber ohne Leben. Gilliam macht ernst; »Brazil« war nur das Vorspiel, jetzt will er uns mit allen Mitteln die Poesie eintreiben. Die legendären Lügenmärchen des Baron Münchhausen sind ihm ein willkommener Anlaß, um die Welt vor der Herrschaft der Vernunft zu retten. Die Geschichte wird bloß absolviert, Dialoge werden systematisch übertönt durch Dolby-Getöse; teurer, seelenloser Fantasy-Zirkus. *Wolfgang Brenner, tip*

Lange schon kein richtig schönes pralles Märchen mehr gesehen? Hier ist es! Nicht so fad und klinisch blaß wie der Schnickschnack aus der Hollywoodschen Fantasy-Ecke: Monty-Python-Gründungsmitglied Terry Gilliam läßt mit dieser schnurrigen Mär die Fabel um den legendären Lügenbaron wieder einmal aufleben ... *Ulli Hübsch, tz*

... Zwischendurch schlafft man ab: Das pausenlose 40-Millionen-Dollar-Gekrache geht auf den Geist. Aber bei soviel Geld ließ Gilliam halt keinen Kanonenböller aus. *Ponkie, AZ*

Michael Althen in: SZ, 9.9.88 (Drehbericht), 8.12.88; Helmut W. Banz in: Kölner Stadt-Anzeiger, 10.12.88; Rolf Giesen in: tip, 10/88 (Drehbericht); Michael Hopp in: Tempo 6/88 (Interview Schühly); Fritz Rumler in: Der Spiegel, 5.12.88 (49/88); Wilfried Wiegand in: FAZ, 10.12.88

Die Abenteuer des Buratino 6

PRIKLUTSCHENIJA BURATINO **

Video

Regie: Dimitri Babitschenko, Iwan Iwanow-Wano
Drehbuch: N. Erdmann, T. Tolstaja (nach dem Märchen von Alexei Tolstoj
Kamera: M. Drujan (Farbe)
Musik: A. Lepin
Produktion: Sojusfilm, UdSSR 1953
Verleih: -/-/-/Warner Home Video
Erstaufführung: 9.12.88
Länge: 68 Min.

Holzpuppe macht sich zusammen mit drei Freunden auf die Suche nach einem magischen Schlüssel. Sowjetisches Zeichentrickmärchen nach Alexei Tolstoj.

Abschied von der geliebten Erde 7

SARABA ITOSHIKI DAICHI ***

TV

Regie: Mitsuo Yanagimachi
Darsteller: Jimpachi Nezu (Yukio Yamazawa), Kumiko Akioyshi (Junko), Jiro Yabuki (Akihiko), Miyako Yamaguchi (Fumie), Keizo Kanie (Daijin), Aoi Nakajima (Fumiko), Surniko Hidaka (Ine)
Drehbuch: Mitsuo Yanagimachi
Kamera: Masaki Tamura
Musik: Toshiaki Yokota
Schnitt: Sachiko Yamaji
Produktion: Mitsuo Yanagimachi, Tetsuya Ikeda, Michihiko Ikeda für Gunro, Japan 1981
Sendetermin: 14.12.88, ZDF
Länge: 125 Min.

Die Auslösung der traditionellen japanischen Familie ist auch hier das zentrale Thema. Der Schmerz und die Zerstörung, die mit der Auflösung des engen Familienverbundes einhergehen, zentrieren sich in der Hauptfigur des Lastwagenfahrer Yukio. Mit dem Verlust seiner Kinder durch einen Unfall verliert er gleichzeitig seinen Lebenshalt und sein Verantwortungsbewußtsein. Er wird zum rastlosen Menschenverächter, der die Trauer um seine Kinder in Form einer auf den Rücken eingebrannten Tätowierung trägt. Optisch wird dieses Bild des Schmerzes den ganzen Film über immer wieder sichtbar werden.

Abstieg zur Hölle 8

DESCENTE AUX ENFERS ***

Regie: Francis Girod
Darsteller: Claude Brasseur (Alan Kolber), Sophie Marceau (Lola Kolber), Sidika Bakaba (Theophile Bijou), Hyppolyte Girardot (Philippe Devignat), Gérard Rinaldi (Elvis), Marie Dubois (Lucette Beulemans), Betsy Blair, Umban U'kset
Drehbuch: Francis Girod, Jean-Loup Dabadie nach dem gleichnamigen Roman von David Goodis
Kamera: Charlie van Damme (Eastmancolor)
Musik: Georges Delerue
Schnitt: Geneviève Winding
Produktion: Ariel Zeitoun für Partners Prod./La Cinq Prod., Frankreich 1986
Verleih: Jugendfilm/Constantin/Citel
Uraufführung: 5.11.1986, Paris
Kinostart: 17.3.88
FSK: ab 16, ffr.
Länge: 88 Min.

Alan und seine Kindfrau Lola versuchen, ihre kaputte Ehe auf Haiti zu retten. Ein Seitensprung Lolas treibt Alan zu einem Mord, und plötzlich hilft sie ihrem Mann und steht ihm gegen Erpresser bei. Fragwürdige, pseudopsychologische Story um eine Badeschönheit; mit prominenter Besetzung, aber wenig unterhaltsam. *multimedia*

Viel Gefühl, viel Atmosphäre, viel nackte Tatsachen sorgen für ein dampfendes Drama um Begierde und Gewalt. *tip*

Der vermeintliche erotische Thriller ist weder erotisch noch Thriller, sondern prüde und langweilig. Die Dialoge sind spärlich, die Handlung banal, der Plot unglaubwürdig und die Schauspieler schwach. *FAZ*

Frank Arnold in: Zitty, 6/88; Brigitte Desalm in: Kölner Stadt-Anzeiger, 19./20.3.88; Wilm Hart in: Die Welt, 22.3.88; Harry Rowohlt in: Die Zeit, 1.4.88; Rolf Selas in: Rheinische Post, 25.3.88

Action Jackson 9

**

ACTION JACKSON

Regie: Craig R. Baxley
Darsteller: Carl Weathers (»Action« Jackson), Craig T. Nelson (Peter Dellaplane), Vanity (Sydney Ash), Sharon Stone (Patrice Dellaplane), Thomas F. Wilson (Offizier Kornblau), Bill Duke (Kapitän Armbruster), Robert Davi, Jack Thibeau, Roger Aaron Brown, Stan Foster
Drehbuch: Robert Reneau
Kamera: Matthew F. Leonetti (Farbe)
Musik: Herbie Hancock, Michael Kamen
Schnitt: Mark Helfrich
Produktion: Joel Silver für Lorimar, USA 1987
Verleih: Columbia Tri-Star/-/Monopoole Pathé/VCL Video
Kinostart: 7.7.88
FSK: ab 16, ffr.
Länge: 95 Min.

Ein schwarzer Polizist, als Rauhbein und »troublemaker« gefürchtet, liefert einem verbrecherischen Industriellen, der durch brutale Morde an Gewerkschaftsführern die Macht an sich reissen will, einen Kampf bis aufs Messer, wobei er alles andere als zimperlich ist. Inhumaner Thriller, der auf veräußerlichte Actionszenen setzt und über weite Strecken abstoßend brutal ist. *Zoom*

Ein atemberaubendes Action-Spektakel, das sich durch erstklassige Stunts, überzeugende Darsteller und Humor deutlich von der üblichen Genre-Kost abhebt. Carl Weathers als schlagkräftiger Bulle kämpft gegen einen ehrgeizigen Automagnaten, der in seiner Gier nach politischer Macht vor keiner Schandtat zurückschreckt. *tip*

Jürgen Richter in: FAZ, 9.7.88

A.D.A.M. 10

**

Regie: Herbert Ballmann
Darsteller: Helmut Berger (Tobias Schmidt-Eberbach), Desiree Becker (Uschi Müller), Yolande Gilot (Vera Zechlin), Gunter Berger (Werner von Seydlitz), Dirk Dautzenberg (Lorenz), Peter Seum (Wagner), Ernst Hilbich (Herr Zechlin), Liane Hielscher (Frau Zechlin), Hans-Werner Bussinger, Mona Seefried, Christine Schild, Jutta Boll, Anita Kupsch, Piet Klocke, Mogens von Gadow
Drehbuch: Hartmann Schmige
Kamera: Ingo Hamer (Farbe)
Musik: Günther Fischer
Schnitt: Hans-Otto Krüger
Produktion: Axel Bär für Neue Filmprod. TV/BR/SDR, BRD 1988
Verleih: Jugendfilm/-/-
Kinostart: 21.4.88
FSK: ab 12, ffr.
Länge: 98 Min.
Prädikat: Wertvoll

Der Film ist der im Ansatz sympathische, aber leider völlig mißlungene Versuch einer modernen deutschen Fassung von Howard Hawks Screwball-Klassiker »Leoparden küßt man nicht«. Doch dafür fehlen der Geschichte von den permanenten Reinfällen eines Anthropologen auf dem Weg zu einer neuen Entdeckung der Witz in den Dialogen, das Tempo in der Inszenierung und vor allem die Schauspieler. Helmut Berger ist eine glücklose Anti-Besetzung und Desiree Becker ist zwar viel hübscher als Katharine Hepburn, aber genau darauf sollte es bei ihrer Rolle als Nervensäge nicht ankommen. *tip*

Adios al odio – Abschied vom Haß 11

***

16 mm

Regie: Werner Penzel
Kamera: Volker Tittel, Oscar Salgado, Oswaldo Robles (Farbe/SW)
Musik: William Agudelo, Javier Alonso, Atahualpa Yupanqui, Roman Bunka, Edgar Hofmann, Los Torogozes
Schnitt: Nina Ergang
Produktion: Werner Penzel Filmprod., BRD 1987

Verleih: Der andere Blick/-/-
Erstaufführung: 28.6.88 Filmfest München
Kinostart: Nov. 88
Länge: 82 Min.
Prädikat: Wertvoll

Dokumentarischer Bericht über den Überlebenskampf der Menschen in Nicaragua, El Salvador, Honduras und die »Kirche von unten«.
... Die politischen Positionen der Filmemacher sind in den Selbstaussagen der engagierten Priester einer »Theologie der Befreiung« und der Kirche der Armen klar erkennbar. Wie authentisch auch aus der Sicht der Betroffenen und ihrer extremen Lebenssituation ihre Lage beschrieben wurde, beweist der Verzicht auf Kommentare, weil es der Kamera gelungen ist, in Bildern und Statements aufzuklären. Die souveräne Subjektivität des Dokumentarberichts ist sein Vorzug, die Parteinahme für die zum persönlichen Opfer bereiten Priester dient auch der Dokumentation ihrer eigenen Würde wie auch der mit guter Kamera porträtierten conditio humana unter unmenschlichen Bedingungen.

Aus der Begründung der FBW

Adrian und die Römer 12

***

Regie: Klaus Bueb, Thomas Mauch
Darsteller: Klaus Bueb (Adrian), Gertraud Jesserer (Isabelle Römer), Katharina Abt-Meyer (Nina Römer), Sabine von Maydell (Nadja), Gert Haucke (Psychoanalytiker), Hark Bohm (Augenarzt)
Drehbuch: Klaus Bueb
Kamera: Thomas Mauch (Farbe)
Musik: Claus Bantzer
Schnitt: Ursula West
Produktion: Ottokar Runze Filmprod. mit ZDF und Impuls, BRD 1987
Verleih: Impuls/-/-
Erstaufführung: 22.2.88, Reihe Panorama bei den Int. Filmfestspielen Berlin
Kinostart: 7.4.88
FSK: ab 12, ffr.
Länge: 93 Min.
Prädikat: Wertvoll

Produziert mit Mitteln des Filmförderungsausschusses Hamburg (DM 150.000,–)

Der Film erzählt die Geschichte eines mittelalten Intellektuellen, der sich in alle Frauen einer Familie gleichzeitig verliebt. Bueb verarbeitet darin witzig und mit Ironie das Dauerthema Identitäts- und Midlife-Krise.
Leider hapert's ein bißchen an den Dialogen. *tip*

Anne Frederiksen in: Die Zeit, 1.4.88; Philip Grassmann in: tip, 7/88; Michael Scheffel in: FAZ, 13.6.88

Aerobicide 13

AEROBICIDE *

Video

Regie: David A. Prior
Darsteller: Marcia Karr (Rhonda), David James Campbell (Lt. Morgan), Fritz Matthews (Jimmy), Ted Prior (Chuck), Teresa Vander Woude (Jaimy), Richard Bravo (Tom), Dianne Copeland (Debbie)
Drehbuch: David A. Prior
Kamera: Peter Bonilla (United Color)
Musik: Todd Hayen
Schnitt: David A. Prior
Produktion: Peter Yuval für Maverick Films, USA 1987
Verleih: -/-/-/RCA/Columbia Video
Erstaufführung: 18.2.88
FSK: nicht unter 18 J.
Länge: 82 Min.

Besitzerin eines Aerobic-Studios meuchelt ihre wirklich gutaussehenden Kundinnen, weil ein defektes Solarium dereinst ihrer Karriere als Modell ein jähes Verbrennungsende setzte.

Die Affäre Aldo Moro 14

IL CASO MORO ****

Regie: Giuseppe Ferrara
Darsteller: Gian Maria Volonté (Aldo Moro), Margarita Lozano (Eleanora Moro), Mattia Sbragia, Bruno Zanin, Consuelo Ferrara, Enrica Maria Modugno, Enrica Rosso, Maurizio Donadoni, (Rote Brigaden), Daniele Dublino, Piero Vida, Bruno Corazzari, Gabriele Villa, Francesco Carnelutti, Paolo M. Scalondro, Dante Biagioni (Politiker), Umberto Racho, Silverio Blasi, Franco Trevisi, Pino Ferrara (Geheimdienst), M. Ferrara Santamaria Augusto Zucchi (Vatikan)
Drehbuch: Robert Katz, Armenia Balducci,

Gian Maria Volonte in der Titelrolle, »Die Affäre Aldo Moro«.

Giuseppe Ferrara nach dem Buch »Days of Wrath« von Robert Katz
Kamera: Camillo Bassoni (Farbe)
Musik: Pino Donaggio
Schnitt: Roberto Perpignani
Produktion: Mauro Berardi für Yarno, Italien 1986
Verleih: 20th Century Fox/Constantin/-/ RCA/Columbia Video
Erstaufführung: 2.3.87, Wettbewerb der Int. Filmfestspiele Berlin
Kinostart: 16.6.88
FSK: ab 12, ffr.
Länge: 117 Min.

»Silberner Bär« für G.M. Volonté als bester Darsteller bei den Int. Filmfestspielen Berlin 1987

Ein Polit-Thriller der italienischen Art: konkret, sinnlich, handfest, spannend, engagiert, intelligent, Regisseur Giuseppe Ferrara kommt vom Journalismus und vom Dokumentarfilm – gute Voraussetzungen für politisches Kino.

Eine noch bessere Voraussetzung ist der grandiose Gian-Maria Volonté als Hauptdarsteller. Er ist vor allem die menschliche Persönlichkeit Aldo Moro, der liebende Familienvater, Ehemann, Großvater. Volonté hat bewegende Momente in dem engen Verschlag seines Terroristen-Gefängnisses. Zu sehr aber läßt Ferrara seinen Film über das Wort funktionieren, es gibt kaum eine dialogfreie Minute. Aber wenn man aufmerksam zuhört, hat man die Chance, über die bedenkliche Staatsaffäre mitzuspekulieren. Der Christdemokrat Moro, bereit zum »historischen Kompromiß« mit den Kommunisten, entführt und ermordet durch ein Komplott zwischen Terroristen und diversen reaktionären Kräften?

Das Fragezeichen steht heute noch – der Film zieht es noch einmal eindrucksvoll nach. *Frauke Hanck, tz*

Michael Althen in: Die Zeit, 24.6.88; Volker Baer in: Der Tagesspiegel, 4.3.87; Gertrud Koch in: FR, 20.6.88; H.G. Pflaum in: SZ, 20.6.88; Uwe Schmitt in: FAZ, 22.6.88

African Amok – Die Jagd nach dem weißen Gold **15**
TUSKS **

Video

Regie: Tara Moore
Darsteller: John Rhys Davies, Lucy Gutteridge, Andrew Stevens
Drehbuch: Tara Moore, John Rhys Davies
Kamera: Jerry Pantzer (Farbe)
Produktion: Elephant's Child, USA 1987
Verleih: -/-/-/Focus Video
Erstaufführung: 26.2.88
FSK: ab 16 J.
Länge: 85 Min.

Großwildjäger organisiert Elefantenjagden und verschiebt das Elfenbein; eine Naturschützerin und ein befreundetes Ehepaar versuchen, ihm das Handwerk zu legen.

Film & Fakten

Afrika – Land der Hoffnung **16**
PLACE OF WEEPING ***

Regie: Darrell Roodt
Darsteller: James Whyle (Philip Seago), Gcina Mhlophe (Gracie), Charles Comyn (Tokkie van Rensburg), Norman Coombes (Pater Eagen), Michelle du Toit (Maria van Rensburg), Ramolao Makhene, Patrick Shai, Siphiwe Khumalo, Kernels Coertzen
Drehbuch: Darrell Roodt
Kamera: Paul Witte (Farbe)
Schnitt: David Heitner
Produktion: Anant Singh für New World, Südafrika 1987
Verleih: Highlight/Constantin/Alexander Film/Highlight Video
Kinostart: 25.5.88
Länge: 88 Min.

Ein Film, der vorgibt, das Apartheids-Regime Südafrikas anzuklagen, es im Endeffekt aber (unbewußt?) verharmlost.
Rassismus und Unterdrückung – das suggeriert dieses lausig inszenierte Kammerspiel – sind nur noch Überbleibsel in den Köpfen der weißen Bevölkerung, während die Regierung Bothas bereits das Ende der Apartheids-Ära eingeläutet hat. *tip*

Hans Gerhold in: epd Film, 12/88

Agent ohne Namen **17**
THE BOURNE IDENTITY **

Video

Regie: Roger Young
Darsteller: Richard Chamberlain (Jason Bourne), Jaclyn Smith (Marie St. Jacques), Denholm Elliott (Dr. Washburn), Donald Moffat (David Abbott), Peter Vaughan (Fritz Koenig), Anthony Quayle, Yorgo Voyagis, Michael Habeck
Drehbuch: Carol Sobieski. Nach dem Roman »Der Borowsky-Betrug« von Robert Ludlum
Kamera: Tony Pierce Roberts
Musik: Laurence Rosenthal
Schnitt: Benjamin A. Weissman
Produktion: Frederick Muller für Alan Shayne Productions/Warner Bros. TV, USA 1987
Verleih: -/-/-/Warner Home Video
Uraufführung: 8.5.88 (ABC)
Erstaufführung: 18.8.88
FSK: nicht unter 18 J.
Länge: 177 Min.

An Amnesie leidender Mann begibt sich auf die Suche nach seiner Identität und entdeckt dabei nicht nur ein Vermögen von 15 Millionen Dollar, sondern auch eine Schar von Dunkelmännern, die ihn ständig umzubringen versuchen. Dabei jagen ihn ganz offensichtlich offizielle wie inoffizielle Amtsstellen im Glauben, er sei ein gefährlicher Terrorist. Aber so ein sympathischer Bursche wie er darf natürlich kein Berufskiller sein, es geht ganz einfach und doch kompliziert darum, über ihn an den meistgesuchtesten Terroristen der Welt – »Carlos« – heranzukommen. Fast drei Stunden bemüht sich dieser aufwendige Reißer um die nötige Spannung, aber zu grobe Übertreibungen, seichte private Abweichungen in Sachen Liebe, immer dieselben Schießereien mit vielen Toten und die bekannte Musiksoße sowie das »routinierte« Handwerk ergeben einen eher mittelprächtigen Krimi. *tip*

Ajantrik 18
AJANTRIK ***

Regie: Ritwik Ghatak
Darsteller: Kali Bannerjee (Bimal), Ganesh Mukherjee, Satindra Bhattacharya, Gangapada Basu
Drehbuch: Ritwik Ghatak nach einer Geschichte von Subodh Ghosh
Kamera: Dinen Gupta
Musik: Ali Akbar Khan
Schnitt: Ramesh Joshi
Produktion: L & M Films Int., Indien 1958
Verleih: Freunde der Deutschen Kinemathek/-/-
Erstaufführung: 21.2.88, Int. Forum des jungen Films, Berlin
Länge: 102 Min. (OmU)

Ein Taxifahrer bewegt sich mit seinem klapprigen Gefährt durch die Landschaft des Staates Bihar, unaufhaltsame Veränderungen wahrnehmend, bis sein Auto, einzige Lebensgrundlage des Mannes, zerfällt; brauchbar bleibt nur die Hupe, deren Klang an das Horn eines mit alten Ritualen lebenden Stammes erinnert. Eine symbolträchtige Fabel vom Schwinden indischer Tradition.

Ingeborg Keller, Der Tagesspiegel

Alakazam – König der Tiere 19
SAIYU-KI **

Video

Regie: Osamu Tezuka, Taiji Yabushita
Drehbuch: Osamu Tezuka, Keinosuke Uekusa
Kamera: Seigo Otsuka (Farbe)
Musik: Les Baxter
Produktion: Hiroshi Okawa für Toei, Japan 1960
Verleih: -/-/-/Atlas Video
Erstaufführung: 19.1.88
FSK: o.A.
Länge: 88 Min.

Japanischer Fantasy-Zeichentrick: Mit kosmischen Kräften wird ein kleiner Affe zum Herrscher über die Tierwelt. Doch einmal an der Macht gerochen, will er noch mächtiger werden und wagt sich zu weit. Der Besitz der geheimsten Zauberformel der Welt führt ihn zu den magischen Orten im Universum, wo er zur Strafe gegen böse Geister und Dämonen kämpfen muß. *Video-Markt*

Alarmstufe Rot 20
RED ALERT **

Video

Regie: Billy Hale
Darsteller: William Devane (Frank Brolen), Michael Brandon (Carl Wyche), Adrienne Barbeau (Judy Wyche), Ralph Waite (Henry Stone), David Hayward (Larry Cadwell), M. Emmet Walsh (Sheriff Sweeney), Malcolm Wittman (Lou Banducci), Don Wiseman (Bill Yancy)
Drehbuch: Sandor Stern. Nach dem Roman »Paradigm Red« von Harold King
Kamera: Ric Waite (Farbe)
Musik: George Aliceson Tipton
Schnitt: John A. Martinelli
Produktion: Barry Goldberg für Jozak Productions/Paramount Television Group, USA 1977
Verleih: -/-/-/CIC Video
Uraufführung: 18.5.77 (CBS)
Erstaufführung: 1.4.88
FSK: ab 12 J.
Länge: 88 Min.

Suspense im Kernkraftwerk: Der Hauptcomputer wähnt ein Strahlungsleck, riegelt das Gebäude hermetisch ab und bringt damit vierzehn Techniker in Lebensgefahr.

Alice 21
ALICE ****

Regie: Jan Svankmajer
Darsteller: Kristyna Kohoutová
Drehbuch: Jan Svankmajer nach Lewis Carrols Erzählung »Alice in Wonderland«
Kamera: Svatopluk Maly (Farbe)
Schnitt: Marie Zemanová
Produktion: Condor Features/Peter-Christian Fueter/Film Four/HR, Schweiz/Großbritannien/BRD 1988
Verleih: -/-/Cactus
Erstaufführung: 13.2.88, Int. Filmfestspiele Berlin (außer Wettbewerb)
Kinostart: Nov. 88
Länge: 85 Min.

Als eine Interpretation versteht der tschechoslowakische Animationsfilmer Jan Svankmajer seine Filmadaptation des Märchens »Alice in Wonderland« von Lewis Carroll. Das Wunderland, das Alice durchstreift, ist eine grotesk-vertrackte Welt von belebtem Spielzeug. Svankmajers Verfilmung kommt dabei dem surrealistischen Geist des Originalstoffes weit näher als Walt Disneys Zeichentrick-Version (1951), indem der Non-Sense und die traumartige Struktur der Geschichte nicht wie bei Disney künstlich linearisiert worden ist. *Zoom*

Peter Rüesch in: Zoom, 23/88

Alien Outlaw 22

ALIEN OUTLAW *

Video

Regie: Phil Smoot
Darsteller: Karin Anderson, Lash La Rue, Eric Berg, Deborah Brady
Drehbuch: Phil Smoot
Produktion: Phil Smoot, George B. Walker, USA 1987
Verleih: -/-/-/Rebell Video
Erstaufführung: Mai 88
Länge: 90 Min.

Ein Raumschiffabsturz inmitten friedlicher und freundlicher Farmeridylle. Crash. Eine hübsche Revolverlady, die ihre Show auf Vordermann bringen will. Cash. Das hätte ein lustiges Filmchen werden können, zumal sich die »außerirdischen Gesetzlosen« als kompromißlose Revolverhelden erweisen. Doch leider, es hat nicht sollen sein. Die verschlauchten und Schweißerbrillen tragenden Aliens sind mehr als albern. Die Landbevölkerung labert, was das Zeug hält, und die Probleme der Revolverlady Jessie Jamison langweilen schnell. Ein Film für Menschen mit Schlafstörungen.

Frank Neubauer, Phantastische Zeiten

Alien Predators 23

ALIEN PREDATOR *

Video

Regie: Deran Sarafian
Darsteller: Dennis Christopher (Damon), Martin Hewitt (Michael), Lynn-Holly Johnson (Samantha), Luis Prendes (Professor Tracer), J.O. Bosso (Captain Wells)
Drehbuch: Deran Sarafian. Nach dem Drehbuch »Massacre at R.V. Park« von Noah Blogh
Kamera: Tote Trenas (Farbe)
Musik: Chase/Rucker Productions
Schnitt: Dennis Hill, Peter Teschner
Produktion: Deran Sarafian, Carlos Aured für Continental Motion Pictures, USA 1987
Verleih: -/-/-/Pacific Video
FSK: ab 16 J.
Länge: 90 (87) Min.

Auf Urlaub in Spanien müssen sich drei Teenager mit den Mond-Mikroben aus dem abgestürzten Skylab herumärgern, bis der tapfere NASA-Wissenschaftler aus dem Untergrundlabor ein Gegengift zusammenbraut.

Alien Transformations 24

TRANSFORMATIONS *

Video

Regie: Jay Kamen
Darsteller: Rex Smith (Wolf Shadduck), Lisa Langlois (Miranda), Christopher Neame (Calihan), Michael Hennessy (Stephens), Cec Verrell (Antonia), Patrick MacNee (Pater Christopher)
Drehbuch: Mitch Brian
Kamera: Sergio Salvati (Technicolor)
Musik: Jonathan Scott Bogner
Schnitt: Victoria Martin
Produktion: Bob Wynn für Dove Corp., USA 1988
Verleih: -/-/-/Empire Video
Erstaufführung: 30.9.88
Länge: 77 Min.

Schmuggelastronaut wird von einem Incubus heimgesucht, landet auf einer Strafkolonie, mordet einige Gefangene, flüchtet mit der Ärztin Miranda und kann den bösen Dämon schließlich erledigen. Motivationen bleiben dabei ebenso auf der Strecke wie die Logik eines selten konfusen Plots, das die meiste Zeit zwischen rationaler und übernatürlicher Erklärung schwankt und zu schlechter Letzt noch einen völlig unpassenden Deus-ex-machina-Schluß präsentiert.

Enzyklopädie des phantastischen Films

Alle nennen mich Bruce 25

THEY STILL CALL ME BRUCE *

Video

Regie: Johnny Yune, James Orr
Darsteller: Johnny Yune (Bruce Won), David Mendenhall (Billy), Bethany Wright

(Polly), Carl Bensen (Mr. B.), Pat Paulsen (Psychiater), Robert Guillaume (V. A. Offizier), Joey Travolta (Ronnie), Don Gibb
Drehbuch: Johnny Yune, James Orr
Kamera: R. Michael Delahoussaye (Farbe)
Musik: Morton Stevens
Produktion: Johnny Yune, James Orr für Jihee Productions, USA 1987
Verleih: -/-/-/CBS-Fox Video
Erstaufführung: 15.2.88
FSK: ab 12 J.
Länge: 91 Min.

Koreaner kommt nach Amerika, um seinen ehemaligen Lebensretter aus dem Krieg - mittlerweile zum Zuhälter geworden - aufzuspüren. Nach diversen Füllszenen landet er in einer Karateschule, trifft auf einen Waisenknaben, verliebt sich in eine Prostituierte und tritt zu guter Letzt zum obligaten Schlußkampf an, wobei eine spezielle Talisman-Socke eine nicht unerhebliche Rolle spielt. Albern und geschwätzig.

Alpenglühn 26

***

Regie: Silvia Horisberger, Norbert Wiedmer
Darsteller: Christine Lauterburg, Max Rüdlinger
Drehbuch: Sivia Horisberger, Norbert Wiedmer
Kamera: N. Wiedmer, Fritz E. Maeder (Farbe)
Schnitt: N. Wiedmer
Produktion: Biograph/Fama Film, Schweiz 1987
Verleih: - /-/Cactus Film
Kinostart: Jan. 88
Länge: 75 Min.

Auf einer Bergwanderung überkommt die Schauspielerin Christine Lauterburg das Bedürfnis zu jodeln. Sie vervollkommnet ihr Jodeltalent, so daß sie beim Jodlerfest in Langenthal teilnehmen und sich im Wettkampf messen kann. Doch das Fest-Jodeln ist zu sehr mit einer bestimmten Ansicht von Heimat befrachtet, um hier anknüpfen zu können. Auch der zweite Versuch, auf einem Pop-Festival ihr Jodelbedürfnis dem Publikum zu vermitteln, scheitert. Der dritte Versuch, Ungleichzeitiges in die Suche nach Heimat einzubringen, der Sprung in die Abstraktion oder Irrealität, läßt zwar alles offen, vermag aber nicht ganz zu überzeugen. *Zoom*

Alptraum des Grauens 27

THE DELIBERATE STRANGER ***

Video

Regie: Marvin J. Chomsky
Darsteller: Mark Harmon (Ted Bundy), Frederic Forrest (Robert Keppel), Frederick Coffin (Jerry Thompson), Ben Masters (Mike Fisher), George Grizzard (Richard Larsen), Glynnis O'Connor (Cas Richter)
Drehbuch: Hesper Anderson. Nach dem Buch von Richard W. Larsen
Kamera: Michael Margulies (Farbe)
Musik: Gil Melle
Produktion: Marvin J. Chomsky für Stuart Phoenix Productions/Lorimar Telepictures, USA 1986
Verleih: -/-/-/Taurus Video
Uraufführung: 4.5.86 (NBC)
Erstaufführung: 25.1.88
FSK: ab 16 J.
Länge: 177 Min.

Netter junger Mann von nebenan ermordet zwanghaft junge Mädchen. Wenn ihm der Boden zu heiß wird, wechselt er den Bundesstaat. Nach fieberhafter Fahndung gelingt es der Polizei durch puren Zufall, seiner habhaft zu werden. Eine langwierige Prozeßkette und zwei Ausbruchversuche folgen, bis er schließlich zum Tode auf dem elektrischen Stuhl verurteilt wird. Dramatischer Thriller, der auf dem wahren Fall eines Psychopathen beruht, auf dessen Konto in den 70er Jahren mindestens 26 Morde gingen. Fesselnd inszeniert, wenn auch mit drei Stunden recht lang geraten.

VideoWoche

Als die Liebe laufen lernte 28

***

Realisator: Michael Strauven
Schnitt: Bernd Euscher, Ute Engel, Heidi Reuscher
Produktion: Richard Claus für Delta mit BB-Film, BRD 1988

Verleih: Delta/Classic/Rex/Warner
Home Video
Kinostart: 23.6.88
FSK: ab 16, nffr.
Länge: 84 Min. (Farbe)
Prädikat: Wertvoll

Eine Kompilation aus über dreißig Aufklärungsfilmen der Ära Kolle. Eine Mixtur, die nicht nur über weite Strecken komisch ist, sondern – angesichts der neuen Prüderie in Kino und Gesellschaft – mitunter auch beklemmend aktuell. Doch der Film leidet wie nahezu alle dieser Art an der Unmöglichkeit einer Dramaturgie. Da kann es zwischenzeitlich etwas zäh werden. *tip*

Bodo Fründt in: SZ, 25.6.88; Alfred Holighaus in: tip, 14/88; Harry Rowohlt in: Die Zeit, 24.6.88

Alte Bambusbäume sollen ihren Nachwuchs lieben 29

***

Regie: Carin Braun
Darsteller: Hoai Nguyen
Drehbuch: Carin Braun
Kamera: Thomas Schwan (Farbe)
Musik: Anh Tuan, Dinh Thin, Hoang Dam
Produktion: Barbara Moorse Workshop, BRD 1987
Verleih: Verleihgenossenschaft der Filmemacher/-/-
Erstaufführung: 21.1.88, Max-Ophüls-Preis, Saarbrücken
Kinostart: Nov. 88
Länge: 80 Min.
Prädikat: Wertvoll

10 Jahre nach Kriegsende besucht ein junger, an den Rollstuhl gefesselter Vietnamese seine Heimat, die noch immer von den Nachwirkungen des Krieges gezeichnet ist.
Dieser dokumentarische Film bewegt sich auf drei erzählerischen Ebenen. Auf der ersten begleiten wir einen jungen Vietnamesen der durch Terre des hommes in die Bundesrepublik gekommen war, zurück in seine Heimat, die heute zur sozialistischen Volksrepublik Vietnam gehört. Auf einer zweiten Ebene wird versucht, dem Themafeld Rehabilitation von Kindern am Beispiel junger Vietnamesen nachzugehen. Auf einer dritten Ebene wird sozusagen die »poetische Stimme des Volkes« zur Geltung gebracht, mit deren Hilfe der Zuschauer Gelegenheit bekommt, sich in den größeren Zusammenhang der Volksmythen Vietnams hineinzuversetzen, im bildlichen wie im »Liedgut«.

Aus der Begründung der FBW

Alvin kehrt zurück 30

ALVIN RIDES AGAIN

**

Video

Regie: Tim Burstall
Darsteller: Graeme Blundell, Alan Finney, Gus Mercurio, Noel Ferrier, Jack Weaver, Jill Foster
Drehbuch: Alan Hopgood
Kamera: Robin Copping (Farbe)
Produktion: Tim Burstall für Hexagon, Australien 1974
Verleih: -/-/-/UFA Video
Erstaufführung: 22.2.88
FSK: ab 16 J.
Länge: 87 Min.

Klamotte um einen Sunnyboy, der zuviel Glück bei den Frauen hat.

Alwin und die Weltenbummler 31

THE CHIPMUNK ADVENTURE

**

Regie: Janice Karman
Drehbuch: Janice Karman, Ross Bagdassarian
Musik: Randy Edelman (Zusammenstellung)
Produktion: Ross Bagdasarian für Bagdasarian, USA 1987
Verleih: Senator, München/Constantin, Wien/Starlight Video
Kinostart: 24.3.88
FSK: o.A.
Länge: 77 Min. (Farbe)

Drei Knaben und drei Mädchen gehen im Fesselballon auf Weltreise und werden dabei von Diamantenschmugglern als Boten mißbraucht. Zeichentrickfilm mit simpler Story, mitunter akustisch schwer verständlichen Dialogen und einigen Songs. Kaum mehr als Zeitvertreib für Kinder bis 10. *multimedia*

Am Ende des Weges 32
RIGHT OF WAY **
TV

Regie: George Schaefer
Darsteller: Bette Davis (Mini Dwyer), James Stewart (Teddy Dwyer), Melinda Dillon (Ruda Dwyer), Priscilla Morrill (Mrs. Finter), John Harkins (Clayburn), Jacque Lynn Colton (Mrs. Belkin), Louis Schafer (Kahn)
Drehbuch: Richard Lees nach seinem gleichnamigen Theaterstück
Kamera: Howard Schwartz
Musik: Brad Fiedel
Schnitt: Sidney Katz
Produktion: Schaefer/Karpf, USA 1983
Sendetermin: 1.4.88, ZDF
Länge: 102 Min.

Zwei lebende Legenden, die sich »Am Ende des Weges« endlich treffen: Bette Davis und James Stewart, zwei Hollywood-Heroen, standen 1983 in diesem Senioren-Film erstmals gemeinsam vor der Kamera. Und ihr Zusammenspiel, so meint »Movies on TV« ist denn auch der einzige Einschaltgrund für die sich in die Länge ziehende Geschichte um ein altes Ehepaar, das beschließt, gemeinsam aus dem Leben zu scheiden – was die Tochter mit Hilfe der Bürokratie verhindern will. *AZ*

Am Ende vieler Jahre 33
KONECNA STANICE ***
TV

Regie: Jaroslav Balik
Darsteller: Ota Sklencka (Bohdan Pavlus), Nelly Gaierova (Sandra Kalajova), Jirina Stepnickova (Sametka), Marie Rosulkova (Sofi), Eva Svobodova (Forejtka), Bedrich Prokos (Major), Jiri Kostka (Pfarrer), Jiri Dohnal (Filc)
Produktion: CSSR 1981
Sendetermin: 16.10.88, ZDF
Länge: 81 Min.

Jurypreis der UNO als bester Altenfilm 1982

Mit Einfühlungsvermögen versteht es der tschechische Regisseur Jaroslav Balik, die in sich geschlossene Welt eines Altersheims zu beschreiben. Liebevoll und mit viel Humor zeichnet der die Heimbewohner, die alle versuchen, auf ihre eigene Weise mit dem Alter und dem Leben im Heim fertigzuwerden. *ZDF*

Am Freitag schlief der Rabbi lang 34
FRIDAY THE RABBI SLEPT LATE **
TV

Regie: Lou Antonio
Darsteller: Lorraine Gary (Myra Galen), Robert Reed (Morton), Stuart Margolin (Rabbi Small), Art Carney (Polizeichef Lanigan), Janet Margolin, Janis Paige
Drehbuch: Don Mankiewicz und Gordon Cotler nach dem gleichnamigen Roman von Harry Kemelmann
Kamera: Andrew Jackson
Musik: Hal Mooney
Produktion: USA 1976
Sendetermin: 20.3.1988, ARD
Länge: 94 Min.

In einer kleinen Stadt bangt Small um die Wiederwahl in seine Rabbi-Stelle, als auf dem Gelände seiner Synagoge eine Frauenleiche gefunden wird. Polizeichef Lanigan nimmt die Fahndung auf, und obwohl die Tasche der Toten in Rabbis Auto gefunden wird, verdächtigt der Chief ihn nicht etwa, sondern bedient sich des Spürsinns dieser Mischung aus Synagogen-Columbo und Ökumene-Pater Brown. Der Fall zieht sich so dahin, von Verdächtigem zu Verdächtigem. Dem Kuddelmudde gaben persönliche Eigenarten der beiden Hauptfiguren etwas Würze. Aber durch die penetrante Wiederholung der als Gags gedachten Kleinmacken merkte man um so mehr, wie gestreckt dieses Krimi-Menü war. In Ermangelung eines Gärtners war der Streifenbeamte der Mörder leichteste Krimi-Kost, die nicht ganz der Rezeptur des Autors entsprach. *Frank Scheller, SZ*

Amazonas 35
STRANDED IN DINOSAUR VALLEY *
Video

Regie: Michael E. Lemick
Darsteller: Michael Sopkiw, Susane Carvall, Milton Morris, Martha Anderson
Drehbuch: Michael E. Lemick

Kamera: Edison Batista (Farbe)
Produktion: VIP International, Italien 1985
Verleih: -/-/-/IHV Video
Erstaufführung: 28.3.88
FSK: nicht unter 18 J.
Länge: 82 Min.

Ein kleines Charterflugzeug stürzt im tropischen Urwald Südamerikas ab. Die glücklichen Überlebenden fallen der Reihe nach Piranhas, dem Treibsand und wilden Indianern zum Opfer. Spekulativer Abenteuerfilm, der aber restlos alle Gefahren des Dschungels bemüht, um für Spannung, Action und Schockeffekte zu sorgen. *VideoWoche*

Amazonen auf dem Mond oder Warum die Amis den Kanal voll haben 36

AMAZON WOMEN ON THE MOON **

Drehbuch: Michael Barrie, Jim Mulholland
Kamera: Daniel Pearl (Farbe)
Schnitt: Bert Lovitt, Marshall Harvey, Malcolm Campbell
Produktion: Robert K. Weiss für Universal, USA 1987
Verleih: Filmwelt/-/-/CIC Video
Kinostart: 17.11.88
FSK: ab 16, nffr.
Länge: 85 Min.

I. Mondo Condo
Regie: John Landis
Darsteller: Arsenio Hall

II. Pethouse Video
Regie: Carl Gottlieb
Darsteller: Donald Muhich, Monique Gabrielle

III. Murray im Videoland
Regie: Robert K. Weiss
Darsteller: Lou Jacobi (Murray), Erica Yohn (Selma)

IV. Krankenhaus
Regie: John Landis
Darsteller: Michelle Pfeiffer (Brenda), Peter Horton (Harry), Griffin Dunne (Doktor)

V. Haarweben
Regie: Joe Dante
Darsteller: Joe Pantoliano, Stanley Brock

VI. Amazon Women on the Moon
Regie: Robert K. Weiss
Darsteller: Steven Forrest (Captain Nelson), Forrest J. Ackerman (U.S. Präsident), Sybil Danning (Königin Lara), Robert Colbert, Joey Travolta, Lana Clarkson

VII. Schwarze ohne Seelen
Regie: John Landis
Darsteller: David Alan Grier, B.B. King

VIII. Zwei I.D.'s
Regie: Peter Horton
Darsteller: Rosanna Arquette (Karen), Steven Guttenberg (Jerry)

IX. Blödsinn oder nicht
Regie: Joe Dante mit Henry Silva (Henry Silva), Sarah Lilly (Prostituierte)

X. Kritiker-Ecke
Regie: Joe Dante
Darsteller: Archie Hahn (Harvey Pitnik), Belinda Balaski (Bernice Pitnik)

XI. Silly Pate
Regie: Robert K. Weiss
Darsteller: T.K. Carter, Philip Proctor, Ira Newborn, Karen Montgomery, Corey Burton

XII. Roast your loved one
Regie: Joe Dante
Darsteller: Belinda Balaski, Robert Picardo, Justin Benham, Erica Gayle, Rip Taylor, Slappy White, Jackie Vernon, Steve Allen

XIII. Don »No Soul« Simmons
Regie: John Landis
Darsteller: David Allan Grier

XIV. Video-Piraten
Regie: Robert K. Weiss
Darsteller: William Marshall, Tino Insana, Donald Gibb

XV. Sohn des unsichtbaren Mannes
Regie: Carl Gottlieb
Darsteller: Ed Begley jr., Chuck Lafont

XVI. Kunst-Ausverkauf
Regie: Carl Gottlieb
Darsteller: John Ingle (Felix Dam)

XVII. First Lady des Abends
Regie: Robert K. Weiss
Darsteller: Angel Tompkins, Terence McGovern

XVIII. Titan-Mann
Regie: Robert K. Weiss
Darsteller: Matt Adler (George), Kelly Preston (Violet), Ralph Bellamy (Mr. Gower)

XIX. Video Date
Regie: John Landis
Darsteller: Marc McClure (Ray), Russ Meyer (Videoverkäufer), Corinne Wahl (Sherrie)

XX. Leichtfertige Jugend
Regie: Joe Dante
Darsteller: Carrie Fisher (Mary Brown), Paul Bartel (Doktor), Herb Vigran (Agent), Tracy Hutchinson (Floozie)

20 Episoden aus dem amerikanischen Alltag. Ein Kompilationsfilm der »Kentucky Fried Movie«-Produzenten, manchmal böse und satirisch, oftmals läppisch und überflüssig. Viel Zitate aus der Filmgeschichte und ein »Running Gag«. Einzeln als Kurzfilm wär's vergnüglich.

American Eagle 37
AMERICAN FORCE 2 *

Video

Regie: Philip Ko
Darsteller: Pierre Kirby, Patrick Frbezar, Rafael Matinee
Produktion: Joseph Lai, Betty Chan, Hongkong/USA 1988
Verleih: -/-/-/Carrera Topline Video
Erstaufführung: 20.12.88
Länge: 90 Min.

Russen und Amerikaner kämpfen in Ostasien um die Vormachtstellung. General Karpow versorgt die Kommunisten mit modernstem Kriegsgerät. Für die andere Seite kämpfen Vietnamveteran O'Reilly und sein Freund »Tiger« in der kampferprobten Truppe Domingos. Bei erbitterten Kämpfen an diversen Schauplätzen werden Domingo und »Tiger« getötet. O'Reilly rüstet sich zu einem erbarmungslosen Rachefeldzug. *VideoWoche*

American Eiskrem 2. Teil 38
STATE PARK **

Regie: Rafal Zielinski
Darsteller: Kim Myers (Eve), Isabelle Mejias (Marsha), James Wilder (Truckie), Jennifer Inch (Linnie), Brian Dooley (Carl Smite), Walter Massey (Rancewell), Christopher Bolton (Trailor), Peter Virgile, Louis Tucci, Andrew Jackson, Lance van der Kolk, Ted Nugent
Drehbuch: Neal M. Noble
Kamera: Richard Leiterman (Farbe)
Musik: Matthew McCauley
Schnitt: Ion Webster
Produktion: John Dunning für ITC, USA 1988
Verleih: Filmwelt/Czerny/-/VCL/Virgin Video
Kinostart: 2.6.88
FSK: ab 12, ffr.
Länge: 91 Min.

Ein Teenie-Ferienfilm mit einem Schuß Ökokritik: Während im Urlaubslager um den Titel des besten Waldtriatlethen und um den ersten Liebhaber gekämpft wird, bekämpft ein aufrechter Wäldler einen Chemiekonzern und dessen miesen Boß. Die Darsteller sind sympathisch, die Witze allerdings von beschämender Biederkeit. *Milan Pavlovic*

Sebastian Feldmann in: Rheinische Post, 4.6.88

American Force Ninja 39
EMPIRE OF SPIRITUAL NINJA *

Video

Regie: Bruce Lambert
Darsteller: Hubert Hays, Tom Berlin, Mick Murray, Brian Williams, Stanley Jones
Drehbuch: Jerry Sawyer
Kamera: Gordon Young (Farbe)
Produktion: Tomas Tang für Filmark, Hongkong 1987
Verleih: -/-/-/Arrow Video
Erstaufführung: 23.2.88
FSK: nicht unter 18 J.
Länge: 87 Min.

Schwarze Ninja-Banden üben mal wieder mächtig Terror aus. Das wollen die guten Ninjas nicht länger hinnehmen und schicken ihre beste Kämpferin und den US-Agenten Scott aus, um den schwarzen Killern das Handwerk zu legen. *VideoWoche*

American Killer 40
THE MAJORETTES *

Video

Regie: Bill Hinzman
Darsteller: Kevin Kindlin (Jeff), Terrie Godfrey (Vicky), Mark V. Jevicky (Sheriff Braden), Sueanne Seamens (Judy), Denise Huot (Helga), Carl Hetrick (Roland)
Drehbuch: John Russo. Nach seinem Roman
Kamera: Paul McCollough (WRS Color)
Musik: Paul McCollough
Schnitt: Bill Hinzman, Paul McCollough
Produktion: John Russo für Major Films, USA 1988
Verleih: -/-/-/UFA Video
Erstaufführung: 20.7.88
Länge: 92 Min.

Ein mörderischer Sheriff, eine erbgeile Pflegerin und eine Rockerbande gegen ein junges Mädchen. Kuriose Mischung aus Schlitzerfilm, Einzelkämpfer-Action und Psychokrimi, die in dem Bestreben, möglichst viele Leichen zu liefern, drei disparate Erzählstränge recht ungeschickt miteinander verknüpft. *VideoWoche*

American Love 41

ALMOST GROWN **

Video

Regie: David Chase
Darsteller: Timothy Daly (Norman), Eve Gordon (Susie), Albert Macklin, Rita Taggart, Michael Aldredge, Richard Schaal, Ocean Hellman, Dan Ferro
Drehbuch: David Chase, Lawrence Konner
Kamera: René Ohashi (Farbe)
Musik: Craig Safan
Produktion: Kim Todd für Universal, USA 1988
Verleih: -/-/-/CIC Video
Erstaufführung: 5.12.88
Länge: 97 Min.

Stimmungsvolle US-Liebesgeschichte, die sehr überzeugend Moden und Zeitströmungen der jüngeren Vergangenheit rekonstruiert. Die Videopremiere lebt von ihren hübschen Momenten im entsprechenden Zeitkolorit. *Videowoche*

American Streetfighter 42

MIAMI CONNECTION *

Video

Regie: Richard Park
Darsteller: V.K. Kim, William Eagle, Vincent Hirsch
Produktion: , USA 1987
Verleih: -/-/-/New Vision Video
Erstaufführung: 29.8.88
Länge: 120 Min.

Die Kämpfe zwischen einer rüpeligen Straßenbande und einer Rockband mit Taekwando-Erfahrung.

American Wardog 43

MANNIGAN'S FORCE *

Video

Regie: John Ryan Grace
Darsteller: George Nicholas, Eric Hann, Mel Davidson
Produktion: , USA 1987
Verleih: -/-/-/Focus Video
Erstaufführung: 26.9.88
Länge: 85 Min.

Vietnamveteran macht sich an eine waghalsige Befreiungsaktion, die in Wahrheit einen großen Kokaindeal kaschieren soll.

The American Way 44

THE AMERICAN WAY ***

Regie: Maurice Phillips
Darsteller: Dennis Hopper (Captain), Michael J. Pollard (Doc), Eugene Lipinski (Ace), James Aubrey (Claude), Nigel Pegram (Mrs. Westinghouse), Al Matthews (Ben), William Armstrong (Jerry)
Drehbuch: Scott Roberts
Kamera: John Metcalfe (Farbe)
Musik: Brian Bennett; Songs: Jimi Hendrix, The Who, Eric Clapton, Alice Cooperua
Schnitt: Tony Lawson
Produktion: Paul Cowan, Laurie Keller für Kerrash Ltd., Großbritannien 1985
Verleih: Filmwelt/-/-
Kinostart: 3.11.88
FSK: ab 16, nffr.
Länge: 102 Min.

... Zunächst einmal ist der Film ein kurzweiliges, boshaftes Vergnügen. Die Politiker werden als morallose, machtgeile Hampelmänner entlarvt, bei denen der Zweck die Mittel heiligt. Sie sind nur mit ihren eigenen Waffen zu schlagen – Verdrehung der Tatsachen, Anbiederung und totaler Medienoffensive.
... Aber in erster Linie ist »The American Way« ein Pamphlet gegen den Krieg, speziell gegen den verlorenen in Südost-Asien ...

Gebhard Hölzl, Münchner Stadtzeitung

Amerikanisches Roulette 45

AMERICAN ROULETTE ***

Regie: Maurice Hatton
Darsteller: Andy Garcia (Carlos Quintas), Kitty Aldridge (Kate Webber), Robert Stephens (Screech), Alfredo Michelsen (Ramon), Al Matthews (Morrisey), Guy Bertrand, Ricardo Sibelo, Lino Omoboni, Christopher Rozycki, Boris Isarov
Drehbuch: Maurice Hatton

Tödliches Agentenspiel Andy Garcia in »American Roulette«.

Kamera: Tony Imi (Farbe)
Musik: Michael Gibbs
Schnitt: Barry Peters
Produktion: Graham Easton für Film Four Int./Mandemar & British Screen, Großbritannien 1987
Verleih: Delta/-/-/Warner Home Video
Kinostart: 19.5.88
FSK: ab 12, ffr.
Länge: 94 Min.

Polit-Thriller um einen Poeten und Politiker in Südamerika, der zur Symbolfigur des Widerstandes gegen das diktatorische Regime seines Landes geworden ist. Doch im Kräftespiel der Geheimdienste wird er immer mehr zu einer unsicheren Gallionsfigur in einem undurchschaubaren politischen Spiel. Und leider bringt die Filmdramaturgie auch keine größere Klarheit in das Geschehen.

Amityville 3 — 46

AMITYVILLE 3-D

**

Video

Regie: Richard Fleischer
Darsteller: Tony Roberts (John Baxter), Tess Harper (Nancy Baxter), Robert Joy (Elliot West), Candy Clark (Melanie), John Beal (Harold Caswell), Leona Dana (Emma Caswell), John Harkins (Clifford Sanders), Lori Loughlin (Susan Baxter), Meg Ryan (Lisa)
Drehbuch: William Wales
Kamera: Fred Schuler (DeLuxe Color, 3-D)
Musik: Howard Blake
Schnitt: Frank J. Urioste
Produktion: Stephen F. Kesten für Dino de Laurentiis Productions, USA 1983
Verleih: -/-/-/RCA/Columbia Video
Erstaufführung: 12.1.88
Länge: 105 Min.

Journalist zieht ins Amityville-Haus ein und übt sich in Skepsis, dieweil sein Makler unter Fliegen stirbt, seine Kollegin in Rauch aufgeht, seine geschiedene Frau den Geist der ertrunkenen Tochter sichtet und ein Parapsychologe dem Dämon nachspürt, der vom Kellerloch aus sein Unwesen treibt. Wer Wert auf klar strukturierte Drehbücher legt und schon immer wissen wollte, wie sich ein Schreikrampf anfühlt, sollte diesen Film auf keinen Fall verpassen.

Amy – Die Stunde der Wahrheit — 47

AMY

**

Video

Regie: Vincent Mc Eveety
Darsteller: Jenny Agutter (Amy Medford), Barry Newman (Dr. Ben Corcoran), Kathleen Nolan (Helen Gibbs), Chris Robinson (Elliot Medford), Lou Fant (Lyle Ferguson), Margaret O'Brien (Hazel Johnson), Nanette Fabray (Malvina), Jonathan Daly (Clyde Pruett)
Drehbuch: Noreen Stone
Kamera: Leonard J. South (Farbe)
Musik: Robert F. Brunner
Schnitt: Gregg McLaughlin
Produktion: Jerome Courtland für Walt Disney, USA 1981
Verleih: -/-/-/Walt Disney Home Video
Erstaufführung: 25.2.88
FSK: ab 12 J.
Länge: 100 Min.

Frustrierte Ehefrau trennt sich von ihrem Mann, wird Lehrerin an einer Schule für Stumme, setzt sich dort mit viel Engagement für die Rechte ihrer behinderten Schüler ein und stößt dabei auf allerlei Ressentiments von Seiten ihres Mannes und hoher Politiker. Typisch amerikanische Sozialschnulze mit Angriff auf die Tränendrüse. *Video-Markt*

Andreas

48

****

16mm

Regie: Patrick Lindenmaier
Drehbuch: Patrick Lindenmaier
Kamera: Christoph Schaub, Thomas Krempke (Farbe)
Schnitt: Fee Liechti
Produktion: Schweiz 1987
Verleih: -/-/Filmcooperative Zürich
Kinostart: Febr. 88
Länge: 100 Min.

Patrick Lindenmaiers Dokumentarfilm über seinen durch einen Unfall gehirngeschädigten ältesten Bruder Andreas, der in der Langzeitabteilung einer psychiatrischen Klinik leben muß, vermittelt nicht nur einen Einblick in das wohl viele schockierende Dasein eines geistig schwerst behinderten Menschen, sondern bezieht auch Angehörige und Pfleger und deren Schwierigkeiten im Umgang mit Andreas und seinem Schicksal mit ein. Ein mit großem Einfühlungsvermögen und Feingefühl geschaffenes und formal mustergültiges Dokument, das Betroffenheit auslöst, weil es mit einer meist verdrängten Wirklichkeit konfrontiert. *Zoom*

Anfängerglück

49

BEGINNER'S LUCK

*

Video

Regie: Caroline Ahlfors Mouris, Frank Mouris
Darsteller: Sam Rush (Hunter), Riley Steiner (Tech), Charles Humet (Aris), Kate Talbot, Mickey Coburn, Bobbie Steinbach, Rima Miller
Drehbuch: Frank Mouris, Caroline Ahlfors Mouris
Kamera: Anne S. Coffey (Fujicolor, Kopien von DuArt)
Musik: Richard Lavsky
Schnitt: Ray Anne School
Produktion: Frank Mouris, Caroline Ahlfors Mouris für New World Pictures, USA 1986
Verleih: -/-/-/New Vision Video
Erstaufführung: 21.3.88
FSK: ab 16 J.
Länge: 85 Min.

Ein unverheiratetes Pärchen und ein junger Nachbar suchen über Kontaktanzeigen unternehmungslustige Paare für Sex-Parties. Als sich wirklich interessierte Paare melden, kommt es zu Komplikationen. *Film & Fakten*

Angel 3

50

ANGEL 3 – THE FINAL CHAPTER

**

Video

Regie: Tom DeSimone
Darsteller: Maud Adams (Nadine), Mitzi Kapture (Molly), Mark Blankfield (Spanky), Kin Shriner (Neal), Emile Beaucard (Shahid), Richard Roundtree (Lt. Doniger), Tawny Fere (Michelle), Anna Navarro (Gloria), Susan Moore (Pam), Dick Miller
Drehbuch: Tom DeSimone
Kamera: Howard Wexler (Getty Color)
Musik: Berlin Game, Don Great, Alan Ett
Schnitt: Warren Chadwick
Produktion: Arnold Orgolini für New World Pictures, USA 1988
Verleih: -/-/-/Highlight Video
Erstaufführung: 12.12.88
Länge: 99 Min.

Ex-Prostituierte befreit ihre Schwester aus den Fängen einer Mädchenhändlerin. Der Mythos des einsamen Rächers in einer femininen Variante. Der Name ist Bronson, Charlene Bronson.

Angel Dust – Die tödliche Droge

51

DEATH DRUG

*

Video

Regie: Oscar Williams
Darsteller: Philip Michael Thomas, Rosalind Cash, Vernee Watson, Frankie Crocker
Drehbuch: John Poole, Demetris Johnson, Roland Jefferson
Kamera: Nicholas von Sternberg
Produktion: Vistar International, USA 1978
Verleih: -/-/-/Scala Video
Erstaufführung: 15.8.88
FSK: ab 12 J.
Länge: 73 Min.

Die klischeereiche Saga eines angehenden Musikers und seinem Kampf gegen das PCP. Für die Videofassung fügten die Produzenten nachträglich einige zusätzliche Szenen mit »Miami Vice«-Star Philip Michael Thomas ein.

Angel in the Dark **52**
HANNA D. – THE GIRL FROM VONDEL PARK *
Video

Regie: Axel Berger
Darsteller: Ann Gisel Glass, Sebastian Somma, Tony Serrano
Produktion: Sergio Cortona, Italien/Frankreich 1983
Verleih: -/-/-/Ascot Video
Erstaufführung: Oktober 88
FSK: ab 16 J.
Länge: 90 Min.

Italienisches Drama im Drogen- und Prostituiertenmilieu von Amsterdam, unaufwendig produziert. Erinnert in Aufbau und Thematik an »Christiane F.«, ohne dessen Ernsthaftigkeit und Qualität zu erreichen, da die Story zu vordergründig angelegt ist. *VideoWoche*

Angel of Death **53**
ANGEL OF DEATH *
Video

Regie: Frank Drew White
Darsteller: Christopher Mitchum, Fernando Rey, Jack Taylor, Suzanne Andrews, Howard Vernon
Drehbuch: Gregory Freed, A.L. Mariaux
Kamera: Roy Fellous (Farbe)
Musik: N. Verrone
Produktion: Eurociné, Frankreich 1987
Verleih: -/-/-/New Vision Video
Erstaufführung: 17.10.88
FSK: nicht unter 18 J.
Länge: 89 Min.

Neuester und bislang überflüssigster Beitrag zur beliebten Serie »Dr. Mengele lebt!«: Diesmal macht sich der tapfere Marc Logan im Dschungel von Uruguay auf die Hatz nach dem selbsternannten Genforscher.

Angel River **54**
ANGEL RIVER **
Video

Regie: Sergio Olhovich Greene
Darsteller: Lynn-Holly Johnson (Jensie), Salvador Sanchez (Toral), Janet Sutherland (Hannah), Peter Matthey (Zach), Joey Shea (Dee)
Drehbuch: Richard Renfield
Kamera: Rosalio Solano (Farbe)
Musik: El Garcia Campos
Schnitt: Victor Petrashevich
Produktion: Robert Renfield für Dasa Films, USA/Mexiko 1986
Verleih: -/-/-/UFA Video
Erstaufführung: 21.3.88
Länge: 92 Min.

Arizona 1870: die 16jährige Jensie wird von einem mexikanischen Banditen beim Baden beobachtet, entführt, geschlagen und vergewaltigt. Als sie krank wird, pflegt er sie hingebungsvoll. Romantisches Drama, das das altbekannte Mädchen von »La belle et la bete« im Wilden Westen ansiedelt, aber der Story durch die Inszenierung wenig Neues hinzufügt.
VideoWoche

Anita – Tänze des Lasters **55**
***
16mm

Regie: Rosa von Praunheim
Darsteller: Lotti Huber (Anita Berber), Ina Blum, Mikael Honesseau, Tillmann Lehnert, Marion Kutschke, Michael Morris, Friedrich Steinhauer, Eva Maria Kurz, Rainer Kranich, Bernd Henckels, Helge Musial
Drehbuch: Rosa von Praunheim, Hannelene Limpach, Marianne Enzensberger, Lotti Huber
Kamera: Elfi Mikesch (Farbe und s/w)
Musik: Konrad Elfers, Rainer Rubbert, Alan Marks, Ed Lieber
Schnitt: Rosa von Praunheim, Michael Schäfer
Produktion: Rosa von Praunheim/Road Movies/ZDF, BRD 1988
Verleih: Filmwelt/top-film/-
Uraufführung: 19.2.88; Reihe Panorama bei den Int. Filmfestspielen Berlin
Kinostart: 25.2.88
FSK: ab 16, ffr.
Länge: 89 Min.
Prädikat: Besonders wertvoll

Unter Rosa von Praunheims Film-Kuriositäten aus den Kellerlöchern der bürgerlichen Schmutzfinkphantasie (»Unsere Leichen leben noch«, »Horror vacui«) ist dieses tolldreiste Lustobjekt ein besonders gelungenes Exemplar. Die mit hohem stilistischem Raffinement ineinander verschränkten Lebensläufe zweier Zeitgenossinnen fügen sich zu einem

Expressionistisches Doppel. Ina Blum und Lotti Huber in »Anita – Tänze des Lasters«.

virtuos exzentrischen Lastertraum: Ein Stummfilm-Kunstporno als Schauergroteske und Zeit-Psychogramm.

Anita Berber war in den zwanziger Jahren Nackttänzerin und Stummfilmdiva, eine kokainschnüffelnde Galionsfigur der prassenden Dekadenzgesellschaft kurz vor dem Umkippen in den volkstümelnden Spießer-Faschismus. Sie starb mit 29 Jahren.

Der Film setzt Gegenwart (schwarzweiß) gegen Stummfilm-Visionen mit Zwischentiteln (in Farbe): Eine geistesgestörte Alte (brillant komische Knalltüte mit frechem Witz und draller Lebenswut: Lotti Huber) entblößt auf der Straße ihr Hinterteil und behauptet, Anita Berber zu sein. »Wer A sagt, muß auch -rsch sagen.« Wer -rsch sagt, landet in der Klapsmühle.

Den Irren-Alltag meistert sie mit unverschwämt intelligenten Anarcho-Sprüchen, und dazwischen wähnt sie sich als Jungteufelin Anita (eine schillernde Praunheim-Entdeckung: Ina Blum) in den George-Grosz-Szenerien verfaulter Sabber-Voyeure aus alten Giftschrank-Stummfilmen. Mit dem Tänzer Mikael Honesseau als Lasterpartner windet sich »Anita« Blum in Verkommenheits-Ekstasen nach Art expressionistischer Malerei: Ein Satans-Trip des Todes (Wollust-Kamera: Elfi Mikesch).

Die Anita-Irre ist zwar eine Luxuszicke ohne soziales Gewissen (Arbeitslose? Hunger? Was ist das?), aber ihre Gier nach exzessivem Leben hat Format (Noch vom Leichentisch schreit die Alte nach einem Taxi). Suff, Drogen, Syphilis und Sado-Sex, totaler Genuß und totaler Ruin: Ein Gruselkabinett voll Komik und Magie.

Ponkie, AZ

Bodo Fründt in: SZ, 19.3.88; Michael Kötz in: FR, 26.2.88; Bernd Lubowski in: Berliner Morgenpost, 21.2.88; Jürgen Richter in: FAZ, 10.2.88, 27.2.88; Claudius Seidl in: Die Zeit, 18.3.88

Anna — 56

***

Regie: Frank Strecker
Darsteller: Silvia Seidel (Anna), Patrick Bach (Rainer), Jon Peterson (David Segal), Ronnie Janot (Philipp), Eberhard Feik (Stefan), Günther Maria Halmer (Reichert), Rosangela Mariano Dos Prazeres, Ilse Neubauer, Eleonore Hirt, Milena Vukotic, Stephen Jeffries, Daniela Lunkewitz, Hans Joachim Friedrichs, Anton Diffring, Sabi Dorr
Drehbuch: Justus Pfaue nach seinem Roman »Anna Ballerina«
Kamera: Peter Ambach (Farbe)
Musik: Sigi Schwab
Schnitt: Margret Borsche
Produktion: Bernd Burgemeister für TV 60/ZDF, BRD 1988
Verleih: Neue Constantin/Constantin/Rialto
Erstaufführung: 15.12.88
Kinostart: 15.12.88
FSK: ab 6, ffr.
Länge: 95 Min.
Prädikat: Wertvoll

»Anna – eigentlich heiße ich Silvia Seidel«, Beobachtungen der Dreharbeiten zum Kinofilm »Anna«; Buch und Regie. Walter Weber; ZDF, 1.1.89

Die Fernsehserie »Anna« war eine hübsche, liebenswerte Teeniegeschichte und wurde durch die hochbegabte Hauptdarstellerin Silvia Seidel besonders populär. Der Film mit seinem großen technischen Ehrgeiz will mit der Fortsetzung den kleinen Rahmen sprengen - und gerät damit in Ansprüche, die er nicht erfüllen kann. Autor Justus Pfaue und Regisseur Frank Strecker behielten den biederen Aha-Stil adretter Jugendsendungen bei (kecke kleine Anna zwischen Liebe, Karriere und Eifersucht), träumten aber offenbar im dramatischen Tanzkonzept von der Brillanz eines Films wie »Fame«. So entstehen immer wieder Brüche.
(...) Für Silvia Seidel ist der Film trotz seiner Schwächen eine weitere Erfolgsrampe: Talent und Liebreiz, Temperament und natürliche Ausstrahlung bürgen für den Aufstieg der Ballerina - und für die Begeisterung der Fans.

Ponkie, AZ

Anna ... Exil New York 57

ANNA ****

Regie: Yurek Bogayevicz
Darsteller: Sally Kirkland (Anna), Robert Fields (Daniel), Paulina Porizkova (Krystyna), Gibby Brand (Direktor), John Robert Tillotson, Joe Aufiery, Charles Randall, Mimi Wedell, Larry Pine
Drehbuch: Agnieszka Holland, nach einer Erzählung von Yurek Bogayevicz
Kamera: Bobby Bukowski (Farbe)
Schnitt: Julie Sloane
Produktion: Yurek Bogayevicz, Zanne Devine für Magnus Film Prod., USA 1987
Verleih: Vestron/-/-/Vestron Video
Kinostart: 22.9.88
FSK: ab 16, ffr.
Länge: 100 Min.
Prädikat: Wertvoll

Zwei aus der CSSR in die USA ausgewanderte Schauspielerinnen begegnen einander in New York; es entwickelt sich eine für die jüngere der beiden beruflich sehr hilfreiche Mutter-Tochter-Beziehung, die aber mit einer menschlichen Enttäuschung endet. Ein sehr persönlich und berührend gestalteter Streifen, voll psychologischem Feingefühl und zärtlicher

Silvia Seidel und Jon Peterson in »Anna«

Tiefe Freundschaft: Sally Kirkland und Paulina Porizkova in »Anna... Exil New York«.

Ironie, der vor allem durch die eindringliche Darstellung der beiden Frauencharaktere überzeugt.

multimedia

Peter Buchka in: SZ, 26.9.88; Otto Heuer in: Rheinische Post, 23.9.88; Ponkie in AZ: 24.9.88; Claudia Werfel in: FAZ, 27.9.88

Anna Karenina 58

ANNA KARENINA **

Video

Regie: Simon Langton
Darsteller: Jacqueline Bisset (Anna Karenina), Paul Scofield (Karenin), Christopher Reeve (Graf Vronski), Ian Ogilvy, Anna Massey, Judi Bowker
Drehbuch: James Goldman. Nach dem Roman von Leo Tolstoi
Kamera: Kelvin Pike (Farbe)
Musik: Patrick Gowers
Produktion: Simon Langton für Rastar/Colgems, USA 1985
Verleih: -/-/-/RCA/Columbia Video
Uraufführung: 26.3.85 (CBS)
Erstaufführung: 18.10.88
FSK: ab 12 J.
Länge: 130 Min.

Teures, aber zahnloses Fernseh-Remake des Tolstoi-Klassikers.

Antarctica Project 59

***

16mm

Regie: Axel Engstfeld
Drehbuch: Axel Engstfeld, Gisela Keuerleber
Kamera: Bernd Mosblech (Farbe)
Musik: Marcel Wengler
Schnitt: Jean-Marc Lesguillons, Richard Lutterbeck (Trick-Kamera)
Produktion: Axel Engstfeld / WDR mit Greenpeace Int., BRD 1988
Verleih: Freunde der deutschen Kinemathek
Uraufführung: 19.2.88, Forum des jungen Films bei den Int. Filmfestspielen Berlin
Länge: 101 Min.
Prädikat: Besonders wertvoll
Gefördert vom NRW, BMI, FFA und Hamburger Filmbüro mit DM 102.500,–

Das Antarctica-Projekt ist der Versuch der Industrienationen, den letzten Kontinent unter sich aufzuteilen. Gegen Ausverkauf und Raubbau, d.h. gegen die Zerstörung der Antarktis hat Greenpeace im Winter 1985/86 die aufwendigste Expedition seit seiner Gründung unternommen.
Der Film von Axel Engstfeld folgt der

Expedition in das südliche Eismeer auf eine Reise in die Vergangenheit der »Terra Australis Incognita« und in die bedrohte Zukunft der letzten Wildnis. *Forum-Katalog*

Kurt Habernoll in: Berliner Morgenpost, 21.1.88; Carla Rhode in: Der Tagesspiegel, 21.2.88

Aquarius – Theater des Todes 60

AQUARIUS

*

Video

Regie: Michele Soavi
Darsteller: David Brandon (Peter Collins), Barbara Cupisti (Alice), Clain Parker (Irwing Wallace)
Drehbuch: Luigi Montefiori
Kamera: Renato Tafuri (Farbe)
Schnitt: Kathleen Stratton
Produktion: Filmirage, Italien 1987
Verleih: -/-/-/VPS Video
Erstaufführung: 05/88
Länge: 85 Min.

Irrer Schauspieler sorgt dafür, daß er in der Verfilmung seines Lebens die Hauptrolle spielt.

Arnold Böcklin 61

****

Regie: Bernhard Raith
Kunsthistorische Beratung und Text: Dorothea Christ
Drehbuch: Bernhard Raith
Kamera: Bernhard Raith (Farbe)
Schnitt: Bernhard Raith
Produktion: Bernhard Raith, Schweiz 1988
Verleih: -/-/Monopole Pathé Films
Kinostart: April 88
Länge: 96 Min.

Inspiriert durch die 1977 in Basel eingerichtete Ausstellung zum Lebenswerk von Arnold Böcklin (1827–1901), hat Bernhard Raith, seines Zeichens ein Filmemacher im Industriebereich, einen - anderthalb spannende Stunden währenden, filmischen Essay über die Bilderwelten des großen Malers entworfen. Begleitet von einem informativen Kommentar, glücklicherweise aber verschont von einer geistesgeschichtlichen und literarischen Ausdeutung, ist eine schwelgerische Huldigung an einen Verehrten entstanden. Zudem ist der Film von einer technischen Vollendung, wie man sie im schweizerischen Filmschaffen selten antritt. *Zoom*

Atomic Thrill 62

I WAS A TEENAGE ZOMBIE

*

Video

Regie: John Elias Michalakias
Darsteller: Michael Ruben (Dan Wake), George Seminara (Gordy), Steve McCoy (Mussolini), Peter Bush (Rosencrantz), Cassie Madden (Cindy Faithful), Cindy Keiter (Miß Lugae)
Drehbuch: James Martin, George Seminara, Steve McCoy
Kamera: Peter Lownes (Farbe)
Musik: Jonathan Roberts, Craig Seaman
Schnitt: John Elias Michalakias
Produktion: Richard Hirsh, John Elias Michalakias für Periclean Motion Pictures, USA 1987
Verleih: -/-/-/IHE Video
Erstaufführung: August 88
Länge: 92 (86) Min.

Betrügerischer Dealer endet tot in einem radioaktiv verseuchten Fluß, steht als grüngesichtiger Zombie wieder auf und meuchelt den Helden, worauf dessen Freunde auch selbigen zwecks Wiederbelebung zum guten Zombierächer in besagten Fluß werfen. Das Ganze soll eine Parodie sein.

Attention Bandits – Die Zeit des Verbrechens 63

ATTENTION BANDITS!

***

Regie: Claude Lelouch
Darsteller: Jean Yanne (Simon Verini), Marie-Sophie Lelouch, geb. Pochat (Marie Sophie), Patrick Bruel (Mozart), Charles Gérard (Tonton), Corinne Marchand (Manouchka), Hélène Surgère, Edwige Derache-Navarro, Francoise Bette, Hervé Favre
Drehbuch: Claude Lelouch, Pierre Uytterhoeven (Dialoge), nach einer Vorlage von Florence Moncorge-Gabin
Kamera: Jean-Yves Le Mener (Fujicolor, CinemaScope)
Musik: Francis Lai
Schnitt: Hugues Darmois

Produktion: Claude Lelouch für Les Films 13/TF 1, Frankreich 1987
Verleih: Highlight/-/-/Highlight Video
Uraufführung: 13.2.88, Reihe Panorama bei den Int. Filmfestspielen Berlin
Kinostart: 31.3.88
FSK: ab 12, ffr.
Länge: 107 Min.

Familie und Verbrechen vertragen sich nicht, jene macht diesen verletzbar - ein Stoff fürs Kino. Simon Verini, Kleinverbrecher mit Frau und Kind, bekommt einen Deal angeboten, bei Cartier gestohlene Hehlerware umzusetzen. Doch dann wird seine Frau gekidnappt, die Ware erpreßt und die Frau nach der Übergabe sinnlos ermordet. Simon bringt seine Tochter in Sicherheit, packt sein eigenes Geld in einen Koffer, wartet bei der Übergabe auf Reaktionen in den Gesichtern der vier Gangster und kündigt die gnadenlose Jagd auf den Mörder seiner Frau an.
Eine großartige Ausgangssituation für einen Thriller, ausgeklügelte Rache auf der einen Seite und gegenseitiges Bespitzeln im anderen Lager - eine Chance, die »Attention Bandits« weitgehend verschenkt, dafür aber bietet Claude Lelouchs Film weit mehr als nur einen Krimi; Elemente vom Gangsterfilm, Familiengeschichte und Liebesfilm sind dezent vermischt, fließend wechselt der Ton zwischen Spannung, Rührung und Humor.

Anke Sterneborg, Der Tagesspiegel

Doja Hacker in: tip, 9/88; Wilm Hart in: Die Welt, 29.3.88; Klaus Hellwig in: epd Film 5/88

Auf den Spuren des Traums 64

LES TRACES DU REVE ****

16 mm

Regie: Jean-Daniel Lafond
Drehbuch: Jean-Daniel Lafond
Kamera: Martin Leclerc, Michel Naud, François Beauchemin (Farbe)
Produktion: Office national du film du Canada, Kanada 1986
Verleih: Freunde der Deutschen Kinemathek
Länge: 95 Min. (Original mit englischen Untertiteln)

Ein Film über Leben und Schaffen von Pierre Perrault, dem kanadischen Pionier des ethnographischen Films und des Cinémavérité.

Auf der Suche nach Bigfoot 65

BIGFOOT **

Video

Regie: Danny Huston
Darsteller: James Sloyan, Gracie Harrison, Joseph Maher, Adam Karl, Candace Cameron, Bernie White, Colleen Dewhurst, Dawan Scott
Drehbuch: John Groves
Kamera: Frank Flynn
Musik: Bruce Rowland
Produktion: Michael S. McLean für Walt Disney TV, USA 1987
Verleih: -/-/-/Walt Disney Home Video
Uraufführung: 8.3.87 (ABC)
Erstaufführung: 17.5.88
FSK: o.A.
Länge: 90 Min.

Bei einem Ausflug in den Bergen fallen zwei Kinder den Bigfeet in die Hände, welche sie - den Bemühungen der Eltern zum Trotz - nicht so ohne weiteres wieder ziehen lassen wollen. Zwei Monate nach der Ausstrahlung dieses »soliden, nach bekanntem Muster gestrickten Familienfilms« (Video-Markt) kam William Dears groß budgetierter »Bigfoot und die Hendersons« in die amerikanischen Kinos. Die Wege des Zufalls sind unergründlich.

Die Aufklärungsrolle

siehe: Als die Liebe laufen lernte

Auf Leben und Tod 66

KONO AI NO MONOGATARI **

Video

Regie: Toshio Masuda
Darsteller: Masatoshi Nakamura, Miwako Fujitani, Masahiko Kondo, Jinpachi Nezu
Drehbuch: Kohei Tsuka
Kamera: Seizo Sengen (Farbe)
Produktion: Shochiku-Fuji Co./Nippon TV, Japan 1987

Verleih: -/-/-/Cosmos Video
Erstaufführung: April 88
FSK: ab 16 J.
Länge: 90 Min.

Chef eines Stuntman-Teams bekommt einen großen Auftrag und engagiert das beste verfügbare Double: einen Mann, den der Boß eigentlich haßt, weil er einst seine Frau in den Selbstmord trieb. *Video-Markt*

Aufbrüche 67

***

16 mm

Regie: Hartmut Horst, Eckart Lottmann
Darsteller: Deniz Seyhun, Tuncel Kurtiz, Özay Fecht, Ilona Lewanowski, Nina Schultz, Michael Schmelz, Suavi Eren, Albrecht Metzger, Attila Kaban, Nuri Sezer, Heinz Krachkamp, Helmut Bernhofen, Peter Doering
Drehbuch: Hartmut Horst, Eckart Lottmann
Kamera: Kenan Ormanlar (Farbe)
Musik: Tayfun
Produktion: Medienoperative, BRD 1987
Verleih: Medienoperative/-/-/Medienoperative Video
Uraufführung: 21.1.88, Max-Ophüls-Preis, Saarbrücken
Kinostart: 11.2.88
Länge: 90 Min.
Prädikat: Wertvoll

Der erste Kinofilm der Berliner Medienoperative. Die auf 16mm aufgeblasene Videoproduktion erzählt von dem schwierigen Selbstfindungsprozeß einer jungen Türkin in Berlin. Der autoritäre Vater möchte, daß sie einen Fremden heiratet. Sie flüchtet von zuhause und schlägt sich allein durch. Unaufdringliche und schauspielerisch sehr professionelle Arbeit. *Wolfgang Brenner, tip*

Jochen Metzner in: Der Tagesspiegel, 2.2.88

Aufstand der Verfluchten 68

MAXIMUM SECURITY

*

Video

Regie: Bill Duke
Darsteller: Robert Desiderio, Geoffrey Lewis, Jean Smart, John St. Ellwood
Drehbuch: Joel Blassberg
Kamera: Steve Posey (Farbe)
Produktion: Jeffrey Ganz für Major H. Productions/New World, USA 1987
Verleih: -/-/-/New Vision
Erstaufführung: 20.9.88
FSK: ab 16 J.
Länge: 113 Min.

Schauplatz Hochsicherheitsgefängnis:
Unter unmenschlichen Bedingungen und angefeindet von den Mitgefangenen muß ein junger Mann sein Leben fristen, bis sich eine gutaussehende, engagierte Sozialhelferin seiner annimmt.
Zwischen Komödie und Drama schwankender Knast-Film um einen »freakigen« Gefangenen. Typen und Atmosphäre sind ordentlich eingefangen, ansonsten nichts Neues.
Video-Markt

Die Augen des Wolfs 69

THE WOLF AT THE DOOR/OVIRI

***

Video

Regie: Henning Carlsen
Darsteller: Donald Sutherland (Paul Gauguin), Valerie Glandut (Annah), Max von Sydow (August Strindberg), Sofie Graböl (Judith), Merete Voldstedlund (Mette Gauguin), Jörgen Reenberg (Edward Brandes), Yves Barsack (Degas), Thomas Antoni (Jourdan)
Drehbuch: Christopher Hampton
Kamera: Mikael Salomon (Eastmancolor)
Musik: Ole Schmidt
Schnitt: Janus Billeskov Jansen
Produktion: Henning Carlsen für Dagmar Film/Henning Dam Kärgaard/Cameras Continentales/Famous French Films/ TF-1. In Zusammenarbeit mit The Danish Film Institute und dem französischen Kulturministerium, F/Dänemark 1986
Verleih: -/-/-/RCA/Columbia Video
Erstaufführung: 15.9.88
FSK: ab 12 J.
Länge: 140 (86) Min.

Arg gekürzte Biographie des Impressionisten Paul Gauguin (beeindrukkend: Donald Sutherland), der nach einigen Jahren in der Südsee nach Paris zurückkehrt, in der dortigen Kulturszene mit seinen farbenprächtigen Werken jedoch auf Ablehnung stößt.

György Cserhalmi als Taxifahrer und Opfer in »Der Aasgeier«.

Aus allem raus und mitten drin 70

**
16mm

Regie: Pius Morger
Darsteller: Dominique Rust, Meret Matter, Andreas Matti, Karl-Heinz Gregor, Angelica Vogel
Drehbuch: Pius Morger, Christian Frei, Jörg Helbling, Beat Lottaz
Kamera: Patrick Lindenmaier (Farbe)
Musik: Stephan Wittwer
Schnitt: Dieter Graenicher, Rainer Trinkler
Produktion: Kyros Film, Schweiz 1988
Verleih: -/-/Cactus Film
Kinostart: Jan. 88
Länge: 80 Min.

Drei »Überlebende« aus der Jugendbewegung von 1980 suchen sich in Zürich, wo sich der Beton des »Systems« ober- und unterirdisch weiterfrißt, einzurichten und sich selber treu zu sein: Beat inszeniert in der »Roten Fabrik« eine Kammeroper, Babs erarbeitet eine Broschüre über die Erhaltung des ursprünglichen Wohn-und Lebensraums und Wali, Genossenschafter einer Druckerei, läßt diese in Flammen aufgehen, als kommerzielle Zwänge überhandnehmen. Pius Morgers Film wirkt in entscheidenden Aussagen unscharf, oft widersprüchlich und zweideutig, was jedoch zur Lage seiner Protagonisten paßt, bei denen alles unentschieden, nach allen Seiten hin offen bleibt.

Zoom

Babettes Fest 71

BABETTES GAESTEBUD ****

Regie: Gabriel Axel
Darsteller: Stephane Audran (Babette), Jean-Philippe Lafont (Achille Papin), Gudmar Wivesson, Bibi Andersson, Hanne Stensgaard, Jarl Kulle, Bodil Kjer, Vibeke Hastrup, Brigitte Federspiel, Bendt Rothe
Drehbuch: Gabriel Axel, nach der gleichnamigen Novelle von Tanja Blixen
Kamera: Henning Kristiansen (Farbe)
Musik: Per Norgaard
Schnitt: Finn Hendriksen
Produktion: Just Betzer, Bo Christensen für Just Bezer/Panorama mit Nordisk Film und dem Dänischen Filminstitut, Dänemark 1987
Verleih: Impuls/-/Rialto
Kinostart: 8.12.88
Länge: 102 Min.
Prädikat: Besonders wertvoll
Ausgezeichnet mit dem Oscar für den besten ausländischen Film 1988; Vertrieb gefördert durch Europäisches Filmbüro mit ECU 100.371,27

...Dieser heiter sanfte, blaßgetönte Gaumenkitzel-Film von Axel Gabriel widmet sich der Kunst des Kochens (und des edlen Speisens) mit dem Zauber eines Poetenfilms: Ein Augenschmaus von altväterisch spröder Anmut.

Der Witz dabei ist der Gegensatz: Die frommen pietistischen Dörfler aus Jütland Ende des 19. Jahrhunderts essen gottesfürchtig die Brotsuppe, die ihnen der Herr beschert. Und als die einst jugendschönen, nun leis verwelkten Predigertöchter Martina und Phillipa die französische Emigrantin Babette im Pfarrhaus aufnehmen, wird weiterhin innig für den lieben Gott und die guten Werke gelebt – aber die Brotsuppe schmeckt besser. Denn Babette kocht.

Und eines Tages steckt Babette ihren

Stephane Audran in ungewohnter Umgebung in »Babettes Fest«.

Ein süßer Fratz steht im Mittelpunkt. Diane Keaton und Sam Shepard in »Baby Boom – Eine schöne Bescherung«.

Lotteriegewinn von 10 000 Francs in eine Diner-Einladung. Das Puritanerdorf wehrt sich mit Choralgesang (»Speis und Trank und schnöde Hülle kümmern Gottes Kinder nicht...«) – doch die kulinarische Verführung nimmt ihren Lauf. Die Künstlerin Babette (Königin in der Küchenschürze: Stephane Audran) vollbringt ein Wunder der Liebe durch Genuß.
Wie die Spartaner aufblühen bei raffinierten Gerichten und kostbaren Weinen, das ist mit feinem Skurrilhumor bis ins letzte Detail ausgepinselt: ein Genre-Gemälde. *Ponkie, AZ*

Peter Buchka in: SZ, 15.12.88; Marli Feldvoss in: FAZ, 8.12.88; Michael Kötz in: FR, 9.12.88

Baby Blues 72
BABY BLUES **
Video

Regie: Daniel Moosmann
Darsteller: Anais Jeanneret, Jean-Jacques Moreau, Eva Darlan, Nadine Coll
Drehbuch: Daniel Goldenberg
Kamera: Etienne Szabo (Farbe)
Produktion: Ombre et Lumière/FR 3, F 1987
Verleih: -/-/-/VCL Video
FSK: ab 16 J.
Länge: 87 Min.

Anwalt mit Vater-Aspirationen engagiert eine Leihmutter und verliebt sich alsbald in sie. Noch ein Spielfilm, noch ein Baby.

Baby Boom – Eine schöne Bescherung 73
BABY BOOM ***

Regie: Charles Shyer
Darsteller: Diane Keaton (J.C. Wiatt), Harold Ramis (Steven Buchner), Sam Wanamaker (Fritz Curtis), James Spader(Ken Arrenberg), Pat Hingle (Hughes Larrabee), Britt Leach (Vern Boone), Kristina und Michelle Kennedy (Elizabeth Wiatt), Sam Shepard (Dr. Jeff Cooper)
Drehbuch: Nancy Meyers, Charles Shyer
Kamera: William A. Fraker (Farbe)
Musik: Bill Conti; Song: Burt Bacharach, Carole Bayer Sager

Schnitt: Lynzee Klingman
Produktion: Nancy Meyers für MGM/UA, USA 1986
Verleih: UIP/UIP/UIP/Warner Home Video
Kinostart: 19.5.88
FSK: ab 6, ffr.
Länge: 110 Min.
Prädikat: Wertvoll

Der Film ist das Flagschiff einer ganzen Serie von Hollywoodfilmen über die Freuden und Vorzüge der Kinderaufzucht. Diane Keaton, Stadtneurotikerin, Workoholic, Karriereziege in Manhattan, hat plötzlich ein geerbtes Baby am Hals und beginnt, sich emotional für den süßen Wurm zu engagieren. Welch eine Wandlung: Statt Job, Geld, knallharter Konkurrenz im Büro und 4-Minuten-Sex zwischen den Hausarbeiten plötzlich Mutterschaft, Küche und Keller, Apfelmus, ländliches Leben und ein uriges Mannsbild. Der Filmtitel ist Programm; Karriere und ein Baby, so lautet die frohe Botschaft, werden vereinbar, erst ein Kind ist das wahre Lebensglück. Hollywood leistet bevölkerungspolitische Aufbauarbeit.

Wolf Donner, tip

Bodo Fründt in: SZ, 1.6.88; Thomas Linden in: Kölnische Rundschau, 21.5.88; Helmut Schmitz in: FR, 26.5.88

Backwoods 74

GEEK *

Video

Regie: Dean Crow
Darsteller: Brad Armacost (Jamie), Christina Noonan (Karen), Jack O'Hara (William), Dick Kreusser (Eben)
Drehbuch: Charles Joseph
Kamera: Jon Gerard (Farbe)
Musik: Skeet Bushor
Schnitt: Chris Hodapp
Produktion: Maureen Sweeney für Overlook Films, USA 1987
Verleih: -/-/-/Summit Video
Erstaufführung: 21.6.88
Länge: 90 Min.

Schräger Hinterwäldler-Schocker, der einmal mehr das Klischee von den in der US-Provinz abseits der Highways hausenden Psychopathen bemüht.

Bad Force 75

BOARDINGHOUSE *

Video

Regie: John Wintergate
Darsteller: Hawk Audley (Jim), Kalassu (Victoria), Alexandra Day, Joel McGinnis Riordan, Brian Bruderlin, Tracy O'Brian, Belma Kura, Mary McKinley
Drehbuch: Jonema
Kamera: Jan Lucas, Obee Ray (Farbe)
Musik: Kalassu, 33 1/3 & Jonema
Produktion: Peter Baahlu für Bluestarr Films, USA 1982
Verleih: -/-/-/GMP Video
Erstaufführung: 28.3.88
FSK: nicht unter 18 J.
Länge: 89 Min.

Braves Einfamilienhaus mit dämonischem Eigenleben versetzt seine Bewohner in blutigen Schrecken. Streckenweise überbelichteter, auf Video gedrehter und hernach umkopierter Slasher.

Bad Ronald 76

BAD RONALD *

Video

Regie: Buzz Kulik
Darsteller: Scott Jacoby (Ronald Wilby), Pippa Scott (Mrs. Wood), John Larch (Sgt. Lynch), Dabney Coleman (Mr. Wood), Kim Hunter (Elaine Wilby), John Fiedler (Mr. Roscoe), Linda Watkins (Mrs. Schumacher)
Drehbuch: Andrew P. Marin. Nach dem Roman von John Holbrook Vance
Kamera: Charles F. Wheeler (Farbe)
Musik: Fred Karlin
Schnitt: Samuel E. Beetley
Produktion: Philip Capice für Lorimar, USA 1974
Verleih: -/-/-/Media Entertainment Video
Uraufführung: 23.10.74 (ABC)
Erstaufführung: 12.10.88
Länge: 78 Min.

Komischer Kauz ermordet versehentlich sein Traumgirl, versteckt sich daraufhin im Haus seiner Mutter und spioniert nach deren Tod der Tochter des Nachbesitzers nach.

Ballhaus Barmbeck – Let's Kiss And Say Goodbye 77

***

Regie: Christel Buschmann
Darsteller: Jörg Pfennigwerth, Ulrich Tukur,

Poet der Nacht. Kiev Stingl in »Ballhaus Barmbeck-Let's Kiss and Say Goodbye«.

Kiev Stingl, Zazie de Paris, Nico/Velvet Underground, Louisiana Red, Eva-Maria Hagen, Stefan Aust
Drehbuch: Christel Buschmann
Kamera: Mike Gast (Farbe)
Musik: Eric Burdon, Lou Reed, Roy Black, Lolita, Freddy Quinn, Dalida, Louisiana Red, Paul Millus, Kiev Stingl, Mona Mur, Rocko Schamoni, Overnight Angels, Edith Piaf, Zazie de Paris, Mina, Lotar Olias, Nico, Melitta, Five Tops
Schnitt: Nani Schumann
Produktion: Luggi Waldleitner für Roxy Film, BRD 1988
Verleih: Filmverlag der Autoren/Constantin/-
Erstaufführung: 29.6.88 Filmfest München
Kinostart: 30.6.88
FSK: ab 12, ffr.
Länge: 80 Min.
Prädikat: Besonders wertvoll

Der Film ist eine Art archaischer Videoclip mit den Evergreens von Roy Black bis Michael Holm. Ein gestelztes Pandämonium sehnsüchtiger Existenzen, zusammengewürfelt auf einer Art Ball der einsamen Herzen. Die Menschen posieren zu den Musiknummern wie Models neue Kollektionen vorzeigen. Flache Nostalgie, als tiefsinnige Reflexion über das Wesen der Sehnsüchte ausgegeben und dreist mit einem Broch-Zitat aufgepeppt. *tip*

Peter Buchka in: SZ, 7.7.88; Dagmar Zindel in: Kölnische Rundschau, 23.7.88

Banter - Eine geheimnisvolle Affäre 78

THE LAST OF PHILIP BANTER **

Video

Regie: Hervé Hachuel
Darsteller: Scott Paulin (Philip Banter), Irene Miracle (Elizabeth Banter), Gregg Henry (Robert Prescott), Kate Vernon (Brent), Tony Curtis (Charles Foster), José Luis Gomez (Dr. Monasterio), Patty Shepard (Alicia)
Drehbuch: Alvaro de la Huerta. Nach dem Roman von John Franklin Bardin
Kamera: Ricardo Chara (Eastmancolor)
Musik: Phil Marshall
Schnitt: Eduardo Biurrun
Produktion: Hervé Hachuel für Tesauro S.A./Banter AG, Spanien/Schweiz 1986
Verleih: -/-/-/Carrera Video
Erstaufführung: 27.8.88
FSK: nicht unter 18 J.
Länge: 103 Min.

Dem Alkohol zugeneigter, unter seinem Schwiegervater leidender Journalist entdeckt ein von ihm selbst (?) verfaßtes Manuskript, das von Ereignissen und Bekannten aus seinem eigenen Leben erzählt. Aus der Ferne winken die Schatten von Marienbad.

Bantsuma – Das Leben des Bando Tsumasaburo 79

BANTSUMA – BANDO TSUMASABURO NO SHOGAI ****

16 mm

Regie: Matsuda Shunsui
Darsteller: Tamura Takahiro, Ito Daisuke, Mori Shizuko, Inagaki Hiroshi, Tamaki Utak, Kuze Ryu
Drehbuch: Sato Tadao
Kamera: Takasaka Hiroshi, Ike Masayuki, Sakamoto Iichiro (Farbe)
Musik: Ensemble Omoide
Schnitt: Ebara Yoshio
Produktion: Matsuda Shunsui, Japan 1979
Verleih: Freunde der Deutschen Kinemathek/-/-
Erstaufführung: 19.2.88, Int. Forum des jungen Films, Berlin
Länge: 91 Min.

Bantsuma behandelt das Leben des in Japan legendären Bando Tsumasaburo, der seit Beginn der Stummfilm-Ära einer der berühmtesten Samurai-Darsteller des Landes war.

Ethos und Pathos in »Banzuma«.

(...) Dieser Film liefert nicht nur das Porträt eines Darstellers, dem es aufgrund seiner besonderen Stellung im japanischen Kino sogar gelang, eine eigene Studioproduktion aufzubauen, sondern hier wird auch ein Stück Entwicklungsgeschichte des »Jidaigeki« vorgeführt, dieses für Japan typischen historischen Genres der Schwertkampffilme.

Jochen Brunow, Filmfest-Journal

Jochen Metzner in: Der Tagesspiegel, 24.2.88

Die Barbaren 80

I BARBARI **

Regie: Ruggero Deodato
Darsteller: David Paul (Kutchek), Peter Paul (Gore), Richard Lynch (Kada), Eva LaRue (Ismene), Virginia Bryant (Canary), Sheeba Alahani (China), Michael Berryman, Nanni Bernini, Angelo Ragusa
Drehbuch: James R. Silke
Kamera: Lorenzo Battaglia (Farbe)
Musik: Pino Donaggio
Schnitt: Eugene Alabiso
Produktion: Menahem Golan, Yoram Globus für Cannon, Italien/USA 1987
Verleih: Scotia-Cannon/Czerny/-/VMP Video
Kinostart: 5.5.88
FSK: ab 12, nffr.
Länge: 87 Min.

Bodygestählte Zwillingsbrüder auf der Suche nach dem magischen Edelstein ihres versklavten Stammes.
Ein wüstes und teilweise recht phantasievolles Fantasy-Spektakel um vorzeitliche Gaukler, Zauberinnen und Drachen.

Barbarische Hochzeit 81

LES NOCES BARBARES ***

Regie: Marion Hänsel
Darsteller: Thierry Frémont (Ludo als Erwachsener), Marianne Basler (Nicole), Yves Cotton (Ludo als Kind), André Penvern (Micho), Marie-Ange Dutheil

(Melle Rakoff), Frédéric Sorel (Tatav), Claudine Delvaux, Jacques Pratoussy, Patrick Massieu, Jean Louis Benoit
Drehbuch: Marion Hänsel nach dem gleichn. Roman von Yann Queffélec
Kamera: Walther van den Ende (Farbe)
Musik: Frédéric de Vreese
Schnitt: Susana Rossberg
Produktion: Man's Films/TF 1/Flach Film, Belgien 1987
Verleih: Pandora/-/Filmcooperative Zürich
Kinostart: 8.9.88
Länge: 100 Min. (OmU)

Prix d'Europe, Barcelona 1987

Beim dritten Langspielfilm von Marion Hänsel handelt es sich um eine Adaptation des gleichnamigen Romans von Yann Queffélec. Er erzählt die tragische Geschichte von Ludovic, der die ersten Jahre seiner Kindheit als Eingeschlossener auf einem Dachboden verbringt. Seine ganze Liebessehnsucht richtet sich auf seine Mutter, die ihn, das Resultat einer brutalen Vergewaltigung, nicht akzeptieren kann. Marion Hänsel ist es nicht gelungen, sich genügend von der literarischen Vorlage zu lösen. Ihr Film präsentiert sich als seltsam unterkühltes, ästhetisches Puzzle mit unvermittelten leidenschaftlichen Einschüben. *Zoom*

Peter Buchka in: SZ, 1.10.88; Marli Feldvoss in: FAZ, 22.9.88; Barbara Hegnauer in: Zoom, 17/88; Heike Kühn in: FR, 22.9.88; Karin Bettina Müller in: tip, 20/88

Barfly — 82

BARFLY

****

Regie: Barbet Schroeder
Darsteller: Mickey Rourke (Henry Chinaski), Faye Dunaway (Wanda Wilcox), Alice Krige (Tully Sorensen), J.C. Quinn (Jim), Frank Stallone (Eddie), Jack Nance (Detektiv)
Drehbuch: Charles Bukowski
Kamera: Robby Müller (TVC Color)
Musik: Paula Erickson (Supervision), Stephanie Lee (Koordination), Auszüge aus Werken von Mozart, Beethoven, Mahler, Händel, Scriabin; Songs interpretiert von Booker T. und the MG's, Lounge Lizards, Nighthawks u.a.
Schnitt: Eva Gardos
Produktion: Barbet Schroeder, Fred Roos, Tom Luddy für Francis Coppola für Golan-Globus Prod., USA 1987

Geschichten auf dem Dachboden. Szene aus »Barbarische Hochzeit«.

Mickey Rourke, Faye Dunaway und Alice Krige in »Barfly«.

Verleih: Scotia-Cannon/Czerny/Rialto/Cannon/VMP Video
Uraufführung: Wettbewerb der Int. Filmfestspiele Cannes 1987
Kinostart: 14.1.88
FSK: ab 16, ffr.
Länge: 103 Min.

Säufer-Melodram in Moll: Nach dem Drehbuch des nicht nur von trinkfreudigen Journalisten geschätzten Charles Bukowski inszenierte Godard-Schüler Barbet Schroeder Szenen aus dem Leben von Bukowski alias Henry Chinaski.

Der Kultstar und unglaublich verschmuddelte Häßlichkeitsfanatiker Mickey Rourke spielt Chinaski, dessen Leben zwischen Bars, Schlägereien und nächtlich-poetischen Inspirationen stattfindet.

Zwei Frauen interessieren sich für ihn: Die ehrgeizige Verlegerin Tully und Wanda, eine verschlampte Trinkerin (eine Renaissance für Faye Dunaway!). Klar: Wanda und die magische Faszination der Downtown-Bars tragen den Sieg davon.

Eine nicht gerade überwältigende Story; doch die grandiose Leistung von Dunaway/Rourke und die dichte

Suff und Poesie. Mickey Rourke in »Barfly«.

Inszenierung machen diesen Film zur Beschwörung von berauschten Nächten. *Uli Hübsch, tz*

Michael Althen in: Tempo, 1/88; Frank Arnold in: Zitty, 2/88; Doris Blum in: Die Welt, 11.1.88; Brigitte Desalm in: Kölner Stadt-Anzeiger, 16./17.1.88; Bodo Fründt in: SZ, 9.1.88; Claudius Seidl in: Die Zeit, 22.1.88; Horst Stadler in: multimedia 15502

Barnum 83

BARNUM **

Video

Regie: Lee Philips
Darsteller: Burt Lancaster (P.T. Barnum), Hanna Schygulla (Jenny Lind), John Roney (Barnum als junger Mann), Sandor Raski, Patty Maloney, Laura Press, Kirsten Bishop
Drehbuch: Mitchell Norell
Kamera: Reginald Morris (Farbe)
Musik: Charles Gross
Produktion: Robert Halimi, USA 1986
Verleih: -/-/-/Taurus Video
Uraufführung: 30.11.86 (CBS)
Erstaufführung: Juni 88
FSK: ab 6 J.
Länge: 91 Min.

Netter, unspektakulärer US-Fernsehfilm, in dem Alt-Star Burt Lancaster die Lebensgeschichte des legendären Zirkusdirektors P.T. Barnum in Rückblenden erzählt. Für Fans nostalgischer Zirkus-Romantik. *Video-Markt*

Battleground 84

HELL ON THE BATTLEGROUND *

Video

Regie: David A. Prior
Darsteller: William Smith, Fritz Matthews, Ted Prior
Produktion: , USA 1987
Verleih: -/-/-/Highlight Video
Erstaufführung: 7.11.88
Länge: 87 Min.

Handwerklich routiniert gemachter Kriegsfilm, dem es allein um die Aneinanderreihung bleihaltiger Actionszenen geht. Der Schauplatz Vietnam ist bloße Staffage, Gegner der US-Boys ist eine obskure russische Einheit, zu erkennen an ihren Baskenmützen (?). *VideoWoche*

Beach Balls 85

BEACH BALLS *

Video

Regie: Joe Ritter
Darsteller: Philipp Paley (Charlie Harrison), Heidi Helmer (Wendy), Amanda Goodwin (Toni), Steven Tash (Scully), Tod Bryant (Doug), Douglas R. Starr (Keith), Leslie Danon (Kathleen)
Drehbuch: David Rocklin
Kamera: Anthony Cobbs (Fotokem Color)
Musik: Mark Governor
Schnitt: Carol Oblath
Produktion: Matt Leipzig für Concorde Pictures, USA 1988
Verleih: -/-/-/RCA/Columbia Video
Erstaufführung: 15.9.88
FSK: ab 16 J.
Länge: 77 Min.

Harmloser Strandulk für pubertierende und musikbegeisterte Videofans.

Beast You! 86

BITCHIN' SORORITY BABES IN THE SLIMEBALL BOWL-O-RAMA *

Video

Regie: David DeCoteau
Darsteller: Linnea Quigley (Spider), Michelle Bauer (Lisa), Andras Jones (Calvin), Robin Rochelle (Babs), Brinke Stevens (Taffy), Kathi Obrecht (Rhonda), Carla Baron (Frankie), Hal Havins (Jimmie)
Drehbuch: Sergei Hasenecz
Kamera: Stephen Ashley Blake (Foto-Kem Color)
Musik: Jonathan Scott Bogner, Guy Moon
Schnitt: Barry Zetlin, Tom Meshelski
Produktion: David DeCoteau, John Schouweiler für Titan Productions, USA 1988
Verleih: -/-/-/IHE Video
Erstaufführung: August 88
FSK: ab 16 J.
Länge: 78 Min.

Gruppe Teens bricht in Bowlingbahn ein, um dort als Mutprobe eine Trophäe zu klauen. Doch in dem Cup ist ein Geist, der ihnen Wünsche freistellt. Die wenden sich gegen sie selbst und am Ende trachtet jeder jedem nach dem Leben. Sich witzig gebender, gelegentlich temporeicher Horror, in dem die Teens sich so verklemmt, geil und tumb anstellen, wie sie wohl in Wirklichkeit auch sind.

Marcel Bieger, SFT

Beatle Bow – Das Spiel mit der Zeit 87

PLAYING BEATLE BOW ***

Regie: Donald Crombie
Darsteller: Imogen Annesley (Abigail), Peter Phelps (Judah/Robert), Mouche Phillips (Beatie Bow), Nikki Coghill (Dovey), Moya O'Sullivan (Großmutter), Don Barker, Lyndel Rowe, Barbara Stephens, Damian Janko, Phoebe Salter, Su Cruickshank
Drehbuch: Peter Gawler nach der gleichn. Novelle von Ruth Park
Kamera: Geoffrey Simpson (Eastmancolor)
Musik: Garry McDonald, Laurie Stone
Schnitt: A.J. Prowse
Produktion: Jock Blair für South Australian Film Corp., Australien 1986
Verleih: Esplanade, Nova/-/-
Kinostart: 8.12.88
FSK: ab 12, ffr.
Länge: 91 Min.

Junges Mädchen gelangt durch eine Zeitreise ins Sydney des ausgehenden 19. Jahrhunderts.

Die Beduinen von Paris 88

L'ŒIL AU BEUR(R)E NOIR ****

Regie: Serge Meynard
Darsteller: Julie Jezequel (Virginie), Smain (Rachid), Pascal Legitimus (Denis), Martin Lamotte (Monsieur Perroni), Dominique Lavanant (Madame Perroni), Patrick Braoude (Georges), Jean Paul Lilienfeld (Junior), Michel Bertro (Monsieur Picard), Mahmoud Zemmouri (Rachids Vater), Dabia Maouch (Rachids Mutter), Sam Alpha (Pascal),
Drehbuch: Patrick Braoude, Jean Paul Lilienfeld
Kamera: Jean Jacques Tarbes (Farbe)
Musik: François Bernheim; Titelsong: Toure Kunda
Schnitt: Georges Klotz
Produktion: Raymond Danon, Jean Nachbaur für Les Films Ariane/Lira Films/Soffia, Frankreich 1987
Verleih: Concorde/Czerny/-
Erstaufführung: 3.7.88, Filmfest München
Kinostart: 28.7.88
FSK: ab 12, ffr.
Länge: 92 Min.
Prädikat: Wertvoll
César 1988 für den besten Erstlingsfilm

Ein Komödien-Erstling von beachtlicher Leichtigkeit und bezaubernd unverschämter Eleganz. Da wird mit boshaftem Schlawiner-Witz der tägliche Rassismus im vorurteils-verrammeltem Paris an die Wand geklatscht: Ein Araber und ein Schwarzer, Franzosen der zweiten Generation, suchen eine Wohnung und unterwandern

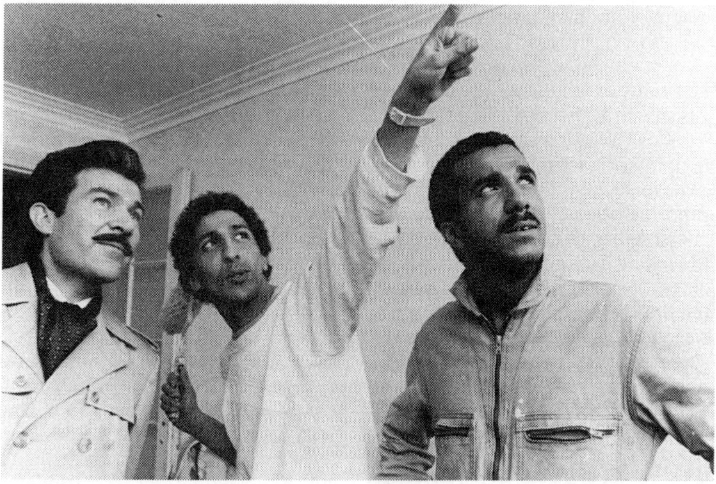

Tricks bei der Wohnungssuche, Szene aus »Die Beduinen von Paris«.

ihre Affe-aus-dem-Urwald-Diskriminierung mit raffinierten Großstadttricks. *Ponkie, AZ*

Ulrich von Berg in: Kölner Stadt-Anzeiger, 30.7.88; Gregor Dotzauer in: Die Zeit, 5.8.88; Thomas Linden in: Kölnische Rundschau, 30.7.88; H.G. Pflaum in: SZ, 30.7.88

Beetlejuice 89

BEETLEJUICE ***

Regie: Tim Burton
Darsteller: Alec Baldwin (Adam), Geena Davis (Barbara), Michael Keaton (Betelgeuse), Catherine O'Hara (Delia), Glenn Shadix (Otho), Winona Ryder (Lydia), Jeffrey Jones (Charles), Sylvia Sidney (Juno), Patrice Martinez, Robert Goulet, Dick Cavett, Annie McEnroe, Simmy Bow
Drehbuch: Michael McDowell, Warren Skaaren
Kamera: Thomas Ackerman (Technicolor, Dolby)
Musik: Danny Elfman
Schnitt: Jane Kurson
Produktion: Michael Bender, Larry Wilson, Richard Hashimoto für Geffen Co., USA 1988
Verleih: Warner Bros./dto./dto./Warner Home Video
Kinostart: 10.11.88
FSK: ab 12, ffr.
Länge: 92 Min.

Ein jungverheiratetes Paar, das bei einem Autounfall umgekommen ist, soll ein 125jähriges Geisterdasein in seinem geliebten, charmant-pittoresken Haus in ländlicher Idylle fristen. Als jedoch die neuen Besitzer aus New York das alte Haus nach ultramodernem Geschmack umzumodeln beginnen, versuchen die beiden Toten die Eindringliche zu vertreiben, indem sie zuerst selber als Gespenster in Aktion treten und nach etlichen Fehlschlägen einen boshaften Betelgeuse genannten Bio-Exorzisten zu Hilfe rufen, was sie jedoch bald bedauern. Die vielversprechend verrückt und grotesk beginnende Story verflacht allzu rasch zu sich wiederholenden Geisterbahneffekten. *Zoom*

Helmut W. Banz in: Kölner Stadt-Anzeiger, 12.11.88; Rolf Selas in: Rheinische Post, 11.11.88; H.G. Pflaum in: SZ, 11.11.88

Begegnung in Biarritz 90

HOTEL DES AMERIQUES ***

TV

Regie: André Téchiné
Darsteller: Catherine Deneueve (Helene), Etienne Chicot (Bernard), Patrick Dewaere (Gilles), Josiane Balasko (Colette), Sabine Haudepin (Elise), Francois Perrot (Rudel), Frederique Ruchaud, Jean-Louis Vitrac
Drehbuch: André Téchiné, Gilles Taurand
Kamera: Bruno Nuytten
Musik: Philippe Sarde
Schnitt: Claudine Merlin
Produktion: Alain Sarde für Sara Films, Frankreich 1982
Sendetermin: 22.2.88, ARD
Länge: 90 Min.

Einen Augenblick lang ist die Ärztin Helene am Steuer ihres Wagens unkonzentriert – und schon ist es passiert. Helene hat Gilles angefahren. Glücklicherweise wurde der junge Mann Gilles nicht verletzt. Doch Gilles, dessen Familie in Biarritz ein heruntergekommenes Hotel betreibt, verliebt sich in die elegante, selbstsichere Frau. Er folgt ihr von nun an durch die Stadt. In ihrer Fassade hochmütiger Zurückgezogenheit, die sie im Alltag aufrechterhält, zeigen sich Risse. *ARD*

Die Liebesgeschichte beginnt mit einem Verkehrsunfall und spielt in einem Ruinen-Haus. Das kann ja nicht gut gehn Aber wie das mißrät, das ist delikat und fesselnd. Dabei ist es nicht die Geschichte einer Mesalliance, die uns rührt, sondern es sind die Figuren, auch alle Nebenfiguren, die in einem empfindlichen Gleichgewicht einen kleinen Kosmos voll verpuffender Gefühle darstellen. Lauter Versehrte, die sich ständig neue Wunden zufügen, aber nicht tief genug, um daran zu sterben. Der Regisseur Téchiné drückt die verstreichende Zeit durch Fahrten, Gänge, Schwarzblenden aus. Und setzt dagegen Kontrapunkte des Wartens: auf Geselligkeit, Liebesvollzug, auf Renovierung. Dieser sorgfältig komponierte Ablauf hält die Span-

American-Grusel: Plakat zu »Beetlejuice«.

nung beim Zuschauer auch über Mitternacht weg noch wach.

Anne Rose Katz, SZ

Beirut: Der letzte Privatfilm 91

BEIRUT: THE LAST HOME MOVIE ***

16 mm

Regie: Jennifer Fox
Drehbuch: Jennifer Fox, John Mullen
Kamera: Alex Nepomniaschy (Farbe)
Musik: Lanny Meyers, Ziad Rahbani
Schnitt: John Mullen
Produktion: Jennifer Fox für Zohe Film Prod., USA 1987
Verleih: Freunde der Deutschen Kinemathek/-/-
Uraufführung: 10.10.1987, IFP New York
Erstaufführung: 15.2.88, Int. Form des Jungen Films, Berlin
Länge: 120 Min.

Der Film besticht durch eine wahrhaft Bunuelsche Komik: die Fortdauer großbürgerlichen Lebensstils im Kreuzfeuer der kämpfenden Parteien. Das ist so absurd wie bewundernswert, so irr-sinnig wie niederschmetternd. (...) Ein Cinema-verité-Bericht, direkt aus dem Auge des mörderischen Orkans...

Frankfurter Rundschau

Benji in Gefahr 92

FOR THE LOVE OF BENJI **

TV

Regie: Joe Camp
Darsteller: Patsy Garrett (Mary), Cynthia Smith (Cindy), Allen Fluzat (Paul), Ed Nelson (Chandler Dietrich), Art Vasil (Stelios), Peter Bowels (Ronald), Bridget Armstrong (Elizabeth)
Produktion: USA 1977
Sendetermin: 9.2.88, ZDF
Länge: 80 Min.

Daß Wirtschaftsspione keine andere Möglichkeit fanden, eine wichtige Formel aus Amerika nach Athen zu schmuggeln, als sie dem Hund Benji auf die Pfote zu tätowieren, war bereits eine Zumutung an die Zuschauer. Sie wurde nur noch dadurch übertroffen, daß dieser Hund Benji in Athen auf dem Flughafen ausriß, um Frauchen zu suchen, und ihm dabei zwei undurchsichtige Teams auf der Spur waren: Gangster und »Beauftragte der amerikanischen Regierung«. In Gefahr geriet dabei nicht so sehr der süße, offenbar mit menschlicher Intelligenz ausgestattete Benji als die Geduld der Zuschauer.

Mannheimer Morgen

Thomas Barth in: Stuttg. Nachrichten, 11.2.88; P.A. in: AZ, Mainz, 11.2.88; Zi. in: Kölnische Rundschau, 11.2.88; Cas in: Stuttg. Zeitung, 11.2.88

Benji – sein größtes Abenteuer 93

BENJI THE HUNTED ***

Regie: Joe Camp
Darsteller: Red Steagall (Jäger), Nancy Francis (Nachrichtensprecherin), Mike Francis (Fernseh-Kameramann), Frank Inn
Drehbuch: Joe Camp
Kamera: Don Reddy (Farbe)
Musik: Euel und Betty Box
Schnitt: Karen Thorndike
Produktion: Ben Vaughn für Walt Disney mit Silver Screen Partners III, Empark Prod., Mulberry Square Prod., USA 1987
Verleih: Warner Bros./dto./dto.
Kinostart: 19.5.88
FSK: o.A., ffr.
Länge: 89 Min.

Der drollige Hundemischling Benji fungiert diesmal als Nähr- und Ziehvater von vier mutterlos gewordenen Pumababys. Der Film verlegt sich zu etwa drei Viertel auf Tier- und Naturaufnahmen ohne menschlichen Dialog und bietet ohne starke dramatische Akzente gute Familienunterhaltung.

multimedia

Rolf Selas in: Rheinische Post, 20.5.88; Barbro Schuchardt in: Kölnische Rundschau, 21.5.88

Der Berserker 94

NUMBER ONE WITH A BULLET **

Video

Regie: Jack Smight
Darsteller: Robert Carradine (Berzak), Billy Dee Williams (Hazeltine), Valerie Bertinelli (Teresa Berzak), Peter Graves (Captain Ferris), Doris Roberts (Mrs. Berzak), Bobby di Cicco (Malcolm), Ray Girardin (Lt. Kaminski), Barry Sattels (Dacosta)
Drehbuch: Gail Morgan Hickman, Andrew Kurtzman, Rob Riley, James Belushi
Kamera: Alex Phillips (Farbe)
Musik: Alf Clausen
Schnitt: Michael J. Duthie
Produktion: Menahem Golan, Yoram Globus für Cannon International, USA 1988
Verleih: -/-/-/Cannon/VMP Video
Erstaufführung: Juni 88
FSK: ab 16 J.

Imposante Actionsequenzen, schnell erzählt: Seit Jahren sind zwei Polizisten einem großen Rauschgifthändler auf der Spur, können ihn aber nicht festnageln. Nun versuchen sie, über einen kleineren Fisch an den großen heranzukommen. Sie stellen einen Klein-Dealer in der Provinz, werden beim Rückflug jedoch angegriffen und müssen notlanden. Der Gefangene wird auf der Flucht erschossen. Erst jetzt merken die Polizisten den Verrat: Ihr Boß gehört zur Unterwelt.

Video-Markt

Bestie Krieg 95
BEAST OF WAR **

Regie: Kevin Reynolds
Darsteller: George Dzundza (Daskal), Jason Patric (Koverchenko), Steven Bauer (Taj), Stephen Baldwin (Golikov), Don Harvey (Kaminski), Kabir Bedi (Akbar), Erick Avari, Haim Gerafi, Shosh Marciano, David Sherrill
Drehbuch: William Mastrosimone, nach seinem Theaterstück »Nanawataii«
Kamera: Douglas Milsome (DeLuxe Color)
Musik: Mark Isham
Schnitt: Peter Boyle
Produktion: John Fiedler für Bright Star Films, USA 1988
Verleih: Columbia Tri-Star/Warner Bros./ 20th Century Fox/RCA/Columbia Video
Kinostart: 29.9.88
FSK: ab 18, ffr.
Länge: 2974 m

Der zweite Versuch des »Die Rote Flut«-Autors Reynolds ein Zelluloid-Geschwader in Sachen Anti-Kommunismus loszujagen. Schauplatz ist diesmal Afghanistan, dessen Konflikt Reynolds zur plumpen Metapher zwischen Gut und Böse stilisiert. Das durch keinerlei Hintergrundwissen getrübte Produkt eines Kleingeistes, der mit diesem Kriegsschinken spätestens seit Gorbatschow der Geschichte hinterherklappert. *tip*

Bestseller 96
BEST SELLER ***

Regie: John Flynn
Darsteller: James Woods (Cleve), Brian Dennehy (Dennis Meechum), Victoria Tennant (Roberta Gillian), Allison Balson (Holly Meechum), Paul Shenar (David Madlock), George Coe (Graham), Ann Pitoniak (Mrs. Foster), Mary Carver, Sully Boyar, Kathleen Lloyd,Harold Tyner, E. Brian Dean, Jeffrey Josephson
Drehbuch: Larry Cohen
Kamera: Fred Murphy (Farbe)
Musik: Jay Ferguson
Schnitt: David Rosenbloom

Das letzte Kapitel schreibt der Tod. Brian Dennehy in »Bestseller«.

Produktion: Carter De Haven für Hemdale, USA 1987
Verleih: 20th Century Fox/-/Monopole Pathé/RCA/Columbia Video
Kinostart: 11.2.88
FSK: ab 16, ffr.
Länge: 95 Min.

Ein Polizei- und Gangster-Thriller der professionellen Hollywood-Art, von John Flynn routiniert als schwarzer Genre-Film inszeniert.
Apart ist die Variante der Charakterisierung der beiden Kontrahenten. Ein Polizist und auflagenstarker Krimi-Autor (robust mit gutem Kern: Brian Dennehy) wird von einem gefeuerten und auf Rache am Chef sinnenden Killer (eiskalt intelligent schillernd: James Woods) bedrängt. Der Gangster will, daß der Polizist ein Buch über ihn schreibt und auf diese Weise seinen Auftraggeber entlarvt.
Eine dramaturgisch spannende Konstellation, die aber dann doch nur in die üblichen Action-Szenen mündet. Weniger Blut und mehr psychologischer Thrill wären besser gewesen. Nur die beiden hervorragenden Hauptdarsteller halten das Interesse wach. *Frauke Hanck, tz*

Michael Althen in: Die Zeit, 19.2.88; Gregor Dotzauer in: FAZ, 13.2.88; Bodo Fründt in: SZ, 12.2.88

Beverly Hills Car Park 97

VALET GIRLS *

Video

Regie: Rafal Zielinski
Darsteller: Meri D. Marshall (Lucy), April Stewart (Rosalind), Mary Kohnert (Carnation), Christopher Weeks (Dirk Zebra), Patricia Scott Michel (Tina Zebra), Jon Sharp (Lindsay)
Drehbuch: Clark Carlton
Kamera: Nicholas von Sternberg (United Color)
Musik: Robert Parr
Schnitt: Akiko B. Metz
Produktion: Dennis Murphy für Lexyn, USA 1987
Verleih: -/-/-/Vestron Video
Erstaufführung: 22.4.88
FSK: nicht unter 18 J.
Länge: 82 Min.

Lucy und Rosalind arbeiten als Parkwächterinnen und sollen für den Party-Zampano Dirk Zebra Dienst tun. Auf diesen Endlos-Festivitäten sind sie allerlei Nachstellungen ausgesetzt, können aber auch ihre Qualitäten ins rechte Licht rücken. Party-Ulk mit Seitenhieben auf die Freizeitgewohnheiten der Showbiz-Akteure, der sich an Filmen wie »Die Party« messen lassen muß und dabei verliert.

VideoWoche

Bibos abenteuerliche Flucht 98

FOLLOW THAT BIRD ***

Video

Regie: Ken Kwapis
Darsteller: Caroll Spinney (Bibo/Oskar), Jim Henson (Kermit der Frosch/Ernie), Frank Oz (Krümelmonster/Bert/Grover), Paul Bartel (Koch), Sandra Bernhard (Kellnerin), John Candy (Highway-Polizist), Chevy Chase (Nachrichtensprecher), Joe Flaherty (Sid Sleaze), Waylon Jennings (Trucker), Dave Thomas (Sam Sleaze)
Drehbuch: Tony Geiss, Judy Freudberg
Kamera: Curtis Clark (Technicolor)
Musik: Van Dyke Parks, Lennie Niehaus
Schnitt: Stan Warnow, Evan Landis
Produktion: Tony Garnett für Children's Television Workshop. In Zusammenarbeit mit World Film Services, USA 1985
Verleih: -/-/-/Warner Home Video
Erstaufführung: 14.10.88
FSK: o.A.
Länge: 88 Min.

Gelungener Kinderfilm nach dem bewährten Strickmuster der Muppet-Komödien: Von einer Tierliebhaberin ins Heim einer gutsituierten Dodo-Familie verfrachtet, macht sich der heimwehkranke Vogel Bibo schon bald an den beschwerlichen Rückweg, wobei er skurrile Typen trifft.

Big 99

BIG ****

Regie: Penny Marshall
Darsteller: Tom Hanks (Josh), Elizabeth Perkins (Susan), Robert Loggia (MacMillan), John Heard (Paul), Jared Rushton (Billy), David Moscow (Josh als Junge), Jon Lovitz, Mercedes Ruehl, Josh Clark, Kimberlee M. Davis, Oliver Block, Erika Katz, Allan Wasserman, Mark Ballou
Drehbuch: Gary Ross, Anne Spielberg
Kamera: Barry Sonnenfeld (Farbe)
Musik: Howard Shore
Schnitt: Barry Malkin
Produktion: James L. Brooks, Robert Greenhut für 20th Century Fox, USA 1987
Verleih: 20th Century Fox/dto./dto./CBS/Fox Video
Kinostart: 29.9.88
FSK: ab 6, ffr.
Länge: 104 Min.
Prädikat: Wertvoll

In einem mittelständischen New Yorker Einfamilienhaus-Quartier lebt Josh, und er hat ein Problem. Der zwölfjährige möchte nämlich schnell erwachsen werden. Auf einem Rummelplatz gerät er an eine Zaubermaschine und wird über Nacht ein junger Mann. Flugs zieht er in die City, findet einen Job in einer Spielzeugfabrik und steigt in kurzer Zeit zum Chefingenieur auf. Natürlich gerät er auch in eine Liaison mit einer karrieresüchtigen Mitarbeiterin. Eine herrliche Komödie, sensibel inszeniert von einer der wenigen Hollywood-Frauen, Penny Marshall. Joshs Trip in die Zukunft und der sanfte Weg zurück bringt jedwelche Déjà-Vu Momente mit Witz, Pep und liebenswertem Brio. *Zoom*

Michael Althen in: SZ, 30,9.88 Jörg von Uthmann in: FAZ, 2.8.88; Helmut Voss in: Die Welt, 22.9.88

Der Mann ist ein Kind. Tom Hanks und Jared Rushton in »Big«.

The Big Blue **100**
THE BIG BLUE ***

Regie: Andrew Horn
Darsteller: David Brisbin, Taunie VreNon, John Erdman, Jim Neu, Sheila McLaughlin, Bill Rice
Drehbuch: Jim Neu nach einer Kurzgeschichte von Andrew Horn
Kamera: Carl Teitelbaum (Farbe)
Musik: Jill Jaffe
Schnitt: Ila von Hasperg
Produktion: Yoram Mandel für Big Blue/ ZDF, USA/BRD 1987
Verleih: Freunde der Deutschen Kinemathek/-/-
Uraufführung: 13.2.88. Int. Forum des jungen Films, Berlin
Länge: 100 Min.

Neonromantik in »The Big Blue«.

(...) Insofern knüpft Andrew Horn hier unmittelbar an »Doomed Love«, seinen Forumsbeitrag von 1984 an. Die von Jim Neu (Buch) entwickelte Story um einen Privatdetektiv, um »Verbrechen, die letztlich gar keine sind«, gibt nicht erst lange vor, irgendeine Kino-»Realität« zu schaffen. Die verschiedensten Mittel und Möglichkeiten audiovisueller Medientechnik relativieren hier ständig Handlungsrahmen und Geschehen. Sie sorgen dafür, daß es »die Realität« schließlich nicht mal mehr als Kinofiktion gibt, daß etwa Film-und Videobilder vielmehr zahlreiche parallele »Wirklichkeiten« erschaffen, die von den Menschen allerdings kaum mehr bewältigt werden können.
In solchem Umfeld nimmt es nicht wunder, wenn die Personen dann selber nur noch leere Sprachhülsen produzieren, sich damit oft auch direkt an die Zuschauer wenden. Da sie aber sehr viel reden, ist »The Big Blue« nicht eben amüsante Kinokost.

Jochen Metzner, Der Tagesspiegel

Wilfried Geldner in: FAZ, 24.2.88

Big Deal – Diebe haben's schwer 101

I SOLITI IGNOTI ... VENT'ANNI DOPO ***

Video

Regie: Amanzio Todini
Darsteller: Marcello Mastroianni (Tiberio Brashi), Vittorio Gassman (Peppe), Tiberio Murgia (Ferribotte), Francesco de Rosa (Pfleger), Giorgio Gobbi, Celia Rondinella, Concetta Barra, Gina Rovere, Natale Tulli
Drehbuch: Age, Suso Cecchi D'Amico, Amanzio Todini
Kamera: Pasqualino de Santis (Kodacolor)
Musik: Nino Rota
Schnitt: Ruggero Mastroianni
Produktion: Excelsior Film TV/Medusa Distribuzione, Italien 1985
Verleih: -/-/-/Taurus Video
Erstaufführung: 24.10.88
FSK: ab 12 J.
Länge: 109 (96) Min.

Remake von Mario Monicellis »Diebe haben's schwer« (1958): Ehemaliger Ganove wird nach zehn Jahren aus der Haft entlassen und wendet sich wieder an seinen alten Kumpanen, der gerade einen neuen Coup plant. Aufgabe ist ein Drogentransport von Jugoslawien nach Italien. Die Neufassung mit den alten Stars ist ebenso beschaulich-liebenswert wie das Urstück, entspricht aber wohl nicht ganz dem Zeitgeist.

Video-Markt

Big Harry 102

EAT AND RUN

*

Video

Regie: Christopher Hart
Darsteller: Ron Silver (Mickey McSorely), Sharon Schlarth (Richter Cheryl Cohen), R.L. Ryan (Murray Creature), John F. Fleming (Polizeichef), Derek Murcott (Sorely McSorely)
Drehbuch: Stan Hart, Christopher Hart
Kamera: Dyanna Taylor (DuArt Color)
Musik: Donald Pippin
Schnitt: Pamela S. Arnold
Produktion: Jack Briggs für BFD Productions, USA 1986
Verleih: -/-/-/Highlight Video
Erstaufführung: Juni 88
FSK: ab 16 J.
Länge: 90 Min.

Fetter Alien verspeist Italiener; ein Polizist mit Hang zur Erzählerstimme sowie eine hübsche Richterin ermitteln. Ein witziger Einfall macht noch keine Geschichte.

Big Time 103

BIG TIME

***

Regie: Chris Blum
Darsteller: Tom Waits (voc, p), Michael Blair (dr, perc), Ralph Carney (sax, cl, Bariton-Horn), Greg Cohen (e-b, Basstarda, Alt-Horn), Marc Ribot (g, banj, tr), Willy Schwarz (acc, org, Sitar, Conga)
Drehbuch: Kathleen Brennan, Tom Waits, nach ihrer Bühnenshow »Frank's Wild Years«
Kamera: Daniel Hainey (Farbe)
Musik: Tom Waits
Schnitt: Glenn Scantlebury
Produktion: Luc Roeg für Vivid Prod., USA 1988
Verleih: Arsenal/-/-
Kinostart: 3.11,88
Länge: 90 Min.

Tom Waits, »der beste Freund der Schlaflosigkeit«, brilliert mit 21 Songs aus seinen Kult-Alben vor Live-Publikum in Kalifornien als Chronist der klaustrophobischen Nachwelt urbanen Verfalls und Abstiegs. Einfallsreiche Kameraführung und ein effektvoller Schnitt ziehen den Zuschauer in die halluzinatorische Songwelt des Künstlers. Der Film verzichtet auf Off-Stage-Schnickschnack, extravagante optische Tricks und wirkt dadurch glaubwürdiger und eindringlicher als Dokument einer wüsten Künstler-Existenz zwischen Muddy Waters und Kurt Weill, Bob Dylan und Frank Sinatra.

tip

Wolfgang Höbel in: SZ, 2.12.88; Rolf Selas in: Rheinische Post, 4.12.88; Wolfgang Sandner in: FAZ, 3.11.88

Big Trouble in Hong Kong 104

BLADE IN HONG KONG

**

Video

Regie: Reza Badiyi
Darsteller: Terry Lester (Blade), Keye Luke, Mike Preston, Jean-Marie Hon, Ken Fagen, Leslie Nielsen, Nancy Kwan, Ellen Regan
Drehbuch: Gordon Cotler
Kamera: Woody Omens (Farbe)
Musik: David Kurtz
Produktion: Terry Becker für Becker Enterprises, USA 1985
Verleih: -/-/-/Atlas Video
Uraufführung: 15.5.85 (CBS)
Erstaufführung: 26.2.88
FSK: ab 12 J.
Länge: 91 Min.

Privatdetektiv Blade reist nach Hongkong und steht seinem millionenschweren Adoptivvater gegen einige Verbrecher bei, die es auf ein heiliges Tempelbuch abgesehen haben. Billig und belanglos.

Bikini Shop 105

THE BIKINI SHOP

**

Regie: David Wechter
Darsteller: Michael David Wright (Alan), Bruce Greenwood (Todd), Barbara Horan (Ronnie), Debra Blee (Jane), Jay Robinson (Ben), Galyn Gorg, Ami Julius
Drehbuch: David Wechter
Kamera: Tom Richmond (Farbe)
Musik: Don Perry
Schnitt: Jean-Marc Vasseur
Produktion: Gary Mehlman, J. Kenneth Rotcop für Wescom mit Romax Prod., USA 1984
Verleih: Metropol/-/-/VPS Video

Kinostart: 31.12.87
FSK: ab 12, nffr.
Länge: 90 Min.

Der Titel spricht von Malibu, aber die Bikinis werden in Venice verkauft. Zwei Brüder aus dem Osten des Landes versuchen mit wechselndem Erfolg ihr Glück mit einem Bikini Shop und deren Verkäuferinnen.

Die Bikinifalle 106

PRETTY SMART **

Regie: Dimitri Logothetis
Darsteller: Tricia Leigh Fisher (Daphne Ziegler), Lisa Lorient (Jennifer Ziegler), Dennis Cole (Richard Crawley), Patricia Arquette (Zero), Paris Vaughan (Torch), Kimberley B. Delfin (Yuko), Brad Zutraut, Kim Waltrip
Drehbuch: Dan Hoskins, nach einer Story von Jeff Begun und Melanie J. Alschuler
Kamera: Dimitri Papacostantis (Farbe)
Musik: Jay Levy, Eddie Arkin
Schnitt: Daniel Gross
Produktion: Ken Solomon, Jeff Begun für Baleor/Chroma III/First American Film Capital, USA 1987
Verleih: Highlight/Highlight Video
Kinostart: 14.7.88
FSK: ab 16, nffr.
Länge: 83 Min.

B-Picture mit Schauspielern die weniger mit Leistung als mehr mit berühmter Verwandtschaft brillieren: Patricia Arquette ist die Schwester von Rosanna, Tricia L. Fisher stammt aus der Verbindung Connie Stevens und Eddie Fisher und Paris Vaughan ist die Tochter von Sara Vaughan.

Bilder der Welt und Inschrift des Krieges 107

**** 16 mm

Regie: Harun Farocki
Kamera: Ingo Kratsch, Irina Hoppe (Trick-Kamera)
Produktion: Harun Farocki für , BRD 1988
Verleih: Basis/-/-
Erstaufführung: 12. Duisburger Filmwoche 1988
Kinostart: Nov. 88
Länge: 75 Min.

Gefördert mit Mitteln der Kulturellen Filmförderung NRW
Dokumentarfilmpreis der »Arbeitsgemeinschaft der Filmjournalisten« 1988

Essayfilm von Harun Farocki »Bilder der Welt und Inschrift des Krieges«.

Farockis Bilderbefragung bringt scheinbar Disparates zusammen. Sie betreibt »Aufklärung« über den Zusammenhang von Krieg, Bildproduktion und Industriegeschichte: »Aufklärung« nicht im Sinne der militärischen oder polizeilichen Konnotation dieses Begriffs, sondern im Sinne philosophischer Erkenntniskritik.

Klaus Gronenborn, Frankfurter Rundschau

Billy Galvin 108

BILLY GALVIN **

Video

Regie: John Gray
Darsteller: Karl Malden (Jack Galvin), Lenny von Dohlen (Billy Galvin), Joyce van Patten (Mae), Toni Kalem (Nora), Keith Szarabajka (Donny), Alan North (Georgie), Paul Guilfoyle (Nolan)
Drehbuch: John Gray
Kamera: Eugene Shlugleit (Farbe)
Schnitt: Lou Kleinman
Produktion: Sue Jett, Tony Mark für American Playhouse, USA 1986
Verleih: -/-/-/UFA Video
Erstaufführung: 15.1.88
FSK: ab 16 J.
Länge: 94 Min.

Heiter-melancholisches Vater-Sohn-Drama um einen Spezialisten für die besonders gefährlichen Arbeiten auf Hochhaus-Rohbauten und seinen Sohn, der eigentlich studieren sollte, es aber lieber dem Vater gleichtun will. Story und Inszenierung sind recht bieder, allenfalls das Spiel von Karl Malden verleiht der unspektakulären Geschichte einige Atmosphäre.

Video-Markt

Billy Ze Kick 109

BILLY ZE KICK **

Video

Regie: Gérard Mordillat
Darsteller: Francis Perrin (Roger Chapeau), Zabou (Juliette Chapeau), Dominique Lavanant (Madame Achère), Cerise Bloc (Zulie-Berthe Chapeau), Michael Lonsdale (Commissioner Bellanger), Yves Robert (Alcide), Marie-France (Peggy Spring)
Drehbuch: Gérard Guérin, Gérard Mordillat. Nach dem Roman von Jean Vautrin
Kamera: Jean Monsigny (Eastmancolor)
Musik: Jean-Claude Petit
Schnitt: Michèle Masnier-Catonné
Produktion: Pierre Grimblat, René Cleitman für Hamster Productions/Hachette Première/FR 3, Frankreich 1985
Verleih: -/-/-/VCL Video
Erstaufführung: 24.5.88
FSK: ab 16 J.
Länge: 87 Min.

Interessant fotografierte Neonlicht-Krimikomödie voller schriller Einfälle: Ein Polizei-Inspektor hält sich für den Dirty Harry Frankreichs und träumt vom ganz großen Mordfall. Doch nichts passiert... bis Frauenmörder Billy Ze Kick zuschlägt – ein Phantom, das scheinbar jede Gestalt annehmen kann und unverwundbar ist. Nicht leicht konsumierbar, wer aber dran bleibt, das Extravagante und einen Hauch Surrealismus mag, wird sich nicht langweilen. *Video-Markt*

Biloxi Blues 110

BILOXI BLUES **

Regie: Mike Nichols
Darsteller: Matthew Broderick (Eugene Morris Jerome), Christopher Walken (Sgt. Toomey), Matt Mulhern (Wykowski), Corey Parker (Epstein), Markus Flanagan (Selridge), Casey Siemaszko, Michael Dolan, Penelope Ann Miller, Park Overall
Drehbuch: Neil Simon
Kamera: Bill Butler (Farbe)
Musik: Georges Delerue
Schnitt: Sam O'Steen
Produktion: Ray Stark für Rastar Prod. für Universal, USA 1988
Verleih: -/-/UIP/CIC Video
Kinostart: Mai 1988
Länge: 106 Min.

In zehnwöchiger Roßkur werden aus Adoleszenten Soldaten für den Zweiten Weltkrieg ausgebildet. Neben Liegestützen und durch den Sergeanten provozierte gruppendynamische Prozesse verhelfen zur Mannwerdung auch eine Hure. Als Zückerchen für den tagebuchschreibenden Ich-Erzähler des Films gibt es eine romantische Liebe mit einem nonnenbewach-

Alles in einem Moment. Forest Whitaker als Jazzlegende Charlie Parker jr. in »Bird« unter der Regie von »Dirty Harry« Clint Eastwood.

ten Internatsmädchen dazu. Der aus etwas plump aneinandergereihten Szenen bestehende Film erinnert an eine billige PR-Übung des Militärs.

Zoom

Bionic Ninja **111**
BIONIC NINJA *
Video

Regie: Tim Ashby
Darsteller: Kelly Steve, Alan Hemmings, Rick Wilson
Produktion: , Hongkong 1987
Verleih: -/-/-/Silverstar Video
Erstaufführung: 30.8.88
Länge: 30.8.88

KGB-Ninjas und ein Ninjitsu-Azubi des CIA auf der Jagd nach einem brisanten Mikrofilm.

Bird **112**
BIRD ****

Regie: Clint Eastwood
Darsteller: Forest Whitaker (Charlie »Bird« Parker), Diane Venore (Chan Parker), Michael Zelniker (Red Rodney), Samuel E. Wright (Dizzy), Keith David (Buster Franklin), Michael McGuire (Brewster), James Handy (Esteves), Damon Whitaker, Morgan Nagler, Arlen Dean Snyder, Sam Robards
Drehbuch: Joel Oliansky
Kamera: Jack N. Green (Technicolor)
Musik: Lennie Niehaus
Schnitt: Joel Cox
Produktion: Clint Eastwood für Malpaso Prod., USA 1988
Verleih: Warner Bros./-/Warner Bros./ Warner Home Video
Erstaufführung: Int. Filmfestspiele Cannes 1988
Kinostart: 15.9.88
FSK: ab 12, ffr.
Länge: 160 Min. (OmU)
Prädikat: Besonders wertvoll

Clint Eastwoods Annäherung an einen Magier des Bebop, Charlie »Yardbird« Parker ist eine Liebeserklärung an den Jazz und an die Charaktere, die ihn immer neu erfinden. Der Film verbindet Episoden aus einem Leben, das geprägt ist von Drogensucht, Selbstzweifel und immer wieder aufscheinender kreativer Genialität. »Bird« ist ein Film, der die

Musik Parkers ins Zentrum rückt und aus ihr heraus punktuell auf das soziokulturelle Umfeld hinweist. *Zoom*

Gerd Berghoff in: Kölnische Rundschau, 15.10.88; Fritz Göttler in: Kölner Stadt-Anzeiger, 15.10.88; Michael Rieth in: FR, 15.10.88; Uwe Schmitt in: FAZ, 14.10.88; Claudius Seidl in: SZ, 22.10.88

Bird Now 113

BIRD NOW ****

Regie: Marc Huraux
Darsteller: Chan Parker, Paul McIsaac, Jacqui Casto, Steve Ben Israel, Leroy Williams, Billie Holiday, Bill Miles, Dizzy Gillespie, Walter Bishop jr., Ben Webster, Lester Young, Coleman Hawkins
Drehbuch: Marc Huraux nach einer Idee von David Aronson und Marc Huraux
Kamera: Richard Copans (Farbe)
Produktion: Hengameh Panahi für Celluloid Dealers, Belgien 1987
Verleih: Theaterfilm/-/Hatary Film
Uraufführung: 10.11.87, Belga Jazz Festival, Liège; 13.2.88, Int. Forum des jungen Films bei der Berlinale
Kinostart: 6.10.88
Länge: 90 Min.

Der filmische Versuch, sich der Jazz-Legende Charlie Parker zu nähern. Poesievolle Impressionen aus New York werden mit Parkers Musik unterlegt, kurze Spielszenen wechseln ab mit Interviewbeiträgen, unter anderem mit Dizzy Gillespie und Parkers Frauen, Chan und Doris. Höhepunkt des Features bilden die beiden einzigen bekannten Originalfilmaufnahmen von Parker selber. Ein Film für Fans und solche, die es werden wollen.

Simone Mahrenholz in: Der Tagesspiegel, 16.2.88

Birds of Prey 114

BEAKS *

Video

Regie: René Cardona
Darsteller: Christopher Atkins (Peter), Michelle Johnson (Vanessa Cartwright), Sonia Infante (Carmen), Salvador Pineda (Joe), Carol Connery (Susan), Aldo Sambrel (Arthur Neilsen), Gabriele Tinti (Rod)
Drehbuch: René Cardona
Kamera: Leopoldo Villaseñor (Farbe)
Musik: Stelvio Cipriani
Schnitt: Jesus Paredes
Produktion: René Cardona für Productora Filmica Real, Mexiko 1987
Verleih: -/-/-/Splendid Video
Erstaufführung: 21.3.88
FSK: nicht unter 18 J.
Länge: 87 Min.

Auf äußerliche Maskeneffekte konzentrierte Variante von Hitchcocks »The Birds«: Killervögel rächen sich für die Umweltverschmutzung.

Black Eagle 115

THE ORDER OF THE BLACK EAGLE **

Video

Regie: Worth Keeter
Darsteller: Ian Hunter (Duncan Jax), Charles K. Bibby (Star), William T. Hicks (Baron Tepish), Jill Donnellan (Tiffany Youngblood), Stephan Krayn (Dr. Brinkman), Anna Rapagna (Maxie Ryder), Flo Hyman (Spike), Shan Tai Tuan (Sato)
Drehbuch: Phil Behrens
Kamera: Irl Dixon (Technicolor)
Musik: Dee Barton
Schnitt: Matthew Mallinson
Produktion: Betty J. Stephens, Robert P. Eaton für Polo Players Ltd., USA 1985
Verleih: -/-/-/CBS-Fox Video
Erstaufführung: 15.5.88
FSK: nicht unter 18 J.
Länge: 93 Min.

Superagent Duncan Jax auf den Spuren des entführten Dr. Brinkmann (nein, nicht der!!), der einer Neonazi-Organisation eine Protonenbombe zusammenbasteln soll. Fortsetzung einer Agentenparodie, die schon im Original nicht recht zu überzeugen wußte.

Black Mic Mac 116

BLACK MIC MAC ****

Regie: Thomas Gilou
Darsteller: Jacques Villeret (Michel), Isaach de Bankole (Lemmy), Felicité Wouassi (Anisette), Khoudia Seye (Amina), Cheik Doukoure (Mamadou), Mohamed Camara (Samba), Sidy Lamine Diarra (Ali), Lydia Ewande (Aida), Daniel Russo (Rabuteau)
Drehbuch: Monique Annaud, Patrick

Braoude, Cheik Doukoure, Thomas Gilou, François Favre
Kamera: Claude Agostini (Fujicolor)
Musik: Ray Lema
Schnitt: Jacqueline Thiédot
Produktion: Monique Annaud für Chrysalide Films/Films Christian Fechner/FR 3/ Centre National du Cinema, Frankreich 1986
Verleih: Metropol/Fleur/Challenger/VPS Video
Uraufführung: 23.4.86, Paris
Erstaufführung: 25.6.87, Filmfest München
Kinostart: 10.3.88
FSK: ab 6, ffr.
Länge: 93 Min.

Michel, der Pariser »Toubab« (afrik. »Der Weiße«) will ein Stadtviertel, in dem die Schwarzafrikaner ihre neue Heimat gefunden haben, »sanieren«, also einfach abreißen und neu hinstellen. Da hilft nur noch ein »Marabout«, ein Zauberer, der den kleinen dicklichen Herrn Saubermann verhext. Daß der große Meister aus der Sahara dann doch nicht rechtzeitig eintrifft, macht nichts: Michel wird von einer schwarzen Friseuse verzaubert und steuert in die Mischehe.

Zwischen weißer Bürokratie, Polizeigewalt und afrikanischer Lebensfreude, zwischen Disco-Psyche und Hexenglaube läßt Regisseur Thomas Gilou rund um den Komiker Jacques Villeret ein kleines Feuerwerk verrückter Szenen abbrennen.
Die schwarze Truppe ist so brillant besetzt, daß sich neben dem unfreiwilligen Staunen noch der Zwerchfell-Effekt ergibt: Die Klamotte als Schleichwerbung für rassische Toleranz. *Kai Niemeyer, AZ*

Michael Althen in: SZ, 19.3.88; Gregor Dotzauer in: FAZ, 12.3.88; Heiner Gassen in: Kölner Stadt-Anzeiger, 21./22.3.88; Rolf Selas in: Rheinische Post, 2.4.88; Ralph Umard in: tip, 11/88

Black Panther 117

NINJA, WARRIOR FROM BEYOND *
Video

Regie: Tommy Cheng
Darsteller: Joff Houston, John Wilford, Glen Carson, Billy Jones
Drehbuch: Martin Greenfield
Produktion: Filmark, Hongkong 1987
Verleih: -/-/-/New Vision Video
Erstaufführung: 25.4.88

Der Beamte ist geschafft. Felicite Wouassi, Jacques Villeret und Isaack de Bankole in »Black Mic Mac«.

FSK: nicht unter 18 J.
Länge: 87 Min.

Amerikanischer Spezialagent gegen die schwarzen Killer-Ninjas.

Black Scorpion 118

FEAR

**

Video

Regie: Robert A. Ferretti
Darsteller: Cliff de Young (Don Haden), Kay Lenz (Sharon Haden), Robert Factor (Jack Gracie), Scott Schwartz (Brian Haden), Geri Betzler (Jennifer Haden), Frank Stallone (Robert Armitage), Charles Meshack (Cy Canelle)
Drehbuch: Rick Scarry, Kathryn Connell
Kamera: Dana Christiaansen (Fotokem Color)
Musik: Alfi Kabiljo
Schnitt: Michael Eliot
Produktion: Lisa M. Hansen für Cinetel, USA 1988
Verleih: -/-/-/Virgin Video
Erstaufführung: 15.12.88
Länge: 96 Min.

Während eine Gruppe von Häftlingen in ein anderes Gefängnis verlegt werden soll, planen die Hadens einen Wochenendausflug, damit familiäre Probleme einmal richtig ausdiskutiert werden können. Recht gewalttätige Action-Tour, die nach dem Motto »Gefahr schafft Zusammenhalt« funktioniert. *VideoWoche*

Black Tunnel 119

BLACK TUNNEL

*

Video

Regie: Frederico Bruno
Darsteller: Flaminia Lizzani, Carlo Heimo, Gianni Garko, Lino Salemme
Drehbuch: Frederico Bruno
Kamera: Frederico Bruno (Farbe)
Produktion: Cannon, USA 1986
Verleih: -/-/-/Cannon/VMP Video
Erstaufführung: 11.7.88
FSK: ab 16 J.
Länge: 70 Min.

Um die Preisgabe seiner Verbindungen zur Mafia zu verhindern, plant US-Colonel Roth in Italien ein Attentat auf einen Geschäftsmann. Mysteriös erzählter, nicht immer logischer Actionthriller mit wenig überzeugenden politischen Bezügen, der über die minutiösen Attentatsvorbereitungen und eine endlose Verfolgungsjagd im Tunnel Spannung zu erzeugen sucht. *VideoWoche*

A Blade in the Dark 120

LA CASA CON LA SCALA NEL BUITO

**

Video

Regie: Lamberto Bava
Darsteller: Andrea Occhipinti (Bruno), Anny Papa, Fabiola Toledo, Michele Soavi, Valeria Cavalli, Stanko Molnar, Lara Naszinski
Drehbuch: Dardano Sacchetti, Elisa Briganti
Kamera: Gianlorenzo Battaglia (Luciano Vittori Color)
Musik: Guido & Maurizio de Angelis
Schnitt: Lamberto Bava
Produktion: National Cinematografica/ Nuovo Dania Cinematografica, Italien 1983
Verleih: -/-/-/USA Video
Erstaufführung: August 88
FSK: nicht unter 18 J.
Länge: 96 Min.

Während ein Komponist in seiner einsamen Villa an der Vertonung eines Horrorfilms arbeitet, treibt in der Nachbarschaft ein mörderischer Transvestit sein Unwesen. Der Argento-Einfluß ist unübersehbar.

Blast – Wo die Büffel röhren 121

WHERE THE BUFFALO ROAM

**

Video

Regie: Art Linson
Darsteller: Bill Murray (Hunter S. Thompson), Peter Boyle (Lazlo), Bruno Kirby (Marty Lewis), Renè Auberjonois (Harry), R.G. Armstrong (Richter Simpson), Danny Goldman (Porter), Rafael Campos (Rojas), Leonard Frey, Leonard Gaines, De Wayne Jessie, Mark Metcalf
Drehbuch: John Kaye
Kamera: Tak Fujimoto (Technicolor)
Musik: Neil Young
Schnitt: Christopher Greenbury
Produktion: Art Linson für Universal, USA 1980
Verleih: -/-/-/CIC Video
Erstaufführung: März 88
FSK: ab 16 J.
Länge: 96 Min.

Biographie des Untergrund-Journalisten und Bürgerschrecks Hunter S. Thompson. Bill Murray bringt den Gonzo recht gut rüber, der Film selbst bleibt reichlich konfus und beliebig.

amerikanischen Küche: Die Killerburger schlagen zurück.

Michael Althen, Die Zeit

Claudius Seidl in: SZ, 25.10.88; Dagmar Zindel in: Kölnische Rundschau, 22.10.88

Der Blob 122
THE BLOB ***

Regie: Chuck Russell
Darsteller: Shawnee Smith (Meg Penny), Kevin Dillon (Brian Flagg), Donovan Leitch (Paul Taylor), Jeffrey DeMunn (Sheriff Herb Geller), Candy Clark (Fran Hewitt), Art La Fleur (Mr. Penny), Sharon Spelman, Del Close, Ricky Paull Goldin, Paul McCrane, Billy Beck, Joe Seneca
Drehbuch: Chuck Russell, Frank, Darabont
Kamera: Mark Irwin (Technicolor)
Musik: Michael Hoenig
Schnitt: Terry Stokes, Tod Feuerman
Produktion: Jack H. Harris, Elliott Kastner für Tri-Star, USA 1988
Verleih: Columbia Tri-Star/Warner/-
Kinostart: 20.10.88
FSK: ab 18, ffr.
Länge: 95 Min.

Originalversion 1958, Regie: Irvin S. Yeaworth jr. mit Steven McQueen

... Ein Blob kann nur im Sumpf des Synthetischen gedeihen, im Glauben an die künstliche Herstellung organischer Materie. Der wuchernde Schleim ist die Ausgeburt von keimfreien Obsessionen und Schmelzkäse. Daß der Blob also eine amerikanische Erfindung sein muß, nimmt Chuck Russell ganz wörtlich. Aus dem außerirdischen Wesen des Originals von 1958 macht er den abgestürzten Satelliten eines Experiments zur biologischen Kriegsführung, aus dem Krieg der Welten wird ein Vertuschungskampf der Armee gegen die Bürger des eigenen Landes.
»Der Blob« hat gute Chancen, ein Klassiker der Americana zu werden. Wo bei David Cronenberg die Beschäftigung mit dem Organischen und Synthetischen ganz nach innen zieht, veräußerlicht Russell diese Zwangsvorstellungen vollkommen. Das ist die logische Konsequenz der

Blood Moon 123
MOON IN SCORPIO **

Video

Regie: Gary Graver
Darsteller: Britt Ekland (Linda), John Phillip Law (Allen), William Smith (Burt), Louis van Bergen (Mark), April Wayne (Isabel), Robert Quarry (Dr. Khorda), Jillian Kessner (Claire)
Drehbuch: Robert S. Aiken
Kamera: Gary Graver (Fotokem Color)
Musik: Robert O. Ragland
Produktion: Alan Amiel für Trans World Entertainment, USA 1987
Verleih: -/-/-/VPS Video
Erstaufführung: 17.10.88
FSK: nicht unter 18 J.
Länge: 87 Min.

Ein Ehepaar, zwei Vietnamkumpel, ein Segeltörn und das obligate Kriegstrauma.

Bloodsport 124
BLOODSPORT *

Regie: Newt Arnold
Darsteller: Jean Claude Van Damme (Frank), Donald Gibb (Jackson), Leah Ayres (Janice), Norman Burton (Helmer), Forrest Whitaker (Rawlins), Roy Chiao (Tanaka), Philip Chan, Bolo Yeung
Drehbuch: Sheldon Lettich, Christopher Crosby, Mel Friedman, nach einer Erzählung von Sheldon Lettich
Kamera: David Worth (Farbe)
Musik: Paul Hertzog
Schnitt: Carl Kress
Produktion: Mark DiSalle für Cannon, USA 1987
Verleih: Scotia-Cannon/Czerny/Rialto/VMP Video
Kinostart: 9.6.88
FSK: ab 18, nffr.
Länge: 91 Min.

Der Film stellt die brutalste Kampfsportart der Welt vor, bei der auch getötet werden darf. Bei einem Turnier um die Weltmeisterschaft erringt erstmals ein junger Amerikaner den Titel, von einem japanischen Altmeister entsprechend ausgerüstet. Spekulative Kampf- und Gewaltszenen beherrschen diesen grausamen und entwürdigenden Actionfilm. *tip*

Jürgen Richter in: FAZ, 11.6.88

Bloody Home 125

LONG JOURNEY HOME **

Video

Regie: Rod Holcomb
Darsteller: Meredith Baxter Birney, David Birney, Ray Baker, James Sutorius, Daphne Maxwell Reid, Kevin McCarthy, Mike Preston
Drehbuch: Karen Clark
Kamera: Ed Koons (Farbe)
Musik: J.A.C. Redford
Produktion: Andrea Baynes für Lorimar/Grail Prod./Andrea Baynes Prod., USA 1987
Verleih: -/-/-/Taurus Video
Uraufführung: 29.11.87 (CBS)
Erstaufführung: 28.11.88
Länge: 100 Min.

Verschollener Vietnam-Gatte, nun als Agent tätig, taucht wieder auf und möchte mit seiner Frau ein neues Leben beginnen.

Bloody New Year 126

BLOODY NEW YEAR *

Video

Regie: Norman J. Warren
Darsteller: Suzy Aitchison (Lesley), Nikki Brooks (Janet), Colin Heywood (Spud), Mark Powley (Rick), Catherine Roman (Carol), Julian Ronnie (Tom)
Drehbuch: Frazer Pearce
Kamera: John Shann (Fujicolor)
Musik: Nick Magnus
Schnitt: Carl Thomson
Produktion: Hayden Pearce für Lazer Entertainments. In Zusammenarbeit mit Cinema & Theater Seating, GB 1987
Verleih: -/-/-/Highlight Video
Erstaufführung: 8.2.88
FSK: nicht unter 18 J.
Länge: 90 Min.

Sechs junge Leute kentern bei einem Segeltörn und stranden auf einer Insel, wo nicht alles mit rechten Dingen zugeht. Man stößt auf ein Hotel, in dem das Leben scheinbar in den Fünfzigern stehenblieb, in dem eine Band spielt, die gar nicht da ist, in dem es Kino ohne Film und Vorführer gibt. Wo sich Stanley Kubricks »Shining« an einem solchen Ort doch förmlich anbieten würde...

Bloody Outlaws 127

GHOSTRIDERS *

Video

Regie: Alan L. Steward
Darsteller: Bill Shaw, Jim Peters, Ricky Long, Cari Powell
Drehbuch: Clay McBride, James J. Desmarais
Kamera: Thomas L. Callaway (Farbe)
Produktion: Alan L. Stewart, USA 1987
Verleih: -/-/-/New Vision Video
Erstaufführung: 25.5.88
FSK: nicht unter 18 J.
Länge: 79 Min.

Hundert Jahre nach dem Lynchtod rächt sich eine Bande mörderischer Outlaw-Gespenster an den Bewohnern eines kleinen Westernstädtchens.

Blue Blood 128

BLUE BLOOD **

Video

Regie: Robert W. Young
Darsteller: Albert Fortell (Henry von Alternberg), Capucine (Gräfin), Lauren Hutton (Gerda/Julie), Ursula Karven (Lisa), Friedrich von Thun
Drehbuch: Brian Clemens
Musik: Harold Faltermeier
Schnitt: Jean Claude Pieroé
Kamera: Alex Phillips (Farbe)
Produktion: Herbert G. Kloiber für Tele München, BRD 1987
Verleih: -/-/-/Virgin Video
Erstaufführung: 20.4.88
FSK: ab 12 J.
Länge: 92 Min.

Pilotfilm einer Fernsehserie um einen adeligen Detektiv.

Blue Jean Cop 129

SHAKEDOWN ***

Regie: James Glickenhaus
Darsteller: Peter Weller (Roland Dalton), Sam Elliott (Richie Marks), Patricia Charbonneau (Susan Cantrell), Antonio Fargas (Nicky Carr), Blanche Baker (Gail Feinberger), Tom Waites (Officer Kelly),

Richard Brooks (Michael Jones), George Loros (Officer Varelli), John McGinley, Shirley Stoler, Walter Flanagan
Drehbuch: James Glickenhaus
Kamera: John Lindley (Farbe)
Musik: Jonathan Elias
Schnitt: Paul Fried
Produktion: J. Boyce Harman, jr. für Shapiro Glickenhaus Ent. Prod., USA 1988
Verleih: Metropol/Fleur/-/VPS Video
Kinostart: 20.10.88
FSK: ab 16, ffr.
Länge: 96 Min.

Drogen und Sozialprobleme werden in diesem lauthals nach Recht und Ordnung rufenden Thriller mit blutrünstigsten Gemetzeln aus der Welt geschafft. Zwei ungleiche Typen, der schicke Anwalt Robert Dalton und ein schmuddeliger Undercover-Agent machen sich auf, die fiesen Machenschaften von Dealern und die Korruption der Polizei aufzudecken. Weil dieses so ehrhafte Unterfangen nicht ohne schlimmste Massaker zu bewältigen ist, muß dann die sentimentale Love-Story mit einer superklugen Rechtsanwältin für Gefühlsberuhigung sorgen...
Von Regisseur James Glickenhaus mit allzuviel Lust auf Brutalität serviertes Krimi-Spektakel. *Uli Hübsch, tz*

Blue Money 130

BLUE MONEY **

Video

Regie: Colin Bucksey
Darsteller: Tim Curry (Larry Gormley), Debby Bishop (Pam Hodge), Billy Connolly (Des), Dermot Crowley (Brogan), Frances Tomelty (Fidelma)
Drehbuch: Stewart Parker
Kamera: Peter Jessop (Rank Color)
Musik: Richard Hartley
Schnitt: Ron Costelloe
Produktion: June Roberts, Jo Apted für London Weekend Television, Großbritannien 1985
Verleih: -/-/-/VCL Video
Erstaufführung: 26.4.88
FSK: ab 12 J.
Länge: 85 (82) Min.

Tim Curry schlägt sich zunächst als Taxifahrer und schlechter Stimmenimitator durch, immer den recht hoffnungslosen Traum von einer Showkarriere vor Augen. Das zufällig gefundene Geld eines Gangstersyndikats beschert ihm und seiner Freundin zwar kurzes Glück, aber auch eine Hetzjagd durch Britannien. Die endet natürlich doch auf der Bühne. Tim Curry schleppt sich durch seinen dumpfen Part, die Gags sind saftlos und musikalisch läßt der Film auch keine Erinnerungen an alte Zeiten aufkommen. *tip*

Blues Cop 131

LE MÔME ***

Video

Regie: Alain Corneau
Darsteller: Richard Anconina (Willie), Ambre (Jo), Michel Duchaussoy (Darmines), Georges Montillier (René), Yan Epstein (Michel Charki), Thierry de Carbonnières (Jean Pierre Charki), Kamel Cherif (Tunesier)
Drehbuch: Alain Corneau, Christian Clavier
Kamera: Jean-Francis Gondre (Fujicolor)
Musik: Otis Redding
Schnitt: Marie-Josephe Yoyotte
Produktion: Jean-José Richter für Sara Films/Orly Films, Frankreich 1986
Verleih: -/-/-/Atlas Video
Erstaufführung: 30.3.88
FSK: nicht unter 18 J.
Länge: 100 Min.

Ein junger Polizist stürzt sich in den Kampf gegen die Drogenszene, wird aber selbst in Verbrechen verwickelt, als er sich in ein Mädchen verliebt. *Film & Fakten*

Mal dramatischer, mal melancholischer Cop-Thriller aus Frankreich, ganz im Stil der Schwarzen Serie. Regisseur Alain Corneau hat fast nur nachts gedreht und erreicht mit seinen Bildern und der Blues-Musik von Otis Redding eine reizvolle, atmosphärische Dichte. *VideoWoche*

Blumen der Nacht 132

FLOWERS IN THE ATTIC **

Regie: Jeffrey Bloom
Darsteller: Louise Fletcher (Großmutter),

Ist Ma zu trauen? Victoria Tennant in »Blumen der Nacht«.

Victoria Tennant (Corinne), Kristy Swanson (Cathy), Jeb Stuart Adams (Chris), Ben Ganger (Cory), Lindsay Parker, Marshall Colt, Nathan Davis, Alex Koba
Drehbuch: Jeffrey Bloom, nach einer Erzählung von V.C. Andrews
Kamera: Frank Byers, Gil Hubbs (Farbe)
Musik: Christopher Young
Schnitt: Gregory F. Plotts
Produktion: Sy Levin, Thomas Fries für Charles Fries Prod., USA 1987
Verleih: Highlight/Constantin/Alexander Film/Highlight Video
Kinostart: 7.7.88
FSK: ab 16, ffr.
Länge: 91 Min.

Eine Frau zieht nach dem Unfalltod ihres Mannes mit ihren vier Kindern auf das Schloß ihrer Mutter, die dieser Familie immer feindlich gesinnt war, und wandelt sich schließlich selbst zum Monstrum. Die psychologischen Mängel werden durch Kameraarbeit und Atmosphäre nur teilweise ausgeglichen. *multimedia*

Ella Kienast in: Zoom 12/88

Blutige Hände 133

MURDER ORDAINED **

Video

Regie: Mike Robe
Darsteller: Keith Carradine (John Rule), JoBeth Williams (Lorna), Terry Kinney (Reverend Tom Bird), Guy Boyd, Terence Knox, Darrell Larson, Annabella Price, Margot Rose, M. Emmet Walsh
Drehbuch: Mike Robe, James Sadwith
Kamera: Terry K. Meade (Farbe)
Schnitt: Mark Snow
Produktion: Phil Parslow für Zev Braun Pictures/Interscope Communications, USA 1987
Verleih: -/-/-/Taurus Video
Uraufführung: 3.5.88 (CBS)
Erstaufführung: September 88
Länge: 180 Min.

Priester verliebt sich in eine verheiratete Frau. Es entwickelt sich eine Beziehung, die Konsequenzen hat. Beide beschließen, ihre Ehepartner umzubringen. Geschickt als Autounfall getarnt, kommt die Frau des Priesters zu Tode. Der Ehemann der Frau wird überfallen und getötet. Der Polizei wird geschickt ein Raubmord vorgegaukelt, der den Verdacht von der Gattin abgelenkt.
Ein gerissener Polizist kommt dem verschlagenen Paar schließlich auf die Schliche ... *Video-Markt*

Blutiges Geld 134

BLOOD MONEY *

Video

Regie: Steven A. Hull
Darsteller: Robert Lives, Jane Higginson, Guy Ecker, Anthony Cordova
Drehbuch: Elizabeth Hull
Kamera: James A. Morr (Farbe)
Produktion: American Cinema Marketing, USA 1986
Verleih: -/-/-/Acron Video
FSK: ab 16 J.
Länge: 92 Min.

Polizeicheftochter und amerikanischer Student auf der Spur eines cholerischen Waffenschmugglers und dessen vergrabenem Schatz.

Body Count 135

CAMPING DELLA MORTE *

Video

Regie: Ruggero Deodato
Darsteller: Bruce Penhall, Mimsy Farmer, David Hess, Luisa Maneri

Drehbuch: Alex Capone, David Parker jr.
Kamera: Emilo Loffredo (Farbe)
Musik: Joel Goldsmith
Produktion: Racing Pictures, Italien 1986
Verleih: -/-/-/UFA Video
Erstaufführung: 22.2.88
FSK: nicht unter 18 J.
Länge: 83 Min.

Eine Gruppe junger Urlauber will auf einem seit einer Reihe entsetzlicher Todesfälle geschlossenen Campingplatz geruhsame Tage verbringen. Kaum sind sie eingetroffen, geht das Schlachten wieder los. Urheber ist nicht ein unseliger, indianischer Geist, wie behauptet, sondern der verrückte Sohn der Platzeigner, der, seit er seine Mutter beim Seitensprung ertappt hat, Jagd auf Liebespaare macht. *VideoWoche*

Die Bombe tickt 136

TIME BOMB **

TV

Regie: Paul Krasny
Darsteller: Merlin Olsen (Jake Callahan), Billy Dee Williams (Wesley Tanner), Joseph Bottoms (Daniel O'Bannon), Morgan Fairchild (Renee de Salles), Anne Kerry, Colin Lane, Tom McFadden
Drehbuch: Kem Bennett
Kamera: Tom Howard
Musik: John Addison
Produktion: USA 1984
Sendetermin: 23.7.88, ARD
Länge: 91 Min.

Wenn Terroristen hinter einer Fuhre Plutonium her sind (und die leitende Terror-Revolverzicke auch noch von dem US-Serien-Vamp Morgan Fairchild gemimt wird), dann ist zwar für Action-Krawall gesorgt - aber das amerikanische Heldenkumpel-Epos »Die Bombe tickt« hatte obendrein einen sentimentalen Kriegsveteranen-Drücker drauf (oh, du mein Vietnam!), daß man die Nachtigall noch lauter trapsen als die Bombe ticken hörte.
Falls man unter der knüppeldicken Musikbeschallung überhaupt etwas hörte. *Ponkie, AZ*

Boone – Ein Schurke unter Schurken 137

SWEET REVENGE **

Video

Regie: Mark Sobel
Darsteller: Nancy Allen (Jillian Grey), Ted Shackelford (Boone), Martin Landau (Cicero), Sal Landi (Gil), Michele Little (Lee), Gina Gershon (K.C.), Lotis Key (Sonya), Stacey Adams (Tina)
Drehbuch: Steven Krauzer, Tim McCoy
Kamera: Shane D. Kelly (Eastmancolor, Kopien von Film House)
Musik: Ernest Troost
Schnitt: Michael S. Murphy
Produktion: Steve Stabler für Motion Picture Corp. of America, USA 1987
Verleih: -/-/-/Vestron Video
Erstaufführung: März 88
FSK: ab 16 J.
Länge: 78 Min.

Obwohl Roger Corman hier nur als »Executive Producer« fungiert, trägt der Action-Reißer um einen Mini-»Crocodile Dundee«, um schöne und sich tüchtig ihrer Haut wehrende Ladies und einen schurkischen Mädchen-Händler mit Allmachtsphantasien eindeutig seine Handschrift: eine Story - schnell und ohne Umschweife zu verramschen. Mit möglichst viel Zunder und einem logischen Minimum. Nancy Allen, Ted Shackleford und Ex-»Kobra«-Agent Martin Landau hat das offensichtlich Vergnügen bereitet. *tip*

Boris Godunow 138

BORIS GODUNOW ****

TV

Regie: Sergej Bondartschuk
Darsteller: Sergej Bondartschuk (Boris Godunow), Jura Matjuchin (Zarewitsch Dimitri), Adriana Bierdzinska (Marina Mniszech), Anatoli Romaschin (Wassili Schuiski), Alexander Solowjow (Grigori Otrepjew), Roman Flippow, Wjatscheslaw Butenko, Anatoli Wassiljew
Drehbuch: Sergej Bondartschuk nach Alexander Puschkin
Kamera: Wadim Jussow
Musik: Wjatscheslaw Owtschinnikow
Produktion: Mosfilm in Zusammenarbeit mit Barrandow/CSSR, PRF Sespoly Filmowe/Polen, ZDF, UdSSR 1987
Sendetermin: 21.11.88, ZDF
Länge: 140 Min.

Der Autor und Regisseur Sergej Bondartschuk hält sich in seiner Umsetzung weitgehend an die Puschkin-Vorlage und entwickelt daraus einen großangelegten, aufwendigen Film, der durch die Möglichkeit, an historischen Orten drehen zu können, eine beeindruckende Authentizität bekommen. *ZDF*

Born Hero 139

LEGACY OF RAGE *

Video

Regie: Ronnie Yu
Darsteller: Brandon Lee, Michael Wong, Regina Kent, Onno Boelee, Chan Waiman, Mang Hoi
Kamera: Jinny Bosco (Farbe)
Produktion: Dickson Poon für D & B Films, Hongkong 1987
Verleih: -/-/-/Highlight Video
Erstaufführung: 8.3.88
FSK: nicht unter 18 J.

Unschuldig Verurteilter sinnt auf Rache an dem Triaden-Boß, der während seiner erzwungenen Absenz auch noch seine Freundin vergewaltigt hat. Vermutlich ist es unfair, Brandon Lees Filmdebüt an den Eastern seines großen Vaters Bruce messen zu wollen.

Born in East L. A. 140

BORN IN EAST L.A. **

Video

Regie: Richard »Cheech« Marin
Darsteller: Richard »Cheech« Marin (Rudy), Paul Rodriguez (Javier), Daniel Stern (Jimmy), Kamala Lopez (Dolores), Jan-Michael Vincent (McCalister), Neith Hunter (Marcie), Alma Martinez (Gloria), Tony Plana (Feo)
Drehbuch: Richard »Cheech« Marin
Kamera: Alex Phillips (CFI Color, Kopien von DeLuxe)
Musik: Lee Holdridge
Schnitt: Don Brochu
Produktion: Peter Macgregor-Scott für Clear Type, USA 1987
Verleih: -/-/-/CIC Video
Erstaufführung: 1.5.88
FSK: ab 12 J.
Länge: 84 Min.

Amerikanischer Automechaniker mexikanischer Herkunft gerät durch Zufall in eine Razzia der Einwanderungsbehörde und wird - weil er seinen Personalausweis vergessen hat - für einen illegal eingewanderten Mexikaner gehalten und über die Grenze abgeschoben. Zahlreiche Versuche wieder zurückzukehren, scheitern. Einige nette Gags. *Video-Markt*

Boy Soldier – Soldat ohne Vaterland 141

MILWR BYCHAN/BOY SOLDIER ***

TV

Regie: Karl Francis
Darsteller: Richard Lynch (Wil), Timothy Lyn (Gary), Dylan Davies (Joe), James Donnelly (Lt.Col. Truscott-Jones), Bernard Latham, Dafydd Hywel, W.J. Phillips, Emer Gillespie, Menna Trussler
Drehbuch: Karl Francis
Kamera: Roger Pugh Evans
Musik: Graham Williams
Schnitt: Aled Evans
Produktion: Karl Francis, Hayden Pierce für S4C, Wales, Großbritannien 1986
Sendetermin: 30.3.88
Länge: 100 Min.

Der Film ging direkt unter die Haut, veranschaulichte in einer an der Realität orientierten Spielhandlung, wie der nordirische Bürgerkrieg und das Soldatenleben Menschen seelisch deformiert. Für den von Richard Lynch dargestellten Hauptakteur, einen wegen Arbeitslosigkeit bei der britischen Armee eingerückten jungen Mann, beginnt der Verkrüppelungsprozeß durch die willkürliche Verdrehung menschlicher Wertbegriffe aus Nutzdenken und endet damit, daß er in Belfast gegen diejenigen eingesetzt wird, die er liebt. *Stgt. Zeitung*

Michael Peter in: Saarbrücker Zeitung, 2.4.88; Jürgen Richter in: FAZ, 2.4.88; Conny E. Voester in: Stuttg. Nachrichten, 2.4.88

Braddock – Missing in Action III 142

BRADDOCK – MISSING IN ACTION III *

Regie: Aaron Norris
Darsteller: Chuck Norris (Braddock), Aki

Aleong (General Quoc), Roland Harrah (Van Tan Cang), Miki Kim (Lin Tan Cang), Yehuda Efroni (Reverend Polanski), Ron Barker (Mik), Floyd Levine (General Duncan), Jack Rader, Melinda Betron, Richard Pietro, Jan Schultz, Keith David, Robert Jocchiem, Thuy Lin Samora, Pita Liboro
Drehbuch: James Bruner, Chuck Norris nach Charakteren von Arthur Silver, Larry Levinson, Steve Bing
Kamera: Joao Fernandes (Farbe)
Musik: Jay Chattaway
Schnitt: Michael J. Duthie
Produktion: Menahem Golan, Yoram Globus für Cannon Group, USA 1987
Verleih: Scotia-Cannon/Czerny/Rialto/VMP Video
Kinostart: 10.3.1988,
FSK: ab 16, ffr.
Länge: 96 Min.

Dreizehn Jahre nach Kriegsende kommt Colonel Braddock nach Vietnam zurück, um seine Familie aus einem Gefangenenlager zu befreien.

Jürgen Richter in: FAZ, 12.3.88

Die Braut des Prinzen 143

THE PRINCESS BRIDE ****

Regie: Rob Reiner
Darsteller: Peter Falk (Großvater), Fred Savage (Enkel), Robin Wright (Buttercup), Cary Elwes (Westley), Chris Sarandon (Humperdinck), Wallace Shawn (Vizzini), Andre the Giant (Fezzik), Mandy Patinkin (Inigo Montoya), Billy Crystal (Zauber Max), Carol Kane (Valerie), Christopher Guest, Mel Smith, Anne Dyson, Malcolm Storry, Willoughby Gray
Drehbuch: William Goldman nach seinem gleichn. Roman
Kamera: Adrian Biddle (Farbe)
Musik: Mark Knopfler
Schnitt: Robert Leighton
Produktion: Andrew Scheinman für The Princess Bride/Buttercup Films, USA 1987
Verleih: Jugendfilm/Constantin/-/Vestron Video
Kinostart: 13.10.88
FSK: ab 6, ffr.
Länge: 98 Min.
Prädikat: Besonders wertvoll

Null Bock auf Opas langweilige Märchenbuchgeschichte hat der achtjährige Enkel – von der Prinzessin, die sich in den Stallburschen verknallt. Denkste. Es kommt ganz anders. Während Opa (Peter Falk als liebenswerter alter Herr) liest, wandeln sich die Worte zu Bildern, ein hinreißendes Filmmärchen entrollt sich auf der Leinwand.
Da ist alles drin, was zu fesseln vermag: Abenteuer, Romantik, Verwechslungen, Gefahren, und das Ganze mit einer gehörigen Portion Ironie durchzogen. Fast comichaft turbulent geht es stellenweise sogar zu, wenn Regisseur Rob Reiner sein phantastisches Märchen als Parodie auf die alten Mantel- und Degenfilme inszeniert. (...) Aus der hausbackenen Märchengeschichte wird ein knallbuntes Filmabenteuer, bei dem selbst der Enkel aus dem Staunen nicht mehr rauskommt.

Rolf Selas, Rheinische Post

Michael Althen in: SZ, 9.11.88; Helmut W. Banz in: Kölner Stadt-Anzeiger, 15.10.88; Harry Rowohlt in: Die Zeit, 28.10.88

Eine Braut zum Küssen 144

NEVESTA K ZULIBANI ***

TV

Regie: Julius Matula
Darsteller: Dana Syslova (Kveta Smidova), Milan Knazko (Karol Molnar), Jana Gyrova (Vlasta), Jiri Adamira (Dozent Horak), Jiri Pleskot (Vater Smid), Miluse Splechtova, Marek Eben, Stefan Misovic, Katarina Vrzalova
Drehbuch: Katarina Slobodova
Kamera: Josef Vanis, Jiri Machane
Musik: Dezider Ursiny
Schnitt: Jiri Brozek
Produktion: Filmstudio Barrandov, CSSR 1980
Sendetermin: 22.6.88, ZDF
Länge: 78 Min.

Sie passen zusammen wie Öl und Wasser, der Prager Mini-Casanova und seine selbstbewußte ungebundene Arbeitskollegin. Am liebsten repariert sie ihr Auto, und als sie sich überreden läßt, ihn zu einer Hochzeit auf dem Land zu kutschieren, bricht die Liebe aus. Trotz oder gerade wegen seines Nichts an Handlung macht der Film viel Spaß, denn Regisseur Matula füllt die Szenerie mit liebevoll beobachteten Alltagsdetails. Alles hat jedoch mehr netten Fernsehspielcharakter als faszinierende Kinoqualität.

Berliner Morgenpost

Brigitte Ehrich in: Hamburger Abendblatt, 24.6.88; Wilfried Geldner in: SZ, 24.6.88; B.Z. in: Stuttgarter Zeitung, 24.6.88

Brennende Betten 145

***

Regie: Pia Frankenberg
Darsteller: Pia Frankenberg (Gina), Ian Dury (Harry Winfield), Gerhard Gabers, Lutz Förster, Susanne Schäfer, Christiane Carstens
Drehbuch: Pia Frankenberg
Kamera: Raoul Coutard (Farbe)
Musik: Horst Mühlbradt; Songs: Pia Frankenberg und Ian Dury, Marlene Dietrich
Produktion: Pia Frankenberg Prod./BR, BRD 1988
Verleih: Impuls/-/Filmcooperative Zürich
Kinostart: 10.11.88
FSK: ab 12, ffr.
Länge: 86 Min.
Prädikat: Besonders wertvoll

Großer Publikumspreis beim Komödienfestival in Vevey

Eine quirlige Hamburgerin, die sexuelle Freiheit genießen will, und ein introvertierter Brite und begeisterter Pyromane, beziehen eine gemeinsame Wohnung, aus welcher sie ihn aber so bald wie möglich zu vertreiben versucht. Nach der Trennung entdeckt indessen die Frau ihre Verbundenheit zum skurrilen Mann und sendet ein flammendes Zeichen aus, um ihn zurückzuholen. Die weitgehend charmante, aber auch ein wenig unverbindliche Komödie bezieht ihren Reiz aus der Konfrontation zweier völlig gegensätzlicher Charaktere. *Zoom*

Anne Frederiksen in: Die Zeit, 11.11.88; Alfred Holighaus in: tip, 25/88; Claudius Seidl in: SZ, 29.11.88; Dagmar Zindel in: Kölnische Rundschau, 12.11.88

Bridge to Hell 146

BRIDGE TO HELL

*

Video

Regie: Umberto Lenzi
Darsteller: Andy J. Forest, Carlo Mucari, Paky Valente, Francesca Ferre, Sdenko Jelcic
Drehbuch: Umberto Lenzi
Kamera: Luigi Ciccarese (Farbe)
Musik: Fabio Frizzi
Produktion: AM Trading International, Italien 1986
Verleih: -/-/-/Starlight Video
Erstaufführung: Februar 88
FSK: ab 16 J.
Länge: 88 Min.

Ein Amerikaner, ein Italiener und ein Österreicher flüchten durchs besetzte Jugoslawien, jagen eine Brücke in die Luft und rotten nebenbei die halbe Wehrmacht aus.

Brille mit Goldrand 147

GLI OCCHIALI D'ORO

***

Regie: Giuliano Montaldo
Darsteller: Philippe Noiret (Doktor Fadigati), Rupert Everett (David Lattes), Valeria Golino (Nora Treves), Nicola Farron (Eraldo), Roberto Herlitzka (Professor Perugia), Riccardo Diana (Nino Bottechiari), Stefania Sandrelli (Signora Lavezzoli), Anna Lezzi, Giovanni Rubin De Cervin, Lavinia Segurini, Luca Zingaretti, Ivana Despotovic, Rade Markovic, Arianna Felloni, Esmeralda Ruspoli, Nanni Massa, Rodolfo Marcenaro, Marco Mastantuono, Catarina Menegatti, Nada Skrinjar, Dusica Zegarac
Drehbuch: Nicola Badalucco, Antonella Grassi, Giuliano Montaldo nach dem gleichn. Roman von Giorgio Bassani
Kamera: Armando Nannuzzi (Farbe)
Musik: Ennio Morricone
Schnitt: Alfredo Muschietti
Produktion: Leo Pescarolo, Stephane Sorlat für L.P. Film/D.M.V./Reteitalia/Paradis Films/FR 3 Film, Italien/Frankreich 1987
Verleih: Concorde/Czerny/-/VCL/Virgin Video
Erstaufführung: Int. Filmfestspiele Venedig 1987
Kinostart: 17.3.88
FSK: ab 12, ffr.
Länge: 105 Min.
Prädikat: Besonders wertvoll

... »Brille mit Goldrand« von Giuliano Montaldo (»Sacco und Vanzetti«, 1971) ist eine leise, elegische Literaturverfilmung, deren Exposition viel verspricht, aber nur wenig einlöst. Der Geschichte des Arztes Fadigati, der Jahre, ja Jahrzehnte seine homo-

Italien in den 30ern. Rupert Everett und Valeria Golino in »Brille mit Goldrand«.

sexuellen Neigungen verbarg, sich dann in einen jungen Boxer verliebt und sich dazu öffentlich bekennt, fehlt es an dramatischen Höhepunkten, weil sich der Film in Episoden verliert. Diese treffen sich zwar im Grundthema des Films, dem Außenseitertum, doch wirken sie trotzdem verloren, behindern die Handlung eher, als daß sie sie beflügeln.
Die Liebesbeziehungen zwischen David und Nora, beide aus reichem jüdischen Hause, bleibt blutleer. Die Ästhetik der Bilder und der Musik, gerade in dieser Episode, ist dem Kitsch nicht fern.
Dennoch, dem zurückhaltenden, melancholischen Spiel Philippe Noirets vermag man sich kaum zu entziehen – bis zu dem bitteren Ende, mit dem der Film beginnt.

Anne Frederiksen, Die Zeit

Marli Feldvoss in: FAZ, 18.3.88; Anita Post in: Kölner Stadt-Anzeiger, 26.3.88; Helmut Schmitz in: FR, 7.4.88; Claudius Seidl in: SZ, 22.3.88

Broken Noses 148
BROKEN NOSES ***

Regie: Bruce Weber
Darsteller: Andy Minsker und die Golden Boys
Drehbuch: Bruce Weber
Kamera: Jeff Preiss (Farbe/SW)
Musik: Chet Baker, Julie London, Robert Mitchum, Jerry Mulligan
Schnitt: Phyllis Famiglietti
Produktion: Steven Cohen, Nan Bush für Kira Films, USA 1987
Verleih: Kinowelt/-/-
Erstaufführung: Filmfest München 1987
Kinostart: 17.11.88
Länge: 75 Min. (OmU)

Eine geschmäcklerische Hommage an den amerikanischen Machismo zu elegischer Jazz-Musik. Das Porträt des Boxers Andy Minsker und seiner Schützlinge ist aufgeladen mit dem erotischen Appeal naiver Mannbarkeits-Rituale, entsprechend den modischen antifeministischen Trends in der Werbefotografie. Kritische Reflexion, distanzierte Beobachtung werden aufgegeben zugunsten eines bisweilen kitschigen Kultes der schönen jungen Proletarier-Körper. *tip*

Das Brot des Siegers 149
***
16mm

Regie: Peter Heller
Darsteller: Ron Williams (General McDollar)
Drehbuch: Peter Heller; Spielszenen: Ron Williams, Jockel Tschiersch, Gerd Wollschon
Kamera: Otmar Schmid, Bernd Fiedler, Geza Sinkowicz (Farbe)
Musik: Andreas Köbner
Schnitt: Raimund Barthelmes, Sabine Rodrian
Produktion: Filmkraft München mit Förderung des Hamburger Filmbüros und des Filmbüros NW, BRD 1987
Verleih: Verleihgenossenschaft der Filmemacher/-/-
Erstaufführung: 21.1.88, Max Ophüls-Preis, Saarbrücken
Kinostart: 28.4.88
Länge: 100 Min.
Prädikat: Besonders wertvoll

Vertriebsförderung aus Mitteln der Hessischen Filmförderung

Eine Attacke auf die Fast-food-Unkultur, politisch ambitioniert und dokumentarisch appetitverderbend aufbereitet von Münchens engagiertem Filmemacher Peter Heller. Daß die Erfindungen von McDonald's und Burger King perfide Ausgeburten des Kapitalismus sind und daß die granze (Freß)Welt für den Erfolg dieser Industrie sorgt, ist schon bedenklich. Doch wie kommt man diesem Übel bei? Mit diesem Film, der beeindruckende Information und Aufklärung mit krampfhaften Kabarett-Einlagen chaotisch mischt, sicher nicht so richtig. Wenn Ron Williams über die Berliner Mauer mit den Vopos einen scheinbaren Burger-Bouletten-Dialog führt, ist Satire weit und Peinlichkeit nah. Schade, Peter Heller hat's richtig und gut gemeint, aber schlecht gewürzt. *Frauke Hanck, tz*

Brother from Space 150
BROTHER FROM SPACE
*
Video

Regie: Roy Garrett
Darsteller: Martin Balsam, Agostina Belli, Silvia Tortosa Davis, William Berger
Drehbuch: Roy Garret, John L. Martin
Kamera: Alex Ulloa (Farbe)
Produktion: Calepas International, USA 1988
Verleih: -/-/-/IHV Video
Erstaufführung: 18.7.88
FSK: ab 6 J.
Länge: 83 Min.

Abgestürzter Außerirdischer gerät mit dem Militär aneinander und schenkt auf dem Sterbebett seiner blinden Beschützerin ein futuristisches Gizmo, das der zudem noch übersinnlich Begabten das Augenlicht wiedergibt. E.T., phone lawyer!

Brüssel Transit 151
BRUXELLES-TRANSIT
***
TV

Regie: Samy Szlingerbaum
Darsteller: Boris Lehman (Vater), Hélène Lapiower (Mutter), Jeremy Wald, Micha Wald (Kinder), Suzy Falk (Nachbarin), Jean-Paul Connart (Polizist)
Drehbuch: Samy Szlingerbaum
Kamera: Michel Houssiau
Schnitt: Eva Houdova
Produktion: Paradise Film, Belgien 1980
Sendetermin: 10.3.88, ZDF
Länge: 77 Min.

Die Rekonstruktion einer Stimmung und eines Lebensgefühls: Der jüdische Regisseur Szlingerbaum befragte seine Mutter über die Emigration aus Polen und über ihr Leben in der neuen Heimat Belgien. Dazu sieht man Bilder nächtlicher Unbehaustheit, Einsamkeit und Bahnhofstristesse. Ein intensives Filmdokument mit einem leicht experimentellen Hauch. *Berliner Morgenpost*

Buddies – Zwei knallharte Typen 152
BUDDIES – GETTING EVEN
**
Video

Regie: Arch Nicholson
Darsteller: Colin Friels, Harold Hopkins, Kris McQuade, Norman Kaye
Drehbuch: John Dingwall
Kamera: David Eggby (Farbe)

Produktion: Jadee Productions, Australien 1986
Verleih: -/-/-/Splendid Video
Erstaufführung: 30.4.88
FSK: ab 12 J.
Länge: 94 Min.

Die Freunde Mike und Johnny buddeln in der australischen Provinz nach Edelsteinen. Eine Urlauberfamilie bringt erste Unruhe in ihr Camp, der steigende Edelsteinpreis zieht neue Abenteurer in ihr Gebiet, mit deren Anführer Mike aneinandergerät. Teils actionreicher Abenteuerfilm, der sich in seinen ruhigeren Momenten Zeit nimmt, Geschichte und Charaktere stimmig zu entwickeln. *VideoWoche*

Bulletproof – Der Tiger 2 153

BULLETPROOF *

Video

Regie: Steve Carver
Darsteller: Gary Busey (Bulletproof McBain), Darlanne Fluegel (Lt. Devon Shepard), Henry Silva (Colonel Kartiff), Juan Fernandez (Pantaro), Rene Enriquez (General Brogado)
Drehbuch: T.L. Lankford, Steve Carver
Kamera: Francis Grumann (United Color)
Musik: Tom Chase, Steve Rucker
Schnitt: Jeff Freeman
Produktion: Paul Hertzberg für Cinetel, USA 1988
Verleih: -/-/-/Virgin Video
Erstaufführung: 20.4.88
Länge: 94 Min.

Ehemaliger Geheimagent gegen die kubanisch/libyschen Terroristen, die einen neuen Superpanzer der Army an sich bringen wollen.

Burning Vengeance 154

BURNING VENGEANCE *

Video

Regie: Ronald Ross
Darsteller: Robert Pentz, Robert McCourt
Produktion: Ronald Ross, Susana Ross, USA 1987
Verleih: -/-/-/Highlight Video
Erstaufführung: 12.12.88

Die Rache eines Einzelkämpfers an der Drogenmafia, die seine Frau, sein Kind und seine beiden Brüder umgebracht haben.

Buster 155

BUSTER ***

Regie: David Green
Darsteller: Phil Collins (Buster), Julie Walters (June), Larry Lamb (Bruce), Stephanie Lawrence (Franny), Ellen Beaven (Nicky), Michael Attwell (Harry), Anthony Quayle (Sir James McDowell), Ralph Brown, Christopher Ellison, Sheila Hancock, Martin Jarvis, Clive Wood
Drehbuch: David Shindler
Kamera: Tony Imi (Farbe)
Musik: Anne Dudley
Schnitt: Lesley Walker
Produktion: Norma Heyman für NFH Prod. mit Siren, GB 1988
Verleih: Warner Bros. (Cine Vox Release)/ dto./Rex/VCL/Virgin Video
Kinostart: 3.11.88
FSK: ab 12, ffr.
Länge: 103 (97) Min.

Buster Edwards, Arbeiter und Einbrecher, einer der Köpfe des legendären Postraubes in England 1963, dem die Flucht nach Mexiko gelingt, hält es dort ohne seine Frau nicht aus, und er kehrt nach London zurück – auch wenn ihm 15 Jahre Gefängnis drohen. Der schöne Traum vom unbeschwerten Leben, der der Wirklichkeit nicht standhält, ist menschlich verständnisvoll und bewegend geschildert, ohne dabei große Ansprüche an Gehalt und Form für sich zu reklamieren.

multimedia

Michael Althen in: SZ, 8.11.88; Michael Laages in: Die Welt, 1.11.88; Helmut Schmitz in: FR, 4.11.88

Buster, der Zauberer 156

BUSTERS VERDEN ***

Regie: Bille August
Darsteller: Mads Bugge Andersen (Buster), Katarina Stenbeck (Ingeborg), Peter Schroeder (Busters Vater), Katja Niehe-Renard (Busters Mutter), Signe Dahl Madson, Martin Krakauer, John Riedl, Emil Klem
Drehbuch: Bjarne Reuter, nach seiner gleichnamigen Geschichte
Kamera: Fritz Schroeder (Farbe)
Musik: Bo Holten, Nanna
Schnitt: Thomans Gilason
Produktion: Crone Film/The Danish Film Institute, Dänemark 1984

Plakat zu »Buster«.

Verleih: Atlas/-/-/Atlas Video
Kinostart: 7.4.88
FSK: o.A., ffr.
Länge: 91 Min.

Auszeichnungen: UNICEF-Jury des Internationalen Kinderfilmzentrums (CITEJ) Berlin, 1985; Gijon/Spanien 1985, Internationale Jury; Kinder-Kino-Preis, Berlin 1987: Rosaroter Propeller

Einer der besten Kinderfilme der letzten Jahre stammt aus Dänemark und handelt vom 10jährigen Buster und seiner Welt. Die ist, ob in der Schule oder zu Hause, nicht immer sehr freundlich zu ihm, aber Buster behauptet sich mit Phantasie und Pfiffigkeit. Ein kleiner, gewitzter Junge im Kampf mit den Tücken und Freuden des Daseins. Ein nordischer Kinderfilm, der in seiner humanen, fröhlichen Botschaft an Francois Truffaut

(»Taschengeld«) erinnert, sehr viel Spaß macht und Kinder wie Erwachsene gleichermaßen angeht und gefällt. *tip*

Peter Krauss in: FR, 25.4.88

Button – Im Sumpf der Atommafia 157

DEFENCE OF THE REALM ***

Video

Regie: David Drury
Darsteller: Gabriel Byrne (Nick Mullen), Greta Scacchi (Nina Beckman), Denholm Elliott (Vernon Bayliss), Ian Bannen (Dennis Markham), Fulton Mackay (Victor Kingsbrook), Bill Paterson (Jack Macleod), David Calder (Harry Champion), Frederick Treves (Arnold Reece)
Drehbuch: Martin Stellman
Kamera: Roger Deakins (Farbe)
Musik: Richard Hartley
Schnitt: Michael Bradsell
Produktion: Robin Douet, Lynda Myles für Enigma Productions, Großbritannien 1985
Verleih: -/-/-/Taurus Video
Erstaufführung: September 88
FSK: ab 12 J.
Länge: 96 Min.

Reporter ist einem Spionageskandal auf der Spur und wagt sich zu weit vor. Er muß sein Wissen mit dem Tod bezahlen.
Ein Kollege tritt an seine Stelle und forscht weiter in der Sache. Als sein Verleger, der in den Fall verwickelt ist, die Story nicht abdrucken will, verkauft der Journalist sie an eine andere Zeitung; das auf ihn verübte Attentat kann die Veröffentlichung nicht mehr verhindern. Sehr intelligent gestrickter Politthriller, der – hat man am Anfang gut aufgepaßt – spannend unterhält. *Video-Markt*

Bye Bye Baby 158

BYE BYE BABY **

Regie: Enrico Oldoni
Darsteller: Brigitte Nielsen (Lisa), Luca Barbareschi (Paolo), Carol Alt (Sandra), Jason Connery (Marcello)
Musik: Giorgio Moroder
Produktion: Pio Angelette, Adriano de Micheli für Dean Film/Rete Italia, Italien 1987
Verleih: Esplanade-Elysee/Fleur/-/Starlight-Film Video
Kinostart: 22.9.88
FSK: ab 16, nffr.
Länge: 85 Min. (Farbe)

Der Millionär Paolo ist unbeständig und lügt. Zuerst läßt er sich von seiner Frau scheiden und tut sich mit einer Billardspielerin zusammen, nach einem Jahr macht er die Exfrau zur Geliebten, im zweiten trennt er sich von beiden. Weder ein Beitrag zur Beziehungsproblematik noch eine Komödie um einen Don Juan. Außer sterilen Bildern (und Bettszenen) hat der Film nichts Nennenswertes aufzuweisen. *multimedia*

Jürgen Richter in: FAZ, 26.9.88; Rolf Selas in: Rheinische Post, 23.9.88

Caligula 3 – Imperator des Schreckens 159
CALIGULA'S SLAVES *

Video

Regie: Lawrence Webber
Darsteller: Robert Gligorov, Sandra Venturini, J.F. Littlewoods
Produktion: , I 1984
Verleih: -/-/-/Carrera Topline Video
Erstaufführung: 7.6.88
Länge: 86 Min.

Italienisches Sex-Epos im historischen Gewand um den berüchtigten Kaiser Caligula. Nicht allzu spektakulär, aber Sadomaso-Fans wird der Film wohl die erhoffte Erquickung bringen. *VideoWoche*

Camera Arabe 160
CAMERA ARABE ***

16 mm

Regie: Ferid Boughedir
Kamera: Ahmed Zaaf (Farbe)
Schnitt: Moufida Tlatli
Produktion: Ferid Boughedir mit SATPEC/Institut du Monde Arabe/Channel 4/FR3 Nord, Tunesien 1987
Verleih: Freunde der Deutschen Kinemathek/-/-
Uraufführung: 12.5.1987, Int. Filmfestspiele Cannes
Erstaufführung: 17.2.88, Int. Forum des Jungen Films, Berlin
Länge: 60 Min.

Der tunesische Filmkritiker und Filmemacher Ferid Boughedir analysiert die gegenwärtige Situation des Kinos in den arabischen Ländern, die Schwierigkeiten und Perspektiven der Filmregisseure. Die wichtigsten Filmemacher aus Syrien, dem Libanon, Ägypten, Tunesien, Marokko und Algerien kommen zu Wort und werden anhand von Ausschnitten ihrer Werke vorgestellt. Boughedir stellt seine Analyse auch in einen politischen und gesellschaftlichen Kontext, der diesem Film den Charakter eines persönlichen und engagierten Statements gibt. *Katalog Forum*

Can't buy me love 161
CAN'T BUY ME LOVE **

Regie: Steve Rash
Darsteller: Patrick Dempsey (Ronald Miller), Amanda Peterson (Cindy Mancini), Courtney Gains (Kenneth Wurman), Tina Caspary (Barbara), Seth Green (Chuckie Miller), Sharon Farrell (Mrs. Mancini), Darcy de Moss, Dennis Dugan, Cloyce Morrow, Davin Devasquez, Eric Bruskotter
Drehbuch: Michael Swerdlick
Kamera: Peter Lyons Collister (Farbe)
Musik: Robert Folk
Schnitt: Jeff Gourson
Produktion: Thom Mount für Mount Company mit Apollo Pic. für Touchstone Pic. mit Silver Screen Partners III, USA 1987
Verleih: Warner Bros./dto./dto./EuroVideo
Kinostart: 19.5.88
FSK: ab 12, ffr.
Länge: 94 Min.

Ein schüchterner High-School-Boy will sich die Gesellschaft einer hübschen Kollegin erkaufen, gewinnt sie aber erst, als er zu seinem wahren Wesen steht. Herkömmliche amerikanische Teenager-Komödie, die durchgehend an der Oberfläche und formal bescheiden bleibt. *multimedia*

Frank Arnold in: Zitty, 12/88

Casanova Junior 162
THE WOO WOO KID ***

Regie: Phil Alden Robinson
Darsteller: Patrick Dempsey (Sonny Wisecarver), Talia Balsam (Judy Cusimano), Beverly D'Angelo (Francine Glatt), Michael Constantine (Mr. Wisecarver), Betty Jinett (Mrs. Wisecarver), Kathleen Freeman, Tony Longo, Douglas Rowe, Kim Myers, Dana Short
Drehbuch: Phil Alden Robinson nach einer Story von Bob Kosberg & David Simon
Kamera: John Lindley (Farbe)
Musik: Ralph Burns; Songs: Woddy Herman, Billie Holiday u.a.
Schnitt: Patrick Kennedy
Produktion: Gary Adelson für Adelson-Mack Prod. für Lorimar, USA 1987
Verleih: Filmwelt/Czerny/-

Kinostart: 26.6.88
FSK: ab 12, ffr.
Länge: 98 Min.

Diese 1944 in den USA angesiedelte Pubertätskomödie um einen netten, naiven 15jährigen, der sich zweimal in etwas ältere verheiratete Frauen verliebt, mit dem Gesetz in Konflikt gerät und wider Willen zum »romantischen Idol« stilisiert wird, erfreut mit nostalgisch getönter Ironie, hält aber Schwung und gute Einfälle nicht ganz durch. *multimedia*

Claudius Seidl in: SZ, 28.6.88

Cash Maschine 163

HOW TO BEAT THE HIGH COST OF LIVING **

Video

Regie: Robert Scheerer
Darsteller: Susan Saint James (Jane), Jane Curtin (Elaine), Jessica Lange (Louise), Richard Benjamin (Albert), Fred Willard (Robert), Eddie Albert (Max), Dabney Coleman (Jack Heintzel), Art Metrano (Tankwart), Garrett Morris (Elektriker), Sybil Danning (Charlotte)
Drehbuch: Robert Kaufman
Kamera: Jim Crabe (Movielab Color)
Schnitt: Bill Butler
Produktion: Jerome M. Zeitman, Robert Kaufman für American International/ Filmways, USA 1980
Verleih: -/-/-/Media Entertainment Video
Erstaufführung: 10.2.88
FSK: ab 16 J.
Länge: 110 Min.

Komödie um den großen Coup eines Damen-Trios, das die Einnahmen eines Einkaufszentrums abzockt. Dahinplätschernd, gegen Ende recht einfallsreich und spritzig. *Video-Markt*

Cassandra 164

CASSANDRA **

Video

Regie: Colin Eggleston
Darsteller: Tessa Humphries (Cassandra), Shane Briant (Steven Roberts), Briony Behets (Helen Roberts), Susan Barling (Libby), Tim Burns (Graham), Kit Taylor, Lee James, Jeff Trueman
Drehbuch: Colin Eggleston, John Ruane, Chris Fitchett
Kamera: Gary Wapshott (Agfacolor)
Musik: Trevor Lucas, Ian Mason
Schnitt: Josephine Cooke
Produktion: Trevor Lucas für Parallel Films, Australien 1987
Verleih: -/-/-/VCL Video
Erstaufführung: 20.6.88
FSK: ab 16 J.
Länge: 93 Min.

Junges Mädchen wird nachts regelmäßig von grausamen Visionen heimgesucht, welche weiter zunehmen, als sich ihre Eltern scheiden lassen. Was sie nicht ahnt: Ihre Alpträume sind die vorweggenomme Realität. Als der erste Mord, von dem sie träumte, tatsächlich geschieht, erkennt sie ihr tragisches Schicksal.
Mit Hitchcock'schen Stilmitteln inszenierter Thriller, der im ersten Teil sehr gekonnt einen Spannungsfaden zieht, danach aber zu sehr auf (zweifellos gelungene) Suspense-Effekte abhebt. *Video-Markt*

Catacombs – Im Netz des Dunkeln 165

CATACOMBS *

Video

Regie: David Schmoeller
Darsteller: Timothy van Patten, Laura Schaeffer, Jeremy West, Ian Abercrombie
Drehbuch: Giovanni Natalucci, R. Barker
Kamera: Sergio Salvati (Farbe)
Musik: Pino Donaggio
Schnitt: Tom Meshelski
Produktion: Hope Parello für Empire Pictures, I/USA 1988
Verleih: -/-/-/VPS Video
Erstaufführung: 23.6.88
FSK: nicht unter 18 J.
Länge: 85 Min.

Bei ihrem Besuch in einem italienischen Kloster trifft eine junge Amerikanerin auf den satanischen Katakomben-Geist aus dem 16. Jahrhundert. Nicht wirklich bedeutend, selbst wenn man den recht niedrigen Empire-Maßstab anlegt.

Cave Girl 166

CAVE GIRL *

Video

Regie: David Oliver
Darsteller: Daniel Roebuck (Rex), Cindy Ann Thompson (Cave Girl), Bill Adams (Schatzsucher), Larry Gabriel (Lehrer), Jeff Chayette (Argh), Valerie Greybe (Atilla)
Drehbuch: Phil Groves
Kamera: Daniel Oliver (Farbe)
Musik: Jon St. James
Schnitt: Robert Field
Produktion: Daniel Oliver für Crown International Pictures, USA 1985
Verleih: -/-/-/CBS-Fox Video
Erstaufführung: 12.12.88
FSK: ab 16 J.
Länge: 87 Min.

College-Trottel landet in der Steinzeit und verguckt sich in ein Höhlenmädel. Erstaunlich unkomische Mischung aus »Caveman« und »Porky's«.

Cayenne Palace – Dschungelgold 167

CAYENNE-PALACE ***

Video

Regie: Alain Maline
Darsteller: Richard Berry (Noel Caradec), Jean Yanne (Equateur), Xavier Deluc (Mathieu), Olivia Brunaux (Alice), Anna Karina (Lola), Jean-Roger Milo (Lionel)
Drehbuch: Bruno Tardon
Kamera: Jacques Steyn (Fujicolor)
Musik: Jean-François Léon
Schnitt: Hugues Darmois
Produktion: Philippe Diaz für Films Plain Chant/Mikado/Canal Plus/UGC/Reinhart Prod./Films 13, Frankreich 1987
Verleih: -/-/-/IVE Video
Erstaufführung: 29.8.88
Länge: 96 Min.

In Französisch-Guayana sucht Noel nach seinem Vater, der vor mehr als 30 Jahren aus dem berüchtigten Bagno-Gefängnis geflohen ist. Unterstützt wird er von seinem Halbbruder, der in Kourou am Ariane-Raketenprojekt arbeitet. Urwaldabenteuer mit erlesenen Bildern: Alain Malines ist eine sehenswerte Mischung aus Abenteuer-Action mit leisen Zwischentönen gelungen. *VideoWoche*

The Chair 168

THE CHAIR **

Video

Regie: Waldemar Korzeniowsky
Darsteller: James Coco (Dr. Harold Langer), Trini Alvarado (Lisa Titus), Paul Benedict (Eddie Dwyer), Gary McCleery (Rick), Stephen Geoffreys (Roach), Ron Taylor, Calvin Levels, Brad Greenquist
Drehbuch: Carolyn Swartz
Kamera: Steven Ross (Farbe)
Musik: Eddie Reyes
Schnitt: Carolyn Swartz
Produktion: Anthony Jones für Urban Entertainment, USA 1988
Verleih: -/-/-/IHE Video
Erstaufführung: 24.10.88
Länge: 90 Min.

Der Geist eines hingerichteten Wärters spukt durch das wiedereröffnete Gefängnis. Eine merkwürdige Kombination aus Horror und schwarzem Humor, dennoch überzeugender als Renny Harlins sehr ähnlicher »Prison«.

Chaos im Camp 169

ERNEST GOES TO CAMP **

Video

Regie: John R. Cherry III.
Darsteller: Jim Varney (Ernest P. Worrell), Victoria Racimo (Schwester St. Cloud), John Vernon (Sherman Krader), Iron Eyes Cody (Indianerhäuptling), Lyle Alzado (Bronk Stinson), Gailard Sartain (Jake), Daniel Butler (Eddy)
Drehbuch: John R. Cherry, Coke Sams
Kamera: Harry Mathias, Jim May (DeLuxe Color)
Musik: Shane Keister
Schnitt: Marshall Harvey
Produktion: Stacy Williams für Touchstone mit Silver Screen Partners III, USA 1987
Verleih: -/-/-/EuroVideo
Erstaufführung: 26.4.88
FSK: ab 6 J.
Länge: 93 Min.

Ernest P. Worrell hat im Sommercamp Kikadee wieder alle Hände voll zu tun. Sechs kleine Strolche aus dem Erziehungsheim machen Ferien im Lager, das auf indianischem Boden von religiöser und historischer Bedeutung steht. Auch ein skrupelloser Landentwickler und Baulöwe interessiert sich für das Areal, doch er zieht in der Entscheidungsschlacht gegen die Kids den kürzeren. *VideoWoche*

Die Chaoten-Highschool 170

REBEL HIGH *

Video

Regie: Harry Jakobs
Darsteller: Harvey Berger, Stu Trifax, Barry Gimple, David McCallum
Drehbuch: Evan Keliher. Nach dem Comic-Strip von Harry Jakobs
Kamera: Roger Racine (Farbe)
Produktion: Manson International, USA 1987
Verleih: -/-/-/RCA/Columbia Video
Erstaufführung: 17.10.88
FSK: ab 16 J.
Länge: 82 Min.

Kanadische Highschool-Klamotte mit brisanten, doch selten pfiffigen Scherzchen. David McCallum ist der gestrenge Inspektor in einer Action-Komödie, der zwischen »Prinzipal« und »Mach's nochmal, Dad« die Luft ausgegangen ist. *VideoWoche*

Die Chaotenkneipe 171

WAITRESS *

Video

Regie: Samuel Weil, Michael Herz
Darsteller: Carol Drake (Andrea), Carol Bevar (Jennifer), Renata Majer (Lindsey), Jim Harris (Jerry), David Hunt (Bill), Augie Grompone (Piebalt), Anthony Sarrero (Moe), Ed Fenton (George Belleman)
Drehbuch: Michael Stone, Charles Kaufman
Kamera: Lloyd Kaufman (Farbe)
Schnitt: Dan Lowenthal
Produktion: Lloyd Kaufman, Michael Herz für Troma, USA 1982
Verleih: -/-/-/CBS/Fox Video
Erstaufführung: 21.11.88
FSK: ab 16 J.
Länge: 88 Min.

Die chaotischen Erlebnisse dreier Mädchen in einem Restaurant. Wieder schielt ein Regisseur auf »Airplane«, und wieder ist das Ergebnis ein Silberblick der überdrehten Langeweile.

Das Chaoten-Team

siehe: Die Fat Boys als Chaotenteam

Die Chaotin und der Wolfmann 172

MOM, THE WOLFMAN AND ME **

Video

Regie: Edmond Levy
Darsteller: Patty Duke Astin (Deborah Bergman), David Birney (Theo Marker), Keenan Wynn (Opa Bergman), John Lithgow (Wally), Danielle Brisebois (Jenny Bergman), Viveca Lindfors (Oma Bergman)
Drehbuch: Edmond Levy. Nach dem Roman von Norma Klein
Kamera: Zale Magder (Farbe)
Musik: Fred Karlin
Schnitt: David Blangsted
Produktion: Malcolm R. Harding für Time-Life, USA 1980
Verleih: -/-/-/Vestron Video
Uraufführung: 20.12.80 (Syndicated)
FSK: ab 12 J.
Länge: 100 Min.

Jenny, uneheliches Kind einer Fotografin, wünscht sich einen Vater, doch die Mutter lebt nur für ihre Arbeit und ihre Karriere. Als ein Mann mit Wolfshund in ihr Leben tritt, versucht sie mit allen Tricks, die beiden zu verkuppeln.

Charlotte for ever 173

CHARLOTTE FOR EVER ***

Regie: Serge Gainsbourg
Darsteller: Serge Gainsbourg (Stan), Charlotte Gainsbourg (Charlotte), Roland Bertin (Léon), Roland Dubillard (Herman), Anne Zamberlan (Lola), Anne Le Guernec (Adelaide), Sabeline Campo (Thérése)
Drehbuch: Serge Gainsbourg
Kamera: Willy Kurant (Fujicolor)
Musik: Serge Gainsbourg
Schnitt: Barbeth Si Ramdane
Produktion: Jean-Claude Fleury, Claudie Ossard für GPFI Constellation, Frankreich 1986
Verleih: -/-/Challenger
Erstaufführung: 10.12.1986, Paris
Kinostart: April 88
Länge: 94 Min.

Der heruntergekommene Drehbuchautor Stan dämmert in seinem düsteren Haus unter Preisgabe erotischer und endzeitlicher Visionen dem Alkoholdelirium entgegen. Einziger Trost ist diesem verfehmten Poeten seine geliebte Tochter, zu der er aber erst findet, als sie ihm die Schuld am Tod der Mutter verzeiht. Serge Gainsbourg, Autor, Regisseur und Protagonist dieses Kammerspiels, versucht das Publikum mit Themen wie Inzest und Zitaten von Miller bis Nabokov zu provozieren, doch anstößig ist dabei nur die maßlose Selbststilisierung des Stars. *Zoom*

Chase – Tödliches Spiel 174

CHASE **

Video

Regie: David A. Prior
Darsteller: William Zipp (Steven Chase), Paul Smith (Steele), Jack Starrett (Lt. MacGrew), Bainbridge Scott (Diana Lewis), Reggie DeMorton (Eddie), Paul Bruno (Sgt. Boone), Ct. Collins (Vorsitzender), Christine Cowell (Sheila Chase)
Drehbuch: David A. Prior, James L. Hennessy jr., Craig L. Clyde
Kamera: Keith Holland
Produktion: David Winters, Don Crowell jr. für Action International Pictures, USA 1987
Verleih: -/-/-/CBS/Fox Video
Erstaufführung: 21.11.88
FSK: nicht unter 18 J.
Länge: 90 Min.

Technisch und atmosphärisch durchaus akzeptabler Action-Thriller mit ebenso originellem wie gemeinem Thema: Familienvater beobachtet einen Mord, dessen Opfer, im Sterben liegend, ihm eine Pistole in die Hand drückt. Kurz darauf wird auch auf ihn selbst ein Anschlag verübt. Aus dem braven Mann wird ein gehetzter Mörder, bis er den mysteriösen Fall durchschaut. Dekadente Reiche treiben ein infames Spiel: Wer die Waffe besitzt, wird zur begehrten Jagdtrophäe. *Video-Markt*

Cheerballs 175

GIMME AN »F« *

Video

Regie: Paul Justman
Darsteller: Stephen Shellen (Tommy Hamilton), Mark Keylon (Roscoe McGuinn), Jennifer C. Cooke (Pam Bethlehem), Beth Miller (Mary Ann), Daphne Ashbrook (Phoebe Willis), Sarah M. Miles (Eileen), Karen Kelly (»Demon« Janna), John Karlen (Bucky)
Drehbuch: Jim Hart
Kamera: Mario Di Leo (CFI Color, Kopien von DeLuxe)
Musik: Jan Hammer; *Songs:* Bob Gaudio
Schnitt: Tom Walls
Produktion: Martin Poll für 20th Century-Fox, USA 1984
Verleih: -/-/-/CBS-Fox Video
Erstaufführung: 15.3.88
FSK: ab 12 J.
Länge: 100 Min.

Leiter eines Trainingscamps wettet mit seinem Top-Ausbilder um 10 000 Dollar, daß sein Team beim anstehenden Cheerleader-Wettbewerb grandios verliert. »Wo ist der Witz, wenn sich die Weiber nicht mal ausziehen?«

Chicago Blues 176

THE ARM / THE BIG TOWN **

Regie: Ben Bolt
Darsteller: Matt Dillon (J.C. Cullen), Diane Lane (Lorry Dane), Tommy Lee Jones (George Cole), Bruce Dern (Mr. Ed-

Der Spieler, seine Insignien und das Mädchen. Matt Dillon und Diane Lane in »Chikago-Blues«.

wards), Lee Grant (Ferguson Edwards), Tom Skerritt (Phil Carpenter), Suzy Amis (Aggie Donaldson), David Marshall Grant, Don Francks, Del Close, Meg Hogarth
Drehbuch: Robert Roy Pool nach »The Arm« von Clark Howard
Kamera: Ralf D. Bode (Farbe)
Musik: Michael Melvoin
Schnitt: Stuart Pappe
Produktion: Martin Ransohoff für Columbia, USA 1987
Verleih: Senator/-/-/Starlight Video
Kinostart: 3.3.88
FSK: ab 16, ffr.
Länge: 110 Min.

Ein Junge versucht in den Fünfzigern in der Großstadt sein Glück. Als Spieler und Liebhaber hat er meistens Erfolg, muß verhältnismäßig wenig Lehrgeld zahlen. Wenig origineller, nur mäßig witziger und meistens klischeehafter Film, dessen erotische Eskapaden ebensowenig aufheitern wie seine aufgesetzt und lahm wirkende Story. *tip*

Manfred Hobsch in: Zitty, 5/88; Bodo Fründt in: SZ, 27.4.88

Chuck Berry – Hail, Hail, Rock 'n Roll
siehe: Hail, Hail, Rock 'n Roll

City Wolf 177
FOR A BETTER TOMORROW **
Video

Regie: John Woo
Darsteller: Chow Yun Fat, Ti Lung, Leslie Cheung, Emily Cho
Produktion: Won Kar Man, Tsui Hark für Golden Princess, Hongkong 1986
Verleih: -/-/-/IVE Video
Erstaufführung: 18.3.88
Länge: 100 Min.

Eine Falschgeldlieferung nach Taiwan bringt den Gangster Ho für drei Jahre ins Gefängnis. Nach seiner Entlassung will er ein anständiges Leben beginnen und sucht die Aussöhnung mit seinem Bruder, der bei der Polizei in Hongkong ist und Ho die Schuld am Tod ihres Vaters gibt. Rasanter Actionthriller aus Hongkong, weit über dem Durchschnitt dort produzierter Genrefilme. Eine klassische Kriminalgeschichte dient als Handlungsfaden, die Kampfszenen sind furios inszeniert, und die Darsteller spielen mit Sinn für Dramatik und große Emotion. *VideoWoche*

Class of Nuke 'em High 178
CLASS OF NUKE 'EM HIGH *
Video

Regie: Richard W. Haines, Samuel Weil (= Lloyd Kaufman)
Darsteller: Janelle Brady (Chrissy), Gilbert Brenton (Warren), Robert Prichard, R.L. Ryan, James Nugent Vernon, Brad Dunker, Gary Schneider, Théo Cohan
Drehbuch: Richard W. Haines, Mark Rudnitsky, Lloyd Kaufman, Stuart Strutin
Kamera: Michael Mayers (TVC Color)
Musik: Michael Lattanzi, Biohazard
Schnitt: Richard W. Haines
Produktion: Lloyd Kaufman, Michael Herz für TNT Company/Troma, USA 1986
Verleih: -/-/-/UFA Video
Erstaufführung: 15.1.88
FSK: nicht unter 18 J.
Länge: 81 Min.

Teenager schmaucht einen radioaktiven Joint, verwandelt sich in ein Monster und legt sich mit den örtlichen Rockern an.
Das unsäglich dumme Ganze sollte nach »Atomic Hero« in den Kinos laufen und Troma endgültig zum Banner von Deutschlands Trash-Kultisten machen. Dann interessierte sich jedoch kein Schwein für »Atomic Hero« und der Plan wurde heimlich, still und leise ad acta gelegt. Back to the drawing board.

Clockwise 179
CLOCKWISE ***

Regie: Christopher Morahan
Verleih: FiFiGe/Einhorn/-

Erschien bereits 1987 unter dem Titel »In letzter Sekunde« auf Video.
Deshalb sind die vollständigen Angaben und die Kritik bereits im Heyne Filmjahrbuch 1988 erschienen.

Club Med 180

CLUB MED *

Video

Regie: Bob Giraldi
Darsteller: Linda Hamilton (Kate), Jack Scalia (O'Shea), Patrick MacNee (Gilbert Anthony Paige), Janis Lee Burns (Jody), Jeff Kaake (Bart), Traci Lin-Tavi (Simone LaFontanne), Bill Maher (Rick)
Drehbuch: Jusith-Paige Mitchell, Jeff Freilich
Kamera: Robert E. Collins (Farbe)
Musik: Peter Bernstein
Schnitt: Allan Jacobs, Bob Wyman, Marv Adelson, William Butler
Produktion: Ervin Zavada für Lorimar, USA 1986
Verleih: -/-/-/Media Entertainment Video
Uraufführung: 19.1.86 (ABC)
Erstaufführung: 10.8.88
Länge: 105 Min.

Ernste Liebesgeschichte vor dem Hintergrund eines Feriencamps, mit witzigen Einlagen. Der Ferienkomödie fehlt allerdings die Leichtigkeit der erfolgreichen »Eis am Stiel«-Filme.

Coach of the Year 181

COACH OF THE YEAR **

Video

Regie: Don Medford, Andy Sidaris
Darsteller: Robert Conrad (Jim Brandon), Erin Gray (Paula DeFalco), Red West (Turner), Daphne Maxwell (Merissa Lane), David Hubbard (Sweetlife), Ricky Paull (Andy DeFalco), Alex Paez (Hector Estrada)
Drehbuch: Frank Abatemarco
Kamera: Paul vom Brack (Farbe)
Musik: Mike Post, Pete Carpenter
Schnitt: Howard S. Deane, George R. Rohrs
Produktion: John Ashley für Shane Co., USA 1980
Verleih: -/-/-/CIC Video
Uraufführung: 20.12.80 (NBC)
Erstaufführung: 5.12.88
Länge: 100 Min.

US-Football-Drama, das Zähigkeit und Teamgeist zur Lösung menschlicher Probleme fordert.
Robert Conrad spielt den behinderten Trainer in einer Geschichte, die stark an den alten Spencer Tracy und Mickey Rooney-Film »Stadt der Jungen« erinnert. *Videowoche*

Cobra Mission 2 182

COBRA MISSION *

Video

Regie: Mark Davis
Darsteller: Brett Clark, Jeff Maldovan, Julie M. Carlo
Produktion: Italien 1988
Verleih: -/-/-/IHV Video
Erstaufführung: 3.10.88
Länge: 89 Min.

Hochdekorierter Kriegsveteran soll einen brutalen Diktator ausschalten, merkt aber bald, daß er als Sündenbock herhalten soll.

Cocaine Connection 183

ADIOS, PEQUENA **

Video

Regie: Imanol Uribe
Darsteller: Ana Belen (Beatriz), Fabio Testi (Lucas), Marcel Bozzuffi (Fidel), José M. Cervino, Juan Echanove, Nacho Martinez, Antonio V. Valero
Drehbuch: Imanol Uribe, Ricardo Franco
Kamera: Angel Luis Fernandez (Farbe)
Musik: Alberto Iglesias
Schnitt: Eduardo Biurrun
Produktion: Javier Inchaustegui für Travelling Films, Spanien 1987
Verleih: -/-/-/Taurus Video
Erstaufführung: August 88
FSK: nicht unter 18 J.
Länge: 74 Min.

Geschäftsmann, der für seine Firma häufig nach Amsterdam fährt, läßt sich zum Kokainschmuggel überreden. Er erfährt, daß der Stoff nicht echt ist, das Unternehmen nur zur Tarnung des echten Koks-Transportes diente. Von der Polizei verhaftet, findet er in einer Anwältin eine treue Verbündete, die den Kampf gegen die Drogenmafia aufnimmt. Spanischer Krimi, der mit seiner leicht verregneten, kühlen Atmosphäre stark an klassische, französische Gangsterfilme erinnert.

Video-Markt

Coda – Symphony of Evil 184

CODA *

Video

Regie: Craig Lahiff
Darsteller: Penny Cook (Kate Martin),

Arna-Maria Winchester (Dr. Steiner), Liddy Clark (Sally Reid), Olivia Hamnett (Sgt. Turner), Patrick Frost (Mike Martin), Vivienne Graves (Anna)
Drehbuch: Craig Lahiff, Terry Jennings
Kamera: David Foreman (Farbe)
Musik: Frank Strangio
Schnitt: Catherine Murphy
Produktion: Terry Jennings für Genesis Films, Australien 1987
Verleih: -/-/-/Summit Video
Erstaufführung: 25.1.88
FSK: nicht unter 18 J.
Länge: 99 (93) Min.

Eine junge Musikstudentin wird brutal umgebracht. Ihr Ex-Gatte gerät unter Tatverdacht, beschwört aber, ein maskierter Unbekannter sei der Schuldige. Eine befreundete Studentin haftet sich auf die Spur der Erscheinung und entlarvt unter Lebensgefahr die lesbische Leiterin des Konservatoriums als Täter. *VideoWoche*

Code Name: Zebra 185

CODE NAME: ZEBRA *

Video

Regie: Joe Tornatore
Darsteller: Jim Mitchum (Frank Barnes), Michael Lane (Carmine Longo), Timmy Brown (Cougar), Joe Donte (Voce), Chuck Morrell (Lt. Dietrich), Deanna Jurgens (Julie), Lindsey Crosby (Polizist), Chris Costello, Frank Sinatra jr.
Drehbuch: Robert Leon
Kamera: Bill Dickson, Tom Denove (Foto-Kem Color)
Musik: Louis Febre, Peter Rotter
Schnitt: Ed Hanson
Produktion: Joseph Lucchese für Pac West Cinema Group, USA 1986
Verleih: -/-/-/New Vision Video
Erstaufführung: 17.2.88
FSK: nicht unter 18 J.
Länge: 94 Min.

Lahmer Actionreißer um einen Mafiakiller, der sich nach Verbüßung seiner Strafe an die Ausrottung der »Zebra Force«, einer Gruppe von Vietnam-Veteranen, macht.

Codename: Emerald 186

CODENAME: EMERALD ***

TV

Regie: Jonathan Sanger
Darsteller: Ed Harris (Gus Lang), Max von Sydow (Jürgen Brausch), Horst Buchholz (Walter Hoffmann), Helmut Berger (Ernst Ritter), Cyrielle Claire (Claire Jouvet), Eric Stoltz (Andy Wheeler), Patrick Stewart, George Mikell
Drehbuch: Ronald Bass nach seinem Roman »The Emerald Illusion«
Kamera: Freddie Francis
Musik: John Addison
Produktion: USA 1985
Sendetermin: 3.6.88, ARD
Länge: 92 Min.

Im Frühjahr 1944 gerät ein junger amerikanischer Offizier, der Ort und Zeitpunkt der bevorstehenden Invasion in Frankreich kennt, in deutsche Gefangenschaft. Daraufhin starten die Allierten ein gewagtes Unternehmen, um zu verhindern, daß der Gefangene unter Druck die streng geheime Information preisgibt. Mit Hilfe eines Doppelagenten durchkreuzen sie die Pläne der deutschen Abwehr. *ARD*

Cold Room 187

THE COLD ROOM **

Video

Regie: James Dearden
Darsteller: George Segal (Hugh), Renée Soutendijk (Lily), Amanda Pays (Carla/Christa), Warren Clarke (Bruckner), Anthony Higgins (Erich), Ursula Howells
Drehbuch: James Dearden
Kamera: Tony Pierce-Roberts (Farbe)
Musik: Michael Nyman
Schnitt: Mick Audley
Produktion: Mark Forstater, Bob Weis für Jethro Films, Großbritannien 1983
Verleih: -/-/-/UFA Video
Erstaufführung: 2.12.88
Länge: 92 Min.

Atmosphärisch interessanter, aber verwirrender Psychothriller, der stilistisch an »Wenn die Gondeln Trauer tragen« anknüpft. Amanda Pays überzeugt als geplagte Carla/Christa, die als Zugnummern gedachten George Segal und Renée Soutendijk haben jedoch undankbare Rollen. Das Drehbuch ist so mysteriös wie Carlas Erlebnisse, und auch der Vergleich der Stasi mit der Gestapo zeugt von wenig Geschmack. *VideoWoche*

Cold Silence
188
SWORN TO SILENCE
***
Video

Regie: Peter Levin
Darsteller: Peter Coyote, Dabney Coleman, Caroline McWilliams, Ed Nelson, Mavor Moore, Linda Darlow, Liam Neeson, Tamsin Kelsey
Drehbuch: Robert L. Joseph. Nach dem Buch »Privileged Information« von Tom Alibrandi und Frank H. Armani
Kamera: Frank Watts (Farbe)
Musik: Dennis McCarthy
Produktion: Ervin Zavada für Daniel H. Blatt/Robert Singer Productions, USA 1987
Verleih: -/-/-/VCL Video
Uraufführung: 6.4.87 (ABC)
Erstaufführung: 26.7.88
FSK: ab 12 J.
Länge: 94 Min.

Anwalt verteidigt einen unter Mordverdacht stehenden Mann. Als sich herausstellt, daß er auch zwei als vermißt gemeldete Mädchen auf dem Gewissen hat, gerät der Verteidiger in eine moralische Zwangslage und unter starken öffentlichen Druck. US-Fernsehfilm um die mögliche Widersprüchlichkeit zwischen Recht und Gerechtigkeit. Die Stärke liegt weniger bei Schauwerten, als bei dem interessanten Thema. *Video-Markt*

Colors
189
COLORS
****

Regie: Dennis Hopper
Darsteller: Sean Penn (Danny McGavin), Robert Duvall (Bob Hodges), Maria Conchita Alonso (Louisa Gomez), Randy Brooks (Ron Delaney), Grand Bush (Larry Sylvester), Don Cheadle (Rocket), Gerardo Mejia (Bird), Glenn Plummer (High Top), Rudy Ramos, Sy Richardson, Trinidad Silva, Charles Walker, Damon Wayans, Seymour Cassel, Virgil Frye, Courtney Gaines, Jack Nance
Drehbuch: Michael Schiffer nach einer Story von Michael Schiffer und Richard Dilello
Kamera: Haskell Wexler (Metrocolor)
Musik: Herbie Hancock
Schnitt: Robert Estrin
Produktion: Robert H. Solo für Orion, USA 1987
Verleih: 20th Century Fox/Constantin/-
Kinostart: 24.11.88
FSK: ab 16, ffr.
Länge: 121 Min.

Im Großstadtdschungel. Robert Duvall und Sean Penn in »Colors – Farben der Gewalt«.

Zeichensprache. Regisseur Dennis Hopper mit einer Street Gang, bei Dreharbeiten zu »Colors-Farben der Gewalt«.

Nach langer Zeit mal wieder ein Film von Dennis Hopper als Regisseur. Seiner schon in »Easy Rider« und »Out of the Blue« bevorzugten realistischen amerikanischen Außenseiter-Thematik ist er treu geblieben.
Diesmal geht es um Street-Gangs in Los Angeles, Banden, die in sinnloser Brutalität gegeneinander Krieg führen. Deformationen einer Zivilisation, die in Anonymität und Ziellosigkeit mündet: Hopper inszeniert unerbittlich. Eine Gewalt-Action folgt der anderen, glorifiziert jedoch nie. Das ist eine Leistung, an der der nicht weniger rigorose Kameramann Haskell Wexler entscheidenden Anteil hat. Seine Bilder verursachen fast physische Schmerzen.
Robert Duvall als der alte illusionslose Profi-Polizist und Sean Penn als sein hitzköpfiger Kollege tragen die Spannung des Films überzeugend. Für starke Nerven. *Frauke Hanck, tz*

Peter Buchka in: SZ, 26.11.88; Gregor Dotzauer in: FAZ, 24.11.88; Peter Krauss in: FR, 26.11.88; Milan Pavlocic in: Kölner Stadt-Anzeiger, 26.11.88

Combat Academy 190

COMBAT HIGH **

Video

Regie: Neal Israel
Darsteller: Keith Gordon (Max Mendelsson), Wally Ward (Perry Barnett), George Clooney (Biff Woods), Dana Hill (Andrea), Elya Baskin (Dolmetscher), Robert Culp (General Woods), Dick van Patten (Rektor)
Drehbuch: Paul W. Shapiro
Kamera: Steve Yaconelli (Farbe)
Musik: Robert Folk
Schnitt: Mike Hill, Tom Finan
Produktion: Robert M. Sertner für Frank & Julie Films/Frank von Zerneck Prods./ Lynch-Biller, USA 1986
Verleih: -/-/-/Highlight Video
Uraufführung: 23.11.86 (NBC)
Erstaufführung: 8.2.88

FSK: ab 12 J.
Länge: 92 Min.

Zwei dreiste Highschool-Jungs werden dazu verdonnert, ein Jahr in einer Militärschule zu verbringen. Zündende Gags und anarchistischer Humor werden gegen Ende von einer hausbacken-lehrreichen Story verdrängt.

VideoWoche

Combat Attack 191

CROSS MISSION *

Video

Regie: Alfonso Brescia
Darsteller: Richard Randall, Alex Vitale, Richard Keith, Laura Nazinsky
Drehbuch: Henry L. Ackermann
Kamera: Giancarlo Ferrando (Farbe)
Produktion: A.M. Trading International, Italien/Guatemala 1988
Verleih: -/-/-/G.L. Video
Erstaufführung: 6.4.88
FSK: nicht unter 18 J.
Länge: 91 Min.

Zwei Söldner, ein CIA-Agent und eine Reporterin auf den Spuren eines mysteriösen Drogen-Guerilleros.

Coming up Roses 192

COMING UP ROSES ***

Regie: Stephen Bayly
Darsteller: Dafydd Hywel (Trevor), Iola Gregory (Mona), Olive Michael (Gwen), Mari Emlyn (June), W.J. Philips (Eli Davies), Glan Davies (Dino), Gillian Elisa Thomas, Ifan Huw Dafydd
Drehbuch: Ruth Carter
Kamera: Dick Pope (Farbe)
Musik: Michael Storey
Produktion: Linda James, Großbritannien 1987
Verleih: Pandora/-/-
Kinostart: 26.5.88
Länge: 93 Min. (OmU)

»Coming up Roses« von einem Amerikaner in Großbritannien. Seine kleine melancholische Komödie erzählt die Geschichte vom Erfindungsreichtum eines Filmvorführers, dessen Kino schließen muß. Dabei setzt der liebenswerte Film nicht zur großen Klage an, sondern bedient sich einer typisch britischen Fähigkeit, dem produktiven Galgenhumor.

Alfred Holighaus, tip

Marli Feldvoss in: FAZ, 4.6.88

Zwei auf Tour in: »Coming up Roses«.

Der Commander 193
**

Regie: Anthony M. Dawson (=Antonio Margheriti)
Darsteller: Lewis Collins (Jack Colby), Lee van Cleef (Mazzarini), Donald Pleasance (Carlson), John Steiner (Duclaud), Manfred Lehmann (Wild Bill Hickock), Brett Halsey (McPherson), Chat Silayan, Antonio Cantafora, Bobby Rhodes, Tom Danneberg, Paul Muller, Frank Glaubrecht, Romano Puppo, Hans Leutenegger, Wolfgang Kühne, Christian Brückner, Dr. Michael Nowka, Anita Lochner
Drehbuch: Arne Elsholtz, Tito Carpi
Kamera: Peter Baumgartner (Farbe)
Musik: Gruppe »Eloi«
Schnitt: Marie-Luise Buschke
Produktion: Erwin C. Dietrich für Ascot/ Prestige, BRD/Italien 1988
Verleih: Ascot/Constantin/Elite/Ascot Video
Kinostart: 28.4.88
FSK: ab 16, ffr.
Länge: 104 Min.

Im Dschungel des legendären Goldenen Dreiecks zwischen Thailand, Laos und Burma soll Commander Colby mit einer bunt zusammengestellten Söldnertruppe in geheimem Auftrag einen übergeschnappten und sich nicht mehr an die Geschäftspraktiken haltenden Drogen-»General« töten und die Rohopiumvorräte zerstören. Ein Söldnerfilm von der Stange mit vielen Toten, MP-Geknatter und »garniert« mit den obligaten Explosionen, bei denen die Stuntmen im immer gleichen hohen Bogen durch die Luft wirbeln. Einfallslos inszeniert und ohne dramatische Höhepunkte. *Zoom*

Commando Squad 194
COMMANDO SQUAD
*
Video

Regie: Fred Olen Ray
Darsteller: Brian Thompson (Clint), Kathy Shower (Cat), William Smith (Morgan), Sid Haig (Iggy), Robert Quarry (Milo), Ross Hagen (Long John), Marie Windsor (Casey), Mel Welles (Quintano), Russ Tamblyn
Drehbuch: Michael D. Sonye
Kamera: Gary Graver (Fotokem Color
Schnitt: Kathie Weaver
Produktion: Alan Amiel für Trans World Entertainment, USA 1987
Verleih: -/-/-/VPS Video
Erstaufführung: 8.12.88
Länge: 89 Min.

Amazone der Drogenfahndung rettet ihren ehemaligen Partner aus den Fängen mexikanischer Drogenhändler.

Commando Wild Wind 195
THE WILD WIND
**
Video

Regie: Aleksandar Petkovic
Darsteller: Svetozar Cvetkovic (Svetozar), George Montgomery (Major Mestrovic), Victor Proskurin (sowjetischer Offizier), Milan Puric, Ljuba Poliscuk, Dusan Janicijevic
Drehbuch: Zivojin Pavlovic. Nach seinem Roman »The Wild Wind«
Kamera: Vadim Jakovljev (Eastmancolor)
Musik: Evgenij Doga
Produktion: Film Danas/Moldava Film/Noble Productions, Jugoslawien/UdSSR/USA 1986
Verleih: -/-/-/Summit Video
Erstaufführung: 10.5.88
FSK: nicht unter 18 J.
Länge: 100 (89) Min.

Koproduktion, die den Aderlaß jugoslawischer Widerstandkämpfer im zweiten Weltkrieg behandelt. Inszenierung und Dramaturgie sind durchschnittlich, die opulenten Kampfszenen haben einen gewissen Schauwert. *Video-Markt*

Control 196
CONTROL
**
Video

Regie: Giuliano Montaldo
Darsteller: Burt Lancaster, Kate Nelligan, Ben Gazzara, Kate Reid, Erland Josephson, Cyrielle Claire, Andrea Occhipinti, Andrea Ferreol, Ingrid Thulin
Drehbuch: Brian Moore, Jeremy Hole
Kamera: Armando Nannuzzi (Farbe)
Musik: Ennio Morricone
Produktion: Franco Cristaldi für Alliance Entertainment/Cristaldi Film/Les Films Ariane, Kanada/Italien/Frankreich 1987
Verleih: -/-/-/EVC Video
Uraufführung: 14.2.87 (HBO)
Erstaufführung: April 88
FSK: ab 16 J.
Länge: 97 Min.

Bunt zusammengewürfelte Gruppe von Menschen wird gegen ansehnliches Honorar von einem wissenschaftlichen Institut und seinem engagierten Boß in einen unterirdischen Atombunker geschickt, um das Überleben in extremen Situationen zu demonstrieren. Als draußen tatsächlich der Ernstfall eintritt und weitere Menschen rettenden Einlaß begehren, kommt es zum Eklat. Mit großem Star-Aufgebot wird ein akutes Thema interessant behandelt: Ist überhaupt ein Schutz nach dem Atomschlag möglich? Der Film verfolgt dies bemüht und ernsthaft, ohne allerdings Klischees ganz ausschließen zu können. Aber seine eindringliche Warnung vor den grauenvollen Folgen jeglichen Wettrüstens ist wichtig und unüberhörbar. *tip*

Coonskin 197

COONSKIN ***

Regie: Ralph Bakshi
Darsteller: Barry White (Samson/Bruder Bear), Charles Grodone (Prediger/Bruder Fox), Scatman Crothers (Pappy/Old Man Bone), Philip Thomas (Randy/Bruder Rabbit)
Drehbuch: Ralph Bakshi
Kamera: William A. Fraker, Ted C. Bemiller (Technicolor)
Musik: Chico Hamilton
Schnitt: Donald W. Ernst, Jack Hooper
Produktion: Albert S. Ruddy für Bryanstor, USA 1974
Verleih: Splendid/-/-/Splendid Video
Erstaufführung: 12.5.88
Kinostart: 15.8.88
FSK: ab 18, nffr.
Länge: 97 Min.

Eingebettet in eine als Realfilm gedrehte Rahmenhandlung – und häufig unterlegt mit »echten« Hintergründen! – läßt Bakshi seine anthropomorphen Tiere in wüste Großstadtabenteuer ziehen. Egal ob Hase, Bär oder Fuchs, alle Helden sind unverkennbar schwarz, und wenn sie nicht gerade damit beschäftigt sind, sich gegenseitig abzumurksen, dann schlachten sie am liebsten die weißen Fieslinge ab ...
Eine stringente Geschichte erzählt der Film nicht. Er reiht ziemlich locker und auch ziemlich beliebig Episoden aneinander. Die aber sind, bei all ihrem Zynismus, ihrem verqueren Humor, ihrer Ästhetik der Häßlichkeit und, ja, geben wir es zu, auch ihrer Spekulation mit der Gewalt, immer auch dies: eine anarchische Waffe der Underdogs. Nur so ganz scharf ist sie halt nicht mehr, nach 14 Jahren in der Schublade. *Rupert Koppold, Filmecho*

Der Cop 198

COP ***

Regie: James B. Harris
Darsteller: James Woods (Lloyd Hopkins), Lesley Ann Warren (Kathleen McCarthy), Charles Durning (Dutch), Charles Haid (Whitey Haines), Raymond J. Barry (Gaffney), Randy Brooks (Joanie), Steven Lambert (Bobby Franco), Christopher Wynne, Jan McGill, Vicki Wauchope, Melinda Lynch
Drehbuch: James B. Harris, nach dem Roman »Blood On The Moon« von James Ellroy
Kamera: Steve Dubin (Farbe)
Musik: Michael Colombier
Produktion: James B. Harris, James Woods für Harris-Woods Prod., USA 1987
Verleih: Ascot/Constantin/Elite/Ascot Video
Kinostart: 12.5.88
FSK: ab 16, ffr.
Länge: 108 Min.

Ein eigenwilliger und draufgängerischer Polizist ist fest von einer geheimnisvollen Mordserie überzeugt und läßt sich auch nach seiner Suspendierung von der Aufklärung der erstaunlich ähnlichen Frauenmorde nicht abhalten. Schonungslos realistischer und ganz auf James Woods zugeschnittener Polizeifilm mit Selbstjustiztendenz, dessen Spannung durch die stark konstruierte Story erheblich beeinträchtigt wird.

multimedia

Frank Arnold in: Zitty, 8/88; Gregor Dotzauer in: FAZ, 17.9.88; Helmut Wilmes in: Kölnische Rundschau, 11.6.88

Der Couch-Trip 199

THE COUCH TRIP ***

Regie: Michael Ritchie
Darsteller: Dan Aykroyd (John Burns), Walter Matthau (Donald Becker), Charles Grodin (George Maitlin), Donna Dixon (Laura Rollins), Richard Romanus (Harvey Michaels), Mary Gross (Vera Maitlin), David Clennon (Lawrence Baird), Arye Gross (Perry Kovin), Victoria Jackson (Robin), Michael DeLorenzo, Mickey Jones, J.E. Freeman, David Wohl, Michael Ensign, Chevy Chase
Drehbuch: Steven Kampmann, Will Porter, Sean Stein, nach einem Roman von Ken Kolb
Kamera: Donald E. Thorin (DeLuxe Color, Panavision)
Musik: Michel Colombier
Schnitt: Richard A. Harris
Produktion: Lawrence Gordon für Orion, USA 1988
Verleih: 20th Century Fox/Constantin/ Monopole Pathé/RCA/Columbia Video
Kinostart: 18.8.88
FSK: ab 16, nffr.
Länge: 98 Min.

Ein entsprungener Insasse einer Heilanstalt übernimmt unter falscher Identität eine Radio-Psychiatrie-Sendung und wird ungeahnt erfolgreich damit. Sehr zum Leidwesen der echten Doktoren, die in der »Klapsmühle« landen.
Zwischen Satire und Groteske wandelnde Komödie um den amerikanischen Wahn der Mode-Psychiatrie; gekonnt gespielt, etwas eckig in Szene gesetzt, aber doch ganz unterhaltsam.

multimedia

Helmut W. Banz in: Kölner Stadt-Anzeiger, 20.8.88; Otto Heuer in: Rheinische Post, 19.8.88; H.G. Pflaum in: SZ, 20.8.88; Helmut Schmitz in: FR, 18.8.88

Counterforce 200

COUNTERFORCE *

Regie: J. Anthony Loma
Darsteller: George Rivero (Harris), George Kennedy (Vince Colby), Andrew Stevens (Nash), Isaac Hayes (Ballard), Kevin Bernhardt (Sutherland), Louis Jourdan (Kassar), Kabir Bedi (Koura), Robert Forster (Diktator), Susana Dosamantes (Roxana)
Drehbuch: Douglas Borton
Kamera: Joan Gelpi (Farbe)
Musik: Joel Goldsmith
Schnitt: Nicholas Wentworth, J. Anthony Loma jr.

Narren-Spiel. Walter Matthau und Dan Aykroyd in »Der Couch Trip«.

Produktion: Carlos Vasallo, USA 1986
Verleih: Hollywood/-/-/Ufa-Video (89 Min.)
FSK: ab 16, ffr.
Kinostart: 12.5.88
FSK: ab 18, nffr.
Länge: 95 Min.

Eine amerikanische Spezial-Einsatztruppe hartgesottener Profis mischt sich mit Waffengewalt, natürlich zum Wohl des Westens, in innerarabische Machtkämpfe ein und ballert dann rum, was das Zeug hält, unerbittlich und ohne Unterlaß - bis zur tödlichen Langeweile. *Kölner Stadt-Anzeiger*

Crackdown 201
CRACKDOWN
*
Video

Regie: John Garwood
Darsteller: Chris Rose, Seib Seibl, Tyke Caravelli, Cynthia Killion, Chard Hayward
Drehbuch: John Garwood, Larry Ward, Larry Hilbrand
Musik: Pat Valentino, Mark Evans
Produktion: John Garwood, USA 1987
Verleih: -/-/-/USA Video
Erstaufführung: 29.2.88
Länge: 90 Min.

Zwei Vietnamveteranen machen im Auftrag eines Majors, dessen Sohn an einer Überdosis Kokain starb, Jagd auf einen skrupellosen Drogenboß.
Video Woche

Crazy Legs 202
OFF THE MARK
**
Video

Regie: Bill Berry
Darsteller: Mark Neely, Terry Farrell, Clarence Gilyard jr., Norman Alden, Virginia Capers, Jon Cypher
Drehbuch: Temple Matthews, Bill Berry
Kamera: Arledge Armenaki (Farbe)
Musik: David Frank
Produktion: Temple Matthews für Fries Entertainment, USA 1987
Verleih: -/-/-/VPS Video
Erstaufführung: 21.4.88
Länge: 90 (75) Min.

Seit einem Unfall in der Kindheit kann Howard seine verrückten Beine kaum unter Kontrolle bringen. Trotzdem hat er es sich in den Kopf gesetzt, den »Plutonium-Triathlon«, eine Konditionsschlacht aus Marathon, Radfahren und Schwimmen, zu gewinnen. Ausgerastete Komödie im »Airplane«-Stil, die neben einigen Kalauern mit einer ganzen Palette auch visuell erfinderischer Gags aufwartet.
Video Woche

Crazy Love 203
CRAZY LOVE
***

Regie: Dominique Deruddere
Darsteller: Josse de Pauw, Geert Hunaerts, Michael Pas, Gene Bervoets, Amid Chakir, Florence Beliard
Drehbuch: Marc Didden, Dominique Deruddere
Kamera: Willy Stassen (Farbe)
Musik: Raymond van Het, Groenewoud
Schnitt: Ludo Troch, Guido Hendrickx
Produktion: Erwin Provoost für Multimedia, Belgien 1986
Verleih: -/-/Cactus
Kinostart: Mai 88
Länge: 90 Min.

Eine Geschichte von Charles Bukowski ist dem ersten langen Spielfilm des Belgiers Dominique Deruddere Pate gestanden. Zwei alkoholisierte Tramps entführen die Leiche einer jungen, schönen Frau und vergewaltigen sie. Doch Deruddere hat Bukowskis Erzählung nicht ganz vertrauen mögen und sie durch zwei biografische Zugaben angereichert: Sie sollen das perverse Handeln des Helden Harry Voss erklären. Der Film lebt von episodenhaften Gags und vom spontanen Spiel der Darsteller. Es mangelt ihm aber an dramaturgischer Kohärenz. Und stellenweise gerät Deruddere auf die ausgetretensten Pfade des seichten Teenie-Genres. *Zoom*

Peter Rüsch in: Zoom, 11/88

Creepshow – Kleine Horrorgeschichten 204
CREEPSHOW II
**

Regie: Michael Gornick
Darsteller: Lois Chiles (Annie Lansing),

Horror-Comic. Zwielichtige Figur aus »Creepshow 2«.

Domenick John (Billy), Tom Savini (Creep), George Kennedy (Ray Spruce), Dorothy Lamour (Martha Spruce), Philip Dore (Curly), Frank S. Salsedo (Ben), Stephen King (Trucker), Holt McCallany, David Holbrook, Don Harvey, Deane Smith, Shirley Sonderegger, Paul Satterfield
Drehbuch: George A. Romero, nach einer Erzählung von Stephen King
Kamera: Dick Hart, Tom Hurwitz (Technicolor)
Musik: Les Reed; Rick Wakeman
Schnitt: Peter Weatherly
Produktion: David Ball für Laurel Entertainment, USA 1986
Verleih: Highlight/Constantin/Alexander/Highlight Video
Kinostart: 7.1.88
FSK: ab 18, nffr.
Länge: 89 Min.

Drei in eine Zeichentrick-Rahmenhandlung eingebettete Horrorgeschichten: Rache eines Indianers wegen Schmuckdiebstahl, Jugendliche werden während einer Floßfahrt von einem schleimigen Teppich angegriffen, das Opfer eines Autounfalls greift dessen Verursacherin an. Abgegriffener Grusel ohne Überraschungen und Humor, dafür mit breit ausgespielten brutalen Szenen. *Zoom*

Creepzone 205
CREEPOZOIDS *
Video

Regie: David DeCoteau
Darsteller: Linnea Quigley (Bianca), Ken Abraham (Butch), Michael Aranda (Jesse), Richard Hawkins (Jake), Kim McKamy (Kate), Joi Wilson (Wissenschaftler)
Drehbuch: Burford Hauser, David DeCoteau
Kamera: Thomas Callaway (Fotokem Color)
Musik: Guy Moon
Schnitt: Miriam L. Preissel
Produktion: David DeCoteau, John Schouweiler für Titan, USA 1987
Verleih: -/-/-/IHE Video
FSK: nicht unter 18 J.
Länge: 71 Min.

Nach dem großen Knall: Eine Gruppe Teens zieht durch ödes Bunkergelände und muß sich mit Säureregen, Riesenratten und einem Alien-Monster herumschlagen. Letzteres hat ein so hartnäckiges Baby, daß der Film statt 50 knappe 70 Minuten dauert.

Marcel Bieger, SFT

Critters II 206
CRITTERS 2: THE MAIN COURSE **

Regie: Mick Garris
Darsteller: Scott Grimes (Brad Brown), Liane Curtis (Megan Morgan), Don Opper (Charlie McFadden), Barry Corbin (Harv), Tom Hodges (Wesley), Sam Anderson (Mr. Morgan), Lindsay Parker (Cindy Morgan), Herta Ware, Lin Shaye, Terrence Mann, Roxanne Kernohan, Doug Rowe
Drehbuch: D.T. Twohy, Mick Garris
Kamera: Russell Carpenter (DeLuxe Color)
Musik: Nicholas Pike
Schnitt: Charles Bornstein
Produktion: Barry Opper für New Lie/Sho Films Prod., USA 1988
Verleih: Delta/-/-
Kinostart: 29.12.88
FSK: ab 16, ffr.
Länge: 87 Min.

An den ehemaligen »Amazing Stories«-Editor Mick Garris ist der Humor der rotzfrechen und immens gefräßigen Pelzknubbel schlicht verschwendet. Im Gegensatz zu Dante glaubt dieser Regisseur tief drinnen immer noch an diese Kleinstadtwelt,

Ein Rowdy aus dem All ist wieder da: »Critters 2«.

den braven Teenager, dessen Freundin und das Heimweh des in Teil 1 in den Weltraum entfleuchten Dorftrottels: ansonsten würde er nicht so oft auf derlei Banalitäten schneiden. Nach zwanzig Minuten wünscht man sich, daß die Critters endlich ernst machen und die ganze blöde Bande ausrotten. *SFT*

Michael Althen in: SZ, 24.12.88; Otto Heuer in: Rheinische Post, 30.12.88

Crocodile Dundee II 207

CROCODILE DUNDEE II ***

Regie: John Cornell
Darsteller: Paul Hogan (Michael J. »Crocodile« Dundee), Linda Kozlowski (Sue Charlton), John Meillon (Walter Reilly), Charles Dutton (LeRoy Brown), Hechter Ubarry (Rico), Jim Holt (Erskine), Juan Fernandez, Dennis Boutsikaris, Marilyn Sokol
Drehbuch: Paul Hogan, Brett Hogan
Kamera: Russell Boyd, Steve Windon (DuArt Color)
Musik: Peter Best
Schnitt: David Stiven
Produktion: John Cornell, Jane Scott für Paramount, USA 1988
Verleih: UIP/UIP/UIP/CIC Video
Kinostart: 11.8.88
FSK: ab 12, ffr.
Länge: 112 Min.
Prädikat: Besonders wertvoll

Eine weltumspannende Unternehmung: vom Großstadtdschungel in den Busch, aus den New Yorker Straßenschluchten in die australische Weite. Mick Dundee, der Mann mit dem Krokodil im Herzen, kämpft diesmal gegen ein paar südamerikanische Drogendealer. Alles wie gehabt. Wichtiger sind seine Ticks und Tricks. Folklore ist im Kino zur Zeit ein gutes Geschäft. Weil man dadurch das Eigene mit fremden Augen betrachten kann. Ob der Fremde aus der vierten Dimension oder dem fünften Kontinent komnmt, spielt keine Rolle – die Methode funktioniert im Kino immer. Auf diese Weise sieht selbst der langweiligste Alltag aus wie das fremdartigste Ritual. Woraus folgt: Wir sind alle Eingeborene. Diese Botschaft hört man überall gern. In Amerika startete die Fortsetzung des Überraschungserfolgs mit der neuen Rekordzahl von 2800 Kopien. »Crocodile Dundee II« ist jetzt schon ein Welt-Hit. Er ist kurzweilig, sympa-

Crocodile Love. Linda Kozlowski und Paul Hogan in »Crocodile Dundee 2«.

thisch und hübsch anzusehen. Wie gehabt. *Michael Althen, Die Zeit*

Horst Gerhard in: Kölnische Rundschau, 13.8.88; Otto Heuer in: Rheinische Post, 12.8.88; Helmut Schmitz in: FR, 11.8.88; Claudius Seidel in: SZ, 17.8.88

Cross Riders 208

WINNERS TAKE ALL **

Video

Regie: Fritz Kiersch
Darsteller: Don Michael Paul (Rick Melon), Kathleen York (Judy McCormick), Robert Krantz (Billy Robinson), Deborah Richter (Cindy Wickes), Peter DeLuise (Wally Briskin), Courtney Gains (Goose Trammel), Paul Hampton (Frank Bushing)
Drehbuch: Ed Turner
Kamera: Fred V. Murphy 2nd (DeLuxe Color)
Musik: Doug Timm
Schnitt: Lorenzo de Stefano
Produktion: Christopher W. Knight, Tom Tatum für Apollo Pictures, USA 1987
Verleih: -/-/-/RCA/Columbia Video
Erstaufführung: 15.3.88
FSK: ab 12 J.
Länge: 102 Min.

Rocky auf zwei Rädern. Über weite Strecken schwelgt der Film in bereits mehrfach wiedergekäuten Klischees, hin und wieder besitzt er aber doch einen gewissen Unterhaltungswert. *Video-Markt*

Cross – Zwei knallharte Profis 209

CROSS **

Video

Regie: Philippe Setbon
Darsteller: Michel Sardou (Thomas Crosky), Roland Giraud (Eli Cantor), Patrick Bauchau (Simon Lenhardt), Marie-Anne Chazel (Catherine Crosky), Stéphane Jobert (Jacques Kester), Maxime Leroux (Sandro)
Drehbuch: Philippe Setbon
Kamera: Jacques Steyn (Farbe)
Musik: Jean-Pierre Bourtayre
Schnitt: Nicole Lubtchansky
Produktion: André Djaoui für Cinemax/Cinéma 5, Frankreich 1987
Verleih: -/-/-/Carrera Topline Video
Erstaufführung: 18.4.88
FSK: ab 16 J.
Länge: 85 Min.

Während Polizist und Einzelgänger Cross den Profikiller Cantor beschattet, erfährt er, daß der gefährliche Simon zusammen mit vier Geisteskranken aus der Nervenanstalt ausgebrochen ist und Frau und Tochter von Cross gefangenhält. Ausgerechnet der Killer Cantor verspricht, Cross zu helfen. Spannender Polizeithriller, der auf stilisierte und atmosphärisch dichte Art mit Bildern und Typen des klassischen amerikanischen Kriminalfilms arbeitet. *VideoWoche*

Crusoe 210

CRUSOE ***

Regie: Caleb Deschanel
Darsteller: Aidan Quinn (Crusoe), Ade Sapara (The Warrior)
Drehbuch: Walon Green, Christopher Logue
Kamera: Tom Pinter (Farbe)
Musik: Michael Kamen
Schnitt: Humphrey Dixon
Produktion: Andrew Braunsberg, Großbritannien 1988
Verleih: Warner Bros. (Cine Vox)/Warner/-/VCL/Virgin Video
Kinostart: 30.6.88
FSK: ab 12, ffr.
Länge: 94 Min.

Ein Film aus dem Club Robinson, ein Abenteuer wie aus dem Katalog. Der junge Sklavenhändler Crusoe bricht 1810 aus Virginia auf und überlebt den Schiffbruch als einziger. Sein Alltag auf der Insel wird eher lyrisch als dramatisch geschildert, sein Überleben erzählt sich mit der Sanftheit von Überblendungen. Crusoes Begegnungen mit eingeborenen Kriegern verändern den Insulanten wider Willen. Auf den Tonfall des Films färbt der Sinneswandel allerdings nicht ab, die Handlung umschifft die Klippen und Untiefen des Themas ohne Zusammenstöße. Caleb Deschanel, Kameramann von »Willkommen Mr. Chance« und »Der Stoff, aus dem die Helden sind«, ist klug genug, nicht allein in paradiesischen Bildern zu schwelgen. Für die Spannungen, die sich zwi-

Aidan Quinn in der Titelrolle als Crusoe.

schen Bildern ergeben können, zeigt er jedoch wenig Gefühl. So wird das Robinson-Thema umplätschert von einer Bilderflut, die sich schon auf den Rändern bricht. Urlaub im Club Robinson: das ist bestimmt nicht der Stoff, aus dem die Helden gemacht werden. *Michael Althen, SZ*

Crystal Heart 211

CRYSTAL HEART **

Video

Regie: Gil Bettman
Darsteller: Lee Curreri (Christopher Newley), Tawny Kitaen (Alley Daniels), Lloyd Bochner (Frank Newley), May Heatherly (Diana Newley), Simon Andreu (Jean-Claude), Marina Saura (Justine)
Drehbuch: Linda Shayne
Kamera: Alejandro Ulloa (Technicolor)
Musik: Joel Goldsmith
Schnitt: Nicholas Wentworth
Produktion: Carlos Vasallo für New World Pictures, USA 1987
Verleih: -/-/-/All Video
Erstaufführung: 23.2.88
FSK: ab 12 J.
Länge: 103 (96) Min.

Wegen seines gestörten Immunsystems lebt der 20-jährige Chris von Kindheit an isoliert in einem verglasten Zimmer. Er verliebt sich in die Nachwuchssängerin Alley, die er im Fernsehen sieht, und bringt sie dazu, ihn zu besuchen. Zwischen ihnen entsteht eine tiefe Freundschaft, die ihr Manager werbewirksam ausschlachtet. Als Chris hört, daß Alley auf eine lange Tournee geht, bricht er aus seinem Glashaus aus und bezahlt die kurze, glückliche Zeit mit Alley mit seinem Leben. *VideoWoche*

The Cure in Orange 212

THE CURE IN ORANGE **

Regie: Tim Pope
Darsteller: The Cure: Robert Smith (guit, voc), Laurence Tolhurst (keyb), Simon Gallup (bass), Porl Thompson (guit), Boris Williams (perc)
Kamera: Chris Ashbrook (Farbe)
Musik: The Cure
Schnitt: Peter Goddard
Produktion: Gordon Lewis für Fiction Film, Großbritannien 1987
Verleih: Arsenal/-/-
Kinostart: 5.5.88
Länge: 101 Min.

Die Dokumentation eines Konzerts der New-Wave Combo »The Cure«, das 1986 in der antiken Kulisse des römischen Amphitheaters in Orange, in der Provence stattfand. Einfallslose Nummernfolge bekannter Cure-Titel ohne besonderen Schauwert. *tip*

Cyclone 213

CYCLONE **

Video

Regie: Fred Olen Ray
Darsteller: Heather Thomas (Teri Marshall), Jeffrey Combs (Rick Davenport), Ashley Ferrare (Carla Hastings), Dar Robinson (Rolf), Martine Beswicke (Waters), Robert Quarry (Knowles), Martin Landau (Bosarian), Troy Donahue (Bob Jenkins)
Drehbuch: Paul Garson, T.L. Lankford
Kamera: Paul Elliot (Farbe)
Musik: David A. Jackson, James Saad
Schnitt: Robert A. Ferretti
Produktion: Paul Hertzberg für Cinetel Films, USA 1987
Verleih: -/-/-/VPS Video
Erstaufführung: 18.8.88
Länge: 83 Min. *FSK:* ab 16 J.

Action-Thriller um ein wasserstoffbetriebenes Super-Motorrad, in dem hübsche Mädchen statt harter Jungs das Sagen haben. Markige Sprüche und jede Menge Explosionen. *Video-Markt*

D

Die Dämonen — 214

LES POSSÉDÉS — ***

Regie: Andrzej Wajda
Darsteller: Isabelle Huppert (Marie Schatowa), Jutta Lampe (Marya Lebjadkina), Philippine Leroy-Beaulieu (Lisa), Bernard Blier (Der Gouverneur), Jean-Philippe Ecoffey (Pierre Werchowenski), Laurent Malet (Kirillow), Jerzy Radziwilowicz (Iwan Schatow), Omar Sharif (Stepan Werchowenski), Lambert Wilson (Nicolai Stawrogin), Philippe Chambon, Jean-Quentin Chatelain, Remi Martin, Serge Spira, Tadeusz Lomnicki
Drehbuch: Jean-Claude Carrière mit Andrzej Wajda, Agnieszka Holland, Edward Zebrowki, nach dem gleichn. Roman von Fjodor M. Dostojewski
Kamera: Witold Adamek (Farbe)
Musik: Zygmunt Konieczny; gespielt vom
Musik: Zygmunt Konieczny; gespielt vom Großen Symphonie-Orchester Radio-Television Polen, Warschau mit Vokal-Gruppe, dirigiert von Zdzislaw Szostak; Improvisationen am Flügel Stanislaw Radwan; Liturgie von St. Jean Chrysostome Op. 41 von Tschaikowsky, gespielt vom Ensemble der kirchlich-orthodoxen Musik der Kammeroper Warschau, dirigiert von Jerzy Szurbak
Schnitt: Halina Prugar Kettling
Produktion: Margaret Menegoz für Les Films du Losange/Gaumont/Antenne 2/ C.N.C., Frankreich 1987
Verleih: Concorde/Czerny/Monopole Pathé/VCL/Virgin Video
Erstaufführung: 2.2.88, Wettbewerb der Int. Filmfestspiele Berlin
Kinostart: 5.5.88
FSK: ab 16, ffr.
Länge: 114 Min.
Prädikat: Wertvoll

Omar Sharif in »Die Dämonen«.

Auf erhabene Weise strapaziös ist das: In diesem Handlungsblock, den Andruej Wajda und Autor Jean-Claude Carrière aus Dostojewskis gewaltigem sozialphilosophischen Roman »Die Dämonen« herausgelöst haben, finden sich Passagen von außergewöhnlicher Suggestivkraft – zumal man in dieser russischen Umstürzlergruppe von 1870 frappant moderne Verhaltensweisen wie etwa bei den Baader-Meinhof-Terroristen wiederfindet.
Der Kern: Ein Fememord. Die jungen Aristrokraten, zerfressen von den Dämonen des geistigen Hochmuts und zynischer Menschenverachtung, beschließen, ihren nicht ganz so radikalen, von humanen Bedenken geplagten Kameraden Chatov zum »Verräter« zu stempeln und umzubringen. Szenen der Hybris und Verblendung, der Tücke und des Versagens, mit ausgezeichneten Schauspielern – eigentlich müßte das atemberaubend spannend sein. Aber lähmende Verwirrung senkt sich immer wieder bleischwer auf des Zuschauers mühsame Aufmerksamkeit, wenn Wajda sich ausschweifend den Details widmet, die dann wiederum nur angerissen werden können: Ein überdimensionaler literarischer Kraftakt, schwerfällig in Düsternis schwelgend.
Man entweicht respektvoll – als habe einem jemand mit einem Hammer auf den Kopf gehauen.

Ponkie, AZ

Volker Baer in: Der Tagesspiegel, 20.2.88; Doris Blum in: Die Welt, 20.2.88; Annette Ebenfeld in: tip, 10/88 (Interview Wajda); Brigitte Desalm in: Kölner Stadt-Anzeiger, 7.8.88; Gerhard Kadelbach in: FAZ, 21.5.88; H.G. Pflaum in: SZ, 13.5.88

Dämonen 2 — 215

DEMONI

**

Video

Regie: Lamberto Bava
Darsteller: Urbano Barberini (George), Natasha Hovey (Cheryl), Paolo Cozzo, Fiore Argento, Nicoletta Elmi, Carl Zinni, Fabiola Toledo
Drehbuch: Lamberto Bava, Dario Argento, Dardano Sacchetti, Franco Ferrini
Kamera: Gianlorenzo Battalia (Eastmancolor)
Musik: Claudio Simonetti
Schnitt: Pietro Bozza
Produktion: Dario Argento für DAC Film, Italien 1985
Verleih: -/-/-/New Vision Video
Erstaufführung: 7.3.88
FSK: nicht unter 18 J.
Länge: 85 Min.

Während in einem Berliner Kino ein Horrorfilm gezeigt wird, in dem Dämonen ihr Unwesen treiben, verwandelt sich eine Frau aus dem Publikum in ein dämonisches Wesen und greift die übrigen Besucher an.
Einem jungen Paar gelingt vorübergehend die Flucht über das Dach des Kinos.
Dort zeigt sich allerdings, daß die Dämonenseuche schon die ganze Stadt erfaßt hat. Die schier endlose Anhäufung von Schockeffekten und schaurigen Makeup-Tricks zeigt, daß weniger oft mehr ist. Der harte Heavy-Metal-Sound geht zusätzlich an die Nerven.

Video Woche

Dämonia — 216

AENIGMA

*

Video

Regie: Lucio Fulci
Darsteller: Lara Naizinsky, Ulli Reinthaler, Jared Martin, Sophie d'Aulan, Cathy Wise, Caitlin O'Heaney, Susan Kendall, Jennifer Naud
Drehbuch: Giorgio Mariuzzo, Lucio Fulci
Kamera: Luigi Ciccarese (Farbe)
Musik: Carlo Maria Cordio
Produktion: A.M. Trading, Italien 1987
Verleih: -/-/-/IHV Video
Erstaufführung: 21.6.88
FSK: ab 16 J.
Länge: 84 Min.

Allenfalls für Fulci-Komplettisten interessantes Spätwerk: Im Koma liegende Putzfrauentochter rächt sich mit Hilfe eines Mediums an den fiesen Internatsschülerinnen.

Dance Academy 217

DANCE ACADEMY **

Regie: Ted Mather
Darsteller: Tony Fields, Galyn Görg, Eliska Krupka, Steve La Chance, Paula Nichols, Julie Newmar
Drehbuch: Ted Mather
Kamera: Don Peters
Musik: Guido und Maurizio De Angelis
Produktion: RAI/Tip Together Prod., Italien 1987
Verleih: Ascot/Constantin/Alpha/Ascot Video
Kinostart: 26.5.88
FSK: ab 12, ffr.
Länge: 105 Min.

Im Erfolgstaumel von »Dirty Dancing« zieht der Tanzfilmboom eine Welle von Nachfolgeproduktionen mit sich. »Dance Academy« orientiert sich am Tänzertrimmfaden des Showfilms »A Chorus Line«. Ein aggressiver Tanzlehrer paukt seine braven Schüler aus ihrem selbstgefälligen Schneckenhäuschen und lehrt sie den dreckigen Tanzstil, bestehend aus quirlig-wütenden Discoverrenkungen und paarungsritualähnlichen Körperrhythmen. *Zoom*

Rolf Selas in: Rheinische Post, 10.6.88

Dance Party 218

THE IN CROWD **

Regie: Mark Rosenthal
Darsteller: Donovan Leitch (Del), Joe Pantoliano (Perry Parker), Jennifer Runyon (Vicky), Scott Plank (Dugan), Wendy Gazelle (Gail), Sean Gregory Sullivan (Popeye), Charlotte D'Amboise (Ina), Bruce Kirby, Freddie Ganno, Page Hannah, Richard Schave
Drehbuch: Mark Rosenthal, Lawrence Konner
Kamera: S. Phillip Sparks (Farbe)
Produktion: Keith Rubinstein, Lawrence Konner für Force Ten Prod., USA 1987
Verleih: 20th Century Fox/Constantin/-/RCA/Columbia Video
Kinostart: 30.6.88
FSK: ab 12, ffr.
Länge: 95 Min.

Einem 17jährigen hoffnungsvollen College-Anwärter gelingt es, in einer TV-Show namens »Dance Party« in Philadelphia (1965) Tanzchampion zu werden, was zwischenmenschliche Komplikationen heraufbeschwört. Weder tänzerisch noch schauspielerisch überzeugender Teenager-Film, der seine simple Story mit etwas Gesellschaftskritik aufputzt. *multimedia*

Katinka Blum in: Rheinische Post, 22.7.88

Dancing in the City 219

HOT CHILD IN THE CITY *

Video

Regie: John Florea
Darsteller: Leah Ayres Hendrix (Rachel), Shari Shattuck (Abby), Geof Prysirr (Osborne), Antony Alda (Charon), Will Bledsoe (Tim), Ronn Moss (Tony)
Drehbuch: George Goldsmith
Kamera: Richard C. Glouner (Fotokem Color)
Musik: W. Michael Lewis
Schnitt: Marcy Hamilton
Produktion: Giovanna Nigro-Chacon für Mediacom Filmworks, USA 1987
Verleih: -/-/-/Charter Video
Erstaufführung: 8.9.88
Länge: 85 Min.

Rachel wird das Leben im mittleren Westen zu langweilig. Sie beschließt, ihre Schwester Abby im aufregenden Los Angeles zu besuchen. Anfänglich fasziniert vom Highlife um Luxus, Geld und noble Nachtclubs, erkennt Rachel die dekadente Leere hinter der Glamour-Fassade, als im Freundeskreis ein Mord geschieht...

VideoWoche

Dandy 220

***

Regie: Peter Sempel
Darsteller: Blixa Bargeld, Kazuo Ohno + Yoshito Ohno, Dieter Meier (YELLO), Nick Cave, Nina Hagen, Gudrun Gut, Lene Lovich, Hellena Stemm (Ballett), Sogi Ishii, Anne Tisner
Kamera: Frank Blasberg, Jonas Scholz, Norimichi Kasamatu, Peter Sempel
Musik: Yello, Nick Cave and The Bad Seeds, Mozart, Einstürzende Neubauten, Jessye Norman, Crass u.a.
Schnitt: Wolf Ingo Römer
Produktion: Niko Brücher, Peter Sempel, BRD 1988

Anne Tismer in »Dandy«.

Verleih: Pandora/-/-
Kinostart: 13.10.88
Länge: 93 Min.

Der Film zeigt in einer zwanglos aneinandergereihten Bilderfolge den Maharadscha vom Ganges, Butho-Tänzer, einen Kung-Fu-Meister, die wunderschöne Cellistin Imke Lagemann und natürlich die unsterblichen Nachtfalter der Berliner Szene: Nick Cave, Punkfee Gudrun Gut, Ratten-Jenny, Nina Hagen und ihre britische Freundin Lene Lovich. Es handelt sich um einen »Musikfilm auf der Suche nach dem göttlichen Unsinn des Hierseins« (Sempel). Wer nicht angewiesen ist auf Handlung und Suspense, wird sich an den poetischen Qualitäten des Films zweifellos erfreuen. *tip*

Michael Kötz in: FR, 24.11.88

Dani, Michi, Renato & Max — 221

****

16 mm

Regie: Richard Dimbo
Verleih: Freunde der deutschen Kinemathek

Lief 1987 in der Schweiz im Kino. Deshalb vollständige Angaben und Kritik im Heyne Filmjahrbuch 1988.

Dann ist nichts mehr wie vorher — 222

***

Regie: Gerd Roman Frosch
Darsteller: Zacharias Preen (Norbert Kalka), Barbara Rudnik (Gabriele Matern), Karin Baal (Hilde Kalka), Heinz Hönig (Gary), Christoph M. Ohrt, Bernd Vollbrecht, Gerhard Theisen, Shaun Lawton
Drehbuch: Edeltraud Rabitzer, Gerd Roman Frosch
Kamera: Jürgen Jürges, Anton Klima (Farbe)
Musik: Lutz Köhler
Produktion: Olga-Film/BR, BRD 1986
Erstaufführung: 22.1.87, Max-Ophüls-Preis, Saarbrücken
Länge: 87 Min.

Norbert, ein 18jähriger, der mit seiner Mutter in einer Großstadt lebt, ist gefangen in seiner Vorstellungswelt, geprägt von Büchern, Kino. Das »normale Leben«, für ihn nicht lebenswert, formt er sich um, - die Dialoge, die Bilder, - alles ist »wie in einem Film«. Die Menschen um ihn herum, er selbst, werden zu Klischeefiguren, In sich selbst gefangen, umgeben von einem Vakuum, steuert Norbert auf eine Katastrophe zu. *Katalog Export-Union*

Dark Paradise — 223

AMERICAN GOTHIC

**

Video

Regie: John Hough
Darsteller: Rod Steiger (Pa), Yvonne de Carlo (Ma), Sarah Torgov (Cynthia), Michael J. Pollard, Fiona Hutchison, William Hootkins
Drehbuch: John Hough, Terry Lens
Kamera: Harvey Harrison (Farbe)
Musik: Alan Parker
Schnitt: John Victor Smith
Produktion: John Quested, Chris Harrop für Manor Ground Productions, Großbritannien 1987
Verleih: -/-/-/Virgin Video
Erstaufführung: 25.2.88
FSK: nicht unter 18 J.
Länge: 90 Min.

Sechs Freunde müssen nach einem Motorschaden an ihrem Boot auf einer Insel Notquartier beziehen. Sie erforschen das Eiland und stoßen auf eine Familie, die die Gestrandeten zunächst gastfreundlich zum Essen einlädt. Doch nach dem Essen kommt die Nacht und da werden alle niedergemacht... *Video-Markt*

The Dark Side – Taxi zur Hölle 224

THE DARK SIDE **

Video

Regie: Constantino Magnatta
Darsteller: Tony Galati, Cindy Preston, Peter Read, John Tench, David Hewlett
Drehbuch: Matt Black, Allan Magee
Kamera: Gilles Corbeil (Farbe)
Musik: Greg Diakun
Produktion: Magnatta Prod., USA 1987
Verleih: -/-/-/Cannon/VMP Video
Erstaufführung: 1.8.88
FSK: nicht unter 18 J.
Länge: 87 Min.

Taxifahrer rettet einen weiblichen Fahrgast vor den Nachstellungen eines Mafiosi, der an ihrem Videoporno interessiert ist.

Das sind die Gewitter in der Natur 225

****

Regie: Werner Fritsch
Darsteller: Wenzel Heindl
Drehbuch: Werner Fritsch frei nach seinem Buch »Cherubim«
Kamera: Heribert Kansy, Gerd Steinbeck, Werner Fritsch (Farbe)
Schnitt: Edith Eisenstecken
Produktion: Werner Fritsch Filmprod./BR, BRD 1988
Verleih: Filmwelt/-/-
Kinostart: 8.12.88
Länge: 87 Min.

Gefördert durch das Kuratorium Junger Deutscher Film und das Bayer. Fernsehen

(...) Der endlos fließende Strom der Bilder aus real Erlebtem, innig Geglaubtem, unzusammenhängend Erinnertem und wild Phantasiertem entspringt dem Kopf des 1905 geborenen Wenzel Heindl. Der alte Mann, der ein nicht immer erfreuliches, zuweilen äußerst hartes Leben hinter sich hat, war dem Autor und Regisseur Werner Fritsch eine Art Großvater-Ersatz. Heindl lieferte Fritsch bereits das Material zu seinem ersten Roman »Cherubim«.

(...) Fritsch kommentiert nichts, erklärt nichts; er konfrontiert. Es ist der Blick in eine exotische Welt. Und doch ist dies Deutschland im 20. Jahrhundert. Man wird irritiert, überrascht, versinkt im irrlichtenden Gedankenbrei eines menschlichen Hirns, dem das Fernsehen so wundersam erscheint wie ihm die Visionen der Therese von Konnersreuth real sind.

So scheint es auch müßig, darüber zu sinnieren, ob es sich bei diesem ersten Werk des Autodidakten Fritsch um eine Dokumentation, eine Fiktion oder eine Zwischenform handelt. Es läßt sich hingegen mit Bestimmtheit sagen, daß, hat man sich erst einmal auf den Film eingelassen, Fritsch Geister beschworen hat, die den Zuschauer noch eine Weile verfolgen werden. *Bodo Fründt, SZ*

David & Sandy 226

DAVID & SANDY ***

Video

Regie: Wieslaw Zieba
Produktion: Elizabeth Wezdecki, Schweden 1987
Verleih: -/-/-/Select Video
Erstaufführung: 13.12.88
Länge: 67 Min.

Der kleine David aus Chicago, sein Hund Pips und ihr Freund Sandy, ein alter Adler, erleben dramatische Abenteuer im afrikanischen Urwald. Ausgezeichnete schwedische Zeichentrickproduktion, sehr hübsch und ansprechend, mit viel Liebe zum Detail gemacht. Die kindgerechte Erzählung weckt das notwendige Verständnis für die Erhaltung der Umwelt und verpackt seine lobenswerte Botschaft in eine spannende Story.

VideoWoche

Sie ist sein Girl. Jennifer Tilly und David Hallyday in der Teenager-Version von Charleys Tante »He's My Girl«. ▶

David Halliday – He's my Girl 227

HE'S MY GIRL **

Regie: Gabrielle Beaumont
Darsteller: T.K.Carter (Reggie/Regina), David Hallyday (Bryan), Misha McK (Tasha), Jennifer Tilly (Lisa), Warwick Sims (Simon Sledge), David Clennon (Mason Morgan), Monica Parker (Sally)
Drehbuch: Taylor Ames, Charles F. Bohl
Kamera: Peter Lyons Collister (Farbe)
Schnitt: Roy Watts
Produktion: Lawrence Taylor Mortorff, Angela Schapiro für Scotti Bros., USA 1987
Verleih: Tivoli/Czerny/Rex Film/VCL Video
Kinostart: 21.1.88
FSK: ab 6, ffr.
Länge: 83 Min.

Junger Musiker gewinnt eine Woche Aufenthalt in Los Angeles und nimmt statt der geforderten Begleiterin seinen als Mädchen verkleideten Manager mit.
Formal durchschnittliche bis belanglose musikalische Verwechslungskomödie, die sich um Witz und Ironie bemüht, aber meist nur alberne Einfälle produziert. *multimedia*

Frank Arnold in: Zitty, 7/88; Otto Heuer in: Rheinische Post, 26.2.88; Jürgen Richter in: FAZ, 30.1.88; Barbro Schuchardt in: Kölner Rundschau, 30.1.88

David reißt aus 228

THE GOING UP OF DAVID LEV ***
TV

Regie: James F. Collier
Darsteller: Brandon Cruz (David Lev), Claire Bloom (Hannah Lev), Melvyn Douglas (Großvater), Shmuel Segal (Itzhak Cohen), Topol (Chaim)
Drehbuch: Ernest Kinoy, Ephraim Kishon
Produktion: USA 1973
Sendetermin: 18.4.88, ARD
Länge: 75 Min.

US-Spielfilm, der 1973 als offizieller Beitrag zum 25. Jahrestag des Staates Israel nach einer Story von Ephraim Kishon entstanden ist. Der zehnjährige David lebt beim Großvater, weil seine nervenkranke Mutter in der Klinik behandelt werden muß. Sie hat nie akzeptieren können, daß ihr Mann 1948 kurz nach der Staatsgründung bei Kämpfen ums Leben gekommen ist, wie ihr ein Soldat erzählt hatte, der Lev angeblich sterben sah. Um der geliebten Mama zu helfen, macht sich David auf die Suche nach dem Zeugen. *AZ München*

Day and Night 229

DAY AND NIGHT ***

Regie: Peter Mazzuchelli
Darsteller: Konstanze Breitebner, Andy Baum, Michaela Rosen, Kurt Freimüller, Oda Thormeyer
Drehbuch: Peter Dosti, Peter Mazzuchelli
Kamera: Josef François Petr (Farbe)
Musik: Andy Baum
Produktion: Peter Mazzuchelli für Vienna News Int., Österreich 1988
Verleih: -/Jupiter/-
Kinostart: Nov. 88
BMUKS: Jugendverbot, Wien: ab 16
Länge: 92 Min.

Aufstrebender Popstar verliebt sich in blindes Mädchen und ist mit Karriere plus problembeladener Beziehung überfordert. Der weder thematisch noch formal überzeugende Streifen schwankt zwischen forcierter Munterkeit, verkrampfter Lässigkeit und Sentimentalität; nur die weibliche Hauptrolle und ihre Interpretation sorgen für berührende Momente und einige Denkanstöße.

Christl Stadler, multimedia

Dead And White 230

SHATTERED INNOCENCE **

Video

Regie: Sandor Stern
Darsteller: Jonna Lee (Pauline Anderson), Melinda Dillon (Paulines Mutter), John Pleshette (Dealer), Kris Kamm (Cory), Dennis Howard, Stephen Schnetzer, Richard Cox, Nadine van der Velde
Drehbuch: Sandor Stern, Thanet Richard
Kamera: Michael D. Margulies (Farbe)
Musik: Richard Bellis
Produktion: Milton Sperling für Lorimar Telepictures/Green/Epstein Productions, USA 1987
Verleih: -/-/-/VCL Video
Uraufführung: 9.3.88 (CBS)
Erstaufführung: 26.7.88
FSK: ab 12 J.
Länge: 89 Min.

Glaubwürdig inszeniertes Drama um die glamouröse Fassade und die menschlichen Abgründe in Hollywood: Gutaussehendes junges Mädchen träumt von der großen Karriere als Modell. Ihr naives Gemüt und ihre Unerfahrenheit treiben sie in die Pornographie und zum Drogenkonsum.

Video-Markt

Dead of Winter 231

DEAD OF WINTER ****

Video

Regie: Arthur Penn
Darsteller: Mary Steenburgen (Katie McGovern), Roddy McDowall (Mr. Murray), Jan Rubes (Dr. Joseph Lewis), William Russ (Rob Sweeney), Mark Malone (Roland McGovern)
Drehbuch: Marc Shmuger, Mark Malone
Kamera: Jan Weincke (Metrocolor)
Musik: Richard Einhorn
Schnitt: Rich Shaine
Produktion: John Bloomgarden für MGM, USA 1987
Verleih: -/-/-/IMV Video
Erstaufführung: August 88
FSK: ab 16 J.
Länge: 100 Min.

Eine arbeitslose Schauspielerin wird von zwei netten »Produzenten« für eine Rolle engagiert. Dazu fährt sie zu denen in ein einsames, abgelegenes und völlig eingeschneites Landhaus, um mit Videoaufnahmen zu proben. Aber schon nach kurzem Aufenthalt bekommt die junge Frau mit, daß nicht nur ihr darstellerisches Talent, sondern auch ihre Ähnlichkeit mit einer Kollegin ausschlaggebend für das Engagement war. Die ist nämlich tot, umgebracht, muß aber für die beiden freundlichen Herren noch eine Weile weiterleben. Ein teuflisches Spiel beginnt, in dem Katie McGovern all ihre Fähigkeiten aufbieten muß, um zu überleben. Kammerspielartiger Psycho-Thriller um 3 Personen in einem Vorort der Hölle mit der typischen Handschrift des Action- und Spannungsexperten Arthur Penn. Mary Steenburgen ist exzellent und überzeugend.

tip

Dead or Alive 232

PENALTY PHASE ***

Video

Regie: Tony Richardson
Darsteller: Peter Strauss, Melissa Gilbert, Jonelle Allen, Karen Austin, Jane Badler, Millie Perkins, Mitchell Ryan
Drehbuch: G.P. Hickman
Produktion: Tamara Asseyew für , USA 1986
Verleih: -/-/-/New Vision Video
Erstaufführung: Juni 88
FSK: ab 12 J.
Länge: 89 Min.

Glaubwürdig inszenierter Film über die Abhängigkeit eines fairen Richters von Politik und Volkes Meinung.

Video-Markt

Deadline: Madrid 233

DEADLINE: MADRID **

Video

Regie: John Patterson
Darsteller: Brynn Thayer (Erin Wainwright), Andrew Rubin (Jonathan Taylor), Leigh Lawson (Robert Minelli), Joe Santos, J. Kenneth Campbell, Valerie Wildman
Drehbuch: Karen Harris
Kamera: Alejandro Ulloa (Farbe)
Musik: Larry Carlton

Produktion: Pamela de Maigret für Universal TV, USA 1987
Verleih: -/-/-/CIC Video
Erstaufführung: Januar 88
FSK: ab 12 J.
Länge: 91 Min.

Melodram mit aktuellem Anstrich: Nach der Ermordung ihres Fotografen kommt eine Journalistin einem afrikanischen Verschwörer auf die Schliche.

Deadly Trap 234

UN POSTO IDEALE PER UCCIDERE **

Video

Regie: Umberto Lenzi
Darsteller: Irene Papas, Ornella Muti, Raymond Lovelock, Michel Bardinet, Jacques Stany
Drehbuch: Lucia Drudi Demby, Antonio Altoviti, Umberto Lenzi
Kamera: Alfio Contini (Farbe)
Musik: Bruno Lauzi
Produktion: Champion/Concordia, Italien/Frankreich 1971
Verleih: -/-/-/IVE Video
Erstaufführung: 29.4.88

Deutsches Pärchen finanziert seinen Urlaub in Italien mit dem Verkauf eingeschmuggelter Pornomagazine. Als ihnen das Geld ausgeht, brechen sie in eine luxuriöse Villa ein. Die Dame des Hauses hat gerade ihren Mann erschossen und lenkt geschickt den Verdacht auf ihre jungen Besucher.

Video Woche

Death Squad 235

MANKILLERS **

Video

Regie: David A. Prior
Darsteller: William Zipp (John Mickland), Lynda Aldon (Rachel McKenna), Edd Byrnes (Jack Marra), Gail Fisher (Joan Hanson), Edy Williams (Sgt. Roberts), Christine Lunde (Marla Rosetti), Susanne Tegman (Terry Davis)
Drehbuch: David A. Prior
Kamera: Keith Holland (United Color)
Musik: Tim James, Steve McClintock
Schnitt: Alan Carrier
Produktion: Peter Yuval für Action International Pictures, USA 1987
Verleih: -/-/-/CBS-Fox Video
Erstaufführung: 25.1.88
FSK: nicht unter 18 J.
Länge: 88 Min.

Rachel und ihre wohltrainierte Amazonenriege gegen den Ex-Agenten, der die Seiten gewechselt hat und nun in Kolumbien üble Drogendinge treibt. »The Dirty Dozen« - weiblich ist nicht immer besser.

Deathflash 236

DEATH FLASH *

Video

Regie: Tony Zarindast
Darsteller: Arthur Jeremy Nay, Doreen Alderman, Brodie Greer, Kimberly Evans
Drehbuch: Michael Duke Brown, Tony Zarindast
Kamera: Ron Vidor (Farbe)
Produktion: This Motion Picture, USA 1986
Verleih: -/-/-/UFA Video
Erstaufführung: 13.9.88
FSK: nicht unter 18 J.
Länge: 94 Min.

Kalifornischer Bundespolizist gerät der Drogen-Mafia ins Gehege, landet wegen falscher Anschuldigungen im Gefängnis, kann zu schlechter Letzt jedoch die entführte Schwester befreien und den bösen Gangsterboß abmurksen. Rasend originelle Groschenromanplotte: eine echte Gefahr für den Gähnmuskel.

Deep River – Entscheidung am Fluß 237

THE RUNAWAY BARGE **

Video

Regie: Boris Sagal
Darsteller: Bo Hopkins (Ezel Owens), Tim Matheson (Danny Worth), Jim David (Buckshot Bates), Nick Nolte (Ray Blount), Devon Ericson (June Bug), Christina Hart (Reba), James Best (Bingo)
Drehbuch: Stanford Whitmore
Kamera: Fredric J. Koenekamp (Farbe)
Musik: Nelson Riddle
Schnitt: Tony Wollner
Produktion: Boris Sagal für Lorimar, USA 1975
Verleih: -/-/-/VCL Video
Uraufführung: 24.3.75 (NBC)
Erstaufführung: 23.11.88
Länge: 78 Min.

Kriminalistisches Landabenteuer zweier Süßwasserratten mit Nick Nolte in einer Gastrolle als Schurke.

Mangels Tempo und besonderer Höhepunkte wird dieser Mississippi-Krimi sein Publikum nur mittelmäßig faszinieren.

VideoWoche

Defense Play 238

DEFENSE PLAY *

Video

Regie: Monte Markham
Darsteller: David Oliver (Scott Oliver), Susan Ursitti (Karen Vandeemer), Monte Markham (Colonel Mark Denton), William Frankfather (Gen. Philips), Jack Esformes (Eddie Dietz), Eric Gilliom (Starkey)
Drehbuch: Aubrey Solomon, Steven Greenberg
Kamera: Timothy Galfas (Fotokem Color)
Musik: Arthur B. Rubinstein
Schnitt: James Ruxin
Produktion: Wolf Schmidt für Kodiak Films, USA 1987
Verleih: -/-/-/Starlight Video
Erstaufführung: 29.6.88
FSK: ab 12 J.
Länge: 93 Min.

Der Sohn eines Air Force-Colonels und die Tochter eines ermordeten Professors gegen die bösen Russen, die einen Raketenstart sabotieren und zudem noch einen ferngelenkten Minihelikopter in die Finger kriegen wollen.

Delta Fieber 239

DELTA FEVER *

Video

Regie: William Webb
Darsteller: Tom Eplin, Leif Garrett, Katherine Kelly Lange, Will Bledsoe
Drehbuch: Reed Steiner
Kamera: Eric Anderson (Farbe)
Produktion: Big Guy Productions, USA 1987
Verleih: -/-/-/New Vision Video
Erstaufführung: 29.8.88
FSK: ab 12 J.
Länge: 90 Min.

Junger Wasserskilehrer tritt gegen den arroganten Sohn reicher Eltern an. Leichtgewichtiges Drama um die Probleme des Erwachsenwerdens, ohne große Höhepunkte und nicht ohne Längen.

VideoWoche

Delta Force Commando 240

DELTA FORCE COMMANDO *

Video

Regie: Frank Valenti
Darsteller: Brett Clark, Fred Williamson, Mark Gregory, Bo Svenson
Drehbuch: David Parker
Kamera: Al Bartholomew (Farbe)
Produktion: Realta Cinematografica, Italien 1986
Verleih: -/-/-/UFA Video
Erstaufführung: 31.10.88
FSK: nicht unter 18 J.
Länge: 90 Min.

Spezialeinheit der CIA gegen die Terroristengruppe, die eine Bombe mit Nuklear-Sprengkopf gestohlen haben.

Demon Warrior 241

DEMON WARRIOR *

Video

Regie: Frank Patterson
Darsteller: Wiley M. Pickett, Lesie Mullin, John Langione, John Garrett, Jerry R. Coiteux
Drehbuch: Frank Patterson, Marc Baird, Alan Stewart
Kamera: Thomas L. Callaway (Farbe)
Musik: Kirk Cameron, Tom Oliphant, Frank Patterson
Produktion: Houston Cinema Group, USA 1987
Verleih: -/-/-/Focus Video
Erstaufführung: 25.4.88
FSK: nicht unter 18 J.
Länge: 80 Min.

Indianergeist meuchelt eine Reihe von Teenagern, läßt den Regisseur dieses Schwachsinns aber leider am Leben.

Demon's Massacre 242

NINJA – DEMON'S MASSACRE *

Video

Regie: Tommy Chung
Darsteller: Ted Brooke, James Lear, Edmund Morris
Produktion: Thomas Tang, Hongkong 1986
Verleih: -/-/-/City Lights Video
Erstaufführung: 4.10.88
Länge: 93 Min.

Eastern-Agentenspiel um Ninja und den Verkauf militärischer Geheimnisse an die Sowjetunion aus der Produktion des bekannten Thomas Tang, der auf dieses Sujet spezialisiert ist.

Desert Hearts 243

DESERT HEARTS ***

Regie: Donna Deitch
Darsteller: Helen Shaver (Vivian Bell), Patricia Charbonneau (Cay Rivers), Audra Lindley (Frances Parker), Alex McArthur (Walter), Andra Akers (Silver), Dean Butler (Darell), Katie La Bourdette (Lucille), Jeffrey Tambor, Gwen Welles, Anthony Ponzini
Drehbuch: Natalie Cooper nach dem Roman »Desert of the Heart« von Jane Rule
Kamera: Robert Elswit (Farbe)
Musik: Robert Estrin (Supervisor, Originalaufnahmen der 50er Jahre)
Schnitt: Robert Estrin
Produktion: Donna Deitch für Desert Hearts Prod., USA 1985
Verleih: endfilm/top-film/Cactus/Vestron Video
Erstaufführung: 12.8.85, Locarno Film Festival
Kinostart: 7.1.88
FSK: ab 16, ffr.
Länge: 96 Min.

Die leidenschaftliche Liebesbeziehung zweier Frauen, ein noch immer tabuisiertes Thema, ist das Sujet von Donna Deitchs bemerkenswertem Filmdebüt.
Vivian eine 35jährige Literaturprofessorin, will sich in Reno von ihrem Mann scheiden lassen. Sie hat genug von ihrem konventionellen Leben, will nicht mehr alles »analysieren, fertig diskutieren« können.
Aber die spontanen Liebesbezeugungen ihrer neuen Freundin, des erst 25jährigen Naturkinds Cay erschrekken sie dann doch; zu überwältigend scheint der Druck des Moralkodex der späten 50er...
Ein bißchen kitschig und klischeehaft ist das schon, aber die raffinierte Struktur, bestechend farbintensiv fotografierte Bilder und viel Musik von Ella Fitzgerald, Buddy Holly und Elvis Presley schaffen ein zeitgenössisches Sittenbild, ein sinnliches Plädoyer für Mut und Ehrlichkeit.

Uli Hübsch, tz

Michael Althen in: Die Zeit, 15.1.88; Max Dildo in: FR, 7.1.88; Marli Feldvoss in: FAZ, 8.1.88; Bodo Fründt in: SZ. 7.1.88; Christl Stadler in: multimedia 15532

Die Lady und das Naturkind. Helen Shaver und Patricia Charbonneau (Mitte) in »Desert Hearts«.

Desert Warrior 244
DESERT WARRIOR *

Video

Regie: Jim Goldman
Darsteller: Lou Ferrigno, Shari Shattuck, Kenneth Peer, Anthony East, Mike Monty
Drehbuch: Bob Davies, Carl Kuntze
Kamera: Fred Conrad (Farbe)
Musik: Marita A. Manuel
Produktion: Silverstar, USA 1987
Verleih: -/-/-/IHE Video
Erstaufführung: 1.8.88
FSK: ab 16 J.
Länge: 86 Min.

Dröges Endzeitspektakel um mädchenraubende Barbaren, allenfalls als neuer Schritt im unaufhaltsamen Abstieg Lou Ferrignos (vom unglaublichen Hulk über Herkules zum Mad Max-Klon in nur neun Jahren!) goutierbar.

Desperado 245
DESPERADO **

Video

Regie: Virgil W. Vogel
Darsteller: Alex McArthur, Lise Cutter, David Warner, Yaphet Kotto, Robert Vaughn, Gladys Knight, Pernell Roberts, Stephen Davies
Drehbuch: Elmore Leonard
Kamera: Dick Bush (Farbe)
Musik: Michael Colombier
Produktion: Charles E. Sellier jr. für Walter Mirisch Productions/Universal TV, USA 1987
Verleih: -/-/-/CIC Video
Uraufführung: 27.4.87 (NBC)
Erstaufführung: 1.1.88
FSK: ab 16 J.
Länge: 92 Min.

Einsamer Cowboy gegen die böse Bergwerksgesellschaft. Aus gutem Grunde abgelehnter Pilotfilm, was die Produzenten indes nicht dran hinderte, zwei Fortsetzungen des Themas (»The Return of Desperado« und »Desperado: Avalanche at Devil's Ridge«) an NBC zu verschachern.

Desperado – Die Rache 246
THE RETURN OF DESPERADO **

Video

Regie: E.W. Swackhamer
Darsteller: Alex McArthur (Duell McCall), Robert Foxworth, Marcy Walker, Victor Love, Vanessa Bell, Shelby Leverington, Charles Boswell, Billy Dee Williams
Drehbuch: John Mankiewicz, Daniel Pyne, Charles Grant Craig
Kamera: Robert Jessup (Farbe)
Musik: Michael Colombier
Produktion: Charles E. Sellier jr. für Walter Mirisch Productions/Universal TV, USA 1988
Verleih: -/-/-/CIC Video
Uraufführung: 15.2.88 (NBC)
Erstaufführung: Juni 88
FSK: ab 16 J.
Länge: 89 Min.

Die Suche nach einem Mörder verschlägt einen Westerner in eine abgelegene Stadt, die von einem skrupellosen Geschäftsmann beherrscht wird. Western in traditioneller Ausführung mit Landschaft, Romantik und Zeitlupen-Schießereien, ohne besondere Dichte und Bildergewalt.

Video-Markt

Destination Zero 247
DESTINATION ZERO **

Regie: Torsten Seibt
Darsteller: Teresa Harder, Markus Kissling, Hans-Dieter Jendreyko, Nacar Borca
Drehbuch: Torsten Seibt
Kamera: Lukas Strebel (Farbe)
Musik: James Blood Ulmer, Olaf Järmann
Produktion: Limbo Film/Videogenossensch./RTBF/ZDF, Schweiz 1987
Verleih: -/-/Limbo/Videogenossenschaft Basel
Kinostart: Februar 88
Länge: 68 Min.

Erzählt wird die Geschichte zweier Abenteurer, eines drogensüchtigen jungen Mannes und einer heimatlosen Frau, die mit einem geklauten Wagen auf einer ziellosen Fahrt durch die Wüste von Tunesien sich zusehends im Drogenrausch und in ihren Illusionen verlieren. Der Basler Torsten Seibt zerrüttet bewußt die narrative Struktur durch videoclipartig geschnittene, unzusammenhängende Bilder – Assoziationen, Rückblenden in die Vergangenheit oder verzerrte Visionen der beiden Protagonisten – und erreicht damit, daß ein Eindruck der Atemlosigkeit und Auflösung entsteht, die den Zuschauer von einer gefühlsmäßigen Beteiligung an der Geschichte ausschließt. *Zoom*

The Destructer 248

PREY **

Video

Regie: Norman J. Warren
Darsteller: Barry Stokes (Fremder), Sally Faulkner, Glory Annan
Drehbuch: Max Cuff
Kamera: D.V. Browne (Farbe)
Musik: Ivor Slaney
Produktion: Tymar, Großbritannien 1977
Verleih: -/-/-/IHE Video
Erstaufführung: 29.2.88
Länge: 90 Min.

Zwei lesbische Frauen erhalten in ihrem Landhaus Besuch von einem geheimnisvollen Fremden. Ausgefallener Horrothriller aus den Siebzigern, der eine Menge Überraschungen und ein wenig Lesbensex bereithält. Laut englischen Kritiken gut fotografiert und überzeugend gespielt. *VideoWoche*

Devil's House – Wenn Mauern töten 249

THIS HOUSE POSSESSED **

Video

Regie: William Wiard
Darsteller: Parker Stevenson (Gary), Lisa Eilbacher (Sheila), Shelley Smith (Tanya), Slim Pickens (Keene), K. Callan (Lucille), David Paymer (Pasternak), Joan Bennett (Pennerin), Bill Morey (Robbins)
Drehbuch: David Levinson
Kamera: Thomas del Ruth (Farbe)
Musik: Billy Goldenberg
Produktion: David Levinson für Mandy Productions, USA 1981
Verleih: -/-/-/MGM/UA Home Video
Uraufführung: 6.2.81 (ABC)
Erstaufführung: 19.10.88
FSK: ab 16 J.
Länge: 92 Min.

Krankenschwester und Rockmusiker bemerken zu ihrem Grausen, daß ihr solarbetriebenes Haus scheinbar einen eigenen Willen hat. Interessanter als der sich anschließende Soft-Horror ist indes die Frage, wie es ein Fernsehfilm (amerikanische Freigabe: ab 0 Jahren) bei uns zu einer FSK-Freigabe ab 16 Jahren bringen kann.

Diamanten Expreß 250

MAGIC IS ALIVE, MY FRIENDS **

Video

Regie: Jan Scholtz
Darsteller: Richard Loring (Thomas Place), Ann Powers (Liz), Bill Flynn (Detective Argyrou), Bill Curry (Jeffrey Fantastic), Hall Orlandini, Dennis McLean
Drehbuch: Jan Scholtz
Kamera: Johan Scheepers (Eastmancolor)
Musik: Terry Dempsey
Schnitt: Johan Lategan
Produktion: Jan Scholtz für Scholtz Films, Südafrika 1985
Verleih: -/-/-/Skyline Video
Erstaufführung: 10.10.88
Länge: 105 Min.

Rasante südafrikanische Action-Komödie um einen sympathischen Trickdieb.
Witzig und mit Slapstickeinlagen garniert, erinnert der Film nicht ohne Absicht an den »Trans-Amerika-Expreß« von Arthur Hiller. *VideoWoche*

Diamond Ninja Force – Im Würgegriff des Bösen 251

DIAMOND NINJA FORCE *

Video

Regie: Godfrey Ho
Darsteller: Richard Harrison, Melvin Pitcher, Andy Chrorowsky, Donald Kong
Drehbuch: Godfrey Ho
Kamera: Raymond Chang (Farbe)
Produktion: Joseph Lai/Betty Chan, Hongkong 1986
Verleih: -/-/-/Focus Video
Erstaufführung: 18.4.88
FSK: nicht unter 18 J.
Länge: 86 Min.

Bei Bauarbeiten werden skelettierte Vorfahren der »Schwarzen Ninjas« zu Tage gefördert. Ihr Enkel Cogan tötet den Grundstückseigner, um in den Besitz der Parzelle zu gelangen, und hetzt der Familie dessen Tochter mordlüsterne Geister auf den Hals. Harter Eastern aus Hongkong, der neben den üblichen akrobatischen Keilereien auch noch Schockeffekte aus dem Horrorgenre liefert.

VideoWoche

Didi – Der Experte
siehe: Der Experte

Dienerin und Herrin 252
SERVANTE ET MAITRESSE ***

TV

Regie: Bruno Gantillon
Darsteller: Andrea Ferreol (Marie), Victor Lanoux (Jerome), Evelyne Buyle (Christine), Gabriel Cattand (Charles), David Pontremoli (Paul)
Drehb.: Jean-Loup Dabadie
Kamera: Andreas Winding
Musik: Philippe Sarde
Schnitt: Genevieve Winding
Produktion: Jacques Juranville für President Films, Frankreich 1977
Sendetermin: 7.7.88, ZDF
Länge: 86 Min.

Jerome, Neffe eines Millionärs, schlägt sich im Ausland als Lebemann durch. Mit Freude vernimmt er, daß sein Onkel verstorben ist. In dem Landhaus des Verstorbenen findet er dessen Hausgehilfin vor, die er, wie schon früher, herrisch und autoritär behandelt. Aber schlagartig ändert sich die Situation, als Jerome erfahren muß, daß Marie statt seiner das gesamte Vermögen geerbt hat. Die nun unermeßlich reiche Hausbedienstete vertauscht die Rollen und macht Jerome zu ihrem Exklusivdiener. Ein Kammerspiel, das mit seiner beobachtenden, sensiblen Kameraführung das Spiel von Liebe und Haß zweier vorzüglicher Darsteller belauert, in dem Konventionen entlarvt und Machtstrukturen analysiert werden. *ZDF*

A Different Affair 253
A DIFFERENT AFFAIR *

Video

Regie: Noel Nosseck
Darsteller: Anne Archer, Tony Roberts, Bobby Jacoby
Produktion: Kenny Rogers, Ron Samuels, USA 1986
Verleih: -/-/-/IHV Video
Erstaufführung: 10.11.88

Amerikanischer Fernsehfilm um eine Telefonseelsorgerin. Die Handlung bleibt an der Oberfläche und beschränkt sich darauf, zu zeigen, daß sich Kind und Karriere schwer verbinden lassen. Zudem ist die Umsetzung sehr konventionell gestaltet.

VideoWoche

Dirty City – Eine Lady räumt auf 254
INCIDENT AT CRESTRIDGE **

Video

Regie: Jud Taylor
Darsteller: Eileen Brennan (Sara Davis), Pernell Roberts (Bürgermeister David Hill), Bruce Davison (Clint Larsen), Sandy McPeak (Robert Davis), Maria Richwine (Vicky Costello), Cliff Osmond (Bill McLaren), Barbara Dirickson (Pat Sheppard)
Drehbuch: Jim Byrnes
Kamera: William F. Gereghty (Farbe)
Musik: Arthur B. Rubinstein
Schnitt: Aaron Stell
Produktion: Ervin Zavada für Jaffe-Taylor Prod., USA 1981
Verleih: -/-/-/MGM/UA Home Video
Uraufführung: 29.12.81 (CBS)
Erstaufführung: 17.10.88
Länge: 92 Min.

US-Fernsehfilm, der als Western von heute der Korruption in einer Kleinstadt einen weiblichen Sheriff entgegenstellt. Altgediente Stars agieren ohne viel Engagement, aber routiniert in einem mäßig bewegenden Smalltown-Drama mit rührseligen Momenten. *VideoWoche*

Dirty Kid 255
DANGEROUS COMPANY **

Video

Regie: Lamont Johnson
Darsteller: Beau Bridges, Carlos Brown, Karen Carlson, Jan Sterling, Kene Holiday, Ralph Macchio, Max Wright
Drehbuch: Christopher Keane. Nach dem Roman »Too dangerous to be at large« von Ray Johnson und Mona McCormick
Kamera: Gerald Perry Finneman (Farbe)
Produktion: The Dangerous Company/ Finnegan Associates, USA 1982

Verleih: -/-/-/Taurus Video
Uraufführung: 9.2.82 (CBS)
Erstaufführung: Februar/88
FSK: ab 12 J.
Länge: 93 Min.

Geschichte eines Bankräubers, dem nach diversen Verbrechen, Gefängnisaufenthalten und Ausbrüchen doch noch der Weg ins bürgerliche Leben gelingt.
Eine etwas konzeptlose Story, die sich nicht so recht zwischen Actionfilm, Komödie und Sozial-Drama entscheiden mag. *Video-Markt*

Dirty Tiger 256

TIGER WARSAW ***

Regie: Amin Q. Chaudhri
Darsteller: Patrick Swayze (Chuck Warsaw), Christopher Douglas (junger Chuck), Piper Laurie (Frances), Lee Richardson (Mitchell), Mary McDonnell (Paula), Aimee Dicks (junge Paula), Barbra Williams (Karen), Bobby DiCicco (Tony), Jenny Chrisinger, James Patrick Gillis
Drehbuch: Roy L. London
Kamera: Robert Draper (Farbe)
Musik: Ernest Troost
Schnitt: Brian Smedley-Aston
Produktion: Amin Q. Chaudhri für Continental Film Group, USA 1987
Verleih: Cine Plus/Oefram/Rex/Vestron Video
Kinostart: 12.5.88
FSK: ab 12, ffr.
Länge: 93 Min.
Prädikat: Wertvoll

Das Liebäugeln des deutschen Titels mit Patrick Swayzes großem Erfolg in »Dirty Dancing« führt in die Irre: Amin Q. Chaudhris Film entfaltet ein altmodisches, betuliches Melodrama um einen Sohn polnischer Einwanderer, der in seine Heimatstadt zurückkehrt, in der er vor Jahren ungewollt seinen Vater angeschossen hat.
Immer wieder sucht jenes traumatische Ereignis die Figuren heim, bis sie im satten Happy-End die Vergangenheit überwinden.
Obwohl psychologisch nicht ganz ausgefeilt, bezieht »Tiger Warsaw« aus dem verhangenen Stahlarbeiterstädtchen einen stimmigen Nährboden für die depressiven Gefühle der Figuren.
Zoom

Berthold Dirnfellner in: FAZ, 25.5.88; Marc Hertling in: tip, 11/88 (Interview Swayze); Otto Heuer in: Rheinische Post, 27.5.88

Distant Voices, Still Lives 257

DISTANT VOICES, STILL LIVES ****

Regie: Terence Davies
Darsteller: Freda Dowie (Mutter) , Pete Postlethwaite (Vater), Angela Walsh, Dean Williams (Tony), Lorraine Ashbourne (Maisie), Debi Jones (Micki)
Drehbuch: Terence Davies
Kamera: William Diver, Patrick Duval (Farbe)
Schnitt: William Diver, Geraldine Creed, Toby Benton
Produktion: Jennifer Howarth für British Film Institute mit Film Four und ZDF, Großbritannien 1988
Verleih: Kinowelt/-/Filmcooperative
Kinostart: 3.11.88
Sendetermin: 3.10.88, ZDF
Länge: 85 Min. (OmU)
Kritikerpreis Cannes 1988, Goldener Leopard, Locarno 1988

Vertrieb gefördert durch Europäisches Filmbüro mit ECU 24.119.98

Die Wehmut, die aus diesen Momentaufnahmen der Kriegs- und Nachkriegszeit im proletarischen Liverpool herausgesungen wird, hat etwas Herzzerreißendes: Es sind musikalische Stimmungsbilder, die tief ins Unterbewußtsein eingegraben sind – Assoziationen der Kindheit und Jugend in einem englischen Arbeiterhaus der vierziger und fünfziger Jahre.
Der prügelnde Vater, gefürchtet von Frau und Kindern, findet sein Ebenbild bald in den Söhnen und Schwiegersöhnen, die ihrerseits ihre Frauen niederducken, als müßten sie ihre jämmerliche Herrenrolle wenigstens in der Familie demonstrieren, wenn sie schon sonst nichts sind und nichts haben als nur dieses Stück Gewalt gegen ihr erheiratetes Sexual-Eigentum. Das Außerordentliche an diesem »Stilleben« von Terence Davies ist der Einsdatz von ursprünglicher, selbst-

bewußter Musikalität: Singen als Lebensersatz, als Flucht in die Träume der romantischen Liebesschnulzen. Die Frauen und Männer singen ihre Sehnsuchtslieder mit sentimentaler Inbrunst daheim und in der Kneipe - so, als hätten sie ein zweites Leben, das unerreichbar ist für die sturen, bösartig brutalen Ehe- und Familienszenen, die sie hinnehmen als unabänderliches Schicksal.
Dieser englische Film hat die Kraft eines originalen Milieus, an dem die Menschen hängen, obwohl er sie zerstört. *Ponkie, AZ*

H. G. Pflaum in: SZ, 17.11.88; Norbert Grob in: Kölner Stadt-Anzeiger, 10.12.88

Distortions 258
DISTORTIONS *
Video

Regie: Armand Mastrioanni
Darsteller: Steve Railsback (Scott), Olivia Hussey (Amy), Piper Laurie (Margot), Rita Gam (Mildred), June Chadwick (Kelly), Terence Knox, Edward Albert
Drehbuch: John Goff
Kamera: John Dirlam (Farbe)
Musik: David Morgan
Schnitt: Jack Tucker
Produktion: Jackelyn Giroux für Cori Films, USA 1987
Verleih: -/-/-/VCL Video
Erstaufführung: 10.4.88
FSK: ab 16 J.
Länge: 96 Min.

Nach dem tragischen Tod ihres Ehemanns will sich Amy im Haus ihrer Tante Margot erholen. Bald fängt sie an, Dinge und Menschen zu sehen, die nicht da sind. Um Spannung bemühter Psychothriller, der jedes Genreklischee einmal zu oft einsetzt und noch mysteriös vor sich hinplätschert, wenn auch der letzte Zuschauer begriffen haben sollte, wie der Hase läuft. *VideoWoche*

Dominick & Eugene 259
DOMINICK & EUGENE ****

Regie: Robert Young
Darsteller: Tom Hulce (Dominick Luciano), Ray Liotta (Eugene Luciano), Jamie Lee Curtis (Jennifer Reston), Todd Graff (Larry Higgins), Mimi Cecchini (Mrs. Gia-

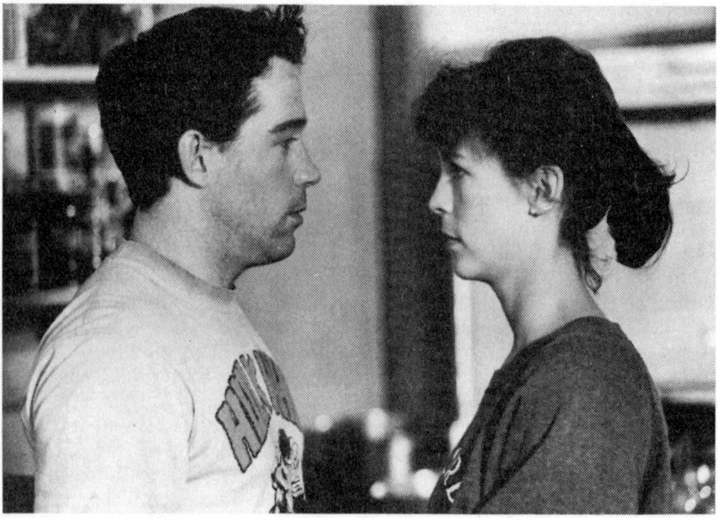

Wo ist Eugene? Tom Hulce und Jamie Lee Curtis in »Dominick und Eugene«.

nelli), Robert Levine (Dr. Levinson), Bill Cobbs, David Strathairn, Tommy Snelsire, Mary Joan Negro, Tom Signorelli, Joe Maruzzo
Drehbuch: Alvin Sargent, Corey Blechman nach einer Story von Danny Porfirio
Kamera: Curtis Clark (DuArt Color)
Musik: Trevor Jones
Schnitt: Arthur Coburn
Produktion: Marvin Minoff, Mike Farrell für Orion, USA 1988
Verleih: 20th Century Fox/Constantin/-/ RCA/Columbia Video
Erstaufführung: Int. Filmfestspiele Venedig 1988
Kinostart: 10.11.88
FSK: ab 12, ffr.
Länge: 109 Min.
Prädikat: Wertvoll

Wohltuend, daß ein Hollywood-Film mal klar gegen den Mainstream gemacht ist. Robert M. Young heißt der engagierte Independent-Regisseur, der mit »Extremities« auch einen kommerziellen Erfolg landete.
Er erzählt von Zwillingsbrüdern – dem zurückgebliebenen, gütig-naiven Müllmann Dominick und dem begabten Medizinstudenten Eugene. Die vermeintliche Harmonie ihres Zusammenlebens im Italienerviertel von Pittsburgh bekommt Brüche. Eugene verliebt sich in eine Kommilitonin, Dominick wird Zeuge einer tödlichen Kindesmißhandlung...
Young geht es um etwas so Altmodisches wie die Würde des Menschen. Tom Hulce und Ray Liotta machen Seelen-Spannung bewegend spürbar. Ein realistisches Melodram.

Frauke Hanck, tz

Gerd Berghoff in: Kölnische Rundschau, 12.11.88; Heiko R. Blum in: Rheinische Post, 11.12.88; Claudius Seidl in: SZ. 15.11.88; Kläre Warnecke in: Die Welt, 14.11.88

Don't Panic — 260

DON'T PANIC

*

Video

Regie: Ruben Galindo
Darsteller: Helen Rojo, Jon Michael Bischof, Gabriela Hassell
Drehbuch: Ruben Galindo
Produktion: Dynamic Films, USA/Mexico 1987
Verleih: -/-/-/Gloria Video
Erstaufführung: 14.3.88
FSK: nicht unter 18 J.
Länge: 86 Min.

Der junge Michael erhält von seinem besten Freund Tony ein Hexenbrett geschenkt. Von dem Tag an hat er Visionen von grausigen Morden an seinen Schulfreunden, die kurz darauf Wirklichkeit werden, die Opfer rechtzeitig zu warnen. *VideoWoche*

Das Dorf — 261

KONOPIELKA

***

TV

Regie: Witold Leszcynski
Darsteller: Krzysztof Majchrzak (Kaziuk), Anna Seniuk (Seine Frau), Jerzy Block (Sein Bruder), Marek Siudym (Sein Sohn), Joanna Sienkiewicz (Lehrerin), Franciszek Pieczka (Bettler)
Drehbuch: Edward Redlinski
Kamera: Zbigniew Napiorkowski
Musik: Wojciech Karolak
Schnitt: Lucja Oska
Produktion: Tadeusz Drewno für Perspektywa/Film Polski, Polen 1982
Sendetermin: 15.6.88, ZDF
Länge: 98 Min.

Ein polnischer Beitrag zum Thema Fortschrittskritik. Schon der Verzicht auf Farbe und der sparsame Umgang mit Naturkulissen lassen erkennen, daß Leszcynski an einer sozial-romantischen Verklärung dörflichen Lebens gänzlich desinteressiert ist. Mit unspektakulären Mitteln und fast ohne Großaufnahmen erzählt er die Geschichte eines kleinen Dorfes im Osten Polens, das vom zivilisatorischen Fortschritt heimgesucht wird. Wo bislang Aberglaube, Armut und Analphabetismus herrschten, sollen Elektrizität und Elementarschule Einzug halten. Die Ausbreitung von Bildung zerstört jedoch die gewachsenen Strukturen. So verfällt der Protragonist der Handlung, der Bauer Kaziuk, sowohl den Reizen der Lehrerin als auch den Verlockungen der Rationalität und entfremdet sich einer auf Tradition begründeten Lebensweise. Daß der Film weder die historische Notwendigkeit dieses Vorgangs noch seine zerstörerischen Dimensionen leugnet, zeichnet ihn aus.

Stuttgarter Zeitung

Peko in: Badische Neueste Nachrichten, 18.6.88; pm in: Schwarzwälder Bote, 18.6.88

Double Agent 262

DOUBLE AGENT **

Video

Regie: Mike Vejar
Darsteller: Michael McKean, John Putch, Susan Walden, Christopher Burton, Judith Jones, Lloyd Bochner, Alexa Hamilton
Drehbuch: Steven Long Mitchell, Craig W. van Sickle, Howard Friedlander, Ken Peragine
Kamera: Fred J. Koenekamp (Farbe)
Musik: Alf Clausen
Produktion: Mark H. Ovitz für Walt Disney TV, USA 1987
Verleih: -/-/-/Walt Disney Home Video
Uraufführung: 29.3.87 (ABC)
Erstaufführung: 27.6.88
FSK: ab 12 J.
Länge: 90 Min.

Als ein Agent für den Geheimdienst ausfällt, wird sein Zwillingsbruder, ein braver Familienvater, gebeten, für ihn einzuspringen. Fürs Fernsehen produzierte Agenten-Persiflage, routiniert locker und flott in Szene gesetzt. Kein filmischer Kraftakt, kurzweilige Unterhaltung aber allemal. *Video-Markt*

Drachenfutter 263

DRACHENFUTTER ****

Regie: Jan Schütte
Darsteller: Bhasker (Shezad), Ric Young (Xiao), Buddy Uzzaman (Rashid), Wolf-Dieter Sprenger (Herder), Ulrich Wildgruber (Udo) und als Gast: Peter Fitz
Drehbuch: Jan Schütte, Thomas Schrittmatter
Kamera: Lutz Konermann
Musik: Claus Bantzer
Schnitt: Renate Merck
Produktion: Novoskop, Jan Schütte, Hamburg/Probst Film, Bern im Auftrag des ZDF, BRD/Schweiz 1987
Verleih: Pandora/Filmladen/Filmcooperative
Erstaufführung: Int. Filmfestspiele Venedig 1987
Kinostart: 11.02.88
Sendetermin: 09.10.88, ZDF; 28.10.88, 14.35 Uhr ZDF
FSK: ab 6, ffr.
Länge: 79 Min.
Prädikat: Besonders wertvoll

Produziert mit Mitteln des Kuratoriums junger deutscher Film, Hamburger Filmbüro mit DM 35.700,–, FFA

Auszeichnungen: Preis der italienischen Filmkritik, UNESCO-Preis, Prix Francois Truffaut (Valladolid), Preis der deutschen Kritik, 2. Preis der Nürnberger Filmschau 1987, Preis der CICAE-Internationale Gilde der Filmkunsttheater, Interfilm-Preis (Saarbrücken 1988), Film des Monats Januar der Jury der Ev. Filmkritik

Deutschland eiskalt – im winterlich nächtlichen Hamburg ebenso wie in der Paragraphenordnung der Bürokratie. Der junge Hamburger Filmemacher Jan Schütte zeigt das in seinem Kinodebüt lakonisch eindrucksvoll.
Zwischen Melancholie und Wut hält er die Stimmung seiner traurigen Geschichte vom Pakistani, der keine Chance bekommt. Nachts verkauft er in den Kneipen Rosen, hilft in der Küche eines chinesischen Restaurants und ist glücklich, als er diese Schwarzarbeit, freilich mit ein paar Tricks, hinter sich lassen und mit einem chinesischen Freund ein eigenes Lokal aufmachen kann. Unter den ersten Gästen ist aber auch die Polizei. Klassische Schwarzweiß-Bilder, wenig Dialog in vielen Sprachen und so manches Pathos im Gefühl.

Frauke Hanck, tz

Eva-Maria Lenz in: FAZ, 16.2.88; H.G. Pflaum in: SZ, 27.2.88; Anita Post in: Kölner Stadt-Anzeiger, 20.21.2.88; Harry Rowohlt in: Die Zeit, 12.2.88; Helmut Schmitz in: FR, 11.2.88; Gerald Sturz in: Stern, 7/88

Dragon Hero 264

DRAGON FIST *

Video

Regie: Lo Wei
Darsteller: Jackie Chan
Produktion: L.W. Mot Pictures, Hongkong
Verleih: -/-/-/Pacific Video
Erstaufführung: 28.11.88

Pläne. Ric Young und Bashker in »Drachenfutter«.

Karate-Schüler will den Tod seines Meisters rächen, schlägt sich aber auf die Seite des Gesuchten, als er erkennt, daß dieser geläutert ist und selber in Schwulitäten steckt.

Dragonard **265**
DRAGONARD **

Video

Regie: Gérard Kikoïne
Darsteller: Oliver Reed (Captain Shanks), Eartha Kitt (Naomi), Annabel Schofield (Honore), Claudia Udy (Arabella), Patrick Warburton (Richard Abdee), Drummond Marais (Pierre), Dennis Folbigge (Gouverneur)
Drehbuch: Peter Welbeck (= Harry Alan Towers), Rick Marx. Nach dem Roman von Rupert Gilchrist
Kamera: Gérard Loubeau (Farbe)
Schnitt: Allan Morrison
Produktion: Harry Alan Towers für Cannon, USA 1987
Verleih: -/-/-/Cannon/VMP Video
Erstaufführung: 12.12.88
Länge: 90 Min.

Richard Abdee ist englischer Edelmann, Erbe eines großen Vermögens. Das Schicksal hat ihn als Sklaven auf die Karibikinsel St. Joseph verschlagen. Nur mit Hilfe der farbigen Bordellbesitzerin Naomi überlebt er die Tortur und stellt sich gemeinsam mit den schwarzen Sklaven im Aufstand gegen die weißen Herren. Stimmig und bis in die dekadenten Details recht liebevoll inszeniertes Abenteuer um Sklavenwiderstand und Leidenschaft. *VideoWoche*

Dream Demon
siehe: Traumdämon

Drei abgebrühte Supercops **266**
THREE KINDS OF HEAT *

Video

Regie: Leslie Stevens
Darsteller: Robert Ginty (Elliot Cromwell), Victoria Barrett (Sgt. Terry O'Shea), Shakti (Major Shan), Sylvester McCoy (Harry Pimm), Barry Foster (George Norris), Jeannie Brown (Angelica), Paul Gee, Malcolm Connell
Drehbuch: Leslie Stevens
Kamera: Terry Cole (Rank Color)
Musik: Michael Bishop, Scott Page

Schnitt: Bob Dearberg
Produktion: Michael J. Kagan für Cannon, USA 1987
Verleih: -/-/-/Cannon/VMP Video
Erstaufführung: 2.11.88
Länge: 87 Min.

Ein Spezialagent, eine Flughafenpolizistin und ein weiblicher Major der Hongkong Police auf der Jagd nach einem Waffenschmuggler.

Drei Verirrte in der Nacht 267

THREE BEWILDERED PEOPLE IN THE NIGHT ***

Regie: Gregg Araki
Darsteller: Darcy Marta, Mark Howell, John Lacques
Drehbuch: Gregg Araki
Kamera: Gregg Araki
Schnitt: Gregg Araki
Produktion: Gregg Araki für Desperate Pict., USA 1987
Verleih: -/-/Xenix
Kinostart: April 88
Länge: 92 Min.

Mit stimmungsvollen, grobkörnigen, mehr Schwarz- als Weiß-Bildern zeigt Gregg Araki die durchwachten Nächte der 25jährigen Alicia und ihrer beiden besten Freunde Craig und David. Durchs Telefon, in öden Nachtcafes, auf kalten Straßen, am Küchentisch erzählen sie sich ihre Langeweile und Verzweiflung, reden von der Sinnlosigkeit, schweigen sich an, fühlen sich einsam. Sie sind steckengeblieben. Die immer stärker werdende Anziehung zwischen dem homosexuellen David und Alicias Geliebtem Craig bringt die festgefahrenen Strukturen in Bewegung. Es gelingt diesem außergewöhnlichen »No«-Budget-Film, den Zuschauer ganz nahe an die Emotionen der drei Hauptfiguren heranzuführen. *Zoom*

Barbara Hegnauer in: Zoom, 9/88

Dreieck der Lust 268

OGGETTO SESSUALE *

Video

Regie: Bob Singer
Darsteller: Simonetta Caro, Fabio Meyer, Al Cliver
Drehbuch: Pietro Regnoli
Kamera: Raffaele Mertes (Farbe)
Produktion: Distribuzione Cinematografica, Italien 1987
Verleih: -/-/-/VPS Video
Erstaufführung: 22.9.88
FSK: nicht unter 18 J.
Länge: 84 Min.

Italienische Sexfilmproduktion um allerlei Variationen der körperlichen Liebe, mit Al Cliver, der diesmal allerdings keine Laura Gemser zur Seite hat. Die Story ist recht dünn und wenig überzeugend genug, um das Alibigerüst für diverse Spielchen zu bieten. *VideoWoche*

30 Grad Minus 269

LA GALETTE DU ROI *

Video

Regie: Jean-Michel Ribes
Darsteller: Jean Rochefort (Arnold III), Pauline Lafont (Maria-Helena), Eddy Mitchell (Jo Longo), Roger Hanin (Victor Harris), Jacques Villeret (Ute von Dänemark), Jean-Pierre Bacri (der Elegante), Pierre-Loup Rajot (Leo)
Drehbuch: Jean-Michel Ribes, Roland Topor
Kamera: François Catonné (Fujicolor)
Musik: Vladimir Cosma
Schnitt: Geneviève Winding
Produktion: Ariel Zeitoun für Partners Production/Hachette Première/ MG Production, Frankreich 1986
Verleih: -/-/-/Media Entertainment Video
Erstaufführung: 10.5.88
FSK: ab 12 J.
Länge: 90 Min.

Verworrene Komödie um einen monarchischen Herrscher, der seine Tochter an einen Tiefkühlfabrikanten verkaufen will, um sein bankrottes Staatssäckel zu sanieren.
Was er nicht weiß: Der Gefrier-Unternehmer ist selbst pleite und wird außerdem von einem reichen Scheich bedroht.
Er legt sich ein paar Body-Guards zu, von denen einer zu allem Überdruß auch noch das Herz der adligen Tochter gewinnt.

Video-Markt

3001 – Die Zeit der Affen 270

TIME OF THE APES *

Video

Regie: Atsuo Okunaka, Kiyosumi Fukazawa
Darsteller: Reiko Tokunaga, Hiroko Saito, Masaaki Kaji, Hitoshi Omae, Tetsuya Ushid
Drehbuch: Keiiche Abe
Kamera: Yoshihiro Mori (Farbe)
Musik: Toshiaki Tsushima
Produktion: Mataichi Takahashi für Tsuburaya Productions, Japan 1987
Verleih: -/-/-/VCL Video
Erstaufführung: 10.2.88
FSK: ab 12 J.
Länge: 97 Min.

Zwei Kinder und eine Wissenschaftlerin reisen im Tiefschlaf auf eine Neuauflage des Planets der Affen, werden jedoch zu guter Letzt per Zeitmaschine wieder in die Gegenwart zurückversetzt.

Dressage 271

DRESSAGE *

Video

Regie: Pierre B. Reinhard
Darsteller: Véronique Catanzaro, Patrick Guillemin, Marc Henry
Drehbuch: J.C. Roy, J.P. Berger
Kamera: Denis Lenoir (Farbe)
Produktion: Tanagra Productions/Samourai Films, Frankreich 1985
Verleih: -/-/-/VPS Video
Erstaufführung: 23.6.88
FSK: nicht unter 18 J.
Länge: 96 Min.

Elaine und Nathalie werden von dem frivolen Baron Du Regard angestiftet, ihm unliebsame Rivalen zu verführen und deren Ruf zu ruinieren. Erotische Produktion, die Voyeuren und Freunden seidiger Dessous allerhand bietet.

Dribbling 272

DRIBBLE *

Video

Regie: Michael de Gaetano
Darsteller: Myra Taylor, Charles Fatone, Freya Crane, Gregg Perrie
Drehbuch: Michael de Gaetano
Kamera: William E. Hines (Farbe)
Produktion: Intermedia Artists, USA 1979
Verleih: -/-/-/UFA Video
Erstaufführung: 20.5.88
FSK: ab 16 J.
Länge: 88 Min.

Neuer Trainer finanziert das Training einer erfolglosen Damen-Basketballmannschaft durch den Verkauf von Marihuana.

Drug Fighter 273

COURAGE ***

Video

Regie: Jeremy Paul Kagan
Darsteller: Sophia Loren (Marianna Miraldo), Hector Elizondo (Nick Miraldo), Billy Dee Williams (Bobby Jay), Val Avery (Pete Solto), Ron Rifkin (Eppy Lucido), José Perez (José Morales), Mary McDonnell (Gabriella Estrada)
Drehbuch: E. Jack Neumann. Nach dem Artikel von Michael Daly
Kamera: Steven Poster (Farbe)
Musik: Craig Safan
Schnitt: Michael Economou
Produktion: Joel B. Michaels für New World TV, USA 1986
Verleih: -/-/-/New Vision Video
Uraufführung: 24.9.86 (CBS)
Erstaufführung: 17.2.88
Länge: 135 Min.

Die Hausfrau Marianna, Mutter eines drogensüchtigen Sohns, wendet sich an das Drogen-Sonderdezernat der New Yorker Polizei, als sie entdeckt, daß ein guter Bekannter mit Kokain dealt. Gegen den Rat ihres Ehemanns läßt sich die mutige Frau auf eine verdeckte Operation ein. In dem überdurchschnittlich spannenden und versiert gemachten TV-Film beeindruckt besonders die großartige Sophia Loren in der Rolle der couragierten Mutter. *VideoWoche*

Drug Hunter 274

SHOULD I BE GOOD? **

Video

Regie: Grahame McLean
Darsteller: Harry Lyon (Nat Goodman), Joanne Mildenhall (Vicki Strassbourg), Hammond Gamble (Ed), Spring Rees (Anne Marie)
Drehbuch: Grahame McLean
Kamera: Warrick Attewell
Musik: Geoff Castle
Schnitt: Jamie Selkirk

Produktion: Grahame McLean für Grahame McLean & Associates, Neuseeland 1985
Verleih: -/-/-/Media Entertainment Video
Erstaufführung: 7.9.88
FSK: ab 16 J.
Länge: 105 Min.

Ein auf wahren Begebenheiten beruhender Thriller aus Neuseeland um Drogen, Prostitution und kriminelle Politiker.
Zahlreiche Musikeinlagen zerstükkeln die Handlung unnötig.
VideoWoche

Dschungelratten 275
JUNGLE RATS *
Video

Regie: Irvin Johnson
Darsteller: Rom Kristoff, Jim Gaines, Gerry Baily, Richard King, Michael Welborn
Kamera: Victor Anders (Farbe)
Produktion: Irvin Johnson für Pacific Media Film Group, USA 1987
Verleih: -/-/-/Spitfire Video
Erstaufführung: 10.3.88
FSK: nicht unter 18 J.
Länge: 93 Min.

Südvietnam 1967. Drei hohe, amerikanische Offiziere werden in einem von US-Truppen kontrollierten Gebiet vom Vietcong überwältigt und verschleppt. Ein Sonderkommando von fünf Spezialisten durchkämmt, unterstützt von einer ehemaligen Vietnamkämpferin, die Wälder, entdeckt das Versteck mit den Gefangenen und kann sie in einem verlustreichen Angriff befreien.
VideoWoche

Dschungelratten 2 – Black Warrior 276
SUPER PLATOON *
Video

Regie: Christ Hannah
Darsteller: A. Wilton, D. Arch, W. Quaid
Produktion: , Hongkong 1987
Verleih: -/-/-/Spitfire Video
Erstaufführung: 15.9.88
Länge: 90 Min.

Südvietnamesische Spezialeinheit auf der Suche nach zwei gefangenen GIs und einer Krankenschwester.

Die dunkle Seite des Bösen – Poltergeist III 277
POLTERGEIST III ***

Regie: Gary Sherman
Darsteller: Tom Skerritt (Bruce Gardner), Nanca Allen (Patricia Gardner), Heather O'Rourke (Carol Anne), Zelda Rubinstein (Tangina), Lara Flynn Boyle (Donna), Richard Fire (Dr. Seaton), Kip Wentz (Scott), Nathan Davis (Kane), Roger May, Paul Graham
Drehbuch: Gary Sherman, Brian Taggert
Kamera: Alex Nepomniaschy (Astrocolor)
Musik: Joe Renzetti
Schnitt: Ross Albert
Produktion: Barry Bernardi für MGM, USA 1987
Verleih: UIP/UIP/UIP/IMV Video
Kinostart: 15.9.88
FSK: ab 16, ffr.
Länge: 98 Min.

Der Film widerlegt die Regel, daß sequels notwendigerweise schlechter sein müssen.
Wieder einmal wird die Institution der Familie und ein Vorzeigestück der amerikanischen Architektur bedroht. Doch Regisseur Sherman gelingt es, vermittels visueller Irritationen (dem geschickten Spiel mit der modernen Manie, Wolkenkratzer fast vollständig aus Glas zu bauen) und einer suggestiven Tondramaturgie, den Alptraum fest in der Alltragsrealität zu verwurzeln.
tip

... In einem Luxus-Hochhaus in Chicago sorgen Schreckgespenster mit Knochenhändchen für neue Leichen. Die dritte Ausgabe versucht mit High-Tech und Schnick-Schnack fehlende Originalität wettzumachen. Ein Kritiker hat es kurz und bündig in vier Worte gefaßt: »Von allen Geistern verlassen«.
Zoom

Michael Althen in: SZ, 17.9.88; Jürgen Richter in: FAZ, 17.9.88; Rolf Selas in: Rheinische Post, 17.9.88

DynaMike 278

SURVIVAL GAME **

Video

Regie: Herb Freed
Darsteller: Mike Norris (Mike), Deborah Goodrich (C.J. Forrest), Seymour Cassel (Dave Forrest), Ed Bernard (Sugar Bear), Jon Sharp (Charles), Rick Grassi (Ice), Arlene Golonka (Mikes Mutter), Michael Halton (Harlan)
Drehbuch: Herb Freed, Susannah de Nimes, P.W. Swann
Kamera: Avraham Karpick (Farbe)
Musik: Tom Simonec, Michael Linn
Schnitt: Charles Simmons, Karen Gebura
Produktion: Gideon Amir für Trans World Entertainment, USA 1987
Verleih: -/-/-/VPS Video
Erstaufführung: 18.8.88
FSK: ab 16 J.
Länge: 91 Min.

Handwerklich sauber gemachter Actionfilm nach bewährtem Muster: Junger Hobby-Militarist gerät durch Zufall in einen Entführungsfall.

Dynamite Fighters 279

MAGNIFICENT WARRIORS *

Video

Regie: David Chung
Darsteller: Richard Ng, Michelle Khan, Matsui Tetsuya, Yee Tung Shing, Lowell Lo
Drehbuch: Tsang Kan Cheong
Kamera: Ma Chun Wah, Lam Wan Shing (Farbe)
Musik: Chan Wing Leong
Schnitt: Chiang Kowk Kuon
Produktion: John Sham, Linda Kuk für D & B Films, Hongkong 1987
Verleih: -/-/-/Highlight Video
Erstaufführung: 29.3.88
Länge: 95 Min.

Chinesische Spezialkämpferin soll Landsleute aus dem Joch japanischer Unterdrücker befreien. Zusammen mit einem verschlagenen Gefährten nimmt sie den Kampf gegen ein ganzes Regiment auf. Ihre gefährlichste Waffe: die Peitsche... *Video-Markt*

E

Eastern Condors 280
EASTERN CONDORS *
Video

Regie: Samo Hung
Darsteller: Samo Hung, Yuen Biao, Joyce Mina Godenzi, Lam Ching, Dr. Haing S. Ngor
Kamera: Wong Yau Tai (Farbe)
Produktion: Raymond Chow für Golden Harvest, Hongkong 1987
Verleih: -/-/-/Highlight Video
Erstaufführung: 29.8.88
Länge: 96 Min.

Asiatische Sträflinge auf Himmelfahrtskommando in Vietnam; es geht um die Zerstörung eines amerikanischen Waffenlagers, das dem Vietcong nicht in die Hände fallen darf.

Eat the Rich 281
EAT THE RICH ***

Regie: Peter Richardson
Darsteller: Ronald Allen (Commander Fortune), Robbie Coltrane (Jeremy), Sandra Dorne (Sandra), Jimmy Fagg (Jimmy), Lanah Pellay (Alex), Nosher Powell, Fiona Richmond, Ron Tarr, Kevin Allen, David Beard, Paul McCartney, Linda McCartney, Koo Stark, Bill Wyman, Miranda Richardson, Peter Richardson
Drehbuch: Peter Richardson, Pete Richens
Kamera: Witold Stok (Farbe)
Musik: Motorhead
Schnitt: Chris Ridsdale
Produktion: Tim van Rellim für Rio Films/ Iron First Film, Großbritannien 1987
Verleih: Highlight/Constantin/Alexander Film/Highlight Video
Kinostart: 24.8.88
FSK: ab 16, ffr.
Länge: 88 Min.

Vier vom Schicksal gebeutelte Außenseiter rächen sich an der Gesellschaft, in dem sie die Reichen und Berühmten in einem schicken Schlemmer-Restaurant ermorden, um sie später zu Menus verarbeitet dem Jet-Set vorzusetzen. Daß der Name des In-Restaurants (siehe Filmtitel) wörtlich zu verstehen ist, scheint die tumbe Gästeschar in diesem »Gourmetepos« erst spät zu merken. Insgesamt eine sehr dürftige und anspruchslose schwarze Filmkomödie, in der versucht wird, Heavy-Metal-Floskeln in eine Filmsprache umzusetzen. *Zoom*

Das britische Kino ist gefräßig geworden und verleibt sich alles ein. In »Eat the Rich« rülpst es. Verzeihung!
Michael Althen, Die Zeit

Wahl- und mitunter gewollt geschmacklos drischt der Regisseur auf seine debilen Figuren ein und prügelt aus ihnen oft platte Pointen heraus.
Milan Pavlovic, Kölner Stadt-Anzeiger

Die Polit-Chaosgroteske funktioniert nach dem Monty-Python-Prinzip der totalen Zivilisationszertrümmerung.
Ponkie, AZ

Ist ja irre – diese Briten. Szene aus »Eat the Rich«.

»Eat the Rich« enthält eine unglaubliche Fülle von witzigen Details, treffenden Zynismen und unnachahmlich britischen Hintersinnigkeiten und Anspielungen, die eigentlich mehrmaliges Anschauen erfordern. *tip*

Bodo Fründt in: SZ, 18.5.88; Otto Heuer in: Rheinische Post, 6.5.44; Kai Hoffmann in: FR, 11.5.88; Jürgen Richter in: FAZ, 14.5.88

Eddie Murphy – Raw 282

RAW **

Regie: Robert Townsend
Darsteller: Eddie Murphy
Drehbuch: Eddie Murphy, Scetch: Eddie Murphy, Keenen Ivory Wayans
Kamera: Ernest Dickerson (Farbe)
Schnitt: Lisa Day
Produktion: Robert D. Wachs, Keenen Ivory Wayans für Eddie Murphy Prod. für Paramount, USA 1987
Verleih: UIP/-/-/CIC Video
Kinostart: 23.6.88
FSK: ab 18, nffr.
Länge: 91 Min. (Originalfassung)

Der Film ist die tragische Selbstentlarvung eines übersättigten Superstars, dessen zotige Witze nicht unterhalten und keine satirischen Glanzlichter setzen, sondern nur auf peinliche Weise dokumentieren, wie sehr Murphy in überlebten Vorurteilen und vulgärem Chauvinismus gefangen ist. Höchstens als Dokument einer menschlichen Katastrophe unter Qualen »genießbar«. *tip*

Einer trage des Anderen Last… 283

****

Regie: Lothar Warneke
Darsteller: Jörg Pose (Josef Heiliger), Manfred Möck (Hubertus Koschenz), Susanne Lüning (Sonja Kubanek), Karin Gregorek (Oberschwester Walburga), Heinz Dieter Knaup (Dr. Stülpmann), Johanna Clas (Frau Grottenbast), Doris Thalmer (Schwester Inka), Hermann Stövesand, Peter Hölzel, Gert Gütschow, Monika Lennartz
Drehbuch: Wolfgang Held
Kamera: Peter Ziesche (Farbe)
Musik: Günther Fischer
Schnitt: Erika Lehmphul
Produktion: Defa-Filmprod., Gruppe »Babelsberg«, DDR 1987
Verleih: Scotia-Cannon/Czerny/Zoom (16mm)/Cannon/VMP Video
Erstaufführung: 15.2.88, Wettbewerb der Int. Filmfestspiele Berlin
Kinostart: 20.10.88
FSK: ab 12, ffr.
Länge: 118 Min.
Prädikat: Besonders wertvoll

Ausgezeichnet mit dem »Silbernen Berliner Bären« für die beiden Hauptdarsteller Jörg Pose und Manfred Möck bei den Berliner Filmfestspielen 1988; Leserpreis der »Berliner Morgenpost«: »Als bester publikumswirksamer Unterhaltungsfilm mit Niveau«

Zwei junge Männer, der Volkspolizist Josef und der Vikar Hubertus, sehen sich eines Tages im Zimmer eines Sanatoriums, wo sie ihre Tuberkulose zu kurieren haben, gegenübergestellt. Aus der Konfrontation um Ideologie, Weltanschauung und Glaube entwickelt sich zaghaft – und stets neuen Anfechtungen ausgesetzt – eine Freundschaft. Warnekes Film ist ein interessantes Plädoyer für den Dialog zwischen Christentum und Marxismus und eine Aufforderung, das Ziel einer gerechteren Gesellschaft gemeinsam zu verfolgen. Obschon im Jahr 1950 angesiedelt, schafft der Regisseur augenfällig wichtige Gegenwartsbezüge. *Zoom*

Karena Niehoff in: Der Tagesspiegel, 16.2.88; H.G. Pflaum in: SZ, 21.10.88; Hans-Dieter Seidel in: FAZ, 21.10.88; Günter Zehm in: Die Welt, 22.10.88

Eis am Stiel 8. Teil: Summertime Blues 284

**

Regie: Reinhard Schwabenitzky
Darsteller: Jesse Katzur (Benny), Zachi Noy (Jonny), Jonathan Segal (Bobby), Elfi Eschke (Polly), Sibylle Rauch, Sissi Liebold, Sonja Martin, Iris Shapira, Dan Hardan, Dvora Keidar, Jack Cohen
Drehbuch: Reinhard Schwabenitzky nach einer Original-Idee von Zachi Noy
Kamera: Karl Kases (Farbe)
Schnitt: Gisela Castronari
Produktion: Sam Waynberg für KF Kinofilm, BRD 1988

Verleih: Scotia-Cannon/Czerny/-/Cannon/ VMP Video
Kinostart: 18.8.88
FSK: ab 12, ffr.
Länge: 89 Min.

Ein Bruchteil weniger dämlich als die Vorgänger: der voluminöse Chronos Zachi Noy und seine Gesellen baden sich zum x-ten Mal in Romanzen, Eifersüchteleien und Träumereien. Einsamer Höhepunkt in der Auswahl der Songs, befremdend in diesem Film: Bobby Vintons »Blue Velvet«.
Kölner Stadt-Anzeiger

Elmer 285
BRAIN DAMAGE
**

Regie: Frank Henenlotter
Darsteller: Rick Herbst (Brian), Gordon MacDonald (Mike), Jennifer Lowry (Barbara), Theo Barnes (Morris), Lucille Saint-Peter (Martha), Vicki Darnell, Kevin Van Hentenryck, Joe Gonzales, Bradlee Rhodes, Michael Bishop, Beverly Bonner, Ari Roussimoff, Michael Rubenstein, Angel Figueroa, John Reichert, Don Henenlotter
Drehbuch: Frank Henenlotter
Kamera: Bruce Torbet (Farbe)
Musik: Gus Russo, Clutch Reiser
Schnitt: James Y. Kwei, Frank Henenlotter
Produktion: Edgar Ievins, Frank Henenlotter für Palisades Partners, USA 1988
Verleih: Scotia-Cannon/Czerny/-
Kinostart: 15.12.88
FSK: ab 18, nffr.
Länge: 94 Min.

Uralter Parasitenwurm (Charakter-Design: Sigmund Freud) zwingt seinen neuen Wirt mit seinem süchtig machenden blauen Körpersaft, ihm die nötige Hirnnahrung zu besorgen. Ein Trash-Movie der zweiten Generation, das seine Splatter-Szenen mit skurrilen Gags (singendes Waschbeckenwürmchen!) entschärfen zu müssen meint.

Emmanuelle 6 286
EMMANUELLE 6
*

Regie: Bruno Zincone
Darsteller: Natalie Uher (Emmanuelle), Jean René Gossart, Tamira, Gustavo Rodriguez, Thomass Ozermuller, Ilina D'Arcy, Hassan Guerrar, Luis Carlos Mendès
Drehbuch: Jean Rollin, nach der Idee von Emmanuelle Arsan
Kamera: Max Montheillet (Eastmancolor)
Musik: Oliver Day
Schnitt: Michel Crivallero
Produktion: Alain Siritzky für A.S. Prod./ Everest Prod./S.G.G.C., Frankreich 1988
Verleih: Metropol/Fleur/-/VPS Video
Kinostart: 25.8.88
FSK: ab 18, ffr.
Länge: 79 Min.

... Manchmal ist »Emmanuelle 6« fast wie ein Film: mit Rückblenden, in denen sich die unter Amnesie leidende Nathalie Uher gequält ihrer Abenteuer in Venezuela erinnert, als Entführer sie und befreundete Mannequins in den Dschungel verschleppten und auf dem Sklavenmarkt verschachern wollten.
Mit fehlerhaften Brüchen der Erzählperspektive. Mit kunstgewerblichen Bildmetaphern für die Sinnlichkeit der Frauen, die es erregend finden, nackt zwischen den Klippen eines Wasserfalls zu turnen.
Sexualität ist Natur, lautet die Gleichung. »Emmanuelle 6« ist die ideale Ergänzung zum Besuch im Nationalpark. *Gregor Dotzauer, FAZ*

Empire of Ash – Die Zeit nach dem Ende 287
EMPIRE OF ASH
*
Video

Regie: Lloyd Simandl, Michael Mazo
Darsteller: Melanie Kilgour, Thom Schioler, Frank Wilson, Sandy Mackenzie
Produktion:, Kanada 1987
Verleih: -/-/-/Carrera Topline Video
Erstaufführung: 11.7.88
FSK: nicht unter 18 J.
Länge: 96 Min.

Endzeitreißer mit leichten AIDS-Allüren:
Auf der Suche nach der Schwester fällt eine junge Frau infizierten Blutsaugern in die Hände.

Empire of the Ninjas 288
TWINKLE NINJA FANTASY *
Video

Regie: Tommy Cheng
Darsteller: Adam Neill, Ian Frank, Ken Ashley, Jack Rodman
Drehbuch: Anthony Green
Kamera: Gordon Young (Farbe)
Produktion: Tomas Tang, Hongkong 1987
Verleih: -/-/-/Arrow Video
Erstaufführung: 23.2.88
Länge: 90 Min.

Harry Reed, Herrscher über ein Drogenimperium und Anführer einer Ninja-Truppe, schreckt vor Mord nicht zurück. Nachdem ein US-Drogenfahnder dem skrupellosen Gangster zum Opfer gefallen ist, werden zwei weitere auf ihn angesetzt. Die ziehen den bösen Harry und seine Killerakrobaten in zahllosen Duellen zur Rechenschaft. *VideoWoche*

Empty Quarter – Eine Frau in Afrika 289
EMPTY QUARTER – UNE FEMME EN AFRIQUE ***

Regie: Raymond Depardon
Darsteller: Françoise Prenant
Drehbuch: Raymond Depardon
Kamera: Raymond Depardon
Produktion: FR 3 Films, Frankreich 1985
Verleih: – /Stadtkino/ –
Kinostart: Sept. 88
FSK: BMUK: Jugendverbot; Wien: ab 16
Länge: 85 Min. (OmU)

Halbdokumentarischer Spielfilm um eine Frau, die von einem Reporter auf eine Reise durch Afrika mitgenommen wird. In dieser Parabel um Liebe und Beziehung eröffnen sich interessante Einblicke in eine anspruchsvolle Bildsprache. *mutltimedia*

Das Ende der Welt 290
END OF THE WORLD *
Video

Regie: John Hayes
Darsteller: Christopher Lee (Pater Pergado/Zandor), Sue Lyon (Sylvia Boran), Kirk Scott (Professor Boran), Dean Jagger (Ray Collins), Lew Ayres (Commander Beckerman), Macdonald Carey (John Davis)
Drehbuch: Frank Ray Perilli
Kamera: John Huneck (Farbe)
Musik: Andrew Belling
Produktion: Irwin Yablans/Charles Band, USA 1977
Verleih: -/-/-/Tristar Video
FSK: ab 12 J.
Länge: 86 Min.

Wissenschaftler findet heraus, daß sechs Nonnen und ein Priester in Wahrheit Aliens sind und die Erde zerstören wollen, weil unsere Krankheiten die galaktische Nachbarschaft bedrohen. Unmöglich nachzuvollziehen, aber die aparte Tricksequenz gegen Ende (eine »seismisch« zerbröckelnde Erde) muß man gesehen haben.

Das Ende eines Kaiserreichs 291
DR. SUN YAT-SEN ***
Video

Regie: Ting Shin-si
Darsteller: Lam Wei Sun, Wan Zi Liang, Wang Xiao Feng, Liu Jia Hui, Moon Lee
Drehbuch: Ting Yu, Doris Wang
Kamera: Ye Quing Biao (Farbe)
Produktion: Pearl River Film Studio, China 1986
Verleih: -/-/-/Hit Film
Erstaufführung: 27.4.88
FSK: ab 16 J.
Länge: 109 (87) Min.

In seinen Massenszenen aufwendiger, ansonsten wegen seiner hektischen Chronologie für Nichtkenner der Geschichte Chinas schwer konsumierbarer, pathetischer Historienfilm um den Gründer der »Kuomintang«-Partei, die nach seinem Tod Maos Gegner Tschiang Kaischek weiterführte. *Video-Markt*

Endlich wieder 18 292
18 AGAIN ***

Regie: Paul Flaherty
Darsteller: George Burns (Jack Watson), Charlie Schlatter (David Watson), Tony Roberts (Arnold), Anita Morris (Madelyn), Miriam Flynn (Betty), Jennifer

Der Teenager im Opa. George Burns in »Endlich wieder 18«.

Runyon (Robin), Red Buttons (Charlie), George DiCenzo, Bernard Fox, Kenneth Tigar, Anthony Starke, Pauly Shore
Drehbuch: Josh Goldstein, Jonathan Prince
Kamera: Stephen M. Katz (DeLuxe Color)
Musik: Billy Goldenberg
Schnitt: Danford B. Green
Produktion: Walter Coblenz für New World, USA 1987
Verleih: Highlight/Constantin/Alexander Film/Highlight Video
Kinostart: 28.7.88
FSK: ab 12, ffr.
Länge: 97 Min.

Der legendäre Hollywood-Kauz Georg Burns, einst neben Walter Matthau einer der Sunnyboys, gibt dem ansonsten netten, aber wenig originellen Debütfilm des jungen Regisseurs Paul Flaherty den nötigen Pep. Die Story variiert das zur Zeit beliebte Hollywood-Thema der Körper- und Seelenwanderung. Opa Watson, immer noch scharf auf junge Damen, verunglückt im Rolls-Royce zusammen mit seinem 18jährigen Enkel. In dessen Gestalt findet er sich plötzlich wieder – und der komischen und emotionalen Verwirrung sind keine Grenzen gesetzt. Leider. *Frauke Hanck, tz*

Gregor Dotzauer in: FAZ, 10.9.88; Horst Gerhard in: Kölnische Rundschau, 20.8.88

Engel auf Abwegen 293

IT CAME UPON THE MIDNIGHT CLEAR **

Video

Regie: Peter Hunt
Darsteller: Mickey Rooney (Mike Halligan), Scott Grimes (Robbie Westin), Barrie Youngfellow (Kate Westin), George Gaynes (Erzengel), Gary Bayer (Rick Westin), William Griffis (Wiley Boggs), Christina Pickles (Chris)
Drehbuch: George Schenck, Frank Cardea
Kamera: Dean Cundey (Farbe)
Musik: Arthur B. Rubinstein
Schnitt: Jerrold L. Ludwig
Produktion: Frank Cardea, George Schenck für Columbia TV, USA 1984
Verleih: -/-/-/RCA/Columbia Video
Uraufführung: 15.12.84 (Syndicated)
Erstaufführung: 13.12.88
FSK: o.A.
Länge: 100 Min.

Gestorbener Großvater sucht in Gabriels Auftrag den alkoholumnebelten Weihnachtsengel. Im Schnelldurchlauf das Taschentuch vollheulen und flink auf Capras »It's a Wonderful Life« umschalten.

Engel aus Staub 294
POUSSIERE D'ANGE ***

Regie: Edouard Niermans
Darsteller: Bernard Giraudeau (Simon Blount), Fanny Bastien (Violetta), Fanny Cottencon (Martine), Jean-Pierre Sentier (Landry), Michel Aumont (Florimont), Gérard Blain (Broz), Luc Lavandier, Daniel Russo, Veronique Silver, Henri Marteau
Drehbuch: Jacques Audiard, Alain Le Henry, Edouard Niermans
Kamera: Bernard Lutic (Farbe)
Musik: Leon Senza, Vincent-Maria Pouvot
Schnitt: Yves Deschamps, Jacques Witta
Produktion: Jacques Eric Strauss für Président Films/U.G.C./TOP No. 1/Film de la Saga/ FR 3/La Sofica, Frankreich 1987
Verleih: Prokino/top-film/-/VCL/Virgin Video
Kinostart: 7.1.88
FSK: ab 16, ffr.
Länge: 94 Min.

Ein von seiner Frau verlassener Polizist, je nach Alkoholpegel zwischen Traurigkeit und rasender Eifersucht schwankend, begegnet einem seltsamen jungen Mädchen, das in einen Jahre zurückliegenden unaufgeklärten Kriminalfall verwickelt ist. Der formal recht eindrucksvolle Streifen schillert in vielen, oft einander widersprechenden Gefühlsschattierungen und zeichnet mit einer gewissen rauhen Zärtlichkeit Porträts von »Antihelden«. *multimedia*

Wilm Hart in: Die Welt, 13.1.88; H.G. Pflaum in: SZ, 18.1.88; Harry Rowohlt in: Die Zeit, 8.1.88; Josef Schnelle in: FR, 7.1.88

Entfernte Stimme – Stilleben
siehe: Distant Voice, Still Lives

Entscheidung des Herzens 295
A PERFECT MATCH ***

Regie: Mel Damski TV
Darsteller: Linda Kelsey (Miranda McLoyd), Colleen Dewhurst (Meg Larson), Charles Durning (Bill Larson), Michael Brandon (Steve Triandos), Lisa Lucas (Julie Larson), Jeb Aadams, Darian Mathias
Drehbuch: John Sayles nach einer Story von Mel Damski und Andre Guttfreund

Nächtliche Begegnung: Bernard Giraudeau, Fanny Bastien in »Engel aus Staub«.

Kamera: Ric Waite
Musik: Billy Goldenberg
Produktion: USA 1980
Sendetermin: 6.5.88, ARD
Länge: 92 Min.

Die 16jährige Julie Larson erfährt unter dramatischen Umständen, daß sie ein Adoptivkind ist. Ihre leibliche Mutter leidet an einer heimtückischen Krankheit und ist für eine möglicherweise lebensrettende Transplantation auf die Hilfe ihrer Tochter angewiesen, die sie bisher überhaupt nicht kannte. Die späte Begegnung zwischen den beiden macht auch den Adoptiveltern zu schaffen. *ARD*

Epitaph 296

EPITAPH *

Video

Regie: Joseph Merhi
Darsteller: Natascha Pavlova, Dolores Nascar, Jim Williams, Flint Keller, Linda Tucker Smith, Liz Kane
Drehbuch: Joseph Merhi
Produktion: Joseph Merhi, Richard Pepin USA 1987
Verleih: -/-/-/Rebell Video
Erstaufführung: Mai 88
Länge: 92 Min.

... Mutti mordet munter malende Männer, Vater vergräbt Verstorbene. Daß das Opfer wieder auftaucht, stört ein wenig die Logik des Films, doch mit einem sauberen Schuß erledigt Mama das Problem endgültig. Der Film (das größte Problem) läuft weiter: Die Tochter wird eingesperrt, weil sie mit einem netten Jungen abhauen möchte, Oma kann die Rente auch nicht mehr voll auskosten, und dann gibt es da noch eine Psychiaterin. Doch eine Psychiaterin macht noch keinen Psycho-Thriller. Der Schock sitzt wirklich tief; ohne Tabus wird hier eine Eskalation grausig unlogischer und blöder Szenen betrieben, die zu allem Überfluß noch schockierend schlechte und sinnlos blutige »Spezialeffekte« beinhalten.

Frank Neubauer, Phantastische Zeiten

Erfüllte Träume 297

DREAMS LOST, DREAMS FOUND ***

Video

Regie: Willi Patterson
Darsteller: Kathleen Quinlan (Sarah McAllister), David Robb (Ross Fleming), Betsy Brantley (Jane McAllister), Charles Gray (Jason), Louise Breslin, Colette O'Neil
Drehbuch: William Corlett. Nach dem gleichnamigen Roman von Pamela Wallace
Kamera: Dick Dodd (Farbe)
Musik: Alan Hawkshaw
Produktion: Pat Sandys für Atlantic Video Ventures/Yorkshire TV, USA 1987
Verleih: -/-/-/CIC Video
Uraufführung: 13.9.87 (Showtime)
Erstaufführung: 1.1.88
FSK: ab 12 J.
Länge: 97 Min.

Die erfolgreiche Galleristin und Malerin Sarah reist aus dem sonnigen Kalifornien in das rauhe Schottland, wo ihre Vorfahren herstammen. Sie will endlich über den Tod ihres Mannes hinwegkommen, der nach sieben Jahren Ehe verunglückt ist. Auf Castle Caladh in den schottischen Highlands verliebt sie sich Hals über Kopf in den anziehenden Ross Fleming. Doch die Vergangenheit holt die beiden unerwartet ein.
Sarah wird ganz plötzlich von Schrekkensvisionen aus dem 18. Jahrhundert eingeholt und kann bald nicht mehr zwischen Traum und Wirklichkeit unterscheiden. Außerdem drängt sich eine ehemalige Geliebte zwischen sie und Ross – ihre große Liebe scheint zu zerbrechen ... *Klappentext*

Eric hebt ab 298

THE BOY WHO COULD FLY ***

Video

Regie: Nick Castle
Verleih: -/-/-/CBS-Fox Video

Lief 1987 unter dem Titel »Der Knabe, der fliegen konnte« im Kino.
Deshalb sind die vollständigen Angaben und die Kritik bereits im »Heyne Filmjahrbuch 1988«.

Anne Roussel und Philippe Noiret in »Ertrinken verboten«.

Erpreßt – Das verhängnisvolle Foto 299

COURS PRIVÉ ***

Video

Regie: Pierre Granier-Deferre
Darsteller: Elizabeth Bourgine (Jeanne Kern), Michael Aumont (Bruno Ketti), Xavier Deluc (Laurent), Sylvia Zerbib (Patricia), Emmanuelle Seigner (Zanon), Lucienne Hamon (Mme. Ketti)
Drehbuch: Jean-Marc Roberts, Pierre Granier-Deferre. Nach dem Roman »Portrait craché« von Jean-Marc Roberts
Kamera: Robert Fraisse (Farbe)
Musik: Philippe Sarde
Schnitt: Jean Ravel
Produktion: Louis Grau für Sara Films/La Cinq, Frankreich 1986
Verleih: -/-/-/RCA/Columbia Video
Erstaufführung: April 88
FSK: ab 16 J.
Länge: 95 (88) Min.

Die junge attraktive Lehrerin Jeanne Kern hat lesbische Neigungen und ist an ihrer Schule das Objekt der Begierden ihres Direktors und ihrer Abiturienten. Anonyme Briefe machen den Anfang, weiter geht es mit einem Foto, das Jugendliche bei eIner Orgie mit einer jungen Frau zeigt, deren Kopf aus dem Foto entfernt worden ist. Komplizierter französischer Beziehungsthriller um ein infames Komplott. *VideoWoche*

Ertrinken verboten 300

NOYADE INTERDITE ***

Regie: Pierre Granier-Deferre
Darsteller: Philippe Noiret (Molinat), Guy Marchand (Leroyer), Elizabeth Bougine (Elisabeth), Anne Roussel (Marie), Gabrielle Lazure (Jeanne), Marie Trintignant (Isabelle), Suzanne Flon (Hazelle), Stefania Sandrelli (Winny), Andrea Ferreol (Cora), Laura Betti (Keli), Philippe Polet, Francois Dyreck, Catherine Hiegel, Raoul Billeret

Drehbuch: Pierre Granier-Deferre, Dominique Roulet, nach dem Roman »Widow's Walk« von Andrew Coburn
Kamera: Charles van Damme (Eastmancolor)
Musik: Philippe Sarde
Schnitt: Jean Ravel
Produktion: Paradies Films/FR 3/ Compagnie Générale d'Images/LP Films mit Sofinergie, Frankreich/Italien 1987
Verleih: Concorde Film/Czerny/Alpha
Kinostart: 30.6.88
FSK: ab 12, ffr.
Länge: 100 Min.
Prädikat: Wertvoll

Die diversen Damen sind wieder erste französische Klasse, die kleine Bucht an der Cote bei Sète duftet nach Meeresfrüchten und eine Leiche nach der anderen schwappt an den ansonsten noch sauberen Strand. Der Bürgermeister dreht durch. Kriminaloberinspektor Molinat (mal psychologisch sensibel, mal agil und hart) versucht im Verein mit Alt-Regiemeister Granier-Deferre, dem Komplott Highsmith-Atmosphäre zu verpassen.
Doch leider fällt der Kriminalfall einer verkorksten Pseudo-Simenon-Motivation zum Opfer. Das Ganze ist mal wieder leger und ironisch präsentiert, sogar der Tod von Kriminalinspektor Leroyer belustigt nicht nur seinen Kollegen. Unterhaltung mit konstruiertem Blackout. *Kai Niemeyer, AZ*

Bodo Fründt in: SZ, 30.6.88; Claudius Seidl in: Die Zeit, 5.8.88

Escape – Die Flucht 301

THE MAN WHO BROKE 1000 CHAINS **
Video

Regie: Daniel Mann
Darsteller: Val Kilmer (Robert Eliot Burns), Charles Durning, Kyra Sedgewick, James Keach, Clancy Brown, Elisha Cook, William Sanderson, Sonia Braga
Drehbuch: Michael Campus, David Wyles. Nach dem Roman von Vincent Godfrey Burns
Kamera: Mikael Salomon (Farbe)
Musik: Charles Bernstein
Produktion: Yoram Ben-Ami für Journey Entertainment, USA 1987
Verleih: -/-/-/VCL Video
Uraufführung: 31.10.87 (HBO)
Erstaufführung: 14.10.88
FSK: ab 16 J.
Länge: 91 Min.

Fernseh-Remake von Mervyn LeRoys »I Am a Fugitive from a Chain Gang«: die Biographie des unschuldig verurteilten Ex-Sträflings und Verlegers Robert Eliot Burns.

Eternal Evil 302

THE BLUE MAN **
Video

Regie: George Mihalka
Darsteller: Winston Rekert (Paul Sharpe), Karen Black (Janus), John Novak (Detective Kaufman), Andrew Bednarsky (Matthew), Patty Talbot (Jennifer Sharpe), Lois Maxwell (Monica), Vlasta Varna (Scott), Walter Massey (John Westmore)
Drehbuch: Robert Geoffrion
Kamera: Paul van der Linden (Sonolab Color)
Musik: Marvin Dolgay
Schnitt: Yves Langlois, Nick Rotundo
Produktion: Pieter Kroonenburg für Filmline International/New Century Productions, Kanada 1985
Verleih: -/-/-/Lightning Video
Erstaufführung: 31.10.88
Länge: 85 Min.

Werbefilmer mit Interesse an Astralprojektion wird zum Hauptverdächtigen in einer Mordserie, die in Wahrheit von einem mystischen Uraltpärchen verübt wird. Für alle, die sich nicht an subjektiven Kamerafahrten sattsehen können.

The Eurythmics 303

EURYTHMICS LIVE **

Regie: Geoff Wonfor
Darsteller: The Eurythmics: Annie Lennox (Gesang), Dave Stewart (Gitarre), Jimmy Zavala (Saxophon), Joniece Jamison (Gesang)
Musik: The Eurythmics; Songs: Sex Crime, Here comes the Rain again, Let's go, It's alright u.a.
Produktion: Billy Poveda, Großbritannien 1987
Verleih: Arsenal/-/-
Kinostart: 5.5.88
Länge: 90 Min. (Farbe, Originalfassung)

Annie Lennox, David A. Stewart und die »Revenge«-Band in Australien.

Ein »Three color«-Film in schwarz, weiß und rot – das Licht sorgt für Nuancen. Wonfor ist kein Prince (»Sign O'the Times«) oder Jonathan Demme (»stop Makin' Sense«): Er filmt Rhythmus, doch die Bilder bringt er nicht zum Tanzen. Dafür hat er die androgyne Annie Lennox, den campy Vamp: mit ihrer Stimme testet sie die Kino-Boxen, mit ihrem kühlen Sex erhitzt sie das Publikum.

Milan Pavlovic, Kölner Stadt-Anzeiger

Evil Altar **304**
EVIL ALTAR *
Video

Regie: Jim Winburn
Darsteller: William Smith, Rodert Zdar, Pepper Martin, Teresa Cooney, John Powers, Tal Armstrong, David Campbell
Drehbuch: Brent Friedman, Scott Rose, John Geilfuss
Kamera: Peter Wolf (Farbe)
Musik: Bruce Lowe, George L. Briggs
Schnitt: Rick Mitchell
Produktion: Robert A. Miller, George L. Briggs für Om Productions, USA 1987
Verleih: -/-/-/Gloria Video
Erstaufführung: 7.11.88
Länge: 90 Min.

Das Regiedebüt von John Carpenters Stunt-Koordinator: Ein junges Mädchen legt einem Satansbeschwörer und dessen Seelen-»Collector« das Handwerk. Wir harren gespannt auf das Regiedebüt von John Carpenters Friseur.

Evil Laugh **305**
EVIL LAUGH *
Video

Regie: Dominick Brascia
Darsteller: Steven Baio (Johnny), Kim McKamy (Connie), Tony Griffin (Sammy), Jody Gibson (Tina), Johnny Venocur (Freddy), Jerold Pearson (Barney)
Drehbuch: Steven Baio, Dominick Brascia
Kamera: Stephen Sealy (Farbe)
Musik: David Shapiro
Schnitt: Brian McIntosh, Michael Scott
Produktion: Dominick Brascia, Steven Baio für Wildfire Productions, USA 1988
Verleih: -/-/-/Focus Video
FSK: ab 16 J.
Länge: 87 Min.

Ein ehemaliges Waisenhaus wird zum Ort des Grauens für eine Gruppe junger Leute. Wir hingegen legen uns den nächsten kalten Wickel auf.

Evil Nightmare **306**
DEATH BY DIALOGUE *
Video

Regie: Tom Dewier
Darsteller: Ken Sagoes, Lenny Delduca, Kelly Sullivan
Produktion: Richard Pepin, Joseph Merhi, USA
Verleih: -/-/-/Carrera Topline Video
Erstaufführung: 30.11.88

Eine Handvoll Teenager, ein altes Buch und ein Dämon aus der Hölle.

Experiments **307**
THE ASPHYX **
Video

Regie: Peter Newbrook
Darsteller: Robert Stephens (Hugo), Robert Powell (Giles), Fiona Walker (Anna), Alex Scott (Präsident), John Lawrence (Mason), Ralph Arliss (Clive), Terry Scully (Bettler), Jane Lapotaire (Christina)
Drehbuch: Brian Comport
Kamera: Freddie Young (Farbe, Todd-AO)
Musik: Bill Moguffie
Produktion: Paragon/Glendale, Großbritannien 1972
Verleih: -/-/-/IHE Video
Erstaufführung: Mai 88
FSK: ab 16 J.
Länge: 99 (84) Min.

Viktorianischer Photowissenschaftler entdeckt einen Asphyx, einen Todesgeist, der sich im Moment des Sterbens nähert. Nach einigen heiklen Experimenten gelingt es dem Forscher endlich, seinen Asphyx einzufangen. Von Stund' an steht er wie weiland Ahasver unter dem Fluch der Unsterblichkeit. Unterhaltsamer Gothic Horror mit einigen netten (öfter wiederholten) Effekten und nicht überzeichneten Charakteren. *SFT*

Der Experte **308**
***

Regie: Reinhard Schwabenitzky
Darsteller: Dieter Hallervorden (Willi Schulze), Peter Fricke (Peter Schmöl-

Ein zweifelnder »Experte«: Didi Hallervorden.

ling), Walo Lüönd (Horst Neumann), Gert Haucke (Professor Alis Schönberg), Elfi Eschke (Dr. Schneebusch), Steven Bennett (Paul Wudke), Günther Ungeheuer (Dr. Heck), Walter Buschhoff (Otto von Ludwig), Harry Wüstenhagen (Jacobi), Klaus Guth (Willy Schneider), Karl Ulrich Meves (Specht), Jan Fedder (Kerschke), Max Tidof (Hugo), Stephanie Philipp (Helga)
Drehbuch: Hartmann Schmige, Christian Rateuke
Kamera: Josef Vilsmeier (Farbe)
Musik: Konstantin Wecker, Hans Franek
Schnitt: Sybille Windt
Produktion: Werner Mietzner, Wolf Bauer für Ufa/ZDF, BRD 1987
Verleih: Tobis/Constantin/Rex Film/Marketing Film Video
Kinostart: 4.2.1988
FSK: ab 6, ffr.
Länge: 93 Min.
Prädikat: Wertvoll

Bei einem Unfall verliert der Automechaniker Willi Schulze das Gedächtnis und wird in der Folge mit einem renommierten Wahlkampfexperten verwechselt. Mit Sprüchen wie »In der Kurve darf man nicht bremsen« bringt er neuen Schwung in die Wahlkampagne einer großen Volkspartei. Zu guter Letzt aber arrangiert er, empört über die Verlogenheit des Spitzenkandidaten, dessen öffentliche Selbst-Bloßstellung. Einigermaßen amüsante, wiewohl nicht gerade sehr subtile Polit-Komödie, bei der unverbindlicher Klamauk die satirischen Seitenhiebe entschärft. *Zoom*

Wolfgang Brenner in: tip, 4/88; Gregor Dotzauer in: FAZ, 6.2.88

Eyes of the Condor — 309

EYES OF THE CONDOR
**
Video

Regie: Chalong Pakdeevichit
Darsteller: Douglas Dull, Soraphong Chatri, Craig James
Drehbuch: Barcherd Thavee
Kamera: Norman Kant (Farbe)
Produktion: Darian, Thailand 1987
Verleih: -/-/-/Hit Video
Erstaufführung: 28.3.88
Länge: 90 Min.

Der Gauner Kenny stiehlt in einer spektakulären Aktion einen wertvollen Diamanten von einer Yacht im Golf von Thailand. Bei der Übergabe an den betrügerischen Auftraggeber geht der Diamant im Kampfgetümmel verloren. Als Gangster seine Freundin und fünf Liliputaner entführen, macht Kenny gemeinsame Sache mit der Polizei. Unterhaltsames Action-Abenteuer aus Fernost. *VideoWoche*

Eyes of the Dragon — 310

PAPER DRAGONS
*
Video

Regie: Leo Fong
Darsteller: Cynthia Rothrock, George Chung, Richard Norton
Produktion: USA 1987
Verleih: -/-/-/Summit Video
Erstaufführung: 25.7.88
Länge: 90 Min.

Nach dem Herzanfall seines Mentors tritt ein hitzköpfiger Karateschüler unter weiblicher Leitung gegen seinen Herausforderer an. The Karocky Kid, Teil Zweieinhalb.

Das falsche Wort 311

****

16 mm

Regie: Katrin Seybold
Sprecher: Thomas Münz, Melanie Spitta
Drehbuch: Melanie Spitta
Kamera: Alfred Tichawsky, Heiner Stadler, Klaus Bartels (Farbe)
Musik: Georges Boulanger
Schnitt: Anette Dorn
Produktion: Katrin Seybold für Katrin Seybold Film, BRD 1987
Verleih: Basis/-/-
Erstaufführung: 26.6.87, Filmfest München
Kinostart: Okt. 88
Länge: 83 Min.
Prädikat: Besonders wertvoll

Gefördert vom Hamburger Filmbüro mit DM 30.000,-
Film des Monats November der Jury der Evangelischen Filmarbeit.

Daß Zigeuner (Sinti), die in den NS-Konzentrationslagern von Rassen-»Wissenschaftlern« zu Experimenten mißbraucht wurden und deren Familien in den Gaskammern starben, von den für »Wiedergutmachung« zuständigen Behörden auch weiterhin diskriminiert und um rechtmäßige Entschädigungszahlungen gebracht wurden, ist ein besonders schäbiges Kapitel des deutschen Schuld-Erbes. In dieser Dokumentation kommen beschämende Akten zutage – über ein Verbrechen und das falsche Wort »Wiedergutmachung«. Genug damit? Der Zynismus wird nicht kleiner, wenn man wegschaut. Ein Film zum Hinschauen. *Ponkie, AZ*

Martin Taureg in: NZZ, 2.7.87

Falsches Spiel mit Roger Rabbit 312

WHO FRAMED ROGER RABBIT *****

Regie: Robert Zemeckis, Richard Williams (Animation)
Darsteller: Bob Hoskins (Eddie Valiant), Christopher Lloyd (Richter Doom), Joanna Cassidy (Dolores), Stubby Kaye (Marvin Acme), Alan Tilvern (R.K. Maroon), Richard Le Parmentier, Joel Silver, Betsy Brantley; Original-Stimmen von:

Wiedergutmachung an Zigeunern (Sinti) in: »Das falsche Wort«.

Charles Fleischer (Roger Rabbit, Benny the Cab, u.a.), Kathleen Turner, Sprache; Amy Irving, Gesang, (Jessica), Lou Hirsch (Baby Herman), Tony Anselmo (Donald Duck), Frank Sinatra (Singing Sword)
Drehbuch: Jeffrey Price, Peter S. Seaman, nach dem Buch »Who Censored Roger Rabbit?« von Gary K. Wolf
Kamera: Dean Cundey (Farbe)
Musik: Alan Silvestri
Schnitt: Arthur Schmidt
Produktion: Robert Watts, Frank Marshall für Touchstone und Amblin Ent. mit Silver Screen Partners III, USA 1987
Verleih: Warner Bros./dto./dto./Warner Home Video
Kinostart: 27.10.88
FSK: ab 12, ffr.
Länge: 103 Min.
Prädikat: Wertvoll

... Die Geschichte vom Privatdetektiv Eddie Valiant und dem Hasen Roger Rabbit ist die wirklich einzigartige Verbindung von Cartoon und echtem Tun, von Realfilm und Zeichentrick, von Chinatown und Disneyland, von Industrie und Magie. Für den Anfang hat Regisseur Robert Zemeckis dem Chefzeichner Richard Williams als Losung vorgegeben, er müsse lernen, »Ja« als einzige Antwort zu akzeptieren. Alles können, alles wollen: die Sorgfalt von Disney, das Tempo und den Humor von Tex Avery. Der Film ist perfekt - im vorgegebenen Rahmen. Und er ist klug genug, sich selbst den Spiegel vorzuhalten, seine Methoden ständig zu reflektieren. »Zurück in die Zukunft« lautet Zemeckis' Motto: die Liebe zu Hollywoods goldener Zeit mit den Bedürfnissen des großen Publikums zu synchronisieren. Und was kann man mehr sagen über das Verhältnis von altem und neuem Hollywood, von Silver Screen und Blue Screen, von Glamour und seinem Abglanz, als das, was Jessica Rabbit zu Eddie sagt: »Ich bin nicht wirklich schlecht, ich bin nur so gezeichnet worden.«

Michael Althen, SZ

Hollywood 1947: Der versoffene Detektiv Valiant wird widerwillig zum Beschützer des Trickfilmstars Roger Rabbit, der einen Mord begangen haben soll. Auf der Suche nach dem wahren Täter kommt er einem Finsterling auf die Spur, der ganz Toontowns (wo die Car-Toons leben) vernichten will. Die technisch perfekte, verblüffende Symbiose von gezeichneten Figuren und realen Menschen und Dingen kommt leider nicht richtig zur Geltung, da die Zuschauer mit einer derart hektischen Folge von Action- und Gewaltszenen bombardiert werden, daß einem ob solcher Reizüberflutung Sehen und Hören vergehen.

Zoom

Gerhard Kadenbach in: FAZ, 28.10.88; Helmut Schmitz in: FR, 28.10.88

Familienspiele 313

KAZOKU GAIMU ***

TV

Regie: Yoshimitsu Morita
Darsteller: Ichirota Miyagawa (Shigeyuki), Junichi Tsujita (Shinishi), Juzo Itami (Vater), Saori Yuki (Mutter), Yusaku Matsuda (Yoshimoto)
Drehbuch: Yoshimitsu Morita nach einem Theaterstück von Yohei Honma
Kamera: Yone Zomaeda
Schnitt: Akimasa Kawashima
Produktion: ATG/NCP/Nikatsu Filmstudio, Japan 1983
Sendetermin: 8.12.88, ZDF
Länge: 102 Min.

Als die schulischen Leistungen eines japanischen Jungen absinken, engagiert seine Familie einen unerbittlichen Privatlehrer, der ihn mit brutalen Methoden zum ehrgeizigen Streber drillt. Unterhaltsamer, ausdrucksstarker Film, der teils mit expressionistischen und surrealen Stilmitteln sowie mit treffender satirischer Überzeichnung Mechanismen der zivilisierten Gesellschaft Japans bloßlegt.

filmdienst

The Fantasist 314

THE FANTASIST ***

Video

Regie: Robin Hardy
Darsteller: Christopher Casenove (Inspek-

tor McMyler), Timothy Bottoms (Danny Sullivan), Moira Harris (Patricia Teeling), John Kavanagh (Robert Foxley), Mick Lally (Onkel Lar), Dairbre Ni Chaoimh (Monica)
Drehbuch: Robin Hardy. Nach dem Roman »Goosefoot« von Patrick McGinley
Kamera: Frank Gell (Farbe)
Musik: Stanislas Syrewicz
Schnitt: Thomas Schwalm
Produktion: Mark Forstater für New Irish Film, Irland 1986
Verleih: -/-/-/Vestron Video
Erstaufführung: 11.7.88
Länge: 96 Min.

Origineller, höchst eigenwilliger Psychothriller aus Irland, der fast mehr daran interessiert ist, kauzige Charaktere und die Untiefen ihrer sexuellen Obsessionen auszuloten, als eine geradlinige Handlung zu liefern. Beachtliche Schauspielerleistungen, der genaue Blick auf irische Eigenheiten und ein spannendes und ungewöhnliches Finale heben den Film von Durchschnitt ab. *VideoWoche*

Farewell Moskau 315
MOSCA ADDIO ****
Video

Regie: Mauro Bolognini
Darsteller: Liv Ullmann (Ida Nudel), Daniel Olbrychski (Yuli), Aurore Clément (Elena), Francesca Ciardi, Carmen Scarpitta, Nino Fuscagni, Saverio Vallone
Drehbuch: Enrico Roseo, Marcello Andrei
Kamera: Ennio Guarnieri (Cinecitta Color)
Musik: Ennio Morricone
Schnitt: Nino Baragli
Produktion: Roseo Film. In Zusammenarbeit mit RAI-TV 1, Italien 1987
Verleih: -/-/-/Taurus Video
Erstaufführung: August 88
FSK: ab 12 J.
Länge: 129 Min.

Sie heißt Ida Nudel. Ist eine jüdische Russin, die jahrelang für ihren Glauben und ihre Überzeugungen verfolgt, eingesperrt und malträtiert wurde. Erst im Oktober vorigen Jahres konnte sie, nach 17jähriger Leidenszeit, ausreisen und lebt heute in Israel. Die Geschichte dieser Dissidentin lebt auf und wird berührend nah durch die Interpretation der schwedischen Schauspielerin Liv Ullman. Sie spielt nicht nur diese drangsalierte, geächtete tapfere Frau, die nicht müde wurde, für ihre Rechte und ihren Glauben einzutreten, sie ist dabei diese Ida Nudel, die für geistesgestört erklärt und lange verbannt wurde.
Dabei verzichtete die Produktion auf spektakuläre Einzelheiten und läßt die Bitternis in den atmosphärischen, düsteren Bildern und im vielschichtigen Ausdruck der Liv Ullman sprechen. *tip*

Die Fat Boys als Chaoten-Team 316
DISORDERLIES **
Video

Regie: Michael Schultz
Darsteller: Mark Morales (Markie/Rollmops), Darren Robinson (Buffy/Boulette), Damon Wimbley (Kool/Roulade), Tony Plana (Miguel), Anthony Geary (Winslow Lowry), Marco Rodriguez (Luis Montana), Troy Beyer (Carla)
Drehbuch: Mark Feldberg, Mitchell Kelbanoff
Kamera: Rolf Kesterman (Farbe)
Schnitt: Ned Humphreys
Produktion: Michael Schultz, George Jackson, Michael Jaffe für Warner Bros., USA 1987
Verleih: Delta/-/-/Warner Home Video
Erstaufführung: 16.6.88
FSK: ab 12 J.
Länge: 96 (83) Min.
Titel auf Video: Das Chaoten Team

Als chaotische Krankenpfleger verhelfen die Fat Boys einem netten, alten Millionär nicht nur zu neuem Lebensschwung, sondern retten ihn auch vor seinem hab- und mordgierigen Neffen.
Michael Schultz schuf eine sympathisch-schräge Klamotte, bei der allerdings unsere Synchronisation glaubte, »noch einen« draufsetzen zu müssen. So heißen die flotten Burschen anstatt wie im Original Buffy, Markie und Kool eben Boulette, Rollmops und Roulade. Unheimlich komisch... *tip*

Fatal Beauty 317
FATAL BEAUTY ***

Regie: Tom Holland
Darsteller: Whoopi Goldberg (Rita Rizzoli), Sam Elliott (Mike Marshak), Ruben Blades (Carl Jimenez), Harris Yulin (Conrad Kroll), John P. Ryan (Lt. Kellermann), Jennifer Warren (Cecile Jaeger), Brad Dourif (Leo Nova), Mike Jolly (Earl Skinner), Charles Hallahan, David Harris, James Le Gros, Neill Barry, Mark Pellegrino
Drehbuch: Hilary Henkin, Dean Riesner, nach einer Story von Bill Svanoe
Kamera: David M. Walsh (Metrocolor)
Musik: Harold Faltermeyer
Schnitt: Don Zimmerman
Produktion: Leonard Kroll für MGM, USA 1987
Verleih: UIP/UIP/-/MGM/UA Video
Kinostart: 4.8.88
FSK: ab 18, nffr.
Länge: 104 Min.

Whoopi Goldbergs vierter Film seit ihrem Kino-Debüt 1985 mit »Die Farbe Lila« von Steven Spielberg. Als Polizei-Detektive Rita Rizzoli geht sie die kleinen und großen Drogen-Haie von L.A. an und ist nicht nur durch ihre List und Stärke, sondern auch durch ihre unkonventionellen und oftmals illegalen Auftritte selbst eigenen Leuten ein Dorn im Auge. Ihr beruflicher Weg wird zur Blutspur, wobei sie auch schon mal eine aufsässige Verdächtige verprügelt und sich – eine Kuriosität im Hollywood-Kino – sogar einen weißen Beschützer und Lover leistet. Law-and-Order-Film, in dem diesmal eine aufgeregte Schwarze herumballert. *Hans Ulrich Pönack, tip*

Michael Althen in: SZ, 9.8.88; Heike Kühn in: FR, 4.8.88

Faust 318
****

Regie: Dieter Dorn
Darsteller: Helmut Griem (Faust), Romuald Pekny (Mephistopheles), Sunnyi Melles (Margarete), Cornelia Froboess (Marthe), Maria Nicklisch (Hexe), Rolf Boysen (Zuneigung), Peter Lühr (Dichter), Helmut Stange, Axel Milberg, Martin Flörchinger, Richard Beek, Gabi Geist, Michael Tregor, Judit Achternbusch
Kamera: Gernot Roll (Farbe)
Musik: Roger Jannotta
Schnitt: Annette Dorn
Produktion: Günter Rohrbach für Bavaria Film mit Münchner Kammerspiele, SDR, BRD 1988
Verleih: Neue Constantin/Constantin/–/
Kinostart: 27.10.88
FSK: ab 12, ffr.
Länge: 169 Min.
Prädikat: Wertvoll

(...) »Faust – der Film« ist ein durch und durch paradoxes Unternehmen: Das Kino huldigt dem Theater – oder versucht es wenigstens. Regisseur Dorn nämlich, soviel stand schon vorher fest, wollte keine neue Kinoversion drehen, sondern einen Theaterfilm. Ein Dokument der (eigenen) säkularen Arbeit, ein das Theaterhafte noch betonendes Geschenk an die Nachwelt. Kurz: Zwischen Murnau und Gründgens sucht er den Mittelweg.
(...) Doch was im Theater als Genie-

Gretchen der 80er. Sunnyi Melles in »Faust«.

Helmut Griem in »Faust«.

streich durchgehen konnte, der zudem Umbaupausen überflüssig machte, wirkt im Kino lähmend und öde. Zum einen, weil Dorn mit dem Raum nichts anzufangen weiß. Der kommt, von ein paar wenigen Totalen abgesehen, überhaupt nicht vor. Zum anderen jedoch ist die Schwefelfarbe allgegenwärtig – dem Zuschauer, vom Gelb gemartert bis zum Netzhautkollaps, dämmert allmählich die wahre Bedeutung des Bühnen-Einfalls. Nicht das Lebenswerk des Nationaldichters ist hier zu sehen, sondern Goethes kleiner Horrorladen.

Der Spiegel

(...) Sonderbar: Obwohl Gründgens stets die Bühnenbauten zeigt, den Vorhang, die Kulissen und die Schminke, vergißt man bei ihm das »Theater« zugunsten eines fesselnden Stückes, während Dorns Künstlichkeiten und breit ausgespielte Einfälle ständig auf etwas Theatralisches verweisen, das nie eingelöst wird.
»Faust – der Film«? Wohl eher »das Zelluloid« (trotz des Anachronismus). Oder »Faust – die Pappe«.

Michael Skasa, Die Zeit

(...) Was der Film an Horror-Effekten beisteuert, kommt von seiner populären Deponie. Er liefert Volkstheater mit Video-Einschuß, plakativ überzogene Bilder in pastosen Farben, grell und kraß, verblüffend kurzweilig und mit der sympathischen Tendenz: Näher, mein Goethe, zu Dir!

Georg Hensel, FAZ

(...) In seinem Hang zum schönen Schein, seiner erklärten Abwendung vom gedankenschweren Tragödienspiel hin zur Unterhaltung der Zuschauer, erweist sich Dieter Dorn als zeitgenössischer Interpret des Klassikers. Es ist ja auch zeitgemäß, Literatur weniger durch lesendes Erarbeiten als durch Anschauung kennenzulernen. Und besser als gar kein Goethe ist allemal: »Faust – der Film. *Daland Segler, Frankfurter Rundschau*

Otto Heuer in: Rheinische Post, 28.10.88; L. Bernd Sucher in: SZ, 28.10.88

Faustrecht – Terror in der High School 319

THREE O'CLOCK HIGH

**

Video

Regie: Phil Joanou
Darsteller: Casey Siemazsko (Jerry Mitchell), Anne Ryan (Franny), Stacey Glick (Brie), Jonathan Wise (Vincent Costello), Richard Tyson (Buddy Revell), Jeffrey Tambor (Mr. Rice)
Drehbuch: Richard Christian Matheson, Thomas Szollosi
Kamera: Barry Sonnenfeld (Farbe)
Musik: Tangerine Dream
Schnitt: Joe Anne Fogle
Produktion: David E. Vogel für Universal, USA 1987
Verleih: -/-/-/CIC Video
Uraufführung: 27.8.87, World Film Festival, Montreal (außer Wettbewerb)
Erstaufführung: 1.9.88
FSK: ab 16 J.
Länge: 97 Min.

Mit extremen Stilisierungen arbeitender Highschool-Duell-Thriller. Die Story ist indiskutabel, die effektvolle Inszenierung überzeugt.

Video-Markt

Felix 320

***

Farbfilm mit vier Episoden:

I. ER AM ENDE
Regie: Helma Sanders-Brahms
Darsteller: Ulrich Tukur (Felix)
Drehbuch: Helma Sanders-Brahms
Kamera: Frank Brühne (Farbe)

II. MUSS ICH AUFPASSEN
Regie: Helke Sander
Darsteller: Ulrich Tukur (Felix), Danuta Lato (Danuta), Gabriela Herz (Gabi)
Drehbuch: Helke Sander, Silvo Lahtela
Kamera: Martin Gressmann (Farbe)

III. EVA
Regie: Margarthe von Trotta
Darsteller: Ulrich Tukur (Felix), Eva Mattes (Eva), Annette Uhlen (Susanne), Nadine Rensing (Kind), Brigitte Obermeier (Doppelgängerin), Ulrich Mayer (Mann an der Theke)
Drehbuch: Margarethe von Trotta
Kamera: Franz Rath (Farbe)

IV. ARE YOU LONESOME TONIGHT?
Regie: Christel Buschmann
Darsteller: Ulrich Tukur (Felix), Barbara Auer (Luci), August Zirner (Lucis Mann), Gerhard Olschewski (Betrunkener), Anita Oldenbourg (Bedienung), Stefan Aust (Stefan »Lehmitz 'Kujau-Prinzip'«), Emily Woods (Bar-Besucherin (Lehmitz)), Eva-Maria Hagen (Empfangsdame im Hotel)
Drehbuch: Christel Buschmann
Kamera: Mike Gast, Frank Brühne (Farbe)
Schnitt: Jane Seitz
Produktion: Theo Hinz für Futura Film, BRD 1987
Verleih: Filmverlag der Autoren/Constantin/Rex Film
Kinostart: 14.1.88
FSK: ab 12, ffr.
Länge: 86 Min.
Prädikat: Besonders wertvoll
Hergestellt mit Unterstützung der Hamburger Wirtschaftsförderung

Wie fühlt sich der Mann von heute? – Wie immer er sich fühlt (beschissen, wütend, weinerlich, heiter-selbstironisch oder voll fröhlichen Galgenhumors, wenn unsensible Weiber wieder mal auf seiner zarten Seele herumgetrampelt sind): Da Ulrich Tukur diesen Felix spielt, ist die Anteilnahme an seinem Gemütsleben eine vergnügliche Sache.
Im Vollbesitz seines unwiderstehlichen Rauhfaser-Charmes, bekam Tukur die Leiden des jungen F. von vier handwerkssicheren Filmemacherinnen direkt auf den ranken Leib geschrieben. Und so entstand der liebenswürdige kleine Episodenfilm einer Viererbande:
Helma Sanders-Brahms ließ den soeben vom Eheweib verlassenen Felix seinen ganzen haßfrischen Häme-Zorn ins Telefon spucken. Helke Sander schickte den vertrotzten Kerl ans Meer, wo er sich von netten Tussis trösten ließ.
Margarethe von Trotta warf ihm einen heulenden Trampel in den Weg (prächtig: Eva Mattes), der ihm Schokoladeneis aufs Jackett und lesbische Partnerschaftserfahrungen ans Hemd kleckerte. In dieser witzigsten der vier Herzensprüfungen reift Felix zu heiterer Gelassenheit und wird richtig lieb. Christel Buschmann gestattet ihm dann, eher er seine angetraute Traude

zurückerhält, eine amüsante Tour durch St. Pauli.

Was bei dieser Gemeinschaftsarbeit angenehm ins Auge fällt, ist eine neue Art feministischen Humor-Ansatz: Die Entbiesterung im Kampf gegen den unemanzipierten Mann zeitige hier eine sanfte Kumpanei mit dem emanzipierten Mann.

Liebe gibt's zwar auch weiterhin nicht ohne Leiden - aber so leidet sich's besser. *Ponkie, AZ*

Otto Heuer in: Rheinische Post, 5.2.88; Eva-Maria Lenz in: FAZ, 21.1.88; Thomas Linden in: Kölnische Rundschau, 16.1.88; Katrin Bettina Müller in: tip, 3/88; H.G. Pflaum in: SZ, 16.1.88

Ferien auf Dauer

siehe: Permanent Vacation

Fifty-Fifty 321

***

Regie: Peter Timm
Darsteller: Heinz Hoenig (Schröder), Dominique Horwitz (Willi), Suzanne von Borsody (Regina), Siegfried Kernen (Lopitz), Karl Friedrich (Kniepel), Gert Haucke (Vater Kranich), Katharina Matz (Mutter Kranich), Peter-Heinrich Brix, Kurt Ackermann, Holger Mahlich, Jörg Gillner, Dagmar Biener
Drehbuch: Detlef Michel
Kamera: Fritz Seemann (Farbe)
Musik: City
Produktion: Markus Trebitsch für Aspekt Telefilm/Ottokar Runze/ZDF, BRD 1987
Verleih: Filmverlag der Autoren/-/-
Kinostart: 15.12.88
FSK: ab 12, ffr.
Länge: 90 Min.
Prädikat: Besonders wertvoll

Gefördert vom Film Fonds Hamburg

Peter Timm erwies sich mit seiner iro-

Die Filmemacherinnen mit ihrem »Felix«, v. l. Helma Sanders-Brahms, Helke Sander, Ulrich Tukur, Margarethe von Trotta, Christel Buschmann.

Geiselnahme-Farce »Fifty-Fifty« von Peter Timm.

nischen Ost-West-Komödie »Meier« als pfiffiger Witzbold mit Sinn für makabren Hohn. Seine Bankraub-mit-Geiselnahme-Farce »Fifty-Fifty« hingegen wird blockiert von den blutigen Realitäten aus der jüngsten Zeit. Und wenn man denn überhaupt lachen mag über solch eine Synthetic-Satire mit deutschen Kasperlfiguren, dann ist der bewußt unmoralische Witz halt nur ein Kasperltheater:
Expolizist wird Zuhälter für seine Hobbynutten-Gattin und agiert mit ihr als Geiselpaar für einen reichen Nichtsnutzsohn beim depperten Selbstverwirklichungs-Bankraub.
Und auf der Flucht werden sie auch noch vom geldgierigen Kommissar gelinkt.
Ein Hamburger Beutespiel mit allerlei Spott auf kapitalistische Wohlstandsbräuche (kriminell ist grundsätzlich jeder) von Heinz Hoenig, Susanne von Borsody, Dominique Horwitz und Siegfried Kernen trocken-grotesk vom Stapel gelassen – mit boshafter Komik und anarchischer Tücke, aber am Ende eher platt wie ein dümmlicher Boulevardkrimi. *Ponkie, AZ*

H.G. Pflaum in: SZ, 19.12.88

Filou 322

***

Regie: Samir Jamal Aldin
Darsteller: Werner Haltinner (Max Huber), Marianne Schmid (Lizzi), Andreas Löffel (Jiri), Stanislav Oriesek, Hans-Ruedi Twerenbold, Lorenz Wüthrich, Wolfi Berger
Drehbuch: Samir und Martin Witz
Kamera: Lukas Strebel (Farbe)
Schnitt: Kathrin Plüss
Produktion: Dschojnt Ventschr/Videoladen, Schweiz 1988
Verleih: -/-/Rialto
Erstaufführung: 16.9.88
Kinostart: Sept. 88
Länge: 91 Min. (25 B/s, Blow-up von 16mm auf 35mm)

Der junge Lebenskünstler Max versucht sich in Zürichs Kreis 4 mit Gelegenheitsdiebstählen und kleinen Gaunereien über Wasser zu halten. Von seiner Freundin Lizzy, die als

Hure an das Geld zur Realisierung ihres Traumes von einem eigenen Thermalbad in Italien heranzukommen hofft, immer wieder tatkräftig unterstützt, gelingt ihm nach vielen Turbulenzen und tragischem Ende seiner großen Liebe die Verwirklichung seines eigenen Traumes. Samir hat mit diesem Spielfilmerstling bestätigt, daß er zu den frechen und einfallsreichen Talenten des Post-Neuen-Schweizer-Films zählt. Obwohl der Film über originelle Bildeinfälle verfügt, streckenweise als Milieu-Schilderung auch zu überzeugen vermag, ist er gesamthaft gesehen doch zu wenig auf die eigentliche Haupthandlung ausgerichtet. *Zoom*

Johannes Bösinger in: Zoom, 17/88; Susanna Heimgartner in: SonntagsZeitung, 24.7.88

Final Night – Die letzte Nacht 323

BACKFIRE ***

Regie: Gilbert Cates
Darsteller: Karen Allen (Maura), Keith Carradine (Reed), Jeff Fahey (Donnie), Bernie Casey (Clint), Dean Paul Martin (Jake), Dinah Manhoff (Jill)
Drehbuch: Larry Brand, Rebecca Reynolds
Kamera: Tak Fujimoto (Farbe)
Musik: David Shire
Schnitt: Melvin Shapiro
Produktion: Daton Rissner für ITC Prod., USA 1987
Verleih: AB Film/-/-/VCL/Virgin Video

»Filou«.

Kinostart: 4.8.88
FSK: ab 16, ffr.
Länge: 93 Min.

Die alte, schöne Geschichte von der reichen Frau, die nie genug hat. Maura will ihren Vietnam-geschädigten Gatten in den Wahnsinn und zum Selbstmord treiben, um sein Vermögen zu erben. Doch ihr scheinbar perfekter Plan geht nach hinten los (»Backfire« lautet auch der Originaltitel): der Mann hängt ihr als verkrüppelter Psycho am Bein und bringt nun sie an den Rande des Nervenzusammenbruchs. Vom routinierten Briten Cates etwas brachial inszeniert, lebt der Thriller vornehmlich von den Darstellern: von Keith Carradine als zwielichtigem Liebhaber und von Karen Allen, die als gierige Frau fast so gut ist wie Kathleen Turner in »Body Heat«.

Milan Pavlovic, Kölner Stadt-Anzeiger

Fire Game 324

FEEL THE HEAT **

Video

Regie: Joel Silberg
Darsteller: David Dukes (Waldo), Tiana Alexandra (Checkers Goldberg), Rod Steiger (Jason Hannibal), Brian Thompson (Danny), Jorge Martinez (Raul), John Hancock (Ike), Brian Libby (Brody), Professor Toru Tanaka (Dozu)
Drehbuch: Stirling Silliphant
Kamera: Nissim Nitcho, Frank Harris (Cinecolor)
Musik: Thomas Chase, Steve Rucker
Schnitt: Christopher Holmes, Darren Holmes
Produktion: Don van Atta für Negocios Cinematograficos/M'Amsel Tea Entertainment, USA 1987
Verleih: -/-/-/VPS
Erstaufführung: 17.3.88
FSK: ab 16 J.
Länge: 87 Min.

Actionthriller mit einer kampflustigen Asiatin als weiblichen Supercop.

Fire in the Night 325

FIRE IN THE NIGHT **

Video

Regie: John Steven Soet
Darsteller: John Martin (Jason Williams),

Graciella Casillas (Terry Collins), Patrick St. Esprit (Mike Swanson), Muni Zano (Manolo Catalba), Burt Ward (Paul), E.J. Peaker (Mary Swanson), Peter Henry Schroeder (Hubert Swanson)
Drehbuch: John Steven Soet
Kamera: Eugene W. Jackson (Farbe)
Musik: Toti Fuentes
Schnitt: Gani Pastor
Produktion: Norbert Buddy Reyef, Simeon Muni Zano für Medallion Entertainment, USA 1986
Verleih: -/-/-/Charter Video
Erstaufführung: 6.7.88
FSK: ab 16 J.
Länge: 89 Min.

Geschichte einer Frau, die lernt, sich selbst zu verteidigen. Die Inszenierung ist nur wenig eindringlich, die Kampf-Szenen mit ostasiatischer Technik lassen einige Wünsche offen. *Video-Markt*

Firehouse ... wie die Feuerwehr 326

FIREHOUSE *

Video

Regie: J. Christian Ingvordsen
Darsteller: Gianna Raines (Barrett Hopkins), Martha Peterson (Shannon Murphy), Renee Raiford (Violet Brown), Gideon Fountain (John Anderson), Peter MacKenzie (Dickson Willoughby), Joe Viviani (Lt. Wally), Jonathan Mandel (Timmy Ryan)
Drehbuch: J. Christian Ingvordsen, Steven Kaman
Kamera: Steven Kaman (Farbe)
Musik: Michael Montes, David Biglin
Schnitt: Steven Kaman
Produktion: J. Christian Ingvordsen, Steven Kaman für Too Hot, USA 1987
Verleih: -/-/-/UFA Video
Erstaufführung: 2.12.88
FSK: ab 16 J.
Länge: 90 Min.

Drei entblätterungsfrohe Feuerwehrmädels auf der Spur des zündelnden Grundstücksspekulanten.

Flash 327

FLASH **

Video

Regie: Doron Eran
Darsteller: Nitza Shaul, Amos Lavi, Zeev Shimshoni
Drehbuch: Razi Levinas
Kamera: Gad Danzig (Farbe)
Produktion: Yeud Levanon für Y.N.Y.L., Israel 1986
Verleih: -/-/-/Focus Video
Erstaufführung: 29.1.88
FSK: nicht unter 18 J.
Länge: 86 Min.

Ein geschiedener Ehemann versucht mit Gewalt und Brutalität, seine Ex-Frau zurückzugewinnen. Eigenwilliges, symbolträchtiges Actiondrama aus Israel, das sich über die ganze Zeit auf kleinstem Raum in einer Wohnung abspielt. *VideoWoche*

Flashfighter 328

LONE RUNNER *

Video

Regie: Ruggero Deodato
Darsteller: Miles O'Keeffe (Garrett), Savina Gersak (Analisa Summerking), Michael J. Aronin (Emerick), John Steiner (Skorm), Hal Yamanouchi (Nimbus), Donald Hodson (Mr. Summerking), Ronald Lacey (Misha)
Drehbuch: Chris Trainor, Steven Luotto
Kamera: Robert Bennet (= Robert Forges Davanzati) Technicolor
Musik: Charles Cooper (= Carlo Maria Cordio)
Schnitt: Eugene Miller (= Eugenio Alabiso)
Produktion: Ovido Assonitis für Trans World Entertainment, USA 1987
Verleih: -/-/-/VPS Video
Erstaufführung: 18.2.88
FSK: ab 16 J.
Länge: 85 Min.

Nicht ganz stimmige Mischung aus Western-, Wüsten-, Endzeit- und Fantasyfilm: Verbrecherische Wüstensöhne entführen die Tochter des reichsten Mannes des Landes und fordern ein immenses Lösegeld. Das ist die Stunde des hünenhaften Flash Fighter, die geraubte Schöne aus den Klauen der Barbaren zu befreien. *Video-Markt*

Flashpoint Mexico – Farbe des Goldes 329

LOVE AMONG THIEVES ***

Video

Regie: Roger Young
Darsteller: Audrey Hepburn, Robert

Wagner, Jerry Orbach, Patrick Bauchau, Brion James, Christopher Neame, Samantha Eggar
Drehbuch: Stephen Black, Henry Stern
Kamera: Gayne Rescher (Farbe)
Musik: Arthur B. Rubinstein
Produktion: Robert A. Papazian für Lorimar Telepictures, USA 1987
Verleih: -/-/-/Taurus Video
Uraufführung: 23.2.87 (ABC)
FSK: ab 12 J.
Länge: 83 Min.

Wenn Erwachsene noch einmal Kinder sein möchten, kann das sehr ulkig aussehen. Vor allem wenn sie so kess auftreten wie hier Audrey Hepburn (58) und Robert Wagner (57). Sie mimt eine exzentrische, selbstbewußte Konzertpianistin, die – um ihren entführten Verlobten zu befreien – wertvolle Museumsjuwelen klaut. Er hängt nicht zufällig wie eine Klette an ihr, was zu gefährlichen und komischen Situationen führt.
Ein herrlich alberner, putzmunterer und von den beiden Hauptdarstellern sympathisch aufgezogener Komödien-Krimi. *tip*

Der Fluch 330

***

Regie: Ralf Huettner
Darsteller: Dominic Raacke (Vater), Barbara May (Mutter), Romina Nowack (Melanie), Ortrud Beginnen (ältere Frau), Gerd Lohmeyer, Eva Ordonez, Barbara Valentin, Vanessa Toth, Eva Schmidt-Klingenberg, Ruth Gassmann, Fred Kretzer
Drehbuch: Andy T. Hoetzel, Ralf Huettner
Kamera: Diethard Prengel (Farbe)
Musik: Andreas Köbner
Schnitt: Ulla Möllinger
Produktion: Extrafilm/BR/SDR/ORF, BRD 1988
Verleih: Jugendfilm/-/-
Erstaufführung: 5.11.88, Int. Festival des Phantastischen Films, München
Kinostart: 24.11.88
FSK: ab 12, ffr.
Länge: 92 Min.
Prädikat: Besonders wertvoll

Gar kein Zweifel: Schon bei »Das Mädchen mit den Feuerzeugen« sah man, daß dieser Ralf Huettner ein begabter Regisseur für schwarzen Humor und heiter makabre Übersinnlichkeiten ist. Er hat ein Gefühl für die Balance von Stimmung und Spannung.
Auch »Der Fluch«, ein Psychogruselwaberthriller von vier toten Kindern im Gletscher, die nach 100 Jahren wiederkommen, um andere Kinder zu sich zu locken, ist zunächst ein effektvoll inszenierter Genrefilm.
Aus einer simplen Familienbergtour wird eine irritierend zwanghafte Kinderbosheit: Tochter Melanie (Romina Nowack als bedrohlicher Horrorfratz) verstellt die Wegweiser und lotst die gereizten Eltern zu einer Spukkapelle und einer Mädchenleiche im Eis...
Huettner läßt das Unerklärliche und Dämonische aus dem Bergwald rumoren, als wolle er mit seinen Zombies durchs Ötztal geistern wie Nicolas Roeg mit seinen Trauergondeln durch Venedig: Besitzergreifend lauern die toten Seelen aus den Träumen.
Was mich dann aber immer mehr geärgert hat, ist die wohlfeile New-Age-Tour, die ohne literarische Distanz im Aberglauben versackt. Obwohl Huettner auch noch geschickt ein paar Öko-Prophezeiungen aus den Kindersärgen zaubert.

Ponkie, AZ

Flucht in den Tod – The Arrogant 331

THE ARROGANT

*

Video

Regie: Philippe Blot
Darsteller: Sylvia Kristel, Gary Graham, Leigh Wood, Joe Condon
Drehbuch: Philippe Blot
Kamera: Claude Agostini (Farbe)
Produktion: Cannon, USA 1987
Verleih: -/-/-/Cannon/VMP Video
Erstaufführung: 14.3.88
FSK: ab 16 J.
Länge: 83 Min.

Sex, Crime und Desaster-Action im Milieu der Schicken, Reichen und Gelangweilten, bei denen Sylvia Kristel einmal mehr eine gute Figur macht. *VideoWoche*

Flucht in die Wildnis 332

NAPOLEON AND SAMANTHA **

Video

Regie: Bernard McEveety
Darsteller: Michael Douglas, Jodie Foster, Johnny Whitaker, Will Geer, Arch Johnson, Henry Jones
Drehbuch: Stewart Raffill
Kamera: Monroe Askins (Technicolor)
Musik: Buddy Baker
Produktion: Winston Hibler für Walt Disney, USA 1972
Verleih: -/-/-/Walt Disney Home Video
Erstaufführung: 17.5.88
FSK: ab 6 J.
Länge: 91 Min.

Routineprodukt aus der Disney-Fabrik: Als sein Großvater stirbt, läuft ein Elfjähriger mit seiner Freundin und seinem Löwen in die Berge davon.

Die Flucht ins Ungewisse 333

RUNNING ON EMPTY ****

Regie: Sidney Lumet
Darsteller: Christine Lahti (Annie Pope), River Phoenix (Danny Pope), Judd Hirsch (Arthur Pope), Jonas Abry (Harry Pope), Martha Plimpton (Lorna Phillips), Ed Crowley (Mr. Phillips), L.M. Kit Carson (Gus Winant), Steven Hill (Mr. Patterson), Augusta Dabney, David Margulies, Lynne Thigpen
Drehbuch: Naomi Foner
Kamera: Gerry Fisher (Technicolor)
Musik: Tony Mottola
Schnitt: Andrew Mondshein
Produktion: Amy Robinson, Griffin Dunne für Double Play Prod., USA 1988
Verleih: Columbia Tri-Star/Constantin/Monopole Pathé/RCA/Columbia Video
Kinostart: 10.11.88
FSK: ab 12, ffr.
Länge: 116 Min.
Prädikat: Besonders wertvoll

Das Ehepaar Pope, es gehörte in den sechziger Jahren zu den militanten Linksaktivisten gegen den Vietnamkrieg, lebt mit seinen Söhnen Danny und Harry seit 20 Jahren auf der Flucht vor dem FBI im Untergrund, was die Familie unzertrennlich gemacht hat. Als der talentierte Danny Musiker werden will und sich in ein Mädchen verliebt, wird der Zusammenhalt der Familie und ihr weiteres Bestehen in Frage gestellt. Sidney Lumet zeichnet emotional packend, aber auch etwas plakativ zwei engagierte Pazifisten, die

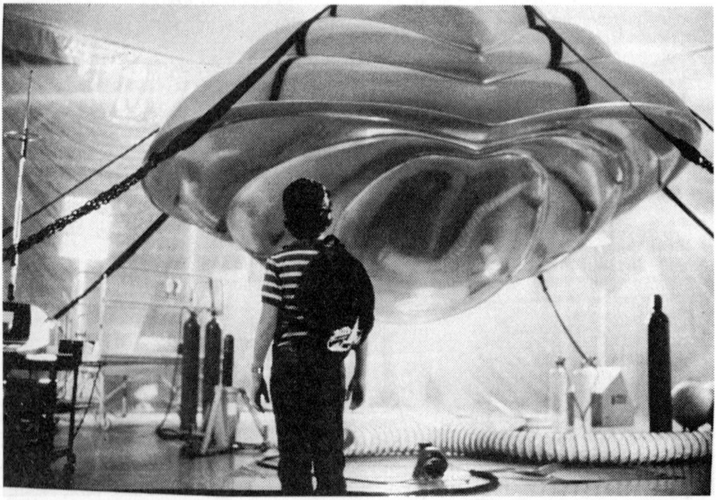

Der Junge und das Raumschiff. Szene aus »Der Flug des Navigators«.

den Weg zurück in die Gesellschaft nicht mehr finden, und einen Jugendlichen, der den Weg der Anpassung gehen will. *Zoom*

Brigitte Desalm in: Kölner Stadt-Anzeiger, 26.11.88; Otto Heuer in: Rheinische Post, 11.11.88

Der Flug des Navigators 334

THE FLIGHT OF THE NAVIGATOR ****

Regie: Randal Kleiser
Darsteller: Joey Cramer (David Freeman), Veronica Cartwright (Helen Freeman), Cliff De Young (Bill Freeman), Sarah Jessica Parker (Carolyn McAdams), Matt Adler (Jeff), Howard Hesseman (Dr. Faraday), Robert Small, Jonathan Sanger, Iris Acker, Richard Liberty, Cynthia Caquelin
Drehbuch: Michael Burton, Matt MacManus nach dem gleichn. Roman von Mark H. Baker
Kamera: James Glennon (Farbe)
Musik: Alan Silvestri
Schnitt: Jeff Gourson
Produktion: Robby Wald, Dimitri Villard für New Star Entertainment, USA 1986
Verleih: Filmwelt/-/Alpha
Kinostart: 28.7.88
FSK: ab 6, ffr. *Länge:* 89 Min.
Prädikat: Besonders wertvoll

Der zwölfjährige David wird in den Weltraum entführt und nach acht Jahren ohne Alterungsspuren wieder abgesetzt. In seinem Kopf befinden sich nun die Sternkarten des Universums. Daran ist natürlich die NASA brennend interessiert. Doch David schenkt sein Navigator-Wissen einem auf der Erde gestrandeten Ufo, das nun den Heimweg durch die Milchstraße finden kann. *tip*

Helmut W. Banz in: Kölner Stadt-Anzeiger, 30.7.88; Bodo Fründt in: SZ, 26.7.88; Otto Heuer in: Rheinische Post, 29.7.88; Jürgen Richter in: FAZ, 3.8.88

Fontamara 335

FONTAMARA ***

TV

Regie: Carlo Lizzani
Darsteller: Michele Placido (Bernardo Viola), Antonella Murgia (Elvira), Ida de Benedetto, Imma Piro, Antonio Orlando, Deddi Savagnone
Drehbuch: Lucio de Caro, Carlo Lizzani nach dem Roman von Ignazio Silone
Kamera: Mario Vulpiani
Musik: Roberto De Simone
Produktion: RAI, Italien 1980
Sendetermin: 14.3.88, ARD
Länge: 136 Min.

In einem Bergdorf in den Abruzzen fristen Kleinbauern und Tagelöhner ihr kümmerliches Leben. Als sie sich dagegen wehren, daß ihnen ein Großgrundbesitzer das Wasser für ihre kargen Felder nimmt, werden ihre Frauen Opfer einer barbarischen Strafaktion. In dieser Situation geht der arme Tagelöhner Bernardo nach Rom in der Hoffnung, dort Arbeit zu finden. Dort wird er jedoch ins Gefängnis geworfen und zu Tode gefoltert. In seinem Heimatdorf beginnt daraufhin ein systematischer Untergrundkampf gegen das faschistische System. Der Roman »Fontamara« machte den italienischen Schriftsteller Ignazio Silone berühmt. Das Dorf Fontamara und seine Bewohner stehen auch im Mittelpunkt der eindrucksvollen Umsetzung Carlo Lizzanis. Schlaglichtartig bündelt er markante Episoden zu einem detail- und figurenreichen Fresko, das zwischen den dunklen Farben menschlicher Not auch Platz für derbe Komik hat. *ARD*

Fortress 336

FORTRESS ***

Video

Regie: Arch Nicholson
Darsteller: Rachel Ward (Sally Jones), Sean Garlick (Sid O'Brien), Rebecca Rigg (Narelle), Robin Mason (Derek), Marc Gray (Tommy O'Brien), Beth Buchanan (Leanne), Asher Keddie (Sue), Bradley Meehan (Richard), Anna Crawford (Sarah), Richard Terrill (Toby), Peter Hehir (Weihnachtsmann), David Bradshaw (Pussy Cat), Vernon Wells (Dabby Duck), Roger Stephen (Mac the Mouse)
Drehbuch: Everett de Roche. Nach einer Erzählung von Gabrielle Lord
Kamera: David Connell, Ron Taylor (Farbe)
Musik: Danny Beckerman

Produktion: Raymond Menmuir für Crawford Productions, Australien 1985
Verleih: -/-/-/CBS-Fox Video
Uraufführung: 24.11.85 (HBO)
Erstaufführung: 15.2.88
FSK: ab 16 J.
Länge: 86 Min.

Gutgemachtes australisches Actionabenteuer: Gangster entführen eine Dorfschulklasse samt Lehrerin und halten sie bis zur Lösegeldzahlung in einer Höhle versteckt. Die anfangs hilflosen Kids entwickeln sich zunehmend zu einem ernstzunehmenden Gegner. Sie finden einen Fluchtweg, verschanzen sich in einer Berghöhle und warten bewaffnet auf die Entführer. *Video-Markt*

Foxtrot 337
FOXTROT **
Video

Regie: Arturo Ripstein
Darsteller: Peter O'Toole, Charlotte Rampling, Max von Sydow, Jorge Luke, Helena Rojo, Claudio Brook, Max Kerlow, Christa Walter, Mario Castillon
Drehbuch: Arturo Ripstein, José Emilio Pacheco, H.A.L. Craig
Kamera: Alex Phillips (Technicolor)
Musik: Pete Rugolo
Schnitt: Peter Zinner
Produktion: Gerald Green für Conacine/Carvold, Schweiz/Mexiko 1977
Verleih: -/-/-/Silverstar Video
Erstaufführung: 30.8.88
FSK: ab 16 J.
Länge: 91 Min.

Ein wohlhabendes Paar flüchtet vor den Wirren des Zweiten Weltkriegs mit einer luxuriösen Jacht auf eine einsame Insel. Die paradiesischen Zustände dort ändern sich, als eine Konkurrenz-Jacht an dem Eiland landet: Eine Gruppe reicher Leute stört den Frieden. Als die Versorgungslage immer enger wird, ändern sich nicht nur die hierarischen Verhältnisse zwischen Herrschaften und Personal. *Video-Markt*

Frantic 338
FRANTIC ****

Regie: Roman Polanski
Darsteller: Harrison Ford (Richard Walker), Emmanuelle Seigner (Michelle), Betty Buckley (Sondra Walker), John

Der Meister beim Tüfteln. Roman Polanski bei den Dreharbeiten zu »Frantic«.

Eine Frau ist verschwunden, Harrison Ford und Emmanuelle Seignier in »Frantic«.

Mahoney (Williams), Jimmie Ray Weeks (Shaap), Yorgo Voyagis (Kidnapper), David Huddleston (Peter), Gérard Klein, Jacques Ciron, Dominique Pinon, Thomas M. Pollard, Alexandra Stewart
Drehbuch: Roman Polanski, Gérard Brach
Kamera: Witold Sobocinski (Farbe)
Musik: Ennio Morricone
Schnitt: Sam OSteen
Produktion: Thom Mount, Tim Hampton für Mount Co., Frankreich 1988
Verleih: Warner Bros./dto./dto./Warner Home Video
Kinostart: 25.8.88
FSK: ab 12, ffr.
Länge: 119 Min.

Nach einer harmlosen Kofferverwechslung wird die Frau eines amerikanischen Arztes in Paris entführt. Da weder die französische Polizei noch das amerikanische Konsulat großes Interesse am harmlos wirkenden Fall zeigen, beginnt der unbescholtene Amerikaner selbst den Entführern nachzustellen, gerät dabei in die Halb- und Unterwelt, wo er widerwillig mit einer jungen Kokainsüchtigen zusammenspannen muß und zusehends die Souveränität verliert. Polanski setzt den spannenden und hervorragend besetzten Thriller in der Tradition Hitchcocks mit äußerster Präzision und Detailliebe in Szene. *Zoom*

H.G. Pflaum in: SZ, 29.8.88; Uwe Schmitt in: FAZ, 25.8 88; Helmut Schmitz in: FR, 30.8.88; Margarethe von Schwarzkopf in: Die Welt, 25.8.88; 27.8.88 (Interview)

Eine Frau steht ihren Mann — 339

SWITCHING CHANNELS ****

Regie: Ted Kotcheff
Darsteller: Kathleen Turner (Christy Colleran), Burt Reynolds (John L. Sullivan 4.), Ned Beatty (Roy Ridnitz), Henry Gibson (Ike Roscoe), George Newbern (Siegenthaler), Al Waxman (Berger), Ken James, Barry Flatman, Ted Simonett, Anthony Sherwood, Joe Silver, Charles Kimbrough
Drehbuch: Jonathan Reynolds, nach dem Theaterstück »The Front Page« von Ben Hecht und Charles MacArthur
Kamera: François Protat (Farbe)
Musik: Michel Legrand
Schnitt: Thom Noble

Produktion: Martin Ransohoff Prod. für Tri-Star, USA 1988
Verleih: Senator/Constantin/Columbus/Starlight-Film Video
Kinostart: 8.9.88
FSK: ab 12, ffr.
Länge: 104 Min.
Prädikat: Wertvoll

Verfilmt von Lewis Milestone, 1931; Howard Hawks »His Girl Friday« 1940; Billy Wilder, 1974.

Eine emanzipierte Starreporterin, die den TV-Sender verlassen und heiraten will, wird von ihrem Ex-Ehemann und Chefredakteur mit allen nur möglichen Tricks wieder auf seine Seite gezogen. Turbulente und abwechslungsreiche Komödie, die ihr hohes Tempo bis zum Schluß durchhält und mit schnoddrigem Dialogwitz und starken Schauspielerleistungen blendend unterhält. *multimedia*

Michael Althen in: Die Zeit, 7.10.88; Claudius Seidl in: SZ, 24.9.88; Rolf Selas in: Rheinische Post, 9.9.88; Karsten Visarius in: FR, 12.9.88

Frauenlager der Ninja 340

SHADOW KILLERS TIGER FORCE *

Video

Regie: Tommy Cheng
Darsteller: Barbara Watson, Dorothy Yip, Daniel Wells, Chris Peterson
Drehbuch: Arthur Stephenson
Kamera: Gordon Young (Farbe)
Produktion: Filmark, Hongkong 1987
Verleih: -/-/-/Onyx Video
Erstaufführung: 28.3.88
FSK: nicht unter 18 J.
Länge: 83 Min.

Weiblicher Ninja rettet die entführte Tochter eines Geschäftsmannes vor dem Sklavendasein im Bordell.

Freeway 341

FREEWAY *

Video

Regie: Francis Delia
Darsteller: Darlanne Fluegel (Sunny Harper), James Russo (Frank Quinn), Billy Drago (Edward Heller), Michael Callan (Lt. Boyle), Richard Belzer (Dr. David Lazarus), Joey Palese (Gomez)
Drehbuch: Darrell Fetty, Francis Delia. Nach dem Roman »Freeway« von Deanne Barkley
Kamera: Frank Byers (Farbe)
Musik: Joe Delia
Schnitt: Philip J. Sgriccia
Produktion: Peter S. Davis, William Panzer für Gower Street, USA 1988
Verleih: -/-/-/Virgin Video
Erstaufführung: 23.9.88
FSK: ab 16 J.
Länge: 91 Min.

Krankenschwester und Ex-Cop auf der Jagd nach dem irren Ex-Priester, der sich über die High- und Freeways meuchelt.

Freitag, der 13. – Jason im Blutrausch 342

FRIDAY THE 13TH PART 7 – THE NEW BLOOD *

Video

Regie: John Carl Buechler
Darsteller: Jennifer Banko (Tina als Kind), John Otrin (Mr. Shepard), Susan Blu (Mrs. Shepard), Lar Park Lincoln (Tina), Terry Kiser (Dr. Crews), Kevin Blair (Nick), Susan Jennifer Sullivan (Melissa), Kane Hodder (Jason)
Drehbuch: Daryl Haney, Manuel Fidello
Kamera: Paul Elliott (Technicolor)
Musik: Harry Manfredini, Fred Mollin
Schnitt: Barry Zetlin, Maureen O'Connell, Martin Jay Sadoff
Produktion: Iain Paterson für Paramount, USA 1988
Verleih: -/-/-/CIC Video
Erstaufführung: 2.11.88
Länge: 91 (85) Min.

Eine Telekinetin beamt Jason aus seinem nassen Grab, und das Morden beginnt von Neuem. John Carl Buechler ist mit dem erklärten Vorsatz an Teil 7 herangegangen, die billige Splatterformel seiner Vorläufer maskenmäßig etwas zu bereichern. Dann schlug die amerikanische Zensur zu und zwang ihn zu diversen Schnitten. In diesem unserem Land der Schere schließlich könnte man das Ganze nachmittags im Fernsehen ausstrahlen.

Freiwurf 343

HOOSIERS ***

Regie: David Anspaugh
Darsteller: Gene Hackman (Norman Dale), Barbara Hershey (Myra Fleener), Dennis

Hopper (Shooter), Sheb Wooley (Cletus), Fern Persons (Opal Fleener), Chelcie Ross (George), Robert Swan (Rollin), Michael O'Guinne, Wil Dewitt, John Robert Thompson, Michael Sassone, Gloria Dorson
Drehbuch: Angelo Pizzo
Kamera: Fred Murphy (Farbe)
Musik: Jerry Goldsmith
Schnitt: C. Timothy O'Meara
Produktion: Carter DeHaven, Angelo Pizzo für Hemdale, USA 1986
Verleih: 20th Century Fox/Constantin/-/ RCA/Columbia Video
Kinostart: 28.4.88
FSK: ab 6, ffr.
Länge: 114 Min.

Im nostalgisch-melancholischen Outfit der fünfziger Jahre kommt diese Geschichte von Sport und Spannung stimmungsvoll daher.
Ein Erstlings-Film des TV-Serien-Regisseurs David Anspaugh, der sich redlich bemüht, den anderen, fürs Kino passenden Erzähl-Rhythmus in den Griff zu bekommen. Die Story von dem Provinznest, in dem ein neuer Trainer die Basketball-Mannschaft auf Vordermann bringen will und ganz offenbar ein Stück undurchsichtiger Vergangenheit im Seelen-Gepäck hat, schleppt sich ziemlich zähflüssig dahin.
Aber glücklicherweise hat der Regisseur drei hervorragende Stars, die besser sind als er: Gene Hackman als der Trainer, Dennis Hopper als Ex-Basketballer und Alkoholiker und Barbara Hershey als engagierte, mutige Lehrerin. *Frauke Hanck, tz*

Michael Althen in: SZ, 30.4.88; Milan Pavlocic in: Kölner Stadt-Anzeiger, 30.4.88; Jürgen Richter in: FAZ, 30.4.88

Der Freund meiner Freundin 344
L' AMI DE MON AMIE ****

Regie: Eric Rohmer
Darsteller: Emmanuelle Chaulet (Blanche), Sophie Renoir (Lea), Anne-Laure Meury (Adrienne), Eric Viellard (Fabien), Francois-Eric Gendron (Alexandre)
Drehbuch: Eric Rohmer

Emmanuelle Chaulet, Eric Viellard in »Der Freund meiner Freundin«.

Kamera: Bernard Lutic, Sabine Lancelin (Farbe)
Musik: Jean-Louis Valero
Schnitt: Maria-Luisa Garcia
Produktion: Margaret Menegoz für Les Films du Losange, Frankreich 1987
Verleih: Prokino/top-film/Monopol-Films/VCL/Virgin Video
Kinostart: 14.4.88
FSK: ab 12, ffr.
Länge: 103 Min.
Prädikat: Besonders wertvoll

Eric Rohmers liebesphilosophischer Filmzyklus »Komödien und Sprichwörter« enthält neben kostbaren Edelsteinen (»Die Frau des Fliegers«, »Vollmondnächte«) auch kleinere Modeschmuck-Variationen wie »Pauline am Strand« - und wie diese anmutig geschliffene Glitzerglasperle »Der Freund meiner Freundin«: Wie stets bei Rohmer ein leichtes Gebilde aus Banalitäten - doch in der kunstvollen Komposition des Banalgequassels von höchster Musikalität.

Bekanntlich verliebt man sich justament immer in den, der drauf pfeift, anstatt in den, der zu einem paßt. Auch die netten, harmlosen Yuppies in der Pariser Trabantenstadt Cergy-Pontoise (Versailles für Arme) strekken ihre distanztrainierten Fühler immer zu früh, zu spät und in die falsche Richtung aus. Doch Rohmer gönnt ihnen am Ende rechtzeitige Erleuchtung und wechselt die Bäumchen elegant nach den Regeln der Geometrie: Der Surfer zur Surferin, die Schicke zum Schicken.

Ein Film, in dem sich liebesleidende und Beziehungskränkler mit allen Herzensdämlichkeiten wiederfinden werden - vor allem bei der unscheinbar zaghaften Blanche (liebe Stoffelsuse: Emmanuelle Chaulet) und dem still-sturen Wassersportler Fabien. Die zwei sind die bescheidenen Entlein neben den selbstsicheren Schwänen - der energischen Lea und dem Erfolgsbolzen Alexandre.

Kühl und schön in der glatten Harmonie von Trabantenstadt-Architektur und grüner Wochenendlandschaft - eine Gefühls-Sonatine im Mode-Design des jungen Establishments.

Ponkie, AZ

Peter Buchka in: SZ, 15.4.88; Norbert Jochum in: Die Zeit, 15.4.88; Martin Schlappner in: Zoom, 4/88; Claudius Seidl in: Tempo, 4/88; Christoph Terhèchte in: tip, 9/88 (Interview Rohmer)

Friendship's Death 345

FRIENDSHIP'S DEATH ****

Regie: Peter Wollen
Darsteller: Bill Paterson (Sullivan), Tilda Swinton (Friendship), Patrick Bauchau (Kubler), Ruby Baker (Catherine), Joumana Gill (Palästinenserin)
Drehbuch: Peter Wollen nach seiner Kurzgeschichte
Kamera: Witold Stok (Farbe)
Musik: Barrington Pheloung, Martyn Phillips
Schnitt: Robert Hargreaves
Produktion: Rebecca O'Brien für Modelmark für BFI mit Channel 4, GB 1987
Verleih: Freunde der Deutschen Kinemathek/-/-
Uraufführung: 17.8.1987, Edinburgh
Erstaufführung: 14.2.88 Int. Forum des Jungen Films, Berlin
Länge: 78 Min.

Tilda Swinton in »Friendship's Death«.

Peter Wollen läßt mit Witz und Ironie im September 1970 in Amman einen hartgesottenen englischen Journalisten und eine Roboterfrau vom anderen Stern aufeinandertreffen ... Tilda Swinton, in diesem Jahr in der Berlinale-Jury, und Bill Patterson als sarkastischer Reporter, der befindet, man müsse die Kriegsberichte im Nahen Osten und anderswo eigentlich in Form einer Wetterkarte servieren, zelebrieren ihr jordanisches Kammerspiel wie auf einer Bühne der Royal Shakespeare Company.

Wilfried Geldner, FAZ

Wolfram Schütte in: FR, 17.2.88

Frisco King 346

FRISCO KING

*

Video

Regie: Leonardo L. Garcia
Darsteller: Ramon Revilla, Janet Bordon, Tamara Rose, Tom Spinosa
Drehbuch: José Yandoc
Kamera: Ricardo M. Herrera (Farbe)
Produktion: Sunny Films, USA 1987
Verleih: -/-/-/IHE Video
Erstaufführung: 27.6.88
FSK: ab 16 J.
Länge: 84 Min.

Lauer Actionfilm um Filipinos in den Staaten. Die vielen Schwächen, sowohl was die Inszenierung betrifft als auch die Handlungsführung mit langen, inhaltsarmen Sequenzen zwischen breit ausgewalzten Schießereien, tragen nicht gerade dazu bei, den Zuschauer bei der Stange zu halten. *VideoWoche*

From Beyond – Aliens des Grauens 347

FROM BEYOND

***

Video

Regie: Stuart Gordon
Darsteller: Jeffrey Combs (Crawford Tillinghast), Barbara Crampton (Dr. Katherine McMichaels), Ted Sorel (Dr. Edward Pretorius), Ken Foree (Bubba Brownlee), Carolyn Purdy-Gordon (Dr. Roberta Bloch), Bunny Summers (Hester Gilman), Bruce McGuire (Jordan Fields)
Drehbuch: Dennis Paoli. Nach der Geschichte von H.P. Lovecraft
Kamera: Mac Ahlberg (Technicolor)
Musik: Richard Band
Schnitt: Lee Percy
Produktion: Brian Yuzna für Taryn Prod./ Empire Pictures, USA 1986
Verleih: -/-/-/Lightning Video
Erstaufführung: Mai 88
FSK: nicht unter 18 J.
Länge: 85 (81) Min.

Eine Psychologin und ein Wissenschaftler überprüfen, ob an dem dimensionsdurchbrechenden Resonator des verschwundenen Professors Pretorius wirklich etwas dran ist. Die Geschichte selbst ist arg stereotyp und könnte als Musterbeispiel für Robin Woods Theorie des reaktionären Horrorfilms herhalten. Dafür zeigen jedoch Regisseur, Schauspieler und Maskenbildner, daß sie durchaus einiges drauf haben. Die deutsche Fassung ist – wie üblich – grotesk gekürzt.

Frühstück zu dritt 348

***

Regie: Andreas Riedler
Darsteller: Stefan Hager (Paul), Georg Barbach (Daniel), Verena Simetzberger (Anne), Andreas Lukanc (Kellner), Stella Damm, Oliver Strametz, Markus Woschnak, Gerhard Greiter
Drehbuch: Andreas Riedler
Kamera: Siegfried Hold
Musik: Billy Brown
Schnitt: Barbara Zittwitz
Produktion: Andreas Riedler für Futura Film, Österreich 1988
Verleih: -/Andreas Riedler/-
Erstaufführung: 9.10.88 Künstlerhauskino, Wien
Kinostart: Dez. 88
BMUKS: Jugendverbot, Wien: ab 16
Länge: 92 Min.

Ein Aushilfskellner wird nach einer ersten, sehr negativen Begegnung der Freund eines arbeitsscheuen Kriminellen, beide gehen schließlich eine intime Beziehung mit einem Mädchen ein, das vorgibt, verheiratet zu sein, treiben es aber auch miteinander. Die frivole Komödie ist mehr dilettantisch als witzig gemacht und

Emile Charles und Tony Forsyth in der Disco »The Fruit Machine«.

verärgert durch zwei weitere Umstände: die norddeutsche Synchronisation der Tiroler Schauspieler und die Subventionierung aus öffentlichen Mitteln. *Richard Emele, multimedia*

The Fruit Machine 349

THE FRUIT MACHINE ***

Regie: Philip Saville
Darsteller: Emile Charles (Eddie), Tony Forsyth (Michael), Robert Stephens (Vincent), Clare Higgins (Eve), Bruce Payne (Echo), Robbie Coltrane (Annabelle), Carsten Norgaard, Kim Christie, Louis Embrick
Drehbuch: Frank Clarke
Kamera: Dick Pope (Farbe)
Musik: Hans Zimmer
Schnitt: Richard Bedford
Produktion: Steve Morrison für Granada/ Ideal Comm., GB 1988
Verleih: Senator/-/-/Ascot Video
Erstaufführung: Int. Filmtage Hof 1988
Kinostart: 15.12.88
FSK: ab 16, ffr.
Länge: 115 Min.
Prädikat: Wertvoll

Ein Film wie ein Chamäleon: verändert letzteres unvermittelt seine Farbe, so wechselt dieser Streifen oft und unverhofft Genre und Stimmung.

Zwei 17jährige Jungs aus der Lower Class Liverpools, Eddie und Michael, verbindet der Drang, ausbrechen zu wollen. Eddie, mit seinem prügelnden Prolo-Vater stets im Clinch, träumt sich fort, während das eher realistische Heimkind Michael von Männerbekanntschaften lebt.

Beide werden nun Zeugen eines Mordes, vom säbelschwingenden, schwulen Killer und der Polizei gejagt. Ein alternder Opernsänger gewährt ihnen Unterschlupf, doch dessen Managerin riecht Lunte. So kommt es, daß Michael, um den realitätsfernen Eddie und sich zu schützen, bei beiden in der Horizontalen landet. Nicht die einzige Probe, auf die die Freundschaft von Eddie und Michael gestellt wird.

Regisseur Philip Saville griff bei Kino-Klischees und -Mythen in die vollen und serviert einen trockenen Genre-Cocktail in kräftigen Farben, mal deftig, mal rotzig – aber immer very British. *W.O.P. Kistner, AZ*

Peter Buchka in: SZ, 17.12.88

Fuga – Die Schöne und der Gesetzlose 350

FUGA *

Video

Regie: Nello Rosati
Darsteller: Eleonora Vallone, Rodrigo Oberon, Frankly Linero, H. Arango
Drehbuch: Nello Rosati
Kamera: Sandro Mancori (Farbe)
Musik: Luis Antonio Escobar
Produktion: Carreta, I 1984
Verleih: -/-/-/Scala Video
Erstaufführung: 12.9.88
FSK: nicht unter 18 J.
Länge: 85 Min.

Italienischer Abenteuerfilm um die Flucht aus einem Gefangenenlager des Kolumbianischen Bürgerkriegs.

Funland – Ein tödliches Vergnügen 351

FUNLAND **

Video

Regie: Michael A. Simpson
Darsteller: William Windom (Funland-Besitzer), David L. Lander (alter Clown), Bruce Mahler, Clark Brandon, Robert Sacchi, Terry Beaver, Jill Carroll, Lane Davies
Drehbuch: Michael A. Simpson, Bonnie Turner, Terry Turner
Kamera: William VanDerKloot (Eastmancolor)
Musik: James Oliverio
Schnitt: William VanDerKloot, Wade Watkins
Produktion: William VanDerKloot, Michael A. Simpson für RMC Films/Double Helix Films/Hyacinth Productions, USA 1987
Verleih: -/-/-/G.L. Video
Erstaufführung: 6.4.88
FSK: ab 12 J.
Länge: 84 Min.

Die Mafia will sich des gutgehenden Vergnügungsparks bemächtigen und räumt zu dem Zweck den Besitzer, der nicht verkaufen will, aus dem Weg. Doch die Gangster haben nicht mit dem Clown des Hauses gerechnet, der mit unerhörten Zaubertricks die Mafiosi in die Flucht schlägt.

Video-Markt

Die furchtbaren Sieben 352

YUCCA FLATS *

Video

Regie: Albert Zugsmith
Darsteller: Troy Donahue, Carlos Rivas, Elizabeth Campbell, Stim Segar
Drehbuch: Albert Zugsmith, Blair Robertson
Produktion: USA
Verleih: -/-/-/Allround Video
FSK: ab 12 J.
Länge: 95 Min.

In das verschlafene Westernstädtchen Yucca Flats fällt eine Bande Revolverhelden ein. Der junge Phil wird flugs zum Hilfssheriff ernannt und tritt mit Besenstiel und Bratpfanne den aussichtslosen Kampf an. Überdrehte Westernparodie: Subtiler Witz ist nicht gefragt, sondern Humor mit dem Holzhammer. *VideoWoche*

Fürchten und Lieben 353

PAURA E AMORE ***

Regie: Margarethe von Trotta
Darsteller: Fanny Ardant (Velia), Greta Scacchi (Maria), Valeria Golino (Sandra), Peter Simonischek (Massimo), Jan Biczycki (Cecchini), Sergio Castellitto, Agnes Soral, Paolo Hendel, Ralph Schicha, Gisela von Weitershausen, Guido Alberti, Giovanni Grazzini
Drehbuch: Margarethe von Trotta, Dacia Maraini, frei nach »Drei Schwestern« von Anton Tschechow
Kamera: Giuseppe Lanci (Eastmancolor)
Musik: Franco Piersanti
Schnitt: Enzo Meniconi
Produktion: Eberhard Junkersdorf, Angelo Rizzoli, Andre Djaoui für Biskop/Erre/Cinemax-Générale d'Images, BRD/Italien/Frankreich 1988
Verleih: Concorde/Czerny/-
Uraufführung: 20.5.88, Wettbewerb der Int. Filmfestspiele Cannes
Kinostart: 29.9.88
FSK: ab 12, ffr.
Länge: 100 Min.
Prädikat: Besonders wertvoll

An der Geschichte dreier Schwestern und ihrer Beziehungen in einer italienischen Universitätsstadt versucht Margarethe von Trotta eine Reflexion über Beziehungen, deren Scheitern und das Leiden daran. Sowohl Handlung als auch Figuren sind jedoch zu

Drei Schwestern: Valeria Golino, Fanny Ardant und Greta Scacchi in »Fürchten und Lieben«

krampfhaft konstruiert, um glaubwürdig zu wirken. So kann der Film aber keine Einsichten in menschliche Wirklichkeiten vermitteln, sondern wirkt künstlich bedeutungsschwanger und banal. *multimedia*

Peter Körte in: FR, 29.9.88; H.G. Pflaum in: SZ, 29.9.88; Hans-Dieter Seidel in: FAZ, 29.9.88; Karsten Witte in: Die Zeit, 30.9.88

Die Fürsten der Dunkelheit 354

PRINCE OF THE DARKNESS ***

Regie: John Carpenter
Darsteller: Donald Pleasence (Priester), Jameson Parker (Brian), Victor Wong (Birack), Lisa Blount (Catherine), Dennis Dun (Walter), Susan Blanchard (Kelly), Anne Howard (Susan), Alice Cooper (Street Schizo), Ann Yen, Ken Wright, Dirk Blocker, Jessie Lawrence Ferguson, Peter Jason
Drehbuch: Martin Quatermass (= John Carpenter)
Kamera: Gary B. Kibbe (Farbe)
Musik: John Carpenter in Zusammenarbeit mit Alan Howarth
Schnitt: Steve Mirkovich
Produktion: Larry Franco für Alive Film, USA 1987
Verleih: Senator/Constantin/Alpha Films/ Starlight-Film Video
Kinostart: 5.5.88
FSK: ab 16, ffr.
Länge: 101 Min.

Der Film ist ein Raubzug durch das Genre des Horror-Films, dessen Drehbuchschwächen Carpenters streckenweise packende Inszenierung nicht wettmachen kann. Donald Pleasance spielt einen Gottesmann, auf dessen Bitte sich einige Wissenschaftler daran machen, eine geheimnisvolle grüne Substanz zu analysieren. Wie sie bald am eigenen Leib feststellen müssen, verbirgt sich dahinter ein unheilbringender Anti-Gott. – Der Film trägt schwer unter der Last peinlicher pseudowissenschaftlicher Dialoge, die kein Ende nehmen wollen, und einem jugendlichen Hauptdarsteller, dessen Charisma stark gegen Null geht. *Lars-Olav Beier, tip*

Michael Althen in: SZ, 7.5.88; Kai Hoffmann in: FR, 21.4.88; Milan Pavlovic in: Kölner Stadt-Anzeiger, 7./8.5.88; Helmut Schmitz in: FR, 6.5.88; Claudius Seidl in: Die Zeit, 13.5.88

Gaby – Eine wahre Geschichte 355

GABY – A TRUE STORY ***

Regie: Luis Mandoki
Darsteller: Liv Ullman (Sari), Lawrence Monoson (Fernando), Norma Aleandro (Florencia), Robert Loggia (Michel), Rachel Levin (Gaby), Robert Geltran
Drehbuch: Martin Salinas, Michael James Love, Luis Mandoki, nach dem Buch von Gabriella Brimmer u. Elena Poniatowska
Kamera: Lajos Koltai (Farbe)
Musik: Maurice Jarre, Auszüge aus Werken Bachs und Beethovens; Songs von Patridge Family, Los Lobos u.a.
Schnitt: Garth Craven
Produktion: Pinchas Perry für Tri-Star, USA/ Mexiko 1987
Verleih: Columbia Tri-Star/Columbia/-/ RCA/Columbia Video
Uraufführung: 30.10.87, New York
Kinostart: 12.5.88
FSK: ab 12, ffr.
Länge: 114 Min.
Prädikat: Besonders wertvoll

Der Lebensbericht der zerebral-gelähmten Gabriella Brimmer, die bis heute weder sprechen, gehen noch ihre Hände bewegen kann, vom körperlich hilflosen, doch vorbildlich betreuten Kind zur Absolventin einer normalen Hochschule. Eindrucksvoll gestalteter Erstlings-Spielfilm, überzeugend vor allem als Dokument individueller Kraft und Selbstbehauptung sowie vielfacher Möglichkeiten persönlicher Hilfe. Außerordentlich stark sind die Leistungen der (unbehinderten) Darsteller. *multimedia*

Heike Kühn in: FR, 13.5.88; Thomas Linden in: Kölnische Rundschau, 14.5.88; Claudius Seidl in: SZ, 14.6.88; Claudia Werfel in: FAZ, 14.5.88

Die Galaxis der Gesetzlosen 356

EARTH STAR VOYAGER **

Video

Regie: James Goldstone
Darsteller: Duncan Regehr (Captain Jake Brown), Brian McNamera (Jonathan Hays), Julia Montgomery (Dr. Sally Arthur), Jason Michas (Beanie Bienstock), Peter Donat (Admiral Beasley), Tom Breznahan, Margaret Langrick, Sean O'Byrne, Henry Kingi
Drehbuch: Ed Spielman
Kamera: Robert Stevens (Farbe)
Musik: Lalo Schifrin
Schnitt: Edward A. Biery, Edward Nasour
Produktion: Howard Alston für Marstar Productions/Walt Disney TV, USA 1987
Verleih: -/-/-/Walt Disney Home Video
Uraufführung: 17.1.88 (ABC)
FSK: ab 12 J.

Ein Generationenschiff soll die Jugend der ökologisch zerstörten Erde zu einem fernen Planeten bringen; auf ihrem Flug erlebt die Besatzung zahlreiche Abenteuer. Ein abgelehnter Pilotfilm aus der Disney-Werkstatt.

Gangster Kid 357

TOUCH AND GO ***

Video

Regie: Robert Mandel
Darsteller: Michael Keaton (Bobby Barbato), Maria Conchita Alonso (Denise DeLeon), Ajay Naidu (Louis DeLeon), Maria Tucci (Dee Dee), Max Wright (Lester), Lara Jill Miller (Courtney), D.V. de Vincetis (Lupo)
Drehbuch: Alan Ormsby, Bob Sand, Harry Colomby
Kamera: Richard H. Kline (Astro Color)
Musik: Sylvester Levay
Schnitt: Walt Mulconery
Produktion: Stephen Friedman für Tri-Star, USA 1986
Verleih: -/-/-/Vestron Video
Erstaufführung: 14.11.88
FSK: ab 12 J.
Länge: 101 Min.

Elfjähriger Lockvogel freundet sich mit Eishockeyspieler an und stellt den Täter, der die Mutter des Jungen ausgeraubt hat.
»Einfühlsames Drama, das dafür plädiert, sich für die wichtigen Dinge im Leben einzusetzen.« *(VideoWoche)*

Ganovenbraut 358
HOLD YOUR MAN ***
TV

Regie: Sam Wood
Darsteller: Jean Harlow (Ruby Adams), Clark Gable (Eddie Hall), Dorothy Burgess (Gypsy), Stuart Erwin (Al Simpson), Muriel Kirkland (Bertha), Garry Owen (Slim)
Drehbuch: Anita Loos, Howard Emmett Rogers
Kamera: Harold Rosson
Produktion: MGM, USA 1933
Sendetermin: 26.9.88, ARD
Länge: 83 Min.

Wie plump und blöde sich die spießigen dreißiger Jahre über Hollywoods freches Gesellschaftskino warfen, um es buchstäblich in der Besserungsanstalt zu ersticken, das führte die Betrügerkomödie »Ganovenbraut« exemplarisch vor: Jean Harlow und Clark Gable, das unverschämte Überlebenspaar in der Wirtschaftskrisen-Räuberwelt – zu melodramatischen Schmalznudeln fürs traute Heim degeneriert. Richtig doof. *Ponkie, AZ*

Gar kein Sex mehr? 359
CASUAL SEX? **

Regie: Genevieve Robert
Darsteller: Lea Thompson (Stacy), Victoria Jackson (Melissa), Stephen Shellen (Nick), Jerry Levine (Jamie), Andrew Dice Clay (Vinny), Mary Gross), Valeri Breiman, Peter Dvorsky, David Sargent, Cynthia Phillips, Don Woodard, Danny Breen
Drehbuch: Wendy Goldman, Judy Toll, nach der gleichn. musikalischen Komödie von Judy Toll
Kamera: Rolf Kesterman (Farbe)
Musik: Van Dyke Parks
Schnitt: Sheldon Kahn, Donn Cambern
Produktion: Ilona Herzberg, Sheldon Kahn für Universal, USA 1987
Verleih: UIP/-/UIP
Kinostart: 13.10.88
FSK: ab 12, ffr.
Länge: 88 Min.

Zwei junge Frauen, die eine mit zuviel und die andere mit zu wenig Sexerfahrung, erhoffen sich eine Problemlösung vom Aufenthalt auf einer Fitness-Farm, wo sich auch letztlich jede

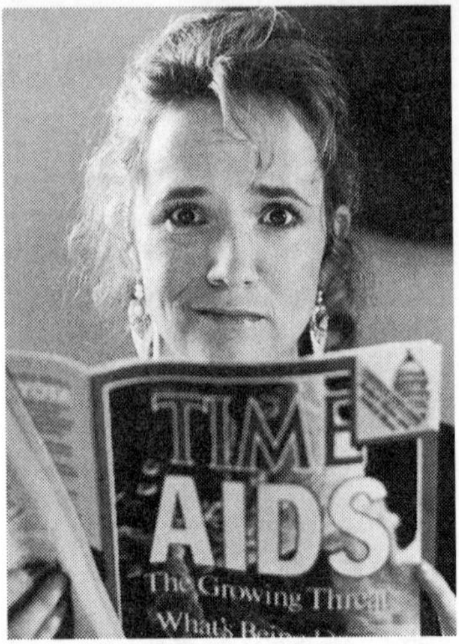

Panik! Lea Thompson in »Gar kein Sex mehr«.

einen Mann fürs Leben angelt. Was Stoff für eine tiefsinnige Komödie oder eine spitze Satire hätte sein können, reicht hier nur für ein dümmliches Lustspiel voller platter Stereotypen, das außerdem lieblos gemacht ist. *multimedia*

Michael Althen in: SZ, 18.10.88; Sascha Gorkow in: Rheinische Post, 21.10.88; Barbro Schuchardt in: Kölnische Rundschau, 15.10.88; Daland Segler in: FR, 18.10.88

Gate of Darkness 360
DON'T BE AFRAID OF THE DARK **
Video

Regie: John Newland
Darsteller: Kim Darby (Sally Farnham), Jim Hutton (Alex Farnham), Barbara Anderson (Joan), William Demarest (Harris), Pedro Armendariz jr. (Francisco Perez), Lesley Woods (Ethel), Robert Cleaves (Arzt), Sterling Swanson (Polizist)
Drehbuch: Nigel McKeand
Kamera: Andrew Jackson
Musik: Billy Goldenberg
Schnitt: Michael McCroskey
Produktion: Allen S. Epstein für Lorimar Productions, USA 1973
Verleih: -/-/-/VCL Video
Uraufführung: 10.10.73 (ABC)

Erstaufführung: 14.10.88
Länge: 74 Min.

Junges Paar erbt ein altes Haus, dessen Dämonen fest entschlossen sind, die Ehefrau zu einer der ihren zu machen.

Der Geächtete von Gor 361

OUTLAW *

Video

Regie: John »Bud« Cardos
Darsteller: Urbano Barberini (Tarl Cabot), Rebecca Ferrati (Talena), Donna Denton (Lara), Jack Palance (Xenos), Russel Savadier (Watney Smith), Nigel Chipps (Hup), Alex Heyns (Ältester)
Drehbuch: Peter Welbeck, Rick Marx. Nach dem Roman »Outlaw of Gor« von John Norman)
Kamera: Johan van de Vyfer (Rank Color)
Musik: Paula Erickson
Schnitt: Mac Errington, Ken Bornstein
Produktion: Avi Lerner, Harry Alan Towers für Breton Film Productions, USA 1987
Verleih: -/-/-/Cannon/VMP Video
Erstaufführung: 12.12.88
Länge: 86 Min.

John Norman Teil 2: Diesmal wird Tarl Cabot von einer intriganten Königin in die Wüste geschickt. Kein Plot, nicht das geringste Quentchen Spannung, dafür aber reichlich Tits & Ass.

Gefährliche Zeugen 362

CAPOTTO DE LEGNO **

Video

Regie: Gianni Manera
Darsteller: Joseph Logan, Fred Williamson, Michel Constantin, Maria Pia Le Mans
Produktion: CCA International, Italien 1985
Verleih: -/-/-/Arrow Video
Erstaufführung: 20.4.88
FSK: nicht unter 18 J.
Länge: 88 Min.

Der Mafia-Pate Don Talascio will, bevor er sich zur Ruhe setzt, die New Yorker Unterwelt einen. Die Geschichte um einen wertvollen Schatz in der Kirche seines Heimatortes erreicht genau das Gegenteil; weltweiter Krieg zwischen den Familien ist die Folge. Gewaltvolles Mafia-Spektakel italienischer Provenienz, schießwütig arrangiert. *VideoWoche*

Gefangene der Wildnis 363

SILENCE OF THE NORTH ***

TV

Regie: Allan Winston King
Darsteller: Ellen Burstyn (Olive Fredrickson), Tom Skerritt (Walter Reamer), Gordon Pinsent (John Frederickson), Jennifer McKinney (Olive Reamer), Donna Dobrijevic, Colin Fox, Chappelle Jaffe, Ken Pogue, Tom Hauff
Drehbuch: Patricia Louisiana Knop nach der Autobiographie von Olive Fredrickson und Ben East
Kamera: Richard Leiterman
Schnitt: Arla Saare
Musik: Allan Macmillan, Jerrold Immel
Produktion: Kanada 1981
Sendetermin: 26.12.88, ARD
Länge: 89 Min.

Die junge Kanadierin Olive verliebt sich leidenschaftlich in einen Mann, den die Abenteuerlust umhertreibt. Gemeinsam ziehen sie in den wilden Norden Kanadas, wo er sich als Trapper versucht. Als ihnen mitten im Winter alle Vorräte geraubt werden, scheinen sie verloren zu sein, entgehen jedoch wie durch ein Wunder dem Tod. Als der Mann später umkommt, muß Olive sich mit ihren Kindern allein behaupten. *ARD*

Gefangene im Weltraum 364

STAR SLAMMER *

Video

Regie: Fred Olen Ray
Darsteller: Ross Hagen (Bantor), Sandy Brooke (Taura), Susan Stokey (Mike), John Carradine (Richter), Aldo Ray (Folterknecht), Dawn Wildsmith (Muffin), Marya Grant (Exene)
Drehbuch: Michael D. Sonye
Kamera: Paul Elliott (Fujicolor)
Musik: Anthony Harris
Schnitt: Miriam L. Preissel
Produktion: Jack H. Harris, Fred Olen Ray für Viking Films, USA 1987
Verleih: -/-/-/Highlight Video
Erstaufführung: 16.5.88
FSK: nicht unter 18 J.
Länge: 86 Min.

Einfältiger Frauenzuchthausfilm im SF-Look von Billigfilmer Fred Olen Ray. Ein Hauch von Perversion wird mitgeliefert. *VideoWoche*

Geheimcode Leopard 365
NO DEAD HEROES *

Video

Regie: J.C. Miller
Darsteller: Max Thayer (Ric Sanders), John Dresden (Harry Cotter), Toni Nero (Barbara Perez), Nick Nicholson (Ivan), Mike Monty (Frank Baylor), Dave Anderson (General Craig)
Drehbuch: J.C. Miller, Arthur N. Gelfield
Kamera: Freddie C. Grant
Musik: Marita M. Wellman
Schnitt: Edgar Vine
Produktion: J.C. Miller für Cinèventures, USA 1986
Verleih: -/-/-/UFA Video
Erstaufführung: 21.3.88
Länge: 86 Min.

Nach einer riskanten Befreiungsaktion im Vietnamkrieg kann GI Sanders entkommen, sein Freund Harry bleibt verletzt zurück. 10 Jahre später taucht Harry wieder auf: die Russen haben aus ihm über einen Mikrochip eine ferngesteuerte Killermaschine gemacht. Der CIA schickt Sanders nach Mittelamerika, wo er verhindert, daß Harry den Papstbesuch nachhaltig stört. Actionreicher, aber überraschend lieblos heruntergekurbelter Söldnerfilm. *VideoWoche*

Das Geheimnis der goldenen Rose 366
LES ROSES DE MATMATA ***

Video

Regie: José Pinheiro
Darsteller: Dayle Haddon, Jean-Luc Bideau, Peter MacNeil, Tarak Harbi, Abdallah Chamed
Drehbuch: Guy Pion, Francine Langlois
Kamera: Michel Baudour (Farbe)
Musik: Dan Lacksman, Michel Moers
Produktion: ODEC/Cinegroup, Belgien/Kanada 1985
Verleih: -/-/-/Taurus Video
Erstaufführung: 16.12.88
FSK: ab 6 J.
Länge: 104 Min.

Bei Ausgrabungsarbeiten in Tunesien entdeckt die junge Archäologin Diane Collins eine der drei sagenumwobenen »Sandrosen«, die das Geheimnis zu unvorstellbarem Reichtum bergen. Nette Actionkomödie, die sich an die Erfolge der »Indiana Jones«-Filme anzuhängen versucht. Dabei ist die mitunter langatmige Handlung wirkungs-

Alm-Extravaganza. Elisabeth Volkmann als Erbfürstin in der »Geierwally«

voll mit einem Porträt tunesischer Kultur und schönen Landschaftsaufnahmen angereichert. *Video Woche*

Geierwally 367

**

Regie: Walter Bockmayer
Darsteller: Samy Orfgen (Geierwally), Christoph Eichhorn (Vinzenz), Gottfried Lackmann (Bärenjoseph), Ralph Morgenstern (Tante Luckard), Ortrud Beginnen (Genoveva), Brigitte Janner (Afra), Karl-Heinz von Hassel (Stromminger), Elisabeth Volkmann (Die Erbfürstin), Sonja Neudorfer (Lämmerwirtin), Walter Bockmayer (Christel von der Post), Barbara Valentin, Stephan Wald
Drehbuch: Walter Bockmayer
Kamera: Wolfgang Simon (Farbe)
Musik: Horst Hornung
Schnitt: Alexander Rupp
Produktion: Rolf Bührmann für Entenprod./Pro-ject Filmprod. im F.d.A./ZDF, BRD 1987
Verleih: Filmverlag der Autoren/Constantin/-/Ufa-Universum Video
Erstaufführung: 23.1.1988, Max Ophüls Preis Saarbrücken
Kinostart: 28.1.1988
FSK: ab 6, nffr.
Länge: 91 Min.

Hergestellt mit Unterstützung der Wirtschaftsförderung des Landes Nordrhein-Westfalen

Grelle Heimatfilmparodie mit kindischer Freude an Albernheiten, Geschmacklosigkeiten und hemmungslos überzogenem Kitsch, und mit Schauspielern, die sich offen über ihre Rollen lustig machen. Trotz der Selbstironie wird aber aus Klamauk leider nie Humor. *multimedia*

Berthold Bell in: Kölner Stadt-Anzeiger, 30/31.1.88; H.G. Pflaum in: SZ, 30.1.88; Helmut Schödel in: Die Zeit, 29.1.88; Uwe Wittstock in: FAZ, 24.2.88

Die Geister, die ich rief... 368
SCROOGED

***

Regie: Richard Donner
Darsteller: Bill Murray (Frank Cross), Karen Allen (Claire Phillips), John Forsythe (Lew Hayward), John Glover (Brice Cummings), Carol Kane (Fee/Zweiter Geister), Robert Mitchum (Preston Rhinelander), Bobcat Goldthwait, David Johansen, Mabel King, Brian Doyle Murray, John Murray, Nicholas Phillips, Michael J. Pollard, Alfred Woodard
Drehbuch: Mitch Glazer, Michael O'Donoghue
Kamera: Michael Chapman (Farbe)
Musik: Danny Elfman
Schnitt: Frederic William Steinkamp, William Robert Steinkamp
Produktion: Art Linson, Richard Donner für Paramount, USA 1988
Verleih: UIP/UIP/UIP
Kinostart: 8.12.88
FSK: ab 12, ffr.
Länge: 101 Min.
Prädikat: Wertvoll

Bill Murray sieht Geister.

Moral war schon immer »in« in Hollywood, nun kommt sie uns in geballtem Action-Styling.
Ein nicht nur hartgesottener sondern auch halbirrer TV-Produzent (Kotzbrocken: Bill Murray) läßt für die Einschaltquoten jeden Anstand fahren. Diesmal sind der große Dichter Charles Dickens und das Weihnachtsfest seine Opfer. Er preist sie mit Horror-Reklame an. Nun kann so eine Type ja nur noch zur Hölle fahren oder geläutert werden.
Regisseur Richard Donner verzettelt sich beim Läuterungsprozeß trotz der blendenden Einfälle, den TV-Irren von Zombies, Monstern, gräßlichen Visionen heimsuchen zu lassen. Donner praktiziert sein eigenes Metier, das die Drehbuchautoren moralisch attackieren... *Kai Niemeyer, AZ*

Gert Berghoff in: Kölner Rundschau, 10.12.88; Brigitte Desalm in: Kölner Stadt-Anzeiger, 10.12.88

Der Geisterjäger 369
FROG DREAMING **

Video

Regie: Brian Trenchard-Smith
Darsteller: Henry Thomas (Cody Walpole), Tony Barry (Gaza), Rachel Friend (Wendy Cannon), Tamsin West (Jane Cannon), John Ewart (Sgt. Ricketts), Dennis Miller (Mr. Cannon), Katy Manning (Mrs. Cannon)
Drehbuch: Everett de Roche
Kamera: John McLean (Farbe)
Musik: Brian May
Schnitt: Brian Kavanagh
Produktion: Barbi Taylor, Everett de Roche für Middle Reef, Australien 1985
Verleih: -/-/-/Media Entertainment Video
Erstaufführung: 10.3.88
FSK: ab 12 J.
Länge: 93 Min.

E.T.s irdischer Ansprechpartner Henry Thomas lüftet das Geheimnis um ein angebliches Ungeheuer, das sich in einem australischen See verbirgt.

Gemini – Die Zwillingssterne 370
GEMINI – THE TWIN STARS **

Regie: Jacques Sandoz
Darsteller: Gene Patrick, Aurore Clément, Thomas Nock, Jango Edwards, Richard Harrison, Dennis Moynahan, Lorenz Hugener, Heidi Züger
Drehbuch: Jean-Bernard Billeter nach einer Geschichte von Jacques Sandoz
Kamera: Timothy Eaton (Farbe)
Musik: Nigel Holton
Schnitt: Peter Lile
Produktion: Jacques Sandoz Film, Schweiz 1988
Verleih: -/-/Rialto Film
Kinostart: Juni 88
Länge: 110 Min.

Der Genfer Jacques Sandoz hat sich mit dieser Hymne auf die Freundschaft zwischen einem kleinkriminellen New Yorker Teenager und einem Appenzeller Bauernbub an einer Großproduktion für ein internationales Publikum versucht. Gescheitert ist er dabei nicht nur an typischen Schweizer-Schwächen – einem unausgegorenen Drehbuch und ungenügender Schauspielführung –, sondern vor allem an seinen klischierten Vorstellungen von nationalen Eigenarten. *Zoom*

Andreas Furler in: Zoom 13/88

Genesis – Stadt der lebenden Toten 371
THE STEPFORD CHILDREN **

Video

Regie: Alan J. Levi
Darsteller: Barbara Eden, Don Murray, Tammy Lauren, Randall Batinkoff
Drehbuch: Bill Bleich
Kamera: Steve Shaw (Farbe)
Produktion: Taft Entertainment, USA 1987
Verleih: -/-/-/Taurus Video
Erstaufführung: 28.3.88
FSK: ab 16 J.
Länge: 95 Min.

Stepford zum dritten: Diesmal sollen aufsässige Kinder in Roboter umgewandelt werden.

Die Geschichte von Adrien 372
HISTOIRE D'ADRIEN ***

TV

Regie: Jean-Pierre Denis
Darsteller: Bertrand Sautereau (Adrien als Kind), Serge Dominique (Adrien als Erwachsener), Pierre Dieuaide (Großvater), Nadine Reynaud (Marguerite), J.P. Geneste (Roger), Marie Vergoat (Catarina)
Drehbuch: Jean-Pierre Denis, Francois Dudognon
Kamera: Denis Gheerbrant
Musik: Joan P. Verdier
Schnitt: Catherine Madilat, Patrick Genet, Danielle Lacoste
Produktion: Gérard Guérin für Centre Mediterraneen/Laura/Filmedis
Sendetermin: 29.2.88, ARD
Länge: 93 Min.

Der Bauernjunge Adrien wächst zu Beginn des Jahrhunderts im südwestfranzösischen Perigord bei seinen Großeltern auf.
Schon früh bekommt er den Makel seiner unehelichen Geburt zu spüren, der ihn später zu einem unsteten Wanderleben zwingt. *ARD*

Gesetz des Westens 373

MEANEST MAN IN THE WEST *

Video

Regie: Samuel Fuller, Charles S. Dubin
Darsteller: Charles Bronson, Lee Marvin, Michael Conrad, Ron Solde, Lee J. Cobb, Miriam Colon, James Drury
Drehbuch: Ed Waters, Samuel Fuller
Kamera: Lionel Lindon, Enzo A. Martinelli, Alric Eden
Musik: Hal Mooney
Produktion: Universal, USA 1962/67/76
Verleih: -/-/-/CIC Video
Erstaufführung: 1.7.88
FSK: ab 16 J.
Länge: 88 Min.

Ein »Film«, der über einen Zeitraum von immerhin vierzehn Jahren »entstand«: Man nehme eine Folge aus der auch hierzulande einst gesendeten Western-Serie »Die Leute von der Shiloh-Ranch« (»It Tolls for Thee«, d.A.), bei der als Gaststar Lee Marvin auftritt, und füge diese mit Szenen aus einem andern, scheinbar unfertigen Film mit Charles Bronson zusammen. Das ergibt als dramaturgischen Mischmasch und Kauderwelsch eine hanebüchene Story um »Ödipussi« und Rache im Wilden Westen. *tip*

Gesichter des Todes 2 374

FACES OF DEATH 2 *

Video

Regie: Canon le Cilaire
Produktion: F.O.D., Japan 1981
Verleih: -/-/-/City Lights Video
Erstaufführung: 4.10.88
Länge: 96 Min.

Dokumentation über verschiedene Todesarten und Unfälle.
Der Film gibt sich kritisch in der Anprangerung von Umweltzerstörungen, Tierversuchen und der Sensationsgier der Menschen, dient aber letztlich nur dazu, diese Sensationslust zynisch auszubeuten.

VideoWoche

Gesucht: Lieber Vater und liebe Mutter 375

GEZOCHT: LIEVE VADER EN MOEDER ***

16 mm

Regie: Sarah Marijnissen, Agna Rudolph
Darsteller: Wick Ederveen (Vater), Tineke Rosing (Tochter), Amber Leijdens (Tochter, jung), Saskia Grotenhuis (Mutter)
Drehbuch: Sarah Marijnissen, Agna Rudolph
Kamera: Dorith Vinken (Farbe)
Musik: Ig Henneman
Schnitt: Ot Louw
Produktion: Phil van der Linden für Stiftung D.D. Filmprod., Niederlande 1987
Verleih: Freunde der Deutschen Kinemathek/-/-
Uraufführung: 19.9.1987, Nederlandse Filmdagen, Utrecht
Erstaufführung: 17.2.88, Int. Forum des Jungen Films, Berlin
Länge: 74 Min.

Dieser Dokumentarfilm will das vielfach tabuisierte Problem des Inzests öffentlich machen. Dabei räumt er mit dem Mythos, daß der sexuelle Mißbrauch von Mädchen nur in asozialen Familien vorkommt, gründlich auf. Und er weist auch auf die wichtige Rolle der Mütter hin: obwohl die Väter die Täter sind, werden die Kinder durch ihre Mütter im Stich gelassen, wenn die so tun, als merkten sie nichts.
(...) Der Film schockiert durch die Offenheit, mit der Frauen und Mädchen über ihre Inzesterfahrungen sprechen. *Programm Forum*

Carla Rhode in: Der Tagesspiegel, 19.2.88

Der Gesundheits-Kongreß 376

HEALTH ***

TV

Regie: Robert Altman
Darsteller: Glenda Jackson (Isabella Garnell), Carol Burnett (Gloria Burbank), James Garner (Harry Wolf), Lauren Bacall (Esther Brill), Paul Dooley, Donald Moffat, Henry Gibson, Diane Stilwell
Drehbuch: Frank Barhydt, Paul Dooley, Robert Altman

Kamera: Edmond L. Koons
Musik: Joseph Byrd
Schnitt: Dennis M. Hill
Produktion: Robert Altman für Lions Gate für 20th Century Fox, USA 1980
Uraufführung: 23.8.1980, Montreal
Sendetermin: 7.9.88, ZDF
Länge: 102 Min. (TV-Fassung: 94 Min.)

Robert Altmans »Gesundheitskongreß« sieht aus wie eine handfeste Posse über die grotesken Jahrmarktsitten bei Wirtschaftskongressen, wo hochtrabend von Moral gequatscht wird, obwohl es nur ums nackte Geschäft geht. Doch die Gesundheitssektiererei all der verkaufstüchtigen Diät-Clowns und Vitamin-Seelentrimmer ist schnell als Metapher für amerikanische Präsidentschaftswahlen erkennbar: ein Brutalballett aus Schienbeintritten, Verleumdungs-, Bestechungs- und Erpressungsremplern, Dideldumdei-Volksbelustigungsmätzchen und fernsehgeilem Buhlen um den besten Platz an der Seite von Showmaster Dick Cavett. Systeme prallen aufeinander: Lauren Bacall als bescheuerte Guru-Tante für die Emotions-Idioten - Glenda Jackson als fanatisch asketische Moralpredigerin für die Utopie-Träumer. Und daß sich der große Finanzmacker, der angeblich die Marionetten im Weißen Haus am Bändel hat, als irrer Bruder der Guru-Tante herausstellt, war ein besonders perfider Witz, denn mit seinem dröhnenden Pionierwestern-Gehabe hatte der Kerl das gesamte Kongreß-Volk unter seinen John-Wayne-Stiefel geduckt. Die Politfarce wird von Albernheiten schrillfarbener amerikanischer TV-Shows aufgemischt - aber gerade darin schillert virtuos die Infamie. Und »Gesundheit« wird zum Codewort für »Macht«.

Ponkie, AZ

Wilfried Wiegand in: FAZ, 9.9.88; Wolfgang Steuhl in: Stuttg. Nachrichten, 9.9.88; S.K. in: Frankfurter Rundschau, 9.9.88; kro. in: Stuttgarter Zeitung, 9.9.88; Wilfried Geldner in: SZ, 9.9.88; Helmut Voss in: Die Welt, 7.9.88

Gewagtes Spiel - Business as usual 377

BUSINESS AS USUAL ***

Video

Regie: Lezli-An Barret
Darsteller: Glenda Jackson (Babs Flynn), John Thaw (Kieran Flynn), Cathy Thyson (Josie Patterson), Mark McGann (Stevie Flynn), Eammon Boland (Mr. Barry), James Hazeldine (Mark), Buki Armstrong (Paula Douglas)
Drehbuch: Lezli-An Barret
Kamera: Ernest Vincze (Rank Color)
Musik: Paul Weller, Andrew Scott
Produktion: Sara Geater für Cannon Group/ Film Four, GB 1987
Verleih: -/-/Filmcooperative/Cannon/ VMP Video
FSK: ab 12 J.
Länge: 88 Min.

Die gefeuerte Managerin einer Modeboutique macht sich in der Gewerkschaft gegen sexuelle Ausbeutung am Arbeitsplatz stark.

Gezeichnet: Lino Brocka 378

SIGNED: LINO BROCKA ****

16 mm

Regie: Christian Blackwood
Drehbuch: Christian Blackwood
Kamera: Christian Blackwood (Farbe)
Musik: Michael Riesman
Schnitt: Monika Abspacher
Produktion: Christian Blackwood Prod., USA 1987
Verleih: Freunde der Deutschen Kinemathek/-/-
Uraufführung: 18.9.1987, Toronto
Erstaufführung: 13.2.88, Int. Forum des Jungen Films, Berlin
Länge: 83 Min.

Brocka erzählt in diesem Film von seiner traumatischen katholischen Erziehung und von seiner Arbeit als Mormonen-Missionar in einer Leprakolonie. Und er äußert sich in trockenen Kommentaren zu seinen Filmen. Er gibt offen zu, daß er »soap operas« für kommerzielle Produzenten dreht, Filme vom märchenhaften Aufstieg armer Lumpenproletarier, die den Filipinos in den Slums eine kurzfristige Flucht aus dem Elend gewähren. Er macht aber auch klar, daß seine Sympathien ganz den Versklavten und Unterdrückten gehören.

Programm Forum

Lino Brocka in »Gezeichnet Lino Brocka« von Christian Blackwood.

Ghost House 379

GHOST HOUSE

*

Video

Regie: Umberto Lenzi
Darsteller: Lara Wendel, Greg Scott, Ron Houck, Mary Sellers, Donald O'Brian, Kate Silver, Martin Jay, Kristen Fougerousse
Drehbuch: Cynthia McGavin
Musik: Ian Fisher
Produktion: Filmirage, Italien 1988
Verleih: -/-/-/Splendid Video
Erstaufführung: 19.12.88

Der Geist der toten Henrietta macht einer Gruppe von Teenagern das Leben schwer. Einmal mehr werkelt Umberto Lenzi im Schatten seiner begabteren Landsleute Bava und Fulci herum.

Ghost Town 380

GHOST TOWN

*

Video

Regie: Richard Governor
Darsteller: Franc Luz, Jimmie F. Skaggs, Catherine Hickland
Drehbuch: David Schmoeller
Kamera: Dunke Sandefur (Farbe)
Produktion: Lexyn Empire, USA 1987
Verleih: -/-/-/VPS Video
Erstaufführung: 26.5.88
FSK: nicht unter 18 J.
Länge: 81 Min.

Makabrer Horrorfilm, dessen Ansiedlung in einem Wildweststädtchen die Möglichkeit bietet, Elemente des modernen Schockers mit (ironischen) Westernzitaten zu verbinden. Die Spezialeffekte sind wie bei allen »Empire«-Produkten mit Liebe zum Detail gestaltet, wenn auch die mysteriöse Geisterstory wenig Spannung und Tempo entwickelt. *VideoWoche*

Ghostfever 381

GHOST FEVER

*

Video

Regie: Alan Smithee (= Lee Madden)
Darsteller: Sherman Hemsley (Buford/Jethro), Luis Avalos (Benny Alvarez), Jennifer Rhodes (Madame St. Esprit), Deborah Benson (Linda), Diana Brookes (Lisa), Myron Healey (Andrew Lee), Pepper Martin (Beauregard/Sheriff), Joe Frazier (Tucker)

Drehbuch: Oscar Brodney, Ron Rich, Richard Egan
Kamera: Xavier Cruz Ruvalcaba (Farbe)
Musik: James Hart
Schnitt: Earl Watson, James Ruxin
Produktion: Ron Rich, Edward Coe für Infinite Productions, USA 1987
Verleih: -/-/-/IHE Video
Erstaufführung: Januar 88
FSK: ab 12 J.
Länge: 86 Min.

Zwei Polizei-Detektive stolpern bei einem anscheinend harmlosen Routine-Auftrag in einen Riesen-Schlamassel. Plötzlich sehen sie sich nämlich den Gestalten der ganzen Horrorgeschichte gegenüber. Geister, Zombies und Vampire wollen den verdutzten Cops an die Wäsche ... *Video-Markt*

Gilsodom – zerrissenes Land 382

KILSOTTUM ***

TV

Regie: Im Kwon-Taek
Darsteller: Kim Ji-Mi (Hwajong), Sin Song Il (Tongdschin), Han Ju Il, Kim Ji-Yong, Lee Sang-A
Drehbuch: Song Kil-Han
Kamera: Jong Il-Song
Musik: Kim Jong-Kil
Produktion: Park Cong-Chan für Hwa Chun Trading, Korea 1985
Sendetermin: 15.9.88, ZDF
Länge: 97 Min.

Zur Einstimmung in koreanische Lebensumstände zeigt der südkoreanische Spielfilm eine für die Älteren schmerzhaft vertraute Situation: Auch bei uns gehörten die Massen-Suchmeldungen verzweifelter Menschen nach verlorengegangenen Kindern, Eltern, Schwestern, Brüdern zum traurigen Alltag. Hier findet eine Suchaktion nach 35 Jahren statt. Und ärgert man sich zu Beginn noch über die auf Rührung spekulierenden tränentreibenden Wiedersehensszenen im koreanischen Fernsehen, so weicht die Gereiztheit bald einer beklommenen Anteilnahme: Die Mutter, die daraufhin ihr vor 30 Jahren verschollenes Kind sucht (sie ist inzwischen eine wohlsituierte Bürgerin mit neuer Familie), erlebt eine schreckliche Ernüchterung. Der wiedergefundene Sohn (Opfer der Zeit oder haltloser Charakter?) bleibt ihr völlig fremd. Die Zerstörungen sind tief und irreparabel. Der Film läßt viele in Korea besser verstehen. *Ponkie, AZ*

itt in: FAZ, 17.9.88; Verena Munde in: Frankfurter Neue Presse, 17.9.88; B.Z. in: Stuttgarter Zeitung, 17.9.88; Franziska Jänz in: WAZ, 17.9.88, Hans Vetter in: Kölner Stadt-Anzeiger, 17.9.88; Peter Michael in: Lübecker Nachrichten, 17.9.88

Giselle 383

DANCERS ***

Regie: Herbert Ross
Darsteller: Mikhail Baryshnikov (Tony), Alessandra Ferri (Francesca), Leslie Browne (Nadine), Thomas Rall (Patrick), Lynn Seymour (Muriel), Victor Barbee (Wade), Julie Kent (Lisa), Mariangela Melato (Contessa), Leandro Amato, Gianmarco Tognazzi, Desmond Kelly, Chrisa Keramidas, Amy Werba, Jack Brodsky und das American Ballet Theater
Drehbuch: Sarrah Kernochan
Kamera: Ennio Guarnieri (Farbe)
Musik: Pino Donaggio; »Giselle« Ballett-Musik von Adolphe Adam, gespielt vom London Symphony Orchestra unter der Leitung von Michael Tilson Thomas
Schnitt: William Reynolds
Produktion: Menahem Golan, Yoram Globus für Golan-Globus Prod. mit Hera/Baryshnikov Prod., USA 1987
Verleih: Scotia-Cannon/Czerny/-/Cannon/VMP Video
Erstaufführung: 27.7.87, Int. Tokyo Film Festival
Kinostart: 21.4.88
FSK: o.A., ffr.
Länge: 99 Min.
Prädikat: Wertvoll

Junge Tänzerin verliebt sich in den Star einer Ballett-Truppe, die »Giselle« einstudiert, nimmt sich aber nicht wie in der Vorlage aus unglücklicher Liebe das Leben. Die Tanzkunst des Exil-Russen Mikhail Baryshnikov entschädigt für die wenig überzeugende Rahmenhandlung. *multimedia*

Eva-Maria Lenz in: FAZ, 19.5.88; Hartmut Regitz in: Die Welt, 23.4.88

Giulia 384

DESIDERANDO GIULIA *

Regie: Andrea Barzini
Darsteller: Serena Grandi (Giulia), Johan Leysen (Emilio), Valerie D'Obici, Sergio Rubini
Produktion: Medusa/National/Dania/Filmes International, Italien 1985
Verleih: Esplanade/Elysee/Nova
Kinostart: 4.2.88
FSK: ab 18, nffr.
Länge: 91 Min. (Farbe)

Sexfilm mit Italiens Oberweitenstar Serena Grandi.

Der gläserne Himmel 385

****

Regie: Nina Grosse
Darsteller: Heli Berger (Julien), Sylvie Orcier (Bichette), Agnes Fink (Mutter), Maria Hartmann (Irene), Tobias Engel (Cortez), Flora St. Loup (Kiki), Klaus Mikolett, Jean Francois Derec, Circe, Jodie Pavlis
Drehbuch: Nina Grosse nach der Erzählung »El Otro Cielo« von Julio Cartazar
Kamera: Hans Bücking (Farbe)
Musik: Flora St. Loup
Schnitt: Patricia Rommel
Produktion: Alena und Herbert Rimbach für Avista Film/Rimbach/Voiss/BR, BRD 1987
Verleih: Impuls/-/-/VCL Video
Uraufführung: Int. Hofer Filmtage 1987
Erstaufführung: 22.1.88, Max Ophüls-Preis, Saarbrücken
Kinostart: 28.4.88
FSK: ab 12. ffr.
Länge: 87 Min.
Prädikat: Besonders wertvoll

Ausgezeichnet mit dem bayrischen Filmpreis 1987

Ich sehe was, was du nicht träumst: Durch die Passagen von Paris, unter gläsernen Himmeln und in verschwitzten Pensionen jagt Julien einem Phantom nach. In der Nacht hat er von Lustmord geträumt, und am nächsten Tag ist ihm sein Traum in der U-Bahn begegnet. Julien ist ihm hinterhergestiegen, nachgehetzt und hat sich dabei hoffnungslos verirrt: Ist dieser Film nur Juliens Traum, oder ist

In einem Labyrinth zwischen Traum und Wirklichkeit. Szene aus »Der gläserne Himmel«.

Julien der Traum dieses Films? Die Straßen, Gassen, Höhlen von Paris sehen aus wie von Kafka, Dr. Jekyll und Alfred Hitchcock gemeinsam erdacht: ein Labyrinth aus Blicken, ein Dorado für Voyeure, das Reich der Triebtäter. Dieser Film formuliert den Alptraum aller Männer und wurde doch von einer Frau inszeniert: Nina Grosse, 29 Jahre alt, Absolventin der Münchner Filmhochschule und eines der hoffnungsvollsten Talente des jungen deutschen Films.

Claudius Seidl, Tempo

Otto Heuer in: Rheinische Post, 29.4.88; Andreas Kilb in: Die Zeit, 29.4.88; Michael Kötz in: FR, 2.7.88; Eva-Maria Lenz in: FAZ, 1.7.88; Claudius Seidl in: SZ, 8.7.88; Willy Theobald in: Der Spiegel, 25.4.88

The Glass Jungle 386

THE GLASS JUNGLE *

Video

Regie: Joseph Merhi
Darsteller: Lee Canalito, Diana Frank, Frank Scala
Produktion: USA 1988
Verleih: -/-/-/Unistar Video
Erstaufführung: 11.10.88
Länge: 90 Min.

Tate und seine Bande terrorisieren Los Angeles mit brutalen Überfällen und versuchen, von den Behörden 5 Millionen Dollar zu erpressen. Um ihren Forderungen mehr Druck zu verleihen, entführen sie die schwangere Frau des Taxifahrers Cutler und töten dessen Freund. Cutler reißt sich zusammen und stürmt, ausgerüstet mit zwei Armbrüsten, im Alleingang den Schlupfwinkel der Bande und befreit seine Frau. Lee Canalito und Frank Scala als zynischer Killer agieren zu enervierenden Rockrhythmen in trostlosen Sets. *VideoWoche*

Gleißende Sonne 387

DENG-BYOD ***

TV

Regie: Hah Myong-Jung
Darsteller: Hah Myong-Jung (Tschun Ho), Cho Yong-Won (Suni), Lee Heh-Young (Hjang Sin), Choi Joo-Bong, Lee In-Ok, Joo Sang-Ho, Park Jong-Surl
Drehbuch: Lee Young-Il, Na Han-Bong nach dem Roman von Kim Yu-Jung
Kamera: Kwang-Suk Chung
Musik: Kim Young-Dong
Schnitt: Hyun Dong-Chun
Produktion: Chong-Chan Park für Hwa Chun Trading, Korea 1984
Erstaufführung: Filmfestspiele Berlin 1985, Wettbewerb
Sendetermin: 31.8.88, ZDF
Länge: 100 Min.

Regisseur Hah Myong-Jung, in seiner Heimat ein Filmstar, schildert den bitteren Kampf um das »dreckige bißchen Leben« unter der japanischen Besatzung in den 30er Jahren. Ein Arbeiter will sich mit Hilfe einer kecken Wirtin bei den Günstlingen der Japaner anbiedern. Ein Aufstand macht seine Hoffnungen mit einem Schlag zunichte. *AZ*

Wilfried Geldner in: SZ, 2.9.88

Glory Years 388

GLORY YEARS **

Video

Regie: Arthur Allan Seidelman
Darsteller: George Dzundza, Tim Thomerson, Tawny Kitaen
Produktion: USA 1987
Verleih: -/-/-/Galaxy Video
Erstaufführung: 18.7.88
Länge: 150 Min.

Auf einem Klassentreffen finden die drei alten Freunde Jack, John und Gerald wieder zusammen. Um richtig auf die Pauke zu hauen, fahren sie mit 25.000 Dollar aus der Klassenkasse nach Las Vegas, verfolgt von Jacks Freundin und diversen Gläubigern ...

Die Glücksritter von Manhattan 389

A BILLION FOR BORIS **

Video

Regie: Alex Grashoff
Darsteller: Scott Tiler, Mary Tanner, Seth Green
Produktion: Robert Bordiga, USA 1984
Verleih: -/-/-/IHV Video

Das Glück in Hollywood. V. l. Joaquim de Almeida, Desiree Becker, Greta Sacci, Vincent Spano in »Good Morning Babylon«.

Erstaufführung: 27.9.88
Länge: 94 Min.

Hübsche US-Komödie mit allerhand Turbulenzen um einen Fernseher, der die Zukunft zeigt.

Der Golden-Gate-Mörder 390

THE GOLDEN GATE MURDERS **

Video

Regie: Walter Graumann
Darsteller: David Janssen (Paul Silver), Susannah York (Schwester Benecia), Lloyd Bochner (Dr. Hamill), Paul Coufos (Johnny Butler), Tim O'Connor (Dan Bradley), Kim Hunter (Oberschwester), Richard O'Brien (Brückenarbeiter)
Drehbuch: David J. Kinghorn. Nach dem Bühnenstück »Specter on the Bridge«
Kamera: Jack Swain (Farbe)
Musik: Sol Kaplan
Schnitt: James T. Heckert
Produktion: Walter Grauman für Universal TV, USA 1979
Verleih: -/-/-/CIC Video
Uraufführung: 3.10.79 (CBS)
Erstaufführung: Juni 88
FSK: ab 12 J.
Länge: 92 Min.

Ein eigenbrötlerischer Detektiv und eine südafrikanische Ordensschwester entlarven gemeinsam den wahnsinnigen Brücken-Killer. Nach den Straßen nun also die Brücken von San Francisco.

Good Morning Babylon 391

GOOD MORNING BABYLONIA ****

Regie: Paolo und Vittorio Taviani
Darsteller: Vincent Spano (Nicola), Joaquim De Almeida (Andrea), Desiree Becker (Mabel), Greta Scacchi (Edna), Omero Antonutti (Bonnano), Charles Dance (D.W. Griffith), Bérangère Bonvoisin (Moglie Griffith), David Brandon (Grass), Brian Freilino (Thompson), Margarita Lozano, Massima Venturiello, Andrea Prodan
Drehbuch: Paolo und Vittoria Taviani mit Tonino Guerra, nach einer Idee von Lloyd Fonvielle
Kamera: Giuseppa Lanci (Farbe)
Musik: Nicola Piovani
Schnitt: Roberto Perpignani
Produktion: Giuliani G. De Negri für Filmtre/MK2/Pressman Film in Zusammenarbeit mit RAI Radiotelevisione, Rom/Films A2, Italien/Frankreich/USA 1986
Verleih: Jugendfilm/Constantin/Monopole-Pathé/EuroVideo

Uraufführung: Außer Konkurrenz beim Int. Filmfestival Cannes 1987
Kinostart: 28.1.88; TV: 5.2.1989, ZDF
FSK: ab 12, ffr.
Länge: 118 Min.
Prädikat: Wertvoll

Die Filme der Brüder Taviani sind lyrische Gesänge Italiens, Gleichnisse von Vätern und Söhnen mit dem Symbol-Pathos der großen Oper, mitreißend sinnlich in den Visionen des Landes, seiner Natur und seiner Geschichte. Die schönsten dieser Filme (»Allsonsanfan«, »Padre Padrone«, »Die Nacht von San Lorenzo«) sind Maßstab geworden für die Kunst der Tavianis.

Daß die Symbolkraft ihrer neuen Italiener-Hymne »Good Morning Babylon« diesmal merkwürdig ins Leere donnert, immer nur gewaltige Anläufe nimmt und dann nur im trivialnaiven Hollywood-Glücksrittertraum dahintändelt, mag wohl vor allem daran liegen, daß die Musik keine eigene dramatische Brillanz entwickelt. So entweicht das alte Taviani-Thema – zwei Brüder in der Generationenkette italienischer Söhne und Väter – immer mehr in die sentimentale Pseudo-Mythologie.

Dabei hat der Huldigungsfilm an die frühe Pionierkunst des Kinos wunderbar poetische Details: Wie zwei Steinmetzbrüder aus der Toscana, erprobt an der Restauration heimatlicher Kirchen, nach Amerika auswandern, vom Schicksal nach Hollywood geschubst werden, wo der berühmte Griffith justament italienische Architekten sucht für seinen Monumentalfilm »Intolerance«, und wie die beiden mit den Elefantenmodellen von Babylon ihr Glück machen als Handwerker einer neuen Kunst – das hat den Charme der frühen filmhistorischen Pionier-Anekdoten.

Doch wie die beiden ihre Frauen finden, den alten Vater zur Hochzeit kommen lassen, neue Söhne zeugen, in Streit geraten, in den Krieg ziehen – das wirkt in der Stilisierung dann oft nur lächerlich: Das Melodram wird nicht zur Verdi-Oper sondern zum Gips-Denkmal für den unbekannten Kino-Elefanten.

Da hat dann auch der tapferste Taviani-Fan am Ende die ewigen Väter und Söhne satt und fragt sich, was wäre, wenn einer der Vatersöhne nun, gegen jede Spielregel, eine Tochter in der Wiege vorfände? Dahin die Kultur, die Baukunst der Toscana, die kreative Lust des Films? Ein babylonischer Einbruch ins Elefantenpatriarchat.

Ponkie, AZ

Doris Blum in: Die Welt, 29.1.88; Wolf Donner in: tip, 3/88; Marli Feldvoss in: FAZ,, 29.1.88; Bodo Fründt in: SZ, 28.1.88; Fritz Göttler in: Kölner Stadt-Anzeiger, 30./31.1.88

Good Morning Vietnam 392

GOOD MORNING VIETNAM ****

Regie: Barry Levinson
Darsteller: Robin Williams (Adrian Cronauer), Forest Whitaker (Edward Garlick), Tung Thanh Tran (Tuan), Chintara Sukapatana (Trinh), Bruno Kirby (Lt.Steven Hauk), Robert Wuhl (Marty Lee Dreiwitz), J.T.Walsh (Sgt.Major Dickerson), Noble Willingham (Gen.Taylor), Richard Edson (Pvt.Abersold), Juney Smith, Richard Portnow, Floyd Vivino, Danny Aiello III, James McIntire
Drehbuch: Mitch Markowitz
Kamera: Peter Sova (Farbe)
Musik: Alex North
Schnitt: Stu Linder
Produktion: Mark Johnson & Larry Brezner für Touchstone mit Silver Screen Partners III, USA 1987
Verleih: Warner Bros./dito/dito/ Touchstone Video
Kinostart: 8.9.1988
FSK: ab 12, ffr.
Länge: 121 Min.

Der Film spielt in Saigon 1965 kurz vor der ersten US-Großinvasion. Ein Militär-Radio-Discjockey kommt in die noch friedliche Stadt und revolutioniert den langweiligen Army-Sender mit aktuellem US-Rock und mit seiner Trommelfeuer-Performance voller Gags, Pointen, Zoten, Sprachverren-

Ein Künstler und ein Kämpfer am Mikrophon. Robin Williams in »Good Morning, Vietnam«.

kungen und politischer Frechheiten. Er wird zum Helden der GIs und der Vietnamesen, wird zu rebellisch, muß schließlich gehen. Ein einfacher Film, bemüht um eine kritische Haltung. Auch der subtile Kulturimperialismus der Story, die deftigen Klischees in Bild und Ton und der überforderte Komiker Robin Williams in der allzu glamourös angelegten Starrolle schmälern die hehren liberalen Ambitionen. *Wolf Donner, tip*

Helmut Schmitz in: FR, 9.9.88; Margarethe von Schwarzkopf in: Die Welt, 8.9.88; steadycam 10/88

Gor 393
GOR *
Video

Regie: Fritz Kiersch
Darsteller: Urbano Barberini (Cabot), Rebecca Ferratti (Talena), Paul L. Smith (Surbus), Oliver Reed (Sarm), Jack Palance (Xenos), Larry Taylor (Marlenus), Graham Clarke (Drusus), Donna Denton (Lara)
Drehbuch: Rick Marx, Peter Welbeck .Nach dem Roman »Tarnsman of Gor« von John Norman
Kamera: Hans Khule (Rank Color)
Schnitt: Max Lemon, Ken Bornstein
Produktion: Harry Alan Towers, Avi Lerner für Cannon International, USA 1987
Verleih: -/-/-/Cannon/VMP Video
Erstaufführung: 28.11.88
FSK: ab 16 J.
Länge: 94 (91) Min.

Verfilmung des ersten Gor-Romans: Nach einem Autounfall schleudert es einen Universitätsprofessor auf eine Art Gegenerde, wo er zum muskulösen Schwertschwinger avancieren und gegen einen bösen Hohepriester antreten darf.

Das Grauen um Ludlow 394
THE DEMONS OF LUDLOW *
Video

Regie: Bill Rebane
Darsteller: Paul van Hausen, James Robinson, Stephanie Cushna
Drehbuch: William Arthur
Kamera: William Arthur (Farbe)
Produktion: Titan International, USA 1983
Verleih: -/-/-/Horror Class Video
Erstaufführung: 20.4.88
FSK: ab 16 J.
Länge: 89 Min.

Mäßiger Horrorfilm mit den bekannten Versatzstücken und ohne besondere Effekte: Ein verfluchtes Klavier beschwört mörderische Dämonen herauf.

Die grellen Lichter der Großstadt 395
BRIGHT LIGHTS, BIG CITY ***

Regie: James Bridges
Darsteller: Michael J. Fox (Jamie), Kiefer Sutherland (Tad), Phoebe Cates (Amanda), Swoosie Kurtz (Megan), Frances Sternhagen (Clara), Tracy Pollan (Vicky), John Houseman (Mr. Vogel), Jason Robards (Alex Hardy), Charlie Schlatter (Michael), David Warrilow (Rittenhouse), Dianne Wiest (Mutter), Alec Mapa (Yasu Wade), William Hickey

Der Yuppie-Prinz auf der Suche nach dem Sinn. Michael J. Fox in »Die grellen Lichter der Großstadt«.

Drehbuch: Jay McInerny, nach seiner Novelle »Ein starker Abgang«
Kamera: Gordon Willis (Technicolor)
Musik: Donald Fagen
Schnitt: John Bloom
Produktion: Mark Rosenberg, Sydney Pollack für United Artists, USA 1988
Verleih: UIP/UIP/UIP/Warner Home Video
Kinostart: 14.7.88
FSK: ab 16, ffr.
Länge: 107 Min.
Prädikat: Besonders wertvoll

Die Verfilmung eines Yuppie-Bestsellers, deutscher Titel »Ein starker Abgang«, von Jay McInerney: Zeitgeist-Kino der gestylten Art.
Dem schillernden Oberflächenreiz erliegt Regisseur James Bridges (»Das China Syndrom«) letztendlich doch, obwohl ihm streckenweise eine beklemmend bunte New-York-Stimmung bis an die Schmerzgrenze gelingt.
Darsteller Michael J. Fox überrascht durch differenzierteres Spiel als in seinen bisherigen charming movies. Als von privaten Schicksalsschlägen gebeutelter Provinzler, der in New York ein neues Leben anfangen will und erst mal im Drogen-, Disco- und Sexmilieu landet, kann Fox sogar ein bißchen gegen die hanebüchene Story überzeugen.
Highlights hat der Film im Soundtrack: Bryan Ferry, Depeche Mode, Prince und andere. *Frauke Hanck, tz*

Helmut W. Banz in: Kölner Stadt-Anzeiger, 16./17.7.88; Gerd Berghoff in: Kölnische Rundschau, 16./17.7.88; Bodo Fründt in: SZ, 18.7.88; Regina Heiter in: Rheinische Post, 15.6.88; Ponkie in: AZ, 16./17.7.88

Gremlords 396

HYPERSPACE *

Video

Regie: Todd Durham
Darsteller: Alan Merx, Paula Poundstone, Chris Elliott, Robert Bloodworth, R.C. Nanney
Kamera: Irl Dixon (Farbe)
Musik: Don Davis
Produktion: Earl Owensby Studios, USA 1987
Verleih: -/-/-/Highlight Video
FSK: ab 12 J.
Länge: 90 Min.

Im Unterlichtantrieb dahintuckernder SF-Klamauk: Außerirdischer Bösewicht wähnt in der Tankstellengehilfin Karen eine geflüchtete Prinzessin.

Grenze der Hoffnung 397

RIVER OF PROMISES ***

TV

Regie: Lee H. Katzin
Darsteller: Richard Yniguez (Miguel Rataza), Joe Santos (Cordelia), Rose Portillo (Rosalia), Jaime Sanchez (Lopez), Julio Medina (Pedro), Gregory Sierra (Aguilar)
Drehbuch: Michael Mann
Kamera: Emmett Bergholz
Musik: Richard Markowitz
Schnitt: David Wages
Produktion: David Gerber Prod., USA 1977
Sendetermin: 29.4.88, ZDF
Länge: 92 Min.

Viele Mexikaner sehnen sich danach, die Grenze der Hoffnung überschreiten zu dürfen: Auf der anderen Seite liegen die USA, das gelobte Land, das Arbeit und ein besseres Leben verspricht. Doch den meisten ist die Grenze versperrt. Und so nützen skrupellose Geschäftemacher die Notsituation aus: In einem lukrativen Menschenhandel bringen sie Mexikaner illegal in die USA und beuten die rechtlosen Menschen als Schwarzarbeiter aus. Ein US-Polizist mexikanischer Abstammung läßt sich in eine solche Menschenschmuggler-Organisation einschleusen. Regisseur Lee H. Katzin, bislang mit reiner Spannungskost hervorgetreten, verpackte hier Sozialkritik in eine Krimi-Story. *AZ*

Der große Bluff im Sperrbezirk 398

THE RED LIGHT STING **

TV

Regie: Rod Holcomb
Sendetermin: 25.6.88, ARD

Unter dem Titel »Der Strich gehört der Polizei« bereits auf Video erschienen.

Almuth Murawski in: Abendpost Nachtausgabe, 25.6.88; Hellmut A. Lange in: Rhein-Zeitung, 27.6.88

Der große Deal 399

L' ENNEMIE PUBLIC NO. 2 **

Video

Regie: Edouard Niermans
Darsteller: Jean-François Stevenin, Jean-Pierre Sentier, Florent Pogny, Fabienne Babe, Dominique Walera
Drehbuch: Edouard Niermans, Didier Haudepin, Jacques Audiard. Nach einem Roman von Gérard Lecas
Kamera: Gérard de Battista (Farbe)
Musik: Michel Portal
Produktion: TF 1/Hamster Productions/La Télévision Suisse Romande/RTL/RAI, Frankreich/Luxemburg/Schweiz/ Italien 1984
Verleih: -/-/-/UFA Video
Erstaufführung: 13.9.88
FSK: ab 16 J.
Länge: 90 Min.

Stimmungsvoller französischer Gangsterfilm, der als Schelmenstück mit komödiantischen Elementen beginnt, um desillusionierend-gewaltsam zu enden. Das Finale orientiert sich deutlich an der »Hinrichtung« des Bankräubers und Ausbrecherkönigs Jacques Meserine durch die Polizei.

Der große Leichtsinn 400

THE BIG EASY ****

Regie: Jim McBride
Darsteller: Dennis Quaid (Remy McSwain), Ellen Barkin (Anne Osborne), Ned Beatty (Jack Kellom), John Goodman (Detektiv DeSoto), Lisa Jane Persky (Detektiv McCabe), Ebbe Roe Smith (Detektiv Ed Dodge), Thomas O'Brien (Bobby McSwain), Marc Lawrence, Solomon Burke, Jim Garrison
Drehbuch: Dan Petrie jr.
Kamera: Alfonso Beato (DeLuxe Color)
Musik: Brad Fiedel
Schnitt: Mia Goldman
Produktion: Stephen Friedman für Kings Road, USA 1986
Verleih: Kuchenreuther/Czerny/Cactus/ RCA-Columbia Video
Erstaufführung: 27.11.86, Int. Filmfestival Rio de Janeiro
Kinostart: 24.3.1988
FSK: ab 16, ffr.
Länge: 103 Min.
Prädikat: Besonders wertvoll

»The Big Easy« nennt der Volksmund die Stadt New Orleans, wo man es mit allem nicht ganz so ernst nimmt, auch nicht mit den Gesetzen: Als eine Staatsanwältin der Korruption in den Reihen der Polizei nachgeht, stößt sie auf ein blutiges Heroingeschäft, in das die Gesetzeshüter verwickelt sind. Mit furiosem Tempo schnellt Jim McBrides komödiantischer Thriller durch die filmischen Genres und schmilzt, etwas schnoddrig zwar, zu einem genauso aufregenden Tiegel verschiedenartigster Stile zusammen wie das eigentümliche Gebräu des »Cajun«, jener Musik Louisianas, welche die betont künstlich ausgeleuchteten Bilder rhythmisch aufheizt. *Zoom*

Gregor Dotzauer in: FAZ, 26.3.88; Fritz Göttler in: Kölner Stadt-Anzeiger, 26./27.3.88; Heike Kühn in: FR, 28.3.88; H.G. Pflaum in: SZ, 24.3.88; Arnd Schirmer in: Der Spiegel, 21.3.88; Claudius Seidl in: Tempo, 3/88; Roland Vogeler in: Zoom, 9/88

Der große Santini 401

THE GREAT SANTINI ****

TV

Regie: Lewis John Carlino
Darsteller: Robert Duvall (Bull Meechum),

Plakat zu »Der große Leichtsinn«.

Blythe Danner (Lillian Meechum), Michael O'Keefe (Ben Meechum), Lisa Jane Persky (Mary Anne Meechum), Brian Andrews, Stan Shaw
Drehbuch: Lewis John Carlino
Kamera: Ralph Woolsey
Musik: Elmer Bernstein
Schnitt: Houseley Stevenson
Produktion: Charles A. Pratt für Columbia, USA 1980
Sendetermin: 30.9.88, ARD
Länge: 110 Min.

Colonel Bull Meechum brüstet sich damit, der meistgehaßte Staffelführer des US-Marine-Corps zu sein. Der leidenschaftliche Jagdflieger kommt mit dem Routinedienst in Friedenszeiten nicht zurecht; er malträtiert seine Untergebenen und schafft auch Zwist in seiner Familie, weil er seinen ältesten Sohn zu einem Super-Macho nach seinem Bilde formen will. *ARD*

Grotesk – Kampf ums Überleben 402

GROTESQUE *

Video

Regie: Joe Tornatore
Darsteller: Linda Blair (Lisa), Tab Hunter (Rod), Donna Wilkes (Kathy), Brad Wilson (Scratch), Nels van Patten (Gibbs), Guy Stockwell (Orville Kruger), Sharon Hughes, Charles Dierkop
Drehbuch: Mikel Angel
Kamera: Bill Dickson (Fotokem Color)
Musik: Bill Loose, Jack Cookerly
Produktion: Mike Lane, Chris Morrell für United Filmmakers Group, USA 1988
Verleih: -/-/-/Highlight Video
Erstaufführung: 6.6.88
FSK: nicht unter 18 J.
Länge: 79 Min.

Lisas Vater, ein Special-Effects-Mann beim Film, ihre Mutter und ihre Freundin werden in ihrem Wochenendhaus von mordlüsternen Punkrockern massakriert. Aufgebracht bringt daraufhin der verborgen im Haus wohnende, restlos entstellte Cousin von Lisa die Punker um. Trübes Blutgericht aus Horror- und Actionzutaten, das seinen Filmtitel redlich verdient und in der letzten Szene (das ganze Blutbad erweist sich als Film im Film!) dem Geschehen augenzwinkernd eine komische Wendung geben will. *VideoWoche*

Die Gruft 403

GRAVEYARD DISTURBANCE **

Video

Regie: Lamberto Bava
Darsteller: Gregory Lech Thaddeus, Lea Martino, Beatrice Ring, Gianmarco Tognazzi, Karl Zinny
Drehbuch: Dardano Sacchetti, Lamberto Bava
Kamera: Gianlorenzo Battaglia (Farbe)
Musik: Simon Boswell
Produktion: Dania Cinematografica/Devon Films, Italien 1987
Verleih: -/-/-/Hit Video
FSK: ab 16 J.
Länge: 88 Min.

Um einen Goldschatz zu erringen, verbringen einige Jugendliche eine Nacht in einem Grabgewölbe.

Gunbus – Zwei Blechpiloten und ihre fliegenden Kisten 404

GUNBUS **

Regie: Zoran Perisic
Darsteller: Scott McGinnis (Barney), Jeffrey Osterhage (Luke), Miles Anderson (Captain Bannock), Terence Harvey (Colonel Canning), Michael Jenn (Nicky), Simon Harris (Aldiss), Valerie Steffen (Yvette), Ingrid Held (Mitsou), Ronald Lacey (Fritz), Bernice Stegers (Gräfin Olga)
Drehbuch: Thom Keyes
Kamera: David Watkin (Farbe)
Musik: Alfi Kabiljo
Produktion: Richard Herland, Großbritannien 1985/1986
Verleih: Metropol/Fleur-Film/-/VPS Video
Kinostart: 18.2.88
FSK: ab 16, nffr.
Länge: 92 Min.

Der fehlgeschlagene Versuch von zwei dynamischen (und mit Dynamit vertrauten) Bankräubern im Wilden Westen, eine Backstein-Bank zu knakken, verschlägt sie unverhofft in die Schützengräben des Ersten Weltkriegs, wo sie vom Pferdesattel in die Pilotenkanzel wechseln und eine teutonische Wunderwaffe vom Himmel holen. Ein krudes britisches Konglomerat aus Western, Kriegsklamotte und Bruchpilotenklamauk, das im lässigen Umgang mit Raum und Zeit an Filme der Monty-Python-Truppe erinnert. Doch da Phantasie und Witz fehlen, wird neben der Logik vor allem die Geduld des Betrachters strapaziert.

Helmut W. Banz, Kölner Stadt-Anzeiger

Hail, Hail, Rock'n Roll 405

HAIL! HAIL! ROCK'N ROLL ***

Regie: Taylor Hackford
Darsteller: Chuck Berry, Eric Clapton, Robert Cray, Etta James, Julian Lennon
Kamera: Oliver Stapleton (Farbe)
Musik: Keith Richard
Produktion: Stephanie Bennett, Chuck Berry für Delilah Films Prod., USA 1987
Verleih: UIP/UIP/-/CIC Video
Erstaufführung: 14.2.88 im Wettbewerb der Int. Filmfestspiele Berlin
Kinostart: 25.2.88
FSK: ab 6, ffr.
Länge: 120 Min. (OmU)

Dieser vom »Vater« des Rock 'n Roll und stilbildenden Poeten und Gitarristen Chuck Berry mitproduzierte Film bringt Highlights aus seinem Jubiläumskonzert in St. Louis anläßlich seines 60. Geburtstags. Interviews mit ihm, einigen seiner Freunde und Musikerkollegen erhellen nicht nur seine Biographie, sondern auch seine einmalige Stellung in diesem Musikgenre. Für Fans und Liebhaber von Musikerportäts sehenswert.

Walter Aulehia, multimedia

Gregor Dotzauer in: FAZ, 21.3.88; Daland Segler in: FR, 2.4.88; Hans Heff in: Rheinische Post, 4.3.88

Hairspray 406

HAIRSPRAY ****

Regie: John Waters
Darsteller: Sonny Bono (Franklin von Tussle), Ruth Brown (Motormouth Maybelle), Divine (Edna Turnblad/Mr. Hodgepile), Debbie Harry (Velma von Tussle), Ricki Lake (Tracy Turnblad), Jerry Stiller (Wilbur Turnblad), Colleen Fitzpatrick (Amber von Tussle), Pia Zadora (Beatnik girl), Michael Gerard, Shawn Thompson, Mink Stole
Drehbuch: John Waters
Kamera: Dave Insley (Farbe)

»Hail! Hail! Rock'nRoll!«: Regisseur Taylor Hackford (ganz links) mit drei großen Rock'nRollern: v. l. Bo Diddley, Little Richard und Chuck Berry.

Haarstil und Körperkultur. Das Mutter/Tochter-Powerduo Ricki Lake und Divine in »Hairspray«.

Schnitt: Charles Roggero
Produktion: Rachel Talalay für New Line Cinema, USA 1987
Verleih: Arsenal/Fleur/Alpha/RCA/Columbia Video
Erstaufführung: 23.2.88 Reihe Panorama bei den Int. Filmfestspielen Berlin
Kinostart: 4.8.88
FSK: ab 6, ffr.
Länge: 92 Min. (OmU)

In dem letzten Film, den der »Schund-Papst« John Waters in seiner Heimatstadt Baltimore mit dem mittlerweile verstorbenen Transsexuellen Divine gedreht hat, ist diese haarige Zeitgeschichte nur noch ein fader Vorwand für hemmungslose Nostalgie: Für einen Film im Look der momentan so beliebten (aus)klingenden und -schwingenden Fifties, aus dem man die Dialoge getrost hätte streichen können. Die reichlich bemessenen Tanzeinlagen, die Darsteller, die sich heftig chargierend über die Vorurteile der weißen Kleinstadtsnobs mokieren, sollen dabei lediglich die Klischees von tanzwütigen Negern und der rassenübergreifenden Macht der Musik reproduzieren. Sie sagen alles: über ein Regisseur, der im Gedenken an seine bewegliche Jugend in seligem Kitsch und süßer Einfalt steckengeblieben ist. *Heike Kühn, FR*

Im nahezu unantastbaren Bereich absoluter Trivialität und kindischer Blödelei bewegt sich Waters' zehnter Film: Fetter Teenie mit fetter Mutter (Divine) wird Star einer lokalen TV-Show. Je nach Geschmack eine Gaudi oder ein Martyrium. In jedem Fall im blitzblanken 60er-Jahre-Ambiente, mit Rassenproblematik aufgeblasen und zugedröhnt mit adäquatem Soundtrack. *W.O.P. Kistner, AZ*

Michael Althen in: Tempo, 6/88; Andreas Berger in: Zoom, 14/88; Jürgen Richter in: FAZ, 6.8.88; Christian Winterfeldt in: Kölner Stadt-Anzeiger, 13.8.88; Dagmar Zindel in: Kölnische Rundschau, 13.8.88

Das Halloween Monster 407
PUMPKINHEAD **

Regie: Stan Winston
Darsteller: Lance Henriksen (Ed Harley), Jeff East (Chris), John DiAquino (Joel), Kimberly Ross (Kim), Joel Hoffman (Steve), Cynthia Bain (Tracy), Kerry Remsen (Maggie), Florence Schauffler, Brian Bremer, Matthew Hurley, Lee DeBroux, Peggy Walton Walker
Drehbuch: Mark Patrick Carducci, Gary Gerani, nach einer Story von Mark Patrick Carducci, Stan Winston, Richard C. Weinman
Kamera: Bojan Bazelli (Technicolor)
Musik: Richard Stone
Schnitt: Marcus Manton
Produktion: Howard Smith, Richard C. Weinman mit Billy Blake für Lions Films, USA 1987
Verleih: 20th Century Fox/Centfox/-/VCL/Virgin Video
Kinostart: 23.6.88
FSK: ab 18, nffr.
Länge: 86 Min.

Das Halloween-Monster, der »Kürbiskopf«, ist ein rächender Dämon, der von einer Hexe aus der »Hölle« ins Leben gerufen wird, um den Rachedurst eines Vaters zu stillen, dessen Sohn durch Motocross-Fahrer unabsichtlich getötet worden ist. Nach bestialischer Ermordung einiger junger Menschen bricht der reuige »Rächer« die Macht des Dämons, in dem er sich erschießen läßt. Abstruser Horrorfilm mit geringer Handlungsmotivation. *multimedia*

Jürgen Richter in: FAZ, 5.9.88

Halloween Night 408

DEATH MASK *

Video

Regie: Jag Mundhra
Darsteller: Hy Pyke, Katina Garner, Carla Baron, Patricia Christie, Gregory Scott Cummins
Drehbuch: Carla Robinson
Kamera: Stephen A. Blake (Farbe)
Musik: Gregory Haggard
Produktion: Spencer Films, USA 1987
Verleih: -/-/-/Carrera Topline Video
Erstaufführung: 30.7.88
FSK: nicht unter 18 J.
Länge: 84 Min.

Bei einer Halloween-Party in dem alten Haus der Familie geschehen grausige Morde. Der Killer arbeitet mit einer Satansmaske und bleibt unentdeckt. Auf dem Höhepunkt des okkulten Festes fällt der Schleier des Mörders. Mäßiger Horror ohne besondere Auffälligkeiten. *Video-Markt*

Hamburger Hill 409

HAMBURGER HILL ***

Regie: John Irvin
Darsteller: Anthony Barrile, Michael Patrick Boatman, Don Cheadle, Michael Dolan, Don James, Dylan McDermott, M.A. Nickles, Harry O'Reilly, Daniel O'Shea, J.C.Palmore, Tim Quill, Tommy Swerdlow, Courtney B. Vance, Steven Weber
Drehbuch: Jim Carabatsos
Kamera: Peter McDonald (Farbe)
Musik: Philip Glass
Produktion: Marcia Nasatir, Larry De Waay für RKO Pictures, USA 1987
Verleih: Tivoli/Constantin/Rialto
Kinostart: 25.2.88
FSK: ab 16, ffr.
Länge: 104 Min.

Ein krud-naturalistisches filmisches Kriegsdenkmal für US-Soldaten, die im Kampf um einen Hügel im vietnamesischen Ashautal gefallen sind. Die Soldaten betiteln den Hügel am Ende als »Hamburger Hill«, die Sinnlosigkeit eines Unternehmens illustrierend, das zwei Dritteln der beteiligten Männer das Leben gekostet hat. Trotz einiger kritischer Töne ist der Film amerikanisch-selbstbezogen und endet in einem musikalisch untermalten, überhöhten Schluß. *Zoom*

Heiko R. Blum in: Rheinische Post, 26.2.88; Richard Emele in: Multimedia, 15555; Harald Pauli in: Tempo, 3/88

Hands of a Stranger – Ein Mann nimmt Rache 410

HANDS OF A STRANGER *

Video

Regie: Larry Elikann
Darsteller: Armand Assante (Joe Hearn), Beverly D'Angelo (Mary Hearn), Blair Brown, Michael Lerner, Patricia Richardson, Arliss Howard, Philip Casnoff
Drehbuch: Arthur Kopit. Nach dem Roman von Robert Daley
Kamera: Laszlo George (Farbe)
Produktion: Lynn Raynor für Edgar J. Scherick Assoc., USA 1987
Verleih: -/-/-/Taurus Video
Uraufführung: 10.5.87/11.5.87 (CBS)
Erstaufführung: 25.5.88
FSK: ab 16 J.
Länge: 184 Min.

Bei einem versuchten Seitensprung wird die Frau eines Polizisten von einem brutalen Fremden vergewaltigt, fotografiert und erpreßt. Ihr Gatte vernachlässigt daraufhin seinen Job und macht sich auf die Suche nach dem Täter. Brav dahinplätschernder TV-Krimi.

Hangmen 2 – The Mission 411

COVERT ACTION *

Video

Regie: Christian Ingvordsen
Darsteller: Rick Washburn, John Christian, Stuart G. Day, Amanda Zinsser, Johnny Stumper
Drehbuch: Christian Ingvordsen, Rick Washburn

Kamera: Steve Kamann (Farbe)
Produktion: Cinema Sciences, USA 1987
Verleih: -/-/-/IHE Video
Erstaufführung: Mai 88
FSK: nicht unter 18 J.
Länge: 82 Min.

Zweiköpfiges Sonderkommando in einem Intrigenspiel um Rauschgiftdepots und einen ermordeten Marionettenpräsidenten.

Hanussen 412

****

Regie: István Szabó
Darsteller: Klaus Maria Brandauer (Hanussen), Erland Josephson (Dr. Bettelheim), Ildikó Bansági (Schwester Betty), Walter Schmidinger (Propagandaminister), Károly Eperjes (Nowotny), Gyorgy Cserhalmi (Graf Trantow-Waldbach), Grazina Szapolowska, Colette Pilz-Warren, Adriana Biedrzynska, Péter Andorai
Drehbuch: István Szabó, Peter Dobai; Mitarbeit: Paul Hengge
Kamera: Lajos Koltai (Eastmancolor)
Musik: Gyorgy Vukan
Schnitt: Zsuzsa Csakany
Produktion: Arthur Brauner für CCC/Objektiv/Ma-Film/Hungarofilm/ZDF/ORF, BRD/Ungarn 1988
Verleih: Tobis/Constantin/Rex
Uraufführung: 21. Mai 1988 bei den Int. Filmfestspielen Cannes
Kinostart: 20.10.88
FSK: ab 16, ffr.
Länge: 140 (116) Min.
Prädikat: Wertvoll

Hanussen, ein berühmt-berüchtigter Hellseher, sagt Hitlers Wahl zum Reichskanzler voraus und wird fortan von den Nazis gehätschelt, bis er sich, als er den Reichstagsbrand prophezeit, zuviel Macht herausnimmt. Aus der historisch zwielichtigen Biographie Hanussens formt István Szabó, wie bereits in »Mephisto«, das exemplarische Porträt eines karrieresüchtigen Opportunisten. Wenn auch metaphorisch überdeutlich, kristallisiert sich zudem allmählich das interessante Bild eines Propheten heraus, der, im Gegensatz zu Hitler, dem anderen »Übermenschen« jener Zeit, den Pakt mit dem Teufel nicht eingeht. *Zoom*

Gerd Berghoff in: Kölner Rundschau, 22.10.88; Bodo Fründt in: SZ, 20.10.88; Michael Kötz in: FR, 17.10.88; Eva Maria Lenz in: FAZ, 15.10.88; Jürgen Richter in: FAZ, 13.10.88

Klaus Maria Brandauer (rechts) in »Hanussen«.

Happy Birthday, Harry 413

FEBBRE A 40! *

Video

Regie: Marius Mattei
Darsteller: John Richardson, Marisa Mell, Carole André, Eleonora Fani, Terry-Thomas
Drehbuch: Marius Mattei, Christian Lutz-Laske
Kamera: Marcello Masciocchi, Angelo Fani (Farbe)
Musik: German Weiss
Produktion: S.A.C.I. Film/H.L. Film/Pal International, Italien/BRD 1976
Verleih: -/-/-/G.L. Video
Erstaufführung: 27.6.88
FSK: nicht unter 18 J.
Länge: 79 Min.

Herausgeber eines Busenblättchens sucht heiratsfähige Frau, um seine Moneten nicht zu verlieren. Belanglose Klamotte mit dem einen oder anderen D-Körbchen-Füller.

Happy New Year 414

HAPPY NEW YEAR ***

Video

Regie: John G. Avildsen
Darsteller: Peter Falk (Nick), Charles Durning (Charlie), Tom Courtenay (Edward Sanders), Wendy Hughes (Carolyn Benedict), Joan Copeland (Sunny), Tracy Brooks Swope (Nina), Daniel Gerroll (Kurator), Bruce Malmuth (Polizist)
Drehbuch: Nancy Dowd. Nach dem Film »La bonne année« von Claude Lelouch
Kamera: James Crabe (DeLuxe Color)
Musik: Bill Conti
Schnitt: Jane Kurson
Produktion: Jerry Weintraub für Columbia-Delphi IV, USA 1986
Verleih: -/-/-/RCA/Columbia Video
Erstaufführung: 18.10.88
FSK: ab 12 J.
Länge: 85 Min.

Remake von »La Bonne Année« von Claude Lelouch mit Lino Ventura; Frankreich 1973

Zwei Ganoven planen den großen Coup: Überfall auf ein Juwelengeschäft in der exklusivsten Gegend Kaliforniens. Alles ist blendend vorbereitet, da kommt die Liebe dazwischen. Juwelenraubkomödie, mit bescheidenen Mitteln inszeniert.
Die Stärken liegen in einer respektablen Geschichte und der Verwandlungsfähigkeit von »Columbo« Peter Falk. *Video-Markt*

Harte Männer tanzen nicht 415

TOUGH GUYS DON'T DANCE ****

Video

Regie: Norman Mailer
Darsteller: Ryan O'Neal (Tim Madden), Isabella Rossellini (Madeline), Debra Sandlund (Patty Lareine), Wings Hauser (Regency), John Bedford Lloyd (Wardley Meeks), Clarence Williams 3d (Bolo), Lawrence Tierney (Doug Maggen)
Drehbuch: Norman Mailer
Kamera: John Bailey (TVC Color)
Musik: Angelo Badalamenti
Schnitt: Debra McDermott
Produktion: Menahem Golan, Yoram Globus für Cannon/Zoetrope, USA 1987
Verleih: -/-/-/VMP Video
Uraufführung: Filmfest München, Videoreihe
FSK: nicht unter 18 J.
Länge: 108 Min.

Manierierter Versuch an einem Film Noir: Ein kokaindealender Gelegenheitsschriftsteller versucht, den mörderischen Ereignissen während seines Blackouts nachzuspüren.

Haus der Spiele 416

HOUSE OF GAMES ****

Regie: David Mamet
Darsteller: Lindsay Crouse (Margaret Ford), Joe Mantegna (Mike), Mike Nussbaum

Isabella Rossellini und Ryan ONeal in »Tough Guys Don't Dance«.

Psychologische Spiele. Lindsay Crouse in »Haus der Spiele«.

(Joey), Lilia Skala (Dr. Littauer), J.T. Walsh (Geschäftsmann), Willo Hausman, Karen Kohlhaas, Steve Goldstein, Jack Wallace, Ricky Jay, G. Roy Levin, Bob Lumbra
Drehbuch: David Mamet, nach einer Erzählung von David Mamet und Jonathan Katz
Kamera: Juan Ruiz Anchia (Farbe, Panavision)
Musik: Alaric Jans
Schnitt: Trudy Ship
Produktion: Michael Hausman für Filmhaus Prod., USA 1987
Verleih: 20th Century Fox/dto./dto./RCA/ Columbia Video
Erstaufführung: 3.9.88, Int. Filmfestspiele Venedig
Kinostart: 24.3.88
FSK: ab 16, ffr.
Länge: 101 Min.

Ein Psycho-Thriller für Zocker. David Mamet, Dramatiker und Drehbuchautor bisher, hat hier seine erste Filmregie gemacht – glänzend.
In dunkle Seelentiefen taucht der Film gleich zu Anfang, ebenso wie die nächtliche Kneipenszenerie mit Pokerspielern im Hinterzimmer. Eine erfolgreiche Psychologin und Bestseller-Autorin wird von einem Patienten um Hilfe gebeten. Gewissenhaft und furchtlos begibt sie sich ins Haus der Spiele und trifft dort auf einen Profi-Spieler.
Mit der Zusammenführung dieser beiden Personen beginnt ein Reigen von Macht, Vertrauen und Betrug in ständigem Wechsel. Und alles läuft ab nach den klassischen Regeln des »film noir«: der einsame Held, die Frau an seiner Seite, die Gang. Nur wird jede Figur, jede Situation, jede Handlungsweise immer wieder gebrochen. Mamet führt uns immer wieder spielerisch aufs Glatteis, vor allem auch seine Hauptfigur, die Psychologin. Sie wird erst Mensch, dann Spieler und trickst schließlich alle aus.
Ein intelligenter, spannender Film zum Mitspielen. *Frauke Hauck, tz*

Lars-Olav Beier in: tip, 7/88; Antonio Gattoni in: Zoom, 4/88; Jürgen Richter in: FAZ, 29.3.88; Josef Schnelle in: FR, 24.3.88; Claudius Seidl in: SZ, 26.3.88

Das Haus der Verdammten 417

THE HOUSE WHERE EVIL DWELLS **

Video

Regie: Kevin Connor
Darsteller: Edward Albert (Ted), Susan George (Laura), Doug McClure (Alex), Amy Barrett (Amy), Mako Hattori (Otami), Toshiyuki Sasaki (Shugoro), Toshiya Maruyama (Masanori)
Drehbuch: Robert A. Suhosky. Nach dem Roman von James W. Hardiman
Kamera: Jacques Haitkin (Technicolor)
Musik: Ken Thorne
Schnitt: Barry Peters
Produktion: Martin B. Cohen für MGM/UA, USA 1982
Verleih: -/-/-/Warner Home Video
Erstaufführung: 19.5.88
FSK: nicht unter 18 J.
Länge: 88 Min.

Drei japanische Geister schlüpfen in die Körper einer amerikanischen

Familie in Kyoto und zwingen sie, das einstige Familienverbrechen nochmal nachzuspielen. Dazwischen gibt es noch eine Teufelsmaske, einen Elfenbeinglücksbringer, riesige Krabbelkrabben, einen Geist in der Suppe und diverse andere Schmankerl aus Amityville. Donald C. Willis sprach von einem Déjà-Buh-Effekt.

Das Haus im Süden 418

LA CASA DEL SUR ***

TV

Regie: Sergio Olhovich
Darsteller: David Reynoso (Don Augusto), Helena Rojo (Elena), Salvador Sanchez (Genaro), Rodrigo Puebla (Cosme), Patricia Reyes Espindola (Maria)
Drehbuch: Sergio Olhovich
Kamera: Eduardo Lujan
Musik: Gustavo Cesar Carrion
Schnitt: Alberto Valenzuela
Produktion: Conacine Dasa Films, Mexiko 1975
Sendetermin: 27.4.88, ZDF
Länge: 94 Min.

Mexiko zu Beginn unseres Jahrhunderts. Die Bewohner eines Dorfes im Norden Mexikos werden auf Anweisung der Behörden in den Süden umgesiedelt, doch wegen eines Wechsels der Eigentumsverhältnisse müssen sie erneut in eine ungewisse Zukunft aufbrechen. Der sozialkritische Streifen ist mit beachtlichem Aufwand in Szene gesetzt und erreicht damit ein künstlerisch überzeugendes Niveau.

Badische Neueste Nachrichten

Anni Ebert in: Main-Post, 29.4.88

Das Haus in der Carroll Street 419

HOUSE ON CARROLL STREET ****

Regie: Peter Yates
Darsteller: Kelly McGillis (Emily Crane), Jeff Daniels (Cochran), Mandy Patinkin (Ray Salwen), Jessica Tandy (Miss Venable), Jonathan Hogan (Alan), Remak Ramsay (Senator Byington), Ken Welsh (Hackett), Christopher Rhode (Stefan), Charles McCaughan, Randle Mell, Michael Flanagan,, Paul Sparer, Brian Davies
Drehbuch: Walter Bernstein
Kamera: Michael Ballhaus (DuArt Color)
Musik: Georges Delerue
Schnitt: Ray Lovejoy
Produktion: Peter Yates, Robert F. Colesberry für Orion, USA 1987
Verleih: 20th Century Fox/Constantin/Monopole Pathé
Kinostart: 5.5.88
FSK: ab 12, ffr.
Länge: 101 (97) Min.

Peter Yates spannend gemachter Politthriller spielt im Amerika der McCarthy-Ära, während der Zeit des Kalten Krieges und der Kommunistenhetze. Die Life-Redaktorin Emily Crane kommt, nachdem sie ihren Job wegen der Beschuldigung unamerikanischer Aktivitäten verloren hat, einer Geheimorganisation auf die Spur, die Naziverbrecher einschleust. Dank ironisch-witzigen Dialogen und einer hervorragenden Kameraarbeit gelingt es Yates, die verharmloste Brisanz des Themas mit einem Hitchcock-Touch auszugleichen. *Zoom*

Michael Althen in: SZ, 22.6.88; Helmut W. Banz in: Kölner Stadt-Anzeiger, 7.5.88; Kai Hoffmann in: FR, 6.5.88; Andreas Kilb in: Die Zeit, 13.5.88; Ponkie in: AZ, 16.7.88

Haus in Schrecken 420

THE HOUSE WHERE DEATH LIVES **

Video

Regie: Alan Beattie
Darsteller: Patricia Pearcy (Meredith Stone), David Hayward (Jeffrey Fraser), John Dukakis (Gabriel), Joseph Cotten (Ivar Langrock), Leon Charles (Phillip), Alice Nunn (Duffy), Patrick Pankhurst (Wilfred)
Drehbuch: Jack Viertel
Kamera: Stephen Posey (Metrocolor)
Musik: Don Peake
Schnitt: Robert Leighton
Produktion: Alan Beattie, Peter Shanaberg für Trauma Associates, USA 1980
Verleih: -/-/-/Charter Video
Erstaufführung: 6.7.88
FSK: nicht unter 18 J.
Länge: 82 Min.

Psychothriller um eine Krankenpflegerin und einen begüterten alten Mann, erzählt aus der Perspektive der

Jeff Daniels in »Das Haus in der Carroll Street«.

Protagonistin. Die Inszenierung ist sehr ruhig, die fremdartige mysteriöse Atmosphäre ist gut eingefangen.

Die Hawaii Connection 421

PICASSO TRIGGER *

Regie: Andy Sidaris
Darsteller: Steve Bond (Travis Abilene), Dona Speir (Donna), Hope Marie Carlton (Taryn), Harold Diamond (Jade), John Aprea (Salazar/Picasso Trigger), Roberta Vasquez, Cynthia Brimhall, Guich Kook
Drehbuch: Andy Sidaris
Kamera: Howard Wexler (Eastmancolor)
Musik: Gary Stockdale
Schnitt: Michael Haight
Produktion: Arlene Sidaris für , USA 1988
Verleih: Ascot/Constantin/-/Ascot Video
Kinostart: 25.8.88
FSK: ab 18, ffr.
Länge: 98 Min.

Eine aus vollbusigen Damen und muskelbepackten Herren bestehende Agentenspezialtruppe reibt die Bande eines Gangsterbosses auf, der nach außen hin als Kunsthändler auftritt. Erbärmlich schlechter Actionfilm, der viel nackte Haut und Landschaft statt Handlung und Logik aufweist.

multimedia

Headline – Das Todescamp 422

DARK HORSE **

Video

Regie: Robert Collins
Darsteller: Nicholas Campbell (Nick Burns), Lenore Kasdorf (Alice), Randy Brooks (Mike), Bo Hopkins (J.C. Patrick), Danielle Michonne, Wings Hauser, James Whitmore jr.
Drehbuch: Bobby Zavatini, Nick Thiel
Kamera: Harry May (Farbe)
Musik: Craig Safan
Produktion: Robert Papazian für Universal, USA 1984
Verleih: -/-/-/CIC Video
Erstaufführung: April 88
FSK: ab 12 J.

Sensationsjournalist nimmt am Überlebenstraining einer Selbsthilfegruppe teil und findet dabei heraus, daß das Camp in Wahrheit zur Ausbildung von Söldnern für südamerikanische Staaten dient.

Heart of a Champion 423

HEART **

Video

Regie: James Lemmo
Darsteller: Brad Davis (Eddie), Francis Fisher (Jeannie), Steve Buscemi (Nicky), Robinson Frank Adu (Buddy), Jesse Doran (Diddy), Sam Gray (Leo), Bill Costello (Boxer)
Drehbuch: James Lemmo, Randy Jurgensen
Kamera: Jacek Laskus (TVC Color)
Musik: Geoff Levin, Chris Many
Schnitt: Lorenzo Marinelli
Produktion: Randy Jurgensen für New World, USA 1987
Verleih: -/-/-/Highlight Video
Erstaufführung: August 88
FSK: ab 16 J.
Länge: 90 Min.

Ein Ex-Boxer verdient sein Geld als Hafenarbeiter und hat nur ein Ziel vor Augen: ein Comeback im Boxring. Ein Syndikat verhilft ihm zum Kampf gegen einen Newcomer, der gerade viel Furore macht. Doch der Fight ist schon lange vor der ersten Runde entschieden. Der alte Champion soll verlieren. Der aber läßt sich auf das gemeine Spiel nicht ein und legt sich mit den Bossen an... *Video-Markt*

Heart of Midnight – Im Herzen der Nacht 424

HEART OF MIDNIGHT ***

Regie: Matthew Chapman
Darsteller: Jennifer Jason Leigh (Carol Rivers), Peter Coyote (Sharpe/Larry), Gale Mayron (Sonny), Sam Schact (Fletcher), Denise Dummont (Mariana), Frank Stallone (Ledray), James Rebhorn (Richard), Nick Love, Steve Buscemi, Brenda Vaccaro
Drehbuch: Matthew Chapman
Kamera: Ray Rivas (Farbe)
Musik: Yanni
Schnitt: Penelope Shaw
Produktion: Andrew Gaty für Samuel Goldwyn Co., USA 1988
Verleih: Jugendfilm/Constantin/-
Kinostart: 10.11.88
FSK: ab 18, ffr.
Länge: 105 Min.

In diesem überambitionierten Film, dem das vorschnelle Etikett »erotischer Thriller« angeheftet wurde, steht er nur für einen heruntergekommenen Nachtclub mit vertrackter Innenarchitektur, Carol erbte ihn von ihrem Onkel und wird in dem ehemaligen Spezialitätenbordell zu den Ursachen ihrer psychischen Verstörung zurückgeführt. Chapman besorgt das in einer Manier, die man schon oft gesehen hat und meist stimmiger – mit viel aufdringlicher Symbolik, Effekthascherei und der obligaten, tolerierbaren Dosis Sex. Nach der Arthur Lyons-Adaptation »Slow burn«, dem wohl peinlichsten Gangsterfilm des Jahrzehnts und »Stranger's Kiss«, einem der herausragenden Noir-Beispiele der 80er, gelang Chapman mit »Heart of Midnight« ein bestenfalls mittelmäßiger Film.

Ulrich van Berg, Kölner Stadt-Anzeiger

Claudius Seidl in: Die Zeit, 11.11.88

Das Heim und die Welt 425

GHARE-BAIRE ****

Regie: Satyajit Ray
Darsteller: Soumitra Chatterji (Sandip), Victor Bannerhi (Nikhilesch), Swatilekha Chatterhi (Bimala), Gopa Aich (Schwägerin), Jennifer Kapoor (Miss Gilby), Manoj Mitra (Rektor), Indrapramit Roy (Amulya), Bimal Chatterji (Kulada)
Drehbuch: Satyajit Ray nach der gleichn. Novelle von Rabindranath Tagore
Kamera: Soumendu Roy (Farbe)
Musik: Satyajit Ray
Schnitt: Dulal Dutt
Produktion: National Film Development Corp. of India (NFDC), Indien 1984
Verleih: Freunde der Deutschen Kinemathek/-/-
Länge: 140 Min. (OmU)

Mit Rays neuestem Film eröffnete das Forum die diesjährige indische Reihe. Das Werk greift auf eine Romanvorlage zurück, in der es um die Teilung Bengalens in einen hinduistischen und einen moslemischen Teil im Jahre 1905 geht. Zentrale Figur des Filmes ist die Frau eines fortschrittlichen hinduistischen Fürsten, die dieser dazu zu überreden versucht, die Abgeschiedenheit des inneren Palastes zu verlassen und der Außenwelt zu begegnen. Wie ein Ritual führt Ray dieses Hinaustreten vor.

Wilfried Geldner, Nürnberger Zeitung

Heimkehr – Von Berlin nach Lima 426

****

Regie: Gerlinde Böhm
Darsteller: Viki Aguilar Cuba, Juana Cuba Vasquez, Ulderico Aguilar Ramirez, Graciela Aguilar Cuba, Charo Aguilar Cuba, Ines Vasquez Mandocilla, Familie Krummhauer
Drehbuch: Gerlinde Böhm
Kamera: Clemens Frohmann (Farbe)
Musik: Juan Gabriel »Querida«
Schnitt: Bernd Euscher
Produktion: Gerlinde Böhm für Gerlinde Böhm Filmprod. mit Panqueque Film, Grupo Chaski, BRD/Peru 1987
Verleih: Freunde der deutschen Kinemathek/-/-
Uraufführung: 17.2.88, Int. Forum des jungen Films bei den Filmfestspielen Berlin
Kinostart: 7.4.88
Länge: 87 Min.

Ein Porträt der Peruanerin Vicki. »Heimkehr – Von Berlin nach Lima«.

Verleihförderung des Kuratoriums Junger Deutscher Film

Film des Monats März der Jury der Evang. Filmarbeit

Soumitra Chattertji und Victor Bannerji in »Ghare-Baire«.

Der Film ist eine exemplarische Geschichte über die Fremdheit. Viki Aguilar Cuba, eine junge Peruanerin, bringt ihre Gedanken auf den Punkt. Ihre Meinung über Berlin, wo sie eineinhalb Jahre gelebt und als Au-Pair-Mädchen gearbeitet hat, ist entschieden: Bleiben wollte sie nicht unter diesen muffeligen und verkniffenen Deutschen in ihren perfekt eingerichteten Wohnungen. Subjektive Perspektive auf das Leben einer Ausländerin in Deutschland und auf ihre Rückkehr in die verlorene Heimat. *tip*

Jochen Metzner in: Der Tagesspiegel, 20.7.86, 7.4.88; Katrin Bettina Müller in: tip, 8/88

Heiße Hasenjagd

siehe: The Bikini Shop

Held des Jahres 427

BOHATER ROKU ****

TV

Regie: Feliks Falk
Darsteller: Jerzy Stuhr (Danielak), Mieczyslaw Franaszek (Tataj), Katarzyna Kozak-Paszkowska (Maja), Piotr Machalica (Odyniec), Marian Opania (Chefredakteur), Boguslaw Sobczuk (Chodkiewicz)
Drehbuch: Feliks Falk, Jerzy Stuhr
Kamera: Witold Adamek
Musik: Jan Kanty Pawluskiewicz
Schnitt: Lucja Oska
Produktion: Perspektywa/Film Polski, Polen 1986
Sendetermin: 10.8.88, ZDF
Länge: 112 Min.

Als Held des Jahres wird der Angestellte Tataj, der eine Gasexplosion verhindert hat, von dem abgehalfterten, ehrgeizigen Entertainer Danielak entdeckt. Er braucht den »Helden« als Zugpferd für seine billigen Bühnenshows, während der naive Tataj durch engagierte Reden die schlimmen Verhältnisse in Polen kurz nach Aufhebung des Kriegsrechts ändern will. Bis er eines Tages desillusioniert den ganzen Krempel hinschmeißt. *AZ*

Ein Lehrstück hat der polnische Regisseur Feliks Falk, Schüler von Andrzej Wajda, inszeniert; er macht die faszinierende Welt der Medien durchsichtig, übt Selbstkritik. Mit dem preisgekrönten »Held des Jahres« steuert er gegen die scheinbare Schwerelosigkeit der Unterhaltungsmaschinerie: Gegen die verlogene Einbeziehung von Menschen »wie Du und ich« in den Betrieb, gegen die Pseudofreiheit der Macher.

Anne Rose Katz, SZ

B.Z. in: Stuttg. Zeitung, 13.8.88; Frank Henrichvark in: Neue Osnabrücker Zeitung, 16.8.88; Udo van Ooyen in: Frankfurter Neue Presse, 16.8.88

Helden USA 428

DEATH BEFORE DISHONOR **

Video

Regie: Terry J. Leonard
Darsteller: Fred Dryer (Sgt. Jack Burns), Brian Keith (Col. Halloran), Paul Winfield (Botschafter), Joanna Pacula (Elli), Kasey Walker (Maude), Rockne Tarkington (Jihad), Joey Gian (Ramirez)
Drehbuch: Frank Capra jr., Lawrence Kubik, John Gatliff
Kamera: Don Burgess (DeLuxe Color)
Musik: Brian May
Schnitt: Steven Mirkovich
Produktion: Lawrence Kubik für Lawrence Kubik/MPI/Bima, USA 1987
Verleih: -/-/-/Highlight Video
Erstaufführung: 6.6.88
Länge: 95 Min.

Oberst der Armee wird mit einem Sergeant und einer Spezialtruppe in die amerikanische Botschaft eines von Terroristen beherrschten Staates beordert. Jene überfallen einen Waffentransport; als sie den Oberst und einen seiner Männer kidnappen, handelt der durchtriebene Sergeant gegen seine Befehle. Viele Feuerstöße und amerikanischer Heldenmut.

Video-Markt

Hell Raiders 429

THE HELL RAIDERS *

Video

Regie: Guy F. Coombs
Darsteller: Roger Kern, Franco Guerrero, Guy Doleman, James Wainwright
Drehbuch: Ferde Grofe

Plakat zu »Hellraiser«.

Kamera: Gun Dalawis (Farbe)
Produktion: Premiere International, USA 1987
Verleih: -/-/-/All Video
Erstaufführung: 23.2.88
FSK: nicht unter 18 J.
Länge: 93 Min.

Im Jahre 1941 kämpft auf den japanisch besetzten Philippinen eine Gruppe Moslem-Guerillas unermüdlich gegen die feindlichen Unterdrücker.

Hellraiser – Das Tor zur Hölle 430

***

HELLRAISER

Regie: Clive Barker
Darsteller: Andrew Robinson (Larry Cotton), Claire Higgings (Julia Cotton), Ashley Laurence (Kristy), Sean Chapman (Frank Cotton), Oliver Smith (Frank als Monster), Robert Hines (Steve), Doug Bradley, Nicholas Vince, Simon Bamford, Grace Kirby, Sharon Bower, Raul Newney
Drehbuch: Clive Barker
Kamera: Robin Vidgeon (Farbe)
Musik: Christopher Young
Schnitt: Richard Marden
Produktion: Christopher Figg für Futur Film Prod., Großbritannien 1986
Verleih: Highlight/Constantin/Alexander Film/Highlight Video
Kinostart: 15.9.88
FSK: ab 18, nffr.
Länge: 89 Min.

Ein vom Bösen faszinierter junger Mann, ermordet durch von ihm selbst herbeigerufene Höllenkreaturen, wird mit ein paar Blutstropfen unabsichtlich wiedererweckt und bringt die Familie seines Bruders ins Unglück. Ein handwerklich ansprechender Streifen, gut gespielt, dessen Story aber nur dazu dient, technisch sehr eindrucksvolle, unappetitlich-grausame Effekte aneinanderzureihen.

multimedia

Lars-Olav Beier in: tip, 6/88; Uwe Draber in: Hannoversche Allg. Ztg., 14.4.88; Klaus Habicht in: Tempo, 3/88; Jürgen Richter in: FAZ, 22.1.88; Gerald Sturz in: Stern, 10/88

Helsinki-Napoli – All Night Long 431

***

Regie: Mika Kaurismäki
Darsteller: Kari Väänänen (Alex), Roberta Manfredi (Stella), Jean-Pierre Castaldi (Igor), Margi Clarke (Mara), Nino Manfredi (Opa), Melanie Roberson (Lilli), Sam Fuller (Boss), Eddie Constantine (Alter Gangster), Sakari Kuosmanen, Wim Wenders, Katharina Thalbach, Harry Bear, Gerd Jochum, Werner Masten, Jim Jarmusch, Wolfgang Längsfeld
Drehbuch: Richard Reitinger, Mika Kaurismäki, nach einer Originalidee von Mika Kaurismäki und Christian Zertz
Kamera: Helge Weindler (Farbe)
Musik: Jaques Zwart
Schnitt: Helga Borsche
Produktion: Bernhard Stampfer für Salinas/Villealfa/Francis von Büren, BRD/Finnland 1987
Verleih: Senator/Constantin/-/Starlight Video
Kinostart: 14.4.88
FSK: ab 16, ffr.
Länge: 97 Min.

Der Film ist eine wirre Kriminalkomödie um die Verwicklungen eines finnischen Taxifahrers mit italienischem Anhang im nächtlichen Berlin. Dem von Kameramann Helge Weidler grandios fotografierten Film fehlt zwar die dramaturgische Entschiedenheit, dafür hat er aber ein großes Angebot hochkarätiger Cameo-Auftritte – von Sam Fuller über Wim Wenders bis Jim Jarmusch. *tip*

Alfred Holighaus in: tip, 9/88; Friedrich Luft in: Die Welt, 16.4.88; H.G. Pflaum in: SZ, 21.4.88; Uwe Wittstock in: FAZ, 25.4.88

Heroin Force 432

*

STRIKE FORCE 2

Video

Regie: Vincent Dawn
Darsteller: Brent Huff, Richard Harris
Produktion: Italien 1987
Verleih: -/-/-/Skyline Video
Erstaufführung: 10.10.88
Länge: 120 Min.

Vietnamveteran macht sich auf die Suche nach seinem, vom KGB entführten Vorgesetzten. Am Ende entpuppt sich der einstige Lebensretter als großer Heroin-Dealer.

Die Herren der Neuen Welt 433

***

NUEVO MUNDO

TV

Regie: Gabriel Retes
Darsteller: Aaron Hernan (Don Pedro), Tito Junco (Don Fernando), Juan Angel Martinez (Manuel), Ignacio Retes (Don Diego), Jorge Santoyo (Hauptmann)
Drehbuch: Pedro Miret
Kamera: Daniel Lopez

Musik: Raul Lavista
Schnitt: Eufemio Rivera y R.
Produktion: Conacine, Mexiko 1980
Sendetermin: 23.3.88, ZDF
Länge: 101 Min.

Ein opulentes Historiengemälde schuf Regisseur Gabriel Retes, um das dunkelste Kapitel seiner Heimat zu beleuchten: Die Beinahe-Ausrottung der Indios, die sich nach der Eroberung durch spanische Konquistadoren nicht dem neuen Glauben anschließen und lieber kämpfen wollten für die alten Götter. Leise Zwischentöne hatten es schwer in diesem Spielfilm. Eingekeilt in schwülstige Bilderfolgen ständiger Aufmärsche, Kriegshändel und Folterszenen blieb für die Geschichte des Geistlichen Pedro, des Gewissen sich heftig rührt, nachdem er das blutrünstige Treiben hat beobachten müssen, nicht viel Zeit.

Ekkehard Skoruppa, Kölner Stadt-Anzeiger

Joachim Hauschild in: SZ, 25.3.88; peko in: Neueste Badische Nachrichten, 25.3.88; cas in: Stuttg. Zeitung, 27.3.88

Die Herrscherin des Bösen 434

SEIZURE ***

Video

Regie: Oliver Stone
Darsteller: Jonathan Frid (Edmund Blackstone), Martine Beswick (Herrscherin des Bösen), Joe Sirola (Charlie), Christina Pickles (Nicole Blackstone), Herve Villechaize (Spinne), Roger de Koven (Serge), Mary Woronov (Mikki), Timothy Ousey (Jason)
Drehbuch: Edward Mann, Oliver Stone
Kamera: Roger Racine (Farbe)
Musik: Lee Gagnon
Schnitt: Nobuko Oganesoff, Oliver Stone
Produktion: Garrard Glenn, Jeffrey Kapelman für Euro American Pictures, Kanada 1974
Verleih: -/-/-/RCA/Columbia Video
Erstaufführung: April 88
FSK: ab 16 J.
Länge: 94 Min.

Horrorautor sieht die Gestalten seiner Romane zum Leben erwachen. Ein durchaus intelligenter Horror-Thriller, dessen Verschränkungen der Linien von Traum und Wirklichkeit bis zum Ende unerwartete Wendungen erlauben: ein filmischer Todestraum und zugleich die seelische und moralische Abrechnung mit einem auf Lebenslügen basierenden Schriftstellerleben.

Georg Seeßlen,
Enzyklopädie des phantastischen Films

Hetzjagd in St. Lucas 435

DOWN TWISTED **

Video

Regie: Albert Pyun
Darsteller: Carey Lowell (Maxine), Charles Rocket (Reno), Trudi Dochtermann (Michelle), Thom Mathews (Damalas), Norbert Weisser (Deltoid), Linda Kerridge (Soames), Nicholas Guest (Brady), Gaylyn Gorg (Blake)
Drehbuch: Gene O'Neill, Noreen Tobin
Kamera: Walt Lloyd (TVC Color)
Musik: Berlin Game
Schnitt: Dennis O'Connor
Produktion: Menahem Golan, Yoram Globus für Cannon, USA 1987
Verleih: -/-/-/Cannon/VMP Video
Erstaufführung: 15.2.88
FSK: ab 16 J.
Länge: 97 (84) Min.

Schwerreicher Kunstsammler engagiert sechs Diebe, die aus einem Museum im Kleinstaat St. Lucas eine wertvolle Monstranz entwenden und dafür eine täuschend ähnliche Fälschung hinterlassen sollen. Der Gauner Charlie versucht Auftraggeber und Komplizen aufs Kreuz zu legen, die ahnungslose Maxine wiederum wird in die Jagd nach dem Schlüssel zu einem Schließfach verwickelt, in dem in Wahrheit nur die Fälschung aufbewahrt wird. Überraschungs- und temporeiche Mischung aus Thriller-, Abenteuer- und Actionfilm, dessen einzige Schwäche sein hoffnungslos komplizierter Plot ist. *VideoWoche*

Die Hexen von Bay Cove 436

BAY COVEN **

Video

Regie: Carl Schenkel
Darsteller: Pamela Sue Martin (Linda Lebon), Tim Matheson (Jerry Lebon), Barbara Billingsley (Beatrice), Jeff Conaway (Josh McGwin), Woody Harrelson (Slater), Susan Ruttan, James B. Sikking, Inga Swenson
Drehbuch: R. Timothy Kring
Kamera: Jack Steyn (Farbe)
Musik: Shuki Levy
Produktion: Stanley M. Brooks für Guber-Peters Entertainment/Phoenix Entertainment, USA 1987
Verleih: -/-/-/VCL Video
Uraufführung: 25.10.87 (NBC)

Erstaufführung: 22.3.88
FSK: ab 16 J.
Länge: 95 Min.

Auf einer Insel vor Boston stößt ein junges Ehepaar auf eine Teufelssekte, deren Mitglieder ihre Seele gegen die Unsterblichkeit eingetauscht haben.

High Mountain Rangers 437
HIGH MOUNTAIN RANGERS *
Video

Regie: Robert Conrad
Darsteller: Robert Conrad, Christian Conrad, Shane Conrad, Russell Todd, Todd Allen, Eugene Williams
Drehbuch: David J. Kinghorn
Kamera: George Kohut (Farbe)
Musik: Robert Folk
Produktion: Roger Bacon, Glenn D. Banner für Shane Co., USA 1987
Verleih: -/-/-/Highlight Video
Uraufführung: 19.4.87 (CBS)
Erstaufführung: 1.8.88
Länge: 90 Min.

Eisenharter Bergranger gegen den verrückten Killer und seine beiden Komplizen.

High-Life am Strand 438
BACK TO THE BEACH **
Video

Regie: Lyndall Hobbs
Darsteller: Frankie Avalon (The Big Kahuna), Annette Funicello (Annette), Connie Stevens (Connie), Lori Loughlin (Sandi), Tommy Hinkley (Michael), Demian Slade (Bobby), John Calvin (Troy), Pee-wee Herman, Don Adams, Bob Denver, Alan Hale
Drehbuch: Peter Krikes, Steve Meerson, Christopher Thompson
Kamera: Bruce Surtees (Farbe)
Musik: Steve Dorff
Schnitt: David Finfer
Produktion: Frank Mancuso jr. für Paramount, USA 1987
Verleih: -/-/-/CIC Video
Erstaufführung: Februar 88
FSK: ab 6 J.
Länge: 92 Min.

Vater war früher ein bekannter Schlagersänger, Mutter nicht weniger berühmt als Kinderstar. Doch das ist lange Vergangenheit, und die holt das mittlerweile ruhige Ehepaar wieder ein, als es gemeinsam mit dem Sohn nach L.A. aufbricht, um der Tochter einen Besuch abzustatten. Vater erlebt in der Disco ein Comeback, Mutter geht auf eine fetzige Strandparty, und Sohnemann schließt sich einer Gruppe Punks an. Teils amüsanter Unterhaltungsfilm über den zweiten Frühling. *Video-Markt*

Highschool Killer 439
DEADLY LESSONS **
Video

Regie: William Wiard
Darsteller: Donna Reed (Miß Wade), Larry Wilcox (Detective Kemper), David Akkroyd (John Ferrar), Diana Franklin (Stefanie Aggiston), Ally Sheedy (Marita Armstrong), Donald Hotton (Robert Hartigan), Deena Freeman
Drehbuch: Jennifer Miller
Kamera: Andrew Jackson (Farbe)
Musik: Ian Freebairn-Smith
Schnitt: Jack Harnish
Produktion: Deborah Aal für Leonard Goldberg Co., USA 1983
Verleih: -/-/-/MGM/UA Home Video
Uraufführung: 7.3.83 (ABC)
Erstaufführung: 28.1.88
FSK: ab 16 J.
Länge: 100 (92) Min.

In einem First-Class-Mädcheninternat wird eine der anmutigen Elite-Schülerinnen ermordet aufgefunden. Klassisches englisches Krimistück: Mehrere Morde, ein Täter und viele Verdächtige. Spannung und Verdacht sind zielsicher aufgebaut, die Auflösung ist überraschend – zu konstruiert. *Video-Markt*

Highway Man 440
THE HIGHWAYMAN **
Video

Regie: Doug Heyes
Darsteller: Sam Jones (Highway Man), Claudia Christian (Dawn), Stanford Egi (Toto), Jimmy Smits (Bo Ziker), Kenny Morrison (Travis Ziker), G. Gordon Liddy (Ed Merrick), Wings Hauser, Jennifer Runyon, Lyle Alzado
Drehbuch: Glen A. Larson, Douglas Heyes
Kamera: John G. Stephens (Farbe)
Produktion: Harker Wade für 20th Century-Fox TV/Glen A. Larson Prod., USA 1987

Verleih: -/-/-/CBS/Fox Video
Uraufführung: 20.9.87 (ABC)
Erstaufführung: 25.10.88
FSK: ab 16 J.
Länge: 92 Min.

Im Auftrag des amerikanischen Geheimdienstes sorgt der Highway Man in seinem Supertruck für Law & Order in Texas. High-Tech-Western zwischen Buck Rogers und Mad Max um Korruption und Verbrechen. Der eigentliche Star des Films ist ein gewaltiger Truck, der auch noch einen Helikopter in sich birgt.

VideoWoche

Hilfe, meine Frau geht wieder zur Schule — 441

MIA MOGLIA TORNA A SCUOLA — *

Video

Regie: Giuliano Carmineo
Darsteller: Renzo Montagnani, Carmen Russo, Marisa Merlini, Enzo Robutti, Toni Ucci, Cinzia de Ponti
Drehbuch: Carlo Veo, Giorgio Mariuzzo
Kamera: Sebastiano Celeste
Musik: Walter Rizzati
Produktion: Gian F. Couyoumdijan für Flora Film, Italien 1981
Verleih: -/-/-/VPS Video
Erstaufführung: 18.8.88
FSK: ab 16 J.
Länge: 77 Min.

Soft-Sex in einer Mischung aus Celentano-Filmen und Schulmädchenreport, versehen mit entsprechenden Unterleibs-Witzen.

Video-Markt

Die Himmelsmaschine — 442

WHERE IS PARSIFAL? — ***

Video

Regie: Henri Helman
Darsteller: Tony Curtis (Parsifal Katzenellenbogen), Cassandra Domenica (Elba), Erik Estrada (Henry Board II.), Peter Lawford (Montague Chippendale), Ron Moody (Beersbohm), Donald Pleasence (Mackintosh), Orson Welles (Klingsor), Christopher Chaplin (Ivan)
Drehbuch: Berta Dominguez D.
Kamera: Norman Langley (Rank Color)
Musik: Hubert Rostaing, Ivan Julien
Schnitt: Russell Lloyd, Peter Hollywood
Produktion: Daniel Carillo für Terence Young, Großbritannien 1984
Verleih: -/-/-/Taurus Video
Erstaufführung: September 88
Länge: 84 Min.

Trotteliger Erfinder ist mit den Nerven am Ende. Die letzte Chance sieht er in der Konstruktion einer erdumspannenden Projektion einer Zeitung – mittels neuer Lasertechnik. Satire auf das Medienzeitalter mit skurrilen Zügen und vielen Turbulenzen.

Video-Markt

Eine hohe Zeit für Wölfe — 443

TIEMPO DE LOBOS — ***

TV

Regie: Alberto Isaac
Darsteller: Ernesto Gomez Cruz (Don Abraham), Gonzalo Vega (Abel), Miguel Angel Rodriguez (Napo), Jaime Garza (Esteban), Patricia Rivera (Judith), Ariadna Welter, Juan Angel Martinez, Carmen Salinas
Drehbuch: Alberto Isaac
Kamera: Angel Bilbatua
Musik: Cien Anos, Centurita, Cerr Sus Ojitos Cleto, La Barca de Oro
Schnitt: Federico Landeros
Produktion: Julio Ruiz Llaneza, Manfred Durniok, Mexiko 1981
Sendetermin: 19.5.88, ZDF
Länge: 101 Min.

Abraham Lunas Position als selbständiger Kleinbauer ist auf die Dauer unhaltbar; die hohe Verschuldung liefert ihn immer mehr seinem Gegner, dem Großgrundbesitzer Terrones, aus. Kein Wunder, daß die Söhne eine gut bezahlte Arbeiterexistenz im benachbarten Kalifornien der heimischen Plackerei vorziehen: Das moderne Geldideal löst das alte Besitzdenken ab. Alberto Isaac hat in seinem Film zwei Konfliktebenen dargestellt: einmal die wachsende Verelendung des Kleinbauerntums, zum anderen den Generationenkonflikt, der sich konkret in der Ablösung der Lebensideale äußert. Die glänzenden schauspielerischen Leistungen unterstrichen die Glaubwürdigkeit des Films.

Stuttgarter Zeitung

Höllenfeuer 444
POOR ALBERT AND LITTLE ANNIE **
Video

Regie: Paul Leder
Darsteller: Zooey Hall, Joanne Moore Jordan, Greg Mullavey, Marlene Tracy, Frank Whiteman
Drehbuch: William Norton
Kamera: William Swenning (Farbe)
Musik: Herschel Burke Gilbert
Produktion: Romal Films, USA 1972
Verleih: -/-/-/UFA Video
Erstaufführung: 5.10.88
FSK: nicht unter 18 J.
Länge: 82 Min.

Mutter eines jungen Mannes war Hure und wurde dafür von ihm gesteinigt. Seither hat er ein gestörtes und gefährliches Verhältnis zu den Frauen. Bis ihm ein frühreifes Mädchen begegnet, die ihm zum Verhängnis wird. Schon etwas antiquierter Psychothriller aus den frühen Siebzigern. *Video-Markt*

Hollow Point 445
HOLLOW POINT **
Video

Regie: Bruce Seth Green
Darsteller: Linda Purl, Yaphet Kotto, Billy Drago
Drehbuch: David Peckinpah
Kamera: Paul Onorato (Farbe)
Produktion: Ron Gilbert für King Features, USA 1987
Verleih: -/-/-/Virgin Video
Erstaufführung: 25.3.88
FSK: ab 16 J.
Länge: 90 Min.

Die Kindertherapeutin Susan wird in ihrem Wagen von einem Fluchtauto gerammt, dessen Fahrer kurz vorher bei einem Überfall drei Menschen kaltblütig ermordet hat. Obwohl sie ihn einwandfrei identifizieren kann und als Kronzeugin gegen ihn auftritt, wird der Killer mangels einwandfreier Beweise auf freien Fuß gesetzt... *VideoWoche*

Hollywood Shuffle 446
HOLLYWOOD SHUFFLE ***

Regie: Robert Townsend
Darsteller: Robert Townsend (Bobby Taylor), Anne Marie Johnson (Lydia), Starletta Dupois (Bobbys Mutter), Helen

Nein, nein, nicht Eddie Murphy, sondern Robert Townsend, Regisseur und Superstar in »Hollywood Shuffle«.

Martin (Bobbys Großmutter), Craigus R. Johnson (Stevie), Domenick Irrera, Paul Mooney, Lisa Mende, Robert Shafer
Drehbuch: Robert Townsend, Keenan Wayans
Kamera: Peter Deming (Farbe)
Musik: Patrice Rushen, Udi Harpaz
Schnitt: W.O.Garrett
Produktion: Robert Townsend, USA 1987
Verleih: Delta/Stadtkino/-/Vestron Video
Erstaufführung: 24.6.1987, Filmfest München
Kinostart: 4.2.88
FSK: ab 12, ffr.
Länge: 81 Min.

Ein Feuerwerk an Witz, Ironie, Satire, Parodie und Persiflage ist dieser schwarze Film von Robert Townsend. Schwarz, weil nicht nur der Regisseur, sondern bis auf wenige Ausnahmen alle Darsteller Schwarze sind. Townsend spielt auch selbst die Hauptrolle: einen jungen Schauspieler, der unbedingt Hollywood-Karriere machen will. Und da nimmt er natürlich die Praxis der Studios irrwitzig auf die Schippe. Die weißen Macher suchen einen Eddie-Murphy-Typ, der komische Nigger ist gefragt. Eine Episode jagt die andere, nicht alle sind gleich brillant.
Einer der Höhepunkte ist die hinreißende Traum-Satire einer schwarzen Schauspielschule, wo Townsend lernt, wie man Bimbo-Gangster, Bimbo-Zuhälter und Bimbo Stricher spielt. Ein Regie-Erstling, der erfrischend unterhaltsam ist. *Frauke Hanck*

Barry Graves in: tip, 4/88; Uwe Schmitt in: FAZ, 13.5.88; Claudius Seidl in: SZ, 1.3.88; Norbert Stresau in: Filmecho, 10/88

Hollywood Zap 447
HOLLYWOOD ZAP *
Video

Regie: David Cohen
Darsteller: Ben Frank, Ivan E. Roth, De Waldron, Neil Flanagan, Annie Gaybis, Claude Earl Jones, Helen Verbit
Drehbuch: David Cohen
Kamera: Tom Frisby Fraser (Farbe)
Musik: Jaap
Schnitt: Rick Westover
Produktion: Bobbi Frank, Ben Frank für Protovision/Ben Bar Prod., USA 1986
Verleih: -/-/-/RCA/Columbia Video
Erstaufführung: 18.8.88
FSK: ab 16 J.
Länge: 93 (81) Min.

Trotteliger Gemischtwarenlehrling vom Land kündigt seinen Job und will nach Kalifornien, um den seit seiner Geburt verschwundenen Vater zu suchen. Auf seiner Reise lernt er einen älteren Lebemann mit äußerst schlechten Manieren kennen, der den Jungen unbedingt in die Freuden des Lebens einweisen will. Chaotische Komödie, teils unflätig, teils albern, teils witzig. *Video-Markt*

Hostage 448
HOSTAGE *
Video

Regie: Hanro Möhr, Percival Rudens
Darsteller: Wings Hauser, Karen Black, Kevin McCarthy, Nancy Locke, Robert Whitehead
Drehbuch: Norman Winski, Michael Leighton
Kamera: Johan van der Vyver (Farbe)
Musik: Darry Bekker, Colin Shapiro
Produktion: Blue Flower/Alpine, USA 1987
Verleih: -/-/-/Vestron Video
Erstaufführung: 16.8.88
FSK: nicht unter 18 J.
Länge: 97 Min.

Action-Thriller um eine Flugzeugentführung, gedreht in Südafrika, mit einfältigen Dialogen.

Hot Nights 449
HOT NIGHTS *
Video

Regie: Mario Siciliano
Darsteller: Marina Frajese, Peter Thompson, Laura Levi
Produktion: Metheus Film, Italien 1984
Verleih: -/-/-/Carrera Video
Erstaufführung: 28.1.88
FSK: nicht unter 18 J.
Länge: 78 Min.

Italienisches Sexfilmchen, das sich gar nicht lange mit einer Handlung herumplagt, sondern hauptsächlich ekstatische Paare in wechselnder

Anordnung in freier Natur oder auf geblümten Kissen zeigt. Das einschlägig interessierte Publikum wird's dankbar zur Kenntnis nehmen.

Hot Shot – Der Weg zum Sieg 450

HOTSHOT **

Video

Regie: Rick King
Darsteller: Jim Youngs (Jimmy Kristidis), Pelé (Santos), Billy Warlock (Vinnie Fortino), Leon Russom (Trainer), David Groh (Jerry Norton), Rutanya Alda (Georgia Kristidis), Peter Henry Schroeder (Nick Kristidis)
Drehbuch: Joe Sauter, Rick King
Kamera: Greg Andracke, Edgar Moura (DeLuxe Color)
Musik: William Orbit
Schnitt: Stan Salfas
Produktion: Steve Pappas für Tough Prod., USA 1987
Verleih: -/-/-/RCA/Columbia Video
Erstaufführung: 12.1.88
FSK: ab 6 J.
Länge: 91 Min.

Pelé macht aus einem jungen, großmäuligen, aber talentierten Balltreter einen echten Fußballprofi, der nach überstandener brasilianischer Prozedur seinem Verein, den »New York Rockers«, und seinem lahmen Vater aus der Klemme hilft. *Video-Markt*

Hot Splash – Eine Jungfrau geht baden 451

HOT SPLASH *

Regie: James Ingrassia
Darsteller: Richard Steinmetz, A. Rebecca Thompson, Richard Steele, Jeremy Whelan
Musik: Lenny Macalusa, Michael Hirsch
Produktion: James Ingrassia für New Manatee, USA 1986
Verleih: Ring Film/Splendid/-
Kinostart: 19.5.88
FSK: ab 16, ffr.
Länge: 90 Min. (Farbe)

Surf-Wettbewerb und Auseinandersetzung mit einer Drogenbande an einem Strand in Kalifornien. Plakatschlagzeile: Die großen Naßmacher.

House Broken 452

EMOH RUO **

Video

Regie: Denny Lawrence
Darsteller: Joy Smithers (Terri Tunkley), Martin Sacks (Des Tunkley), Philip Quast (Les Tunkley), Genevieve Mooy (Margaret York), Louise le Nay (Helen Tunkley), Max Phipps (Samson Tregardo), Jack Ellis (Jack Tunkley)
Drehbuch: David Poltorak, Paul Leadon
Kamera: Andrew Lesnie (Farbe)
Musik: Cameron Allen
Schnitt: Ted Otton
Produktion: David Elfick für Palm Beach, Australien 1985
Verleih: -/-/-/EVC Video
Erstaufführung: 1.8.88
Länge: 93 Min.

Sarkastische Komödie um den Alptraum vom Eigenheim, die nicht nur auf spektakuläre Gags zielt, sondern auch leise Zwischentöne kennt.
Dabei ist sie äußerst treffend besetzt und bissig, mit einem Blick für skurrile Details und technisch kompetent inszeniert.

House of the Cat and the Canary 453

THE CAT AND THE CANARY **

Video

Regie: Radley Metzger
Darsteller: Honor Blackman, Michael Callan, Edward Fox, Wendy Hiller, Olivia Hussey, Carol Lynley, Peter McEnery, Wilfrid Hyde-White
Drehbuch: Radley Metzger
Kamera: Alex Thompson
Musik: Steven Cagan
Schnitt: Roger Harrison
Produktion: Richard Gordon für Cinema Shares/Quartet, Großbritannien 1978
Verleih: -/-/-/EVC Video
Erstaufführung: 17.10.88
Länge: 90 Min.

Britisches Remake der alten Gruselmär von der Testamentseröffnung und dem entsprungenen Geisteskranken, der sich durch die Erben meuchelt.
Leidlich unterhaltsam, aber bei weitem kein Vergleich mit der köstlichen Bob Hope-Version.

Hübsche Mädchen explodieren nicht 454
NICE GIRLS DON'T EXPLODE **

Video

Regie: Chuck Martinez
Darsteller: Barbara Harris (Mom), Michelle Meyrink (April), William O'Leary (Andy), Wallace Shawn (Ellen), James Nardini (Ken), Margot Gray (Little April), Jonas Baugham (Little Andy), William Kuhlke (Dr. Stewart)
Drehbuch: Paul Harris
Kamera: Steven Katz (Farbe)
Musik: Brian Banks, Anthony Marinelli
Schnitt: Wende Phifer Mate
Produktion: Doug Curtis, John Wells für New World, USA 1987
Verleih: -/-/-/New Vision Video
Erstaufführung: 27.6.88
FSK: ab 6 J.
Länge: 92 (79) Min.

Die pyrokinetischen Ausrutscher eines jungen Mädchens - immer wenn sie sich verliebt, brennt es - erweisen sich als das Werk ihrer zwanghaft fürsorglichen Mutter.

Der Hund von Baskerville 455
THE HOUND OF THE BASKERVILLE ***

TV

Regie: Barry Crane
Darsteller: Stewart Granger (Sherlock Holmes), William Shatner (Stapleton), Bernard Fox (Dr. Watson), John Williams (Arthur Frankland), Anthony Zerbe (Dr. Mortimer), Jane Merrow (Beryle Stapleton)
Drehbuch: Robert E. Thompson
Kamera: Harry Wolf
Produktion: USA 1972
Sendetermin: 15.10.88, ARD
Länge: 71 Min.

Die bekannte Sherlock Holmes-Geschichte in auf englisch getrimmter US-Produktion.

Hundra 456
HUNDRA *

Video

Regie: Matt Cimber
Darsteller: Laurene Landon (Hundra), John Ghaffari (Napatkin), Marisa Casel (Drachima)
Drehbuch: Matt Cimber, John Goff
Kamera: John Cabrera (Farbe)
Musik: Ennio Morricone
Schnitt: Claudio Cutry
Produktion: John Ghaffari, José Truchado, Eric Bruckner für Continental Movie/S.T.A.E., Spanien/USA 1984
Verleih: -/-/-/Charter Video
Erstaufführung: 24.2.88
FSK: nicht unter 18 J.
Länge: 109 Min.

Während die Kriegerin Hundra im Wald jagen geht, wird ihr Amazonenstamm von feindlichen Horden überfallen und restlos ausgemerzt. Als einzige Überlebende macht sie sich auf einen Rachefeldzug gegen die Mörder ihres Volkes und auf die Suche nach einem geeigneten Stammvater, mit dem sich ein neues Volk zeugen läßt. *VideoWoche*

Hunter's Blood – Gehetzt, gejagt, getötet 457
HUNTER'S BLOOD **

Video

Regie: Robert C. Hughes
Darsteller: Sam Bottoms (David Rand), Clu Gulager (Mason Rand), Kim Delaney (Melanie), Ken Swofford (Al), Joey Travolta (Marty Adler), Mayf Nutter (Ralph), Lee DeBroux (Rotbart)
Drehbuch: Emmett Alston. Nach einem Roman von Jere Cunningham
Kamera: Tom DeNobe (Deluxe Color)
Musik: John D'Andrea
Schnitt: Barry Zetlin
Produktion: Myrl A. Schriebman für Cineventure, USA 1987
Verleih: -/-/-/UFA Video
Erstaufführung: 20.6.88
FSK: nicht unter 18 J.
Länge: 102 Min.

Fünf Männer und eine Frau machen einen Jagdausflug in die Wälder und geraten dabei in eine Fehde zwischen dem Sheriff und einer Bande von Desperados. Die Vorstellung der Akteure ist ein wenig langatmig, dann aber geht es brutal und schnell zur Sache. *Video-Markt*

Hunting Ground 458
COTO DE CAZA **

Video

Regie: Jorge Grau
Darsteller: Assumpta Serna, Victor Valverde, Paloma Lorena

Drehbuch: Jorge Grau, Manuel Summers
Kamera: Antonio Cuevas (Farbe)
Produktion: Antonio Cuevas für Kalender/ Paraguas/Anem/Estela, Spanien 1983
Verleih: -/-/-/Focus Video
Erstaufführung: 29.1.88
FSK: nicht unter 18 J.
Länge: 103 Min.

Die liberale Rechtsanwältin Adela, die sich besonders um jugendliche Straftäter kümmert, wird mit ihrer Familie selbst Opfer eines brutalen Überfalls, bei dem ihr Mann erschossen wird. Der Anführer der Bande erpreßt sie, sich für seinen verhafteten Bruder einzusetzen. Als der im Gefängnis stirbt, sucht er Adela und ihre Kinder erneut heim. Packendes, überzeugend gespieltes Actiondrama aus Spanien, das einen kritischen Beitrag zur Diskussion über Gewalt und ihre Ursachen liefert. *VideoWoche*

Hunting Season 459

FAIR GAME ***

Video

Regie: Mario Andreacchio
Darsteller: Cassandra Delaney (Jessica), Peter Ford (Sunny), Garry Who (Sparks), David Sandford (Ringo)
Drehbuch: Rob George
Kamera: Andrew Lesnie (Eastmancolor)
Musik: Ashley Irwin
Schnitt: A.J. Prowse
Produktion: Ron Saunders, Harley Manners für Southern Films International, Australien 1986
Verleih: -/-/-/Virgin Video
Erstaufführung: 25.3.88
FSK: nicht unter 18 J.
Länge: 88 Min.

Die junge Jessica lebt allein auf ihrer Farm in Australien. Bei einer Fahrt in die Stadt drängen sie drei übermütige Känguruhjäger in ihrem auffrisierten Jeep von der Straße ab. Weil Jessica sich für den rüden Scherz revanchiert, beginnt das verrückte Trio, sie zu terrorisieren und schließlich regelrecht zu jagen.
Knallharter und perfekt inszenierter Actionthriller. Regisseur Andreaocchio kommt eigentlich vom Dokumentarfilm, weiß aber mit Spannungsaufbau und Timing der zahllosen Actionszenen traumwandlerisch sicher umzugehen. *VideoWoche*

Ich atme mit dem Herzen 460

A WINTER TAN ***

Regie: Jackie Burroughs, Louise Clark, John B. Frizzell, John Walker, Aerlyn Weissman
Darsteller: Jackie Borroughs (Maryse Holder), Erando Gonzales (Miguel Novaro), Javier Torres Zarragoza (Lucio Salvador), Anita Olanick (Pam), Diane D'Aquila (Edith), Fernando Perez de Leon
Drehbuch: Jackie Burroughs, nach dem Buch »Give Sorrow Words: Maryse Holder's Letters from Mexico«
Kamera: John Walker (Farbe)
Musik: Ahmed Hassan, John Lang
Schnitt: Susan Martin, Alan Lee
Produktion: Louise Clark für John B. Frizzell Inc., Kanada 1987
Verleih: Endfilm/Filmhaus/-
Erstaufführung: 1.7.88, Filmfest München
Kinostart: 1.9.88
FSK: ab 18, nffr.
Länge: 93 Min. (OmU)

Eigenartig, eigenwillig, eigensüchtig ist Maryse Holder, New Yorker Feministin, die Urlaub von Ideologie, Theorie und Engagement in Mexiko macht. Liebe, Sex, Körperlichkeit sucht sie dort und findet sie unter den schönen sinnlichen Latinos.
Jackie Burroughs spielt diese außergewöhnliche, sich selbst und andere immer wieder provozierende Frau. Die Burroughs ist eine beeindruckend intensive, energische Person von lasziver Knochigkeit.
Zwischen Surrealismus und Existentialismus, Sentimentalität und Wahn entwirft dieser kanadische Film ein fiebriges, sprödes, exhibitionistisches Stimmungsbild einer emotional geladenen Person, die einen gleichzeitig anzieht und abstößt. Männer werden

Unstillbare Sehnsucht. Jackie Burroughs als Maryse Holder mit einem Jungen aus Coyuca in »A Winter Tan«.

vielleicht erschrecken. Frauen mit Mut und Selbstkritik werden den Film, denke ich, lieben.

Frauke Hanck, tz

Gregor Dotzauer in: FAZ, 16.9.88; Eva-Elisabeth Fischer in: SZ, 6.9.88; Peter Körte in: FR, 15.9.88

Ich bin Du 461

VICE VERSA ***

Regie: Brian Gilbert
Darsteller: Judge Reinhold (Marshall), Fred Savage (Charlie), Corinne Bohrer (Sam), Swoosie Kurtz (Tina), David Proval (Turk), Jane Kaczmarek (Robyn), Gloria Gifford, William Prince, Beverly Archer, Harry Murphy, Kevin O'Rourke, Chip Lucia
Drehbuch: Dick Clement, Ian LaFrenais
Kamera: King Baggot (DeLuxe Color)
Musik: David Shire
Schnitt: David Garfield
Produktion: Dick Clement, Ian LaFrenais für Columbia, USA 1988
Verleih: Columbia TriStar/Warner/Warner/RCA/Columbia Video
Kinostart: 3.11.88
FSK: ab 6, ffr.
Länge: 98 Min.

Mit Hilfe von Magie schlüpft der arbeitswütige Vizepräsident einer exklusiven Kaufhauskette in den Körper seines 12jährigen Sohnes und umgekehrt, woraus sich natürlich zahlreiche Verwicklungen und Verwechslungen ergeben. Eine weitere amerikanische Rollentausch-Komödie, bescheiden im Unterhaltungswert und mit leicht durchschaubarer moralischer Absicht. *multimedia*

Claudius Seidl in: SZ, 7.11.88

Ich glaub' mich knutscht ein Känguruh 462

AUSTRALIAN DREAM **

Video

Regie: Jacki McKimmie
Darsteller: Noni Hazlehurst (Dorothy Stubbs), Graeme Blundell (Geoffrey Stubbs), John Jarratt (Todd), Barry Rugless (Sir Bruce), Jenny Mansfield (Tracy), Caine O'Connel (Jason)
Drehbuch: Jacki McKimmie
Kamera: Andrew Lesnie (Farbe)
Musik: Colin Timms
Schnitt: Sara Bennett
Produktion: Susan Wild, Jacki McKimmie für Filmside, Australien 1985
Verleih: -/-/-/UFA Video
Erstaufführung: 20.7.88
Länge: 86 Min.

Sympathische Komödie, die auf teils bissige Weise das Leben australischer Kleinbürger und, aus der Sicht einer um Emanzipation bemühten Frau, die Männergesellschaft auf die Schippe nimmt. *VideoWoche*

Ich und Er 463

**

Regie: Doris Dörrie
Darsteller: Griffin Dunne (Bert Uttanzi), Heiner Lauterbach (»Seine« Stimme), Ellen Greene (Annette Uttanzi), Craig T. Nelson (Peter Aramis), Kelly Bishop (Eleanor Aramis), Carey Lowell (Janet Anderson), Kara Glover (Juliette), Kim Flowers (Corazon), Robert LaSardo, Nancy Giles, Rocco Sisto, David Allan Grier, Bill Raymond, Jodie Markell
Drehbuch: Warren D. Leight, adaptiert von Michael Juncker, sehr frei nach dem gleichn. Roman von Alberto Moravia
Kamera: Helge Weindler (Farbe)
Musik: Klaus Doldinger
Schnitt: Raimund Barthelmes
Produktion: Bernd Eichinger für Neue Constantin, BRD 1988
Verleih: Neue Constantin/Constantin/Rialto/Taurus Video
Kinostart: 15.9.88
FSK: ab 16, ffr.
Länge: 93 Min.

Nach ihrem Großerfolg »Männer« beschäftigt sich Doris Dörrie weiter mit den ge»lüstigen« Problemen und Phantasien des männlichen Geschlechts, diesmal im buchstäblichen Sinne. Das werte Körperteil eines karrieresüchtigen Familienvaters spricht aus den Hosen zu seinem Besitzer und verlangt ein abwechslungsreicheres Sexualleben. Mit plump-derbem Humor und einer vor allem im zweiten Teil einfältigen Geschichte läßt Doris Dörrie den gebeutelten Naiv-Mann von einer dümmlichen Frau zur andern stol-

»Er« jubelt. Griffin Dunne in »Ich und Er«.

pern, bis er am Schluß, prüde wie zuvor, in die Arme seiner Ehefrau zurückkehrt. *Zoom*

Peter Buchka in: SZ, 15.9.88; Peter Krauss in. FR, 17.9.88; Matthias Matussek in: Der Spiegel, 29.8.88; Rainer Nolden in: Die Welt, 16.9.88; Hans-Dieter Seidel in: FAZ, 15.9.88

Ich wollte, Du wärst hier

siehe: Wish You Were Here

Iguana – Eine verhängnisvolle Liebe 464

IGUANA ***

Regie: Monte Hellman
Darsteller: Everett McGill, Maru Valdivielso, Michael Madsen, Joseph Culp, Tim Ryan, Augustin Guevara, Fernando De Juan, Fabio Testi
Drehbuch: Monte Hellman, David M. Zehr, Steven Gaydos
Kamera: José Maria Civit (Farbe)
Musik: Franco Campanino
Schnitt: Monte Hellman
Produktion: Film Prod. Enterprise Iguana, Italien 1988
Verleih: Filmagentur Werner, Allround/-/-
Kinostart: 17.11.88
FSK: ab 18, ffr.
Länge: 90 Min.

... Inspiriert von Andrew Lloyd Webbers »Phantom in der Oper« und dem Motiv »Die Schöne und das Biest« gelingt Monte Hellman eine bezaubernd fotografierte, gut geschnittene, moderne Version des Seeräuber- und Piratenfilms. Der Film beschwört in den Landschaftsaufnahmen und in der Figurentypisierung noch einmal die unheimlich-bedrohliche Atmosphäre von B-Filmen der dreißiger und vierziger Jahre.

Josef Nagel, Filmecho

Im Angesicht der Hölle 465

THE EDGE OF HELL *

Video

Regie: Jon-Mikl Thor
Darsteller: Jon-Mikl Thor (John Triton), Jillian Peri (Lou Anne), Frank Dietz (Roger Eburt), Dave Lane (Max), Teresa Simpson (Randy), Adam Fried, Denise Dicandia
Drehbuch: Jon-Mikl Thor
Kamera: Mark MacKay (Medaillon Color)

Musik: The Tritonz
Schnitt: Robert Williams
Produktion: Jon-Mikl Thor für Thunder Films, Kanada 1987
Verleih: -/-/-/Bullit Video
Erstaufführung: 15.3.88
FSK: nicht unter 18 J.
Länge: 83 Min.

Eine Rockband will ungestört in einem leerstehenden Landhaus an den nächsten Platten arbeiten. Leider lauern dort bösartige Dämonen, die in wechselnder Gestalt Musiker wie Groupies ins Jenseits befördern. Billig und amateurhaft gemachter Horrorfilm, der mit etwas Ironie abgenutzte Genreklischees bemüht. Die Spezialeffekte sind lausig, die Monster so furchterregend wie eine Halloween-Nacht auf der Sesamstraße.

VideoWoche

Im Angesicht des Richters 466

THE LAST INNOCENT MAN ***

Video

Regie: Roger Spottiswoode
Darsteller: Ed Harris (Harry Nash), Roxanne Hart (Jenny Stafford), David Suchet (Gault), Bruce McGill (Matson), Darrell Larson (Philip Stafford), Rose Gregorio, Clarence Williams 3d, Robert Lesser
Drehbuch: Dan Bronson. Nach dem Roman von Philip Margolin
Kamera: Alexander Gruszynski (Farbe)
Musik: Brad Fiedel
Produktion: Ron Silverman für HBO Pictures/Maurice Singer Prod., USA 1987
Verleih: -/-/-/Virgin Video
Uraufführung: 19.4.87 (HBO)
Erstaufführung: 20.6.88
FSK: ab 16 J.
Länge: 109 Min.

Der erfolgreiche Anwalt Harry Nash befindet sich in einer depressiven Krise. Zwar hat er in einem aufsehenerregenden Prozeß erneut einen des Mordes beschuldigten prominenten Mandanten herausgepaukt, doch wohl ist ihm dabei nicht. Zweifel an der Unschuld seines Klienten sind geblieben. Harry will raus, will eine Weile aussteigen, als er Jenny begegnet. Erst ist es die große Liebe, dann wird sie zum Problem. Denn Jennys Ehemann ist des Mordes angeklagt, und nur der brillante Verteidiger Harry kann ihr helfen. Bis dieser plötzlich ahnt, in eine scheinbar raffiniert konstruierte Falle getappt zu sein und nun auf seine Weise reagiert. Roger Spottiswoode inszenierte einen soliden, handwerklich vorzüglichen Krimi, der ... in erster Linie von der kraftvollen Präsenz und Ausstrahlung des Hauptakteurs Ed Harris lebt. *tip*

Im Augenblick der Angst 467

ANGUSTIA ****

Regie: Bigas Luna
Darsteller: Zelda Rubinstein (Mutter), Michael Lerner (John), Talia Paul (Patty), Angel Jove (Killer), Clara Pastor (Linda), Isabel Garcia Lorca (Caroline), Nat Baker, Edward Ledden, Gustavo Gili, Antonio Regueiro, Joaquin Ribas, Janet Porter
Drehbuch: Bigas Luna, Michael Berlin (Dialoge)
Kamera: Josep Maria Civit (Eastmancolor)
Musik: José Manuel Pagan
Schnitt: Tom Sabin
Produktion: Pepon Coromina Prod. für Samba P.C. und Luna Films, Spanien 1986
Verleih: Filmwelt/Czerny/-/VCL/Virgin Video
Erstaufführung: Int. Hofer Filmtage 1987
Kinostart: 30.6.88
FSK: ab 18, nffr.
Länge: 89 Min.

Ein starkes Stück, fürwahr. Nicht nur, daß dieser spanische Horrorfilm die empfindlichste Stelle unserer Ekelschwelle auf abscheuliche Weise mit dem Skalpell traktiert - das Auge. Er schiebt auch raffiniert (Buch und Regie: Bigas Luna) drei Ebenen der Scheinrealität ineinander: Das Schreckenskammerstück von der gnomenhaften Mutterhexe, die ihren augensammelnden irren Sohn im Gruselschloß durch Hypnose steuert, läuft im Kino (der Film heißt »Mommy«).
Mommys Sohn sitzt zugleich im Zuschauerraum und massakriert leise die Horrorkundschaft. Und ein zwei-

ter mutterhöriger Irrer schlachtet den Rest des Publikums ab.
Daß die beiden Teenager, die sich popcornfressend im Kino halbtot gruseln ließen, übrigbleiben, gehört zu den Spielregeln: Die in sich geschlossene Alptraumlogik führt das blödsinnige Bedürfnis nach Nervenkitzel vor – und befriedigt es im selben Augenblick mit sadistischer Wollust (wobei der Verfolgungswahn der Angst auch am Ende nicht aufgehoben wird).
Das mag nun so virtuos gemacht sein wie es will: Es ist eigentlich zum Kotzen. Denn das Grauen hat nur einen mechanischen Blutsudel-Totmacher-Effekt. Muttermonster und Mordsöhne bleiben Versatzstücke eines Brutalpsycho-Kunststücks. *Ponkie, AZ*

Michael Althen in. SZ, 13.7.88; Keihe Kühn in: FR, 22.7.88; Jürgen Richter in: FAZ, 11.7.88; Barbro Schuchardt in: Kölner Rundschau, 16.7.88

Im Jahr der Schildkröte 468

***

Regie: Ute Wieland
Darsteller: Heinz Bennent (Heinz August Kamp), Karina Fallenstein (Claudia Bzdega), Anke Tegtmeyer (Hertha Kose), Arpad Kraupa (Achim)
Drehbuch: Ute Wieland, nach dem Roman »Sterbetage« von H.W. Kettenbach
Kamera: Karl-Walter Lindenlaub (Farbe)
Musik: Nick Glowna
Schnitt: Helga Borsche
Produktion: Hans W. Geissendörfer für Geissendörfer Film-und Fernsehprod./ WDR, BRD 1988
Verleih: Filmverlag der Autoren/-/-
Kinostart: 17.11.88
FSK: ab 12, ffr.
Länge: 97 Min.

Die langweilige Verfilmung eines langweiligen Romans. Einundsechzigjähriger arbeitsloser Buchhalter trifft einundzwanzigjährige sinnsuchende Studentin zwecks keuschem Generationsgetändel. Bis sie endlich an Darmverschluß sterben darf, verplempern beide ihre und der Zuschauer Zeit mit tiefsinnigem Gesülze über Bafög und Seelenwanderung. Auch Heinz Bennents ausgezeichnetes, subtiles Spiel vermag die tranige Story nicht spannender zu machen, leider. *tip*

Heiko R. Blum in: Rheinische Post, 18.11.88; Brigitte Desalm in: Kölner Stadt-Anzeiger, 19.11.88; Bodo Fründt in: SZ, 3.12.88

Im Lichte des Tages
siehe: Light of Day

Im Netz der Gewalt 469

A CASE OF DEADLY FORCE ***

Video

Regie: Michael Miller
Darsteller: Richard Crenna (Lawrence O'Donnell sr.), John Shea (Michael O'Donnell), Lorraine Toussaint (Pat Bowden), Frank McCarthy (Hanna), Tom Isbell (Billy O'Donnell), Tate Donovan
Drehbuch: Dennis Nemec. Nach dem Roman von Lawrence O'Donnell jr.
Kamera: Kees van Oostrum (Farbe)
Musik: Paul Chihara
Schnitt: Paul Fried
Produktion: Bruce J. Pustin für Telecom, USA 1986
Verleih: -/-/-/New Vision Video
Uraufführung: 9.4.86 (CBS)
Erstaufführung: 17.10.88
Länge: 90 Min.

Boston 1975. Ein schwarzer Angestellter wird von zwei Polizisten erschossen, nur weil er den gleichen Wagentyp fährt, der kurz zuvor als Fluchtauto bei einem Überfall diente. Seine Witwe will, daß ihr unbescholtener Mann rehabilitiert wird und engagiert den Anwalt und Ex-Cop O'Donnelly. Realistischer Justiz-Thriller, der auf einem wahren Fall basiert. Das streckenweise faszinierende Drama kommt fast ohne Klischees aus, zeigt Richard Crenna in einer überzeugenden Charakterrolle. *VideoWoche*

Im Netz der Spinne 470

ALL THE KIND STRANGERS **

Video

Regie: Burt Kennedy
Darsteller: Stacy Keach (Jimmy Wheeler), Samantha Eggar (Carol Ann), John Savage (Peter), Robby Benson (John),

Arlene Farber (Martha), Tim Parkison (Gilbert), Patti Parkison (Rita)
Drehbuch: Clyde Ware
Kamera: Gene Polito, Robert B. Hauser (Farbe)
Musik: Ron Frangipane
Schnitt: Folmar Blangsted
Produktion: Roger Lewis für Cinemation Industries, USA 1974
Verleih: -/-/-/Media Entertainment Video
Uraufführung: 12.11.74 (ABC)
Erstaufführung: 7.9.88
FSK: ab 12 J.
Länge: 72 Min.

Der kinderfreundliche Photograph Jimmy Wheeler wird von einem kleinen Jungen in ein entlegenes Landhaus gelockt. Dort halten ihn sieben Waisenkinder zusammen mit einer eingeschüchterten jungen Frau fest. Die beiden Erwachsenen sollen den Kindern als Ersatzeltern dienen. Angestaubter, fürs US-Fernsehen gedrehter Thriller mit schnell durchschaubarem Handlungsverlauf und wenigen Spannungsmomenten.

Im Rausch der Tiefe 471

LE GRAND BLEU ***

Regie: Luc Besson
Darsteller: Rosanne Arquette (Johana Cross), Jean-Marc Barr (Jacques Mayol), Jean Reno (Enzo Molinari), Paul Shenar (Dr. Laurence), Sergio Castellitto (Novelli), Jean Bouise (Onkel Louis), Marc Duret (Roberto), Griffin Dunne (Duffy), Andreas Voutsinas, Valentina Vargas, Kimberley Beck, Patrick Fontana
Drehbuch: Luc Besson, Robert Garland mit Marilyn Goldin, Jacques Mayol, Marc Perrier
Kamera: Carlo Varini (Farbe, CinemaScope)
Musik: Eric Serra
Schnitt: Olivier Mauffroy
Produktion: Les Films du Loup/Gaumont, USA 1988
Verleih: 20th Century Fox/dto./dto./CBS/Fox Video
Erstaufführung: Eröffnungsfilm der 41. Int. Filmfestspiele in Cannes 1988 (außer Konkurrenz)
Kinostart: 22.9.1988
FSK: ab 12, ffr.
Länge: 120 Min.
Prädikat: Wertvoll

Die Faszination des Meeres, das Mysterium seiner unergründlichen Tiefe sind Thema dieses ungewöhnlichen Films. Luc Besson stößt mit seinen großartigen, nachhaltig wirkenden Bildern in philosophische und politische Dimensionen vor. Im Vordergrund steht die naive Vorstellung des »Zurück zur Natur«. Das Eintauchen ins Ungewisse ist jedoch auch ein Vordringen zu den Ursprüngen der menschlichen Existenz, in die Psyche des Menschen. Erzählt wird die Geschichte eines Mannes, der sich stärker mit dem Meer als mit den Erdenbewohnern verbunden fühlt, der mit Delphinen besser kommuniziert als mit seinen Mitmenschen und sich schließlich ganz dem Meer übergibt. *Zoom*

Michael Althen in: Die Zeit, 29.9.88; Bodo Fründt in: SZ, 3.10.88; Gerhard Kadenbach in: FAZ, 28.9.88; Peter Krauss in: FR, 22.9.88 Genrecdes: Unterhaltungsfilm, Tiefsee, Tauchen

Im Schatten des Krieges 472

HAKHOREF HA'ACHARON ***

Video

Regie: Riki Shelach
Darsteller: Yona Elian, Stephen Macht, Kathleen Quinlan, Zippora Peled, Michael Schneider, Brian Aron, Yehuda Fuchs
Drehbuch: Riki Shelach, Yona Elian, Nava Semel, Dror Schwartz
Kamera: Amnon Salomon (Farbe)
Musik: Nahum Heyman
Schnitt: Kevin Connor
Produktion: Ya'akov Kotzky, Avi Lerner, Mota Garfung für Lerko Films, Israel 1983
Verleih: -/-/-/RCA/Columbia Video
Erstaufführung: 15.11.88
FSK: ab 16 J.
Länge: 90 Min.

Israel zur Zeit des Yom Kippur-Krieges. Die Ehemänner der Amerikanerin Joyce und der israelischen Journalistin Maya gelten als im Krieg verschollen. In einem Dokumentarfilm aus ägyptischen Gefangenenlagern erkennen beide Frauen denselben Mann als den ihren. Ihre gemeinsamen Ängste und Sorgen führen beiden zusammen, lassen eine innige Freundschaft entstehen. Bisweilen etwas steif inszeniert, konzentriert sich der Film auf die Emotionen und die unterschwellige Erotik zwischen den beiden Frauen. *VideoWoche*

Im Urwald ist die Hölle los 473

MY AFRICAN ADVENTURE/ GOING BANANAS **

Regie: Boaz Davidson
Darsteller: Dom DeLuise (Big Bad Joe), Jimmie Walker (Mozambo), David Mendenhall (Ben), Deep Roy (Bonzo), Warren Berlinger (Palermo), Herbert Lom (Mackintosh), Len Sparrowhawk, Peter Elliott, Fats Dibeco, Graham Armitage, Mike Westcott
Drehbuch: Menahem Golan nach der »Kofico« Fortsetzungs-Serie von Tamar Bernstein
Kamera: Joseph Wain (Farbe)
Musik: Pino Donaggio
Schnitt: Natan Zahavi, Bruria Davidson
Produktion: Menahem Golan, Yoram Globus für Golan-Globus, USA 1987
Verleih: Scotia-Cannon/Czerny/-/Cannon/ VMP Video
Kinostart: 30.6.88
FSK: ab 6, ffr.
Länge: 94 Min.

Der 10jährige Sohn eines US-Senators erlebt zusammen mit einem erwachsenen Begleiter im afrikanischen Urwald eine Serie von Abenteuern, wobei sie auf ihrer Seite einen sprechenden Affen und einen Einheimischen von Eddie-Murphy-Zuschnitt, gegen sich einen korrupten Polizeichef und einen gewinnsüchtigen Zirkusbesitzer haben. Das Ergebnis ist ein durch Schwachsinn und Primitivität aufreizendes Billigfilmchen. *multimedia*

In der Arche ist der Wurm drin 474

***

Regie: Wolfgang Urchs
Kamera: Pierre Salvagnac, Helmut Müller, Christoph Beyer, Sebastian Schwerte, Roland Coulon (Farbe)
Storyboard: Wolfgang Urchs
Creativ-Team: Armin Becker, Hal Clay, Harald Kraut, Ulrich Meyer, Miki Muster, Ferenç Rofusz, Wolfgang Urchs, Harold Whitaker
Hintergründe: Juan Japl, Bernd Deventer
Graphische Leitung: Hans Jörg Glauert
Musik: Frank Pleyer
Titelsong: Karel Gott
Produktion: Dr. Michael Schoemann, Dr. Ute Schoemann-Koll, Willi Benninger für MS-Film/Paramount/Artemis/20 F, BRD 1986/87
Verleih: UIP/UIP/-/Euro Video
Kinostart: 24.3.88
FSK: o.A., ffr.
Länge: 81 Min.

Ein deutscher Zeichentrickfilm über Willi, den Holzwurm. Der und Kollegen sind nämlich die wahren Helden der Schöpfung, denn sie haben einst die Arche Noah vor dem Zerfall durch Termiten gerettet. Freundlich animierte, aber mit zu wenig witzigen Ideen ausgestattete Geschichte aus der Bibel. *tip*

Jürgen Richter in: FAZ, 26.3.88; Rolf Selas in: Rheinische Post, 25.3.88

Der Indianer 475

****
16 mm

Regie: Rolf Schübel
Darsteller: Arnhild Classen, Wiebke Knickrehm, Angelika Wockert, Bettina Jörgensen, Karl-Friedrich Gerster, Danuta Miestreu, Peter Striebeck (Erzähler)
Drehbuch: Leonhard Lentz, Rolf Schübel nach einer autobiographischen Erzählung von Leonhard Lentz
Kamera: Rudolf Körösi (Farbe)
Musik: Jan Garbarek »Its okay to listen to the grey voice«
Schnitt: Harald Reetz
Produktion: Michael Lentz für Oase-Film mit ZDF, BRD 1987
Verleih: Unidoc/-/Selecta
Erstaufführung: 16.2.1988 Int. Forum des jungen Films bei der Berlinale
Kinostart: 9.6.1988
FSK: ab 6, ffr.
Länge: 93 Min. Farbe 16mm
Prädikat: Besonders wertvoll

Gefördert mit Mitteln des Hamburger Filmbüros DM 120.000,–, des Filmförderungsausschusses Hamburg, der kulturellen Filmförderung NRW und des BMI.

Der Film zeigt das Leben vor dem Tod. Leonhard Lenz hatte Kehlkopf-

Noah diskutiert Arche-Pläne. Szene aus »In der Arche ist der Wurm drin«.

krebs und wurde trotzdem noch glücklich. Schübel hat die Chronik einer erfolglosen und entwürdigenden Therapie nachgestellt, aber auch dokumentiert, wie sich ein Mensch im Angesicht des Todes für ein erfülltes Leben entscheidet. Ein Dokumentarfilm über ein alltägliches Leiden und über einen ganz und gar ungewöhnlichen Menschen, ohne den üblichen Wortschwall, ohne reißerische Perspektive und ohne mitleidsvolle Gefühligkeit. Schübel mausert sich mehr und mehr zu einem unserer wichtigsten Dokumentarfilmer.

Wolfgang Brenner, tip

Michael Althen in: SZ, 6.10.88; Heike Kühn in: FR, 9.6.88; Harry Rowohlt in: Die Zeit, 17.6.88; Sabine Scheltwort in: FAZ, 10.6.88

Inka Man – Fluch der Todeshöhle 476

THE SECRET OF THE INCA'S EMPIRE *

Regie: Frank Kramer
Darsteller: Conrad Nichols (Clifton Bradbury III), Kelly London (Linda Logan), John Francis Scott (Professor), Max Laurel, Vassilli Karis
Drehbuch: Alvino Gualberto, Frank Kramer
Kamera: William Mancori (Farbe)
Musik: Walt Ritz
Produktion: Frank Kramer für Effekappa, Italien 1987
Verleih: Allround, Filmagentur Werner/-/-
Kinostart: 26.5.88
FSK: ab 12, ffr.
Länge: 94 Min.

Abenteuerfilm um einen geheimnisvollen Goldschatz im Land der Inkas.

Inkognito 477

HIDING OUT **

Regie: Bob Giraldi
Darsteller: Jon Cryer (Andrew Morenski), Keith Coogan (Patrick Morenski), Annabeth Gish (Ryan Campbell), Gretchen Cryer (Tante Lacy), Oliver Cotton (Killer), Claude Brooks, Lou Walker, Tim Quill, Anne Pitoniak, Nancy Fish
Drehbuch: Joe Menosky, Jeff Rothberg
Kamera: Daniel Pearl (Technicolor)
Musik: Anne Dudley
Schnitt: Edward Warschilka
Produktion: Jeff Rothberg für Evenmore/ Locomotion, USA 1987

Verleih: 20th Century Fox/Centfox/-/VCL/ Virgin Video
Kinostart: 21.7.88
FSK: ab 12, ffr.
Länge: 99 Min.

Ein junger Börsenmakler wird in dunkle Geschäfte verwickelt und muß vor Killern fliehen. Er taucht an der High-School seines Cousins unter, wo er sozusagen eine Reise zurück in seine Jugend macht. Nach einem recht blutig-krimimäßigen Beginn entwikkelt sich dieser Film zu einer sympathischen US-Version der »Feuerzangenbowle«. Unausgeglichen, aber recht unterhaltsam. *multimedia*

Gregor Dotzauer in: FAZ, 23.7.88

Irisches Intermezzo 478

UN TAXI MAUVE ***

TV

Regie: Yves Boisset
Darsteller: Charlotte Rampling (Sharon), Philippe Noiret (Philippe), Peter Ustinov (Taubelman), Fred Astaire (Dr. Scully), Agostina Belli (Anne), Edward Albert (Jerry)
Drehbuch: Yves Boisset nach dem Roman von Michel Deon
Kamera: Tonino Delli Colli
Musik: Philippe Sarde
Schnitt: Albert Jurgenson
Produktion: Catherine Winter, Gisele Rebillon für Sofracima, Rizzoli Films, National Film, Sphinx Films, Frankreich/Italien/ Irland 1977
Uraufführung: 21.5.1977, Cannes
Sendetermin: 14.8.88, ZDF
Länge: 115 Min.

Eine melancholische Geschichte von vier exzentrischen Aussteigern, die sich auf der grünen Insel Irland in einem geheimnisvollen Beziehungswirrwarr verstricken: Philippe Noiret als Pariser in der Midlife-crisis, der sich mit einer überspannten Prinzessin aus Hannover einläßt; Peter Ustinov als spleeniger Exil-Russe und Fred Astaire in der Rolle eines sympathischen Arztes. Der Film besticht, neben seiner Kameraführung, vor allem durch seine Besetzung.

Frankfurter Neue Presse

Iron Angels 479

IRON ANGELS *

Video

Regie: Raymond Leung, Leung Sinttung, Van Lai
Darsteller: Sin Ho Ying, Lam Chung, Chan Chifai, Ngan Tin Choy
Drehbuch: Ko Moon Wing
Kamera: Sander Lee (Farbe)
Produktion: Garry Chan, Amy Choi für Molesworth, Hongkong 1987
Verleih: -/-/-/Ascot Video
Erstaufführung: 17.11.88
FSK: nicht unter 18 J.
Länge: 87 Min.

Mona und ihre »Iron Angels« gegen das thailändische Drogensyndikat.

Ishtar 480

ISHTAR ***

Regie: Elaine May
Darsteller: Warren Beatty (Lyle Rogers), Dustin Hoffman (Chuck Clarke), Isabelle Adjani (Shirra Assel), Charles Grodin (Jim Harrison), Jack Weston (Marty Freed), Tess Harper (Willa), Carol Kane (Carol), Aharon Ipale (Emir Yousef), David Margulis, Julie Garfield, Rose Arrick, Christine Rose
Drehbuch: Elaine May
Kamera: Vittorio Storaro (Technicolor)
Musik: John Strauss
Schnitt: Stephen A. Rotter, William Reynolds, Richard Cirincione
Produktion: Warren Beatty für Columbia-Delphi V, USA 1985/86
Verleih: Columbia Tri-Star/Columbia/20th Century Fox
Kinostart: 14.1.88
FSK: ab 12, ffr.
Länge: 107 Min.

Elaine Mays Regie-Biß für ironische Lustbarkeiten erwies sich in den siebziger Jahren an den schwarzen Ehekomödien »Keiner killt so schlecht wie ich« und »Pferdewechsel in der Hochzeitsnacht«. Und auch dieser »Ishtar«-Weg nach Marokko (Bob Hope läßt grüßen) ist, wenigstens in der ersten Hälfte, ein witziger Rundumschlag im Abenteuerkino-, Musiker- und Waffenschiebergeschäft.
Wo zwei spielgierige Komödianten wie »Warren Beatty und Dustin Hoffman« als drittklassige Schlagermusi-

kanten hinter dem großen Hit herstolpern und in die Marrakesch-Kneipe »Chez Casablanca« vermittelt werden, ist es völlig normal, daß sie sich bald mit einem blinden Kamel in der Wüste und im Kugelhagel der CIA wiederfinden.

Leider hängen die Guerilla-Wüstenwirren mit der Revoluzzerin Isabelle Adjani dann etwas durch, und das Scherz-Bombardement wird ermüdend. Aber es steckt soviel Klamottenspaß in dieser Spötter-Fata Morgana, daß man sich mit dem blinden Kamel schon einlassen kann. *Ponkie, AZ*

Michael Althen in: SZ, 21.1.88; Norbert Grob in: Die Zeit, 29.1.88; Sven Hansen in: Die Welt, 19.1.88; Peter Krauss in: FR, 16.1.88; Rolf Selas in: Rheinische Post, 15.1.88

Ist es leicht, jung zu sein? 481

VAI VEGLI BUT JAUNAM? ****

16 mm

Regie: Juris Podnieks
Drehbuch: A. Klockis, J. Margolis
Kamera: Kalvis Zalmancis (Farbe und s/w)
Produktion: Studio Riga, UdSSR 1986
Verleih: Verleihgenossenschaft/Pandora/Filmladen
Kinostart: 5.5.88
Sendetermin: 23.8.88, ZDF
Länge: 84 Min.

Verleihförderung aus Mitteln der kulturellen Länderfilmförderung NW

Erstaunlich in seiner offenen Direktheit ist dieser sowjetische Film aus Lettland: Jugendliche sprechen über ihre Gefühle und Gedanken zur Problematik ihres Lebens heute.

Angst in der Nachwirkung von Tschernobyl, Protest gegen Gängelung durch Partei, Gesellschaft, Familie, ein zerstörtes Leben nach Kriegserfahrungen in Afghanistan, Flucht in Drogen, Punk, Buddhismus, Musik - das alles kommt uns gar nicht unbekannt vor.

Mit einem Open-Air-Rockkonzert beginnt der Film und das Verhängnis: Auf der Heimfahrt im Zug randaliert eine Gruppe Jugendlicher mehr aus Übermut als aus Zerstörungswut. Sie demolieren zwei Waggons vollstän-

Warren Beatty und Dustin Hoffman präsentieren ihre Wüstenlady Isabelle Adjani in »Ishtar«. Ein Millionenfilm buchstäblich in den Sand gesetzt.

Jugend in Lettland in »Ist es leicht, jung zu sein?«

dig. Sieben junge Leute werden zu hohen Abschreckungsstrafen verurteilt.
Phänomenal, wie Filmemacher Juris Podnieks eine Vertrauensbasis zwischen sich und den Verurteilten hergestellt hat. Das macht dieses Dokument lebendig, spannend, mitreißend. *Frauke Hanck, tz*

Michael Althen in: SZ, 9.6.88; Marli Feldvoss in: FAZ, 31.5.88; Peter Paul Kubitz in: SZ, 23.8.88

Die italienische Affäre 482

CAPRICCIO **

Regie: Tinto Brass
Darsteller: Nicola Warren (Jennifer), Andy J. Forest (Fred), Francesca Dellera (Rosalba), Luigi Laezza (Ciro), Vittorio Caprioli (Don Vincenzo), Venantno Venantini
Drehbuch: Tinto Brass
Kamera: Silvano Ippoliti (Technicolor)
Musik: Riz Ortolani
Schnitt: Tinto Brass
Produktion: Giovanni Bertolucci für San Francisco Film, Italien 1987
Verleih: 20th Century Fox/Centfox/Monopole Pathé/RCA/Columbia Video
Kinostart: 28.7.88
FSK: ab 18 J.
Länge: 98 Min.

Ein amerikanisches Ehepaar, das sich während des Krieges in Italien kennengelernt hat, kehrt nach ein paar Jahren wieder in dieses Land zurück. Unter Ehemüdigkeit leidend, nehmen beide insgeheim wieder Kontakt zu Liebhabern von einst auf. Ernüchtert durch dieses kurze Intermezzo, das für beide weniger romantisch ausfällt, als sie sich das erträumt haben, finden sie wieder zusammen. Eine Ehetragikomödie mit dem unverwechselbaren Styling und Arrangement von T. Brass, der hier erneut seine erotischen Phantasien und Obsessionen zelebriert, wie schon zuvor in »Miranda« und »The Key«. *Zoom*

Die Jagd nach dem Leben 483

I'M DANCING AS FAST AS I CAN ***

TV

Regie: Jack Hofsiss
Darsteller: Jill Clayburgh (Barbara Gordon), Nicol Williamson (Derek Bauer), Geraldine Page (Jean Martin), Dianne Wiest (Julie Addison), Joe Pesci (Roger), James Sutorius, Ellen Greene, Cordis Heard, Richard Masur, Daniel Stern, Joe Maher, Albert Salmi, John Lithgow
Drehbuch: David Rabe nach dem Buch von Barbara Gordon
Kamera: Jan De Bont
Musik: Stanley Silverman
Schnitt: Michael Bradsell
Produktion: Edgar J. Scherick, Scott Rudin für Paramount, USA 1982
Sendetermin: 2.11.88, ZDF
Länge: 100 Min.

Eine karrierrebesessene Journalistin bezahlt ihren Erfolg mit der Abhängigkeit von Tranquilizern, die ihr in wirklich kritischen Situationen trotzdem nicht helfen. Der Entschluß, auf das Medikament zu verzichten, ist für sie schwerer als gedacht - und ohne konsequente ärztliche Hilfe unmöglich. Diesen Teufelskreis im Leben der allseits anerkannten Fernseh-Dokumentaristin Barbara Gordon und ihre Beziehung zu einer todkranken Frau, hat der Film zum Thema. *ZDF*

Allerdings setzt die Handlung erst sehr spät ein, als die Patientin bereits der Droge verfallen war. Wichtiger wäre es gewesen zu zeigen, wie man in so eine Abhängigkeit hineinschlittert. Das Prädikat »medizinisch wertvoll« wird man diesem Film also nicht verleihen können.
Beeindruckend lediglich die Leistung von Jill Clayburgh.

Badisches Tageblatt

Ingrid Uebe in: Nürnberger Zeitung, 4.11.88

Die Jagd nach den gestohlenen Diamanten 484

DIAMONDS ON WHEELS **

Video

Regie: Jerome Courtland
Darsteller: Patrick Allen, George Sewell, Derek Newark, Dudley Sutton
Drehbuch: William Robert Yates
Kamera: Michael Reed (Farbe)
Musik: Ron Goodwyn
Produktion: Walt Disney, USA/Großbritannien 1973
Verleih: -/-/-/Walt Disney Home Video
Erstaufführung: 17.5.88
FSK: ab 12 J.
Länge: 81 Min.

Gangster erbeuten bei einem Raubüberfall Diamanten im Wert von einigen Millionen. Einer der Räuber reißt sich den Schatz unter den Nagel, versteckt ihn in seinem Autositz und stirbt. Drei Jugendliche verarbeiten den ausrangierten Sitz für ihr Rallye-Fahrzeug und schon beginnt die Jagd. Brave, unverfängliche Krimikomödie. Solide inszeniert, aber heutigen Ansprüchen kaum genügend. *Video-Markt*

Das Jahr der Aufklärung 485

EL ANO DE LAS LUCES ***

Regie: Fernando Trueba
Darsteller: Jorge Sanz (Manolo), Maribel Verdu (Maria Jesús), Manuel Alexandre (Emilio), Rafaela Aparicio (Rafaela), Chus Lampreave (Transito), Veronica Forque (Irene), Santiago Ramos, Violeta Cela, Lucas Martin
Drehbuch: Rafael Azcona, Fernando Trueba
Kamera: Juan Amoros (Farbe)
Musik: Francisco Guerrero
Schnitt: Carmen Frias
Produktion: Andres v. Gomez für Cia Iberoamericana De TV, Spanien 1987
Verleih: Filmverlag der Autoren/-/Monopol
Erstaufführung: Filmfestspiele Berlin 1987
Kinostart: 26.5.88
Länge: 105 Min.

»Silberner Bär« für hervorragende Einzelleistung bei den Int. Filmfestspielen Berlin 1987

Maribel Verdu »Im Jahr der Aufklärung«.

Erste Liebschaften enden leider zumeist mit einer großen Enttäuschung. So auch in dieser heiter-melancholischen Komödie, die Fernando Trueba mit deftigem Witz und voller Zärtlichkeit für seine Personen erzählt.
Spanien nach dem Bürgerkrieg, das Frühjahr 1940: In einem gestrengen Landschulheim sammelt der 15jährige Manolo (schön pubertär: Jorge Sanz) erste erotische Erfahrungen. Ist das hübsche Kerlchen zwar ein Dorn im Auge der prüden Rektorin, so schätzen die niedlichen Erzieherinnen seine knabenhaften Reize um so mehr.
Mit der Schönsten verbindet ihn denn auch bald eine leidenschaftliche Romanze...
Streckenweise landschaftsverliebt und pittoresk; ansonsten: prall und offen inszeniertes »Frühlingserwachen«.

Uli Hübsch, tz

Volker Baer in: Der Tagesspiegel, 26.5.88; Bodo Fründt in: SZ, 13.6.88; Wilm Hart in: Die Welt, 1.6.88; Jürgen Richter in: FAZ, 28.5.88; Helmut Schmitz in: FR, 28.5.88

Jailbreak 486

JAILBREAK...1958 *

Video

Regie: José Antonio Alonzo
Darsteller: Anthony Alonzo, Paul Vance, Mariane Reeves, Daniel Nicholson
Drehbuch: José Antonio Alonzo
Kamera: Policarpio Cuenco (Farbe)
Produktion: Cinex Films, Philippinen 1986
Verleih: -/-/-/EVC Video
Erstaufführung: 25.1.88
FSK: nicht unter 18 J.
Länge: 84 Min.

Weil sein Schwager seine Schwester schwer mißbraucht hat und den kleinen Bruder zum Junkie gemacht hat, will Antonio mit ihm abrechnen und damit die Familienehre wiederherstellen. Melodramatischer Actionthriller, in dem das Motiv der Blutrache allerhand Gewalt ins Rollen bringt. Mitunter recht theatralisch inszeniert. *VideoWoche*

James Dean Story 487

JAMES DEAN **

Video

Regie: Robert Butler
Darsteller: Stephen McHattie (James Dean), Candy Clark (Chris White), Meg Foster (Dizzy Sheridan), Michael Brandon (Bill Bast), Jayne Meadows (Reva Randall), Dane Clark (James Whitmore), Katherine Helmond (Claire Folger), Heather Menzies, Amy Irving, Robert Foxworth
Drehbuch: William Bast
Kamera: Frank Stanley (Farbe)
Musik: Billy Goldenberg
Schnitt: John A. Martinelli
Produktion: William Bast, John Forbes für Jozak Co., USA 1976
Verleih: -/-/-/Highlight Video
Uraufführung: 19.2.76 (NBC)
Erstaufführung: 8.3.88
FSK: ab 6 J.
Länge: 98 Min.

Nostalgische Filmbiographie des legendären Jugendidols.

Jane B. par Agnès V. 488

JANE B. ***

Regie: Agnès Varda
Darsteller: Jane Birkin, Philippe Léotard, Jean-Pierre Léaud, Farid Chopel, Alain

Souchon, Laure Betti, Charlotte Gainsbourg, Mathieu Demy
Drehbuch: Agnès Varda
Kamera: Nurith Aviv, Pierre-Laurent Chenieux (Farbe)
Musik: Manfredini, Chopin, Gainsbourg
Schnitt: Agnès Varda, Marie-Josée Audiard
Produktion: Ciné-Tamaris/La Sept, Frankreich 1987
Verleih: Pandora/-/-
Erstaufführung: 18.2.88 Wettbewerb der Int. Filmfestspiele Berlin
Kinostart: 27.10.88
Länge: 97 Min.

Diese spielerischen Variationen der Selbstbespiegelungs-Phantasie einer Schauspielerin im Kamera-Blickfeld einer sensibel mitschwingenden Regisseurin sind wie feine Sympathiewellen: Jane Birkin und Agnes Varda im weiblichen Bunde - zwei zärtliche Kunst-Cousinen beim grazilen Duett ihrer Verwandlungs-Ideen.
Der individuelle Charme dieser Collage aus Rollenspielen und Kostüm-Improvisationen, aus Filmzitaten und kleinen Familien-Arabesken trägt und prägt die ganze Komposition: Jane Birkin in allen Lebenslagen, mit Töchtern, Gemälden und gleitenden Spiegeln.
Einblicke? Ihr wahres Wesen behält die schöne Jane B. für sich. Die Kunstfigur »Jane B.« überläßt sie Agnes Varda als Wunderknetmasse für ein witziges kleines Ästheten-Abenteuer.

Ponkie, AZ

Regisseurin Agnes Varda mit der Schauspielerin Jane Birkin, die im Mittelpunkt des Films »Jane B.« steht.

Michael Althen in: SZ, 14.10.88; Heiner Gassen in: SZ, 3.11.88 (Interview A. Varda); Karena Niehoff in: Der Tagesspiegel, 20.2.88; Kläre Warnecke in: Die Welt, 3.11.88

Jane und die verlorene Stadt 489

JANE AND THE LOST CITY ***

Video

Regie: Terry Marcel
Darsteller: Sam Jones (Jungle Jack Buck), Maud Adams (Lola Pagola), Jasper Carrott (Heinrich), Kirsten Hughes (Jane), Robin Bailey (Colonel), Ian Roberts (Carl), Elsa O'Toole (Leopardenkönigin)
Drehbuch: Mervyn Haisman. Nach dem Comic-Strip von Norman Pett
Kamera: Paul Beeson (Rank Color)
Musik: Harry Robertson
Schnitt: Alan Jones
Produktion: Harry Robertson für Glen Films, Großbritannien 1987
Verleih: -/-/-/New Vision Video
Erstaufführung: 1.8.88
FSK: ab 16 J.
Länge: 93 Min.

Im Auftrag Winston Churchills machen sich ein britischer Colonel und seine attraktive Assistentin Jane auf den Weg nach Zentralafrika, um die verlorene Stadt und ihre sagenhaften Diamantenschätze zu finden. Unterhaltsame Abenteuerkomödie im Stil der Serials. Der Film basiert auf einem inzwischen klassischen Comicstrip und zollt seiner Herkunft Tribut mit lustvoll überzeichneten Charakteren in immer neuen, schier ausweglosen Situationen. *VideoWoche*

Jenatsch 490

****

Regie: Daniel Schmid
Verleih: Kinowelt

Lief bereits 1987 in der Schweiz im Kino. Deshalb vollständige Angaben und Kritik im Heyne Filmjahrbuch 1988.

Jocks 491

JOCKS **

Video

Regie: Steve Carver
Darsteller: Scott Strader (The Kid), Perry Lang (Jeff), Mariska Hargitay (Nicole), Richard Roundtree (Chip Williams), R.G. Armstrong (Trainer Beetlebom), Christopher Lee (Präsident White), Stoney Jackson (Andy), Adam Mills (Tex)
Drehbuch: Michael Lanahan, David Oas
Kamera: Adam Greenberg (DeLuxe Color)
Musik: David McHugh
Schnitt: Richard Halsey
Produktion: Ahmet Yasa für Mount Olympus, USA 1984
Verleih: -/-/-/EVC Video
Erstaufführung: 20.6.88
FSK: ab 16 J.
Länge: 91 Min.

Das chaotische College-Tennisteam aus L.A. fährt zum Wettkampf nach Las Vegas. Typische US-College-Komödie mit Tempo, Turbulenzen und einigen guten Einfällen. Nichts Außergewöhnliches, aber allemal kurzweilige Unterhaltung. *Video-Markt*

John & Yoko – The Complete Story 492

JOHN & YOKO – A LOVE STORY **

Video

Regie: Sandor Stern
Darsteller: Mark McGann (John Lennon), Kim Miyori (Yoko Ono), Kenneth Price (Paul McCartney), Peter Capaldi (George Harrison), Phillip Walsh (Ringo Starr), Richard Morant (Brian Epstein), Rachel Laurence (Cynthia Lennon), Joe Randall Cutler (Julian mit 5), Samuel Wetmore (Julian mit 11), Paul Lockwood (Julian mit 15)
Drehbuch: Sandor Stern
Kamera: Alan Hume (Farbe)
Musik: The Beatles, John Lennon, Yoko Ono, Elton John
Schnitt: Ralph Sheldon
Produktion: Aida Young für Carson Production Group, Großbritannien 1985
Verleih: -/-/-/G.L. Video
Uraufführung: 2.12.85 (NBC)
Erstaufführung: 26.9.88
FSK: ab 12 J.
Länge: 149 Min.

... die Protest-Atmosphäre der 60er und 70er mit den großen und den kleinen Happenings kommt nur am Rande vor, Gesellschaft und Politik sind beiläufige Skizzen, alkoholische und erotische Eskapaden werden nur gestreift. Ein sauberer Film, der John Lennon zum Hampelmann degradiert, während an Yoko höchstens das dunkle, lange Haar interessiert. Alles wirkt besonders angestrengt, die nachgemachten Beatles sind scheußlich. Aber John Lennon als Nickelbrillen-Fuzzie, das tut richtig weh. *tip*

Johnny Flash 493

***

Regie: Werner Nekes
Darsteller: Andreas Kunze, Helge Schneider, Heike Melba-Fendel, Marianne Traub
Drehbuch: Werner Nekes, Peter Ritz
Kamera: Bernd Upnmoor, Serge Roman (Farbe)
Musik: Helge Schneider
Schnitt: Astrid Nicklaus
Produktion: Werner Nekes Filmprod., BRD 1986
Verleih: FiFiGe/-/-
Erstaufführung: Int. Hofer Filmtage 1986
FSK: ab 6, ffr.
Länge: 80 Min.

Gefördert durch Filmbüro NW mit DM 70.000,–

Von den Experimenten endlich mal zur handfest-volkstümlichen Komödie: Werner Nekes läßt die Sau raus. Und da ist natürlich mit dem Schauplatz Wanne-Eickel und den deftig-unerschütterlichen Ruhrgebiets-Typen einiges fällig. Der verzweifelt versuchte Aufstieg eines kleinen Elektrikers zum großen Schlagerstar, die Macht der Frauen und der Traum vom Ruhm – im Kohlenpott-Ambiente blitzen da gelegentlich genialische Gemeinheiten gegen Gesellschaft und so weiter auf.
Aber leider nur gelegentlich. Oft schraubt sich die ironisch-satirische Persiflage-Stimmung des so schön schräg angelegten Comic-Films in luftleere Blödel-Höhen weg. Und die Story hat eigentlich auch nur Kurzfilm-Atem.

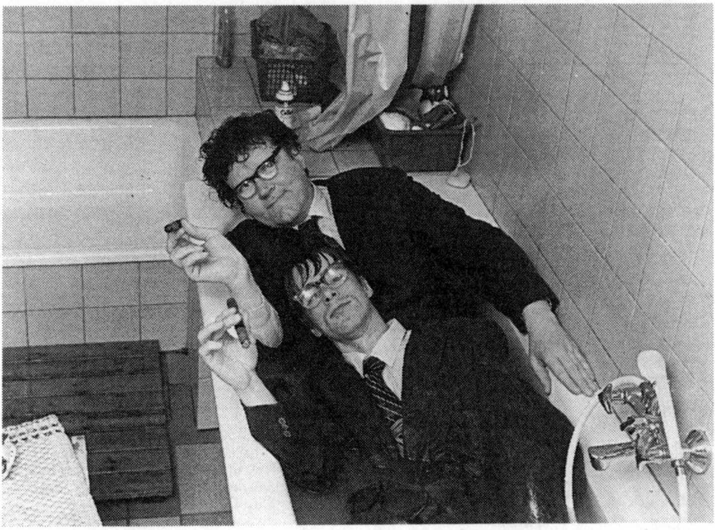

Badewannen-Ulk in »Johnny Flash«.

Aber Nekes wollte sich endlich mal einen Jux machen, un dat is 'n Dingen!

Frauke Hanck, tz

Sebastian Feldmann in: Rheinische Post, 12.5.88; Dietrich Kuhlbrodt in: FR, 11.5.88; Thomas Linden in: Kölnische Rundschau, 6.2.88; Beate Ostermann in: tip, 8/88; Frank Schnelle in: Zitty, 8/88

Joyride 494

JOYRIDE ***

Video

Regie: Joseph Ruben
Darsteller: Melanie Griffith, Robert Carradine, Anne Lockhart, Tom Ligon
Drehbuch: Joseph Ruben, Peter Rainer
Kamera: Stephen M. Katz (Farbe)
Schnitt: Bill Butler
Produktion: AIP, USA 1977
Verleih: -/-/-/IHE Video
Erstaufführung: 5.4.88
FSK: ab 16 J.
Länge: 88 Min.

Gelangweilt von ihren Jobs im sonnigen L.A. machen sich zwei Jungs und ein Mädchen nach Alaska auf. Als ihnen das Geld ausgeht, versuchen sie erst zu jobben, überfallen das Lohnbüro einer Erdölgesellschaft, nehmen eine Geisel und fliehen, nachdem sie sich beinahe zerstritten haben, gemeinsam weiter nach Kanada. Frisch gebliebenes Road-Movie aus den Siebzigern.

VideoWoche

Julia und Julia 495

GIULIA E GIULIA **

Regie: Peter Del Monte
Darsteller: Kathleen Turner (Julia), Sting (Daniel), Gabriel Byrne (Paolo), Gabriele Ferzetti (Paolos Vater), Angela Goodwin (Paolos Mutter), Lidia Broccolino (Carla), Norman Mozzato, Yorgo Voyagis, Mirella Falco, Alexander Van Wyk, Francesca Muzio, John Steiner, Renato Scarpa
Drehbuch: Peter Del Monte, Silvia Napolitano, Sandro Petraglia
Kamera: Guiseppe Rotunno (HDTV-Video, Technicolor)
Musik: Maurice Jarre
Schnitt: Michael Chandler
Produktion: Cesare Coppo für RAI Radiotelevisione, Italien 1987
Verleih: Filmwelt/top-Film/Monopol Pathé/CBS-Fox Video
Erstaufführung: Int. Filmfestival Venedig 1987, außerhalb des Wettbewerbs

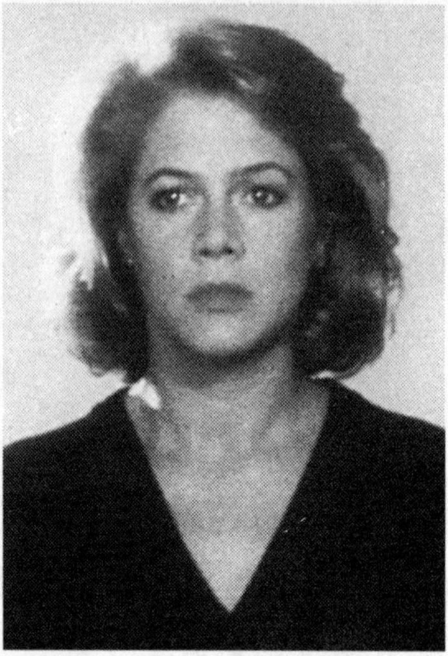

Zwischen Leben und Tod, zwischen Traum und Wirklichkeit. Kathleen Turner in »Julia und Julia«.

Kinostart: 28.1.88
FSK: ab 16, ffr.
Länge: 97 Min.

HDTV, das klingt wie eine Krankheit und ist doch nichts Geringeres als ein neues Verfahren zur höheren Bildauflösung auf Video. High Definition Television bedeutet 1125 statt der bisherigen 625 Bildzeilen. HDTV, das klingt wie eine neue Technologie und ist doch nichts anderes als eine Krankheit. Die Bilder sind infiziert, sie leiden an Erkältung. Weder die Personen noch die Dinge besitzen eine Aura. Nicht einmal Kathleen Turner. Und weil immerhin Giuseppe Rotunno die Kamera führte, gibt es diesmal auch keine Entschuldigungen: die Farben sind flau und die Bilder blaß. »Julia & Julia« ist ein Film aus der Welt der elektronischen Schatten, aus dem Totenreich des Kinos. Dort spielt auch die Geschichte. Eine Frau verliert bei einem Autounfall ihren frisch Angetrauten (Gabriel Byrne). Als sie Jahre später aus dem Schmerz erwacht, ist alles, als sei nichts passiert. Ihr verpaßtes Leben ist Wirklichkeit: ein Mann, ein Kind und ein Geliebter (Sting). Die Zeit hat Löcher bekommen, durch die der Film ständig vom Irrealis in die Realität und wieder zurück fällt. Peter del Montes Bilder dazu entstammen dem Fernsehen. Es gibt nichts in ihnen zu sehen. Das liegt nicht am Verfahren, sondern daran, daß in diesem Film zwischen den Zeilen nichts geschrieben steht.

Michael Althen, Die Zeit

Karin Aderhold in: tip, 3/88; H.G. Pflaum in: SZ, 26.2.88; Helmut Schmitz in: FR, 25.6.88; Philip Siegel in: Kölner Stadt-Anzeiger, 6./7.88; Kläre Warnecke in: Die Welt, 9.2.88

Jungle Force 496

EYE OF THE EAGLE *

Video

Regie: Cirio H. Santiago
Darsteller: Brett Clark (Sgt. Rick Stratton), Robert Patrick (Johnny Ransom), Ed Crick (Sgt. Bo Rattner), William Steis (Captain Carter), Cec Varrell (Chris Chandler), Rey Malonzo (Capt. Willy Leung), Mike Monty (Colonel Stark)
Drehbuch: Joseph Zucchero, Nigel Hogge
Kamera: Ricardo Remias (Farbe)
Musik: Marita Manuel
Schnitt: Gervacio Santos
Produktion: Cirio H. Santiago für Concorde Pictures, USA 1987
Verleih: -/-/-/CBS-Fox Video
Erstaufführung: 20.4.88
FSK: nicht unter 18 J.
Länge: 82 Min.

Eine abtrünnige Gruppe US-Soldaten führt in Vietnam ihren Privatkrieg gegen die Bevölkerung und, wenn's sein muß, auch gegen US-Truppen; eine junge Reporterin kommt ihnen auf die Spur. Die endlosen Schießereien und pyromanischen Effekte lassen wenig Platz für eine sinnvolle Dramaturgie. *VideoWoche*

Kaltes Blut 497

TIR GROUPE **

Video

Regie: Jean Claude Missiaen
Darsteller: Gérard Lanvin (Antoine), Veronique Jannot (Carine), Michel Constantin (Gagnon), Mario David (Felix), Roland Blanche (Michel), Jean-Roger Milo
Drehbuch: Jean Claude Missiaen, Claude Veillot
Kamera: Pierre-William Glenn (Fujicolor)
Musik: Hubert Rostaing
Schnitt: Armand Psenny
Produktion: Sara Films/Parafrance, Frankreich 1982
Verleih: -/-/-/Media Entertainment Video
Erstaufführung: 10.5.88
FSK: nicht unter 18 J.
Länge: 88 Min.

Nachdem die Polizei mit ihren Recherchen nicht schnell genug vorankommt, macht sich der Freund allein daran, den Tod seiner Freundin aufzuklären.
Solider Thriller mit Frankreichs neuem Action-Star Gérard Lanvin.

Video-Markt

Kambodschea – Die Apokalypse 498

KAMPUCHEA – THE UNTOLD STORY ***

Video

Regie: Toranog Srichua
Darsteller: Tinakam Srisungnaun, David Phanampai, So Sombat, So Wanpen
Produktion: Singha Suriyong, Thailand 1987
Verleih: -/-/-/G.L. Video
Erstaufführung: 15.3.88
FSK: nicht unter 18 J.
Länge: 98 Min.

Beeindruckendes, teils schockierendes Kriegsdrama, das in drastischen Bildern von den Leiden des kambodschanischen Volkes erzählt. Die Geschichte setzt ein, wo »Killing Fields« aufhört, und wird aus der Sicht der Betroffenen erzählt: leidenschaftlich und parteiisch.

VideoWoche

Ein Kamel im Wilden Westen 499

ONE LITTLE INDIAN ***

TV

Regie: Bernard McEveety
Darsteller: James Garner (Clint Keyes), Vera Miles (Doris McIver), Clay O'Brien (Mark), Pat Hingle (Captain Stewart), Andrew Pine (Army Chaplain), Jodie Foster (Martha)
Drehbuch: Harry Spalding
Kamera: Charles F. Wheeler
Produktion: USA 1973
Sendetermin: 12.8.88, ARD
Länge: 88 Min.

Clint Keyes muß vor seinen ehemaligen Kameraden bei der amerikanischen Kavallerie dringend das Weite suchen. Als er auf dem Rücken eines Kamels in die Wüste Neu-Mexikos flüchtet, nimmt er sich eines kleinen Jungen an, der ihn nach mancherlei Abenteuern vor dem Galgen bewahrt. Origineller Western aus den Walt-Disney-Studios. *ARD*

Der Kampfgigant 2 500

THE FIRING LINE *

Video

Regie: John Gale
Darsteller: Reb Brown, Shannon Tweed, Kahlena Marie
Produktion: Silver Screen Pictures, USA 1988
Verleih: -/-/-/Carrera Topline Video
Erstaufführung: 28.11.88

Nachdem er Zeuge der Mißhandlung eines Rebellenführers wurde, stellt sich ein amerikanischer Militärberater in Südamerika auf die Seite der Aufständischen.

Die Kannibalen 501

OS CANIBAIS ****

Regie: Manoel de Oliveira
Darsteller: Luis Miguel Cintra, Sänger: Vaz de Carvalho (Viscount d'Aveleda), Leonor Silveira, Sängerin: Filomena

Amaro (Marguerite), Diogo Doria, Sänger: Carlos Guilherme (Don Joao), Oliveira Lopes (Moderator), Pedro T. Da Silva (Niccolo), Joel Costa (Vater), Rogerio Samora, Sänger: Antonio Silva (Peralta), Rogerio Vieira, Sänger: Carlos Fonseca (Friedensrichter), Antonio Loja Neves, Sänger: Luis Madureira (Baron)
Drehbuch: Manoel de Oliveira nach einem Werk von Alvaro Carvalhal
Kamera: Mario Barroso (Farbe)
Musik: Joao Paes
Schnitt: Sabine Franel
Produktion: Paolo Branco für Filmargem/Gemini Films/La SEPT/AB Cinema/Light Night/Pandora, Portugal 1988
Verleih: Pandora/-/-
Uraufführung: Wettbewerb der Int. Filmfestspiele Cannes 1988
Erstaufführung: 27.6.88 Filmfest München
Kinostart: 1.12.88
Länge: 98 Min. (OmU)

Vertrieb gefördert durch Europäisches Filmbüro mit ECU 138.806,06

Der Altmeister des portugiesischen Films hat (...) die erste genuine Kinooper gemacht. (...) Während der Film nun entschieden vom makaber Monströsen in eine heitere Sozialsatire schreitet, entwickelt Oliveira, offensichtlich amüsiert von den ernsten Dingen der menschlichen Existenz, nun eine wunderbar poetische Theorie über die (angebliche) Notwendigkeit des Geldes für die Befriedigung der Wünsche. (...) Die Kannibalen sind in jeder Hinsicht ein makelloses, nahezu überirdisch schönes Meisterwerk... *Peter Buchka, SZ*

Karate Tiger 2 — 502

RAGING THUNDER **

Regie: Corey Yuen
Darsteller: Max Thayer, Loren Avedon, Cynthia Rothrock, Matthias Hues u.a.
Drehbuch: Roy Horan, Keith W. Strandberg
Kamera: Nicholas von Sternberg (Farbe)
Musik: David Spear
Produktion: Seasonal Film, Hongkong 1987
Verleih: Ascot/Constantin/Elite/Ascot Video
Kinostart: 28.1.88
FSK: ab 16, nffr.
Länge: 95 Min.

Ein Schwarzgurt-Collegeboy befreit mit Hilfe eines befreundeten Paares seine aus undurchsichtigen politischen Gründen gekidnappte und in den südostasiatischen Dschungel verschleppte Verlobte aus den Händen der vietnamesisch-russischen Bösewichter. Vollkommen stupides, tendenziöses Machwerk, das nach dem plumpen Schema weisse Helden, schlitzäugige Masse die Gewalt verherrlicht und unterschwellig den Vietnamkrieg hochleben läßt. *Zoom*

Jürgen Richter in: FAZ, 19.3.88

Kaskade rückwärts — 503

***

Regie: Iris Gusner
Darsteller: Marion Wiegmann (Maja Wegner), Johanna Schall (Carola Brehme), Siegfried Höchst (Gerd K.), Jaecki Schwarz (Toni), Gertraud Kreißig (Margot), Swetlana Schönfeld (Sylvi), Achim Wolf (Ali), Amina Gusner (Zoppi),
Drehbuch: Iris Gusner, Roland Kästner
Kamera: Roland Dressel (Farbe)
Musik: Gerhard Rosenfeld
Produktion: DEFA, DDR 1984
Verleih: Unidoc/-/-
Kinostart: 21.1.88
Länge: 91 Min.

Kaskade rückwärts meint einen Fachausdruck aus der Voltigierkunst: Der Reiter rollt rückwärts vom galoppierenden Pferd. Ein ähnliches Akrobatenstück versucht die reife Witwe Maja: in einer neuen Wohnung, mit einem neuen Job und einem neuen Mann will sie in der Lebensmitte noch mal neu anfangen. Sehr souveräne, kluge und überraschend witzige Komödie von drüben.

Wolfang Brenner, tip

Manfred Hobsch in: Zitty, 2/88; Dagmar Zindel in: Kölnische Rundschau, 23.1.88

Kate Bennett, Reporterin — 504

THIS IS KATE BENNETT (DEADLINE) **
TV

Regie: Harvey Hart
Darsteller: Janet Eilber (Kate Bennett), Greg Mullavey (Ed), Granville van Dusen (Tim), Garret Pearson, Jennifer Perito, Helen Page Camp, Joel Bailey

Drehbuch: Sue Milburn
Kamera: Stevan Larner
Produktion: USA 1981
Sendetermin: 9.9.88, ARD
Länge: 71 Min.

Kate Bennet arbeitet als Reporterin für eine große amerikanische Fernsehstation. Sie ahnt nicht, was ihr bevorsteht, als sie eine dramatische Reportage über einen jungen Amokschützen macht. Nicht gewillt, es mit vordergründigen Informationen bewenden zu lassen, versucht sie, mehr über den Täter herauszubekommen und gerät dabei selber in tödliche Gefahr. Regisseur Harvey Hart nutzt die spannende Kriminalstory, um den Zuschauern Einblicke in modernen Fernseh-Journalismus zu geben. Gleichzeitig zeigt er am Beispiel der Hauptfigur, welch hohen Preis Frauen oft zahlen müssen, wenn sie im Berufsleben besonders erfolgreich sein wollen. *ARD*

Die Katze 505

****

Regie: Domininki Graf
Darsteller: Götz George (Probek), Gudrun Landgrebe (Jutta), Joachim Kemmer (Voss), Heinz Hoenig (Junghein), Ralf Richter (Britz), Ulrich Gebauer (Ehser), Sabine Kaack (Irma), Iris Disse, Erich Will, Heinrich Schafmeister, Uli Krohm
Drehbuch: Uwe Erichsen, Christoph Fromm, nach dem Roman »Das Leben einer Katze« von Uwe Erichsen
Kamera: Martin Schäfer (Farbe)
Musik: Andreas Köbner; Titelsong: Eric Burdon; Songs: Cruzados, Roger Chapman, The Hollies, Annabel Lamb, Chris Rea
Schnitt: Christel Suckow
Produktion: Georg Feil für Bavaria Atelier/ ZDF, BRD 1987
Verleih: Neue Constantin/Constantin/Rex Film
Kinostart: 21.1.88
FSK: ab 16, nffr.
Länge: 118 Min.

Domininki Graf, einem der talentiertesten Nachwuchsregisseure der Bundesrepublik ist mit dieser Geschichte

Cool und zugleich voller Leidenschaft. Gudrun Landgrebe und Götz George in »Die Katze«.

eines Raubüberfalls mit Geiselnahme eine Art »High-Tech-Krimi« gelungen. Götz George spielt einen raffinierten Gangster, der mit perfekten technischen Mittels ausgestattet ist und gemeinsam mit zwei Komplizen eine Bankfiliale in der Düsseldorfer Innenstadt überfällt. Nichts bleibt dem Zufall überlassen - in der Handlung selbst nicht, und auch nicht beim filmischen Handwerk. Die Kameraführung ist so virtuos wie die Montage. Für Freunde des Genres ein Leckerbissen. *Zoom*

Bodo Fründt in: SZ 21.1.88; Norbert Grob in: Die Zeit, 22.1.88; Alfred Holighaus in: tip, 3/88; Urs Jenny in: Der Spiegel 18.1.88; Heike Kühn in: FR, 22.1.88.

Kellerkinder - Orphans 506

ORPHANS ****

Regie: Alan J. Pakula
Darsteller: Albert Finney (Harold), Matthew Modine (Treat), Kevin Anderson (Phillip), John Kellogg (Barney), Anthony Heald (Mann im Park), Novella Nelson (Mattie), Elizabeth Parrish, B. Constance Barry, Frank Ferrara, Clifford Fearl
Drehbuch: Lyle Kessler, nach seinem gleichn. Theaterstück
Kamera: Donald McAlpine (Farbe)
Musik: Michael Small
Schnitt: Evan Lottman
Produktion: Alan J. Pakula für Lorimar, USA 1987
Verleih: 20th Century Fox/dto./-/Touchstone Video
Erstaufführung: 11.9.87 Filmfestival Toronto
Kinostart: 8.9.88
FSK: ab 12, ffr.
Länge: 115 Min.
Prädikat: Besonders wertvoll

Das Bühenstück, das Alan J. Pakula hier verfilmt hat, ist deutlich spürbar. Theaterhaft sind Dialoge und Auftritte der Schauspieler, ist der fast ausnahmslos einzige Innenraum-Schauplatz. Trotzdem: Hochspannung subtilster Art, vorausgesetzt, man sieht Menschen, Schauspielern gern zu. Hier sind es drei der Spitzenklasse. Albert Finney als Chicagoer Gangster, Matthew Modine und Kevin Anderson als verwaiste Brüder in Psycho-Terror und - Abhängigkeit. Um menschliche Beziehungen geht es in der etwas konstruierten, bizarren Story. Der ältere Bruder, der den jüngeren total einschüchtert und unterdrückt, wird ausgerechnet von dem Opfer seines Erpressungsversuchs eines besseren belehrt. Gangster Finney bringt den Jungs Liebe, Verständnis, Humanität bei. Ein beeindruckend seltsamer Film.

Frauke Hanck, tz

Bodo Fründt in: SZ, 12.9.88; Gregor Dotzauer in: FAZ, 10.9.88; Otto Heuer in: Rheinische Post, 9.9.88; Heiko Kühn in: FR, 8.9.88

Der Ketzer 507

WISE BLOOD ***

Video

Regie: John Huston
USA/BRD 1979
Erstaufführung: 17.11.1981, ZDF
Verleih: -/-/-/CIC Video
FSK: ab 12 J.

Der Videotitel für »Die Weisheit des Blutes«

Kid Kane 508

P.K. AND THE KID **

Video

Regie: Lou Lombardo
Darsteller: Paul LeMat (Kid Kane), Molly Ringwald (P.K. Bayette), Alex Rocco (Lester), Charles Hallahan (Bazooka), John de Santi (Benny), Fionnula Flanagan (Flo), Bert Remsen (Al)
Drehbuch: Neal Barbera
Kamera: Ed Koons (CFI Color)
Musik: James Horner
Schnitt: Tony Lombardo
Produktion: Sunn Classic, USA 1982
Verleih: -/-/-/Media Entertainment Video
Erstaufführung: 10.4.88
FSK: ab 12 J.
Länge: 89 Min.

Die 15jährige P.K. reißt von zuhause aus, weil ihr Stiefvater Lester sie belästigt. Trucker Kid Kane liest sie am Straßenrand auf. Die beiden freunden sich an, und Kane nimmt P.K. mit nach Kalifornien, wo er einen Wettbewerb im Armdrücken gewinnen will.

Isoliert. Matthew Modine und Kevin Anderson in »Kellerkinder-Orphans«.

Kiebich und Dutz 509

***

Regie: F.K. Waechter
Darsteller: Michael Altmann (Kiebich), Heinz Kraehkamp (Dutz)
Drehbuch: F.K. Waechter
Kamera: David Slama (Farbe)
Musik: Jaques Zwart
Schnitt: Peter Przygodda
Produktion: Bernhardt Stampfer für Salinas/BR/SFB, BRD 1987
Verleih: Pandora/-/Monopole Pathé
Erstaufführung: Int. Hofer Filmtage 1987
Kinostart: 2.6.1988
FSK: ab 6, ffr.
Länge: 88 Min.

Was auf dem Theater funktioniert – die Illusion, das Absurde, die irreale zweite Ebene –, das gehorcht im realistischen Medium Film anderen Gesetzen. Wenn Kiebich da, aufgebrochen in die große Welt, in der wirklichen Sahara steht, dann ist die Parabel vom Ende der Kindheit kaputt. Und das Nur-gemeinsam-sind-wir-stark-Festhalten aneinander gegen die Angst wird zur putzigen Wüsten-Idylle, wenn der kleine Dutz aus seinen Kinderkuschelkissen auch in den gelben Sand gestapft kommt.
Michael Altmann und Heinz Kraehkamp spielen mit Bravour wie im Theater. Nicht anders führt Waechter Regie. Als Kurzfilm wärs vielleicht schön gewesen. So aber wartet man nicht mal auf Godot. *Frauke Hanck, tz*

Heike Kühn in: FR, 11.6.88; Jürgen Richter in: FAZ, 11.6.88; Rolf Thissen in: tip, 16/87 (Drehbericht)

Kill, Daddy, kill! 510

THE STEPFATHER

***

Regie: Joseph Ruben
Darsteller: Terry O'Quinn (Henry Morrison, Jerry Blake), Jill Schoelen (Stephanie Maine), Shelley Hack (Susan Blake), Charles Lanyer (Dr. Bondurant), Stephen Shellen (Jim Ogilvie), Stephen

E. Miller (Al Brennan), Robyn Stevan (Karen), Jeff Schultz (Paul Baker), Lindsey Bourne (Kunstlehrer), Anna Hagan, Gillian Barber, Blu Mankuma, Jackson Davies, Sandra Head,
Drehbuch: Donald E. Westlake nach einer Story von Westlake, Carolyn Lefcourt, Brian Garfield
Kamera: John Lindley (Farbe)
Musik: Patrick Moraz; Songs interpretiert von Pat Benatar, Divinyls
Schnitt: George Bowers
Produktion: Jay Benson für ITC, USA 1986
Verleih: Delta/Czerny/-
Kinostart: 24.3.88
FSK: ab 16, nffr.
Länge: 85 Min.

Ein Mann ermordet seine Familie und baut sich mit leicht verändertem Aussehen eine neue Identität auf. Seine neue Stieftochter wird aber mißtrauisch und so plant der Wahnsinnige im Schafspelz des Biedermannes neuerlich Morde ... In der Anfangs- und der Schlußsequenz brillant gestalteter Thriller, der leider zwischendurch mit Unlogik und platten Dialogen zu kämpfen hat. Für Krimifreunde, die sich nicht an Blutszenen stoßen. *multimedia*

Frank Arnold in: Zitty, 7/88; Norbert Grob in: Die Zeit, 6.4.88; Alfred Holighaus in: tip, 7/88

Killer aus Leidenschaft 511
POLICIAS DE NARCOTICOS *

Video

Regie: Gilberto de Anda
Darsteller: Valentin Trujillo (Julian Carrera), Rodolfo de Anda (Antonio Farkas), Sergio Goyri (Roberto Rojas), Angelica Chain (Albina), Julio Aleman (El Licenciado), Bruno Rey, Isaura Espinoza, Arturo Alegro
Drehbuch: X. Randa
Kamera: Antonio de Anda (Farbe)
Musik: Gustavo Pimentel
Schnitt: Sergio Soto
Produktion: Rodolfo de Anda für Cinematografica Sol, Mexiko 1987
Verleih: -/-/-/Highlight Video
Erstaufführung: 12.12.88
Länge: 87 Min.

Mexikanischer Polizist auf der Suche nach dem anonymen Mörder, der unter der Drogenmafia des Landes aufräumt.

Killer-Alien 512
BREEDERS *

Video

Regie: Tim Kincaid
Darsteller: Teresa Farley (Dr. Gamble Pace), Lance Lewman (Dr. Dale Andriotti), Frances Raines (Karinsa Marshall), Natalie O'Connell (Donna), Amy Brentano (Gall), Leeanne Baker (Kathleen)
Drehbuch: Tim Kincaid
Kamera: Arthur D. Marks (Precision Color)
Musik: Tom Milano, Don Great
Schnitt: Barry Zetlin
Produktion: Cynthia DePaula für Entertainment Concepts, USA 1986
Verleih: -/-/-/Charter Video
Erstaufführung: 24.2.88
FSK: nicht unter 18 J.
Länge: 77 Min.

Außerirdisches Monster schwängert holde Jungfrauen; eine Ärztin und ein Polizeidetektiv dringen schließlich in die Tunnel unter Manhattan ein und machen das geile Biest nieder. Es gibt ihn noch, den Z-Film.

Killerinstinkt 513
KILLER INSTINCT *

Video

Regie: Cirio H. Santiago
Darsteller: Robert Patrick, William Steis, Robert Dryer, Lydia Denier
Drehbuch: Joe Maria Avellana
Kamera: Ricardo Remias (Farbe)
Produktion: Concorde Pictures, USA 1987
Verleih: -/-/-/Vestron Video
Erstaufführung: 12.9.88
FSK: nicht unter 18 J.
Länge: 85 Min.

Als die amerikanischen Truppen Hals über Kopf Vietnam verlassen, bleibt eine Elite-Einheit zurück, um die vermißten Kameraden zu suchen. Das Unternehmen erweist sich als Himmelfahrtskommando. Nordvietnamesische Truppen unter Führung eines russischen Offiziers und südvietnamesische Guerillas liefern den US-Helden ein Gefecht ... *Video-Markt*

Killer's Run 514
FATAL PULSE *

Video

Regie: David Lewis
Darsteller: Michelle McCormick, Ken

Roberts, Joe Phelan, Alex Courtney, Cindra Hodgedon
Drehbuch: James Hundhausen
Kamera: David Lewis (Farbe)
Musik: Martin Mayo
Produktion: Great Entertainment Group, USA 1987
Verleih: -/-/-/Ascot Video
Erstaufführung: 13.6.88
FSK: nicht unter 18 J.

Drogenumnebelter Professor schlitzt sich durch ein Studentinnenheim. Anthony J. Christophers Metzelorgie ist genau jene idiotische Sorte von Zelluloidvergewaltigung, die dem Splatter-Genre seinen schlechten Ruf beschert hat.

Killing Blue — 515

***

Regie: Peter Patzak
Darsteller: Armin Mueller-Stahl (Alex Glass), Morgan Fairchild (Lisa Ostermann), Frank Stallone (Georg Miskowski), Julia Kent (Shirly Mai), Allegra Curtis (Monika Carstens), Monika Bleibtreu (Frau Carstens), Constanze Saskia Rahn (Ines Berger), Michael York (Michael Carstens)
Drehbuch: Julia Kent, Paul Nicholas, Peter Patzak
Kamera: Toni Peschke (Farbe)
Musik: Carl Carlton, Bertram Engel
Schnitt: Michou Hutter
Produktion: Lisa/K.S. Film/Roxy Film, BRD 1988
Verleih: Tivoli/Fleur/Stamm Film
Kinostart: 3.11.88
FSK: ab 16, ffr.
Länge: 96 Min.
Prädikat: Wertvoll

Peter Patzak, der Wiener, liebt das Exaltierte. Das weiß man. Und er hat seine eigene Note, so etwas wie »Kottan« oder auch »Wahnfried« ins scharfe Licht der Satire zu stellen. Peter Patzak, der Schlawiner, liebt natürlich auch die jeweiligen Muster und Fertigteile seines Metiers, die er via Zerstörung zu neuer Blüte führen möchte.
In seinem brandneuen Drogen-Drama-Action-Verschnitt treibt er es als Mitgestalter des Buches und Regisseur doch ein wenig zu blauäugig. Auch wenn jede Szene einen Effekt in den Kasten bringt: Ohne Charaktere müssen die meisten Stories Konkurs anmelden.
Doch es gibt einen Ausweg: den der exzellenten Besetzung. Hier heißen die Matadore Armin Mueller-Stahl und Michael York, die Patzak in die Arena schickt. Die Arena selbst ist Berlin - eine Stadt, die plötzlich nichts mehr von ihrem Flair hat, sondern wie ein austriakisches Mini-New-York aussieht.
... Das Ende ist für den einen verblüffend, für den anderen abzusehen. Zwischen Fleischerhaken voller gehäutetem Schlachtvieh fällt die Entscheidung. Auf der Strecke bleiben Patzaks schöne Szenen und Mueller-Stahls angestrengter Einsatz: Präsenz ohne Konturen, Bilder um ihrer selbst willen. *Kai Niemeyer, AZ*

Helmut Schödel in: Die Zeit, 11.11.88

Killing 'em softly — 516

KILLING 'EM SOFTLY

**

Video

Regie: Max Fischer
Darsteller: George Segal (Jimmy Skinner), Irene Cara (Janes Flores), Joyce Gordon (Poppy Mellinger), Clark Johnson (Michael), Nicholas Campbell (Clifford), Andrew Martin Thompson
Drehbuch: Leila Basen. Nach einem Roman von Laird Koenig
Kamera: François Protat (Farbe)
Musik: Art Phillips
Schnitt: Jean-Guy Montpetit
Produktion: Claude Leger für Prisma Pictures, Kanada 1985
Verleih: -/-/-/Taurus Video
Erstaufführung: 25.1.88
FSK: ab 12 J.
Länge: 86 Min.

Der verbitterte Sozialrentner Skinner tötet im Affekt ein Mitglied eines erfolglosen Rocktrios,weil diese seinen Hund auf dem Gewissen haben. Den Verdacht lenkt er auf einen der Musiker. Als Skinner dessen Freundin kennenlernt, entsteht zwischen ihnen Zuneigung. Worauf Skinner den Mord zwei aufdringlichen Erpressern in die Schuhe schiebt. Makabre

Kriminalkomödie um ein seltsames Paar. *VideoWoche*

Killing Game 517
THE KILLING GAME **

Video

Regie: Joseph Merhi
Darsteller: Chad Hayward, Cynthia Killion
Produktion: , USA 1987
Verleih: -/-/-/Gloria Video
Erstaufführung: 22.8.88
Länge: 86 Min.

Mittvierziger verdient sich seinen Lebensunterhalt mit Glücksspielen und Auftragsmorden. Das Geschäft läuft blendend, bis er mit einem Foto erpreßt wird, das ihn bei der Berufsausübung zeigt. Wenig spektakulärer, auf Video gedrehter Thriller. Die Inszenierung bewegt sich auf solidem B-Film-Niveau, Action und Dramaturgie sind passabel gestaltet.

Killing in Action 518
SECOND DEGREE *

Video

Regie: Ralph Colelli
Darsteller: Michael Speero, Dennis Raner, Jenny Heron
Produktion: Paul Aslin, USA 1986
Verleih: -/-/-/Carrera Topline Video
Erstaufführung: 14.11.88

Mörderisches Detektivspiel, das einen Amateurfahnder auf die Spur eines geheimnisvollen Killers setzt.

Killing Love 519
UN ASSASSIN QUI PASSE ***

Video

Regie: Michel Vianey
Verleih: -/-/-/Taurus Video

Lief 1986 als »Ein Mörder geht vorbei« im ZDF. Daher vollständige Angaben und Besprechung im Heyne Filmjahrbuch 1987.

The Killing Time 520
THE KILLING TIME *

Video

Regie: Rick King
Darsteller: Beau Bridges (Sam Wayburn), Kiefer Sutherland (Brian Mars), Wayne Rogers (Jake Winslow), Joe Don Baker (Carl Cunningham), Camelia Kath (Laura Winslow), Janet Carroll (Lila Dagget), Michael Madsen (Stu)
Drehbuch: Don Bohlinger, James Nathan, Bruce Franklin Singer
Kamera: Paul H. Goldsmith (Fotokem Color)
Musik: Paul Chihara
Schnitt: Lorenzo de Stefano
Produktion: Peter Abrams, Robert L. Levy für New World, USA 1987
Verleih: -/-/-/New Vision Video
Erstaufführung: 25.4.88
FSK: ab 16 J.
Länge: 95 Min.

Sheriff Sam Wayburn und Freundin Laura planen die Ermordung ihres Mannes Jake Winslow, einem umtriebigen Spekulanten, der den Rustikal-Charme des kalifornischen Küstenstädtchens zerstören will. Kleinstadt-Film Noir, der mehr Nervenkitzel verspricht, als er bieten kann.

VideoWoche

Killjoy 521
KILLJOY **

Video

Regie: John Llewellyn Moxey
Darsteller: Kim Basinger (Laury Medford), Robert Culp (Lou Corbin), Stephen Macht (Dr. Max Heller), Nancy Marchand (Dr. Martha Trenton), John Rubinstein (Dr. Paul Trenton), Ann Dusenberry (Joy Morgan/Elaine Steel), Ann Wedgeworth (Rosie)
Drehbuch: Sam H. Rolfe
Kamera: Robert B. Hauser (Farbe)
Musik: Bruce Broughton
Schnitt: Dennis C. Duckwall
Produktion: Joseph B. Wallenstein für Lorimar, USA 1981
Verleih: -/-/-/VCL Video
Uraufführung: 22.10.81 (CBS)
Erstaufführung: 28.6.88
FSK: ab 16 J.
Länge: 92 Min.

Eine junge Blondine wird in ihrer Wohnung erstochen, ihre Leiche verschwindet. In Verdacht geraten ein ehrgeiziger Chirurg und ein Pathologe mit starker Mutterbeziehung, die um die Gunst der schönen Laury, Tochter des Klinikchefs, buhlen, und ihre Affäre mit der Blondine zum Nachteil des jeweils anderen nutzen. Konventionell inszenierter, aber verschachtelt und überraschungsreich konstruierter US-Fernsehkrimi.

VideoWoche

Klauen des Todes 522

THE OUTING *

Video

Regie: Tom Daley
Darsteller: Deborah Winters (Eve Farrell), James Huston (Dr. Al Wallace), Andra St. Ivanyi (Alex Wallace), Scott Bankston (Ted Pinson), Mark Mitchell (Mike Daley), André Chimene (Tony Greco), Damon Merrill (Babe), Barry Coffing (Ross)
Drehbuch: Warren Chaney
Kamera: Herbert Raditschnig (Farbe)
Musik: Joel Rosenbaum, Bruce Miller
Schnitt: Claudio Cutry
Produktion: Warren Chaney für Lamp Joint Venture, USA 1987
Verleih: -/-/-/CBS/Fox Video
Erstaufführung: 15.4.88
FSK: nicht unter 18 J.
Länge: 85 Min.

Böser Lampengeist landet im Museum und räumt unter den Freunden der Direktorentochter auf. Wo ist Barbara Eden, wenn man sie wirklich braucht?

Kleine Revolte 523

PEQUENA REVANCHA ****

16 mm

Regie: Olegario Barrera
Darsteller: Carmencita Padrón, Yoleigret Falcón, Elisa Escamez, Carlos Sánchez, Pedro Durán, Eduardo Emiro Garcia, Cecilia Todd, Héctor Roja
Drehbuch: Olegario Barrera, Laura Antillano nach einer Erzählung von Antonio Skarmeta
Kamera: Alfred J. Anzola, Carlos Briceno, Jorge Naranjo (Farbe)
Musik: Alfonso Montes, Irina Kircher
Produktion: Cine Seis Occho, Venezuela 1984
Verleih: EZEF/Matthias-Film
Länge: 93 Min.

Jury- und Kritikerpreis beim Festival in La Havanna, Kuba 1985; 1. Preis beim Internationalen Kinderfilmfestival Frankfurt 1986; ONE-WORLD-Filmpreis der Interfilm-Jury, Berliner Filmfestspiele 1987; Jury- und Publikumspreis beim Internationalen Festival in Biarritz/Frankreich

Der Film spielt in einem kleinen Dorf irgendwo in Lateinamerika. Es herrscht eine Militärdiktatur. Die Hauptperson Pedro ist zwölf Jahre alt. Pedro hat einen Hund und einen erwachsenen Freund, der Autos und Fahrräder repariert. Pedro stellt viele Fragen, aber seine Eltern, die abends mit Freunden einen verbotenen Radiosender hören, sind der Meinung, daß Kinder vieles noch nicht verstehen können. Der Freund seines Vaters und der Lehrer werden verhaftet und eines Tages wird Pedros Hund Rocky absichtlich von Soldaten überfahren. Von da an ist auch Pedro ein »Regimegegner«, und er organisiert mit Daniel, Matilde und anderen Freunden eine Racheaktion. Die ahnungslosen Eltern sind tief besorgt, als sie davon hören, daß alle Schulkinder auf Anordnung der Regierung einen Aufsatz schreiben mußten – Thema: »Was meine Familie am Abend macht«.

Ein knallharter Bulle 524

THE RUTHERFORD COUNTY LINE **

Video

Regie: Thom McIntyre
Darsteller: Earl Owensby (Damon Huskey), Terry Loughlin (Roy Huskey), Marilyn Carter (Majorie), Dean Whitwort (James Hutchins), Gene Küsterer (Owen), Rodney Orton (Junior)
Drehbuch: Thom McIntyre
Kamera: Irl Dixon (Farbe)
Musik: Dee Barton
Produktion: Earl Owensby für Earl Owensby Studios, USA 1987
Verleih: -/-/-/CIC Video
Erstaufführung: März 88
Länge: 93 Min. *FSK:* nicht unter 18 J.

Sheriff Huskey sieht sich in seiner Kleinstadt mit beachtlicher krimineller Energie konfrontiert und geht mit verhafteten Verbrechern nicht immer zimperlich um. Als ein Amokläufer drei Polizisten ermordet, darunter seinen Bruder, kann er sich nur mit Mühe beherrschen, Selbstjustiz zu begehen.

VideoWoche

Knast-Fighter 525
PENITENTIARY 3 **

Video

Regie: Jamaa Fanaka
Darsteller: Leon Isaac Kennedy (Too Sweet), Anthony Geary (Serenghetti), Steve Antin (Roscoe), Ric Mancini (Warden), Kessler Raymond (Midnight Thud Jessup), Jim Bailey (Cleopatra), Magic Schwarz (Hugo)
Drehbuch: Jamaa Fanaka
Kamera: Marty Ollstein (Farbe)
Musik: Garry Schyman
Schnitt: Ed Harker
Produktion: Jamaa Fanaka, Leon Isaac Kennedy für Cannon, USA 1987
Verleih: -/-/-/Cannon/VMP Video
Erstaufführung: 28.3.88
FSK: nicht unter 18 J.
Länge: 91 (83) Min.

Dritter Teil der »Penitentiary«-Serie: Der Boxer Too Sweet Gordone tötet seinen Gegner, landet im Gefängnis und schnürt die Fäustlinge noch einmal, um seinen Freund Roscoe zu rächen und die Faustkämpfer eines Gangsterbosses zu verprügeln. Solides Boxer-Drama im Comic-Stil mit guten Kampfszenen und »Haiti Kid«-Kessler Raymond als zwergenwüchsiger Irrwisch. *VideoWoche*

Knastakademie 1 526
SLAMMER GIRLS **

Video

Regie: Chuck Vincent
Darsteller: Devon Jenkin (Melody), Jeff Eagle (Harry), Jane Hamilton (Crabapples), Ron Sullivan (Gouverneur Caldwell), Tally Brittany, Darcy Nychols, Stasia Micula, Sharon Cain, Beth Broderick
Drehbuch: Craig Horrall, Chuck Vincent, Rick Marx
Kamera: Larry Revene (Farbe)
Musik: Ian Shaw, Kai Joffe
Schnitt: Chuck Vincent
Produktion: Chuck Vincent für Platinum Pictures/Vestron Ent., USA 1985
Verleih: -/-/-/Vestron Video
Erstaufführung: 15.2.88
FSK: nicht unter 18 J.
Länge: 80 Min.

Hardliner Gouverneur, der die Wiedereinführung der Todesstrafe fordert, wird bei Attentat nach gewonnener Wahl entmannt. Die Täterin wandert ins Gefängnis, wo sie allerlei schräge Abenteuer erlebt. Grellbuntes Knastspektakel mit hübschen Ideen, schrill und überdreht inszeniert. *VideoWoche*

Kommando schwarzer Panther 527
WAR AND VIOLENCE *

Video

Regie: Umberto Lenzi
Darsteller: Peter Hooten, Werner Pochath, Gicomo Rossi Stuart, Boris Dvornik
Drehbuch: P. Molteni, Umberto Lenzi
Kamera: Luigi Ciccarese (Farbe)
Musik: Fabio Frizzi
Produktion: Walter Bigari für Filman, Italien 1986
Verleih: -/-/-/IHV Video
Erstaufführung: 26.1.88
FSK: nicht unter 18 J.
Länge: 88 Min.

2. Weltkrieg, Jugoslawien. Unterstützt von zwei Amerikanern, sollen Partisanen einen schwedischen Wissenschaftler, der für die Deutschen arbeitet, entführen. Schludrig inszenierter Kriegsfilm, der vor der malerischen Kulisse des 2. Weltkriegs ausdauernde Schießereien und zahllose Explosionen entfesselt. *VideoWoche*

Kommando Tiger Shark 528
TIGER SHARK *

Video

Regie: Emmett Alston
Darsteller: Mike Stone, John Quade, Pamela Bryant, Vic Silayan
Drehbuch: Mike Stone, Ivan Rogers
Kamera: Robert Ebinger (Farbe)
Musik: Quito Colayco
Produktion: Chappell, USA 1987
Verleih: -/-/-/VPS Video
Erstaufführung: 21.1.88
FSK: nicht unter 18 J.
Länge: 95 Min.

Drei Models werden auf den Philippinen von linken Untergrundkämpfern geraubt und sollen als Zahlungsmittel für Sowjet-Waffen dienen. Der Fotograf, der die drei zum Casting erwartete, heuert einen alten Freund und

Vietnamkämpen sowie dessen Kumpel an, die Kurven-Girls zu befreien.

Video-Markt

Die Kommissarin 529

KOMISSAR ****

Regie: Aleksandr Askoldov
Darsteller: Nonna Mordjukova (Klavdija Vavilova,Kommissarin), Rolan Bykov (Jefim Magazanik, jüdischer Handwerker), Raissa Nedaschkovskaja (Marija, seine Frau), Ljudmila Volynskaja (Marijas Mutter), Vasilij Schukschin (Regimentskommandeur)
Drehbuch: Aleksandr Askoldov nach Motiven der Erzählung »In der Stadt Berditschev« von Vasilij Grossman
Kamera: Vasilij Ginsburg (Farbe, CinemaScope)
Musik: Alfred Schnittke
Produktion: Kinostudija imeni Gerkogo, UdSSR 1967
Verleih: Filmverlag der Autoren/Constantin/ Columbus
Erstaufführung: 14.2.1988, Wettbewerb der Int. Filmfestspiele Berlin
Kinostart: 27.10.88
FSK: ab 12, ffr.
Länge: 108 Min.

»Silberner Bär«, als Spezialpreis der Jury, bei den Int. Filmfestspielen Berlin 1988; Auszeichung der kath. Filmorganisation (OCIC); Auszeichnung der evgl. Filmjury (Otto-Dibelius-Preis); Auszeichnung der internationalen Kritikervereinigung (FIPRESCH).

Zur Zeit des russischen Bürgerkrieges um 1922 nimmt ein rotes Regiment im Süden eine ukrainische Kleinstadt ein. Die Regimentskommissarin, die eben noch den Befehl zur Erschießung eines Deserteurs gegeben hat, wird als hochschwangere Frau in der engen Wohnung einer kinderreichen jüdischen Handwerkerfamilie einquartiert, wo sie sich auf die bevorstehende Geburt einrichten muß. Die anfängliche Fremdheit und Skepsis weicht im Laufe der Zeit einem Gefühl verständnisvoller Nähe und menschlicher Solidarität. *Zoom*

Volker Baer in: Der Tagesspiegel, 16.2.88; Peter Buchka in: SZ, 15.10.88; Klaus Dermutz in: FR, 26.10.88 (Interview Askoldov); Heike Kühn in: FR, 27.10.88; H.G. Pflaum in: SZ, 27.10.88

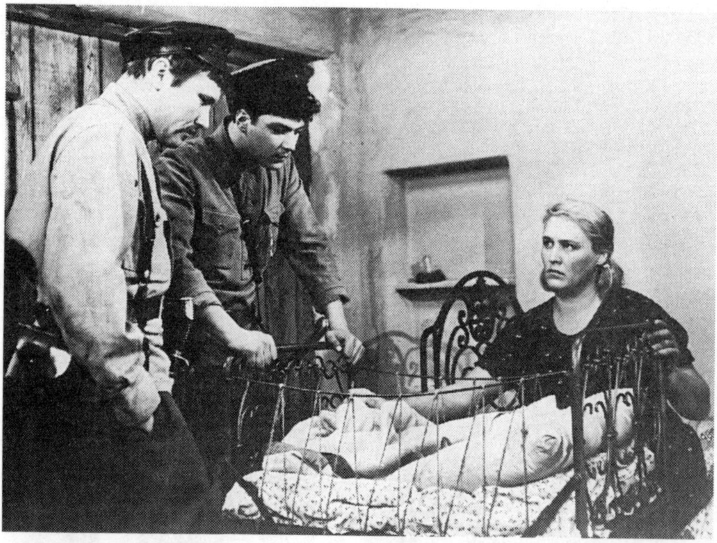

Nach der Revolution. Vasilij Schukschin und Nonna Mordjukova in »Die Komissarin«.

Kommt zu meinem Namenstag 530

GYERTEK EL A NEVNAPOMRA ****

TV

Regie: Zoltan Fabri
Darsteller: Ildiko Piros (Luca Peteri), Istvan Bujtor (Dr. Egon Brenner), Ferenc Kallai (Laszlo Haudek), Gabor Madi Szabo (Laszlo Biro), Csilla Herczeg, Pal Macsay, Laszlo Inké
Drehbuch: Zoltan Fabri
Kamera: György Illes
Musik: György Vukan
Produktion: Mafilm-Dialog, Ungarn 1983
Sendetermin: 29.6.88, ZDF
Länge: 121 Min.

Zoltan Fabri drehte diesen Spielfilm im Jahr 1983, der ohne Scheu vor der neuen ungarischen Oberschicht mit den Methoden der Machterhaltung und -ausübung abzurechnen versucht. Der Film erzählt in mehreren Rückblenden vom Versuch einer lokalen Partei-Clique, den Mordversuch eines alten Kampfgenossen in der Öffentlichkeit zu vertuschen. Im Mittelpunkt der Handlung steht eine junge Journalistin namens Luca Peteri, die bei der örtlichen Tageszeitung arbeitet, durch einen befreundeten Arzt von dem eigenartigen Zwischenfall in Kenntnis gesetzt wird und nun gegen alle Widerstände die Wahrheit aufdecken will. *SZ*

Formal ist der ungarische Film so etwas wie ein Tatort-Krimi: Ein junger Mann wird bei der Landhaus-Party des Genossen Generaldirektors erschossen - eine Reporterin bezweifelt den Tathergang. Doch im Krimi kristallisiert sich zugleich ein Gesellschaftsporträt der herrschenden Klasse Ungarns heraus. Die Parteibonzen vertuschen, manipulieren, organisieren, schotten ab - sie schützen mit allen Mitteln das, was ihnen ihrer Meinung nach zusteht: Wohlleben, Macht und Ansehen. Wo es um Machterhalt geht und fette Privilegien, ist die Schamgrenze in Ost und West gleich Null. *AZ*

Frank Scheller in: SZ, 4.7.88; B.Z. in: Stuttg. Zeitung, 1.7.88; Dz in: Hannoversche Allgemeine Zeitung, 1.7.88

Die Komödie der Arbeit 531

LA COMEDIE DU TRAVAIL ****

Regie: Luc Moullet
Darsteller: Roland Blanche (Benoit Constant), Sabine Haudepin (Françoise Duru), Henri Deus (Sylvain Berg),

Antonietta Pizzorno und Jean Abeille in »Komödie der Arbeit«.

Lücken zwischen den Gittern. V. l. Therese Affolter, Marianne Rosenberg und Pola Kinski in dem Frauengefängnisfilm »Komplizinnen«.

Antonietta Pizzorno (Benoits Frau), Jean Abeille (Antragsteller), Max Desrau (Alter Globetrotter), Claude Merlin, Michel Delahaye, Françoise Vatzl, Benjamin Chedal, Micha Bayard, Paulette Dubost
Drehbuch: Luc Moullet
Kamera: Richard Copans, Brigitte Barbier, Cyrill Renaud (Farbe)
Schnitt: Françoise Thevenot, Marie-Agnes Blum, Jocelyne Ruiz
Produktion: Video 13/La Sept/Les Films d'ici/Ministère de la culture, Frankreich 1987
Verleih: Freunde der Deutschen Kinemathek/-/-
Uraufführung: 12.11.1987, Journées Cinématographiques d'Orléans
Erstaufführung: 20.2.88, Int. Forum des jungen Films, Berlin
Länge: 88 Min.

Weniger eine Komödie der Arbeit als eine Satire auf die Arbeitswelt ist dieser vorzüglich gemachte, dabei ganz auf reißerische, das Publikum umwerfende Effekte verzichtende Film. Sogar vom Seelenfett Musik wird gänzlich abgesehen. Nimmt der Zuschauer diese Herausforderung zur Aktivität an, zum kühlen und genauen Beobachten, so wird er belohnt durch Einsichten und reiches Amüsement. (...) *Simone Mahrenholz, Der Tagesspiegel*

Komplizinnen 532

***

Regie: Margit Czenki
Darsteller: Pola Kinski, Therese Affolter, Gerlinde Eger, Marianne Rosenberg, Ilse Pagé, Petra Rennert, Eva Ebner, Marianne Söndermann, Helga Bammert, Gesche Mundt (Komplizinnen); Astrid Meyer-Gossler, Agathe Taffertshofer, Gabi du Vinage, Renate Schiffers, Claudia Richarz, Barbara Tedeski, Helga Bähr, Gerhard Fries, Thomas Tielsch
Drehbuch: Margit Czenki
Kamera: Hille Sagel, Pascal Mundt (Farbe und s/w)
Musik: Franz Hummel
Schnitt: Ursula Höf, Angela Tiedt
Produktion: Elefant-Film/ZDF, BRD 1987
Verleih: Filmverlag der Autoren/-/ Filmcooperative Zürich
Erstaufführung: Int. Hofer Filmtage 1987, 21.1.88 Max Ophüls Preis, Saarbrücken
Kinostart: 2.6.88
Länge: 114 Min. *FSK:* ab 12, ffr.
Prädikat: Wertvoll

Gefördert durch Hamburger Filmbüro mit DM 128.864,–

Der Film behandelt eine wichtige Phase im Leben der Filmemacherin. Sie war fünf Jahre wegen Bankraub inhaftiert und beschreibt nun ihre Gefängniszeit. Margit Czenki, deren Vergangenheit im terroristischen Umfeld Pate war für Trottas »Das zweite Erwachen der Christa Klages«, vermischt leider ihre Aufrichtigkeit mit Kunsthandwerk: Frauenpower hinter Gitter, idyllische Traumsequenzen und Betroffenheitslyrik als Dialoge.

Wolfgang Brenner, tip

Bodo Fründt in: SZ, 25.11.88; Astrid Heinrich in: Kölner Stadt-Anzeiger, 4.6.88; Claudia Werfel in: FAZ, 24.5.88; Dagmar Zinderl in: Kölnische Rundschau, 4.6.88

Kopenhagen – Mitten in der Nacht 533

MIDT OM NATTEN ***

TV

Regie: Erik Balling
Darsteller: Kim Larsen (Benny), Erika Clausen (Arnold), Brigitte Raaberg (Susan Himmelbla), Holger Boland, Buster Larsen, Frits Helmuth, Ove Sprogoe, Allan Olsen
Drehbuch: Erik Balling, Henning Bahs, Kim Larsen
Kamera: Claus Loof
Musik: Kim Larsen
Schnitt: Finn Henriksen
Produktion: Nordisk Film, Dänemark 1984
Sendetermin: 21.9.88, ZDF
Länge: 127 Min.

Es steckt zwar eine Menge Wolkenkuckucksheimer-Sozialromantik in dem dänischen Hausbesetzerfilm, aber aus Komödie und Männerkumpanei-Idylle wächst hier ein amüsant bissiges Randgruppen-Porträt aus einem vergammelten Fabrikgelände. Die Arbeitslosen, die sich dort einquartieren, werden (eben weil sie nicht »faul« und »asozial« sind) zu Schwarzarbeitern und kriegen Ärger mit den Wohlstands-Interessenklüngels. Ein wackeres kleines Wirtschaftswundermärchen, dänische Hausmarke. *Ponkie, AZ*

B.Z. in: Stuttg. Zeitung 23.9.88; Wilfried Geldner in: SZ, 23.9.88

Der Kopfgeldjäger 534

REWARD **

TV

Regie: E.W. Swackhammer
Darsteller: Michael Parks (Michael Dolan), Annie McEnroe (Christine), Richard Jaeckel (Captain Randolph), Louis Giambalvo (Dutch), Malachy McCourt (Moran), Andrew Robinson (Frank Sorella), Bridget Hanley (Marie)
Drehbuch: Jason Miller
Kamera: Fred Jackman
Produktion: USA 1980
Sendetermin: 17.9.88, ARD
Länge: 71 Min.

Widerborstiger Polizist will auf eigene Faust den Mörder seines Freundes und Kollegen suchen, darf dies nicht im Dienst tun und fahndet fortan privat nach dem Täter. Alles schon mal dagewesen in diesem Dutzend-Krimi, in dem allenfalls Michael Parks in der Hauptrolle überzeugt.

Kopflos – Die Frau aus dem Nichts 535

VANISHING ACT ***

Video

Regie: David Greene
Darsteller: Mike Farrell (Harry Kenyon), Margot Kidder (Chris Kenyon), Fred Gwynne (Pater Macklin), Graham Jarvis (Dr. DeMarco), Elliot Gould (Lt. Rudameyer), Heather Ward Siegel (Flötistin), Wally McSween (Bankier)
Drehbuch: Richard Levinson, William Link. Nach dem Bühnenstück »Trap for a Lonely Man« von Robert Thomas
Kamera: Laszlo George (Farbe)
Musik: Ken Wannberg
Schnitt: Parkie Singh
Produktion: Robert Cooper für Robert Cooper Prod./Levinson-Link Prod., USA 1986
Verleih: -/-/-/Taurus Video
Uraufführung: 4.5.86 (CBS)
Erstaufführung: 24.5.88
FSK: ab 6 J.
Länge: 94 Min.

Harry hat geheiratet, befindet sich mit Chris auf Hochzeitsreise in einem verschneiten Bergdorf in den Rocky Mountains. Dann verschwindet Chris. Harry erstattet Vermißtenanzeige. Chris taucht wieder auf, aber Harry behauptet, diese Chris sei nicht seine

Chris. Solides, spannendes Kriminalstück um einen raffinierten Plan. *tip*

Korruption im Justizpalast 536

CORRUZIONE AL PALAZZO DI GIUSTIZIA ***

TV

Regie: Marcello Aliprandi
Darsteller: Franco Nero (Richter Cusani), Fernando Rey (Gerichtspräsident Vanini), Martin Balsam (Carlo Goya), Gabriele Ferzetti (Richter Prando), Umberto Orsini (Richter Erzi), Mara Danaud (Flavia), Giovanna Benedetto (Elena), Renato Montanari (Minister)
Drehbuch: Marcello Aliprandi, Gianfranco Clerici, Fernando Imbert
Kamera: Gastone Di Giovanni
Musik: Pino Donaggio
Schnitt: Gian M. Messeri
Produktion: Filmes, Italien 1974
Sendetermin: 29.1.88, ZDF
Länge: 103 Min.

Der Industrielle Goya ist immer wieder in große Skandale verwickelt. Doch nie ist es gelungen, ihn zu verhaften, denn einflußreiche Freunde stehen schützend hinter ihm. Als der Justizminister endlich eingreift, bekommt die Affäre eine neue Dimension. Gerichtspräsident Vanini, dem man enge Beziehungen zu dem Verdächtigen nachsagt, wird aufgefordert, endlich beweiskräftiges Material herbeizuschaffen. Der engagierte Richter Erzi will die Korruption aufdecken. Unterstützt wird er von seinem Kollegen Cusani, der davon träumt, eines Tages selbst Gerichtspräsident zu sein. Sein Gegenspieler Prando weiß allerdings einiges aus der Vergangenheit des ehrgeizigen Cusani. Die Ermittlungen nehmen ihren Lauf, und das Personenkarussell kommt ins Rotieren. Doch am Ende bleibt fraglich, ob äußere Veränderungen die Korruption im Inneren beseitigen können. *ZDF*

Respektable Variante der bösen Mafia-Dramen, die täglich durch die Mord- und Erpressungsrealität bestätigt werden. *Ponkie, AZ*

Die Botschaft ist schnell verschleudert, und mehr kommt denn am Ende nicht heraus. Eine unglückliche Ausgrabung, die an Damiani oder gar Francesco Rosi (wie behauptet) nun wirklich nicht zu messen ist.

Wilfried Geldner, SZ

Ludwig Müller in: Abendpost Nachtausgabe, 31.1.88; Eva-Maria Lenz in: FAZ, 1.2.88; Lutz Tantow in: Saarbrücker Zeitung, 1.2.88

Der Kurier 537

THE COURIER **

Regie: Frank Deasy, Joe Lee
Darsteller: Padraig O'Loinsigh (Mark), Cait O'Riordan (Colette), Gabriel Byrne (Val), Ian Bannen (McGuigan), Andrew Connolly (Danny), Patrick Bergin (Christy), Dave Duffy (Dunne), Michelle Houlden, Martin Dunne, Stuart Dunne, Mary Ryan
Drehbuch: Frank Deasy
Kamera: Gabriel Beristain (Technicolor)
Musik: Declan MacManus (= Elvis Costello)
Schnitt: Derek Trigg, Annette D'Alton
Produktion: Hilary McLoughlin, Stephen Woolley (Coprod.) für Euston Films & Palace Prod. für City Vision Film mit Unterstützung durch The Irish Film Board, Irland 1988
Verleih: Delta/-/-/Warner Home Video
Kinostart: 2.11.88
FSK: ab 16, ffr.
Länge: 84 Min.

Konventioneller Drogenthriller aus der Unterwelt Dublins. Zwischen dem Katz- und Maus-Spiel von Gangster und Polizei gerät ein Motorradkurier, der zum Rächer am Tode seines Freundes wird.

Der Kuß des Fremden 538

STRANGERS KISS ***

TV

Regie: Matthew Chapman
Darsteller: Victoria Tennant (Carol), Blaine Novak (Stevie), Peter Coyote (Stanley), Dan Shor (Farris), Richard Romanus (Frank Silva), Linda Kerridge, Carlos Palomino, Vincent Palmieri
Drehbuch: Blaine Novak, Matthew Chapman
Kamera: Mikhail Suslov
Musik: Gato Barbieri
Schnitt: William Carruth

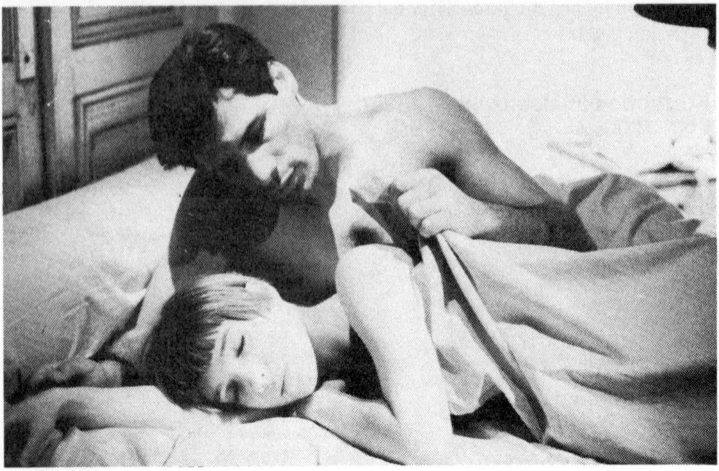

Zwischen Zärtlichkeit und Todesangst. Beate Jensen und Stephane Ferrara in »Der Kuß des Tigers«.

Produktion: Douglas Dilge, Hercules Belleville, USA 1982
Sendetermin: 24.5.88, ZDF
Länge: 94 Min. (TV-Fassung 88 Min.)

Ein Gangsterboß finanziert einen Film, damit seine Freundin zum Star wird. Dabei verliebt sie sich in den Hauptdarsteller, der Konflikt ist programmiert. Eine alte Geschichte. Sie strotzt vor Klischees: angefangen vom dämonischen wie geschäftstüchtigen Regisseur über das Gangsterliebchen mit Showambitionen, den netten Hauptdarsteller bis hin zum Buhmann mit Gentleman-Manieren. Dennoch ein amüsanter und gut inszenierter Streifen mit stimmungsvollen Bildern und geschickter Kameraführung. Vor allem durch schnellen Wechsel zwischen Film- und Film-im-Film-Szenen wird kurzweilig ein Stück Hollywood der fünfziger Jahre nachgezeichnet. *Berliner Morgenpost*

Wilfried Geldner in: SZ, 26.5.88; go in: Mannheimer Morgen, 26.5.88; Wolfram Gerbracht in: Kölnische Rundschau, 26.5.88; Hellmut A. Lange in: Main-Post, 31.5.88; Michael Peter in: Saarbrücker Zeitung, 26.5.88

Der Kuß des Tigers 539

****

Regie: Petra Haffter
Darsteller: Stéphane Ferrara (Peter), Beate Jensen (Michèle), Yves Beneyton (Jacques), Kristina van Eyck (Mme. Monestier), Dimitri Rougeul (Franck), Caroline Berg (Mme. Morey), Laurence Cote, Gunter Berger, Louis Navarre
Drehbuch: Gerd Weiß, Petra Haffter, Peter Reinholz, nach dem Roman »Voulez-vous mourir avec moi?« von Francis Ryck
Kamera: Wolfgang Simon, Gerard Vandenberg (Farbe)
Musik: Inga Humpe, Thomas Fehlmann
Schnitt: Barbara von Weitershausen
Produktion: Theo Hinz für Futura/Pro-ject mit Filmedis, BRD/Frankreich 1988
Verleih: Filmverlag der Autoren/Constantin/-/Starlight Video
Kinostart: 29.9.88
FSK: ab 18, ffr.
Länge: 105 Min.
Prädikat: Wertvoll

Der ambitionierte Versuch einer deutschen Filmemacherin an den französischen Film noir anzuknüpfen. Dabei helfen ihr sowohl die geheimnisvolle Story als auch der Kameramann Gerhard Vandenberg und das Schauspieler-Duo Beate Jensen und Stéphane

Ferrara. Trotzdem verliert sich der Film mitunter in angestrengte atmosphärische Details und übertreibt ein wenig (typisch deutsch?) die Psychologisierung seiner Figuren. Und die ist eben nicht so wichtig für die totale Liebesgeschichte zwischen einer jungen, abenteuerlustigen Frau und einem mysteriösen Frauenmörder.

Alfred Holighaus, tip

Peter Buchka in: SZ, 29.9.88; Norbert Grob in: Die Zeit, 7.10.88; Lina Schneider in: FAZ, 1.10.88; Hans Stempel in: FR, 30.10.88

Küßchen von Mama 540

CSOK, ANYU ***

TV

Regie: Janos Rozsa
Darsteller: Dorottya Udvaros (Juli Kalmar), Robert Koltai (Geza), Kati Lajtai (Mari), Simon G. Gevai (Peti), Sandor Gaspar, Ildiko Bansagi, Erika Bodnar, Zsuzsa Töreky
Drehbuch: Miklos Vamos
Kamera: Elemer Ragalyi
Musik: Janos Brody
Schnitt: Zsuzsa Csakany
Produktion: Mafilm Objectiv, Ungarn 1986
Sendetermin: 22.3.88, ZDF
Länge: 97 Min.

Hauptpreis der 19. ungarischen Filmschau Budapest 1987

FamilieKalmarverkehrtnurschriftlich miteinander: Auf einer Tafel in der Küche steht, wer was zu machen hat und was wer wem zu sagen hat. Denn die Familie, Vater, Mutter, Tochter, Söhnchen arbeitet und lernt zu verschiedenen Zeiten. Improvisation ist gefragt. Unter dem Aspekt, Lebensart einer Bundapester Familie kennenzulernen, mag die Auswahl der Chaos-Komödie gerechtfertigt sein. Formal gesehen konnte Rozsa kein Gleichgewicht herstellen zwischen versteckter Sozialkritik und seinem Panoptikum satirisch überzeichneter Kleinbürger.

Kai Niemeyer, AZ

bawa in: Main-Post, 24.3.88; ek in: Nürnberger Zeitung, 24.3.88; Wilhelm Streit in: Münchner Merkur, 24.3.88; Helmmut A. Lange in: Neue Osnabrücker Zeitung, 24.3.88

Fernando Rey und Franco Nero in »Korruption« im Justizpalast«.

Lady Avenger 541
LADY AVENGER *
Video

Regie: David DeCoteau
Darsteller: Peggie Sanders, Tony Josephs, Jacolyn Leeman, Daniel Hirsch, Adam Englund
Drehbuch: Will Schmitz, Keith Kaczorek
Kamera: Thomas Callaway (Farbe)
Musik: Jay Levy
Produktion: Cinema H.V., USA 1987
Verleih: -/-/-/EVC Video
Erstaufführung: 1.8.88
FSK: nicht unter 18 J.
Länge: 79 Min.

Rasanter Rachefeldzug einer knallharten Blondine in bester »Angel«-Manier.

Die Lady mit dem Colt 542
LADY BLUE **
TV

Regie: Gary Nelson
Darsteller: Jamie Rose (Katy Mahoney), Danny Aiello (Terrence McNichols), Katy Jurado (Dona Maria), Bibi Besch (Judy), Jim Brwon (Stoker)
Drehbuch: Robert Vincent O'Neill
Kamera: Jack Priestley
Produktion: USA 1985
Sendetermin: 11.6.88, ARD
Länge: 92 Min.

Kate Mahoney ist eine temperamentvolle Polizeidetektivin in Chicago. Ihr irisches Temperament geht im Dienst häufig mit ihr durch. Als ein Kollege, den sie liebt, bei Ermittlungen gegen einen Drogenring umgebracht wird, klärt sie das Verbrechen in einem gewaltigen Alleingang auf und bringt die Mörder zur Strecke. *ARD*

Was Dirty Harry recht ist, ist Dirty Katey billig. In dem amerikanischen Action-Thriller belieferte die Chikagoer Polizistin Katy, ein neurotisches Kampfmaschinen-Weibsbild, unsere niederen Instinkte mit Grobware: Her mit der Knarre – und den Dealern, Bankräubern und Mafia-Kinderkillern ein Loch in den Wanst. Da ist die Polizisten-Ethik am Dampfen, und der Zuschauer kriegt, was er verdient. Oder? *Ponkie, AZ München*

Lady Ninja – Geheimkommando D.E.A.T.H. 543
CHALLENGE OF LADY NINJA *
Video

Regie: Lin Ho Yin
Darsteller: Yang Hui Sang, Chen Kuan Tai
Produktion: Hongkong 1988
Verleih: -/-/-/IVE Video
Erstaufführung: 17.10.88
FSK: nicht unter 18 J.
Länge: 88 Min.

Erster weiblicher Ninja tritt gegen das Syndikat an, das für den Tod ihres Vaters verantwortlich ist. Nicht immer bringt die Quotenregelung Vorteile.

Laguna brennt 544
LAGUNA HEAT **
Video

Regie: Simon Langton
Darsteller: Harry Hamlin, Rip Torn, Jason Robards, Catherine Hicks, Anne Francis
Drehbuch: Pete Hamill, D.M. Eyre, David Burton. Nach einem Roman von Jefferson Parker
Kamera: Fred Murphy (Farbe)
Musik: Patrick Williams
Produktion: Jay Weston Prod./HBO, USA 1986
Verleih: -/-/-/Virgin Video
Erstaufführung: 25.8.88
FSK: ab 16 J.
Länge: 104 Min.

Polizeidetektiv hat von seinem Job genug und kehrt in seinen Heimatort zurück. Eine Reihe von Morden wartet dort auf Aufklärung, bei den Nachforschungen zeigt sich, daß seine eigene Familie darin verstrickt ist. Thriller, in dem kein Superbulle, sondern ein »ganz normaler« gebrochener Mann in einem Mordfall ermittelt. *Video-Markt*

»Land und Väter, Land und Söhne« von Nico Hofmann.

Land der Väter, Land der Söhne — 545

****

Regie: Nico Hofmann
Darsteller: Karl-Heinz von Liebezeit (Thomas Kleinert, Eberhard Kleinert), Wolfgang Preiss (Bernauer alt), Adelheid Arndt (Sprecherin des Stadtjugendrings), Lieselotte Rau (Dorothea Kleinert alt), Eva Kotthaus (Maximiliane Kleinert), Wolf-Dietrich Sprenger (Glogger, Journalist), Sabrina Lorenz (Dolmetscherin), Katharina Meinecke, Adolf Laimböck, Karin Schroeder, Thomas Ott, Günther Ziessler, Jan P. Biczycki
Drehbuch: Nico Hofmann
Kamera: Laszlo Kadar (Farbe)
Musik: Peter Zwetkoff
Schnitt: Clara Fabry
Produktion: NHF/B.S. für SDR und BR, BRD 1988
Verleih: Filmverlag der Autoren
Uraufführung: Int. Filmfestspiele San Sebastian 1988
FSK: ab 6, ffr.
Länge: 89 Min.
Prädikat: Wertvoll

Gefördert von LfA Bayern, BMI, FFA
Ausgezeichnet mit dem Preis der Int. Filmkritik (FIPRESCI) »Mention espécide« bei den Int. Filmfestspielen San Sebastian 1988; Bayerischer Filmpreis 1989

Der Film erzählt von den Recherchen eines jungen Journalisten, der nach dem Selbstmord seines Vaters dessen Lebensgeschichte während des Dritten Reichs rekonstruiert.
Der Vater hatte 1942 als Unternehmer im besetzten Polen arisierte, ehemals jüdische Fabriken übernommen.
Kurz vor Kriegsende rettet er große Teile des polnischen Maschinenparks mit Verwundetentransportzügen in den Westen, um sich hier einen raschen Wiederaufbau seiner deutschen Stammfabrik zu ermöglichen.

Lang lebe die gnädige Frau! — 546

LUNGA VITA ALLA SIGNORA! ***

Regie: Ermanno Olmi
Darsteller: Marco Esposito (Libenzio), Simona Brandalise (Corinna), Simone Dalla Rosa (Mao), Stefania Busarello (Anna), Lorenzo Paolini (Ciccio), Tarcisio Tosi (Pigi), Marisa Abbate
Drehbuch: Ermanno Olmi
Kamera: Ermanno Olmi, Maurizio Zaccaro (Eastmancolor)
Musik: Georg Philip Teleman
Schnitt: Ermanno Olmi, Giulia Ciniselli

Produktion: Raiuno/Cinemaundici/Luce, Italien 1987
Verleih: -/-/Monopol Films
Erstaufführung: Int. Filmfestival Venedig 1987
Kinostart: April 88
Länge: 115 Min.

Die sechs besten Absolventen einer Kellnerschule treffen in einem luxuriösen Burghotel in den Bergen ein, um an einem Gala-Diner der besseren Gesellschaft zu Ehren einer steinalten Dame zu bedienen. Sie werden Zeugen eines seltsamen Rituals der Unterwürfigkeit. Einer der jungen Kellner, ein sensibler Träumer, entflieht im Morgengrauen dieser gespenstischen Atmosphäre. Ermanno Olmis etwas lang geratene Parabel auf Machtverhältnisse und Abhängigkeiten in einer Welt der Diener und Bedienten zeichnet ein vielfältiges Beziehungsnetz, das aus einer Fülle von Gesten, Blicken und kleinen Geschehnissen geknüpft wird. *Zoom*

Lanny dreht auf 547

BETTER OFF DEAD **

Video

Regie: Savage Steve Holland
Darsteller: John Cusack (Lane Myer), David Ogden Stiers (Al Myer), Kim Darby (Jenny Myer), Demian Slade (Johnny Gasparini), Scooter Stevens (Badger Myer), Diane Franklin (Monique Junot), Laura Waterbury (Mrs. Smith)
Drehbuch: Savage Steve Holland
Kamera: Isidore Mankofsky (Technicolor)
Musik: Rupert Hine
Schnitt: Alan Balsam
Produktion: Michael Jaffe für A & M Films, USA 1985
Verleih: -/-/-/CBS-Fox
Erstaufführung: 15.3.88
FSK: ab 12 J.
Länge: 98 (91) Min.

Junger Chaot mit Selbstmordabsichten verguckt sich in ein französisches Aupair-Girl.

Las Vegas Cop 548

STARK **

Video

Regie: Rod Holcomb
Darsteller: Nicholas Surovy (Patrick Evan Stark), Marilu Henner (Ashley Walters), Dennis Hopper (Lt. Ron Bliss), Wendel Meldrum (Laura Stark), Denise Crosby (Kim Parker), Pat Corley (Chief Waldron), Seth Jaffe (Al Conner), Arthur Rosenberg (Jeff Draper)
Drehbuch: Ernest Tidyman
Kamera: Frank Beascoechea (Farbe)
Musik: Peter Myers, Bill Conti
Schnitt: Ray Daniels
Produktion: Sam Strangis, Bill Stratton für CBS, USA 1985
Verleih: -/-/-/CBS-Fox Video
Uraufführung: 10.4.85 (CBS)
Erstaufführung: 25.1.88
FSK: ab 16 J.
Länge: 91 Min.

Harter Cop aus Wichita nimmt es mit der Mafia von Las Vegas auf. Noch ein gescheiterter Pilotfilm. *

The Last American Soldier 549

COMMANDER *

Video

Regie: Paul D. Robinson
Darsteller: Craig Alan, David Light, Max Laurel, Larry Brand
Drehbuch: David D. Morris
Kamera: Simon Boswell (Farbe)
Produktion: Regal Films, Italien 1988
Verleih: -/-/-/EVC Video
Erstaufführung: 20.6.88
FSK: nicht unter 18 J.
Länge: 99 Min.

Vietnam-Veteran hat die Kurve nicht gekriegt und bleibt als Söldner in Thailand. Dort soll er für seinen alten Kommandeur geheime Kriegselektronik von einem russischen Frachter entwenden. Das Unternehmen gelingt, doch die Sowjets setzen nach. Das altbekannte Thema vom US-Einzelkämpfer, der sich einen gewissenlosen Russen nach dem anderen vor die Flinte spannt. *Video-Markt*

Die Last der Gefühle 550

SHE MUST BE SEEING THINGS ****

16 mm

Regie: Sheila McLaughlin
Darsteller: Sheila Dabney, Lois Weaver, Kyle DeCamp, John Erdman
Drehbuch: Sheila McLaughlin
Kamera: Mark Daniels, Heinz Emigholz (Farbe)

Schnitt: Ila von Hasperg
Produktion: Sheila McLaughlin/ZDF, USA/BRD 1987
Verleih: Freunde der Deutschen Kinemathek/-/-
Länge: 92 Min. (OoU)

Zwei Frauen in New York. Eine Liebesbeziehung mit all ihren Höhen und Tiefen. Die Arbeit an einem Film nach dem Roman von Thomas de Quincey wird in Beziehung gesetzt zu einem modernen Eifersuchtsdrama.

The Last Empress 551

THE LAST EMPRESS ***

Video

Regie: Chen Jialin, Sun Qingguo
Darsteller: Pan Hong, Jian Wen, Fu Yiwei
Drehbuch: Zhang Xiaotian
Kamera: An Zhiguo (Farbe)
Produktion: Changchun Studio, China 1987
Verleih: -/-/-/Cannon/VMP Video
Erstaufführung: 31.10.88
FSK: ab 12 J.
Länge: 120 (90) Min.

Formal gelungenes Historiendrama aus China, das sich etwas melodramatisch der eigenen Geschichte annimmt. Im Mittelpunkt steht weniger die Kaiserin, deren Schicksal am Ende ungewiß bleibt, als vielmehr Macht und Ohnmacht der Herrschenden.

VideoWoche

The Last of England 552

THE LAST OF ENGLAND ***

Regie: Derek Jarman
Darsteller: Tilda Swinton, Spencer Leigh, Spring, Gay Gaynor, Matthew Hawkins
Drehbuch: Derek Jarman
Kamera: Derek Jarman, Christopher Hughes, Cerith Wyn Evans (Farbe)
Musik: Simon Turner, Andy Gill, Mayo Thompson, Albert Oehlen, Barry Adamson, El Tito
Produktion: British Screen Finance/Channel 4 Television, London/ZDF, GB/BRD 1987
Verleih: Freunde der deutschen Kinemathek/-/-
Uraufführung: 16.8.87, Edinburgh
Erstaufführung: 14.2.88, Int. Forum des jungen Films bei der Berlinale
Kinostart: Mai 88
Länge: 87 Min. (OmU)

Der Film setzt sich aus vier verschiedenen Erzählebenen zusammen. Mittels einer Collage aus Studio- und Dokumentaraufnahmen, alten Filmausschnitten und einer erdachten Spielfilmhandlung zeichnet er ein gesellschaftlich und historisches Soziogramm seines Heimatlandes, das erst in den ans Licht gezerrten Widersprüchen erkennbar wird.

FilmForum

Jürgen Richter in: FAZ, 23.7.88; Rüdiger Schaper in: tip, 11/88; Anke Sterneberg in: Der Tagesspiegel, 16.2.88

Lawfighter 553

YO, EL EJECUTOR *

Video

Regie: Valentin Trujillo
Darsteller: Valentin Trujillo (Valente Carrera), Mario Almada (Captain), Patricia Maria (Amy Samanta), Pedro Chatanuga (Padrino), Gabriela Ruffo (Lupita)
Drehbuch: Valentin Trujillo, Ramón Obón
Kamera: Antonio de Anda (Farbe)
Musik: Kiko Campos
Schnitt: Sergio Soto
Produktion: Gilberto de Anda für Cinematografica Sol, Mexiko 1987
Verleih: -/-/-/Highlight Video
Erstaufführung: Oktober 88
Länge: 95 Min.

Mexikanischer Superagent soll einen Drogen- und Mädchenhändler der amerikanischen Gerichtsbarkeit überstellen.

Lazzarillo

siehe: I Piccari

Das Leben ist ein langer ruhiger Fluß 554

LA VIE EST UN LONG FLEUVE TRANQUILLE ***

Regie: Etienne Catiliez
Darsteller: Benoit Magimel (Momo), Valérie Lalande (Bernadette), Hélène Vincent (Mdm. Le Quesnoy), André Wilms (Msr. Le Quesnoy), Christine Pignet, Maurice Mons, Daniel Gélin, Catherine Hiegel, Tara Romer, Catherine Jacob, Patrick Bouchitey
Drehbuch: Florence Quentin, Etienne Chatiliez

Der Regisseur mit seiner Filmfamilie bei »Das Leben ist ein langer ruhiger Fluß«.

Kamera: Pascal Lebègue (Farbe)
Musik: Gérard Kawczynski
Schnitt: Chantal Delattre
Produktion: Charles Gassot für Téléma/ MK2/FR3 mit CNC und Sofica Investimage, Frankreich 1988
Verleih: NEF 2/Czerny/Sadfi
Uraufführung: 3.2.88, Paris
Kinostart: 24.11.88
FSK: ab 12, ffr.
Länge: 91 Min.
Prädikat: Wertvoll

Vertrieb gefördert durch Europäisches Filmbüro mit ECU 123.987,99

... Eine flotte, vielleicht zu flotte und plakative Komödie um Klassen-Unterschiede: Wüst, versoffen, aber gemütvoll geht's zu im armen Proletariat, stilvoll, fromm und stinklangweilig in der Bourgeoisie. Die Ordnung der exemplarischen Milieus geht gründlich flöten, als die frustrierte Hebamme nach 12 Jahren ihren Babytausch-Racheakt gesteht und die feinen Le Quesnoys und die rüden Groseilles erkennen, daß jeder einen Kuckuck im Familiennest sitzen hat. Hätte Regisseur Chatiliez weniger Energie in Turbulenzen verpulvert und statt dessen mehr Ruhe für subtile Zwischentöne gelassen - seine Verwechslungskomödie wäre weniger auswechselbar. *Angie Dullinger, AZ*

Michael Althen in: SZ, 24.11.88; Heiner Gassen in: Kölner Stadt-Anzeiger, 26.11.88; Otto Heuer in: Rheinische Post, 25.11.88; Heike Kühn in: FR, 25.11.88; Eva-Maria Lenz in: FAZ, 25.11.88

Leichen an der Angel — 555

BLOOD HOOK

*

Video

Regie: James Mallon
Darsteller: Mark Jacobs (Peter), Lisa Todd (Ann), Patrick Dana (Rodney), Sara Hauser (Kirsten), Paul Drake (Wayne Durst), Don Winters (Luedke)
Drehbuch: Larry Edgerton, John Galligan
Kamera: Marsha Kahm (DuArt Color)
Musik: Thomas A. Naunas
Schnitt: Marsha Kahm
Produktion: David Herbert für Spider Lake/ Golden Chargers für Troma, USA 1986

Verleih: -/-/-/Bullit Video
Erstaufführung: 18.1.88
Länge: 95 Min.

Eine Gruppe junger Leute fährt an einen See, wo gerade ein Wettfischen stattfindet. Einige von ihnen verschwinden auf mysteriöse Weise. Grund dafür ist ein Kriegsveteran, der in Korea eine unselige Kopfverletzung davongetragen hat. In Momenten geistiger Umnachtung fischt er mit speziellen Haken nach Menschen und nimmt die Opfer fachmännisch aus. Grotesker Low-Budget-Horrorfilm mit einigen Längen und Sinn fürs Unappetitliche. *VideoWoche*

Die Leidenschaft der Miss Mary

siehe: Miss Mary

Leonard 6 556

LEONARD PART 6
*
Video

Regie: Paul Weiland
Darsteller: Bill Cosby (Leonard), Tom Courtenay (Frayn), Joe Don Baker (Snyderburn), Moses Gunn (Giorgio), Pat Colbert (Allison), Gloria Foster (Medusa), Victoria Powell (Joan), Anna Levine (Schwester Carvalho), David Maier (Man Ray), Grace Zabriskie (Jefferson)
Drehbuch: Jonathan Reynolds. Nach einer Story von Bill Cosby
Kamera: Jan DeBont (Monaco Color)
Musik: Elmer Bernstein
Schnitt: Gerry Hambling
Produktion: Bill Cosby für Sah Enterprises, USA 1987
Verleih: -/-/-/RCA/Columbia Video
Erstaufführung: 15.10.88
FSK: ab 12 J.
Länge: 85 Min.

Dr. Clifford Huxtable läßt sich von seiner Ex-Gemahlin das Essen über sein Jackett gießen und ficht zwischendurch mit der bösen Medusa, die einen Haufen Frösche und sonstiges Getier gegen die Menschheit hetzt. Immerhin hatte Produzent, Autor und Hauptdarsteller Bill Cosby nach den Dreharbeiten soviel Courage, sich von diesem schauderhaft unkomischen Langweiler zu distanzieren.

Lethal Pursuit 557

LETHAL PURSUIT
**
Video

Regie: Don Jones
Darsteller: Mitzi Kapture (Debra J.), Blake Bahner (Warren), John Stuart Wildman (Andy), Stephanie Johnson (Lennie), Blake Gibbons, William Kerr
Drehbuch: Roger Stone
Kamera: Stuart Asbjornson (Farbe)
Musik: Richard Hieronymous
Schnitt: Doug Jackson
Produktion: Gary Gibbs für Shapiro Glickenhaus Entertainment, USA 1988
Verleih: -/-/-/IHE Video
Erstaufführung: 27.6.88
FSK: nicht unter 18 J.
Länge: 92 Min.

Rocksängerin Debra kehrt nach zehn Jahren in ihre Heimatstadt zurück. Dort trifft sie auf ihre Teenagerliebe, der es inzwischen zum rücksichtslosen Autohehler gebracht und mit seiner Gang gerade drei jugendliche Mitwisser beseitigt hat. Versiert gemachter Actionfilm, der sich Zeit für stimmige Atmosphäre und ordentliche Charakterisierung der Hauptpersonen nimmt. *VideoWoche*

Das Letzte Paradies – Schatten der Vergangenheit 558

MISTRESS OF PARADISE
**
Video

Regie: Peter Medak
Darsteller: Genevieve Bujold (Elizabeth Beaufort), Chad Everett (Charles Beaufort), Anthony Andrews (Buckley), Olivia Cole (Victorine), Lelia Goldoni (Peg), Carolyn Seymour (Adele), John McLiam (Nathan McKay)
Drehbuch: Bennett Foster, William Bast
Kamera: Ken Lamkin (Farbe)
Musik: John Addison
Schnitt: Hillary Jane Kranze
Produktion: R.W. Goodwin für Lorimar, USA 1981
Verleih: -/-/-/Taurus Video
Uraufführung: 4.10.81 (ABC)
Erstaufführung: Februar 88
FSK: ab 12 J.
Länge: 91 Min.

Drama in den Kulissen der Südstaaten des 19. Jahrhunderts: Die jungverheiratete Elizabeth spürt, daß etwas zwischen ihr und ihrem Mann steht. Sie stellt Nachforschungen über die erste Frau ihres Gatten an und kommt hinter ein sorgsam gehütetes Geheimnis. TV-Krimi, irgendwo angesiedelt zwischen »Vom Winde verweht« und »Rebecca«. *Video-Markt*

Der letzte Seitensprung 559

THE LAST FLING **

Video

Regie: Corey Allen
Darsteller: John Ritter, Connie Sellecca, Randee Heller, John Bennett Perry, Paul Sand, Scott Bakula, Kate Zentall, Shannon Tweed
Drehbuch: Mitchel Lee Katlin
Kamera: Peter Stein (Farbe)
Schnitt: Charles Bernstein
Produktion: Robert Myman für Leonard Hill Films, USA 1987
Verleih: -/-/-/VCL Video
Uraufführung: 9.2.87 (ABC)
Erstaufführung: 23.2.88
FSK: ab 12 J.
Länge: 92 Min.

Muntere, romantische Komödie, die sicher nicht viel Neues bietet, aber dafür den oft gesehenen Beziehungskisten-Wirrwarr auf sympathische Weise neu durchexerziert. *VideoWoche*

Die letzte Versuchung Christi 560

THE LAST TEMPTATION OF CHRIST ***

Regie: Martin Scorsese
Darsteller: Willem Dafoe (Jesus), Harvey Keitel (Judas), Barbara Hershey (Maria Magdalena), Harry Dean Stanton (Paulus), David Bowie (Pontius Pilatus), Verna Bloom (Maria), Irvin Kershner (Zebedäus), John Lurie (Apostel Jakobus), André Gregory, Juliette Caton, Roberts Blossom, Gary Basrada
Drehbuch: Paul Schrader nach dem gleichn. Roman von Nikos Kazantzakis
Kamera: Michael Ballhaus (Technicolor)
Musik: Peter Gabriel
Schnitt: Thelma Schoonmaker
Produktion: Barbara De Fina für Univeral, Cineplex Odeon, USA 1988
Verleih: UIP/UIP/UIP/CIC Video
Erstaufführung: Int. Filmfestspiele Venedig, 1988
Kinostart: 10.11.88
FSK: ab 16, ffr.
Länge: 163 Min.
Prädikat: Besonders wertvoll

Der römisch-katholische Regisseur Martin Scorsese, der Priester werden wollte, und der calvinistische Drehbuchautor Paul Schrader, den Kirche und Familie puritanisch geprägt haben, verfilmten den Roman des Philosophen-Schriftstellers Nikos Kazantzakis, der von Franziskanermönchen erzogen wurde: Jeder auf seine Weise ein »religiöser« Charakter, fixiert an Glaube und Erlösung. Mit der christlichen Religion ist hier keiner leichtfertig umgegangen.
Trotzdem ist dies ein mißlungener Film. Zwar weitab vom edlen Erbauungsschinken des Bibelkinos – aber ebensoweit entfernt von der klaren, kargen Strenge etwa des Matthäus-Evangeliums von Pasolini.
Scorsese klotzt »Realismus« ins römisch besetzte Land der Juden und läßt keine zeitgemäß blutige Brutalität bei den landesüblichen Massenkreuzigungen aus.
Christus als Zimmermann, der Kreuze anfertigt für die Römer, sich zum Helfer der Schinderknechte erniedrigen läßt, unsicher mit sich selber ringt – diese ganz und gar menschliche Existenz ist Ausgangspunkt für quälende innere Kämpfe. Doch die Wunder Jesu übernimmt Scorsese dann wieder platt wie ein Jahrmarktmagier: Brüche zwischen detailversessenen Rekonstruktionen des Alltags, traditionellen biblischen Darstellungen und der Interpretation von Gefühlen, die Jesus – körperlich ein Mann wie jeder andere – gehabt haben könnte.
Die Frauen? Maria Magdalena fühlt sich von Jesus sitzengelassen, ihren Hurenberuf lastet sie ihm als Schuld an. Was aber wenig Logik hat, denn Frauen treten im Umfeld Jesu immer nur als Gefäße auf: Willig dienend und duldend.
Scorseses Phantasie will die vertrau-

Der Regisseur und sein Hauptdarsteller. Martin Scorsese gibt Willem Dafoe Regieanweisungen bei den Dreharbeiten zu »Die letzte Versuchung Christi«.

ten Bilder in Frage stellen und fuhrwerkt doch nur mit neuen Oberflächenbildern herum. Jesus wird nicht kleiner, aber Judas ein bißchen größer, die Apostel sind alle zur Stelle und die Frauen blicken antik. Niemand nimmt Schaden an seiner Seele. Aber das ist auch schon alles.

Ponkie, AZ

Robert von Berg in: SZ, 23.8.88; Peter Buchka in: SZ, 10.11.88; Wolf Donner in: tip, 24/88; Frieda Grafe in: SZ, 10.11.88; Jörg von Uthmann in: FAZ, 15.8.88; Gerd-Eckhard Zehm in: FR, 18.8.88 (dpa)

Die letzten Tage in Kenya 561

WHITE MISCHIEF ****

Regie: Michael Radford
Darsteller: Sarah Miles (Alice), Joss Ackland (Broughton), John Hurt (Colville), Greta Scacchi (Diana), Charles Dance (Erroll), Susan Fleetwood (Gwladys), Jacqueline Pearce (Idina), Catherine Neilson (June), Murray Head (Lizzie), Ray McAnally (Morris), Geraldine Chaplin (Nina), Trevor Howard (Soames)
Drehbuch: Michael Radford, Jonathan Gems, nach dem gleichn. Roman von James Fox

Gefährliches Spiel. Joss Ackland, Greta Scacci und Trevor Howard in »Die letzten Tage in Kenia«.

Kamera: Roger Deakins (Farbe)
Musik: George Fenton
Schnitt: Tom Priestley
Produktion: Simon Perry für Umbrella Films mit Power Tower Investments (Kenya)/ BBC, Großbritannien 1987
Verleih: Filmwelt/Constantin/Monopole Pathé/Vestron Video
Kinostart: 21.4.88
FSK: ab 16, ffr.
Länge: 107 Min.

In London explodieren deutsche Bomben, in Nairobi knallen die Sektkorken. Während zu Hause der Zweite Weltkrieg tobt, amüsiert sich die britische Kolonialaristokratie zu Tode. Josslyn Hay ist der Hahn im Korb des Countryclub-Harems. Er befriedigt alle Gelüste der gelangweilten Ladys - bis Diana auftaucht, die schöne, junge Frau eines alten Lords. In sie verliebt er sich unsterblich - bis er mit einer Kugel im Kopf aufgefunden wird. Aus der Romanze wird ein Krimimelodram, die private Tragödie zum allegorischen Abgesang der Kolonial-Ära. Der Schwüle von Land- und Leidenschaft begegnet Michael Radford (»1984«) mit morbidem Flair: Seine Bilderwelt bleibt seltsam steril, seine Inszenierung sarkastisch-unterkühlt. Ein Kenia jenseits von Afrika.

Harald Pauli, Tempo

Michael Althen in: SZ, 19.5.88; Alfred Holighaus in: tip, 11/88; Helmut Schmitz in: FR, 19.5.88; Claudius Seidl in: Die Zeit, 28.4.88; Roland Vogler in: Zoom, 7/88

Liberators – Sie kämpfen für die Freiheit 562

THE LIBERATORS ***

Video

Regie: Kenneth Johnson
Darsteller: Robert Carradine, Larry B. Scott, Cynthia Dale, Renee Jones, Bumper Robinson, Caryn Ward, James B. Douglas, Denis Forest, James Marprize
Drehbuch: Kenneth Johnson
Kamera: George Koblaska (Farbe)
Musik: Joe Harnell
Produktion: Jeanne Marie Byrd für Walt Disney TV, USA 1986
Verleih: -/-/-/Walt Disney Home Video
Uraufführung: 8.2.87 (ABC)
Erstaufführung: 25.2.88

FSK: ab 12 J.
Länge: 90 Min.

Den jungen und aufgeschlossenen Plantagenbesitzer John Fairfield verbindet Mitte des 19. Jahrhunderts in den Südstaaten der USA eine dicke Freundschaft mit dem entlaufenen, schwarzen Sklaven Bill. Gemeinsam schließen sie sich einer Untergrundbewegung an, die für die Abschaffung der Sklaverei kämpft. Deren Anführer plant einen riskanten Coup, der 3000 Sklaven die Freiheit bringen soll.

Video Woche

Liebe, Blaulicht und Sirenen 563

**

Regie: Michael Gautsch
Darsteller: Walter Holub, Sabrina Allgäuer, Bruno Riedl, Undine Brixner, Peter Göller, Peter Ertelt, Werner Steinmassl
Drehbuch: Michael Stocker, Michael Gautsch
Kamera: Ernst W. Kalinke, Joachim Gitt (Farbe)
Musik: Hubert Waldner
Produktion: Cinetop/Time, Österreich 1987
Verleih: -/Czerny/-
Kinostart: Sept. 88
BMUK: Jugendverbot, Wien: ab 16
Länge: 87 Min.

Ein aufrechter Rot-Kreuz-Fahrer wird Zeuge einer ärztlichen Nachlässigkeit, die zum Tod eines Patienten führt, und ficht seine gerechte Sache gegen eine schweigende Majorität tapfer durch, wird aber von seinen Vorgesetzten fallengelassen. Ein Film, der Korruption im ärztlichen und politischen Milieu tendenziös und mit nur mäßigen formalen Mitteln anklagt.

multimedia

Liebe einen Sommer lang 564

FORBIDDEN LOVE

**

TV

Regie: Steven Hillard Stern
Darsteller: Yvette Mimieux (Joanna Bitton), Andrew Stevens (Casey Wagner), Jerry Hauser (Warren Fretstein), Jack Fletcher (Porter), Randy Brooks (Gregory Jamm), John Considine (Curtis Bitton), Eb Lottimer (Max), Kathleen Hughes (Sybil), Jeffrey Lynn (Dr. Brinkley), Albert Lord (Crane)
Drehbuch: Steven Hillard Stern
Kamera: Isidore Mankofsky
Musik: Hagood Hardy
Schnitt: Kurt Kirschler
Produktion: Marcy Gross, Ann Weston, USA 1982
Sendetermin: 12.1.88, ZDF
Länge: 89 Min.

Schon der Titel sagt es klipp und klar: Diese Love-Story kann nicht gutgehen. Schließlich ist die schöne Joanna nicht nur 20 Jahre älter als der jungenhafte Assistenzarzt Casey, sondern auch noch schrecklich reich und erfolgreich, während er eben nur ein armes Würstchen ist. Anfangs ist die knackige Mitvierzigerin hingerissen von seinem jungenhaften Charme, doch Alters-Kluft plus gesellschaftliche Kluft, das hält eben kein (Hollywood)-Alltag aus. Diese alte/neue Variante vom ungleichen Paar, das von der Umwelt nicht toleriert wird, läßt keines der in diesem Fall üblichen Klischees aus. *Berliner Morgenpost*

mann in: Schwarzwälder Bote, 14.1.88; Brigitte Ehrich in: Hamburger Abendzeitung, 13.1.88

Liebe vor Gericht 565

A QUESTION OF LOVE

***

TV

Regie: Jerry Thorpe
Darsteller: Gena Rowlands (Linda Ray Guettner), Jane Alexander (Barbara Moreland), Josh Albee (David Guettner), Keith Mitchell (Billy Guettner), Clu Gulager (Mike Guettner), Ned Beatty (Anwalt Stabler), Bonnie Bedelia (Lindas Anwältin), John Hawkins (Dr. Berwick)
Produktion: USA 1978
Sendetermin: 11.9.88, ZDF
Länge: 93 Min.

Als seriöse Mischung aus leicht angeschnulztem Familiendrama und indifferenziert abwägender Sozialstudie hat der amerikanische Film seine Qualitäten: Er verteidigt die alltägliche (und äußerst diskrete) Homosexualität zweier Frauen gegen den uralten Normendruck der Vorurteile. Die Frage, ob zwei geschiedene lesbische Frauen ihren Kindern ein »normales« Familienleben bieten können, wir im erzkonservativen Provinzmilieu gerichtlich mit dem Entzug des Sorgerechts beantwortet - und die bornierte Unwissenheit, die dabei zutage tritt (das Wort »pervers« als Sammelwaffe) bleibt als bedrückendes Ohnmachtsgefühl zurück. Eindrucksvoll Gena Rowlands und Janes Alexander. *Ponkie, AZ*

Anne Rose Katz in: SZ, 13.9.88; Kro. in: Stuttg. Zeitung, 13.9.88; Thomas Helling in: Frankfurter Neue Presse, 15.9.88; Ponkie in: AZ, 13.9.88.

Der lieben Mutter 566

***

16 mm

Regie: Roswitha Ziegler
Kamera: Niels Bolbrinker
Schnitt: Rowitha Ziegler, Niels Bolbrinker
Produktion: Wendländische Filmccoperative, BRD 1987
Verleih: Wendländische Filmcooperative/-/-
Kinostart: Februar 88
Länge: 90 Min.

Essayfilm über das Thema Mutterschaft, Mutterglück und Mutterleid.

Liebeserklärung 567

**

Konzeption: Georg Janett, Ursula Bischof, Edi Hubschmid
Kommentar: Niklaus Meienberg, gesprochen von Hannes Schmidhauser
Musik: Louis Crelier
Produktion: Edi Hubschmid für Edi Hubschmid Filmprod./Condor Features, Schweiz 1988
Verleih: -/-/Rialto
Kinostart: Sept. 88
Länge: 105 Min. (Farbe/SW)

130 Liebesszenen aus Schweizer Spielfilmen von 1917–1987 sind eine außergewöhnliche Quellensammlung zum Wandel schweizerischen Zeitgeistes und Seelenlebens. Die Autoren des Kompilationsfilms nutzen diese Chance aber zu wenig. Vor allem den alten Schweizer Filmen werden sie kaum gerecht. Auch wenn viele ältere Filme bis zu den sechziger Jahren heute zeitbedingt verklemmt und steif erscheinen mögen, so ist nicht zu übersehen, daß die »Klassiker« des einheimischen Filmschaffens aus den vierziger und fünfziger Jahren emotional, schauspielerisch und dramaturgisch oft mehr zu bieten hatten als neue Schweizer Filme. *Zoom*

Peter Neumann in: Zoom 19/88

Liebesgrüße aus dem Jenseits 568

KISS ME GOODBYE

**

Video

Regie: Robert Mulligan
Darsteller: Sally Field (Kay Villano), James Caan (Jolly Villano), Jeff Bridges (Rupert Baines), Paul Dooley (Kendall), Claire Trevor (Charlotte Banning), Dorothy Fielding (Emily), William Prince (Reverend Hollis)
Drehbuch: Charlie Peters
Kamera: Donald Peterman (DeLuxe Color)
Musik: Ralph Burns, Peter Allen
Schnitt: Sheldon Kahn
Produktion: Robert Mulligan für Boardwalk/ Burt Sugarman/Keith Barish, USA 1982
Verleih: -/-/-/CBS-Fox Video
Erstaufführung: 15.5.88
FSK: ab 12 J.
Länge: 101 Min.

Witwe mit Aussicht auf einen Ägyptologen sieht sich vom Geist des ersten Ehemannes heimgesucht.

Light of Day – Im Licht des Tages 569

LIGHT OF DAY

***

Regie: Paul Schrader
Darsteller: Michael J. Fox (Joe Rasnick), Gena Rowlands (Jeanette Rasnick), Joan Jett (Patti Rasnick), Michael McKean (Bu Montgomery), Thomas G. Waites (Smittie), Cherry Jones (Cindy Montgomery), Michael Dolan (Gene Bodine), Paul. J. Harkins (Billy Tettore), Billy Sullivan (Benji Rasnick), Jason Miller (Benjamin Rasnick)
Drehbuch: Paul Schrader
Kamera: John Bailey (Farbe)
Musik: Thomas Newman; Titelsong: Bruce

Eine wahre Rock'n Rollerin: Joan Jett in »Light of Day«.

Springsteen; Songs interpretiert von Jean Jett, Michael J. Fox, Bon Jovi, Dave Edmunds u.a.
Schnitt: Jaqueline Cambas
Produktion: Rob Cohen, Keith Barish für Taft/Keith Barish, USA 1986
Verleih: Ascot/Constantin/Elite/Ascot Video
Kinostart: 7.1.88
FSK: ab 12, ffr.
Länge: 107 Min.

Bruder und Schwester, knapp über zwanzig, spielen gemeinsam in einer Rockband; ihre Hingabe an die Musik kann aber familiäre und persönliche Probleme auf die Dauer nicht lösen. Schwankend zwischen Musik- und Problemfilm, bringt der Streifen nur wenige überzeugende Momente zustande. *multimedia*

Michael Althen in: SZ, 1.6.88; Wilm Hart in: Die Welt, 12.1.88; Otto Heuer in: Rheinische Post, 12.2.88; Jürgen Richter in: FAZ, 27.2.88.

Linie 1 — 570

****

Regie: Reinhard Hauff
Darsteller: Thomas Ahrens, Claus-Peter Damitz, Inka Groetschel, Dieter Landuris, Dietrich Lehmann, Christine Reiff, Else Nabu, Andreas Schmidt, Ilona Schulz, Christian Veit, Rainer Strecker, Petra Zieser, Hark Bohm, Dieter Hildebrandt
Drehb.: Volker Ludwig, Reinhard Hauff, nach dem Musical von Volker Ludwig
Kamera: Frank Brühne (Farbe)
Musik: Birger Heymann
Schnitt: Peter Przygodda
Produktion: Eberhard Junkersdorf für Bioskop/WDR/SFB, BRD 1987
Verleih: Tobis/Constantin/Monopole Pathé
Uraufführung: 12.2.88 als Eröffnungsfilm der 38. Int. Filmfestspiele Berlin
Erstaufführung: 11.2.88 (Berlin), 18.2.88
FSK: ab 12, ffr.
Länge: 99 Min.

Linie 1 ist eine Musical-Reise durch die Berliner Subkultur, gesehen mit den Augen einer Provinzlerin, die ihren Rock-Prinzen Johnny sucht, und verbindet im Untergrund den bürgerlichen Ku-Damm mit dem proletarischen Kreuzberg. Ist die U-Bahn im Film Staffage, so sind die Typen auf der Bühne nur leicht irrer als jene zwischen Bahnhof Zoo und Schlesischem

Kichernde Großstadtkids, v. l. Ilona Schulz, Dieter Landuris und Petra Zieser in »Linie 1«.

Fahr mal wieder U-Bahn. Tanzszene aus »Linie 1«.

Tor: Es herrscht der ganz normale Wahnsinn. Ein rotziges wie kritisches, schräges wie rührendes Rock-Kabarett, das die Meinung, deutsches Musical sei ein Unding, spielend an die Wand tanzt und singt. *Zoom*

Volker Baer in: Der Tagesspiegel, 14.2.88; Bodo Fründt in: SZ, 22.2.88; Andres Roßmann in: FAZ, 13.2.88; o.A. in: Der Spiegel, 8.2.88

Lion of Africa – Durch die Hölle Afrikas 571

THE LION OF AFRICA **

Video

Regie: Kevin Connor
Darsteller: Brian Dennehy, Brooke Adams, Josef Shiloa, Don Warrington, Joe Chege, Katherine Schofield, Carl Andrews
Drehbuch: Bruce Franklin Singer
Kamera: Dennis Lewiston (Farbe)
Musik: George S. Clinton
Produktion: Yoram Ben Ami für HBO Pictures/Lois Luger, USA 1987
Verleih: -/-/-/Taurus Video
Uraufführung: 28.6.87 (HBO)
Erstaufführung: 27.6.88
FSK: ab 16 J.
Länge: 102 Min.

Engagierte Gesandte des Gesundheitsministeriums kommt in ein von Unruhen gebeuteltes Entwicklungsland und sucht Hilfe bei einem verschlagenen und zynischen Abenteurer und Geschäftsmann. *Video-Markt*

Little Nikita 572

LITTLE NIKITA ***

Regie: Richard Benjamin
Darsteller: Sidney Poitier (Roy Parmenter), River Phoenix (Jeff Grant), Richard Jenkins (Richard Grant), Caroline Kava (Elizabeth Grant), Richard Bradford (Konstantin Karpov), Richard Lynch (Scuba), Loretta Devine (Verna McLaughlin), Lucy Deakins (Barbara Kerry), Jerry Hardin, Albert Fortell, Ronald Guttman
Drehbuch: John Hill, Bo Goldman, nach einer Erzählung von Tom Musca und Terry Schwartz
Kamera: Laszlo Kovacs (Farbe, Panavision)
Musik: Marvin Hamlisch
Schnitt: Jacqueline Cambas
Produktion: Harry Gittes Prod., USA 1987
Verleih: Columbia/dto./-/RCA/Columbia Video
Kinostart: 19.5.88
FSK: ab 12, ffr.
Länge: 96 Min.

Der Film handelt von einem alteingesessenen amerikanischen Ehepaar, das sich als russisches Agentenpaar entpuppt. Was für ihren 17jährigen Sohn und einen schwarzen FBI-Agenten zu einer schicksalhaften, aber nicht immer sehr glaubwürdigen Belastung wird. In die Länge gezogene Unterhaltung, die sich wenigstens dadurch auszeichnet, daß »Glasnost« auf beiden Großmächteseiten langsam Wirkung zeigt. Die Kalte Kriegsfront scheint auch in Hollywood aufgebröckelt. *tip*

Fritz Göttler in: Kölner Stadt-Anzeiger, 4.6.88; Claudius Seidl in: SZ, 25.5.88

Lockwood Desert – Nevada

573
****

16 mm

Regie: Hans Noever
Darsteller: Tobias Hoesl (Christian Land), Despina Pajanou, Sal Provenza, Henner Kuckuck, Ariel Levy, Susan Bayer, Sergeant Mister Schuh, Fran
Drehbuch: Hans Noever
Kamera: Peter Gauhe (Farbe)
Schnitt: Elke Schmid
Produktion: OLGA-Film/BR/ORT, BRD 1987
Verleih: Noever/-/-
Erstaufführung: Int. Hofer Filmtage 1977
Kinostart: Mai 88
Länge: 81 Min.

Gefördert durch LfA, Bayern

Die Geschichte von einem der auszog, ein Abenteuer in Amerika zu erleben. Der etwas naiv geratene Christian überführt nach einigen Abenteuern in New York ein Auto quer durch Amerika nach Nevada. Unterwegs macht er Bekanntschaft mit einigen Prachtexemplaren der amerikanischen Provinz, bis er schließlich am Ziel seiner Reise, einem kleinen Familien-Bordell, ankommt. Ein manchmal etwas langatmiges, aber sonst gutes Road-Movie. *tip*

Ein Junge in den Mühlen der Spionage. River Phönix und Sidney Poitier in »Little Nikita«.

Lone Wolf 574
LONE WOLF *

Video

Regie: John Callas
Darsteller: Dyann Brown, Jamie Newcomb, Kevin Hart, Ann Douglas
Drehbuch: Michael Krueger
Musik: John Kull
Produktion: Prism Entertainment/Flash Features, USA 1988
Verleih: -/-/-/Splendid Video
Erstaufführung: 21.11.88
FSK: nicht unter 18 J.
Länge: 97 Min.

Computerspezialist nebst Freundin entlarvt Dozenten als mörderischen Werwolf.

Lost Boys 575
THE LOST BOYS ***

Regie: Joel Schumacher
Darsteller: Jason Patric (Michael), Corey Haim (Sam), Dianne Wiest (Lucy), Barnard Hughes (Grandpa), Ed Herrmann (Max), Kiefer Sutherland (David), Jami Gertz (Star), Corey Feldman (Edgar Frog), Jamison Newlander (Alan Frog), Brooke McCarter (Paul), Billy Wirth (Dwayne), Alexander Winter (Marko). Chance Michael Corbitt (Laddie)
Drehbuch: Janice Fischer, James Jeremias, Jeffrey Boam, nach einer Story von J. Fischer, J. Jeremias
Kamera: Michael Chapman (Technicolor)
Musik: Thomas Newman; Songs interpretiert von Lou Gramm, Roger Daltry, Inxs, Echo and The Bunnymen, Run D.M.C.
Schnitt: Robert Brown
Produktion: Harvey Bernhard für Richard Donner Prod., USA 1986
Verleih: Warner Bros./Warner Bros./Warner Bros./Warner Home Video
Kinostart: 14.1.88
FSK: ab 16, ffr.
Länge: 97 Min.

Der Sohn einer geschiedenen Frau, die mit ihren Kindern zu ihrem Vater in eine Hippie-Veteranen-Stadt zieht, gerät in die Fänge einer chaotischen Schrecken verbreitenden Blutsauger-Motorradfahrer-Gang, worauf sich der jüngere Bruder daran macht, ihn mit neugewonnenen Kumpels aus dieser Gefahr wieder zu befreien. Eine stellenweise spannende, auch amüsante, flüssig inszenierte, aber wegen der plumpen Effekte nicht gerade mitreißende Mischung von Vampir-Film, Jugendbanden-Kult und leicht ironischer Hippie-Nostalgie, die eindeutig auf die gruselwilligen Jugendlichen ausgerichtet ist. *Zoom*

Frank Arnold in: Zitty, 2/1988; Sebastian Feldmann in; Rheinische Post, 15.1.1988; Alexander Lukow in: Die Welt, 16.1.1988; Claudius Seidl in: SZ, 1.6.1988

Lost Heroes 576
VIETNAM WAR STORY **

Video

Regie: Kevin Hooks, Ray Danton
Darsteller: Tom Fridley, David Harris, Chris Robertson, Eric La Salle
Drehbuch: Patrick Duncan
Produktion: LBS International, USA 1987
Verleih: -/-/-/New Vision Video
Erstaufführung: 21.3.88
FSK: nicht unter 18 J.
Länge: 87 Min.

Drei Kurzgeschichten aus dem Vietnamkrieg: Zwei GIs geraten bei einem Bordellbesuch mit dem Vietcong aneinander, ein Soldat löst den Kontakt einer Tretmine und muß solange starr darauf stehen bleiben, bis der Suchtrupp kommt, sowie einige Szenen aus einem Rehabilitationsheim für schwerverletzte GIs. Manchmal arg klischeehaft und rührselig, dann wiederum recht spannend. *Video-Markt*

Lucky Date 577
THE GAME OF LOVE **

Video

Regie: Bobby Roth
Darsteller: Ed Marinaro, Max Gail, Tracy Nelson
Drehbuch: Steven Humphrey, Sue Grafton
Kamera: Steven Fierberg (Farbe)
Produktion: Jack Clements für Phoenix Entertainment Group, USA 1987
Verleih: -/-/-/VCL Video
Erstaufführung: 22.3.88
FSK: ab 12 J.
Länge: 93 Min.

Singles-Ringelreihen, mal heiter, mal komisch.

Mace 578
MACE **

Video

Regie: William VanDerKloot
Darsteller: Ed Marinaro (Malcolm »Mace« Douglas), Darrell Larson (Mark Cain), Cassandra Gava (Amber), Isaac Hayes (Jamal), John Hancock (Talbot), William Sanderson (Brennan), Corbin Bernsen (Webster), William Windom (McWhorter)
Drehbuch: Michael A. Simpson
Kamera: John Davis (Farbe)
Musik: James Oliverio
Schnitt: William VanDerKloot
Produktion: Michael A. Simpson, William VanDerKloot für RMC Films, USA 1987
Verleih: -/-/-/Sony Video
Erstaufführung: 8.2.88
FSK: nicht unter 18 J.
Länge: 88 Min.

Eine Reihe Striptease-Tänzerinnen stirbt in Washington an einer Überdosis Heroin. Hintergrund der Morde ist ein Machtkampf um die Führung im lokalen Drogenhandel, die ein bulgarischer Diplomat mit Duldung des FBI an sich reißen will. Der harte Bulle Mace pfeift auf die Dienstvorschrift und bringt den Diplomaten und seinen Killer im Alleingang zur Strecke. Knallharter Actionthriller im neonglitzernden Dschungel der Unter- und Halbwelt der US-Hauptstadt. Temporeich inszeniert mit einem Schuß Erotik und einer Menge versiert gemachter Kampf- und Verfolgungsszenen.

VideoWoche

Mad Killer 579
THE MARK OF CAIN *

Video

Regie: Bruce Pittman
Darsteller: Robin Ward (Sean O'Neill/Michael O'Neill), Wendy Crewson (Dale O'Neill), Anthony Parr (Dr. Clifford), Deborah Grober (Molly), August Schellenberg (Otto), Cinthia Kereluke (Krankenschwester), Jim Coburn (Sean als Junge), John Coburn (Michael als Junge)
Drehbuch: Peter Colley, John Sheppard
Kamera: John Herzog (Farbe)
Produktion: Shapiro Entertainment, USA 1985
Verleih: -/-/-/CBS/Fox Video
Erstaufführung: 25.1.88
FSK: nicht unter 18 J.
Länge: 81 Min.

Telefone klingeln, Dinge bewegen sich von Geisterhand, und unversehens sieht sich die *hübsche junge Frau* dem *mordlustigen* Zwilling ihres Gatten gegenüber, der schon vor 15 Jahren rituellen Mordunfug getrieben hat. Isn't it exciting?

Made in Heaven 580
MADE IN HEAVEN **

Regie: Alan Rudolph
Darsteller: Timothy Hutton (Mike Shea/Elmo Barnet), Kelly McGillis (Annie Packert/Ally Chandler), Maureen Stapleton (Tante Lisa), Don Murray (Ben Chandler), Marj Dusay (Mrs. Packert), Ray Gideon (Mr. Packert), Zack Finch

Ein Engel auf Erden. Kelly McGillis in »Made in Heaven«.

(Billy Packert), Ann Wedgeworth (Annette Shea), James Gammon (Steve Shea), Mare Winningham (Brenda Carlucci), Neil Young, Tom Robbins, James Tolkan, Ric Ocasek, John Considine, Ellen Barkin, Debra Winger (ohne Nennung)
Drehbuch: Bruce A. Evans, Raynold Gideon
Kamera: Jan Kiesser (Farbe)
Musik: Mark Isham
Schnitt: Tom Walls
Produktion: Raynold Gideon, Bruce A. Evans, David Blocker für Rudolph/ Blocker Pic., USA 1987
Verleih: Neue Constantin Film/Constantin/-/ Euro Video
Uraufführung: 6.9.87, Int. Filmfestival Venedig
Kinostart: 14.1.88
FSK: ab 6, ffr.
Länge: 100 Min.

Mike ist ertrunken, in den Himmel aufgefahren und dort dem hübschen Engel Annie verfallen. Eigentlich könnten sie nun glücklich werden für die Ewigkeit - wären da nicht die himmlischen Bestimmungen, die besagen, daß sich jeder Engel auch als Mensch bewähren muß: So wird Annie als Mensch wiedergeboren, Mike darf auch noch mal hinab, und jetzt haben die beiden 30 Jahre Zeit, sich erneut zu finden und zu verlieben.
Alles geht gut, nur Alan Rudolph kommt nicht zum Zug: Der Spezialist für schwüle Leidenschaften und heißblütige Liebeskämpfe ist mit dieser Romanze sichtlich überfordert. Er verheddert sich nur zwischen himmlischem Kitsch und irdischer Nostalgie.
Harald Pauli, Tempo

Michael Althen in: SZ, 20.1.88; Frank Arnold in: Zitty, 2/88; Helmut W. Banz in: Kölner Stadt-Anzeiger, 16./17.1.88; Otto Heuer in: Rheinische Post, 15.1.88

Der Madonna-Mann 581

**

Regie: H.-C. Blumenberg
Darsteller: Marius Müller-Westernhagen (Martin Graves), Renee Soutendijk (Juliane Mundt), Michael Lonsdale (Tanzmann), Heinrich Schweiger (Arthur/Otto Wiegand), Peter Kraus (Schirmer), Ingmar Zeisberg (Gertrud Ostermann), Ingrid van Bergen (Charly), Matthias Fuchs (Gonski), Nina Hoger, Dominique Horwitz, Jörg Holm, Dschingis Bowakow, Dieter Kosslick
Drehbuch: Jonathan Thornhill, Hans-Christoph Blumenberg
Kamera: Theo van de Sande (Farbe)
Musik: Manfred Schoof
Schnitt: Annette Dorn
Produktion: Michael Bittins für Radiant mit Studio Hamburg und NDR, BRD 1986/87
Verleih: Impuls/-/-/RCA/Columbia Video
Erstaufführung: Int. Hofer Filmtage 1987
Kinostart: 7.1.88
FSK: ab 12, ffr.
Länge: 83 Min.

Gefördert vom Hamburger Filmbüro mit DM 100.000,–.

Der dritte Kinofilm des ehemaligen Star-Kritikers, dem auch diesmal seine Liebe zum Kino bei der Inszenierung im Wege steht. Die Story von einem deutschen Auswanderer, der auf einer Reise von seinem neuen Heimatland Australien nach Helsinki versehentlich in Hamburg landet und dort zufällig in eine mysteriöse Kriminalgeschichte verwickelt wird, wirkt immer wie eine willkürliche Anthologie von Zitaten, Klischees und Versatzstücken aus der Geschichte des Films.
Alfred Holighaus, tip

Dietmar Bittrich in: Die Welt, 9.1.88; Hellmuth Karasek in: Der Spiegel, 11.1.88; Philip Siegel in: Kölner Stadt-Anzeiger, 21./22.88.

Mafia Princess 582

MAFIA PRINCESS

**

Video

Regie: Robert Collins
Darsteller: Susan Lucci (Antoinette Giancana), Kathleen Widdoes (Angela Giancana), Tony Curtis (Sam Giancana), Chuck Shamata (Louie), Louis DiBlanco (Jimmy Luca), David McIlwraith (Raymond Spiros), Tony DeSantis (Joey Leone), Marsha Moreau (Little Annette)
Drehbuch: Robert W. Lenski. Nach dem Buch von Antoinette Giancana und Thomas C. Renner
Kamera: Alexander Gruszynski (Farbe)
Musik: Lee Holdridge
Schnitt: John Marc Vasseur
Produktion: Lew Gallo für Jack Farren Prod./Group W, USA 1986
Verleih: -/-/-/VCL Video

Uraufführung: 19.1.86 (NBC)
Erstaufführung: 23.2.88
FSK: ab 12 J.
Länge: 93 Min.

Biographie der Tochter eines Mafia-Bosses, die unter der strengen Erziehung ihres Vaters und dem Milieu zu leiden hat.

Die Mafiosi-Braut 583

MARRIED TO THE MOB ***

Regie: Jonathan Demme
Darsteller: Michelle Pfeiffer (Angela De Marco), Matthew Modine (Mike Downey), Dean Stockwell (Tony Russo), Mercedes Ruehl (Connie Russo), Alec Baldwin (Frank De Marco), Trey Wilson (Franklin), Joan Cusack (Rose), Oliver Platt (Ed Benitez), Paul Lazar (Tommy), (Sister) Carol East, Ellen Foley, Chris Isaak, OLan Jones, Charles Napier, Anthony J. Nici
Drehbuch: Barry Strugatz, Mark R. Burns
Kamera: Tak Fujimoto (DuArt Color)
Musik: David Byrne
Schnitt: Craig McKay
Produktion: Kenneth Utt für Mysterious Arts/Demme Prod., USA 1988
Verleih: 20th Century Fox/Constantin/ Monopole Pathé
Kinostart: 22.12.88
FSK: ab 16, ffr.
Länge: 104 Min.
Prädikat: Wertvoll

Eine Komödie aus der Schießeisen-Factory: Mafiosi-Boß Tony verlangt die bedingungslose Treue seiner Mannen nicht nur im Drogenhandel, sondern auch in der »Liebe«. Wer ausschert wird umgelegt. Angela de Marco alias Michelle Pfeiffer (»Die Hexen von Eastwick«) wollte schon immer anständig arm statt unanständig reich leben und siehe da, ihr Mafiosi-Mann wird von Tony aus dem Weg geräumt.
Da das FBI dramaturgisch stets für Verwicklungen gut ist, darf Agent Mike Downey sich in die Witwe verlieben, überall Wanzen anbringen und sich einen Bart ankleben. Das Ende der Komödie ist happy: Tonys rasende Gattin sorgt für die abschließende Überraschung. Und wenn die Ehre der Prizzis nicht schon gerettet wäre, hier ginge sie trotz Jonathan Demmes Inszenierung schnell vor die Hunde – so lustig ist das Killen, solange kein Blut zu sehen ist. *Kai Niemeyer, AZ*

Claudius Seidl in: SZ, 23.12.88

Magic Crystal 584

MAGIC CRYSTAL **

Video

Regie: Wong Ching
Darsteller: Richard Norton, Cynthia Rothrock, Ricky Chan
Drehbuch: Wong Ching
Produktion: Win's Film Co., Hongkong 1987
Verleih: -/-/-/Splendid Video
Erstaufführung: 3.8.88
FSK: ab 16 J.
Länge: 91 Min.

Spezialist für besondere Aufgaben reist mit seinem etwas tölpeligen Freund und dessen Sohn nach Griechenland, wo dem Jungen durch Zufall ein mysteriöser Stein in die Hände fällt, an dem auch der KGB Interesse hat. Der Klunker erweist sich als vielseitiges und vor allem sprechendes Objekt. Kung-Fu-Akrobatik in perfekter Ausführung, um die herum eine akzeptable, aber etwas verwegene Geschichte erzählt wird. *Video-Markt*

Magic Movie 585

THE WIZARD OF SPEED AND TIME ***

Video

Regie: Mike Jittlov
Darsteller: Mike Jittlov (Mike), Richard Kaye (Harvey Bookman), Paige Moore (Cindy Lite), Steve Brodie (Lucky Straeker), David Conrad (Brian Lucas), John Massari (Steve Shostakovitch), Philip Michael Thomas (Mick Polanko), Frank LaLoggia (Mutton), Gary Schwartz (Geoff)
Drehbuch: Mike Jittlov
Kamera: Russ Carpenter (Farbe)
Musik: John Massari
Schnitt: Mike Jittlov
Produktion: Richard Kaye, Deven Chierighino für Jittlov/Kay Prod./Rochambeau Prods. mit Shapiro-Glickenhaus, USA 1988
Verleih: -/-/-/CBS-Fox Video
Erstaufführung: 12.12.1988
FSK: ab 12 J.*Länge:* 95 Min.

Autobiographisch angehauchtes Spielfilmdebüt des Kurzfilmregisseurs Mike Jittlov: Ein Spezialeffekt-Techniker soll für eine TV-Produktion eine Probe seines Könnens abliefern, muß dann jedoch herausfinden, daß der Produzent es nicht sehr ehrlich mit ihm meint.

Magnum Heat — 586

HICKEY AND BOGGS **

Video

Regie: Robert Culp
Darsteller: Robert Culp (Frank Boggs), Bill Cosby (Al Hickey), Rosalind Cash (Nyona), Sheila Sullivan (Edith Boggs), Vincent Gardenia, Michael Moriarty, James Woods, Ed Lauter
Drehbuch: Walter Hill
Kamera: Willmer Butler (Farbe)
Musik: Ted Ashford
Produktion: Fouad Said für Film Guarantors, USA 1972
Verleih: -/-/-/Warner Home Video
Erstaufführung: 21.4.88
FSK: ab 16 J.
Länge: 111 Min.

Die beiden Privatdetektive Hickey und Boggs werden engagiert, um die verschwundene Freundin eines Rechtsanwalts aufzuspüren. Die ist in einen Banküberfall verwickelt, bei dem 400.000 Dollar erbeutet wurden. Als die ertappten Gangster Hickeys Frau brutal ermorden, nehmen die zwei Schnüffler blutige Rache. Anfangs etwas konfuser Detektivfilm, der sich zum rasanten und knallharten Actionthriller entwickelt. *VideoWoche*

Malone — 587

MALONE ***

Regie: Harley Cokliss
Darsteller: Burt Reynolds (Malone), Cliff Robertson (Delaney), Kenneth McMillan (Hawkins), Cynthia Gibb (Jo Barlow), Scott Wilson (Paul Barlow), Lauren Hutton (Jamie), Philip Anglim, Tracey Walter, Dennis Burkley
Drehbuch: Christopher Frank nach dem Roman »Shotgun« von William Wingate
Kamera: Gerald Hirschfeld (DeLuxe Color)
Musik: David Newman

Keine Ruhe für Burt Reynolds in »Malone«.

Schnitt: Todd Ramsay
Produktion: Leo L. Fuchs für Orion, USA 1987
Verleih: 20th Century Fox/Constantin/Monopolé Pathé/RCA/Columbia Video
Kinostart: 14.7.88
FSK: ab 18, nffr.
Länge: 92 Min.

Burt Reynolds schreckt allmählich auch vor keinem noch so routinierten, wenig inspirierten B-Picture zurück. Noch funktioniert sein Charisma ... Regisseur Harley Cockliss und Drehbuchautor Christpher Frank erzählen eine triviale Gangster-Action-Thriller-Story. Ein millionenschwerer Bandenchef beherrscht mit rücksichtsloser Gewalt ein Städtchen im amerikanischen Nordwesten. Ex-CIA-Mann Malone, der auf Grund einer Autopanne dort hängen bleibt, befindet sich plötzlich im dicksten Action-Schlamassel. Und dabei hatte er sich und der Welt geschworen, nie wieder eine Waffe zu benutzen.

Die Spannung ist mäßig, die Handlung voraussehbar und selbst durch die schöne Lauren Hutton nicht besonders aufregend. *Frauke Hanck, tz*

Jürgen Richter in: FAZ, 16.7.88; Claudius Seidl in: SZ, 3.8.88

A Man in Love 588

UN HOMME AMOUREUX **

Regie: Diane Kurys
Darsteller: Peter Coyote (Steve), Greta Scacchi (Jane), Peter Riegert (Michael), Claudia Cardinale (Julia), Jamie Lee Curtis (Susan), John Berry (Harry), Vincent Lindon (Bruno), Jean Pigozzi (Pizani)
Drehbuch: Diane Kurys
Kamera: Bernard Zitzermann (Farbe)
Schnitt: Joelle van Effenterre
Produktion: Michel Seydoux, Diane Kurys für Camera One/Alexandre Films/J.M.S., Frankreich 1987
Verleih: Filmwelt/Czerny/-/VCL/Virgin Video
Uraufführung: Wettbewerb der Int. Filmfestspiele Cannes 1987
Kinostart: 16.6.88
FSK: ab 16, ffr.
Länge: 110 Min.

Liebe in Rom. Greta Scacci und Peter Coyote in »A Man in Love«.

Den Fluch der Leidenschaften, der gelebten und dann doch verschenkten, hat die französische Filmmacherin Diane Kurys mit diesem nett nostalgischen Melodram mal wieder entdeckt. Greta Scacchi spielt das begabte Starlet Jane, das nach Cinecittà zitiert wird, um neben dem berühmten Schauspieler Steve Elliott in einem Film über Caesare Pavese aufzutreten. Natürlich sind beide bald in heftigste Leidenschaften verstrickt, doch Steves Unentschlossenheit (typisch Mann!) und das resolute Auftreten seiner Frau machen der Romanze ein Ende.
Ein Mann zwischen zwei Frauen: Diane Kurys entlockt dem Sujet nichts sonderlich neues, garniert diese langatmige Sommer-Sonne-Love-Story mit unmotivierten Pavese-Monologen. Schöne Bilder, schöne Menschen: Wirklich aufregend ist nur Peter Coyote. *Uli Hübsch, tz*

Peter Buchka in: SZ, 16.6.88; Marli Feldvoss in: FAZ, 23.6.88; Kai Hoffmann in: FR, 23.6.88; Andreas Kilb in: Die Zeit, 17.6.88

Man on Fire 589

MAN ON FIRE ***

Regie: Elie Chouraqui
Darsteller: Scott Glenn (Creasy), Jade Malle (Sam), Joe Pesci (David), Danny Aiello (Conti), Brooke Adams (Jane), Paul Shenar (Ettore), Jonathan Pryce (Michael), Franco Trevisi (Rabbia), Laura Morante (Julia), Gian Carlo Prati (Satta), Lou Castel (Violente)
Drehbuch: Elie Chouraqui und Sergio Donati nach dem Roman »Der Söldner« von A.J.Quinnell
Kamera: Gerry Fisher (Eastmancolor)
Musik: John Scott
Schnitt: Noelle Boisson
Produktion: Arnon Milchan für 7. Films Cinema/Cima/FR 3, Frankreich 1986
Verleih: Jugendfilm/Constantin/Alpha/Vestron Video
Kinostart: 18.2.88
FSK: ab 16, ffr.
Länge: 91 Min.

Creasy, ein durch Kriegserlebnisse traumatisierter früherer CIA-Agent,

übernimmt den Job als Leibwächter einer italienischen Industriellentochter. Zwischen dem gebrochenen Mann und dem 12jährigen Mädchen entsteht eine innige Beziehung. Als die junge Samantha entführt wird, riskiert Creasy das Äußerste, um sie zu befreien.
Dem Regisseur gelingt das Kunststück, diese potentiell interessante Erlösungsgeschichte so umständlich und gleichzeitig einschläfernd zu inszenieren, daß von dem halben Dutzend talentierter Schauspieler, das ihm dafür zur Verfügung stand, absolut nichts im Gedächtnis bleibt. Ihnen vertraut er ebensowenig wie den Bildern, die er mit einem geschwätzigen off-Kommentar zudeckt - Film als Schlafmittel. *Frank Arnold*

Man Outside 590

MAN OUTSIDE ***

Video

Regie: Mark Stouffer
Darsteller: Robert Logan (Jack Avery), Kathleen Quinlan (Grace Freemont), Bradford Dillman (Frank Simmons), Levon Helm (Sheriff Laughlin)
Drehbuch: Mark Stouffer
Kamera: William Wages (Farbe)
Musik: John McEuen
Schnitt: Tony Lombardo
Produktion: Mark Stouffer, Robert E. Yoss für Stouffer Enterprise Film Partners, USA 1987
Verleih: -/-/-/Focus Video
Erstaufführung: 18.4.88
FSK: ab 16 J.
Länge: 109 (93) Min.

Nach dem Tod seiner Frau zieht sich der Rechtsanwalt Avery in die Wildnis der Wälder von Arkansas zurück, um ein Einsiedlerleben zu führen. Als in der Umgebung ein kleiner Junge von einem Psychopathen entführt wird, gerät er unter Verdacht und wird verhaftet. Mit Hilfe einer befreundeten Lehrerin gelingt ihm die Flucht aus dem Gewahrsam. Überdurchschnittlich gut gemachter Thriller.
VideoWoche

Man spricht deutsh 591

****

Regie: Hanns Christian Müller
Darsteller: Gerhard Polt (Erwin Löffler), Gisela Schneeberger (Irmgard Löffler), Dieter Hildebrandt (Dr. Eigenbrodt), Werner Schneyder (v. Bornstedt), Pamela Prati (Violetta), Enzo Cannavale (Paolo), Michael Gahr (Dr. Wilms), Siegfried Mahler (Herr Endress), Elisabeth Welz (Frau Endress), Thomas Geier (Heinz-Rüdiger), Isa Haller (Frau Häberle)
Drehbuch: Hanns Christian Müller, Gerhard Polt
Kamera: James Jacobs (Farbe)
Musik: Hanns Christian Müller
Schnitt: Hannes Nikel
Produktion: Hans Weth für Vision Hans Weth/Maran-Film/Solaris, BRD 1987
Verleih: Neue Constantin/Constantin/Rialto/Constantin Video
Kinostart: 18.2.88
FSK: o.A., ffr.
Länge: 84 Min.

Familie Löffler vollstreckt den letzten Urlaubstag am südlichen Strand von Terracina. Das vollgepackte Auto steht in Sichtweite zur Abfahrt bereit. Die Brandung, der Badetrubel, die Canzoni und die Staumeldungen von Bayern 3 liefern den Background zu einer biederen Idylle, in der auch unfeines, gegenüber den Gastgebern abfälliges und blasiertes Gebaren gepflegt wird. In einer vom Konzept her klar und griffig struktuierten Inszenierung begegnet der Regisseur dem allzu Episodenhaften solcher Kabarettisten-Filme geschickt und findet ein Vergnügen daran, allzu spiessigen Tagträumen die Luft zu entlassen. *Zoom*

Bodo Fründt in: SZ, 19.2.88; Otto Heuer in: Rheinische Post, 19.2.88; Michael Laages in: Die Welt 16.2.88; Uwe Schmitt in: FAZ, 23.2.88; Helmut Schmitz in: FR, 18.2.88

Manhattan Gigolo 592

MANHATTAN GIGOLO *

Video

Regie: Aaron Humberstone
Darsteller: Gianni Dei, A. Rebecca Thompson, Aris Iliopulos
Produktion: Italien 1985

Italien-Urlaub, wie im richtigen Leben. Gerhard Polt und Gisela Schneeberger in »Man spricht deutsh«.

Verleih: -/-/-/Focus Video
Erstaufführung: 11.7.88
Länge: 85 Min.

Zu Besuch bei einem alten Freund in New York, der sich sein Geld weniger als Schauspieler und mehr als Gigolo verdient, gerät der arglose Johnny in den Dunstkreis der sündigen High Society Manhattans. In Rückblenden erzählter, melodramatischer Erotikthriller. *VideoWoche*

The Manhattan Project 593

THE MANHATTAN PROJECT ****
Video

Regie: Marshall Brickman
Darsteller: John Lithgow (John Mathewson), Christopher Collet (Paul Stevens), Cynthia Nixon (Jenny), Jill Eikenberrry (Elizabeth Stevens, John Mahoney (Lt.Col. Conroy), Sully Boyar (Nachtwächter)
Drehbuch: Marshall Brickman, Thomas Baum
Kamera: Billy Williams (Technicolor)
Musik: Philippe Sarde
Schnitt: Nina Feinborg
Produktion: Jennifer Ogden für Gladden Entertainment, USA 1986
Verleih: -/-/-/Cannon/VMP Video
Erstaufführung: April 88
FSK: ab 12 J.
Länge: 117 Min.

Jung-Genie entlarvt den Freund seiner Mutter als Regierungsbombenbastler, klaut einen Kanister Plutonium aus dessen Fabrik und bastelt seine eigene Atombombe, die zu guter Letzt auch beinahe hochgeht. Gutgemachter Reißer im »War Games«-Format, mit haargenau denselben Vor- und Nachteilen.

Manhunt for Claude Dallas 594

MANHUNT FOR CLAUDE DALLAS **
Video

Regie: Jerry London
Darsteller: Matt Salinger (Claude Dallas jr.), Claude Akins (Bill Pogue), Beau Starr (Ed Pogue), Frederick Coffin (Frank Weston), Lois Nettleton (Dee Pogue), Brent Spiner (Jim Stevens), Pat Hingle

(George Nielsen, Rip Torn (Tim Nettleton)
Drehbuch: John Gay. Nach dem Roman »The Outlaw« von Jeff Long
Kamera: Paul Lohmann (Farbe)
Musik: Steve Dorff
Schnitt: Benjamin A. Weissman
Produktion: Lee Rafner für London Films, USA 1986
Verleih: -/-/-/Highlight Video
Uraufführung: 28.10.86 (CBS)
Erstaufführung: 29.3.88
FSK: ab 12 J.
Länge: 93 Min.

Stimmige Verfilmung eines authentischen Falles: Im Herbst 1980 erschießt der Trapper Dallas im Affekt zwei Wildhüter. Er wird zu dreißig Jahren Zuchthaus verurteilt, kann aus dem Zuchthaus entkommen und wird 1987 wieder gefaßt.

Mania 595

MANIA **

Video

Regie: John Sheppard, David M. Robertson, Paul Lynch
Darsteller: Stephen B. Hunter, Wayne Robeson, Bill Croft
Produktion: , Kanada 1987
Verleih: -/-/-/Summit Video
Erstaufführung: 29.8.88
Länge: 90 Min.

Kanadischer Episodenfilm: Ein schweigsamer Mordzeuge wird selber zum Verdächtigen, die Angst vor dem eigenen Wachhund zeitigt üble Folgen, eine Frau läßt sich wegen der vermeintlich entführten Tochter ihren Schmuck abpressen, und ein guter Samariter gerät an die falsche »damsel in distress«.

Maniac Cop 596

MANIAC COP **

Video

Regie: William Lustig
Darsteller: Tom Atkins (Lt. McCrae), Bruce Campbell (Jack Forrest), Laurene Landon (Theresa Mallory), Richard Roundtree (Commissioner Pike), William Smith (Captain Ripley), Sheree North (Sally Noland), Robert Zdar (Matt Cordell)
Drehbuch: Larry Cohen
Kamera: Vincent J. Rabe (Fotokem Color)
Musik: Jay Chattaway
Schnitt: David Kern
Produktion: Larry Cohen für Shapiro Glickenhaus Entertainment, USA 1988
Verleih: -/-/-/IHE Video
FSK: nicht unter 18 J.
Länge: 85 (82) Min.

Superbulle mit gewaltigen Kräften bringt wahllos Menschen um, Bürger schießen auf Polizisten, und die Offiziellen suchen nach der Identität des Maniacs. Alles deutet auf einen ehemaligen Musterpolizisten hin, der jedoch sein Leben verlor ... *SFT*

Manila Tattoo 597

RED ROSES FOR A CALLGIRL *

Video

Regie: Bobby A. Suarez
Darsteller: Julia Kent, Werner Pochath, Manfred Seipold
Produktion: , Philippinen/BRD 1987
Verleih: -/-/-/Skyline Video
Erstaufführung: 22.11.88

Deutsch-philippinische Co-Produktion um Prostitution, Verbrechen und wahre Liebe. Das in den »Sexszenen« recht prüde und in der Action recht unbeholfen inszenierte Melodram mit Krimihandlung nutzt die exotischen Schauplätze nur bedingt.

Der Mann im Hintergrund 598

SOMEONE TO WATCH OVER ME ***

Regie: Ridley Scott
Darsteller: Tom Berenger (Mike Keegan), Mimi Rogers (Claire Gregory), Lorraine Bracco (Ellie Keegan), Jerry Orbach (Lieutenant Garber), John Rubinstein (Neil Steinhart), Andreas Katsulas, Tony DiBenedetto, James Moriarty, Mark Moses, Daniel Hugh Kelly
Drehbuch: Howard Franklin
Kamera: Steven Poster (Farbe)
Musik: Michael Kamen
Schnitt: Claire Simpson
Produktion: Thierry de Ganay, Harold Schneider für Columbia Pict., USA 1987
Verleih: Columbia/Columbia/20th Century Fox/RCA/Columbia Video
Kinostart: 28.4.88
FSK: ab 16, ffr.
Länge: 106 Min.

Mimi Rogers und Tom Berenger in »Der Mann im Hintergrund«.

Ein eher blasses Werk des britischen Regisserus Ridley Scott. Schon der Plot ist nicht besonders vielversprechend: Ein Polizist erhält den Auftrag, die einzige Zeugin eines Mordes zu beschützen. Wie nicht anders zu erwarten, verliebt sich der aus der Mittelklasse stammende Detektiv Mike in die High-Society Lady Claire. Das bringt ihm einigen Ärger mit seiner Frau ein, die damit droht, ihn für immer zu verlassen. Nach einigen Umwegen findet Mike wieder zu seiner Familie zurück. Ridley Scott schöpft bei diesem Film hauptsächlich aus dem reichen Fundus der filmischen Vergangenheit - nicht nur seiner eigenen. *Zoom*

Fritz Göttler in: Kölner Stadt-Anzeiger, 14.5.88; Norbert Grob in: Die Zeit, 28.4.88; Manfred Hermes in: Wiener, 5/88; Jürgen Richter in: FAZ, 18.6.88; Helmut Schmitz in: FR, 18.6.88; Claudius Seidl in: SZ, 2.5.88

Der Mann mit dem stahlharten Blick 599

L'HOMME AUX YEUX D'ARGENT ***

TV

Regie: Pierre Granier-Deferre
Darsteller: Alain Souchon (Thierry Berger), Tanya Lopert (Francine), Jean-Louis Trintignant (Mayene), Lambert Wilson (Villain), Wladimir Ivanovsky (Branco), André Julien (Mafferty)
Drehbuch: Pierre Granier-Deferre, Guy-Patrick Sainderichin
Kamera: Renato Berta
Produktion: Frankreich 1985
Sendetermin: 11.3.88, ARD
Länge: 94 Min.

Ein entlassener Sträfling kommt nach langjähriger Haft zurück in seine ländliche Heimat, um die versteckte Beute aus einem Bankraub auszugraben. Der fanatische Polizeibeamte Mayene folgt ihm dorthin wie sein Schatten und lauert auf eine Chance, den Tod eines Kollegen zu rächen. So beginnt ein spannendes Katz-und-Maus-Spiel. Regisseur Granier-Deferre zeichnet mit hervorragenden Darstellern eine Handvoll fesselnder Charaktere, die in einer dramatischen Konfrontation fast zwangsläufig auf einen mörderischen Höhepunkt zusteuern, wobei die gespenstische Reglosigkeit der »Schlafstadt« wirkungsvoll mit der verbissenen Jagd kontrastiert. *ARD*

Ein Mann setzt sich zur Wehr 600

LAKI-LAKI WADYAH SEORANG ***

TV

Regie: Teguh Karya
Darsteller: Rima Melati (Ina), Slamet Rahardjo (Amallo Kapitan), Tuti Indra Malaon (Tiur)
Drehbuch: Teguh Karya
Kamera: Tantra Suryadi
Musik: Idris Sardi
Produktion: Indonesien 1972
Sendetermin: 28.11.88, ARD
Länge: 105 Min.

Der junge Amallo Kapitan, Sohn einer Familie portugiesischer Herkunft in der holländischen Kolonie Java, überwirft sich mit seinem Vater, der einträgliche Geschäfte mit den Kolonialherren macht. Sein ruheloses Wanderleben führt ihn zu einer Gruppe indonesischer Untergrundkämpfer, der er bei der Beschaffung von Pferden und Waffen hilft. Der Film ist kein Heldenepos über Vorläufer modernen Partisanenkampfs im 19.

Jahrhundert, sondern eine leidenschaftliche Anprangerung der psychischen und sozialen Zerstörung, die ein Kolonialregime auslöst. *ARD*

Ein Mann und eine Frau – 20 Jahre später 601

UN HOMME ET UNE FEMME: VINGT ANS DEJA

**

Video

Regie: Claude Lelouch
Darsteller: Jean-Louis Trintignant (Jean-Louis Diroc), Anouk Aimée (Anne Gauthier), Evelyne Bouix (Françoise Gauthier), Philippe Leroy-Beaulieu (Professor Thevenin), Richard Berry, Robert Hossein, Charles Gérard, Marie-Sophie Pochat
Drehbuch: Claude Lelouch, Pierre Uytterhoeven, Monique Lange, Jerome Tonerre
Kamera: Jean-Yves Le Mener (Eastmancolor)
Musik: Francis Lai
Schnitt: Hugues Darmois
Produktion: Claude Lelouch für Films 13, Frankreich 1986
Verleih: -/-/-/Warner Home Video
Erstaufführung: 11.11.88
FSK: ab 12 J.
Länge: 120 (107) Min.

Zwanzig Jahre später entstandene Fortsetzung in gleicher Besetzung. Obwohl der Stil ähnlich gehalten ist, merkt man doch, daß die Zeit an Regisseur und Darstellern ihre Spuren hinterlassen hat. *VideoWoche*

Männer mögen's heiß 602

*

Video

Regie: Giuliano Carnimeo
Darsteller: Renzo Montagnani, Cannavale, Bombolo, Nadia Cassini, Maria Luisa San José, Paco de Cecilio, Yorge Voyagis
Produktion: E. di Pietro, P. Vidali, Italien 1985
Verleih: -/-/-/VPS Video
Erstaufführung: 8.12.88

Bemüht lustige italienische Komödie im Stile der »screwball comedies« der 30er Jahre. Regisseur Giuliano Carnimeo hat dies Leichtgewicht mit dem erotischen Touch inszeniert – viel mehr als eine kleine Dessous-Schau ist allerdings nicht herausgekommen.

Das Märchenland 603

SAGOLANDET

***

16 mm

Regie: Jan Troell
Darsteller: Jan Troell, Rollo May, Ingvar Carlsson, Tage Erlander, Gert Wilén
Kamera: Jan Troell (Farbe)
Musik: Tom Wolgers, Klassik
Schnitt: Jan Troell
Produktion: Bengt Linné für Bold Prod./Sveriges TV/Svenska Filminstitutet/Polyphon, Schweden/BRD 1988
Verleih: Freunde der Deutschen Kinemathek/-/-
Uraufführung: 30.1.88, Filmfestival Göteborg
Erstaufführung: 18.2.88, Int. Forum des Jungen Films, Berlin
Länge: 185 Min.

»Ist Schweden heute immer noch das Land, in dem ich als Kind einst so glücklich war?« Als sich Jan Troell, einer der prominentesten Regisseure Schwedens (»Die Emigranten«, »Das neue Land«) diese skeptische Frage stellt, ist er mit 50 Jahren zum ersten Mal Vater geworden.
Seine Antwort: ein dreistündiger, sehr persönlich gehaltener und glänzend geschnittener Dokumentarfilm über Menschen in Schweden und deren unterschiedliche Lebensperspektiven, gestaltet zu einem pessimistischen Porträt eines Landes, das sich rühmt, ein Wohlfahrtsstaat zu sein, von manchen aber als eine »Big-Brother-Gesellschaft« angesehen wird, die Phantasie und Kreativität unterdrückt. Der Film hat ihn fünf Jahre lang beschäftigt. (...)
Carla Rhode, Der Tagesspiegel

Markt in Dharamtalla 604

DHARAMTALLA KA MELA

***

Regie: Abhijay Karlekar, Satyajit Raychoudhuri, Rashmi Katyayan, Amitananda Das, Arnab Roy, Ahmed Hussein(= SHAPE)
Sprecher: Probir Ghosh (englisch), Rashmi Katyayan (hindi)
Kamera: Ranajit Ray (Farbe)
Musik: Dilip Balakrishnan
Schnitt: Satyendra Mohanty
Produktion: Steaming Rice, Indien 1984

Beobachtungen in Indien auf dem »Markt in Dharamtalla«.

Verleih: Freunde der Deutschen Kinemathek/-/-
Länge: 60 Min. (Original mit englischen Untertiteln)

Dharamtalla heißt der kosmopolitische Stadtbezirk im Zentrum Kalkuttas, in dem jeden Sonntag ein Markt stattfindet, der seit fünfzig Jahren Anziehungspunkt für die ganze Stadt und die Bewohner der Umgebung ist. Etwa 10 000 Zugewanderte leben dort. Der Film präsentiert Beobachtungen vom Geschehen auf diesem Markt, zeigt die Händler und Kleindarsteller, die Musiker, Zauberer, Heilpraktiker und Akrobaten. Ein hervorragendes Beispiel für indischen Dokumentarfilm, produziert von der Gruppe SHAPE (»Kollektiv des kochenden Reistopfes«). *Programm Forum*

Martha Jellneck 605

****

Regie: Kai Wessel
Darsteller: Heidemarie Hatheyer (Martha Jellneck), Dominique Horwitz (Thomas), Angelika Thomas (Hanne Schmitz), Ulrich Matschoss (Franz Laub), Hayati Yesilkaya (Hayati), Sylvia Anders (Monika), Chico
Drehbuch: Beate Langmaack
Kamera: Achim Poulheim (Farbe)
Musik: Michael Haase
Schnitt: Sabine Jagiella
Produktion: Ottokar Runze/BR, BRD 1988
Verleih: Basis/-/-
Kinostart: 8.9.88
Länge: 93 Min.
Prädikat: Besonders wertvoll
Gefördert vom Filmförderungsausschuß Hamburg und der FFA

Eine 72jährige kranke Frau, die ihre Wohnung nicht mehr verlassen kann, stößt durch Zufall auf einen ehemaligen Hauptscharführer, der die Identität ihres gefallenen Stiefbruders angenommen hat, und vergiftet ihn.
Ein ungewöhnliches Kammerspiel, das sich behutsam den Erinnerungen und Wünschen der alten Frau zuwendet. Die Schauspielerin Heidemarie Hatheyer versieht die Rolle der kranken Martha Jellneck mit beeindruckender Energie. Die Geschichte, von Kai Wessel in einem ersten langen

Heidemarie Hatheyer und Angelika Thomas in »Martha Jellneck«.

Spielfilm eindringlich und ohne Sensationen erzählt, könnte sich täglich unbemerkt ereignen. *tip*

Peter Körte in: FR, 26.9.88; Eva-Maria Lenz in: FAZ, 24.10.88; Friedrich Luft in: Die Welt, 9.8.88; Conny E. Voster in: Die Zeit, 5.8.88; Kai Wessel in: Die Welt, 26.10.88

Mary, Bloody Mary **606**
MARY, BLOODY MARY *
Video

Regie: Juan Lopez Montezuma
Darsteller: Christina Ferrare, David Young, Helena Rojo, John Carradine
Produktion: Paradise Film, Mexiko/USA 1984
Verleih: -/-/-/Horror Class Video
Erstaufführung: 20,4.88
FSK: nicht unter 18 J.
Länge: 92 Min.

Junge Malerin aus Los Angeles zieht durch Mexiko und schlitzt diversen Männern die Bäuche auf.

Mascara **607**
MASCARA **
Video

Regie: Patrick Conrad
Darsteller: Charlotte Rampling (Gaby Hart), Michael Sarrazin (Bert Sanders), Derek de Lint (Chris Brine), Romy Haag (Lana), Eva Robins (Pepper), Herbert Flack (David Hyde), Serge-Henri Valcke (Harry Wellman)
Drehbuch: Hugo Claus, Pierre Drouot, Patrick Conrad
Kamera: Gilberto Azavedo (Farbe)
Musik: Egisto Macchi
Schnitt: Susana Roseberg
Produktion: Pierre Drouot, René Solleveld, Henry Lange für Iblis Films/Praxino Pictures/Dédalus/Atlantic Consolidated Enterprises, Belgien/Holland/Frankreich 1987
Verleih: -/-/-/VMP Video
Erstaufführung: 26.5.88
FSK: ab 16 J.
Länge: 98 Min.

Polizeichef mit perversen Neigungen bringt den Geliebten seiner Schwester unter Mordverdacht und begeht zu schlechter Letzt Selbstmord.

Maschinenträume **608**
***
16 mm

Regie: Peter Krieg
Darsteller: Rolf Riehm, Marvin Minsky (MIT), Jesco von Putkamer, Jim Whiting (Maschinentheater), Shuichi Mizuno (Japan), Jeremy Bentham
Drehbuch: Mitarbeit: U Thea, Satomi Miura

Kamera: Peter Krieg (Farbe)
Musik: Rolf Riehm
Schnitt: Peter Krieg
Produktion: Barfuss Film/WDR/NDR/ LZB-NRW, BRD 1988
Verleih: Barfuss Film/-/-
Erstaufführung: 1.7.88 Filmfest München
Kinostart: Nov. 88
Länge: 88 Min.
Prädikat: Wertvoll

Ein dokumentarischer Filmessay über Mensch-Maschine und Maschinen-Mensch. Die Technik gewinnt die heute übliche »Gestalt«: Computer werden personalisiert, Vernunft wird ihnen untergejubelt, dann wieder in Frage gestellt. Alte Benediktiner-Riten geraten in Zusammenhang mit maschinellen Abläufen, Computerfreaks aus Japan, USA und hierzulande werden präsentiert, als habe Krieg sich mit seiner eigenen »Idee« überworfen. *Kai Niemeyer, AZ*

Klaus Kreimeier in: epd Film 12/88

Masquerade – Ein tödliches Spiel 609

MASQUERADE ***

Regie: Bob Swaim
Darsteller: Rob Lowe (Tim Whalen), Meg Tilly (Olivia Lawrence), Doug Savant (Mike McGill), Kim Cattrall (Brooke Morrison), John Glover (Tony Gateworth), Dana Delany (Anne Briscoe)
Drehbuch: Dick Wolf
Kamera: David Watkin (DeLuxe Color)
Musik: John Barry
Schnitt: Scott Conrad
Produktion: Michael I. Levy Enterprises, USA 1988
Verleih: UIP/UIP/UIP/MGM/UA Video
Kinostart: 3.11.88
FSK: ab 16, ffr.
Länge: 91 Min.
Prädikat: Wertvoll

Tim Whalen ist ein Mann, der es versteht, sich nach dem Wind zu drehen. Beliebt bei den Reichen, steuert er die Yachten der Herren und die Herzen der Frauen. Der Zufall führt ihn mit Olivia Lawrence zusammen, die nach dem Tod ihrer Mutter allein über ein immenses Vermögen verfügt. Whalen gesteht ihr seine Liebe und sie beginnen gemeinsam ihr Lebensglück zu suchen. Da passiert ein scheinbar unvorhersehbarer Mord. Whalen ist in eine Intrige verwickelt, der er selber nicht mehr zu entrinnen vermag. Bob Swaim hat einen spannenden Krimi auf die Leinwand gebracht. Die Welt der Sehnsüchte, sowie die Intrigen

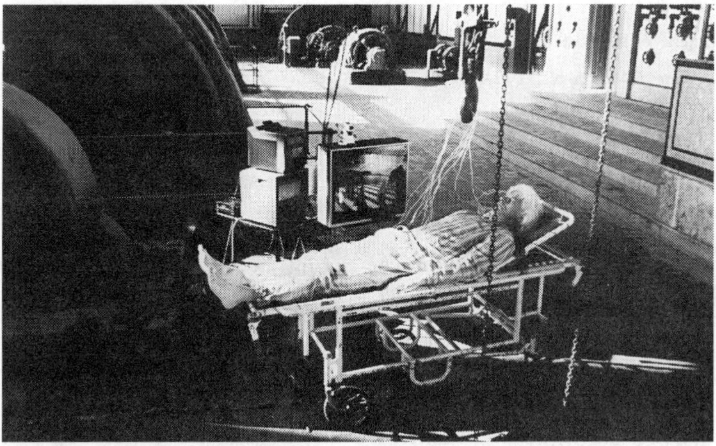

»Maschinenträume« von Peter Krieg.

Die Frau vom Boss. Kim Catrall in »Masquerade – ein tödliches Spiel«.

und die Rachen der Reichen sind ein beliebtes und wegen der Schönheit all dieser Leute filmogenes und oft abgehandeltes Thema. *Zoom*

Michael Althen in: Die Zeit, 4.11.88; Otto Heuer in: Rheinische Post, 4.11.88

Master Blaster 2 — 610

DAY OF THE SURVIVALIST

*

Video

Regie: William H. Humphrey
Darsteller: Steve Barrett, Karen Rae, Roy Jenson, Hap Helm, Buzz London
Drehbuch: Barry Hosteler
Kamera: Dave Siddon (Farbe)
Musik: Ruth R. Owens
Produktion: Rogue Distribution, USA 1986
Verleih: -/-/-/UFA Video
Erstaufführung: 22.8.88
FSK: ab 16 J.
Länge: 93 Min.

Ex-Armeeoffizier leidet unter der Wahnvorstellung, daß bald der Atomüberfall stattfindet. Mit militärischen Mitteln sichert er in der Wildnis ein Gebiet ab, in das kein Flüchtling nach der Katastrophe eindringen kann. Ein Gast des Militaristen kommt dahinter und wird für das Militär-Clübchen zur Gefahr. Neue Variante der Schnitzeljagd nach dem auf sich allein gestellten Opfer. Die Realisierung fiel recht dürftig aus. *Video-Markt*

Mauern aus Glas — 611

WALLS OF GLASS

***

Video

Regie: Scott Goldstein
Darsteller: Philip Bosco (James Flanagan), Geraldine Page (Mutter), Olympia Dukakis (Mary), Linda Thorson (Andrea), William Hickey, Brian Bloom, Steven Weber
Drehbuch: Edmond Collins, Scott Goldstein
Kamera: Ivan Strasburg (Farbe)
Schnitt: Scott Vickrey
Produktion: Scott Goldstein für Tenth Muse, USA 1985
Verleih: -/-/-/RCA/Columbia Video
Erstaufführung: Juni 88
FSK: ab 12 J.
Länge: 82 Min.

James Flanagan ist 53 und hat immer noch Flausen im Kopf. Anstatt sich täglich mit Taxifahren über die Runden zu schaffen und ständig dem nervenden häuslichen Familien-Streß ausgesetzt zu sein, würde er lieber endlich seinen Traum, ein begnadeter Shakespeare-Mime zu werden, verwirklichen. Doch die Einengungen im Beruf und Zuhause erschweren die Verwirklichung seiner Träume ungemein. Einzig seine Mutter hält verständnisvoll zu ihm und gibt ihm moralischen Halt. Als sein Talent tatsächlich erkannt wird, tauchen neue Probleme auf. Einfühlsames, packendes Drama um die Selbstverwirklichungen eines in die Jahre gekommenen Mannes. *tip*

Maurice — 612

MAURICE

***

Regie: James Ivory
Darsteller: James Wilby (Maurice), Hugh Grant (Clive), Rupert Graves (Alec), Denholm Elliott (Dr. Barry), Simon Callow (Mr. Ducie), Billie Whitelaw (Mrs. Hall), Ben Kingsley (Lasker-Jones), Judy Parfitt (Mrs. Durham), Phoebe Nicholls (Anne Durham), Mark Tandy, Helena Michell, Kitty Aldridge, Patrick Godfrey,

James Wilby und Hugh Grant in »Maurice«.

Michael Jenn, Barry Foster, Peter Eyre, Catherine Rabett
Drehbuch: Kit Hersketh-Harvey und J. Ivory nach dem gleichnamigen Roman von E.M.Forster
Kamera: Pierre Lhomme (Technicolor)
Musik: Richard Robbins
Schnitt: Katherine Wenning
Produktion: Ismail Merchant für Merchant Ivory Prod. mit Cinecom, Filmtour, GB 1986/87
Verleih: Concorde/Czerny/Monopole Pathé/VCL Virgin Video
Erstaufführung: Int. Filmfestspiele Venedig 1987
Kinostart: 18.2.88
FSK: ab 12, ffr.
Länge: 140 Min.

Ausgezeichnet mit »Silberner Löwe« für die »Beste Regie«, Darstellerpreis für James Wilby und Hugh Grant, Beste Filmmusik, bei den Int. Filmfestspielen Venedig 1987

Um 1910 befreunden sich am Trinity College in Cambridge zwei junge Männer, Clive und Maurice, und entdecken ihre homophile Liebe zueinander. Aus Angst vor gesellschaftlicher Ächtung und dem Verlust der Privilegien flüchtet sich Clive in eine Heirat, worauf Maurice in eine Krise gerät und seine Veranlagung zu bekämpfen versucht, um schließlich in der Beziehung zu einem Jagdgehilfen dazu zu stehen und so für sich selbst eine tiefere Aufrichtigkeit zu finden. Eine sehr behutsame, ästhetisch gepflegte Verfilmung des autobiographischen Romans von E.M. Forster, in der Maurice ehrliches Bemühen um sein Menschsein konfrontiert wird mit der Scheinwelt gesellschaftlicher Konventionen der englischen Oberschicht. *Zoom*

Ein geschmäcklerischer Schwulen-Film aus dem Milieu der englischen Oberschicht. Erlesene Tafelfreuden, geistreiche Plato-Zitate am Kamin, selbstverständlich aus dem Altgriechischen übersetzt, Wollust und Versagung - der Stoff aus dem die Träume sind eben - und keineswegs mit lebenden Personen zu verwechseln. *tip*

Doris Blum in: Die Welt, 30.1.88; Fritz Göttler in: Kölner Stadt-Anzeiger, 20./21.2.88; Otto Heuer in: Rheinische Post, 19.2.88; Jutta Kamke in: tip, 3/88; Claudius Seidl in: SZ, 29.1.88

Max Dugans Moneten 613
MAX DUGAN RETURNS ***
Video

Regie: Herbert Ross
Darsteller: Marsha Mason (Nora McPhee), Jason Robards (Max Dugan), Donald Sutherland (Brian Costello), Matthew Broderick (Michael McPhee), Dody Goodman (Mrs. Litke), Sal Viscuso (Coach Roy), Panchito Gomez (Luis), Brian Part (Kevin Costello)
Drehbuch: Neil Simon
Kamera: David M. Walsh (DeLuxe Color)
Musik: David Shire
Schnitt: Richard Marks
Produktion: Herbert Ross, Neil Simon für 20th Century-Fox, USA 1983
Verleih: -/-/-/CBS/Fox Video
Erstaufführung: 25.10.88
FSK: ab 12 J.
Länge: 98 Min.

Die Witwe und Lehrerin Nora McPhee lebt mit ihrem 15jährigen Sohn Michael mehr schlecht als recht von ihrem schmalen Gehalt. Da taucht nach langen Jahren ihr Vater Max Dugan auf, im Gepäck einen Koffer voller Geld aus dubiosen Las Vegas-Geschäften. Köstlich-erfrischende Komödie mit ausgezeichneter Besetzung.

VideoWoche

Maybe Baby 614
FOR KEEPS **

Regie: John G. Avildsen
Darsteller: Molly Ringwald (Darcy), Randall Batinkoff (Stan), Kenneth Mars (Mr. Bobrucz), Miriam Flynn (Mrs. Elliot), Conchata Ferrell (Mrs. Bobrucz), Sharon Brown (Lila), Jack Ong (Reverend Kim), Sean Frye, Allison Roth, Trevor Edmond, Patricia Patts, Brandon Douglas
Drehbuch: Tim Karzurinsky, Denise DeClue
Kamera: James Crabe (Technicolor, Panavision)
Musik: Bill Conti
Schnitt: John G. Avildsen
Produktion: Jerry Belson, Walter Coblenz für Tri-Star-ML/Delphi Premier, USA 1987
Verleih: Columbia/dto./-/RCA/Columbia Video
Kinostart: 12.5.88
FSK: ab 12, ffr.
Länge: 98 Min.

Trautes Heim, Glück allein: Im AIDS-Zeitalter grassiert der Baby- und Familienwahn. Eine ganz besonders

Regisseur John G. Avildsen mit der teenage queen Molly Ringwald bei Dreharbeiten zu »Maybe Baby«.

schnulzige Kino-Ausgeburt hat sich »Rocky«-Regisseur John. G. Avildsen mit diesem Teenie-kriegt-Baby-Histörchen erdacht.
Schöner kann sich's auch das Familienministerium nicht vorstellen: All den bösen, bösen Abtreibungs- und Adoptionsargumenten der Erwachsenen zum Trotz beschließt ein junges College-Paar, sein Baby zu behalten, gar auf die Karriere zu verzichten.
Ein bisserl Krach, ein bisserl Alkohol; nach den paar mickrigen Problemen sorgen Vater Staat und glückliche Umstände für ein gutes Ende: Kitschig, platt, die pure Propaganda.

Uli Hübsch, tz

Michael Althen in: SZ, 19.5.88; Barbro Schuchardt in: Kölnische Rundschau, 14.5.88

Mayflower Madam 615

MAYFLOWER MADAM *

Video

Regie: Lou Antonio
Darsteller: Candice Bergen, Chris Sarandon, Caitlin Clarke, Jim Antonio, Debra Rogers
Drehbuch: Elizabeth Gill, Charles Israel
Kamera: Elliot Davis (Farbe)
Musik: David Shire
Produktion: Robert Halmi für Hal Roach Studios, USA 1987
Verleih: -/-/-/Taurus Video
Erstaufführung: 16.12.88
FSK: ab 16 J.
Länge: 89 Min.

Sidney Biddle Barrows gehört zur Mayflower-Gesellschaft, den Nachkommen jener Pilgerväter, die im 17. Jahrhundert nach Amerika kamen. Als sie plötzlich ihren Job verliert, gelangt sie, nach demütigenden Versuchen wieder Fuß zu fassen, über ihre Freundin Cathy als Telefonistin in die Dienste eines Callgirlrings.

VideoWoche

Mein teuflischer Liebhaber 616

MY DEMON LOVER **

Regie: Charles Loventhal
Darsteller: Scott Valentine (Kaz), Michelle Little (Denny), Arnold Johnson (Fixer), Robert Trebor (Charles), Alan Fudge (Cap.Phil Janus), Gina Gallego (Sonia)
Drehbuch: Leslie Ray
Kamera: Jacques Haitkin (Farbe)
Musik: David Newman
Schnitt: Ronald Roose
Produktion: Robert Shaye Prod., USA 1987
Verleih: Jugendfilm/Constantin/-/RCA/Columbia Video
Kinostart: 18.8.88
Länge: 88 Min. *FSK:* ab 12, ffr.

Ein junger Herumtreiber und Möchtegern-Casanova, der sich stets in ein scheußliches Monster verwandelt, wenn er sich von einem Mädchen angezogen fühlt, kann schließlich durch eine gute Tat den Fluch bannen. Schwache Komödie mit Horrorelementen, unausgegoren in Drehbuch und Gestaltung. *multimedia*

Jürgen Richter in: FAZ, 20.8.88

Meister aller Klassen 617

THE YOUNG MASTER *

Video

Regie: Jackie Chan
Darsteller: Jackie Chan, Wei Pai, Yuan Biao, Whong In Sik, Lily Li
Drehbuch: Lau Tin-Chee, Tung Lu, Tang Kin-sang
Kamera: Chen Ching-Chueh (Farbe)
Musik: Frankie Chan
Produktion: Leonard Ho für Golden Harvest, Hongkong 1980
Verleih: -/-/-/Pacific Video
Erstaufführung: 14.4.88
FSK: ab 16 J.
Länge: 120 (86) Min.

Zwei unzertrennliche Waisenknaben wachsen in einer Kung-Fu-Schule auf. Zum Konflikt kommt es, als der eine verdächtigt wird, von einer befehdeten Handkanten-Lehranstalt Schmiergelder einzustecken. Etwas betagter Kung-Fu-Streifen mit dem als Bruce Lee-Nachfolger gehandelten Jackie Chan. *Video-Markt*

Mélo 618

MÉLO ****

Regie: Alain Resnais
Darsteller: Sabine Azéma (Romaine

André Dussolier und Sabine Azéma in »Melo«.

Belcroix), Fanny Ardant (Christiane Levesque), Pierre Arditi (Pierre Belcroix), André Dussollier (Marcel Blanc), Jacques Dacqmine (Dr. Rémey), Hubert Gignoux (Ein Priester), Chatherine Arditi (Yvonne)
Drehbuch: Alain Resnais nach dem gleichn. Theaterstück von Henry Bernstein
Kamera: Charlie van Damme (Farbe)
Musik: Philippe Gérard, Werke von Bach und Brahms
Schnitt: Albert Jurgenson, Jean-Pierre Besnard
Produktion: Marin Karmitz für MK 2 Prod./ Films A2 mit C.N.C. (Kultusministerium), Frankreich 1986
Verleih: Concorde/Czerny/Monopole Pathé
Uraufführung: 3.9.1986, Paris
Erstaufführung: 28.2.1987, Int. Forum des Jungen Films bei der Berlinale
FSK: ab 12, ffr.
Länge: 110 Min.

Césars 1987: Beste Schauspielerin: Sabine Azéma, beste männliche Nebenrolle: Pierre Arditi

Alain Resnais hat das Kino im Kopf. Seine Filme sind immer eher Gedanken, Betrachtungen zu einem Thema als eine handfeste, konkrete, sinnliche Geschichte, in deren Verlauf sich das Thema erst herauskristallisiert.

Diesmal inszeniert er, intellektuell verspielt und mit elegantem Charme, eine Szenenfolge zum Genre-Stichwort Melodram. Das klassische Dreieck: ein Solo-Violinist zu Gast bei seinem Freund und Kollegen sowie dessen Ehefrau. Es kommt, was kommen muß – der Gast beginnt eine Affäre mit der Ehefrau, und das Ende ist, wie es sich für ein Melodram gehört, tragisch.

Aber weil es ein Film von Resnais ist, ist es auch ein raffiniertes Konversationsstück, das noch raffinierter mit einer großen Lüge endet.

Allemal ein Film für intellektuelle Gourmets.

Frauke Hanck, tz

Michael Althen in: SZ, 18.2.88; Siegfried Diehl in: FAZ, 6.2.88; Heike Kühn in: FR, 6.2.88; Friedrich Luft in: Die Welt, 11.2.88

Melvin 619
MELVIN, SON OF ALVIN *

Video

Regie: John Eastway
Darsteller: Gerry Sont (Melvin Simpson), Lenita Psillakis (Gloria Giannis), Graeme Blundell (Alvin Purple), Jon Finlayson (Burnbaum), Tina Bursill (Dee Tanner), Colin McEwan (Mr. Simpson)
Drehbuch: Morris Gleitzman
Kamera: Ross Berryman (Farbe)
Musik: Colin Stead
Schnitt: John Hollands
Produktion: James McElroy für Film Partnership Sydney, Australien 1984
Verleih: -/-/-/UFA Video
Erstaufführung: 2.11.88
Länge: 85 Min.

Australische Komödie, die ihre dünne Story durch überdrehten Witz wettmachen will. Ein von liebeshungrigen Frauen gejagter Mann muß als Aufhänger für neckische Scherzchen herhalten, und auch die Running Gags mit einem vertrottelten Kameramann und der griechischen Moralhüterin zeugen nicht gerade von Originalität.

VideoWoche

Der Menschenfänger – Buckstone County Prison 620
BUCKSTONE COUNTY PRISON *

Video

Regie: Jimmy Huston
Darsteller: Earl Owensby, Sunset Carson, Ron Lampskin, David Allen Coe
Drehbuch: Tom McIntyre
Produktion: Film Ventures International, USA 1978
Verleih: -/-/-/Cosmos Video
Erstaufführung: 28.3.88
FSK: nicht unter 18 J.
Länge: 90 Min.

Actiondrama um einen Halbindianer und bornierte Südstaatler.

Midnight Crossing 621
MIDNIGHT CROSSING **

Regie: Roger Holzberg
Darsteller: Faye Dunaway (Helen Barton), Daniel J. Travanti (Morely Barton), Kim Cattrall (Lexa Shubb), John Laughlin (Jeff Shubb), Ned Beatty (Ellis)
Drehbuch: Roger Holzberg, Doug Weiser
Kamera: Henry Vargas (Farbe)
Musik: Steve Tyrell
Schnitt: Earl Watson
Produktion: Matthew Hayden, Dan Ireland, Gary Barber, Gregory Cascante, Wanda Rayle für Team Effort/Limelight Studios, USA 1988
Verleih: Vestron/Centfox/-/Vestron Video
Erstaufführung: 7.5.88, Seattle Film Festival
Kinostart: 1.12.88
FSK: ab 16, ffr.
Länge: 104 Min.

Zwei Ehepaare, ein junges und ein älteres, suchen vor der Küste Kubas nach einem Geldschatz. Die Beziehungen, Haß und Liebe, Verheißungen und falsche Versprechungen eingeschlossen, verlaufen überkreuz, doch darüber hinaus vergißt der Regisseur, daß in einem solchen Gefühls-Chaos Sympathien für die Figuren essentiell sind. Ein verworrener und zuletzt blutiger Film über miese Typen, von Roger Holzberg so schlampig erdacht und ausgeführt, daß sich selbst die herausragenden weiblichen Darstellerinnen in die Charge flüchten.

Milan Pavlovic, Kölner Stadt-Anzeiger

Midnight Ladies 622
LADIES OF THE LOTUS *

Video

Regie: Lloyd A. Simandl, John A. Curtis
Darsteller: Richard Dale (Phillip), Angela Read (Dominique), Patrick Bermel (Sean), Darcia Carnie (Tara), Martin Evans, Nathan Andrews, Lisanne Burk
Drehbuch: Jane Mengering Hausen
Kamera: Victor Nicolle (Alphacine Color)
Musik: Greg Ray
Schnitt: Lloyd A. Simandl, Douglas C. Nicolle
Produktion: John A. Curtis, Lloyd A. Simandl für North American Pictures, Kanada 1987
Verleih: -/-/-/UFA Video
Erstaufführung: 2.12.88
FSK: nicht unter 18 J.
Länge: 88 Min.

Um die Geschäfte ihres Modestudios lukrativer zu gestalten, verkauft die Chefin auch gleich die Models an eine Firma. *Film & Fakten*

Midnight Madness 623

MIDNIGHT MADNESS **

Video

Regie: David Wechter, Michael Nankin
Darsteller: David Naughton, Debra Clinger, Eddie Deezen, Brad Wilkin, Maggie Roswell, Stephen Furst, Irene Tedrow
Drehbuch: David Wechter, Michael Nankin
Kamera: Frank Phillips (Technicolor)
Musik: Julius Wechter
Schnitt: Norman R. Palmer, Jack Sekely
Produktion: Ron Miller für Buena Vista, USA 1980
Verleih: -/-/-/EuroVideo
Erstaufführung: 1.7.88
FSK: ab 12 J.
Länge: 110 Min.

Ein schrulliger Student an einer Universität in Kalifornien kommt auf die Idee, eine gigantische Schnitzeljagd durchs nächtliche Los Angeles zu organisieren. Turbulenter Teenagerklamauk für schlichte Gemüter.

Midnight Run – 5 Tage bis Mitternacht 624

MIDNIGHT RUN ****

Regie: Martin Brest
Darsteller: Robert De Niro (Jack Walsh), Charles Grodin (Jonathan Mardukas), Yaphet Kotto (Alonzo Mosely), John Ashton (Marvin Dorfler), Dennis Farina (Jimmy Serrano), Joe Pantoliano (Eddie Moscone), Richard Foronjy, Robert Miranda, Jack Kehoe, Wendy Phillips, Danielle DuClos, Philip Baker Hall
Drehbuch: George Gallo
Kamera: Donald Thorin (Metrocolor)
Musik: Danny Elfman
Schnitt: Billy Weber, Chris Lebenzon, Michael Tronick
Produktion: Martin Brest für City Lights Prod., USA 1988
Verleih: UIP/UIP/UIP
Kinostart: 6.10.88
FSK: ab 12, ffr.
Länge: 126 Min.
Prädikat: Wertvoll

Unter den Actionfilmen, die in jüngster Zeit auf breiter Front sich in Blutscharmützeln, Totschlägereien, Drogenverteilungskämpfen und Munitionsverbrauch gegenseitig überbieten, ist »Midnight Run« eine Labsal. Dem Erfolgsregisseur von »Beverly Hills Cop« macht es offenkundig riesig Spaß, seine intelligent eingefädelte Story vom Privatdetektiv und dessen sympathisierenden »Opfer« derart mit Supereffekten wie Güterzügen, Propellermaschinen auf bestes Bond-

Der Kopfgeldjäger und sein obskurer Findling. Charles Grodin und Robert de Niro in »Midnight Run – 5 Tage bis Mitternacht«.

Vladimir Weigl in »Das Mikroskop«.

Film-Niveau zu heben, daß der Humor aus allen Schlupflöchern des grotesken Gangster-Spektakels tropft. Robert de Niro und Charles Grodin geben den Action-Szenen Menschlichkeit und machen damit das übliche Crash-und Trash-Gedröhne zu einem Komödienspaß bar aus scheinbar leichter Hand. *Kai Niemeyer, AZ*

Bodo Fründt in: SZ, 10.10.88; Otto Heuer in: Rheinische Post, 7.10.88; Hans-Dieter Seidel in: FAZ, 6.10.88

Das Mikroskop 625

***

Regie: Rudolf Thome
Darsteller: Vladimir Weigl (Franz), Adriana Altaras (Maria), Malgoscha Gebel (Tina), Alexander Maikowsky (KLaus), Barbara Beutler (Johanna), Ganeschi Becks (Sylvie), Max Below (Fritz)
Drehbuch: Rudolf Thome
Kamera: Martin Schäfer (Farbe)
Musik: Hanno Rinné, Gabriela di Rosa
Schnitt: Dörte Völz-Mamarella
Produktion: Rudolf Thome für Moana-Film, BRD 1987
Verleih: N.E.F./-/-
Uraufführung: 17.2.88, Int. Forum des Jungen Films bei der Berlinale
Kinostart: 14.4.88
FSK: o.A.
Länge: 97 Min.

Der Film verwebt in ruhigen, bedächtigen Bildern komödiantische Elemente bis zum Slapstick und philosophische Elemente bis hin zur Evolution zu einer augenzwinkernden Komödie voller kluger Fragen über das Leben und die Liebe. Das hier und das fehlende Tempo fangen die begeisternden Darsteller durch Intensität auf. Rudolf Thomes Abkehr von gespreizter Kopflastigkeit. *tip*

Volker Baer in: Der Tagesspiegel, 19.2.88; Brigitte Desalm in: Kölner Stadt-Anzeiger, 30.4.88; Berthold Dirnfellner in: FAZ, 26.4.88; Sebastian Feldman in: Rheinische Post, 6.5.88; Norbert Grob in: Die Zeit, 22.4.88; Michael Kötz in: FR, 22.4.88; H.G. Pflaum in: SZ, 14.4.88

Milagro – Der Krieg im Bohnenfeld 626

THE MILAGRO BEANFIELD WAR *****

Regie: Robert Redford
Darsteller: Rubén Blades (Sheriff Montoya), Richard Bradford (Ladd Devine), Sonia Braga (Ruby Archuleta), Julie Carmen (Nancy Mondragon), James Gammon (Shorty), Melanie Griffith (Flossie

Sheriff und Farmer. Chick Vennera (li) und Ruben Blades in »Milagro – der Krieg im Bohnenfeld«.

Devine), John Heard (Charlie Bloom), Daniel Stern (Herbie Platt), Christopher Walken (Kyril Montana), M. Emmet Walsh (Governeur), Carlos Riquelme, Chick Vennera, Freddy Fender, Robert Carricart, Tony Genaro, Jerry Hardin
Drehbuch: David Ward, John Nichols nach dem gleichn. Roman von John Nichols
Kamera: Robbie Greenberg, Jack Couffer (MGM Color)
Musik: Dave Grusin
Schnitt: Dede Allen, Jim Miller
Produktion: Robert Redford/Moctesuma Esparza Prod., USA 1988
Verleih: UIP/UIP/UIP/CIC Video
Erstaufführung: Int. Filmfestspiele Cannes 1988
Kinostart: 4.8.88
FSK: ab 12, ffr.
Länge: 118 Min.
Prädikat: Besonders wertvoll

Ab und an gibt es Filme, die rundum glücklich machen. Hollywood-Star Robert Redford, auch hinter der Kamera ein Profi von Qualität, hält hier, in seiner zweiten Regiearbeit (nach »Ordinary People«), ein Plädoyer für das Gute im Menschen.
Der Sieg der Bewohner eines einsamen Dorfes in New Mexiko über skrupellose Bodenspekulanten ist für Redford Teil des amerikanischen Traums von Chancengleichheit und Freiheit, aber er verzichtet klug auf ein reales Happy-End, läßt Raum für Utopien.
Die Kohlhaas-Geschichte des armen Landarbeiters, der sein Bohnenfeld mit dem Wasser der Reichen fruchtbar macht, dafür als Krimineller verfolgt und dank der Solidarität der Dorfgemeinde gerettet wird, ist ein modernes Märchen, eine Mutmach-Parabel für ökologisches und soziales Bewußtsein.
Milagro, das Phantasie-Dorf, ist überall, wo Menschen um Lebensraum kämpfen. Redfords Milagro ist bevölkert von mutigen Frauen (allen voran Sonia Braga) und lernfähigen Männern, von wundersam skurrilen Typen, mexikanischen Geistern und einer bravourösen Dorfsau.
Fazit: Humor mit Herz und Intelligenz. Auf nach Milagro!

Angie Dullinger, AZ

Michael Althen in: SZ, 8.8.88; Gert Berghoff in: Kölnische Rundschau, 6.8.88; Wolf Donner in: tip, 7/88; Jürgen Richter in: FAZ, 9.8.88; Josef Schnelle in: Kölner Stadt-Anzeiger, 6.8.88

Sonia Braga und John Heard auf Seite der Schwachen in »Milagro – der Krieg im Bohnenfeld«.

Mind Killer 627

MIND KILLER **

Video

Regie: Michael Krueger
Darsteller: Joe McDonald (Warren), Christopher Wade (Larry), Shirley Ross (Sandy), Kevin Hart (Brad), Tom Henry (Vivac Chandra), Diana Calhoun (Mrs. Chandra), George Flynn (Townsend)
Drehbuch: Dave Sipos, Curtis Hannum, Michael Krueger
Kamera: Jim Kelley (Farbe)
Musik: Jeffrey Wood
Schnitt: Jonathan Moser
Produktion: Sarah H. Liles für Prism Entertainment/Flash Features, USA 1987
Verleih: -/-/-/Virgin Video
Erstaufführung: 20.7.88
Länge: 86 Min. *FSK:* nicht unter 18 J.

Junger und bei den Damen erfolgloser Archivar entdeckt eine Methode, mittels derer er die Gedanken anderer beeinflussen kann. Die Kräfte in ihm werden immer intensiver, schließlich verwandelt er sich in ein fleischklopsartiges Monster. Mit Videokamera gefilmter Low-Budget-Horror. Teilweise ganz witzig und originell, insgesamt aber ein bißchen langatmig. *Video-Markt*

Mio, mein Mio 628

MIO, MIN MIO ***

Regie: Vladimir Grammatikov
Darsteller: Nicholas Pickard (Mio), Christian Bale (Jum-Jum), Timothy Bottoms (Der König), Christopher Lee (Kato), Susannah York (Weberin), Sverre Anker Ousdal (Schwertschmied), Gunilla Nyroos (Tante Edna), Igor Isulovitch, Linn Stokke, Geoffrey Staines
Drehbuch: William Aldridge nach dem gleichnamigen Roman von Astrid Lindgren
Kamera: Alexander Antipenko (Farbe)
Musik: Anders Eljas, Benny Andersson; es spielt das Russische Filmsymphonie Orchester unter der Leitung von Sergei Skripka; Titelsong »MIO MY MIO« von Gemini
Schnitt: Darek Hodor
Produktion: Ingemar Ejve für Nordisk Tonefilm/Gorki Studio mit Norway Film/Svenska Filminstitutet/Sovinfilm, Schweden, UdSSR 1987
Verleih: Jugendfilm/Constantin/-/Taurus-Film Video
Kinostart: 31.3.1988
FSK: ab 6, ffr.
Länge: 99 Min.
Prädikat: Wertvoll

Ein Stockholmer Waisenkind ist in Wirklichkeit Königssohn in einem

Phantastische Kinderabenteuer nach Astrid Lindgren. Nicholas Packard und Christian Bale in »Mio, mein Mio«.

Märchenland; kaum hat er seinen Vater gefunden, muß er mit seinem besten Freund gegen einen bösen Ritter kämpfen.
Die sehr bemühte Verfilmung eines bekannten Kinderbuches überzeugt mit ihrer allzu schlichten, manchmal auch pädagogisch zweifelhaften Schwarzweißzeichnung nicht ganz, bietet aber schöne, nur mäßig kitschige Bilder und eine berührende Darstellung der Wichtigkeit von Freundschaft und Solidarität im Kampf gegen »das Böse«.

Christl Stadler, multimedia

... Grammatikov hat den Film sehr ruhig und präzise inszeniert; die Fotografie ist hervorragend, die Spezialeffekte sind sehr ökonomisch eingesetzt und daher um so wirkungsvoller. Ein schöner Märchenfilm ohne Schockeffekte, ohne die hektische Rasanz der Spielberg-Werke und ohne die Süßlichkeit der Disney-Produktionen – kein Wunder, daß er in Skandinavien sogar den Erfolg von Ronja Räubertochter übertroffen hat.

Georg Lacher-Remy

Heiko R. Blum in: Rheinische Post, 8.4.88; Berthold Dirnfellner in: FAZ, 26.3.88

Miss Mary 629

MISS MARY ***

Regie: Maria Luisa Bemberg
Darsteller: Julie Christie (Mary Mulligan), Nacha Guevara (Mecha), Eduardo Pavlosky (Vater), Gerardo Romano (Ernesto), Luisina Brando (Perla), Iris Marga, Guillermo Battaglia, Alberto Busaid, Ricardo Hanglin
Drehbuch: Jorge Goldenberg, Maria Luisa Bemberg
Kamera: Miguel Rodriguez (Farbe)
Schnitt: Cesar DAngiolillo
Produktion: Lita Stantic für Gea Cinematografica, Argentinien 1986
Verleih: Highlight/Constantin/-
Kinostart: 25.2.88
BMUK: Jugendverbot
Länge: 100 Min.

Eine englische Gouvernante wird 1938 in die Probleme einer reichen argentinischen Familie hineingezogen. Stimmungsvoll und solide inszeniert, aber psychologisch nicht ganz überzeugend, läßt der Streifen einige Fragen bezüglich der politischen und sozialen Hintergründe im damaligen Argentinien offen. *multimedia*

Eva-Maria Lenz in: FAZ, 16.3.88; Josef Nager in: Filmecho, 17/88

Miss Mona 630

MISS MONA ***

Regie: Mehdi Charef
Darsteller: Jean Carmet (Mona), Ben Smail (Samir), Albert Delpy (Jean), Albert Klein (Vater), Hélène Duc (Mutter), Daniel Schad (Manu), Andre Chaumeau, Roch Leibivici, Yvette Petit, Remi Martin
Drehbuch: Mehdi Charef
Kamera: Patrick Blossier (Farbe)
Musik: Bernard Lubat
Schnitt: Kenout Peltier
Produktion: Michèle Ray-Gavras für K.G. Prod. mit CNC, Frankreich 1987
Verleih: Kinowelt/-/Sadfi
Kinostart: 8.12.88
Länge: 100 Min. (OmU)

Film über einen alternden Strichmann und Transvestiten und einen viel jüngeren Araber in der Banlieue von Paris und wie die beiden im Männermilieu zu überleben trachten.

Mehdi Charefs zweiter Film (nach »Tee im Harem des Archimedes«) besticht durch realistische Milieubeschreibung und plastische, originelle Figuren, weniger jedoch durch die etwas unglaubwürdige Handlung, die aus den beiden Helden Kriminelle macht. *Zoom*

Mission Terminate 631

MISSION TERMINATE *

Video

Regie: Anthony Maharaj
Darsteller: Richard Norton, Dick Wai, Franco Guerrero, Rex Cutter
Produktion: Anthony Maharaj für International Film Representatives, USA 1987
Verleih: -/-/-/Splendid Video
Erstaufführung: 4.2.88
FSK: nicht unter 18 J.
Länge: 83 Min.

Fast zwanzig Jahre, nachdem eine Einheit der US-Marine in Nordvietnam ein Dorf in Schutt und Asche gelegt und Goldvorräte des Vietcong an sich gebracht hat, werden die einzelnen Mitglieder auf ihrem jetzigen Stützpunkt in Thailand ermordet. Der zu Hilfe gerufene Major Cooper ermittelt den damaligen Vietkong-Führer als Urheber dieses privaten Rachefeldzugs und macht ihn samt einer Horde Ninja-Terroristen unschädlich. *VideoWoche*

Mission War Flame – Das tödliche Inferno 632

MISSION WAR FLAME *

Video

Regie: Bruce Lambert
Darsteller: Wilfred Ladd, Sam Stephenson, Diane Martino
Drehbuch: Eric Coleman
Kamera: Robin Reio (Farbe)
Produktion: Tomas Tang, Philippinen 1987
Verleih: -/-/-/Video-Live
Erstaufführung: 1.3.88
Länge: 90 Min.

Ex-Soldat Paul, inzwischen fürsorglicher Familienvater, soll zurück in den Vietnamkrieg, weil dort dringend gute Kämpfer seines Kalibers gebraucht werden. Seine Frau will ihn verlassen, wenn er wieder an die Front geht. Paul entscheidet sich schweren Herzens für sein Land und stürzt sich mit Todesverachtung ins verlustreiche Kampfgetümmel. *VideoWoche*

Mit Motorsägen spaßt man nicht 633

HOLLYWOOD CHAINSAW HOOKERS *

Video

Regie: Fred Olen Ray
Darsteller: Gunnar Hansen (Kultführer), Linnea Quigley (Samantha Kelso), Jay Richardson (Jack Chandler), Michelle Bauer (Mercedes), Dawn Wildsmith (Laurie), Dennis Mooney, Jerry Fox, Esther Alyse
Drehbuch: Fred Olen Ray, T.L. Lankford
Kamera: Scott Ressler (United Color)
Musik: Michael Perilstein
Schnitt: William Shaffer
Produktion: Fred Olen Ray für Savage Cinema, USA 1987
Verleih: -/-/-/IMC Video
Erstaufführung: 24.10.88
Länge: 74 Min.

Die Film Noir-Horrorpersiflage handelt von einer Sekte, die die »Heilige Kettensäge Gottes« anbetet, aus dem alten Ägypten stammt und Menschenopfer bringt. Die Tempeldienerinnen suchen sich als Callgirls ihre Opfer ... Die nackten Damen fuchteln mit der Kettensäge knapp an der Kamera vorbei und von allen Seiten werden sie von der Filmcrew im Off mit Filmblut bespritzt ... Überflüssig zu sagen, daß die süße Linnea Quigley wieder ihre Brüste zeigt. *Thomas Gaschler, Howl*

Mit Shangri-La auf Wikinger-Kurs 634

***

16 mm

Regie: Kurt Denzer
Sprecher: Volker Conradt, Almuth Schmidt
Drehbuch: Kurt Denzer
Kamera: Kurt Denzer (Fujicolor)
Schnitt: Kurt Denzer
Produktion: Kurt Denzer/AG im Studentenwerk Schleswig-Holstein, BRD 1987
Verleih: Kurt Denzer/-/-
Uraufführung: 17.11.1987, Kiel

Kurt Denzer auf Wikinger-Kurs.

Kinostart: 4.2.88
FSK: o.A., ffr.
Länge: 95 Min.
Prädikat: Wertvoll

Gefördert vom Kultusminister des Landes Schleswig-Holstein

Der Film schildert die erste Fahrt einer europäischen Segelyacht auf der Route des Wikingers Bjarni Herjolsson, der im Jahre 985 auf seiner Reise von Island nach Grönland vor die Küste Amerikas getrieben wurde. Im Jahre 1000 erinnerte sich Leif Eriksson, der Sohn von Erik dem Roten, an die Fahrt Bjarnis und segelte sie in umgekehrter Richtung nach.
Burghard Pieske hat 1986/87 mit seinem selbstgebauten Hochseekatamaran »Shangri-La« diese Reise nachvollzogen und dabei Orte besucht, die in den Sagas beschrieben wurden. Der Film dokumentiert diesen Törn von Neufundland die Labradorküste entlang über Baffin Island bis Grönland.

Modern Romance – Muß denn Liebe Alptraum sein? 635

MODERN ROMANCE **

Video

Regie: Albert Brooks
Darsteller: Albert Brooks (Robert Colc), Kathryn Harrold (Mary Harvard), Bruno Kirby (Jay), Jane Hallaren (Ellen), James L. Brooks (David), George Kennedy (Zoron), Bob Einstein (Sportverkäufer), Albert Henderson (Tonmischer)
Drehbuch: Albert Brooks, Monica Johnson
Kamera: Eric Saarinen (Metrocolor)
Musik: Lance Rubin
Schnitt: David Finfer
Produktion: Andrew Scheinman, Martin Shafer für Columbia, USA 1981
Verleih: -/-/-/RCA/Columbia Video
Erstaufführung: Juli 88
FSK: ab 12 J.
Länge: 93 Min.

Drehbuchautor führt ein nicht enden wollendes Beziehungsdrama: Mal liebt er seine Freundin, mal will er sich von ihr trennen. Einfühlsame Komödie um ein ernstes Thema. *Video-Markt*

Mondblut 636

THE BEAST MUST DIE **

Video

Regie: Paul Annett
Darsteller: Peter Cushing (Dr. Christopher Lundgren), Calvin Lockhart (Tom Newcliffe), Charles Gray (Bennington), Marlene Clark (Caroline Newcliffe), Anton Diffring (Pavel), Michael Gambon (Jan Jarmokowski), Ciaran Madden (Davina Gilmore), Sam Mansaray (Butler)
Drehbuch: Michael Winder. Nach der Kurzgeschichte »There Shall Be No Darkness« von James Blish
Kamera: Jack Hildyard (Technicolor)
Musik: Douglas Gamley
Produktion: Milton Subotsky für Amicus, Großbritannien 1974
Verleih: -/-/-/Arrow Video
Erstaufführung: 20.4.88
FSK: ab 16 J.
Länge: 93 Min.

Tom Newcliff, ein exzentrischer schwarzer Millionär, hat sieben Gäste, von denen jeder in Verbindung zu einem ungewöhnlichen Todesfall steht, zu sich eingeladen. Newcliff vermutet, daß einer von ihnen ein Werwolf ist und hat seine abgelegene Villa entsprechend hochgerüstet ... *VideoWoche*

Mondo Topless 637
MONDO TOPLESS
*
Video

Regie: Russ Meyer
Darsteller: Eva Horvath, Darlene Grey, Lorna Maitland
Drehbuch: Russ Meyer
Kamera: Russ Meyer
Produktion: Eve Productions, USA 1966/87
Verleih: -/-/-/Gloria Video
Erstaufführung: Juni 88
FSK: nicht unter 18 J.
Länge: 60 Min.

Meyer schnitt aus seinem Material der letzten zwei Jahrzehnte Sekunden-Spots mit seinen Mega-Weibern zusammen, eingeleitet jeweils durch Nahaufnahmen von prähistorischen, scheppernden Kofferradios: einer der schlimmsten Running-Gags der Filmgeschichte. Eine 60-minütige Tittenshow, für die 6 Minuten schon zuviel gewesen wären. *tip*

Mondsüchtig 638
MOONSTRUCK
****

Regie: Norman Jewison
Darsteller: Cher (Loretta Castorini), Nicolas Cage (Ronny Cammareri), Vincent Gardenia (Cosmo Castorini), Olympia Dukakis (Rose Castorini), Danny Aiello (Johnny Cammareri), Julie Bovasso (Rita

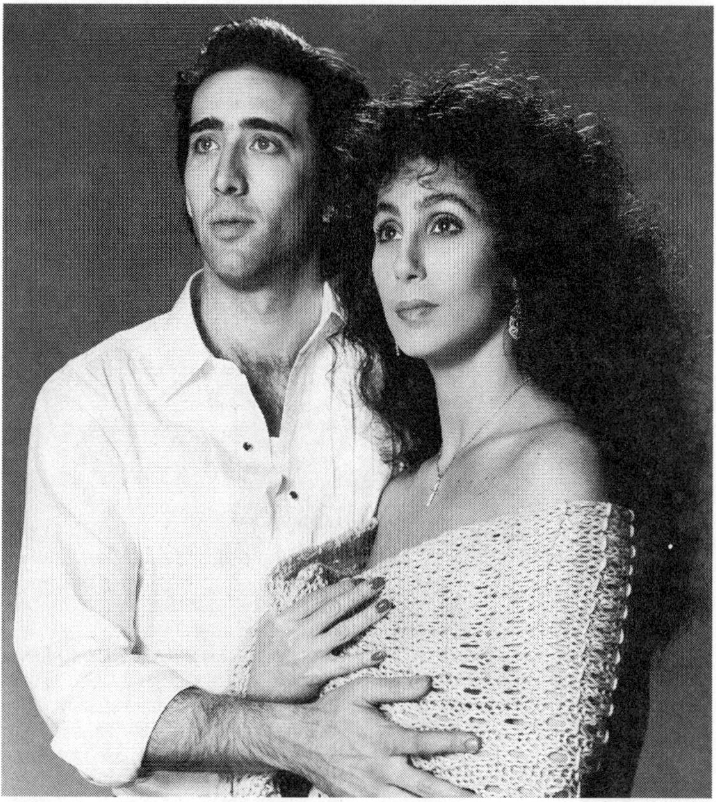

Wahre Liebe. Cher und Nicholas Cage in »Mondsüchtig«.

Cappomaggi), John Mahoney (Perry), Louis Guss (Raymond Cappomaggi), Feodor Chaliapin (Alter Mann), Anita Gillette (Mona)
Drehbuch: John Patrick Shanley
Kamera: David Watkin (Technicolor)
Musik: Dick Hyman
Schnitt: Lou Lombardo
Produktion: Patrick Palmer, Norman Jewison für MGM, USA 1987
Verleih: UIP/UIP/UIP
Erstaufführung: 21.2.88 im Wettbewerb der Int. Filmfestspiele Berlin
Kinostart: 17.3.88
FSK: ab 12, ffr.
Länge: 102 Min.

Die verwitwete, noch sehr attraktive Tochter einer italo-amerikanischen Familie in New York will eine Vernunftehe eingehen, entscheidet sich aber bald für den Bruder des ursprünglich Auserwählten. Eine prächtige Komödie, die ohne Bedeutungsschwere mit köstlich gezeichneten und glänzend gespielten Figuren menschliche Tiefen erreicht und Puccinis »Bohème«-Musik virtuos in die Handlung integriert. *multimedia*

Michael Althen in: Die Zeit, 18.3.88; Volker Baer in: Der Tagesspiegel, 23.2.88; Doris Blum in: Die Welt, 16.3.88; Kai Hoffmann in: FR, 19.3.88; H.G. Pflaum in: SZ, 21.3.88

Mongrel 639
MONGREL
*
Video

Regie: Robert A. Burns
Darsteller: Aldo Ray, Terry Evans, Catherine Molloy
Drehbuch: Robert A. Burns
Produktion: Radiance Films, USA 1986
Verleih: -/-/-/Scala Video
Erstaufführung: 13.6.88
FSK: nicht unter 18 J.
Länge: 87 Min.

Wohngemeinschaft zieht in eine alte Villa, wo angeblich ein mörderisches Hundevieh sein Unwesen treiben soll.

Monster Busters 640
THE MONSTER SQUAD
***
Video

Regie: Fred Dekker
Darsteller: André Gower (Sean), Robby Kiger (Patrick), Stephen Macht (Del), Duncan Regehr (Dracula), Tom Noonan (Frankenstein), Brent Chalem (Horace), Ryan Lambert (Rudy), Ashley Bank (Phoebe), Michael Faustino (Eugene), Mary Ellen Trainor (Emily)
Drehbuch: Shane Black, Fred Dekker
Kamera: Bradford May (Metrocolor, Panavision)
Musik: Bruce Broughton
Schnitt: James Mitchell
Produktion: Jonathan A. Zimbert für Taft Entertainment/Keith Barish Prods., USA 1987
Verleih: -/-/-/VPS Video
Erstaufführung: 5.12.88
Länge: 81 Min.

Dracula und sein Monsterteam auf der Jagd nach Van Helsings Tagebuch, das sich gerade in den Händen einer Kinderclique verschworener Horrorliebhaber befindet. Vom Konzept her eine Neuauflage von »The Lost Boys«, jedoch mit mehr Respekt vor klassischen Horror-Traditionen und einigen wirklich guten In-Jokes ausgestattet.

Monster of the Universe 641
THE MAGICIAN
*
Video

Regie: Tata Estaban
Darsteller: Gina Aljar, Liza Lorena, Armida Segion Reyna, Ruber Rustia
Drehbuch: Grace Hill Serrano
Produktion: Aces Films International, Philippinen 1987
Verleih: -/-/-/Splendid Video
Erstaufführung: 7.6.88
FSK: ab 16 J.
Länge: 85 Min.

Zauberkünstler zaubert zur Unterhaltung seine Angetraute weg und findet sie nicht wieder. Sie wurde von der Herrscherin der Unterwelt, die von dem Großvater des Zauberers dorthin verbannt ist, entführt.
Der Magier und sein Assistent dringen in die Welt der Dämonen ein, um die Frau zu befreien. Ostasiatische Mischung aus Horror, Fantasy und Märchenstunde.

Video-Markt

Die Monsterbraut 642
BRIDE OF BOOGEDY **

Video

Regie: Oz Scott
Darsteller: Richard Masur, Mimi Kennedy, Tammy Lauren, David Faustino, Joshua Rudoy, Howard Witt, Leonard Frey
Drehbuch: Michael Janover
Kamera: King Baggot (Farbe)
Musik: John Addison
Produktion: Michael Janover, Oz Scott für Walt Disney TV, USA 1987
Verleih: -/-/-/Walt Disney Home Video
Uraufführung: 12.4.87 (ABC)
Erstaufführung: 26.4.88
Länge: 89 Min. *FSK:* ab 12 J.

In einer amerikanischen Kleinstadt wird eine Familie, die ihren Lebensunterhalt mit allerhand übersinnlich-elektronischem Schnickschnack verdient, von einem Gespenst heimgesucht. Hübsche kleine Komödie aus Disneys Familienküche mit witzigen Effekten und Schabernack. *Video Woche*

Moonlight 643
MOONLIGHT **

Video

Regie: Alan Smithee
Darsteller: Robert Desiderio (Lenny Barbella), Michelle Phillips (Meredith Tyne), William Prince (Mr. White/Bibb), Anthony Ponzini (Victor Barbella), Benson Fong (Clifford Wu), Carmine Mitore (»Pop« Barbella), Penny Santon (Josephine Barbella)
Drehbuch: David H. Chase
Kamera: Howard R. Schwartz, John McPherson (Farbe)
Musik: Patrick Williams
Schnitt: Jerry Dronsky
Produktion: Alex Beaton für Universal TV, USA 1982
Verleih: -/-/-/CIC Video
Uraufführung: 14.9.82 (CBS)
Erstaufführung: April 88
Länge: 78 Min. *FSK:* ab 12 J.

John ist 30, Sohn wohlhabender Eltern und immer noch ohne ordentlichen Beruf. Er wird Zeuge eines Doppelmordes, in den Terroristen verwickelt sind, und kommt als Lockvogel der Polizei in einem Sanatorium zum Einsatz. Pilotfilm einer nie zustandegekommenen TV-Serie. *Video Woche*

Eine moralische Nacht 644
EGY ERKÖLCSÖS EJSZAKA ****

Video

Regie: Károly Makk
Darsteller: Irén Psota, Margit Makay, György Czerhalmi, Györgyi Tarjan, Carla Romanelli
Drehbuch: István Örkény, Peter Bacsó. Nach der Kurzgeschichte »Das Haus mit dem roten Licht« von Sandor Hunyady
Kamera: Janos Toth (Eastmancolor)
Produktion: Hungarofilm/Dialog Studio, Ungarn 1977
Verleih: -/-/-/UFA Video
Erstaufführung: April 88
FSK: ab 16 J.

Schön fotografierter, aber etwas zäher Spielfilm, der zwischen Sexfilm, Tragödie und Komödie schwankt: Ein junger Medizinstudent im Ungarn des letzten Jahrhunderts ist Hahn im Korb bei den Damen des Etablissements und wird nach allen Regeln der Kunst verhätschelt. Als eines Tages die sittenstrenge Mama zu Besuch kommt, wird es dem Studiosus ziemlich mulmig. Doch seine »Freundinnen« helfen ihm und machen für eine Nacht aus dem »Puff« ein züchtiges Gasthaus. *Video-Markt*

Mord an einem regnerischen Sonntag 645
MORT UN DIMANCHE DE PLUIE ***

Video

Regie: Joel Santoni
Darsteller: Nicole Garcia (Elaine Briand), Jean-Pierre Bacri (David Briand), Dominique Lavanant (Hazel Bronsky), Jean-Pierre Bisson (»Cappy« Bronsky), Çerise Leclerc (Cric Briand), Etienne Chicot (Christian), Christine Laurent (Diane)
Drehbuch: Joel Santoni, Philippe Setbon. Nach Roman »Died on a Rainy Sunday« von Joan Aiken
Kamera: Jean Boffety (Eastmancolor)
Musik: Vladimir Cosma
Schnitt: Martine Barraqué
Produktion: Yves perrot für Incité/FR 3/ Soprofilms/Slotins/RTS, Frankreich 1986
Verleih: -/-/-/Starlight Video
FSK: nicht unter 18 J.
Länge: 109 Min.

Ein Architekt und seine lebenslustige Frau planen in der französischen Provinz den Neuanfang. Zunächst nerven nur die Eintönigkeit des Ehealltags und die materiellen Schwierigkeiten, dann aber wird es wirklich heikel. Der Mann hat vor Jahren mal bei einem Bau gepfuscht und indirekt eine Katastrophe mitausgelöst. Ein überlebender Arbeiter, zum Krüppel und Psychopathen geworden, taucht mit seiner Familie auf und bedroht die Familie des Architekten. Als es schließlich eskaliert, steht die Ehefrau allein rabiaten, aggressiven Verfolgern gegenüber. Düsterer, spannender und hervorragend fotografierter Psycho-Thriller. *tip*

Mord auf Bestellung 646

DOWNPAYMENT ON MURDER **

Video

Regie: Waris Hussein
Darsteller: Connie Sellecca, Ben Gazzara, G.W. Bailey, Jonathan Banks, John Karlen, Sheila Larken, David Morse, Miguel Ferrer
Drehbuch: Barry Schneider, Bill Driskill
Kamera: Bradford May (Farbe)
Schnitt: Andrew Chulack
Produktion: Carole Bloom für 20th Century-Fox TV, USA 1987
Verleih: -/-/-/CBS/Fox Video
Uraufführung: 6.12.87 (NBC)
Erstaufführung: 18.7.88
FSK: ab 16 J.
Länge: 96 Min.

Drama mit Thriller-Einschlag um das tragische Schicksal einer Ehefrau. Der ehrenwerte Versuch, das Sozialporträt einer zerrütteten Familie zu entwerfen, gelingt nur zeitweise.

Der Mörder meines Bruders 647

RUN, SIMON, RUN **

TV

Regie: George McCowan
Darsteller: Burt Reynolds (Simon Zuniga), Inger Stevens (Carroll Rennard), James Best (Henry Burroughs), Royal Dano (Sheriff Tackaberry), Rodolfo Acosta (Manuel), Don Dubbins (Frederick), Ken Lynch, Eddie Little Sky, Barney Phillips, Joyce Jameson
Produktion: USA 1970
Sendetermin: 15.2.88, ZDF
Länge: 71 Min.

Die genialste Szene dieser als Spielfilm ans deutsche Mitternachts-Publikum verkauften Seifen-Oper war zweifellos die Hin-und-her-Montage zum Zeitpunkt des endlichen Heftigineinander-verliebt-seins zwischen dem weißen Hollywood-Indianer Burt Reynolds und seiner dem Ghetto des mondänen Daseins entkomenen Sozial-Squaw, die dann auch zugibt, daß sie recht eigentlich eher noch etwas hinblättern müßte für die Aufregung im Reservat, als sich für die geleistete Sozialhilfe ausbezahlen zu lassen. Klar, daß die von Haus aus pekuniär Gesegnete dem zu Unrecht Verurteilten nach der Schlüsselszene zu seinem Recht verhilft. Ein Kind ist auch schon unterweg. Die Polizei auch. Sie tötet den rachedürstenden Indianer, der nun mal nicht nur beim Jungfrauentanz auf die Traditionen hält. Und der Film ist aus. Ach was, Film. Die Cheerie-Veranstaltung in der Eishockey-Party, meine ich. Die Bockwurst mit Senf.

Wilfried Geldner, SZ

Anne Overlack in: FAZ, 17.2.88

Mörderischer Vorsprung 648

SHOOT TO KILL ***

Regie: Roger Spottiswoode
Darsteller: Sidney Poitier (Warren Stantin), Tom Berenger (Jonathan Knox), Kirstie Alley (Sarah), Clancy Brown (Steve), Richard Masur (Norman), Andrew Robinson (Harvey), Kevin Scannell (Ben), Frederick Coffin (Ralph), Michael MacRae (Fournier), Robert Lesser (Minelli)
Drehbuch: Harv Zimmel, Michael Burton, Daniel Petrie jr.
Kamera: Michael Chapman, Curtis Peterson (Alphacine Color, Widescreen)
Musik: John Scott
Schnitt: Garth Craven, George Bowers
Produktion: Ron Silverman, Daniel Petry jr. für Touchstone mit Silver Screen Partners III, USA 1988

Verleih: Warner Bros./dto./dto./Warner Home Video
Kinostart: 4.8.88
FSK: ab 16, ffr.
Länge: 109 Min.

Um einen in die unwegsame Gebirgswelt Washingtons geflohenen psychopathischen Killer zu stellen, ist der City-Cop Warren Stantin auf die Hilfe eines ortskundigen Bergsteigers angewiesen. Zwischen den beiden unterschiedlichen Charakteren (Großstadtmensch und schrulliger Naturbursche), die sich eigentlich nicht ausstehen können, aber aufeinander angewiesen sind, entwickelt sich bis zum Showdown eine schwierige Freundschaft. Routiniert und mit viel Action-Sequenzen inszenierter Thriller, der einfach nur unterhalten will. *Zoom*

Gregor Dotzauer in: FAZ, 10.8.88; Norbert Grob in: Die Zeit, 12.8.88; Claudius Seidl in: SZ, 8.8.88

Mordgedanken 649

19-SAI NO CHIZU ***

TV

Regie: Mitsuo Yanagimachi
Darsteller: Yuji Honma (Masaru Yoshioka), Keizo Kanie (Konno), Hideko Okiyama (Maria), Hatsuo Yamaya (Chef), Chisako Hara (Kazuko)
Drehbuch: Mitsuo Yanagimachi nach einem Roman von Kenji Nakagami
Kamera: Katsumi Sakakibara
Musik: Fumio Itabashi
Schnitt: Eiko Yoshida
Produktion: Mitsuo Yanagimachi, Kenichi Nakamura für Gunro, Japan 1979
Sendetermin: 19.10.88, ZDF
Länge: 105 Min.

Ein dunkler Film der ohnmächtigen Wut, der Sprengsätze in den engen Wohnkäfigen übervölkerter Stadtviertel: »Mordgedanken« zeigt die Ventile der Armseligkeit, wenn nirgendwo ein Ausweg ist. Der Student, der nie zum Studieren kommt, weil er Zeitungen austragen muß, macht sich Mordlisten für unangenehme Kunden, sammelt Haß an in seinem Kaninchenstall-Verschlag, wo er mit einem wehleidigen Schmarotzer haust. Das Innenleben als finsteres Loch der einsamen Rache. *Ponkie, AZ*

B.Z. in: Stuttg. Zeitung, 21.10.88

Der Morgen des Mißtrauens 650

UMA PEDRA NO BOLSO ****

Regie: Joaquim Pinto
Darsteller: Isabel de Castro (Dona Marta), Luis Miguel Cintra (Or. Fernando), Bruno Leite (Miguel), Manuel Lobao (Joao), Ines Medeiros (Luisa)
Drehbuch: Joaquim Pinto
Kamera: Joaquim Pinto, Rui Henriques
Musik: Paula und Miguel Azguime/Miso Ensemble
Schnitt: Joaquim Pinto
Produktion: GER, Portugal 1987
Verleih: Equus/-/-
Kinostart: 24.11.88
Länge: 91 Min. (OmU)

Der 1957 in Porto geborene Joaquim Pinto erzählt mit viel Liebe und einem Schuß Melancholie vom Lebensgefühl der portugiesischen Jugend der achtziger Jahre, vom Abschied von der Kindheit, von der Verletzbarkeit zarter Gefühle. (...)

Josef Nagel, film-echo

Moving – Rückwärts ins Chaos 651

MOVING **

Video

Regie: Alan Metter
Darsteller: Richard Pryor (Arlo Pear), Beverly Todd (Monica Pear), Dave Thomas (Gary Marcus), Dana Carvey (Brad Williams), Randy Quaid (Frank/Cornell Crawford), Stacey Dash (Casey Pear), Raphael Harris (Marshall Pear), Rodney Dangerfield (Bankier)
Drehbuch: Andy Breckman
Kamera: Donald McAlpine (Technicolor)
Musik: Howard Shore
Schnitt: Alan Balsam
Produktion: Stuart Cornfeld für Warner Bros., USA 1988
Verleih: -/-/-/Warner Home Video
Erstaufführung: 16.12.88
Länge: 89 Min.

Der Unfall hat ihn sehr verändert: Vormals noch ungeheuer black und bissig, darf ein geläuterter Richard Pryor nun durch überdrehte Situationskomödien turnen – diesmal als vom Pech verfolgter Verkehrsingenieur, dem das Schicksal eine unheimliche Umzugsbegegnung der Speditionsart beschwert. Interessanter als der laute Klamauk sind dabei die kleinen Details am Rande: Pryors Gesten, das Spiel der Augen.

Mr. Inside/Mr. Outside 652

MR. INSIDE/MR. OUTSIDE **

Video

Regie: William A. Graham
Darsteller: Tony LoBianco (Rick Massi), Hal Linden (Lou Isaacs), Paul Valentine (Lt. Valentine), Marcia Jean Kurtz (Renee Isaacs), Stefan Schnabel (Luber), Phil Bruns Arnold (Brack), Arnold Soboloff (Arnie)
Drehbuch: Jerome Coopersmith
Kamera: Dick Kratina
Musik: Charles Gross
Schnitt: Murray Solomon
Produktion: George Goodman für D'Antoni Prod., USA 1973
Verleih: -/-/-/EVC Video
Uraufführung: 14.3.73 (NBC)
Erstaufführung: August 88
Länge: 74 Min.

Zwei New Yorker Cops sind einem Diamantenring auf der Spur. Etwas angegraut.

Mr. North – Liebling der Götter 653

MR. NORTH ***

Regie: Danny Huston
Darsteller: Anthony Edwards (Theophilus North), Robert Mitchum (James McHenry Bosworth), Lauren Bacall (Mrs. Amelia Cranston), Harry Dean Stanton (Henry Simmons), Anjelica Huston (Persis Bosworth-Tennyson), Mary Stuart Masterson (Elspeth Skeel), Virginia Madsen (Sally Boffin), Tammy Grimes (Sarah Baily-Lewis), David Warner (Dr. Angus McPherson), Hunter Carson (Galloper Skeel), Christopher Durang, Mark Metcalf, Katharine Houghton, Judge Thomas H. Needham, Richards Woods
Drehbuch: Janet Roach, John Huston, James Costigan nach dem Roman »Theophilus North« von Thornton Wilder
Kamera: Robin Vidgeon (Metrocolor)
Musik: David McHugh
Schnitt: Roberto Silvi
Produktion: Skip Steloff/Steven Haft Prod., USA 1988
Verleih: Concorde/Czerny/-
Kinostart: 1.12.88
FSK: ab 6, ffr.
Länge: 92 Min.
Prädikat: Wertvoll

... Der letzte Film des verstorbenen John Huston, von seinem Sohn Danny Huston zu Ende inszeniert: Eine liebenswürdig versponnen einherschwebende Erbaulichkeit von altmodischem Charme. In der sommerlichen Idylle der feinen Landsitze und Rasenparks (Neureich-Amerika im nachgeäfften altenglisch-aristokratischen Etepetete-Look) radelt Mr. North (Sonnyboy mit einem possierlich braven Selfmade-Siegergesicht: Anthony Edwards) tapfer von einer Geldsackbande zur anderen, um unbeeindruckt von Macht und Besitz schlichte Lebensweisheit zu verbreiten. Der elektrische Jüngling »heilt« Kopfschmerzen, trickst Erbschleicher-Ladies aus, legt Muskelgorillas mit schlankem Jiu-Jitsu-Griff aufs Kreuz, verhilft dem zu beerbenden Millionenpapa mit Pfefferminzpillen und blasenfreundlichen Windelhosen zu neuer Lebensfreude. Ist gut Freund mit einem »englischen« Butler aus Chicago und ermutigt eine irische Zofe zur Hinaufheirat in die Rockefeller-Klasse. Eine Atmosphäre skurril ironischer Betulichkeit nistet in dieser milden Moralkomödie, in der Mr. North, von Lahmen und Siechen belagert und vom neidischen Dünkeldoktor als Scharlatan angeschwärzt, am Ende wie im Märchen triumphiert: Er gewinnt die Prinzessin. Eine anmutige Philosophenschmonzette, rührsam und blauäugig. *Ponkie, AZ*

Michael Althen in: SZ, 5.12.88; Rolf Selas in: Rheinische Post, 2.12.88

Mrs. Hines und Tochter 654
ONLY WHEN I LAUGH ***

Video

Regie: Glenn Jordan
Darsteller: Marsha Mason (Georgia), Kristy McNichol (Polly), James Coco (Jimmy), Joan Hackett (Toby), David Dukes (David), John Bennett Perry (Schauspieler), Guy Boyd (Mann), Ed Moore (Dr. Komack)
Drehbuch: Neil Simon. Nach seinem Bühnenstück »The Gingerbread Lady«
Kamera: David M. Walsh (Metrocolor)
Musik: David Shire
Schnitt: John Wright
Produktion: Roger M. Rothstein, Neil Simon für Columbia, USA 1981
Verleih: -/-/-/RCA/Columbia Video
Erstaufführung: 15.3.88
FSK: ab 12 J.
Länge: 120 Min.

Broadway-Star Gloria Hines zerbricht über Suff, Beziehungs- und Karrierestreß und landet im Sanatorium. Nach drei Monaten ist sie ein neuer Mensch, da kommt Tochter Polly zu ihr. Die Auseinandersetzung mit der 15jährigen macht Gloria schwer zu schaffen. Eine bittere Komödie, glänzend inszeniert und gespielt. *VideoWoche*

Munchies 655
MUNCHIES **

Video

Regie: Bettina Hirsch
Darsteller: Harvey Korman (Cecil/Simon), Charles Stratton (Paul), Nadine van der Velde (Cindy), Alix Elias (Melvis), Charlie Phillips (Eddie), Hardy Rawls (Big Ed), Jon Stafford (Dude), Robert Picardo (Bob Marvelle), Wendy Schaal (Marge Marvelle)
Drehbuch: Lance Smith
Kamera: Jonathan West (Farbe)
Produktion: Roger Corman für Concorde Pictures, USA 1987
Verleih: -/-/-/MGM/UA Home Video
Erstaufführung: 20.9.88
FSK: ab 12 J.
Länge: 85 Min.

Archäologe entdeckt in einer Höhle ein Knuddelviech, das sich nach seinem verfrühten Hinscheiden von der Hand eines Hippies in eine Bande mordlustiger Monster entwickelt. Roger Cormans sporadisch unterhaltsame Antwort auf den »Gremlins«-Erfolg seines ehemaligen Protegés Joe Dante.

Mutant Hunt 656
MUTANT HUNT *

Video

Regie: Tim Kincaid
Darsteller: Rick Gianasi (Matt Riker), Mary Fahey (Darla Haynes), Ron Reynaldi (Johnny Felix), Taunie Vrenon (Elaine Eliot), Bill Peterson (Z), Mark Umile (Paul Haynes), Stormy Spill (Domina)
Drehbuch: Tim Kincaid
Kamera: Thomas Murphy (Precision Color)
Musik: Tom Milano
Schnitt: Barry Zetlin
Produktion: Cynthia DePaula für Tycin Entertainment, USA 1987
Verleih: -/-/-/Highlight Video
Erstaufführung: 8.2.88
FSK: nicht unter 18 J.
Länge: 77 Min.

Ein paar menschenähnliche Roboter, aufs Killen trainiert, sind aus einem Industrielabor entkommen und meucheln, was ihnen über den Weg läuft. Um Hilfe gerufen wird Matt Ryker, Spezialist für besondere Fälle, der mit einigen wagemutigen Freunden die Humanoiden und den skrupellosen Industriellen, der sie hat entwickeln lassen, zur Strecke bringt.
»Blade Runner« läßt schön grüßen bei dieser nicht übermäßig spannenden SF- und Horrormixtur auf Filmstudenten-Niveau. *VideoWoche*

Mysterious Planet 657
MYSTERIOUS PLANET **

Video

Regie: Brett Piper
Darsteller: Brett Piper, Michael Guigley, Bruce Nadeau
Produktion: Brett Piper für , USA 1984
Verleih: -/-/-/Carrera Video
Erstaufführung: 12.3.88
Länge: 81 Min.

Entfleuchte Kriegsgefangene landen auf dem Planet der Urzeitmonster. Die herrlich blöden Filme Brett Pipers sind selbst an der hiesigen Trash-Schickeria spurlos vorübergezogen.

N

Nabuli 658

****

16 mm

Regie: Ellen Umlauf
Darsteller: Rato Manda Rasigatale, Ratu Kini Tuivonovono, Ratu Kini Tuivonovono jr., Ledua Tuivaga
Drehbuch: Ellen Umlauf
Kamera: Egon Werdin (Farbe)
Musik: Dan Costello
Produktion: Ellen Umlauf für Mana-Film, BRD/Fidschi 1987
Verleih: Mana-Film/-/-
Erstaufführung: 23.1.88, Max-Ophüls-Preis, Saarbrücken
Kinostart: 8.12.88
Länge: 94 Min.

Müssen Dokumentarfilme schwer zugänglich sein? Mitnichten! Die Münchner Schauspielerin und Regisseurin Ellen Umlauf tritt mit ihrem Film über den Clan der Nabulis auf den Fidschi-Inseln den Gegenbeweis an: Je einen Teil widmet sie dem Leben dieses Stammes vor 3000, vor 1000 Jahren und heute – eine faszinierende, herausfordernde Aufgabe, die sie stilistisch eindrucksvoll zu lösen wußte. Mit dem neugierigen, aber nie distanzlosen Blick ihrer Kamera zeichnet sie die Ursprünge der Nabulis nach und konfrontiert uns dann im dritten Teil mit dem Zivilisationsschock, der härter ins Hirn trifft als ein linker Schwinger in den Magen: Auch auf den Fidschi-Inseln haben die zerstörerischen Insignien der industrialisierten Welt längst Platz gegriffen. Handel und Wandel statt Natur pur. (...) *W.O.P. Kistner, AZ*

»Nabuli« von Ellen Umlauf.

Bodo Fründt in: SZ, 17.12.88

Nachhilfe in Sachen Liebe 659

THE BIG BET *

Regie: Bert I. Gordon
Darsteller: Lance Sloane, Kim Evenson, Sylvia Kristel, Ron Thomas
Drehbuch: Bert I. Gordon
Kamera: Tom DeNove (Farbe)
Musik: Gary Pickus
Produktion: Bert I. Gordon für Golden Harvest, USA 1986
Verleih: Esplanade-Elysee/Czerny/-/New Vision Video
Erstaufführung: 13.5.1986
Kinostart: 14.7.88
FSK: ab 16, ffr.
Länge: 98 (90) Min.

Ein Schüler mit lebhafter sexueller Phantasie, aber ohne Praxis, ist von einer neuen Kollegin entzückt und wettet um sein Auto, daß er sie innerhalb von einer Woche ins Bett kriegt. Klischeehafte und unausgegorene Liebeswirren eines Teenagers in dilettantisch-spekulativer Inszenierung.

multimedia

Nachrichtenfieber 660

BROADCAST NEWS ****

Regie: James L. Brooks
Darsteller: William Hurt (Tom Grunick),

Nachrichten-Dreieck: v. l. Holly Hunter, William Hurt und Albert Brooks in »Nachrichtenfieber – Broadcast News«.

Albert Brooks (Aaron Altman), Holly Hunter (Jane Craig), Robert Prosky (Ernie Merriman), Lois Chiles (Jennifer Mack), Joan Cusack (Blair Litton), Peter Hackes, Christian Clemenson, Robert Katims, Ed Wheeler, Jack Nicholson (Moderator)
Drehbuch: James L. Brooks
Kamera: Michael Ballhaus (Deluxe Color)
Musik: Bill Conti
Schnitt: Richard Marks
Produktion: James L. Brooks für Gracie Films, USA 1987
Verleih: 20th Century Fox/dto./dto./CBS-Fox Video
Erstaufführung: 16.2.88, Wettbewerb der Int. Filmfestspiele Berlin
Kinostart: 14.4.88
FSK: ab 12, ffr.
Länge: 134 Min.

James L. Brooks umzirkelt in seiner klugen Verhaltenskomödie mit menschlichem Witz die Beziehungen von drei Medienleuten zueinander und verfolgt ihre Laufbahnen vor dem Hintergrund ihrer Tätigkeit für die Nachrichtenabteilung einer TV-Station. Mittels der präzise ausgependelten Charaktere entlarvt der Film treffsicher den unerbittlichen Schaumechanismus des Fernsehens, das Opportunisten begünstigt, und appelliert an eine aufrichtige Berufsethik. Die mit ungestümer Verve agierende Holly Hunter nimmt ihren beiden einfühlsamen Partnern beinahe den Wind aus den Segeln. *Zoom*

Michael Althen in: SZ, 20.4.88; Lars-Olav Beier in: tip, 9/80 (Porträt Brooks); Peter Krauss in: FR, 14.4.88; Uwe Schmitt in: FAZ, 18.4.88; Claudius Seidl in: Tempo, 4/88

Die Nacht der Abenteuer 661
A NIGHT ON THE TOWN ***

Regie: Chris Columbus
Darsteller: Elisabeth Shue (Chris), Maia Brewton (Sara), Keith Coogan (Brad), Anthony Rapp (Daryl), Calvin Levels (Joe Gipp), Vincent Phillip D'Onofrio (Dawson), Penelope Ann Miller (Brenda),

Plakat zu »Die Nacht hat viele Augen«.

George Newbern (Dan), John Ford Noonan, Bradley Whitford, Ron Canada, John Chandler
Drehbuch: David Simkins
Kamera: Ric Waite (Deluxe Color)
Musik: Michael Kamen
Schnitt: Fredric Steinkamp
Produktion: Debra Hill, Lynda Obst für Touchstone mit Silver Screen Partners III, USA 1987
Verleih: Warner Bros./Warner Bros./ Parkfilm/EuroVideo
Kinostart: 18.2.88
FSK: ab 12, ffr.
Länge: 102 Min.

Ein Mädchen, das von seinem Freund versetzt wurde, folgt dann etwas widerstrebend dem Ruf einer befreundeten Familie, dort bei den nicht mehr ganz kleinen Kindern als Babysitter zu fungieren. Die Nacht bringt aber teils lebensgefährliche Abenteuer, weil auch eine Gangsterbande mit im Spiel ist. Ein recht gelungener Teenie-Film, in dem Spannung, Witz und Menschlichkeit geschickt dosiert sind.

multimedia

Norbert Grob in: Die Zeit, 4.3.88; Jürgen Richter in: FAZ, 20.2.88; Babro Schuchardt in: Kölnische Rundschau 20.2.88

Die Nacht der Außerirdischen 662

THE VISITORS *

Video

Regie: Rick Sloan
Darsteller: Marcus Vaughter, Jordana Capra, Cary Hile, Nicole Rio
Drehbuch: Rick Sloan
Produktion: Reel Movies International, USA 1985
Verleih: -/-/-/Charter Video
Erstaufführung: 6.7.88
FSK: ab 12 J.
Länge: 88 Min.

Ein junges Paar kommt dahinter, daß ihre Nachbarn Außerirdische sind, die eine Invasion vorbereiten.

Die Nacht der Schreie 663

FROM A WHISPER TO A SCREAM **

Video

Regie: Jeff Burr
Darsteller: Vincent Price (Julian White), Clu Gulager (Stanley Burnside), Terry Kiser (Jesse Hardwick), Harry Caesar (Felder Evans), Rosalind Cash (Karnevalsbesitzerin), Cameron Mitchell (Sergeant), Susan Tyrrell (Bess Chandler), Ron Brooke (Stephen), Didi Lanier (Amaryllis)

Drehbuch: C. Courtney Joiner, Jeff Burr, Darin Scott
Kamera: Craig Greene (United Color)
Musik: Jim Manzie, Pat Regan
Schnitt: W.O. Garrett
Produktion: Darin Scott, William Burr für Conquest Entertainment, USA 1987
Verleih: -/-/-/RCA/Columbia Video
Erstaufführung: 12.1.88
FSK: nicht unter 18 J.
Länge: 96 (94) Min.

Ein geiler Senior beschläft seine tote Traumfrau, worauf das Drehbuch einen kurzen Epilog namens »Neun Monate später« serviert, ein Gelegenheitsverbrecher entdeckt im Sumpf das Geheimnis der Unsterblichkeit, ein Glasesser legt sich mit seiner voodoomächtigen Chefin an, und ein Unionssoldat stößt auf eine Stadt mörderischer Rebellenkinder.

Die Nacht der Verhöre 664

LA NOCHE DE LOS LAPICES ****

Regie: Héctor Olivera
Darsteller: Alejo Garcia Pintos, Vita Escardo, Pablo Novarro, Leonardo Sbaraglia, Jose Monje Berbel, Pablo Machado
Drehbuch: Héctor Olivera, Daniel Kon
Kamera: Leonardo Rodriguez Solis (Eastmancolor)
Musik: José Luis Castineira de Dios
Produktion: Fernando Ayala für Aries Cinematografica, Argentinien 1986
Verleih: -/-/Alexander Film
Kinostart: Juli 88
Länge: 101 Min.

Argentinische Vergangenheitsbewältigung. Nach dem Sturz von Isabel Peron durch die Militärs setzt eine unerbittliche Verfolgswelle Jugendlicher ein. Der Film schildert – anhand von authentischen Berichten – das Schicksal eines Mittelschülers und dessen Kommilitonen. Ohne revolutionäres Pathos, ohne Sentimentalitäten wird der Polizei-und Folterapparat einer Diktatur analysiert. Eine nüchterne Darstellung der Verletzung elementarster Menschenrechte in realistischen, reportageartigen Bildern. *Zoom*

Rolf Hürzeler in: Zoom 14/88

Die Nacht des Siegers 665

LA NUIT DU RISQUE **

Video

Regie: Sergio Gobbi
Darsteller: Stéphane Ferrara, Christiane Jean, Daniel Uband, Pierre-Marie Escoutrou
Drehbuch: Sergio Gobbi
Kamera: Richard Andry (Farbe)
Produktion: Candide Prod., Frankreich 1986
Verleih: -/-/-/UFA Video
Erstaufführung: April 88
FSK: ab 16 J.
Länge: 80 Min.

Berühmter Boxer wird von der Polizei gejagt, weil er einen Mann umgebracht haben soll. Mittelmäßiges, den großen Boxfilmen wie »Rocky« nacheiferndes Produkt, das streckenweise gut fotografiert ist. *Video-Markt*

Die Nacht hat viele Augen 666

STAKEOUT ****

Regie: John Badham
Darsteller: Richard Dreyfuss (Chris Lecce), Emilio Estevez (Bill Reimers), Madeleine Stowe (Maria McGuire), Aidan Quinn (Richard »Stick« Montgomery), Dan Lauria (Phil Coldshank), Forest Whitaker (Jack Pismo), Ian Tracey (Caylor Reese), Earl Billings (Captain Giles), Jackson Davies (FBI Agent Lusk), J.J. Makaro (B.C.), Scott Andersen (Reynaldo McGuire)
Drehbuch: Jim Kouf
Kamera: John Seale (Farbe)
Musik: Arthur B. Rubinstein; Songs: Steve Winwood, Peinter Sisters, Mr. Mister, Miami Sound Machine u.a.
Schnitt: Tom Rolf, Michael Ripps
Produktion: Jim Kouf, Cathleen Summers für Touchstone, USA 1986
Verleih: UIP/UIP/UIP/EuroVideo
Kinostart: 21.2.88
FSK: ab 16, ffr.
Länge: 117 Min.

Ein amüsanter Polizeifilm mit Richard Dreyfuss in der Hauptrolle, der zusammen mit einem Kollegen die Ex-Freundin eines ausgebrochenen Strafgefangenen überwacht. Doch das Objekt seiner Observation entwickelt sich zum Objekt seines Begehrens, die Gefühle geraten in

Widerspruch zum Auftrag. Leider wird die subtile Spannung zwischen den drei Hauptfiguren, die gerade durch die räumliche Beschränkung auf zwei einander gegenüberliegende Wohnungen entsteht, durch ebenso überflüssige wie wüste Actionszenen zunichte gemacht. Eine Filmmusik, die jeden atmosphärischen Bezug vermissen läßt, und John Fealds exaltierte Kamera trüben darüberhinaus den Gesamteindruck. *Lars-Olav Baier, tip*

Bodo Fründt in: SZ, 26.1.88; Otto Heuer in: Rheinische Post, 22.1.88; Jürgen Richter in: FAZ, 23.1.88; Claudius Seidl in: Die Zeit, 21.2.88

Die Nacht ist jung — 667

MAUVAIS SANG

***

Regie: Leos Carax
Darsteller: Denis Lavant (Alex), Juliette Binoche (Anna), Michel Piccoli (Marc), Julie Delpy (Lise), Hans Meyer (Hans), Carroll Brooks (die Amerikanerin), Hugo Pratt (Boris), Serge Reggiani (Charlie), Mireille Perrier, Jerome Zucca, Charles Schmitt, Philippe Fretin, Ralph Brown
Drehbuch: Leos Carax
Kamera: Jean-Yves Escoffier (Farbe)
Musik: Benjamin Britten, Prokofieff, Charlie Chaplin
Schnitt: Nelly Quettier
Produktion: Alain Dahan, Philippe Diaz für Prod. des Films Plain Chant/Soprofilms/FR 3, Frankreich 1986
Verleih: Arsenal/Stadtkino/-
Erstaufführung: 1.3.1987 im Wettbewerb der Int. Filmfestspiele Berlin
Kinostart: 4.2.88
Länge: 119 Min.

Prix Louis Delluc für Leos Carax als bester Nachwuchsregisseur

... Ein bißchen in der Zukunft spielt die Handlung, deshalb ein bißchen Sciene-fiction in Paris, wo das Pflaster heiß (!) wird, weil ein Komet sich der Erde nähert.
Ein junger Mann möchte irgendwo ein neues Leben beginnen. Und weil das nicht ohne Geld geht, läßt er sich auf Kriminelles ein. Und verliebt sich außerdem auch noch in die Frau eines anderen.
Das kann natürlich nicht gut gehen, und Léo Carax, Jahrgang 1961, laviert sich und seine Geschichte durch die Genres, daß einem Hören und Sehen vergeht, wenn man nicht unfreiwillig lachen muß. *Frauke Hanck, tz*

Der Film erzählt eine existenzialistische Kriminal- und Liebesgeschichte. Auf einer ersten Ebene geht es um den Raub einer tödlichen Viruskultur, aber dies ist dem Film nur Vorwand, den Rausch des Jungseins und die Melancholie des Alterns zu verwandeln: Dem alten Gangster Marc ist die junge Anna zwar bis zur Selbstaufgabe zugeneigt, aber in dem jungen Taschenspieler Alex ruft sie eine unbändige Liebe wach. Ein Film, der ganz leicht im Sumpf des »Beneixismus« versacken könnte, ihn aber intelligent, formbewußt und ironisch umschifft. *tip*

Volker Baer in: Der Tagesspiegel, 3.3.87; Helmut Banz in: Kölner Stadt-Anzeiger, 13./14.2.88; Bodo Fründt in: SZ, 21.6.88; Eva Maria Lenz in: FAZ, 25.3.88

Nachtjäger — 668

***

16 mm

Regie: Johann Feindt
Darsteller: Helmut Jüliger, Joachim Brücher, Reiner Wirtz
Interviews: Karl Siebig
Kamera: Manfred Scheer, Johann Feindt (Farbe)
Musik: Andi Brauer
Schnitt: Thomas Balkenhol, Wolfram Kohler
Produktion: Journal Film Klaus Volkenborn/ZDF, BRD 1988
Verleih: Basis/-/-
Kinostart: Nov.88
Länge: 83 Min.
Prädikat: Wertvoll

Der Film beobachtet Zeitungsmacher in ihrer Welt und zeigt Fotografien und Reporter, die ständig im Druck leben, täglich etwas finden zu müssen, was sich als Geschichte verkaufen läßt. Stets drängt die Zeit, für Betroffenheit über menschliches Schicksal gibt es kaum Gelegenheit. Die Kame-

Reporterleben in »Nachtjäger« von Johann Feindt.

ra folgt den Reportern zu dem Ort des Geschehens und wird aufzeigen, wie sie ihre Themen finden und wie sie ständig auf der Suche nach Themen sind. Der Film greift ein durchaus brisantes und interessantes Thema auf: es geht hier um den Stoff, den die Sensationspresse täglich braucht, um ihre Leser zu befriedigen. Doch streckenweise hat man bei dem Film das Gefühl, daß hier doppelte Moral gepredigt wird: Der Film soll einerseits sich kritisch auseinandersetzen mit den Reportern und den Fotografen, die hinter den Sensationsstoffen her sind, andererseits erscheint das hier oft nur als Aufhänger für Effekte und Sensationen. (...)

Aus der Begründung der FBW

Naked Civil Servant 669

NAKED CIVIL SERVANT ***

Regie: Jack Gold
Darsteller: John Hurt, Quentin Crisp, Liz Gebhardt, Stanley Lebor, Katherine Schofield, Patricia Hodge
Drehbuch: Philip Mackie nach der Autobiographie von Quentin Crisp
Kamera: Mike Flash (Farbe)
Musik: Carl Davis
Produktion: Barry Hanson für Thames TV, Großbritannien 1975
Verleih: -/-/Cactus Film
Kinostart: April 88
Länge: 80 Min.

Der Homosexuelle und Transvestit Quentin Crisp, der bereits in den dreißiger Jahren in den Straßen Londons seine Neigungen unverhohlen zur Schau stellte, genießt in England den Ruf eines Exzentrikers. Jack Gold hat sein bewegtes Leben, oft am Rande der Existenz, immer am Rand der Gesellschaft, gemäß Crisps Autobiografie verfilmt. In dieser ausgezeichneten Umsetzung verkörpert J. Hurt hervorragend diese zwischen Fröhlichkeit und der Trauer unerfüllbarer Wünsche schillernde Gestalt, so daß der Film zwar immer unterhaltend bleibt, aber auch immer ein sensibles Verständnis für diesen Geschlagenen und Verstoßenen mitteilt. *Zoom*

Stefan Kunzelmann in: Zoom, 9/88

Der Narr auf der Brücke 670
LE FOU DU VIADUC ***

TV

Regie: Guy Jorré
Darsteller: Jacques Dufilho (Philibert), Dorothee Jemma (Catherine), Jacques Alric (Fradin), Henri Pirier (Bürgermeister), Hubert de Lapparent, Gerard Dournel, Michel Ruhl, Severine Vibert, Thibault Liot, Joelle Bruyas
Drehbuch: Philippe Faure
Kamera: Jean Graglia
Schnitt: Christine Gayda, Michele André
Produktion: Roland Sabari, Anne-Marie Amic für TFI, Frankreich 1981
Sendetermin: 19.4.88, ZDF
Länge: 85 Min.

Beinhae verstand man's ja, daß der olle Philibert (ein Kopf wie ein Kreuzritter, Fremdenlegionär, Zuchthausdirektor, Gangsterkönig: Jacques Dutronc) unbedingt auf dem wunderschönen alten Viadukt über seiner unverhofft geerbten Wiese hausen wollte: In dem Spielfilm wurde der Viadukt zum Inbegriff eigensinnig individuellen Wohnens - und als solcher den Baulöwen des neuen Ferienzentrums ein Dorn im Auge. Eine störrisch absurde Don-Quijote-Schrulle, die wohl tiefsinnig gemeint war - selig sind die Verrückten, aber besser, man wird sie schnell los.

Ponkie, AZ

Georg Lacher-Remy in: Saarbrücker Zeitung, 21.4.88

Near Dark – Die Nacht hat ihren Preis 671
NEAR DARK ***

Regie: Kathryn Bigelow
Darsteller: Adrian Pasdar (Caleb), Jenny Wright (Mae), Lance Henriksen (Jesse), Bill Paxton (Severen), Jenette Goldstein (Diamondback), Tim Thomerson, Joshua Miller, Marcie Leeds
Drehbuch: Kathryn Bigelow, Eric Red
Kamera: Adam Greenberg (Farbe)
Musik: Tangerine Dream
Schnitt: Howard Smith
Produktion: Steven Charles Jaffe für Feldman/Meeker Prod., USA 1987
Verleih: Filmwelt/Czerny/-/VCL/Virgin Video
Kinostart: 2.6.88
Länge: 93 Min. *FSK:* ab 18, nffr.

Ein von einer hübschen Vampirin gebissener Cowboy muß sich einer Gruppe Untoter anschließen, die die Bevölkerung mit Tod und Verwüstung heimsucht. Erst als seine Familie bedroht wird, beginnt er sich gegen seine neuen Gefährten aufzulehnen. Optisch routiniert inszeniertes, auf modern getrimmtes, naives Horrorspektakel, das unbekümmert auch Gattungselemente des Westerns hereinnimmt, um plakative, teilweise bluttriefende Spannung zu erzeugen.

multimedia

Der Film ödet überwiegend an durch Zitationen und Variationen durchgekauter Klischees. Zur balladesken Out-law-Geschichte gesellt sich der Vampirismus, und ferne irgendwo läßt sich ein nicht realisierter Anspruch erahnen. Mäßig unterhaltsam mit zwei, drei üblichen Action-Höhepunkten mag solch bemühte Schmuddelromantik noch durchgehen im Rahmen langer Schrottnächte oder beiläufig vom Bildschirm konsumiert. *tip*

... Die alten Genres sterben, es lebe der Vampirfilm: Aus Western, Melo, Splatter und Horror saugt Kathryn Bigelow den Saft, der ihre Story antreibt. »Near Dark« ist morbide und melancholisch - und gerade deshalb ein kleines Meisterwerk: auf der Höhe seiner Zeit und seines Themas. Wir sind alle Vampire.

Claudius Seidl, Die Zeit

Michael Althen in: SZ, 4.6.88; Frank Arnold in: Zitty, 12/88; Ulrich Bassende in: Wiener, 5/88; Jürgen Richter in: FAZ, 4.6.88

Necromancer – Das Tor zur Hölle 672
NECROMANCER *

Video

Regie: Dusty Nelson
Darsteller: Elizabeth Cayton (Julie Johnson), Russ Tamblyn (Professor), Rhonda Dorton, Lois Masten, Ed Wright, Waide A. Riddle, Shawn Eisner

Drehbuch: William Naud
Kamera: Richard Clabaugh, Eric Cayla (Farbe)
Musik: Gary Stockdale, Kevin Klingler, Bob Mamet
Produktion: Roy McAree für Spectrum Entertainment, USA 1987
Verleih: -/-/-/RCA/Columbia Video
Erstaufführung: 15.11.88
FSK: nicht unter 18 J.
Länge: 84 Min.

Als sich eine Studentin mittels schwarzer Magie an ihren Vergewaltigern rächen will, muß sie zu ihrem Entsetzen bemerken, daß sie die gerufenen Geister nach erfülltem Mordauftrag nicht mehr los wird.
Mit Charles Bronson wäre das nicht passiert.

Neues von uns Kindern aus Bullerbü 673

MER OM OSS BARN I BULLERBYN ***

Regie: Lasse Hallström
Darsteller: Linda Bergström (Lisa), Anne Sahlin (Anna), Ellen Demerus (Britta), Harald Lönnbro (Olle), Henrik Larsson (Bosse), Crispin Dickson Wendenius (Lasse), Tove Edfeldt (Kerstin), Sören Pettersson
Drehbuch: Astrid Lindgren, nach ihrem gleichn. Kinderbuch
Kamera: Jens Fischer, Rolf Lindström, Mats Ardström (Farbe)
Musik: Georg Riedel
Produktion: Waldemar Bergendahl für AB Svensk Filmindustri/ZDF/RAI, Schweden 1986
Verleih: Jugendfilm/-/-
Kinostart: 6.10.88
FSK: o.A., ffr.
Länge: 89 Min.
Prädikat: Wertvoll

Ein unbeschwert heiterer Kinderfilm über das (von Astrid Lindgren erinnerte und aufgezeichnete) Leben und Treiben in einem kleinen schwedischen Dorf Ende der zwanziger Jahre. Natur und gesunde Umwelt spielen eine wesentliche Rolle. Sympathischer Film aus einer noch intakten kleinen Welt. *Hans Ulrich Pönack, tip*

Jürgen Richter in: FAZ, 8.10.88

900.000 $ zuviel 674

STICKY FINGERS **

Regie: Catlin Adams
Darsteller: Helen Slater (Hattie), Melanie Mayron (Lolly), Danitra Vance (Evanston), Eileen Brennan (Stella), Carol Kane (Kitty), Loretta Devine, Stephen McHattie, Christopher Guest, Gwen Welles, Shirley Stoler
Drehbuch: Catlin Adams, Melanie Mayron
Kamera: Gary Thieltges (DuArt Color)
Musik: Gary Chang
Schnitt: Bob Reitano
Produktion: Catlin Adams, Melanie Mayron für Spectrafilm/Hightop, USA 1988
Verleih: Tivoli/Czerny/-/VCL/Virgin Video
Kinostart: 28.7.88
Länge: 88 Min. *FSK:* ab 12, ffr.
Videotitel: Sticky Fingers

Der Film handelt von zwei zickigen und leicht hysterischen jungen New Yorker Musikerinnen (»Supergirl« Helen Slater und immerhin Melanie Mayron), die arbeitslos sind und plötzlich in Besitz einer Reisetasche mit 900.000 Dollar kommen. Anstatt auf das (Drogen-)Geld aufzupassen, geben sie es in vollen Zügen aus und stecken im tiefsten Schlamassel, bei dem nicht nur das aufgeplusterte Nichts von Drehbuch mißfällt, sondern auch das albern-aufgekratzte schlechte Spiel der beiden Hauptakteurinnen. Allerdings scheint auch hier wieder die deutsche Synchronisation versagt zu haben.

Hans Ulrich Pönack, tip

New York: 42nd Street 675

RIOT ON 42ND STREET *

Video

Regie: Tim Kincaid
Darsteller: John Patrick Hayden, Kate Collins
Produktion: USA
Verleih: -/-/-/EVC Video
Erstaufführung: September 88
Länge: 89 Min.

Im dunklen New Yorker Nachtclub-Milieu angesiedelter Film mit wenig tragfähiger Geschichte, aber viel Action, die gegen Ende ziemlich brutale Formen annimmt. *Video-Markt*

New York – Tanger 676
BEST REVENGE

*

Video

Regie: John Trent
Darsteller: John Heard, Moses Hnaimer, Levon Helm, John Rhys-Davies
Drehbuch: David Rothberg, Ride Rosenthal
Kamera: John Coquillon (Farbe)
Produktion: Royal Bank of Canada/Lorimar, Kanada 1983
Verleih: -/-/-/Taurus Video
Erstaufführung: April 88
Länge: 81 Min. *FSK:* ab 16 J.

Unschuldiger junger Mann wird ohne sein Wissen als Drogenschmuggler eingesetzt. Vollgepackt mit Haschisch fährt er von New York nach Tanger in der Absicht, einen Freund aus der Klemme zu helfen. Doch leider ist der vermeintliche Kumpel selbst Mitglied der Unterwelt. *Video-Markt*

New York's Finest 677
NEW YORK'S FINEST

*

Video

Regie: Chuck Vincent
Darsteller: Jennifer D.R. Collins, Heidi Paine, Scott Baker, Jane Hamilton
Drehbuch: Craig Horrall
Kamera: Larry Revene (Farbe)
Produktion: Platinum Pictures, USA 1988
Verleih: -/-/-/Cosmos Video
Erstaufführung: April 88
Länge: 81 Min. *FSK:* ab 16 J.

Drei Frauen aus dem New Yorker Submilieu der Callgirl-Szene wollen den gesellschaftlichen Aufstieg schaffen. Mit dem geliehenen Geld einer Galeristin mieten sie sich eine Wohnung in der vornehmeren Gegend Manhattans. Eine ziemlich anarchische Komödie in jeder Hinsicht: laienhafte Darsteller, unterstes New Yorker Milieu, unflätig-obszöne Dialoge und jede Menge Exaltiertheit.

Video-Markt

News – Reise in eine strahlende Zukunft 678

***

Regie: Rainer Erler
Darsteller: Birgit Doll, Albert Fortell, Mark Lee, Kitty Myers, Lucia Bensasson
Drehbuch: Rainer Erler
Kamera: Wolfgang Grasshoff (Farbe)
Musik: Eugen Thomas
Schnitt: Peter Przygodda
Produktion: Rainer Erler für ORF/ZDF/ Reflex Film/Books & Film, BRD 1986
Verleih: Filmagentur Werner/-/-
Kinostart: 9.6.88
Sendetermin: 1986, ZDF
Länge: 126 Min.

Britischer Reporter entdeckt illegale Geschäfte bei der Entsorgung von Atommüll. Zwei Jahre alter Fernsehfilm der damals seiner Zeit voraus war, heute im Kino aber kalt läßt.

Burkhard Saul in: epd Film 7/88

Nico 679
ABOVE THE LAW

**

Regie: Andrew Davis
Darsteller: Steven Seagal (Nico Toscani), Pam Grier (Delores Jackson), Henry Silva (Zagon), Ron Dean (Lukich), Daniel Faraldo (Salvano), Sharon Stone (Sara Toscani), Miguel Nino, Nicholas Kusenko, Joe V. Greco, Chelcie Ross
Drehbuch: Steven Pressfield, Ronald Shusett, Andrew Davis nach einer Vorlage von Andrew Davis, Steven Seagal
Kamera: Robert Steadman (Technicolor)
Musik: David M. Frank
Schnitt: Michael Brown
Produktion: Steven Seagal, Andrew Davis, USA 1987
Verleih: Warner Bros./dto./dto./Warner Home Video
Kinostart: 7.7.88
FSK: ab 16, ffr.
Länge: 98 Min.

Kampfsporterfahren kämpft der italoamerikanische Einzelgänger-Cop Nico gegen eine in Drogengeschäfte involvierte Gruppe von sadistischen Vietnamveteranen, die das Ende des Dschungelkrieges verpaßt zu haben scheinen. In einer schalen Mischung zwischen Kung-Fu-Exotik, Cop-Geschichte und pseudokritischem Polit-Thriller versucht der Film, Vietnam-Vergangenheit und El-Salvador-Gegenwart einander gegenüberzustellen, scheitert aber an seinen unmotivierten blutigen Actionszenen.

Rudolf Worschech in: epd Film, 8/88 *Zoom*

Night Creature 680

NIGHT CREATURE *

Video

Regie: Lee Madden
Darsteller: Donald Pleasance (Axel MacGregor), Nancy Kwan (Leslie), Ross Hagen, Jennifer Rhodes, Lesly Fine
Drehbuch: Hubert Smith
Kamera: Pemylot Cheydon (CFI Color)
Musik: Jim Helms
Schnitt: Martin Draffke
Produktion: Ross Hagen für Dimension Pictures, USA 1979
Verleih: -/-/-/Arrow Video
Erstaufführung: 20.4.88
FSK: ab 16 J.
Länge: 83 Min.

Ein Abenteurer und Großwildjäger findet seine große Herausforderung in einem schwarzen Leoparden, dem scheinbar niemand beikommen kann. Gleicht mitunter einem vom thailändischen Tourismusbüro bezahlten Werbefilm. *Video-Markt*

Night of Fire 681

SEARCH FOR VENGEANCE *

Video

Regie: Raymond Malonzo
Darsteller: Reginald King, Charlie Davao, George Estregan, Johnny Wilson, Fred Param, Liz Allen
Drehbuch: Raymond Malonzo
Kamera: Ver Dauz (Farbe)
Musik: Snafu Rigor
Schnitt: Joe Mendoza
Produktion: Twin Dragon/Cinex, Philippinen 1984
Verleih: -/-/-/IHE Video
Erstaufführung: 25.1.88
FSK: ab 16 J.
Länge: 87 Min.

Vito Light, Polizist in Manila, erschießt in Notwehr den Sohn eines mächtigen Gangsters. Der schwört Rache und läßt im Gegenzug Vitos Frau in die Luft sprengen. Haßerfüllt macht sich Vito auf, um auf eigene Faust und gegen das Gesetz die Gangster und ihren Boß zur Rechenschaft zu ziehen. Harter Philippinen-Actionthriller, der das übliche Quantum an Selbstjustiz-Raserei, Prügelei und Schußwechseln abliefert. *VideoWoche*

Night of the Demons 682

NIGHT OF THE DEMONS **

Video

Regie: Kevin S. Tenney
Darsteller: Lance Fenton (Jay), Cathy Podewell (Judy), Alvin Alexis (Roger), Hal Havins (Stooge), Mimi Kincade (Angela), Linnea Quigley (Suzanne), Phillip Tanzini (Max), Jill Terashita (Fran), Alison Barron (Helen)
Drehbuch: Joe Augustyn
Kamera: David Lewis (Farbe)
Musik: Dennis Michael Tenney
Schnitt: Daniel Duncan
Produktion: Joe Augustyn für Paragon Arts, USA 1988
Verleih: -/-/-/Sony Video
Erstaufführung: September 88
Länge: 89 Min.

Gruppe von Jugendlichen feiert in einem abgelegenen Krematorium eine gruselig-schöne Halloween-Nacht. Der Spaß beim Tanzen, Trinken und Flirten vergeht den Teens allerdings sehr schnell: Sie haben Dämonen aufgeweckt, deren Art von Humor bisweilen tödlich wirkt. *Video-Markt*

Night Vision 683

NIGHT VISION **

Video

Regie: Michael Krueger
Darsteller: Stacy Carson, Shirley Ross, Tony Carpenter
Kamera: Jim Kelly (Farbe)
Produktion: Sarah H. Liles für Fox Lorber Ass., USA 1987
Verleih: -/-/-/Media Entertainment Video
Erstaufführung: 10.3.88
FSK: nicht unter 18 J.
Länge: 100 Min.

Junger Zeitungsreporter verbringt ganze Nächte vor dem Bildschirm, um sich Horrorfilme gleich dutzendweise anzusehen. Irritiert wird er durch eine Mordserie in seiner Umgebung, die in seltsamem Zusammenhang mit seinem Horrorfilmkonsum steht. Nach und nach wird ihm klar, daß ein Dämon von ihm Besitz ergriffen hat, der ihn zwingt, tagsüber in die Tat umzusetzen, was er nachts auf dem Fernsehschirm sieht. *VideoWoche*

Nightflyer 684
NIGHTFLYERS **

Video

Regie: Robert Collector
Darsteller: Catherine Mary Stewart (Miranda), Michael Praed (Royd), John Standing (D'Branin), Lisa Blount (Audrey), Glenn Withrow (Keelor), James Avery (Darryl), Hélène Udy (Lilly), Annabel Brooks (Eliza), Michael des Barres (Jon Winderman)
Drehbuch: Robert Jaffe. Nach der Kurzgeschichte von George R.R. Martin
Kamera: Shelly Johnson (Fotokem Color)
Musik: Doug Timm
Schnitt: Tom Siiter
Produktion: Robert Jaffe für Vista Organisation, USA 1987
Verleih: -/-/-/Ascot Video
Erstaufführung: 27.12.88
FSK: ab 16 J.

Eine Gruppe Wissenschaftler ist mit einem gecharterten Raumschiff in einer Forschungsmission unterwegs. Zusehends häufen sich die technischen Unfälle, bis der merkwürdige Captain Royd, der nur als Holographie erscheint, ihnen erklärt, daß das Schiff vollkommen vom Bordcomputer gesteuert wird, in dessen Programm sich seine verstorbene Mutter integriert hat. Durch die Annäherung Royds an das Team wird seine »Mutter« immer eifersüchtiger und beginnt, einen nach dem anderen umzubringen. SF-Thriller, der seine mitunter etwas langatmige Story durch aufwendige Effekte wettzumachen sucht.

VideoWoche

Nightmare 3 – Freddy Krueger lebt 685
A NIGHTMARE ON ELM STREET 3: DREAM WARRIORS ***

Regie: Chuck Russell
Darsteller: Robert Englund (Freddy Krueger), Heather Langenkamp (Nancy Thompson), Patricia Arquette (Kristen Parker), Craig Wasson (Dr. Neil Goldman), Rodney Eastman, Bradley Gregg, Ira Heiden, Gaststars: Zsa Zsa Gabor, Dick Cavett, John Saxon
Drehbuch: Wes Craven, Bruce Wagner, Chuck Russell, Frank Darabont
Kamera: Roy Wagner (Farbe)
Musik: Angelo Badalamenti
Schnitt: Terry Stokes, Chuck Weiss
Produktion: Robert Shaye für New Line/Heron/Smart E 88, USA 1987
Verleih: Delta/Fleur/-/Warner Home Video
Kinostart: 7.1.88
FSK: nicht unter 18, ffr.
Länge: 95 Min.

Der Film bietet wenig subtilen Hardcore-Horror - ein schriller Spuk mit einigen originellen Einfällen. Freddy Krueger, der geschwätzige Sado-Killer mit der widerlichen Visage, schlitzt und schlachtet wieder,diesmal in einer psychiatrischen Klinik. Der Film ist reich an grellen Geisterbahneffekten und arm an Atmosphäre und Überzeugungskraft. *tip*

Jürgen Richter in: FAZ, 30.1.88

Nightmare Motel 686
DYING ROOM ONLY *

Video

Regie: Philip Leacock
Darsteller: Cloris Leachman (Jean Mitchell), Ross Martin (Jim Cutler), Ned Beatty (Tom King), Louise Latham (Vi), Dana Elcar (Sheriff), Dabney Coleman (Bob Mitchell), Ron Feinberg (Lou McDermott)
Drehbuch: Richard Matheson. Nach seiner Kurzgeschichte
Kamera: John Morley Stephens
Musik: Charles Fox
Schnitt: Bill Mosher
Produktion: Allen S. Epstein für Lorimar, USA 1973
Verleih: -/-/-/Virgin Video
Uraufführung: 18.9.73 (ABC)
Erstaufführung: 9.11.88
Länge: 74 Min.

Ein Ehepaar stoppt an einer einsamen Raststätte. Als die Frau von der Toilette kommt, ist der Mann verschwunden. Der Kneipenwirt und sein Kumpan stellen die Sache vor dem Sheriff so hin, als habe der Mann seine Frau einfach sitzen lassen. Unaufwendig inszenierter TV-Thriller, der sich auf die ermüdenden Versuche der Ehefrau konzentriert, hinter das Geheimnis der Rednecks zu kommen.

VideoWoche

Pubertäts-Alpträume. Freddy Kreuger und sein unschuldiges Opfer in »Nightmare 3«.

Nightstick 687

NIGHTSTICK **

Video

Regie: Joseph L. Scanlan
Darsteller: Bruce Fairbairn (Jack Colhoun), Robert Vaughn (Ray Melton), Kerrie Keane (Robin Malone), John Vernon (Adam Beardsley), Leslie Nielson (Evans), Walker Boone, Tony De Santis, David Mucci
Drehbuch: James D. Docherty
Kamera: Robert Fresco (Farbe)
Musik: Robert O. Ragland
Schnitt: Richard Wells
Produktion: Martin Walters, USA 1987
Verleih: -/-/-/USA Video
Erstaufführung: 28.1.88
Länge: 90 Min.

Der Polizist und Draufgänger Calhoun untersucht dreiste Überfälle auf chemische Fabriken, bei denen eine skrupellose Organisation Substanzen zur Bombenherstellung entwendet hat. Der gleiche Verbrecherring hält Frau und Tochter eines Bankdirektors in seiner Gewalt und fordert für sie ein hohes Lösegeld. Calhoun soll das Geld übergeben und nutzt die Gelegenheit, um mit den Schurken wenig zimperlich abzurechnen. *VideoWoche*

Ninja, The Battalion 688

NINJA, THE BATTALION *

Video

Regie: Victor Sears
Darsteller: Alexander Lou, Sam Huxley
Produktion: , Hongkong 1987
Verleih: -/-/-/IHE Video
Erstaufführung: 24.10.88
Länge: 90 Min.

Die dunklen Machenschaften eines Gangsterrings, die Schwarze Ninjas für ihre Zwecke einsetzen, werden von einem asiatischen Spezialkämpfer und dessen europäischen Kollegen vereitelt.
Hongkong-Action mit allen sattsam bekannten akrobatischen Einlagen und Schlagvarianten. *Video-Markt*

Ninja the Violent Sorcerer 689

NINJA, THE VIOLENT SORCERER *

Video

Regie: Bruce Lambert
Darsteller: Henry Steel, Joe Nelson
Produktion: , Hongkong 1987
Verleih: -/-/-/Atlanta Video
Erstaufführung: 20.5.88
Länge: 89 Min.

Spielkönig wird von einem Konkurrenten zu einem Spiel um Leben und Tod herausgefordert. Der Herausforderer gewinnt, doch der Bruder des Verlierers rächt sich mit allerlei mythischen Mächten: Der neue Spielkönig ist bedroht und bewaffnet sich mit einem Vampir...

Ninja U.S.A. 690

NINJA U.S.A. *

Video

Regie: Wu Kuo-Jen
Darsteller: Alexander Lou, George Nicholas Albergo, Yau Jin Tomas, Alex Yip
Produktion: Ye Mao Lin für Filmark International, Hongkong 1986
Verleih: -/-/-/Cosmos Video
Erstaufführung: 22.2.88
FSK: nicht unter 18 J.
Länge: 85 Min.

Ex-Vietnamkämpfer ist inzwischen skrupelloser Dealer in Hongkong und arbeitet am Aufbau eines weltweiten Drogenimperiums, zu dessen Sicherung er eine Truppe aus blutrünstigen Ninja-Kriegern aufgestellt hat. Als er eine neugierige Journalistin in seine Gewalt bringt, schließt sich deren Ehemann seinem Freund, einem kämpferischen Drogeninspektor, an.

VideoWoche

No Blood, no Surrender 691

NO BLOOD, NO SURRENDER *

Video

Regie: Posados Francis
Darsteller: Max Alvarado, Janice Jurado, Brandy Ayala, Erni Ortega
Drehbuch: Erni Ortega
Produktion: Roadshow Films International, Philippinen 1986
Verleih: -/-/-/Spitfire Video
Erstaufführung: 30.7.88
FSK: ab 16 J.
Länge: 99 Min.

Alter Kriegsveteran kommt in die Stadt, wo die Familie seines ehemaligen Kampfgefährten lebt. Doch der Sheriff des Ortes scheint etwas dagegen zu haben und läßt ihn aus der Stadt werfen. Das fordert den Heldenmut des Ex-Söldners heraus - entschlossen liefert er dem Polizisten und seinen Handlangern ein Gefecht. Philippinische Actionkomödie, die wohl ein wenig »Rambo« persiflieren soll. Alberne Gags, die in ihrer Naivität ans Kasperle-Theater erinnern. *Video-Markt*

No Man's Land – Tatort 911 692

NO MAN'S LAND **

Regie: Peter Werner
Darsteller: D.B.Sweeney (Benjy Taylor), Charlie Sheen (Ted Varrick), Lara Harris (Ann Varrick), Randy Quaid (Lieutenant Vincent Bracey), Bill Duke (Malcolm), R.D.Call (Frank Martin), Arlen Dean Snyder (Lieutenant Curtis Loos), M.Emmet Walsh (Captain Haun), Al Shannon, Bernard Pock, Ken Endosa, James F. Kelly, Lori Butler
Drehbuch: Dick Wolf
Kamera: Hiro Narita (Farbe)
Musik: Basil Poledowris
Schnitt: Steve Cohen
Produktion: Joseph Stern, Dick Wolf für Orion, USA 1987
Verleih: 20th Century Fox/Constantin/-/RCA/Columbia Video
Kinostart: 13.10.1988
FSK: ab 16,ffr.
Länge: 106 Min.

Ein Film aus der Zeit vor dem Börsen-Crash, als Yuppies sich noch Porsches leisten konnten. Der junge Undercover-Cop Benjy steht zwischen einem Freund, der Dieb und Killer ist, dessen Schwester und vielen Porsches. Der Film gefällt sich in seinen allzu nah kadrierten Action-Szenen, vergißt darüber aber immer mehr die Glaubwürdigkeit der Charaktere, bis alle Bewegungen ins emotionslose Nichts steuern.

Milan Pavlovic, Kölner Stadt-Anzeiger

Thomas Linden in: Kölnische Rundschau, 15.10.88

Sex und Politik. Gene Hackman und Sean Young in »No Way Out – Es gibt kein zurück«. ▶

No Way Out – Es gibt kein zurück 693

NO WAY OUT ****

Regie: Roger Donaldson
Darsteller: Kevin Costner (Tom Farrell), Gene Hackman (David Brice), Sean Young (Susan Atwell), Will Patton (Scott Pritchard), Howard Duff (Senator Duvall), George Dzundza (Sam Hesselman), Jason Bernard (Major Donovan), Iman (Nina Beka), Fred Dalton Thompson (Marshall), Leon Russom, Dennis Burkley, Marshall Bell,
Drehbuch: Robert Garland nach dem Roman »The Big Clock« von Kenneth Fearing
Kamera: John Alcott (Farbe)
Musik: Maurice Jarre
Schnitt: Neil Travis
Produktion: Laura Ziskin, Robert Garland für Neufeld/Ziskin/Garland-Prod., USA 1986
Verleih: 20th Century Fox/Constantin/Monopole Pathé/RCA/Columbia Video
Kinostart: 3.3.88
FSK: ab 16, ffr.
Länge: 114 Min.

Ein erstklassig gebauter Polit-Thriller von teuflischer Spannung – haarscharf an den realen Skandalmöglichkeiten politischer Korruption und Geheimdienstler-Drecksarbeit entlangbalancierend. Der Überraschungs-Salto mortale verursacht zwar ziemliches Hirnsausen – aber na wenn schon.

Der Nervenkitzel entsteht aus einer Mystifikation: Marineoffizier Farrell fängt was mit einer schöner Party-Dame an, ohne zu ahnen, daß sie das ausgehaltene Verhältnis seines Chefs, des bieder verheirateten Verteidigungsministers ist. Als der Herr Minister den unbekannten Rivalen witternd, die Dame im Handgemenge versehentlich umgebracht hat, beauftragt er Farrell, ihren Liebhaber zu finden und ihm den Mord in die Schuhe zu schieben. Farrell müßte sich also selbst fangen.

Die tollkühne Story, nach dem Roman »The Big Clock« von Kenneth Fearing (1948 schon einmal mit Charles Laughton und Ray Milland verfilmt), wurde von Regisseur Roger Donaldson nach allen Regeln des Reißerhandwerks blendend inszeniert:

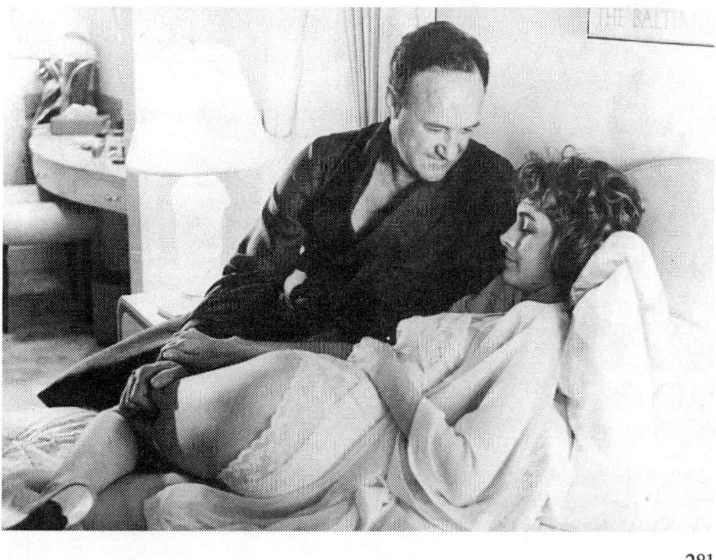

Sarkastisch böse im Politgeschäft, knallhart und rasant im kriminalistischen Bluff- und Puzzle-Spiel.

Ponkie, AZ

Michael Althen in: Die Zeit, 11.3.88; Otto Heuer in: Rheinische Post, 4.3.88; Peter Krauss in: FR, 9.3.88; Claudius Seidl in: SZ 5.4.88

Noch drei Männer, noch ein Baby 694

***

THREE MEN AND A BABY

Regie: Leonard Nimoy
Darsteller: Tom Selleck (Peter), Steve Guttenberg (Michael), Ted Danson (Jack), Nancy Travis (Sylvia), Margaret Colin (Rebecca), Alexandra Amini (Patty), Philip Bosco (Celeste Holm), Barbara Budd, Michael Burgess, Derek de Lint, David Foley, Cynthia Harris, Jacqueline Murphy, Thomas Quinn
Drehbuch: James Orr, Jim Cruickshank, nach dem Drehbuch »Trois Hommes et un Couffin« von Coline Serreau
Kamera: Adam Greenberg (Farbe)

»Mr. Spock« Leonard Nimoy hat die Fronten gewechselt. Er führt Regie bei »Noch drei Männer, noch ein Baby«.

Musik: Marvin Hamlisch
Schnitt: Michael A. Stevenson
Produktion: Ted Field, Robert W. Cort für Touchstone mit Silver Screen Partners III, USA 1987
Verleih: Warner Bros./Warner Bros./Parkfilm/Warner Home Video
Kinostart: 28.4.88
FSK: ab 6, ffr.
Länge: 102 Min.

Was die Franzosen können, können wir besser, dachte Leonard Nimoy alias Mr. Spock. In Bezug auf die Kasse behielt er recht, was die künstlerische Qualität anbelangt, griff er daneben. Denn sein Film hat nichts vom witzigen Charme des französichen Vorbildes »Trois hommes et un couffin« von Coline Serreau. Da wird ein Erfolgsrezept recht lieblos abgespult: Nach gewissen Anlaufschwierigkeit werden drei eingefleischte Junggesellen zu liebenden Vätern. Tom Selleck als Softie ist zwar eine reizvoll-komische Idee.
Doch dem Film fehlt die ironische Basis, die in Anbetracht des Themas bei einer Regisseurin offenbar weit besser zum Tragen kommt. *Zoom*

Gert Berghoff in: Kölnische Rundschau, 30.4.88; Bodo Fründt in: SZ, 3.5.88; Fritz Göttler in: Kölner Stadt-Anzeiger, 30.4.88; Wilm Hart in: Die Welt, 5.5.88; Manfred Hobsch in: Zitty, 9/88

Nomads – Tod aus dem Nichts 695

**

NOMADS

Video

Regie: John McTiernan
Darsteller: Lesley-Anne Down (Dr. Eileen Flax), Pierce Brosnan (Jean-Charles Pommier), Anna-Maria Montecelli (Niki Pommier), Jeannie Elias (Cassie), Adam Ant (Nummer Eins), Hector Mercado (Ponyschwanz), Josie Cotton (Silberring), Mary Woronov (dreckige Blondine)
Drehbuch: John McTiernan
Kamera: Stephen Ramsey (Eastmancolor)
Musik: Bill Conti
Schnitt: Michael John Bateman
Produktion: Elliot Kastner für PSO/Cinema 7, USA 1985
Verleih: -/-/-/CBS/Fox Video
Erstaufführung: 25.10.88
FSK: nicht unter 18 J.
Länge: 100 Min.

Ein Anthropologe wird von geisterhaften Nomaden ermordet; auf dem Sterbebett wechselt seine Seele in eine Ärztin über, die fortan in Träumen seine Entdeckungen nacherlebt. Stilistisch interessant, ansonsten jedoch heillos in die Länge gezogen.

North Shore 696

NORTH SHORE **

Video

Regie: William Phelps
Darsteller: Matt Adler (Rick), Gregory Harrison (Chandler), Nia Peeples (Kiani), John Philbin (Turtle), Gerry Lopez (Vince), Laird Hamilton (Lance Burkhart), Robbie Page (Alex Rogers), Mark Occhilupo (Occy)
Drehbuch: Tim McCanlies, William Phelps
KA[Peter Smokler (DuArt Color)
Kamera: Peter Smokler (DuArt Color)
Musik: Richard Stone
Schnitt: Robert Gordon
Produktion: William Finnegan für Randal Kleiser Prod. Universal, USA 1987
Verleih: -/-/-/CIC Video
Erstaufführung: Januar 88
FSK: ab 16 J.
Länge: 96 Min.

Achtzehnjähriger träumt von einem Surftrip nach Hawaii. Nach überraschend gewonnenem Geldpreis endlich dorthin gelangt, knallt er beim Alleingang gegen einen anderen Surfer und verknallt sich in der Folge in dessen Cousine.

Nosferatu in Venedig 697

NOSFERATU A VENEZIA **

Regie: Alan Cummings (= Augusto Caminito)
Darsteller: Klaus Kinski (Nosferatu), Barbara de Rossi (Helietta Canins), Christopher Plummer (Paris Catalano), Yorgo Voyagis (Giuseppe Barnabo), Clara Colosimo (Medium), Donald Pleasence (Don Alvisc), Maria C. Cumani, Elvire Audray, Anne Knecht
Drehbuch: Carlo Alberto Alfiere, Leandro Lucchetti, Augusto Caminito
Kamera: Antonio Nardi (Farbe)
Musik: Luigi Ceccarelli, Songs von Vangelis
Schnitt: Claudio Cutry
Produktion: Augusto Caminito für Scena/Reteitalia, Italien 1987
Verleih: Metropol/Fleur/-/VPS Video
Kinostart: 1.9.88
FSK: ab 18, nffr.
Länge: 93 Min.

Der Film läßt den klassischen Vampir nach 1000jähriger Ruhe wieder spuken. Dabei wirkt Nosferatu wie ein lächerlicher Horror-Opa. Dauerschurke Klaus Kinski hat nach frischem Jungfrauen-Fleisch zu sabbern und war noch nie so müde und verbraucht wie hier. Totale Langeweile in der Lagunenstadt. *tip*

René Gralla in: Die Welt, 14.9.88

Notturno 698

****

Regie: Fritz Lehner
Darsteller: Udo Samel (Franz Schubert), Daniel Olbrychski (Franz von Schober), Wojtek Pszoniak (Kajetan), Traugott Buhre (Schuberts Vater), Maja Komorowska (Anna Schubert), Gabriel Barylli (Moritz von Schwind), Florentin Groll (Joseph von Spaan), Michaela Widhalm (Josefa), Wolf Dietrich Sprenger (Johann Mayrhofer), Therese Affolter, Christian Altenburger
Drehbuch: Fritz Lehner
Kamera: Gernot Roll (Farbe)
Musik: J.S. Bach, Donizetti, Paganini, Johnn Strauß, Franz Schubert
Schnitt: Juno Sylva Englander, Helga Wagner
Produktion: René Letzgus für Team-Film/Star/La Sept/ORF/ZDF/SRG, Österreich 1986/88
Verleih: -/Constantin/-
Erstaufführung: 29.6.88 Filmfest München, zweiteilige Festivalfassung

Udo Samel in »Notturno«.

Kinostart: Nov. 88
Sendetermin: 1986 ORF, dreiteilige TV-Fassung »Mit meinen heißen Tränen«
Prädikat: Sehenswert (Österreich)
Länge: 190 Min. (Kinofassung)

Der österreichische Regisseur Fritz Lehner versucht die letzten drei Monate in Franz Schuberts Leben filmisch aufzuarbeiten. Bestechend ist die empfindsame Photographie; über Leben und Werk des großen Komponisten wird aber in den quälend langen Einstellungen kaum etwas Gültiges ausgedrückt. *multimedia*

Nummer 5 gibt nicht auf 699

SHORT CIRCUIT 2 ***

Regie: Kenneth Johnson
Darsteller: Fisher Stevens (Ben Jahrvi), Michael McLean (Fred Ritter), Cynthia Gibb (Sandy Banatoni), Jack Weston (Oscar Baldwin), Dee McCafferty (Saunders), David Hemblen (Jones), Tim Blaney
Drehbuch: S.S. Wilson, Brent Maddock
Kamera: John McPherson (Technicolor)
Musik: Charles Fox
Schnitt: Conrad Buff
Produktion: David Foster, Lawrence Turman für Turman-Foster Prod., USA 1988
Verleih: Columbia Tri-Star/Warner/ 20th Century Fox/RCA/ Columbia Video
Kinostart: 15.12.88
FSK: ab 6, ffr.
Länge: 110 Min.
Prädikat: Besonders wertvoll

Die überraschend phantasievolle und witzige Fortsetzung des John-Badham-Films aus dem Jahre 1986. Diesmal hat es der Roboter zwar nicht mit Militärs, aber zumindest mit einigen militanten Zivilisten zu tun. Der Film ist bisweilen ein wenig albern und offenkundig fehlgeschlagen sind die Versuche, Nr. 5 durch die Montage Eigenschaften zu verleihen, die er nicht haben kann (z.B. Sprünge zu machen), doch da Weihnachten naht, wollen wir nicht übermäßig streng sein. *Lars Olav Beier, tip*

Bodo Fründt in: SZ, 20.12.88

Nur Fliegen ist schwerer 700

****

16 mm

Regie: Reinhard Kahn
Darsteller: Ian Owen, Susan Oswell, Karl-Heinz Merz, Marianne Söndermann, Christof Jacob, Sylvia Rothe
Drehbuch: Reinhard Kahn nach einer literarischen Anregung durch »Jacob von Gunten« von Robert Walser
Kamera: Jorge Bodanzky (Farbe)
Musik: Franz Hummel
Produktion: Reinhard Kahn Filmprod./ZDF, BRD 1985
Verleih: Kahn Filmprod./-/-
Erstaufführung: 25.1.86, Max Ophüls Preis, Saarbrücken
Kinostart: Nov. 88
Länge: 96 Min. (Teilweise mit Untertiteln)
Prädikat: Wertvoll

(...) Der Leichtmatrose Richard Säum, gehbehindert, sieht sich durch eine Bestimmung im Testament seines Vaters dazu gezwungen, ein Institut für Tanz- und Benimm-Ausbildung mit Erfolg zu absolvieren. Gelingt ihm dies, soll ihm das elterliche Vermögen zufallen. Er unterwirft sich dieser Klausel und erlebt drei intensive Tage und Nächte in diesem Institut. (...)
Im übrigen begründet sich das Prädikat vor allem durch die Absicht, auch im Kino derartig experimentell angelegten Filmen eine Chance vermittelt zu sehen. *Aus der Begründung der FBW*

Nuts... Durchgedreht 701

NUTS ****

Regie: Martin Ritt
Darsteller: Barbra Streisand (Claudia Faith Draper), Richard Dreyfuss (Aaron Levinsky), Maureen Stapleton (Rose Kirk), Karl Malden (Arthur Kirk), Eli Wallach (Dr. Herbert A. Morrison), Robert Webber (Francis MacMillan), James Whitmore (Richter Stanley Murdoch), Leslie Nielsen (Allen Green), William Prince (Clarence Middleton), Dakin Matthews (1. Richter), Paul Benjamin, Warren Manzi, Elisabeth Hoffman, Castulo Guerra
Drehbuch: Tom Topor, Darryl Ponicsan, Alvin Sargent nach einem Bühnenstück von Topor
Kamera: Andrzej Bartkowiak (Technicolor)

Gerichts-Drama. Barbra Streisand und Richard Dreyfuß (im Hintergrund) in »Nuts«.

Musik: Barbra Streisand
Schnitt: Sidney Levin
Produktion: Barbra Streisand für Barwood Films/Martin Ritt Prod., USA 1987
Verleih: Warner Bros./Warner Bros./Warner Bros./Warner Home Video
Erstaufführung: 21.2.88, außer Konkurrenz bei den Int. Filmfestspielen Berlin
Kinostart: 24.3.88
FSK: ab 16, ffr.
Länge: 115 Min.

Hollywood hat den Gerichtssaal als Filmschauplatz wiederentdeckt: In »Suspect« spielt Cher eine Pflichtverteidigerin, die einen Penner vertreten muß. Und bei »Nuts« - will Anwalt Richard Dreyfuss den Richter von der Zurechnungsfähigkeit seiner Mandantin Claudia Draper (Barbra Streisand) überzeugen: Die Luxus-Nutte hat in Notwehr einen Freier erschlagen, der gewalttätig wurde. Psychiater und Eltern machen gemeinsame Sache und schieben Claudia in die Nervenklinik ab, um den Prozeß zu verhindern, weil sie Angst haben vor den Wahrheiten zwischen sexuellem Mißbrauch und Prostitution, die wollen sie lieber zugedeckt sehen. Nuts - ist ein erstaunlicher Film, weil es Regisseur Martin Ritt gelingt, aus der sattsam bekannten Justizpalast-Szenerie (mit all ihren Verhörtricks im Zeugenstand) die packende Rekonstruktion einer Lebensgeschichte zu machen. Und weil es perfektes Schauspieler-Star-Kino ist: Barbra Streisand als zornig-unangepaßte Frau, die sich zur Wehr setzt gegen Doppelmoral und moderne Psychiatrie.

Manfred Hobsch, Zitty

Helmut W. Banz in: Kölner Stadt-Anzeiger, 26./27.3.88; Gerd Berghoff in: Kölnische Rundschau, 26.3.88; Bodo Fründt in: SZ, 28.3.88; Kai Hoffmann in: FR, 31.3.88

Occult 702

GOOD NIGHT, GOD BLESS *

Video

Regie: John Eyres
Darsteller: Frank Rozelaar Green, Emma Sutton, Niki Rainsford
Produktion: Geoff Griffiths, Zafar Malik, Großbritannien 1987
Verleih: -/-/-/Carrera Topline Video
Erstaufführung: 14.11.88
Länge: 90 Min.

Britischer Fernsehfilm um einen irren Priester.

Octavia 703

OCTAVIA *

Video

Regie: David Beaird
Darsteller: Susan Curtis (Octavia), Neil Kinsella (Bo), Jake Foley (Octavias Vater)
Drehbuch: David Beaird
Kamera: Bryan England (Eastmancolor)
Musik: Gerald Michenaud
Schnitt: Susan A. Jenkins
Produktion: Alan C. Fox für Whitefire, USA 1982
Verleih: -/-/-/UFA Video
Erstaufführung: 2.11.88
Länge: 90 Min.

Die junge hübsche Octavia, nahezu blind von Geburt an und ohne Mutter aufgewachsen, wird von ihrem Vater wie eine Sklavin behandelt. Als der entflohene Sträfling Bo sich auf dem Gelände der Villa versteckt, lernt Octavia Liebe und Zuneigung kennen. Eine hanebüchene Story und unfreiwillige Komik prägen dieses Drama um das Schicksal eines jungen Mädchens. *VideoWoche*

Ödipussi 704

*****

Regie: Loriot
Darsteller: Loriot (Paul Winkelmann), Evelyn Hamann (Margarethe Tietze), Katharina Brauren (Mutter Winkelmann), Edda Seippel (Gerda Tietze), Richard Lauffen (Kurt Tietze), April De Luca (Fräulein Hagebusch), Dagmar Biener (Frau Mengelberg), Rosemarie Fendel (Frau Westphal), Rose Renee Roth, Klaus Schultz, Walter Hoor, Rudolf Unger, Eberhard Fechner, Udo Thomer
Drehbuch: Loriot
Kamera: Xaver Schwarzenberger (Farbe)
Musik: Rolf Wilhelm
Schnitt: Dagmar Hirtz
Produktion: Horst Wendlandt für Bavaria/Rialto/SNF, BRD 1988
Verleih: Tobis/Constantin/Rialto/Taurus-Film Video
Uraufführung: 10.3.88
Kinostart: 10.3.88
FSK: o.A., ffr.
Länge: 88 Min.
Prädikat: Wertvoll

Dieses bezaubernde Produkt einer vor nichts zurückschreckenden (um nicht zu sagen: frivolen) Phantasie ist zwar (als Spielfilm) ein Erstling, vereint jedoch die Meisterschaft seines Urhebers in der Handhabung perfider Kleinkatastrophen zu einer makellosen Großkatastrophe: Loriot ist auch mit seinem ersten Spielfilm unschlagbar.
Sein Material ist, wie eh und je, das Leben in seiner unglaublich vertrackten Hinterhältigkeit.
Die Geschichte von Herrn Winkelmann ist ja eigentlich von der Art, wie man sie - wenn sie böse endet - eines Tages in der Zeitung lesen kann (Sohn erschlägt Mutter mit Blumentopf/Schürhaken / Zuckerdose / Abfalleimer). Doch Loriot erzählt sie freundlicherweise mit einem Happy-End: Herr Polstermöbelgeschäftsführer Winkelmann (56, fest in »Mammas« Hand) trifft Frau Diplompsychologin Tietze (ihrerseits mit einem Muttermonster geschlagen), und die beiden nestgeschädigten Spätvögel entflattern in ein italienisches Luxushotel, lassen schändlichen Gedanken freien Lauf und wagen, heimgekehrt, eine Teebesuch-Zusammenführung der mütterlichen Bruthennen. Dies führt zu kulturellem Kahlschlag.

Wird es ein Happy-End geben mit der Diplompsychologin und dem Möbelverkäufer? Evelyn Hamann und Loriot in »Ödipussy«.

(...) »Ödipussi« ist ein Leisevertreterfilm, den man hinterher stundenlang genüßlich nachkosten kann (siehe »ein Klavier, ein Klavier!«): Also nein, wie Tante Mechthild bei diesem Buchstabenspiel partout auf dem Wort »Schwanzhund« bestand... und wie die Olle das Brahms-Lied... und das Kartoffelpüree... *Ponkie, AZ*

Volker Baer in: Der Tagesspiegel, 11.3.88; Sebastian Feldmann in: Rheinische Post, 11.3.88; Bodo Fründt in: SZ, 10.3.88; Hellmuth Karasek in: Der Spiegel, 7.3.88; Helmut Schmitz in: FR, 12.3.88

Off Balance – Der Tod wartet in Venedig 705

OFF BALANCE **

Video

Regie: Ruggero Deodato
Darsteller: Michael York, Edwige Fenech, Donald Pleasance
Produktion: Italien 1987
Verleih: -/-/-/IVE Video
Erstaufführung: 21.11.88
Länge: 90 Min.

Erfolgreicher Pianist macht eine erschreckende Entdeckung: Er altert im Zeitraffer. Seine Persönlichkeit ändert sich, sie treibt ihn zu irrationalen Morden. Ruhiger, lakonisch erzählter Thriller mit Horrorelementen vor der Kulisse Venedigs.

Oh Gott! Du Teufel! 706

OH, GOD! YOU DEVIL **

Video

Regie: Paul Bogart
Darsteller: George Burns (Gott/Harry O. Tophet), Ted Wass (Bobby Shelton), Ron Silver (Gary Frantz), Roxanne Hart (Wendy Shelton), Eugene Roche (Charlie Gray), Robert Desiderio (Billy Wayne)
Drehbuch: Andrew Bergman
Kamera: King Baggot (Technicolor)
Musik: David Shire
Schnitt: Randy Roberts, Andy Zall
Produktion: Robert M. Sherman für Warner Bros., USA 1984
Verleih: -/-/-/Warner Home Video
Erstaufführung: 14.7.88
FSK: ab 12 J.
Länge: 96 Min.

Erfolgloser Musikus schließt einen Pakt mit dem Teufel ab, bereut dies jedoch bald und wendet sich an dessen himmlisches Gegenstück. Dritter Aufguß eines schon beim ersten Mal nicht gerade hinreißenden Versuchs an einer Renaissance des Film Blanc.

Ohne Zeugen 707

BES SWIDETELIJ ***

TV

Regie: Nikita Michalkow
Darsteller: Irina Kuptschenko (Sie), Michail Uljanow (Er)
Drehbuch: Nikita Michalkow, Sofia Prokofjewa, Ramis Fatalijew
Kamera: Pawel Lebeschew
Musik: Eduard Artemjew
Produktion: Mosfilm, UdSSR 1984
Kinostart: 24.8.88, ZDF
Länge: 90 Min.

Szenen einer (geschiedenen) Ehe auf russisch. Ein Mann besucht seine geschiedene Frau, steht plötzlich mitten in der Wohnung, denn er hat noch den Schlüssel, den er wie selbstverständlich benutzt, und er amüsiert sich prustend über das Erschrecken der Frau. Man merkt gleich, daß man es mit einem penetranten Zeitgenossen zu tun hat, und was er sonst noch alles ist, erfährt man peu à peu in diesem russischen Film, den der Regisseur Nikita Michalkow mit viel Fingerspitzengefühl und Anflügen von Ironie in filmische Sequenzen zerlegte.

Hellmut A. Lange, Wiesbadener Kurier

Kerstin Holm in: FAZ, 26.8.88,; Martin Ahrends in: Die Zeit, 19.8.88; Wilfried Geldner in: SZ, 26.8.88, tan in: Mannheimer Morgen, 26.8.88

Ein Opa kommt selten allein 708

BETTER LATE THAN NEVER **

TV

Regie: Brian Forbes
Darsteller: David Niven (Nick Cartland), Art Carney (Charley Dunbar), Maggie Smith (Anderson), Kimberley Partridge (Bridget), Catherine Hicks (Sable), Lionel Jeffries (Hargreaves), Melissa Prophet (Marlene)
Drehbuch: Brian Forbes nach einer Story von Gwen Davis
Kamera: Claude Lecomte
Musik: Henry Mancini
Schnitt: Philip Shaw
Produktion: Jack Haley jr., David Niven jr., Großbritannien 1981
Sendetermin: 4.3.88, ARD
Länge: 95 Min.

Nick Cartland und Charley Dunbar erfahren zu ihrer Überraschung, daß einer von ihnen der Großvater einer zehnjährigen Millionenerbin ist. Die vorwitzige Kleine soll selber entscheiden, ob Nick oder Charley ihr Vormund wird. Da das finanziell sehr attraktiv ist, wetteifern die beiden älteren Herren daraufhin nach Kräften um die Gunst des Goldkinds und geraten dabei in kuriose Schwierigkeiten.

ARD

Open House – Trautes Heim kann tödlich sein 709

OPEN HOUSE *

Video

Regie: Jag Mundhra
Darsteller: Joseph Bottoms (Dr. David Kelly), Adrienne Barbeau (Lisa Grant), Rudy Ramos (Rudy Estevez), Mary Stavin (Katie Thatcher), Scott Thompson Baker (Joe Pearcy), Darwyn Swalve (Harry), Robert Miano (Lt. Shapiro)
Drehbuch: David Mickey Evans
Kamera: Robert Hayes (Fotokem Color)
Musik: Jim Studer
Schnitt: Dan Selakovich
Produktion: Sandy Cobe für Intercontinental Releasing, USA 1987
Verleih: Filmagentur Werner/-/-/ Focus Video
Erstaufführung: 16.12.88
FSK: nicht unter 18 J.
Länge: 97 Min.

Ein psychopathischer Killer sucht seine Opfer unter Immobilienmaklern und ihren Kunden, die er in zum Verkauf anstehenden Luxusvillas ermordet. Der Film, der vorgibt, sich gegen Lynchjustiz auszusprechen und Verständnis für den Täter zu werben, heischt mit blutigen Bildern und sadistischen Szenen von hilflosen, oft spärlich bekleideten weiblichen Opfern um Zuschauerinteresse.

Jürgen Richter in: FAZ, 16.4.88

Operation: Hot Water 710

HOT WATER *

Video

Regie: Jim Hanley
Darsteller: Suzanne DeLaurentis (K.C.), Linda Singer (Jo), Michael McKeever (Luke), Ken Roberts (Bud), Jeremy Ratchford (Junior)
Drehbuch: John Maxwell, Don Carmody
Kamera: Maurice de Ernsted (Farbe)
Musik: Ken Roberts, Allen Gerber
Schnitt: Jacques Jean
Produktion: Don Carmody für Cinema International, Kanada 1985
Verleih: -/-/-/UFA Video
Erstaufführung: 20.7.88
Länge: 83 Min.

Reformwilliges Prostituiertenduo gegen die Provinzrowdys und den mordlustigen Sheriff.

Outback – Flucht in die Wüste 711

BACKLASH **

Video

Regie: Bill Bennett
Darsteller: David Argue (Trevor Darling), Gia Carides (Nikki Iceton), Lydia Miller (Kath), Brian Syron (Exekutor), Anne Smith (Mrs. Smith), Don Smith (Mr. Smith), Jennifer Cluff (Kellnerin)
Drehbuch: Bill Bennett, David Argue, Gia Carides, Lydia Miller, Brian Syron
Kamera: Tony Wilson (Atlab Color)
Musik: Michael Atkinson, Michael Spicer
Schnitt: Denise Hunter
Produktion: Bill Bennett für Mermaid Beach/Multifilms, Australien 1986
Verleih: -/-/-/UFA Video
Erstaufführung: 22.2.88
Länge: 89 Min.

Ein strafversetzter Cop und eine idealistische Polizistin müssen die Aborigine Kathy zur Verhandlung in ein australisches Wüstennest bringen. Eine Autopanne mitten in der Wüste zwingt sie zu einem beschwerlichen Fußmarsch, bei dem sie einander besser verstehen lernen. Ambitionierter, mit sehr kleinem Budget entstandener Thriller, der vom Zuschauer einige Geduld und Aufgeschlossenheit verlangt. Mehr auf Atmosphäre und Charakterisierung als auf äußere Spannung angelegt. *VideoWoche*

Outlaw Force 712

OUTLAW FORCE *

Video

Regie: David Heavener
Darsteller: Paul Smith (Inspektor Wainwright), David Heavener (Billy Ray Dalton), Frank Stallone (Grady), Robert Bjorklund (Washington), Devin Dunsworth (Jesse), Stephanie Cicero (Holly Dalton), Warren Berlinger (Capt. Morgan)
Drehbuch: David Heavener
Kamera: David Huey, James Mathers (Fotokem Color)
Musik: Donald Hulette
Schnitt: Peter Miller
Produktion: Ronnie Hadar, David Heavener für Outlaw Film, USA 1988
Verleih: -/-/-/Charter Video
Erstaufführung: 24.2.88
FSK: nicht unter 18 J.
Länge: 95 Min.

Aus heiterem Himmel vergewaltigen und töten skrupellose Verbrecher Billy Ray Daltons Frau und entführen seine Tochter.
Billy will nicht abwarten, bis die Polizei geeignete Maßnahmen ergreift, sondern folgt den Gangstern schwerbewaffnet von seinem Provinznest bis nach Los Angeles. *VideoWoche*

The Outlaw Inferno 713

THE OUTLAW INFERNO *

Video

Regie: Nick Lizaso
Darsteller: Rudy Fernandez, John Cunningham, Chaito Solis, Eddie Garcia, Dang Cecilio
Drehbuch: Tony A. Calvento
Kamera: Sergio Lobo (Farbe)
Produktion: Davian International, Philippinen 1987
Verleih: -/-/-/G.L. Video
Erstaufführung: 26.7.88
FSK: nicht unter 18 J.
Länge: 87 Min.

Zwei Brüder werden aus dem Gefängnis entlassen und gehen unterschiedliche Wege. Während der eine, geläutert, einen rechtschaffenen Job aufnimmt, zieht es den anderen wieder in die Unterwelt zu einem mächtigen Syndikat.

Video-Markt

Outsider in Amsterdam 714

GRIJPSTRA & DE GIER ***

Video

Regie: Wim Verstappen
Darsteller: Rutger Hauer (Rinus de Gier), Rijk de Gooyer (H.F. Grijsptra), Willeke van Ammelrooy (Constanze), Donald Jones (Habberdoedas van Meteren), Frederik de Groot (Cardozo), Marina de Graaf (Helen)
Drehbuch: Wim Verstappen, Kees Holierhoek
Kamera: March Velperlaan (Farbe)
Musik: Rogier van Otterloo
Schnitt: Jutta Brandstadter
Produktion: Rob Houwer für Verenigade Nederland Filmcompagnie, Holland 1983
Verleih: -/-/-/Skyline Video
Erstaufführung: 19.12.88
Länge: 85 Min.

Für Sergeant Rinus de Gier und Leutnant Grijpstra beginnt der Tag mit einem Prostituiertenmord und dem Selbstmord Peter Vermeers, dem Besitzer des hinduistischen Zentrums »Haus der Harmonie«. Niederländische Krimiproduktion, durchaus vergleichbar mit der deutschen »Tatort«-Serie. *VideoWoche*

Strahlendes Paar. Goldie Hawn und Kurt Russell in »Overboard – Ein Goldfisch fällt ins Wasser«.

Overboard – Ein Goldfisch fällt ins Wasser 715

OVERBOARD ***

Regie: Garry Marshall
Darsteller: Goldie Hawn (Joanna/Annie), Kurt Russell (Dean Proffitt), Edward Herrman (Grant Stayton 3d), Katherine Helmond (Edith Mintz), Michael Hagerty (Billy Pratt), Roddy McDowall (Andrew), Jared Rushton (Charlie), Jeffrey Wiseman (Joey), Brian Price (Travis), Jamie Wild (Greg), Frank Campanella (Kapitän Karl), Harvey Alan Miller (Dr. Norman Korman)
Drehbuch: Leslie Dixon
Kamera: John A. Alonzo (Metrocolor)
Musik: Alan Silvestri
Schnitt: Dov Hoenig, Sonny Baskin
Produktion: Anthea Sylbert, Alexandra Rose für Metro-Goldwyn Mayer, USA 1987
Verleih: UIP/UIP/UIP/IMV Video
Kinostart: 21.4.88
FSK: ab 12, ffr.
Länge: 112 Min.

Der gutgebaute, gutmütige und alleinerziehende Zimmermann Dean Proffitt wird von der attraktiven, aber ungemein hochfahrenden Millionenerbin und Yachtbesitzerin Joanna Stayton über Bord geworfen, ohne den Lohn für eine Reparaturarbeit erhalten zu haben. Als Joanna kurz darauf auch ihr Gleichgewicht verliert, ins Meer fällt und das Gedächtnis verliert, nimmt Dean die Chance wahr, Revanche zu üben. Der Grund, daß der Filmspaß greift, liegt in der geschickten Verbindung eines überaus witzigen Dialogs mit hervorragenden schauspielerischen Leistungen und präzis charakterisierten Schauplätzen. Das der Geschichte zugrunde liegende Frauenbild folgt einem recht vulgären Strickmuster. *Zoom*

Frank Arnold in: Zitty, 9/88; Helmut Schmitz in: FR, 21.4.88; Claudius Seidl in: SZ, 26.4.88

Overthrow 716

COLPO DI STATO *

Video

Regie: Larry Ludman
Darsteller: Lewis van Bergen, Roger Wilson, John Phillip Law, Franklin Dominguez, Pepito Guerra

Drehbuch: David Parker jr., Larry Ludman
Kamera: Roberto Girometti (Farbe)
Musik: Stefano Mainetti
Schnitt: Vincenzo Tomassi
Produktion: Fabrizio de Angelis für Fulvia, Italien 1987
Verleih: -/-/-/IHE Video
Erstaufführung: Januar 88
Länge: 94 Min.

Naiver Polit-Actionthriller, der ohne konkreten Realitätsbezug die Story von Oliver Stones »Salvador« leicht abgeändert neu auftischt. Larry Ludman hat bisweilen recht spannend, aber mit etlichen Längen inszeniert.
VideoWoche

Oxford Blues 717
OXFORD BLUES **
Video

Regie: Robert Boris
Darsteller: Rob Lowe (Nick), Ally Sheedy (Rona), Amanda Pays (Lady Victoria), Julian Sands (Colin), Julian Firth (Geordie), Alan Howard (Simon), Gail Strickland (Las Vegas Lady)
Drehbuch: Robert Boris
Kamera: John Stanier (Technicolor)
Musik: John DuPrez
Schnitt: Patrick Moore
Produktion: Cassian Elwes, Elliott Kastner für Winkast Film, USA 1984
Verleih: -/-/-/EuroVideo
Erstaufführung: 23.3.88
FSK: ab 12 J.
Länge: 93 Min.

Aus Liebe zu einer schönen, adligen Engländerin, die in Oxford studiert, beschafft sich ein junger Amerikaner mit Geld einen Studienplatz. Durch seine Art gerät er an der konservativen Universität in Schwierigkeiten ...
Film & Fakten

Ozeanische Gefühle 718
TURTLE DIARY ****

Regie: John Irvin
Darsteller: Glenda Jackson (Neara Duncan), Ben Kingsley (William Snow), Harriet Walter (Harriet), Michael Gambon (George), Jeroen Krabbe (Sandor), Rosemary Leach (Mrs. Inchcliff), Eleanor Bron (Miss Neap), Michael Aldridge (Mr. Meager), Harold Pinter (Mann in Buchhandlung), Richard Johnson (Mr. Johnson), Nigel Hawthorne, Jeremy Nicholas, Chuck Julien, Barbara Rosenblat, Gary Olsen
Drehbuch: Harold Pinter, nach dem gleichn. Roman von Russell Hoban
Kamera: Peter Hannan (Technicolor)
Musik: Geoffrey Burgon
Schnitt: Peter Tanner
Produktion: Richard Johnson für United Artists/Britannic Prod., GB 1985
Verleih: Concorde/Czerny/Citel/ CBS-Fox Video
Kinostart: 26.5.88
FSK: o.A., ffr.
Länge: 96 Min.
Prädikat: Besonders wertvoll

Ein Traum von der Freiheit. Glenda Jackson in »Ozeanische Gefühle«.

Zwei vom Alleinsein schon leicht kauzig gewordene Tierliebhaber - sie Kinderbuchautorin, er Buchhändler - verfallen unabhängig voneinander auf die Idee, drei Seeschildkröten aus dem Londoner Zoo zu »entführen« und sie ihrer usprünglichen Meeresheimat zurückzugeben. In der Tradition trocken-humorvoller britischer Alltagskomödien, wird eine sympathische Geschichte mit viel Understatement erzählt, wobei das Drehbuch von Harold Pinter und ausgezeichnete Schauspielerleistungen für die reichlich konventionelle Machart des Films entschädigen.
Zoom

Michael Althen in: SZ, 11.8.88; Anne Frederiksen in: Die Zeit, 17.6.88; Friedrich Luft in: Die Welt, 3.6.88; Sigrid Schmitt in: Rheinische Post, 10.6.88; Hans-Dieter Seidel in: FAZ, 7.6.88

Pablos Verwandlung 719

FEROZ ****

TV

Regie: Manuel Gutierrez Aragon
Darsteller: Fernando Fernan Gomez (Luis), Frederic de Pasquale (Andres), Julio Cesar Sanz (Pablo), Javier Garcia (Pablo als Bär), Elene Lizarralde (Ana), Margarita Calahorra (Pablos Mutter), José Rodrigez (Pablos Vater)
Drehbuch: Elias Quereteja, Manuel Gutierrez Aragon
Kamera: Theo Escamilla
Musik: Coro Infantil Villa de Madrid
Schnitt: Pablo G. del Amo
Produktion: Elias Querejeta, Spanien 1984
Erstaufführung: Filmfest München 1987
Sendetermin: 8.2.88, ARD
Länge: 109 Min.

Luis, ein ehrgeiziger Psychologe, nimmt sich eines völlig verwilderten jungen Burschens an, der sich in einen Bären verwandelt hat. Er will ihn zu einem anstelligen Großstadtmenschen erziehen, und tatsächlich lernt sein Schützling, mit zivilisatorischen Errungenschaften wie Fernsehgerät und Heimcomputer umzugehen. Der Bärenjüngling bekommt sogar einen Arbeitsplatz in einem Großraumbüro, aber als ihn der stolze Chef zu sich nach Hause einlädt, gibt es eine Katastrophe. Mit feinem Gespür für Komik und Tragik entfaltet Aragon in der hintersinnigen Geschichte des Bärenjünglings Pablo das Drama der Kreatur auf der Suche nach Identität in einer Umwelt, die selber ihrer eigenen Natur längst nicht mehr gewiß ist. *ARD*

Pan Tau – Der Film 720

PAN TAU ***

Regie: Jindrich Polak
Darsteller: Otto Simanek (Pan Tau), Dana Vavrova, Ute Christensen, Jan Vlasak, Jakub Drocar, Viktor Preiss, Jiri Kodet, Vladimir Kratina
Drehbuch: Ota Hofman, Jindrich Polak
Kamera: Emil Sirotek (Farbe)
Musik: Manfred Schoof
Schnitt: Dalibor Lipsky
Produktion: Plaza-Tele F.A.Z./Studio Barrandov, BRD/CSSR 1988
Verleih: Cine-Plus/Oefram/-
Kinostart: 3.11.88
FSK: ab 6, ffr.
Länge: 93 Min.

Ein sympathischer Film um eine berühmte Fernseh-Figur, die mit ihrem unverwechselbaren Markenzeichen - der Zaubermelone auf dem Kopf - die Welt ein bißchen freundlicher macht. Eine Filmproduktion will Pan Tau wieder aus der Versenkung holen, was sich aber als komplizierter als geplant erweist, weil der Darsteller (Otto Simanek zum letzten Mal) älter und brummiger geworden ist. Also muß ein Double für die richtige Stimmung sorgen. Unbeschwertes Vergnügen. *tip*

Panic on the 5:22 721

PANIC ON THE 5:22 *

Video

Regie: Harvey Hart
Darsteller: Ina Balin, Bernie Casey, Linden Chiles, Andrew Duggan
Drehbuch: Eugene Price
Kamera: William A. Spencer (Farbe)
Produktion: Worldvision, USA 1987
Verleih: -/-/-/Pacific Video
Erstaufführung: 8.8.88
FSK: ab 16 J.
Länge: 73 Min.

Drei kleine Ganoven planen einen Überfall auf die Luxuswaggons eines Pendlerzugs, sind ihrer kriminellen Aufgabe letztlich jedoch nicht gewachsen. Dialoglastiger, moralisierender US-TV-Thriller.

Paradies der Leidenschaften 722

TROPIC OF DESIRE **

Video

Regie: Cash Baxter

Darsteller: Matt Collins, Roxanne Gregory, Barbara Baxley, Pat Carroll
Drehbuch: George Edwards. Nach dem Roman »Butterflies in Heat« von George Edwards
Kamera: Robert Carras (Farbe)
Produktion: Reel Movies International, USA 1979
Verleih: -/-/-/Video Live
Erstaufführung: 8.8.88
Länge: 91 Min. *FSK:* ab 16 J.

Call-Boy verläßt New York, nachdem eine Kundin beim Akt der Schlag traf und er wegen Mordes von der Polizei gesucht wird. Unkonventioneller Film mit manchmal surrealem Touch um das dekadente Leben im tropischen Key West. Die etwas schräge Geschichte ist auffallend gut fotografiert und geschnitten. *Video-Markt*

Paradise Motel 723

PARADISE MOTEL **

Video

Regie: Cary Medoway
Darsteller: Gary Hershberger (Sam Kehoe), Robert Krantz (Mick Thurster), Jonna Leigh Stack (Laura Phillips), Bob Basso (Harry Kehoe), Rick Gibbs (Danny), Jeffrey Jay Hea (Strummer), Colleen McDermott (Debbie)
Drehbuch: Roger Stone, Cary Medoway
Kamera: James L. Carter (Farbe)
Musik: Rick White
Schnitt: Doug Jackson
Produktion: Gary Gibbs, Frank Rubin für Saturn International Pictures, USA 1985
Verleih: -/-/-/Charter Video
Erstaufführung: April 88
Länge: 87 Min. *FSK:* ab 16 J.

Vater ist Motel-Besitzer und Sohnemann in der Schule darum sehr beliebt. Als sich allerdings der Junior in die hübsche Biene eines Bandenführers verliebt, gibt es Ärger. Teilweise ganz amüsante Teenie-Geschichte, die allerdings etwas Zeit braucht, um »in die Gänge zu kommen«.

Der Passagier – Welcome to Germany 724

***

Regie: Thomas Brasch
Darsteller: Tony Curtis (Mr. Cornfield), Katharina Thalbach (Sofie), Matthias Habich (Körner), Alexandra Stewart (Mrs. Cornfield), Charles Regnier (Silbermann), George Tabori (Rabbiner), Guntbert Warns (Danner), Michael Morris (Donelly), Ursula Andermatt (Rosa), Karin Baal (Frau Tenzer), Fritz Marquardt (Herr Tenzer), Birol Ünel (Baruch), Gedeon Burkhard (Janko), Peter Lohmeier (1. SS-Mann), Markus Völlenklee (2. SS-Mann), George Kranz (Concierge), Leslie Malton (Schauspielerin), Michael Thomas Wolff (1. Bewerber), Walter Schmidinger (Bewerber), Eva Ebner (Elisabeth), Paul Andor (Levi), Klaus Pohl (Jüdischer Schauspieler), Harry Baer (Grenzbeamter), Irm Herrmann (KZ-Kommandantin)
Drehbuch: Thomas Brasch, Mitarbeit Jurek Becker
Kamera: Axel Block (Farbe)
Musik: Günther Fischer
Schnitt: Tanja Schmidbauer
Produktion: Joachim von Vietinghoff, George Reinhart für von Vietinghoff-Filmprod./Road Movies/George-Reinhart-Prod./ZDF/Channel Four, BRD 1988
Verleih: Delta/Classic/-
Erstaufführung: Wettbewerb der Int. Filmfestspiele Cannes 1988
Kinostart: 28.4.88
FSK: ab 12, ffr.
Länge: 102 Min.

Ein Film über das Drehen eines Films: Im Ansatz ist das ein virtuoses Formexperiment.

Doch Thomas Brasch hat sich damit in ein pathetisch effektbrünstiges Symboltheater verrannt.

Cornfield, der Star-Regisseur amerikanischer TV-Serien, beginnt in Berlin mit den Dreharbeiten zu einem Film über einen deutschen Filmregisseur, der 1942 einen antisemitischen Film drehte, für den Juden aus dem KZ zwangsverpflichtet wurden. Einer wollte fliehen – er wurde verraten und umgebracht. Film-im-Film-Frage: Was passierte damals wirklich? Welche Wahrheit ist die richtige Wahrheit?

Wahrheit ist, daß Wahrheit, jenseits der nachweisbaren Tatbestände, viele Facetten hat. Und man spürt, daß Brasch viele Jahre über diesem Stoff gebrütet hat: Das Bezugssystem der

Als amerikanischer Star-Regisseur, der in Deutschland einen geheimnisvollen Film dreht Tony Curtis in »Der Passagier – Welcome to Germany«.

verschiedenen Film-Ebenen ist brillant (Cornfield selbst war einst der Verräter, der überlebte: Der Film ist sein Spiegel).
Doch die psychologischen Mutmaßungen und Visionen sind in ihren Verschachtelungen so artifiziell überfrachtet, so vollgepumpt mit Mystifikation, daß selbst der aufmerksamste Zuschauer nicht mehr durchblickt.
Falls das mit zur Absicht gehörte, so ist es mißlungen: Wo nichts verstanden wird, sackt die Kunst ins Leere. Dabei ist Tony Curtis als Cornfield exzellent und das Ensemble voll von deutscher Theater-Elite: Ein ehrgeiziger Film, trotz jüdischer Selbstironie vom bleiernen Hochmut der Züchtigungsfilmkunst aus dem Elfenbeinturm. *Ponkie, AZ*

Bodo Fründt in: SZ, 6.5.88; Urs Jenny in: Der Spiegel, 2.5.88; Gertrud Koch in: FR, 9.5.88; Heike Kühn in: FR, 4.5.88; Friedrich Luft in: Die Welt, 28.4.88; Hans-Dieter Seidel in: FAZ, 9.5.88

Pathfinder 725

OFELAS/VEIVISEREN ****

Regie: Nils Gaup
Darsteller: Mikkel Gaup (Aigin), Ingvald Guttorm (Vater), Ellen Anne Buljo (Mutter), Inger Utsi (Schwester), Svein Scharffenberg (Anführer der Tschuden), Helgi Skulason, Knut Walle, John S. Kristensen, Nils-Aslak Valkeapää, Nils Utsi
Drehbuch: Nils Gaup
Kamera: Erling Thurmann-Andersen (Farbe, Panavision)

Musik: Nils-Aslak Valkeapää, Marius Müller, Kjetil Bjerkestrand
Schnitt: Niels Pagh Andersen
Produktion: John M. Jacobsen für Filmkameratens/The Norway Film Development/Norsk Film, Norwegen 1987
Verleih: Jugendfilm/Constantin/Alpha/marketing-film Video
Kinostart: 15.9.88
FSK: ab 12, ffr.
Länge: 87 Min.
Prädikat: Besonders wertvoll

Die Schönheit dieses norwegischen Films liegt in der Einfachheit der Erzählung, in der elementaren Lebenserfahrung, wie sie aus alten Legenden überliefert wird (Entscheidung treffen zu müssen, sich dem Bösen zu unterwerfen oder den Kampf aufzunehmen) – und in der unverbrauchten Frische eines bisher filmunerfahrenen Volkes aus Lappland, der »Samen«.
Der kraftvolle Heimatfilm in der unberührten Schneelandschaft Lapplands ist grausam wie ein Märchen: Der samische Junge Aigin muß schreckliche Prüfungen bestehen, ehe er als Held und Retter seines Volkes gerühmt wird. Denn die Tschuden, finstere, barbarische Krieger in schwarzen Kettenhemden, haben Aigins Familie ausgeplündert und umgebracht, und sie zwingen ihn nun, ihnen den Fluchtweg seiner Stammesbrüder zu zeigen.
Autor und Regisseur Nils Gaup hat dieses tausend Jahre alte Gleichnis vom Umgang des Menschen mit der Natur und den Mitmenschen mit archaischer Wucht inszeniert: Ein atemberaubendes nordisches Abenteuer von unverwechselbarer Eigenart.
Ponkie, AZ

Frank Arnold in: Zitty, 17/88; Lars-Olav Beier in: tip, 17/88; Samuel Helbling in: Zoom, 18/88; H.G. Pflaum in: SZ, 26.11.88

Patrick lebt 726

PATRICK IS STILL ALIVE *
Video

Regie: Mario Landi
Darsteller: Sacho Pitoeff, Gianni Dei, Maria Angela Giordan, Carmen Russo, Paolo Giusti, Franco Silva, John Benedy, Anna Veneziano
Produktion: Gabriele Grisanti, Italien 1985

Abenteuer in Lappland. Mikkel Gaup, der 18jährige Hauptdarsteller von Pathfinder«.

Verleih: -/-/Carrera Topline Video
Erstaufführung: 20.12.88
Länge: 90 Min.

Unaufwendige italienische Horrorproduktion, die an den australischen PSI-Thriller »Patrick« anknüpft.

Patriot ohne Vaterland 727

L'EBREO FASCISTA **

TV

Regie: Franco Molé
Darsteller: Ray Lovelock (Oberdan Rossi), Martine Brochard (Elena Miotti), Silvia Dionisio (Rosa Calzolari), Adalberto Rosseti (Ciclone Morselli), José Quaglio, Ileana Ghione, Mario Valdemarin
Drehbuch: Piero Regnoli, Luigi Preti nach dem Roman »Un Ebreo Nel Fascismo« von Luigi Preti
Kamera: Fausto Zuccoli
Musik: Aldo Salvi
Schnitt: Luigi Russo
Produktion: Dionysio Cin., Italien 1980
Sendetermin: 13.1.88, ZDF
Länge: 102 Min.

Ein Haufen Papier wurde geredet in dem italienischen Politfamiliendrama: Obwohl die Probleme eines faschistischen Halbjuden im Mussolini-Italien interessante Ansatzpunkte boten, scheiterte der hochgestochene Anspruch an der miserablen Trivial-Inszenierung. Ein Debüt-Film, gewiß. Aber diese Spruchblasen-Tragödie aus den dreißiger Jahren mußte jede Glaubwürdigkeit schuldig bleiben.

Ponkie, AZ

ML in: Mannheimer Morgen, 15.1.88; Thomas Neuhauser in: FAZ, 15.1.88; abt in: Stuttg. Zeitung, 15.1.88

Patti Rocks – Sex macht Spaß 728

PATTI ROCKS ***

Regie: David Burton Morris
Darsteller: Chris Mulkey (Billy), John Jenkins (Eddie), Karen Landry (Patti), David L. Turk (Kahnarbeiter), Stephen Yoakam, Sally Tronnes, Ken Tronnes, Ralph Estlie
Drehbuch: David Burton Morris, Chris Mulkey, John Jenkins, Karen Landry nach den Charakteren aus dem Film »Loose Ends«, kreiert von Victoria Wozniak
Kamera: Gregory M. Cummins (Farbe)
Musik: Doug Maynard
Schnitt: Gregory M. Cummins
Produktion: Gwen Field, Gregory M. Cummins für Sam Grogg für Film Dallas Pict., USA 1987
Verleih: Highlight/-/Highlight/New Vision Video
Uraufführung: Boston Film Festival
Erstaufführung: 25.6.88, Filmfest München
Kinostart: 30.6.88
Länge: 86 Min.

Billy und Eddy, die beiden Helden des Männerfreundschaftsfilms »Loose Ends« treffen sich nach desillusionierten Jahren zu einer Fortsetzung, um gemeinsam Billys Geliebte aufzusuchen. In einer langen Autofahrt reden sich die beiden ihre Probleme vom Herzen, prahlen derb-vulgär von ihren männlichkeitsbeweisenden sexuellen Abenteuern und gehen sich schließlich gegenseitig auf die Nerven. Stilistisch an Jim Jarmusch orientiert, beschreibt »Patti Rocks« in grobkörnig-atmosphärischen Bildern die geschwätzige Oberflächlichkeit eingespielten Rollenverhaltens und den mechanistisch-gefühlsentleerten Umgang mit dem Konsumvergnügen Sexualität.

Zoom

Lars-Olav Beier in: tip, 15/88; Antonio Gattoni in: Zoom 10/88; Georg Lacher-Remy in: Zitty, 14/88

Patty 729

PATTY HEARST **

Regie: Paul Schrader
Darsteller: Natasha Richardson (Patricia Hearst), William Forsythe (Teko), Ving Rhames (Cinque), Frances Fisher (Yolanda), Jodi Long (Wendy Yoshimura), Olivia Barash (Fahizah), Dana Delany (Celina), Marek Johnson, Kitty Swink, Pete Kowanko, Tom O'Rourke, Ermal Williamson
Drehbuch: Nicholas Kazan, nach dem Roman »Every Secret Thing« von Patricia Campbell Hearst und Alvin Moscow
Kamera: Bojan Bazelli (Farbe)
Musik: Scott Johnson
Schnitt: Michael R. Miller
Produktion: Thomas Coleman, Michael

Rosenblatt für Marvin Worth Prod., USA 1988
Verleih: Ascot/Constantin/Elite/Ascot Video
Erstaufführung: 13.5.88, Wettbewerb der Int. Filmfestspiele Cannes
Kinostart: 6.10.88
FSK: ab 16, ffr.
Länge: 101 Min.

Der Film erzählt die Geschichte der Millionenerbin Patricia Hearst, die 1974 von einer Stadtguerilla-Gruppe in San Francisco gekidnappt und 57 Tage lang in einem Wandschrank gefangen gehalten wurde. Danach beteiligte sie sich an Raubüberfällen der Gruppe, wurde 1975 gefaßt, 1977 zu 5 Jahren Gefängnis verurteilt, 1979 von Jimmy Carter begnadigt. Die nackte Chronologie jener Ereignisse ist leider viel aufregender als Schraders Film, der sich als emotionales Tagebuch aus der Sicht Pattys als Opfer versteht und die Terroristen als eine Gang debiler Psychofreaks karikiert. *Wolf Donner, tip*

Michael Althen in: SZ, 2.11.88; Martin Schlappner in: Zoom, 23/88; Kläre Warnecke in: Die Welt, 8.10.88

▲ *Schönheit in Bewegung. Eine Szene aus »Peking Opera Blues«.*

Peking Opera Blues 730

PEKING OPERA BLUES ****

Regie: Tsui Hark
Darsteller: Cherie Chung (Sheung-hung), Lin Ching-hsia (Tsao Wan), Saly Yeh (Pat Neil), Mark Cheng (Ning Pak-hoi), Po-chih Leong (Theaterdirektor), Fu Feng (Geheimpolizist), Ling Pak Hoi
Drehbuch: To Kwok-wai
Kamera: Poon Hang-seng (Farbe)
Musik: James Wong
Schnitt: David Wu
Produktion: Cinema City/Film Workshop, Hongkong 1986
Verleih: Pandora/top-film/-
Erstaufführung: 28.2.87, Int. Forum des Jungen Films bei der Berlinale
Kinostart: 30.6.88
Länge: 104 Min. (OmU)

Eine technisch brillante, ungemein amüsante Komödie um die Abenteuer dreier Frauen der Jahrhundertwende. Ein atemberaubendes Feuerwerk aus Farben und Bewegung vereinigt Elemente aus Peking Oper, Kung-Fu-Film, Melodram sowie Verwechslungs- und Slapstick-Komödie auf meisterhafte Weise.

Ralph Umard, tip

Michael Althen in: SZ, 9.7.88; Frank Arnold in: Zitty, 14/88; Ulrich von Berg in: Kölner Stadt-Anzeiger, 16.7.88; Rolf Selas in: Rheinische Post, 5.8.88

The Perfect Match 731

THE PERFECT MATCH **

Video

Regie: Mark Deimel
Darsteller: Mark McClure (Tim Wainwright), Jennifer Edwards (Nancy Bryant), Diane Stilwell (Vicki), Rob Paulsen (John Wainwright)
Drehbuch: Nick Duretta, David Burr, Mark Deimel
Kamera: Robert Torrance (Farbe)
Musik: Tim Torrance
Schnitt: Craig Colton
Produktion: Mark Deimel für Airtight, USA 1987
Verleih: -/-/-/RCA/Columbia Video
Erstaufführung: 15.8.88
FSK: ab 16 J.
Länge: 92 Min.

Romantische, mitunter spritzige Beziehungskomödie mit leichten Anklängen an Robert Altmans »Ein perfektes Paar«.

Die Perfektionistin 732

THE PERFECTIONIST **

Video

Regie: Chris Thomson
Darsteller: John Waters, Jacki Weaver, Steven Vidler, Noel Ferrier
Drehbuch: David Williamson
Produktion: Patricia Lovell, USA 1987
Verleih: -/-/-/Highlight Video
Erstaufführung: 1.8.88
FSK: ab 12 J.
Länge: 90 Min.

Heitere Beziehungskomödie aus Australien, die der Emanzipation mit Ironie und Verständnis für Frauennöte begegnet.

Permanent Vacation 733

PERMANENT VACATION ***

Regie: Jim Jarmusch
Darsteller: Chris Parker (Allie), Leila Gastil (Leila), John Lurie (Saxophonspieler), Richard Boes (Kriegsveteran), Sara Driver (Krankenschwester), Charlie Spademan (Patient), Jane Fire (Krankenschwester), Ruth Bolton, Evelyn Smith, Maria Duval
Drehbuch: Jim Jarmusch
Kamera: James A. Lebovitz, Thomas Dicillo (Farbe)
Musik: Jim Jarmusch
Schnitt: Jim Jarmusch
Produktion: Cinesthesia Inc., USA 1980
Verleih: Pandora/-/Filmcooperative Zürich
Kinostart: April 88
Länge: 77 Min. (OmU)

Josef-von-Sternberg-Preis, Mannheim 1980

Fernab von der Geschäftigkeit Manhattans lebt Allie; in den verlassenen, heruntergekommenen Straßenfluchten New Yorks, wo die wenigen Bewohner einander, wie im Dorf, grüßen. Seine Nächte sind ruhelos, seine Begegnungen durchlebt er aufmerk- und achtsam. Eine leise Wehmut, die aber nichts von Resignation hat, durchzieht – auf der Bild- und Musikebene – den Film. Stimmige, manchmal kühle Bilder, die aber seltsamerweise Wärme vermitteln. *Zoom*

Personal Best 734

PERSONAL BEST ***

Video

Regie: Robert Towne
Darsteller: Mariel Hemingway (Chris), Scott Glenn (Terry), Patrice Donnelly (Tory), Kenny Moore (Denny), Jim Moody (Roscoe), Kari Gosswiller (Penny), Jodi Anderson (Nadia), Maren Seidler (Tanya)
Drehbuch: Robert Towne
Kamera: Michael Chapman (Technicolor)
Musik: Jack Nitzsche, Jill Fraser
Schnitt: Bud Smith
Produktion: Robert Towne für Geffen, USA 1982
Verleih: -/-/-/Warner Home Video
FSK: ab 12 J.
Länge: 122 Min.

Der Film schildert den sportlichen und privaten Weg zweier Athletinnen auf dem Weg zur Olympiade. Was auf dem Trainingsgelände spielerisch beginnt, entwickelt sich im Privatleben zu einer partnerschaftlichen, auf dem Sportplatz aber zu einer dramatischen Konkurrenz-Situation, zu der der unerbittliche Trainer einen nicht unerheblichen Trainer beisteuert. Ein durch die beiden Hauptakteure Mariel Hemingway und Patrice Donnelly sensibler, spannender Film über Freundschaft, Liebe, Rivalität und Entbehrungen von Hochleistungsathletinnen, dessen Zeitlupen-Bombastik und Rührkitsch störend wirken. *tip*

Pessi und Illusia 735

PESSI JA ILLUSIA ****

Regie: Heikki Partanen
Darsteller: Jorma Uotinen (Spinnenmann), Sami Kangas (Pessi), Annu Marttila (Illusia), Eija Ahvo, Esa Suvilehto, Rabbe Smedlund, Pauli Pöllänen, Raimo Grönberg
Drehbuch: Erkki Mäkinen, Riitta Rautoma, Jorma Kairimo, Heikki Partanen nach einem Roman von Yrjö Kokko
Kamera: Henrik Paersch (Farbe)
Musik: Kari Rydman, Jean Sibelius, Antti Hytti
Schnitt: Riitta Rautoma
Produktion: Partanen & Rautoma Prod., Finnland 1983
Verleih: Atlas Film/-/-/Atlas Video
Kinostart: 5.5.88
FSK: ab 6, ffr.
Länge: 77 Min.

UNICEF-Preis beim Kinderfilmfest, Int. Filmfestspiele Berlin 1984

Das Märchen stammt aus der Feder eines unglücklichen Soldaten, der seine kleine Tochter für die Idee des Friedens begeistern will. Im Unterholz der angedeuteten Kriegszenerie entspinnt sich eine sagenhaft-phantastische Welt, in der Gnom Pessi und die verträumte Fee Illusia gemeinsam mit einer fidelen Mäusefamilie in den Gefilden des Waldes gegen das Böse zu Felde ziehen. Hinterlistige Eichelhäher, skurrile Spinnenmänner und allen voran Väterchen Winter als »weißer Tod« machen der kleinen Gemeinde das Leben schwer. Doch Freundschaft und Einfallsreichtum erweisen sich auch in diesem Fall als beste Retter in der Not. Wie unverzichtbar die Botschaft von friedlicher

»Pessi und Illusia«.

Koexistenz im großen und kleinen ist, davon erzählt dieser finnische Kinderfilm auf ungewöhnlich zarte Weise.

AsH, Kölner Stadt-Anzeiger

Hans Gerhold in: epd Film, 6/88

Pet Shop Boys – Der Film 736

IT COULDN'T HAPPEN HERE **

Regie: Jack Bond
Darsteller: Chris Lowe, Neil Tennant, Joss Ackland, Dominique Barnes, Neil Dickson, Gareth Hunt, Barbara Windsor
Drehbuch: Jack Bond, James Dillon
Kamera: Peter Cavacuti (Farbe)
Musik: Pet Shop Boys
Schnitt: Rodney Holland
Produktion: Picture Music, Großbritannien 1988
Verleih: Arsenal/Fleur/-
Kinostart: 7.7.88
FSK: ab 6, ffr.
Länge: 86 Min.

Der Film bietet einen zusammenhanglosen Bilderbogen zu den Hits der gleichnamigen englischen Pop-Gruppe. Debile Dialoge und peinlichste Albernheiten verbinden die einzelnen Songsequenzen dieser aufgemotzten Multi-Videoclip-Show. Ebenso unausgegorene wie überflüssige Nummernrevue. *tip*

Gregor Dotzauer in: FAZ, 9.7.88

Phenomena 737
PHENOMENA **
Video

Regie: Dario Argento
Darsteller: Jennifer Connelly (Jennifer Corvino), Daria Nicolodi (Frau Bruckner), Dalila di Lazzaro (Rektor), Patrick Bachau (Inspektor Geiger), Donald Pleasence (Professor McGregor), Fiore Argento (Vera Brandt), Federica Mastroianni (Sophie), Davide Marotta (Patau)
Drehbuch: Dario Argento, Franco Ferrini
Kamera: Romano Albani (Farbe)
Musik: The Goblins, Bill Wyman, Iron Maiden, Motörhead, Simon Boswell, Andy Sex Gang, Claudio Simonetti, Fabio Pignatelli
Schnitt: Franco Fraticelli
Produktion: Dario Argento für Dacfilm, Italien/Schweiz 1985
Verleih: -/-/-/New Vision Video
Erstaufführung: 17.2.88
Länge: 110 (83) Min.

Mit Insekten in telepathischer Verbindung stehende Schülerin klärt die Morde in einem Schweizer Internat. Dario Argentos Rot war schon mal satter, und das Heavy-Metal-Gedröhn auf dem Soundtrack mag auch nicht recht zur barocken Sensibilität dieses Regisseurs passen.

Phönix – The Warrior 738
PHOENIX – THE WARRIOR *
Video

Regie: Robert Hayes
Darsteller: Persis Khambatta (Cobalt), Kathleen Kinmont (Phönix), Peggy Sands, James Emery, Sheila Howard
Drehbuch: Robert Hayes, Dan Rotblatt
Kamera: Paul Maibaum (Farbe)
Schnitt: Brian Evans
Produktion: Peter Yuval für Action International, USA 1988
Verleih: -/-/-/Highlight Video
Erstaufführung: 28.11.88
FSK: nicht unter 18 J.
Länge: 86 Min.

Noch ein Endzeitspektakel: Wüstennomadin rettet leicht beschürzte Amazone nebst männlichem Sproß vor den Nachstellungen der bösen Hohepriesterin.

I Picari 739
I PICARI **

Regie: Marlo Monicelli
Darsteller: Enrico Montesano (Lazarillo), Giancarlo Giannini (Guzman), Vittorio Gassman (Baron), Nino Manfredi (Bettler), Giuliana De Sio (Hure), Bernard Blier, Enzo Robutti, Paolo Hendel, Vittorio Caprioli
Drehbuch: Suso Cecchi D'Amico, Leo Benevenuti, Piero De Bernardi, M. Monicelli
Kamera: Tonino Nardi (Farbe)
Musik: Lucio Dalla
Schnitt: Ruggero Mastroianni
Produktion: Giovanni Di Clemente für Clemi Cinematograficia/Dia, Italien 1987
Verleih: -/-/Warner Bros.
Kinostart: Sept. 88
Länge: 125 Min.

Einen Film über Vagabunden, Strolche und Hungerleider wollte Mario Monicelli drehen. Herausgekommen ist eine manchmal amüsante, manchmal phantasielose Geschichte von zwei Herumstreichern, die das »Spiel des Lebens« mal auf eine Galeere, mal ins Haus eines Aristokraten, mal einer schönen Frau in die Arme treibt. Angesiedelt im Katalanien des Mittelalters, lebt »I picari« weitestgehend von den farbigen Kostümen und den Kulissenaufbauten. Ein Film, der, lieblos gemacht, nicht gerade vor Inspiration übersprudelt. Selbst die zahlreichen Stars vermögen dem zäh

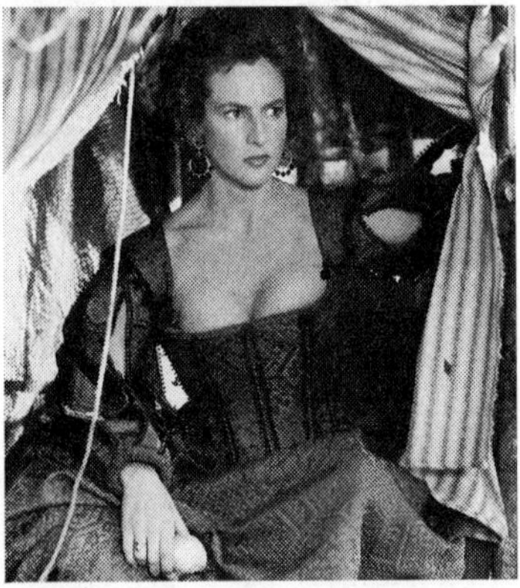

Giuliana De Sio in »I Picari«. ▶

Unverwüstliche »Pippi Langstrumpf«.

dahinfließenden Epos nicht mehr Schwung zu geben. *Zoom*

Pippi Langstrumpfs neueste Streiche 740

THE NEW ADVENTURES OF PIPPI LONGSTOCKING **

Regie: Ken Annakin
Darsteller: Tami Erin (Pippi Langstrumpf), David Seaman jr. (Tommy Settigren), Cory Crow (Annika), Eileen Brennan (Frau Bannister), Dennis Dugan (Herr Settigren), Dianne Hull (Frau Settigren), George di Cenzo (Herr Blackhart), J.D. Dickinson (Rype), Chub Bailly (Rancid), Dick van Patten (Der Klebstoffmann), John Schuck, Branscombe Richmond, Evan Adam
Drehbuch: Ken Annakin, nach den Romanen von Astrid Lindgren
Kamera: Roland »Ozzie« Smith (Farbe)
Musik: Misha Segal
Schnitt: Ken Zemke
Produktion: Gary Mehlman, Walter Moshay für Longstocking/Svensk Filmindustri, USA 1987
Verleih: Columbia Tri-Star/Warner/Rialto/RCA/Columbia Video
Erstaufführung: 29.6.88 Filmfest München
Kinostart: 7.7.88
Länge: 101 Min. *FSK:* ab 6, ffr.
Prädikat: Wertvoll

Nachdem die 12jährige Pippi Langstrumpf bei einem Sturm von der Segelyacht ihres Vaters gespült wurde, landet sie einige Tage später in einem Westküstenstädtchen der USA. Durch ihre Streiche und ihr unmanierliches Auftreten bringt sie Unruhe in das verschlafene Nest der fünfziger Jahre. Die Geschichte wird im Musical-Stil erzählt, erfrischend und schön, nur manchmal etwas gar plakativ. Die wirblige Pippi mit ihren Akrobatik- und Zaubereinlagen weiß in jeder Lebenslage Rat. *Zoom*

Rolf Selas in: Rheinische Post, 8.7.88

Plain Clothes – Mord an der Highschool 741

PLAIN CLOTHES ***

Video

Regie: Martha Coolidge
Darsteller: Arliss Howard (Nick), George Wendt (Chet), Suzy Amis (Robin Torrance), Diane Ladd (Jane), Seymour Cassel (Ed), Jackie Gayle (Zeffer), Robert Stack (Prinzipal), Abe Vigoda (Geschichtslehrer), Harry Shearer (Simon Feck)
Drehbuch: A. Scott Frank

Kamera: Daniel Hainey (CFI Color)
Musik: Scott Wilk
Schnitt: Pat Kennedy
Produktion: Richard Wechsler für Sierra Alta, USA 1988
Verleih: -/-/-/CIC Video
Erstaufführung: 5.12.88
Länge: 98 Min.

Nach einem Lehrermord gibt sich ein Cop als Schüler aus, um seinen der Tat verdächtigten Bruder zu entlasten. Martha Coolidge besitzt genügend Verstand, um den schlimmsten Teeniekomik-Abgründen auszuweichen.

Platoon ohne Rückkehr 742

THE EXPENDABLES *

Video

Regie: Cirio H. Santiago
Darsteller: Anthony Finetti (Captain Rosella), Peter Nelson, Loren Haynes, Kevin Duffis, William Steis
Drehbuch: Philip Alderton
Kamera: Richard Remias (Farbe)
Musik: Jaime Fabregas
Produktion: Anna Roth, USA 1988
Verleih: -/-/-/RCA/Columbia Video
Erstaufführung: 13.12.88
Länge: 86 Min.

Kriegsverherrlichender Streifen um die Heldentaten eines Vietnam-Captains und seiner Verbrecherkompanie.

Platoon Without Return 743

FINAL REPRISAL *

Video

Regie: Tedd Hemingway
Darsteller: Gary Daniels, Jaimes Gaines, David Light, Richard King
Drehbuch: Rod Davis, Jaimes Gaines
Produktion: Solar Films, Philippinen 1987
Verleih: -/-/-/Hit Video
FSK: nicht unter 18 J.
Länge: 88 Min.

Drei junge Männer melden sich voller patriotischer Ideale freiwillig für den Vietnameinsatz. Der erste Frontkontakt ernüchtert sie allerdings schnell. Durchschnittliches Kriegsspektakel. Viele Explosionen, wenig atmosphärische Dichte. *Video-Markt*

Plaza Real 744

**

Regie: Herbert Vesely
Darsteller: Mia Nygren (Annabel/Montserrat), Jon Finch (David), Sonja Martin (Lisa), Walter Buschhoff (Der Weiße), Jose Maria Blanco (Carlo), Wolfgang Frank (Ed), Monise Sotorra, Alfredo Lluchetti, Michael Flynn, Ken Scoble, Juan French, Pepe Pardo
Drehbuch: Herbert Vesely
Kamera: Rudolf Blahacek (Farbe)
Musik: Antonio, François und Patchai Reyes
Schnitt: Ulrike Pahl
Produktion: Jürgen Dohme für Balance Film/Pro-ject/BR, BRD 1987
Verleih: Filmverlag/Constantin/-/Ufa-Universum Video
Kinostart: 17.3.88
FSK: ab 16, ffr.
Länge: 99 Min.

Aus einer intensiven, besitzergreifenden Liebesbeziehung wird ein Alptraum, als ein Architekt entdeckt, daß seine zärtlich-hingebungsvolle Frau ein Doppelleben als Nobelprostituierte führt. Trotz der gesucht ästhetischen Bilder und der verkrampftbedeutungsschweren Inszenierung gelingt es dem auch schauspielerisch nur teilweise überzeugenden Streifen nicht unter die Oberfläche seines Themas zu gelangen; Leidenschaft und Geheimnis wirken aufgesetzt, glaubhafte Motivationen fehlen weitgehend. *Christl Stadler, Multimedia*

Eine faszinierende Frau. Mia Nygren in »Plaza Real«.

Schöner Busen, herrlicher Körper. Mia Nygren, Ex-Emmanuelle IV, ist perfekt gebaut. Der Film nicht. Das ist nicht viel. Aber noch das beste, was sich sagen läßt. Truffaut würde sagen: Mit schönen Frauen langweilige Sachen machen, das ist das Gegenteil von Kino. Das heißt, es gibt in »Plaza Real« nichts zu sehen. Gar nichts. Aber das ist anscheinend relativ. Manchen gefällt der Film. Offenbar macht er Blinde sehend. *Michael Althen, SZ*

Berthold Dirnfellner in: FAZ, 19.3.88; W.O.P. Kistner in: AZ, 18.3.88

Die Plutonium-Affäre 745

EDGE OF DARKNESS ***

Video

Regie: Martin Campbell
Darsteller: Bob Peck (Ronald Craven), Joe Don Baker (Darius Jedburgh), Joanne Whalley (Emma Craven), Jack Watson (Godbolt), John Woodvine (Ross), Kenneth Nelson (Grogan), Hugh Fraser (Bennett), Charles Kay, Ian McNeice, Tim McInnery
Drehbuch: Troy Kennedy Martin
Kamera: Andrew Dunn (Farbe)
Musik: Eric Clapton, Michael Kamen
Schnitt: Ardan Fisher, Dan Rae
Produktion: Michael Wearing für Lionheart TV, Großbritannien 1985
Verleih: -/-/-/Warner Home Video
Uraufführung: 5.11.85-10.12.85 (BBC)
FSK: ab 12 J.
Länge: 300 Min.

Ein verwitweter Polizeiinspektor versucht gegen alle Widerstände den Mord an seiner Tochter aufzuklären. Dabei gerät er immer tiefer in ein Intrigennetz aus internationaler Politik und Geheimdiensten und entdeckt ein riesiges illegales Atomgeschäft. Ein humanistischer Thriller, der in Drehbuch und Regie konsequent ein hohes Niveau hält, seine Figuren und Milieus mit subtiler Präzision, aber auch verhaltener Ironie zeichnet.

multimedia

Police 746

POLICE ***

Regie: Maurice Pialat
Darsteller: Gérard Depardieu (Mangin), Sophie Marceau (Noria), Richard Anconina (Lambert), Pascale Rocard (Marie Vedret), Sandrine Bonnaire (Lydie), Franck Karoui (René), Jonathan Leina (Simon)
Drehbuch: Catherine Breillat, Sylvie Danton, Jacques Fieschi, Maurice Pialat
Kamera: Luciano Tovoli (Eastmancolor)
Musik: Henryk Mikolaj Gorecki
Schnitt: Yann Dedet
Produktion: Emmanuel Schlumberger für Gaumont/TF1, Frankreich 1985
Verleih: Esplanade-Elysee/Fleur/-
Kinostart: 4.8.88
Länge: 113 Min.

Thema: Der Bulle und das Mädchen. Der Kerl mit der rauhen Schale und dem verunsicherten Ich ist Muskelpaket und Multi-Talent Gérard Depardieu. Das selbstbewußte, rotzige Girl, die notorische Lügnerin und Gelegenheitsnutte ist Sophie Marceau. Weniger eine Kriminalstory als die Schilderung von exotischen, neurotischen Figuren, wobei rassistische Untertöne und Männlichkeitsgehabe beigemischt sind.

Hans-Ulrich Pönack, tip

Otto Heuer in: Rheinische Post, 5.8.88

Police 747

POLIZIA **

Video

Regie: Alvaro Saenz de Heredia
Darsteller: Emilio Aragon, Ana Obregon, Agustin Gonzalez, Viky Agos
Drehbuch: Alvaro Saenz de Heredia
Kamera: José M. Civit (Farbe)
Musik: Emilio Aragon
Schnitt: A. Ramirez
Produktion: Daniel Vega für A.S.H. Films/ Impala, Spanien 1987
Verleih: -/-/-/IHE Video
Erstaufführung: 29.2.88
FSK: ab 12 J.
Länge: 94 Min.

Der sensible Polizeischüler Gumer geht mit dem erfahrenen Lopez auf Streifendienst und wird von ihm mit dem rauhen Polizeialltag vertraut gemacht. Eine Freundin Gumers gerät als Animiermädchen in kriminelle Kreise, wird drogenabhängig und erklärt sich nach einer Entziehungskur bereit, als Polizeispitzel zu arbeiten... *VideoWoche*

Police Academy V 748

POLICE ACADEMY 5: ASSIGNMENT MIAMI BEACH **

Regie: Alan Myerson
Darsteller: Matt McCoy (Nick), Janet Jones (Kate), George Gaynes (Cmdt. Lassard), G.W. Bailey (Capt. Harris), René Auberjonois (Tony), Bubba Smith (Hightower), David Graf (Tackleberry), Michael Winslow (Jones), Leslie Easterbrook, Marion Ramsey, Lance Kinsey, Tab Thacker
Drehbuch: Stephen J. Kurwick, nach den Charakteren von Neal Israel und Pat Proft
Kamera: Jim Pergola (Technicolor)
Musik: Robert Folk
Schnitt: Hubert De La Bouillerie
Produktion: Paul Maslansky für Warner Bros., USA 1988
Verleih: Warner Bros./dto./dto./Warner Home Video
Kinostart: 7.4.88
FSK: ab 6, ffr.
Länge: 90 Min.

In Miami befreit die bekloppte Police-Academy-Truppe ihren leicht senilen Kommandanten Lassard, der als »Polizist des Jahrzehnts« geehrt werden soll, aus den Fängen von unterbelichteten Diamantenräubern. Bereits die fünfte Folge dieser immer debiler werdenden Erfolgsklamotte, resp. Polizei-Farce. *Zoom*

Ingo Gruber in: Zitty, 9/88; Jürgen Richter in: FAZ, 9.4.88

Positive I.D. – Eine Frau sieht rot 749

POSITIVE I.D. **

Video

Regie: Andy Anderson
Darsteller: Stephanie Rascoe, John Davis, Steve Fromholz, Laura Lane, Gail Cronauer
Drehbuch: Andy Anderson
Kamera: Paul Barton (Farbe)
Schnitt: Robert J. Castaldo, Andy Anderson
Produktion: Andy Anderson für Positive I.D. Prods., USA 1986
Verleih: -/-/-/CIC Video
Erstaufführung: Mai 88
Länge: 104 (92) Min.
FSK: ab 16 J.

Junge Frau ist seit einer brutalen Vergewaltigung mit den Nerven am Ende. In ihrer Not kreiert sie ein zweites Ich. Sie schlüpft in die Rolle einer Verstorbenen und begibt sich auf Rachefeldzug gegen den vom Gesetz zu milde bestraften Täter. *Video-Markt*

P.O.W. Die Vergeltung 750

P.O.W. THE ESCAPE *

Regie: Gideon Amir
Darsteller: David Carradine (Colonel Cooper), Charles R. Floyd (Sparks), Mako (Captain Vinh), Steve James (Johnston), Phil Brock (Adams), Daniel Demorest (Thomas), Tony Pierce (Waite), Steve Freedman (Scott)
Drehbuch: Jeremy Lipp, James Bruner, Malcolm Barbour, John Langley, nach einer Story von Avi Kleinberger, Gideon Amir
Kamera: Yechiel Ne'eman (Farbe)
Musik: Michael Linn, Thema-Musik: David Storrs
Schnitt: Marcus Manton, Roy Watts
Produktion: Menahem Golan, Yoram Globus für Golan-Globus Prod., USA 1986
Verleih: Scotia-Cannon/Czerny/Rialto/VMP Video
Kinostart: 28.2.88
Länge: 89 Min.
FSK: ab 18, nffr.

Kurz vor Inkrafttreten des Waffenstillstandes befreit ein amerikanischer Offizier Kriegsgefangene aus einem Lager des Vietcong. Wem die »kritischen« Vietnam-Filme zu kompliziert, zu differenziert oder zu vergrübelt waren, der wird an diesem Produkt seine Freude haben. Der Film wäre als Beispiel für formalen und schauspielerischen Dilettantismus vielleicht noch amüsant, aber angesichts der perfiden Gewaltpropaganda und der üblen rassistischen Tendenzen, bleibt das Lachen im Hals stecken. *Zoom*

Berthold Dirnfellner in: FAZ, 16.4.88

Männer aus einer Ziegelei am Nil. Szene aus »Powaqqatsi«.

Powaqqatsi 751

POWAQQATSI ***

Regie: Godfrey Reggio
Drehbuch: Godfrey Reggio, Ken Richards
Kamera: Graham Berry, Leonidas Zourdoumis (Farbe)
Musik: Philip Glass; Musikprod.: Kurt Munkacsi; Musikalische Leitung: Michael Reisman
Schnitt: Iris Cahn, Alton Walpole
Produktion: Mel Lawrence, Godfrey Reggio, Lawrence Taub für Golan-Globus Prod., USA 1988
Verleih: Scotia-Cannon/Czerny/Rialto/Cannon/VMP Video
Erstaufführung: 20.2.88, Int. Filmfestspiele Berlin (außer Wettbewerb)
Kinostart: 2.6.88
FSK: ab 6, ffr.
Länge: 99 Min.
Prädikat: Wertvoll

Fünf Jahre nach »Koyaanisqatsi« legt Godfrey Reggio den zweiten Teil einer zivilisationskritischen Trilogie vor, welche die Lebensformen aller Herren Länder allein mit Bild und Musik zu erfassen sucht. Thema dieses monumentalen Bilderbogens ist die Expansion der städtisch-industriellen Lebensweise auf Kosten der agrarisch-tradionellen in der Dritten Welt. Die im Einzelnen eindrücklichen, als geballte Ladung aber beliebigen Aufnahmen können diese Problematik freilich nur effektvoll beleuchten, aber nicht transparent machen. *Zoom*

Milan Pavlovic in: Tempo, 6/88; Ponkie in AZ: 3.6.88; Claudius Seidl in: SZ, 7.6.88; Horst Ziermann in: Kölnische Rundschau, 4.6.88

Power – Weg zur Macht 752

POWER ****

Video

Regie: Sidney Lumet
Darsteller: Richard Gere (Pete St. John), Julie Christie (Ellen Freeman), Gene Hackman (Wilfred Buckley), Kate Capshaw (Sydney Betterman), Denzel Washington (Arnold Billings), E.G. Marshall (Senator Hastings), Beatrice Straight (Claire Hastings)
Drehbuch: David Himmelstein
Kamera: Andrzej Bartkowiak (Technicolor)
Musik: Cy Coleman
Schnitt: Andrew Mondshein
Produktion: Marc Tarlov, Reene Schisgal für Polar Films/Lorimar, USA 1985
Verleih: -/-/-/CBS/Fox Video

Erstaufführung: 21.11.88
FSK: ab 12 J.
Länge: 111 Min.

Wahlkampfmanager Pete St. John ist der beste seines Fachs. Beim Versuch, den Nachfolger eines plötzlich zurückgetretenen Senators zu lancieren, ergeben sich jedoch unerwartete Probleme: sein Telefon wird abgehört, und jemand versucht, ihn mit dem Wagen von der Straße zu drängen. Schillernder Politthriller um zynische Medienmanipulation und Intrigen im Zentrum der Macht. *VideoWoche*

Powerman 2 753

TWINKLE, TWINKLE LUCKY STAR *
Video

Regie: Samo Hung
Darsteller: Jackie Chan, Samo Hung, Yeuen Biao, Richard Ng
Drehbuch: Barry Wong
Kamera: A. Wong, J. Koo (Farbe)
Produktion: Golden Harvest, Hongkong 1986
Verleih: -/-/-/New Vision Video
Erstaufführung: 1.8.88
FSK: ab 16 J.
Länge: 90 Min.

Zwei schlagkräftige Bullen gegen das Killertrio, das auf einen in Ungnade gefallenen Drogenboß angesetzt ist.

Presidio 754

THE PRESIDIO ***

Regie: Peter Hyams
Darsteller: Sean Connery (Lt. Col. Caldwell), Mark Harmon (Jay Austin), Meg Ryan (Donna Caldwell), Jack Warden (Sgt. Maj. Maclure), Mark Blum (Arthur Peale), Dana Gladstone (Col. Lawrence), Jenette Goldstein (Patti Jean Lynch)
Drehbuch: Larry Ferguson
Kamera: Peter Hyams (Technicolor, Panavision)
Musik: Bruce Boughton
Schnitt: James Mitchell
Produktion: D. Constantine Conte für Paramount, USA 1988
Verleih: UIP/UIP/UIP/CIC Video
Kinostart: 13.10.88
FSK: ab 16, ffr.
Länge: 99 Min.

Disziplin und Emotion, in zwei Generationen. Sean Connery und Mark Harmoon in »Presidio«.

Das amerikanische Kino sorgt sich um die Soldatenehre der Vietnam-Psychopathen. Und so ein alter Dschungelkrieg-Veteran wie MP-Commander Sean Connery vom »Presidio« weiß, was er den irren Heldenkameraden schuldig ist: Er bittet sich ehrenvolle Schonung aus für den tobsüchtigen Vietnam-Captain, den der junge Polizeikollege wegen Mordverdachts schmählich einbuchten will.
Aber der Commander hilft dem respektlosen jungen Cop dann wenigstens beim Fang einer Vietnamkrieger-Gangsterbande: Das Heldentum hat viele Gesichter. Außerdem pennt seine Tochter sowieso mit dem Polizeikerl.
Der Regisseur Peter Hyams lieferte effektknallende Action-Maßarbeit: Ein US-Militär-Versöhnungsreißer mit Männerschnulze (der Offizier als Mensch), aufgemotzt mit Krawallmusik, Videoclip-Sex und vorschriftsmäßigem Ehrensalut. *Ponkie, AZ*

Michael Althen in: Die Zeit, 21.10.88; Horst Gerhard in: Kölnische Rundschau, 15.10.88; Milan Pavlovic in: Kölner Stadt-Anzeiger, 15.10.88; H.G. Pflaum in: SZ, 21.10.88

Pretty Kill 755
PRETTYKILL ***
Video

Regie: George Kaczender
Darsteller: David Birney (Sgt. Larry Turner), Season Hubley (Heather Todd), Yaphet Kotto (Harris), Susannah York (Toni), Suzanne Snyder (Francie), Germaine Houde (Jacques Mercier), Lenore Zann, Sarah Polley
Drehbuch: Sandra K. Bailey
Kamera: Joao Fernandes (Farbe)
Musik: Robert O. Ragland
Schnitt: Tom Merchant
Produktion: John R. Bowey, Martin Walters für Dax Avant Sandy Howard, USA 1987
Verleih: -/-/-/Ascot Video
Erstaufführung: 28.9.88
FSK: ab 16 J.
Länge: 95 Min.

Cop jagt einen Dealer, der einen Kollegen auf dem Gewissen hat. Eine vielversprechende Spur deckt einen Zusammenhang mit seiner Freundin, einer Edelnutte, auf. Manchmal etwas verwirrender Thriller mit psychologischen Motiven, der es aber geschickt versteht, Spannung aufzubauen und präzise zu timen. *Video-Markt*

Priester der Dunkelheit 756
ENTER THE DEVIL *
Video

Regie: Frank Q. Dobbs
Darsteller: Josh Bryant, Irene Kelly, Dave Cass, John Martin, Carle Benson, Linda Rascoe
Drehbuch: Frank Q. Dobbs, David S. Cass
Kamera: Michael Cusack (Farbe)
Musik: Sam Douglas, Buddy Mize
Produktion: Chisos/Artists International, USA 1971
Verleih: -/-/-/UFA Video
Erstaufführung: 22.8.88
FSK: ab 16 J.
Länge: 86 Min.

Auf einer entlegenen Straße kommt es immer wieder zu unerklärlichen Autounfällen, bei denen die Insassen spurlos verschwinden. Ein Ehepaar kann den mysteriösen Verursachern der Unfälle durch Zufall entkommen und lüftet das Geheimnis: Okkulte Fanatiker zelebrieren in einem unterirdischen Tunnelsystem schwarze Messen mit menschlichen Opfergaben. *Video-Markt*

The Princess Academy 757
THE PRINCESS ACADEMY *
Video

Regie: Bruce Block
Darsteller: Eva Gabor (Gräfin), Lu Leonard (Fräulein Stickenschmidt), Richard Paul (Drago), Carole Davis (Sonia), Lar Park Lincoln (Cindy), Badar Howar (Sarah), Barbara Rovsek (Izzie)
Drehbuch: Sandra Weintraub
Kamera: Kent Wakeford (Farbe)
Musik: Roger Bellon
Schnitt: Martin Cohen
Produktion: Sandra Weintraub für Cloverleaf/Jadhan/Sofracima, USA/Jugoslawien/Frankreich 1987
Verleih: -/-/-/VPS Video
Erstaufführung: 28.12.88
FSK: ab 16 J.
Länge: 90 Min.

Turbulente Wäscheschau im Nobel-Lyzeum.

Der Prinz aus Zamunda 758
COMING TO AMERICA ****

Regie: John Landis
Darsteller: Eddie Murphy (Prince Akeem und andere), Arsenio Hall (Semmi und andere), John Amos (Cleo McDowell), James Earl Jones (King Jaffe Joffer), Shari Headley (Lisa McDowell), Madge Sinclair (Queen Aoleon), Eriq LaSalle (Darryl), Allison Dean (Patrice McDowell), Paul Bates, Louie Anderson, Clint Smith, Vanessa Bell, Don Ameche, Ralph Bellamy
Drehbuch: David Sheffield, Barry W. Blaustein, nach einer Story von Eddie Murphy
Kamera: Woody Omens (Technicolor)
Musik: Nile Rodgers
Schnitt: Malcolm Campbell, George Folsey jr.
Produktion: George Folsey jr., Robert D. Wachs für Paramount, USA 1988
Verleih: UIP/UIP/UIP/CIC Video
Kinostart: 1.9.88
FSK: ab 12, ffr.
Länge: 117 Min.
Prädikat: Wertvoll

Diese romantisch-spritzige Komödie erzählt ein Märchen wie aus 1001 Nacht. Im afrikanischen Königreich Zamunda sind alle reich und glück-

Auf Brautsuche in New York, der hohe Adel Eddie Murphy und Arsenio Hall in »Der Prinz aus Zamuda«.

lich. Das einzige Problem: Prinz Akeem will von den einheimischen Mädchen nichts wissen und geht auf Brautschau nach New York. Unter der Führung von John Landis erreicht Eddie Murphy hier, was ihm in seinen letzten Filmen nicht gelang: Er sprudelt sympathisch geistreich - ohne geschmacklose Ausrutscher - schalkhaft vor sich hin. - Ein Kinovergnügen par excellence! *Zoom*

... Die Komik ist vergnüglich abgefeimt (von den Rosenblätterstreuerinnen in Zamunda bis zu den Gossenpennern in Queens), ansonsten von recht kindlicher Art. Bei allem Spötterspaß über amerikanische Schmelztiegeltypen (in beinah sämtlichen Rollen: Eddie Murphy) mehr harmloser Ulk als geschliffene Komödie. Und die Synchronstimmen fallen auf den Wecker. Ein Prinzen-Big-Mac.

Ponkie, AZ

Michael Althen in: SZ, 7.9.88; André Grallka in: Die Welt, 5.9.88; Helmut Schmitz in: FR, 1.9.88

Der Prinzipal – Einer gegen Alle 759

THE PRINCIPAL ***

Regie: Christopher Cain
Darsteller: James Belushi (Rick Latimer), Louis Gossett, jr. (Jake Phillips), Rae Dawn Chong (Hilary Orozco), Michael Wright (Victor Duncan), J.J. Cohen (»Withe Zac«), Esai Morales (Raymi Rojas), Troy Winbush (»Baby« Emile), Jacob Vargas, Thomas Ryan, Reggie Johnson, Kelly Minter, Ruth Beckford
Drehbuch: Frank Deese
Kamera: Arthur Albert (Technicolor)
Musik: Jay Gruska
Schnitt: Jack Hofstra
Produktion: Thomas H. Brodek für Doric Prod., USA 1987
Verleih: Columbia Tri-Star/Columbia/20th Century Fox/RCA Columbia Video
Kinostart: 21.1.88
FSK: ab 16, ffr.
Länge: 110 Min.

Ein sich prügelnder Lehrer wird auf den Posten des Rektors einer heruntergekommenen High School versetzt. Um seine Selbstachtung wiederzufinden, versucht er in die Schule etwas Ordnung zu bringen. Dabei legt er sich mit einem jugendlichen Bandenchef und Drogendealer an, was mit großen Showdown endet. Der recht flüssig inszenierte Plot, wohlbekannt aus verschiedenen Schul- und Lehrerfilmen, wird hier mit etwas sarkastischem Humor und viel platter Psychologie garniert, und kommt natürlich nicht ohne massive Gewalt aus. *Zoom*

Frank Arnold in: Zitty, 2/88; Gerd Berghoff in: Kölner Rundschau, 23.1.88; Berthold Dirnfellner in: FAZ, 30.4.88

Prison 760

PRISON **

Video

Regie: Renny Harlin
Darsteller: Lane Smith (Sharpe), Viggo Mortensen (Burke), Chelsea Field (Katherine), André de Shields (Sandor), Lincoln Kirkpatrick (Cresus), Ivan Kane (Lasagne), Steven Little (Rhino), Mickey Yablans (Brian Young)
Drehbuch: C. Courtney Joyner
Kamera: Mac Ahlberg (Farbe)
Musik: Richard Band
Schnitt: Ted Nicolaou
Produktion: Irwin Yablans für Empire, USA 1988
Verleih: -/-/-/VPS Video
FSK: nicht unter 18 J.
Länge: 102 (98) Min.

Der Geist eines unschuldig auf den elektrischen Stuhl Geschickten macht ein wiedereröffnetes Gefängnis unsicher.
Die Figuren liegen einen Strich über der Schablone, dafür ist die Geschichte selbst unter aller Kanone, und die Spezialeffekte sind natürlich auch beschnitten.

Prison Dancing 761

JAILBIRD ROCK *

Video

Regie: Philip Schuhman
Darsteller: Robin Antin, Ron Lacey, Rhonda Aldrich
Produktion: USA 1988
Verleih: -/-/-/Pacific Video
Erstaufführung: 26.9.88
Länge: 93 Min.

Frauengefängnis-Film, der auf die genre-üblichen Zutaten wie Sex und Gewalt weitgehend verzichtet und dafür sein Thema mit etlichen Tanzszenen anreichert.

Private Sessions – Im Labyrinth des Wahnsinns 762

PRIVATE SESSIONS **

Video

Regie: Michael Pressman
Darsteller: Mike Farrell (Dr. Joe Braden), Maureen Stapleton (Dr. Liz Bolger), Denise Miller (Angie), Kathryn Walker (Claire Braden), Mary Tanner (Millie Braden), Robert Vaughn (Oliver Coles), Kelly McGillis (Jennifer Coles)
Drehbuch: Thom Thomas, David Seltzer
Kamera: Michael Fash (Farbe)
Musik: Lalo Schifrin
Schnitt: Craig McKay
Produktion: Thom Thomas für Comworld/Raven's Claw/Seltzer-Gimbel, USA 1985
Verleih: -/-/-/AVP Video
Uraufführung: 18.3.85 (NBC)
Erstaufführung: 26.1.88
Länge: 90 Min. *FSK:* ab 16 J.

Unterhaltsamer, wenn auch dialoglastiger Pilotfilm zu einer nie zustandegekommenen US-Fernsehserie über den Alltag eines Psychiaters.

Project A, Part 2 763

PROJECT A, PART 2 **

Regie: Jackie Chan
Darsteller: Jackie Chan, David Lam
Drehbuch: Jackie Chan
Kamera: Cheung Yiu Joe (Farbe)
Produktion: Golden Harvest Group, Hongkong 1987
Verleih: Highlight/Czerny/-/Highlight Video
Kinostart: April 88
Länge: 98 Min.

Kung-Fu-Superstar Jackie Chan als äußerst schlagstarker Polizeiinspektor, der in Hongkong um die Jahrhundertwende in den Bezirken eines bestochenen höheren Polizeibeamten die Verbrecher wieder in die Schranken weist. Actionfilm mit wenig Humor, aber um so mehr Kampfgetümmel und artistischen Einlagen. *multimedia*

Project X 764

PROJECT X

***

Video

Regie: Jonathan Kaplan
Verleih: -/-/-/CBS/Fox Video

Lief 1987 unter dem Titel »Project X – Top Secret« in der Schweiz. Daher vollständige Angaben und Besprechung im »Heyne Filmjahrbuch 1988«.

Promenade am Strand 765

BOARDWALK

***

TV

Regie: Stephan Verona
Darsteller: Lee Strasberg (David), Ruth Gordon (Becky), Joe Silver (Leo), Michael Ayr (Peter), Forbessy Russell (Marilyn), Janet Leigh (Florence), Eli Mintz, Eddie Barth, Merwin Goldsmith, Kim Delgado
Drehbuch: Stephan Verona, Leigh Chapman
Kamera: Billy Williams
Musik: Joel Dorn
Produktion: George Willoughby für Traveller Films, USA 1979
Sendetermin: 27.11.88, ZDF
Länge: 84 Min.

Das am Stadtrand lebende jüdische Ehepaar Rosen wird kurz vor der goldenen Hochzeit aus der Idylle gerissen. Becky erfährt, daß sie unheilbar krebskrank ist. David muß sich mit einer antisemitischen Jugendbande herumschlagen, deren Schikanen immer schlimmer werden. Stephan Veronas Film aus dem Schmelztiegel New York schildert behutsam, nahezu zärtlich, ohne voreilige Schuldzuweisungen, wie Menschen ohne Chance und rassische Minderheiten, anstatt sich zu solidarisieren, gegeneinander kämpfen. *AZ München*

Prosit Neujahr '49 766

SRECNA NOVA '49

****

TV

Regie: Stole Popov
Darsteller: Meto Jovanovski (Dragoslav Kovacevski), Svetozar Cvetkovic (Kosta), Vladica Milosavljevic (Vera)
Drehbuch: Gordan Mihic
Kamera: Miso Samoilovski
Musik: Ljupco Konstantinov
Schnitt: Laki Cemcev
Produktion: Vardar Film/Union Film/Makedonija Film/Gradski kina, Jugoslawien 1986
Sendetermin: 28.3.88, ARD
Länge: 125 Min.

Großer Preis des nationalen Filmfestivals Pula 1986

Als Tito im Sommer 1948 mit Stalin bricht, kehrt der junge Jugoslawe Dragoslav Kovacevski zusammen mit anderen Landsleuten aus der Sowjetunion in seine Heimat zurück. Dort erwartet sie krankhaftes Mißtrauen. Dragoslav wird verdächtigt, ein Spitzel der Sowjets zu sein, und wandert ins Gefängnis. Sein jüngerer Bruder Kosta, in kriminelle Schwarzmarkt-Praktiken rivalisierender Banden verwickelt, bandelt mit Dragoslavs Verlobten an, die in der Sowjetunion tatsächlich zu Spitzeldiensten erpreßt worden ist. »Prosit Neujahr '49« ist mehr als ein bloßes Zeitbild, vielmehr eine ereignisreiche Familien-Saga voller dramatischer Wendungen. *ARD*

Pulse 767

PULSE

**

Video

Regie: Paul Golding
Darsteller: Cliff de Young (Bill), Roxanne Hart (Ellen), Joey Lawrence (David)
Drehbuch: Paul Golding
Kamera: Peter Lyons Collister (Farbe)
Musik: Jay Ferguson
Schnitt: Gib Jaffe
Produktion: Patricia Stallone für Aspen Film Society, USA 1987
Verleih: -/-/-/RCA/Columbia Video
Erstaufführung: 15.9.88
FSK: ab 16 J.
Länge: 87 Min.

Als der Sohn aus erster Ehe für ein Wochenende bei seinem Vater zu Besuch ist, entwickelt der Strom aus der Steckdose ein bedenkliches Eigenleben. Wir empfehlen die neuen Hochgeschwindigkeits-Sicherungen.

Queen City Rocker 768
QUEEN CITY ROCKER ***
Video

Regie: Bruce Morrison
Darsteller: Matthew Hunter (Ska), Mark Pilisi (Andrew), Ricky Bribiesca (Sniper), Kim Willoughby (Stacy), Rebecca Saunders (Fran), Peter Bland (Ryder)
Drehbuch: Bill Baer
Kamera: Kevin Hayward (Farbe)
Musik: Dave McCartney
Schnitt: Michael Hacking
Produktion: Larry Parr für Mirage Films, Neuseeland 1987
Verleih: -/-/-/Challenger Video
Erstaufführung: 31.10.88
Länge: 89 Min. *FSK:* ab 16 J.

Ein junger Outsider, tagsüber als Müllmann arbeitend, hat sein Zuhause in den nächtlichen Straßen der Großstadt, wo er sich mit kleinkriminellen Deals über Wasser hält. Nach der Konfrontation mit dem Chef einer Straßenbande, bei der Freund des Outsiders daran glauben muß, schwört der Junge Rache und plant, ein Rockkonzert, das der Unterweltkönig veranstaltet, zu sprengen. Street-Gang-Action aus Neuseeland, deren sozialkritische Note nicht im geringsten den Unterhaltungswert mindert. *Video-Markt*

The Quick and the Dead 769
THE QUICK AND THE DEAD **
Video

Regie: Robert Day
Darsteller: Sam Elliott (Vallian), Tom Conti (Duncan McKaskel), Kate Capshaw (Susanna McKaskel), Kenny Morrison (Tom McKaskel), Patrick Kilpatrick (Ute), Matt Clark (Doc Shabitt), Jerry Potter, Billy Streater
Drehbuch: James Lee Barrett. Nach von Louis L'Amour
Kamera: Dick Bush
Produktion: Lorimar-Telepictures Corporation, USA 1987
Verleih: -/-/-/Taurus Video
Uraufführung: 28.2.87 (HBO)
Erstaufführung: Oktober 88
Länge: 86 Min. *FSK:* ab 12 J.

Ein Siedlertreck, unterwegs in den Westen, wird von einer Cholera-Epidemie heimgesucht. Eine Familie setzt sich von der Karawane ab und zieht allein weiter; als sie von einer Bande rücksichtsloser Schurken belästigt wird, erhält sie von unerwarteter Seite Hilfe.
US-Fernsehwestern mit allen bewährten Genre-Beigaben. *Video-Markt*

Quiet Cool – Die Abrechnung 770
QUIET COOL **
Video

Regie: Clay Borris
Darsteller: James Remar (Joe Dillon), Adam Coleman Howard (Joshua Greer), Daphne Ashbrook (Katy Greer), Jared Martin (Mike Prior), Nick Cassavetes (Valence), Fran Ryan (Ma)
Drehbuch: Clay Borris, Susan Vercellino
Kamera: Jacques Haitkin (DeLuxe Color
Musik: Jay Ferguson
Schnitt: Bob Brady
Produktion: Robert Shaye, Gerald T. Olson für New Line Cinema, USA 1986
Verleih: -/-/-/RCA/Columbia Video
Erstaufführung: Juni 88
FSK: nicht unter 18 J.
Länge: 78 Min.

Die Drogenmafia, die sich mitten in den Wäldern in einem militärisch gesicherten Fort verschanzt, hat die Eltern des halbwüchsigen Joshua auf dem Gewissen. Der beginnt daraufhin einen Privatkrieg gegen die Verbrecher in selbsternannter Dschungelkämpfer-Taktik. Gemeinsam mit einem unkonventionell arbeitenden Polizisten legt er den Gangstern das Handwerk. Für den amerikanischen Regisseur Clay Borris ist das Thema allerdings nur ein Vorwand, um in einer Mischung aus Rambo- und Robin Hood-Versatzstücken ausgiebig Brutalitäten vorzuführen.
Barbro Schuchardt, Kölner Rundschau

Der Radfahrer vom San Cristobál 771

DER RADFAHRER VOM SAN CRISTOBAL ****

Regie: Peter Lilienthal
Darsteller: René Baeza (Santiago), Luz Jiménez (Mutter), Roberto Navarre (Vater), Dante Pesce (Cardona), Javier Maldonado (Picado), Ricardo Chávéz (Dito Vargas)
Drehbuch: Antonio Skármeta, Peter Lilienthal, nach der gleichn. Erzählung von Antonio Skármeta
Kamera: Horst Zeidler (Farbe)
Musik: Claus Bantzer
Schnitt: Siegrun Jäger
Produktion: Juan Francisco Vargas, Eduardo Araya für Edgar Reitz Filmprod./ZDF, BRD 1987
Verleih: Basis/-/-
Kinostart: 26.5.88
Länge: 87 Min.

Der Film erzählt spannend aber unpathetisch die Geschichte von einem wundersamen Radrennen. Nicht die großen Heldentaten, sondern die kleinen Gesten des Zusammenhalts sind dabei entscheidend. Gedreht in Chile 1987, spiegelt der Film eine Atmosphäre wider, in der der Einzelne noch immer unter dem Druck der Kontrolle steht, aber trotzdem im Alltag Strategien entwickelt, seinen eigenen Träumen zu folgen. *Karin Bettina Müller, tip*

Dagmar Bäck in: Zitty, 19/88; Peter Buchka in: SZ, 15.10.88; Klaus Kreimeier in: epd Film, 7/88; Christian Winterfeldt in: Kölner Stadt-Anzeiger, 28.5.88

Rambo III 772

RAMBO III ***

Regie: Peter Macdonald
Darsteller: Sylvester Stallone (Rambo), Richard Crenna (Trautman), Marc de Jonge (Zaysen), Kurtwood Smith (Griggs), Spiros Focas (Masoud), Sasson Gabai (Mousa), Doudi Shoua, Randy Raney, Yosef Shiloah
Drehbuch: Sylvester Stallone, Sheldon Lettich, nach einer Figur von David Morrell
Kamera: John Stanier (Technicolor, JDC-Widescreen)
Musik: Jerry Goldsmith
Schnitt: James Symons, Andrew London, O. Nicholas Brown, Edward A. Warschilka
Produktion: Buzz Feitshans für Carolco, USA 1987
Verleih: Jugendfilm/Constantin/Alpha/ Marketing Film Video
Kinostart: 21.7.88
FBW: Wertvoll
FSK: ab 18, ffr.
Länge: 101 Min.
Prädikat: Wertvoll

Diesmal verschlägt es den finsteren, wortkargen Vietnamveteranen nach Afghanistan. Dort befreit er einen alten Freund aus den Klauen eines diabolischen russischen Obersten. Auch in seiner dritten Folge ist Stallones Streifen voller faschistoider Elemente, geprägt von unverbesserlichem Antikommunismus und widerlichem Übermenschentum. Doch die Geschichte ist so bar jeglicher Realität, so anachronistisch und unglaubwürdig, daß es sich kaum lohnt, sich darüber aufzuregen. Sylvester Stallone hat sich als Rambo endgültig zur Comicfigur degradiert. *Zoom*

Der Film von Peter Macdonald, der bisher Kameramann und action-Regisseur großer Produktionen (»Cry Freedom«) war, ist die bekannte krude Stallone-Mixtur als billiges, bulliges B-picture, 40 oder mehr Millionen Dollar teuer und genießbar nur als Komödie; leider eine unfreiwillige über Sly Rammbock Superstar, der inzwischen wie ein Debiler aussieht und nur mehr lustlos und muffelig dreinschaut. Er hat den Film praktisch im Alleingang gemacht, ständig Leute gefeuert und sich kräftig verkalkuliert: Er will die Welt »wachrütteln« und das Reich des Bösen in Afghanistan beschwören, aber sein konventionelles Spektakel kommt just zum Abzug der sowjetischen Truppen ins Kino. Das Feinbild des letzten kalten Kriegers bleibt das alte Klischee, und sein aufwendiges action-Gebräu ist langweilig, weil stets vorhersehbar.

Wolf Donner, tip

Gerd Berghoff in: Kölnische Rundschau, 23.7.88; Milan Pavlovic in: Kölner Stadt-Anzeiger, 23.7.88; Jürgen Richter in: FAZ, 23.7.88; Claudius Seidl in: SZ, 26.7.88; Karsten Visarius in: FZ, 23.7.88

Ransom – Gewalt gegen Gewalt 773

ORFLEUR **

Video

Regie: Bernard Chaumont, Daniel Duval
Darsteller: Nils Arestrup, C. Verg
Produktion: Frankreich 1987
Verleih: -/-/-/Silverstar Video
Erstaufführung: 20.9.88
Länge: 75 Min.

Angelo Corso, genannt Ransom, lebt mit Freunden ein alternatives Leben in der Natur, bis sie von der Polizei vertrieben werden. Sie rauben eine Bank aus; bei dem Blutbad werden mehrere Polizisten und Bankräuber getötet. Ransom und der junge Jeff können entkommen. Die Polizei ist ihnen auf den Fersen, ebenso Jeffs Vater, der seinen Sohn vor dem Tod durch Polizeikugeln bewahren will... *Video Woche*

Rantes 774

HOMBRE MIRANDO AL SUDESTE ****

Regie: Eliseo Subiela
Darsteller: Hugo Soto (Rantes), Ines Vernengo (Beatrice), Lorenzo Quinteros (Dr. Denis)
Drehbuch: Eliseo Subiela
Kamera: Ricardo de Angelis (Farbe)
Musik: Pedro Aznar
Schnitt: Luis Cesar d'Angiolillo
Produktion: Cinequanon Prod., Argentinien 1986
Verleih: Arsenal/-/-
Erstaufführung: 20.8.86, Int. Filmfestspiele San Sebastian
Kinostart: 17.77.88
Länge: 105 Min.

»Rantes«.

Eine Nervenklinik in Buenos Aires hat plötzlich einen Patienten zuviel. Rantes nennt er sich und erklärt, er komme von einem anderen Planeten. Doktor Denis ist von dem Mann fasziniert, der täglich unbeweglich im Klinikhof steht und nach Südosten schaut, um Informationen zu senden und zu empfangen. Sämtliche Tests weisen den Neuzugang, dessen Identität nicht auszumachen ist, als Genie aus.

Dennoch meint der Arzt, er habe es mit einem Geisteskranken zu tun, nur eben mit einem hochgradig intelligenten. Er spürt, daß er selbst mehr und mehr in dessen Bann gerät. (...) Eliseo Subiela ist mit »Rantes« ein gedankenvolles Werk gelungen über die Mechanismen unserer Gesellschaft, in der das Außergewöhnliche keinen Platz hat.

Immer wieder sucht die Kamera die Gesichter, auf deren Zügen meist tiefer Ernst liegt. Kein Zweifel, es geht dem Regisseur um das Geheimnis des Daseins schlechthin, um die Menschen, die sich von ihrem göttlichen Ursprung entfernt haben.

Der innere Monolog des Arztes, der die Handlung trägt und kommentiert, verrät Doktor Denis als verzweifelten Gottsucher. *FAZ*

Heike Kühn in: FR, 4.10.88

Ratman 775

THE RATMAN *

Video

Regie: Anthony Ascott
Darsteller: David Warbeck, Janet Ayren, Eva Grimaldi, Luisa Menon, Werner Pochath
Drehbuch: David Parker
Kamera: Robert Garder (Farbe)
Musik: Stefano Mainetti
Produktion: Fulvia Film, Italien 1987
Verleih: -/-/-/IHV Video
Erstaufführung: 24.5.88
FSK: nicht unter 18 J.
Länge: 79 Min.

Karibik-Horror um ein totes Fotomodell, deren aufklärungswillige Schwester, einen Schriftsteller und einen Rattenmenschen. Öde und banal.

Das Rätsel 776

ENIGMA ****

Regie: Jean Rouch, Alberto Chiantaretto, Marco di Castri, Daniele Pianciola
Darsteller: Gilberto Mazliah (Bilderfälscher), Gianfranco Barberi (Mäzen), Sabina Sacchi, Philo Bregstein, Giorgio Bono, Sandro Franchina, Sauro Roma und die Kinder Eleonora, Simona, Carmine, Fabio, Francesco und Stefano
Drehbuch: Jean Rouch, Alberto Chiantaretto, Marco di Castri, Daniele Pianciola
Kamera: Jean Rouch, Marco di Castri (Farbe)
Schnitt: Francoise Beloux
Produktion: KWK Kinowerke/CNRS/INA, Italien/Frankreich 1988
Verleih: Freunde der Deutschen Kinemathek/-/-
Uraufführung: 11.10.1986 in Turin (erste Fassung); 6.9.1987 in Venedig (zweite Fassung)
Erstaufführung: 17.2.88, Int. Forum des Jungen Films, Berlin
Länge: 80 Min. (16mm auf 35mm aufgeblasen)

Der Film erzählt von der Suche eines Malers und Bilderfälschers, nach einem Turin, das mit den Augen de Chiricos (der die Stadt indes zu malen »versäumt« hat) gesehen ist; eine den eigenen Bildern mehr denn den Stadtplänen vertrauenden Suche, die in einer wundersamen Kinderutopie endet. *Karena Niehoff, SZ*

Die Ratten von der Heat Street 777

HEAT STREET *

Video

Regie: Joseph Merhi
Darsteller: Del Zamora, Quincy Adams, Wendy McDonald, Deborah Gibson, Yvette Davis
Drehbuch: Joseph Merhi
Kamera: Richard Pepin (Farbe)
Musik: John Gonzalez
Produktion: City Lights, USA 1987
Verleih: -/-/-/Gloria Video
Erstaufführung: 21.4.88
FSK: nicht unter 18 J.
Länge: 84 Min.

Als seine Tochter von einer Gang zusammengeschlagen wird, sieht der Vater – ein schwarzer Boxer – rot. Nicht gerade ein Meisterwerk des Genres.

Real Bullets – Die Kokainfabrik 778

REAL BULLETS *

Video

Regie: Lance Lindsay
Darsteller: Merritt Yohuka, John Gazarian, Darlene Landau, Martin Landau, Jim Postof
Drehbuch: John Gazarian, Lance Lindsay
Kamera: Bob Caramico, Bob Hayes, Gary Graver (Farbe)
Musik: Ron Jones
Produktion: Real Bullets Prod., USA 1987
Verleih: -/-/-/Gloria Video
Erstaufführung: 21.4.88
FSK: ab 16 J.
Länge: 87 Min.

Hollywood-Stuntmen-Crew unternimmt mit einigen Mädchen einen Wochenendausflug in die kalifornische Bergwelt. Durch Zufall entdecken sie in einem stillgelegten Munitionsdepot ein gigantisches Drogenlabor … *Video-Markt*

Re-Animator 779

RE-ANIMATOR ***

Video

Regie: Stuart Gordon
Darsteller: Jeffrey Combs (Dr. Herbert West), Bruce Abbott (Daniel Cain), Barbara Crampton (Megan Halsey),

Robert Sampson (Dr. Alan Halsey), David Gale (Dr. Karl Hill), Gerry Black (Mace)
Drehbuch: Dennis Paoli, William J. Norris, Stuart Gordon. Nach der Kurzgeschichte von H.P. Lovecraft
Kamera: Mac Ahlberg (DeLuxe Color)
Musik: Richard Band
Schnitt: Lee Percy
Produktion: Brian Yuzna für Empire, USA 1985
Verleih: -/-/-/Lightning Video
Erstaufführung: 31.10.88
Länge: 93 Min. (internationale Fassung)

Lovecraft via Freud, oder Wie Dr. Herbert Wests Wiederbelebungsserum dem abgetrennten Kopf seines Universitätsprofessors zu ziemlich geilem Eigenleben verhilft. Stuart Gordons außerordentliches Talent liegt darin, wie er das schlichte Dozieren anderer Splatterfilme zu einem schwarzhumorig wissenden, mit überzeugenden Schauspielerleistungen ausgestatteten Blutspiel verfeinert.

Rebel Soldier 780

OPERATION: GET VICTOR CORPUS
THE REBEL SOLDIER *

Video

Regie: Pablo Santiago
Darsteller: Rudy Fernandez, Jay Lagan, Sandy Long, Dany Cecilio
Drehbuch: José F. Lacabow
Kamera: G. Baltazar (Farbe)
Produktion: Vanguard Films, Hongkong 1987
Verleih: -/-/-/Splendid Video
Erstaufführung: 21.3.88
FSK: nicht unter 18 J.
Länge: 83 Min.

Absolvent der philippinischen Militärakademie zeigt sich ob der herrschenden Korruption entsetzt und schließt sich den Rebellen an, kommt dabei jedoch vom Regen in die Traufe.

Die Rebellen 781

DURUGIN ANG KUTANG BATO *

Video

Regie: Tony J. Reyes
Darsteller: Muhammad Faisal, Philip Gamboa, Emily Loren
Produktion: , Philippinen
Verleih: -/-/-/Cosmos Video
Erstaufführung: 28.3.88
Länge: 85 Min.

Harter Captain gegen die moslemischen Rebellen.

Red Eagle 782

BLACK EAGLE *

Video

Regie: Eric Karson
Darsteller: Sho Kosugi, Jean Claude Van Damme, Vladimir Skomarovsky, Doran Clark
Drehbuch: A.E. Peters, Michael Gonzales
Kamera: George Koblasa (Farbe)
Produktion: Imperial Entertainment, USA 1987
Verleih: -/-/-/VPS Video
Erstaufführung: 22.9.88
FSK: ab 16 J.
Länge: 89 Min.

Gute CIA-Agenten gegen böse KGB-Russen: Es geht um das Laserwaffen-System an Bord eines vor Malta abgestürzten Jets.

Red Heat 783

RED HEAT ***

Regie: Walter Hill
Darsteller: Arnold Schwarzenegger (Ivan Danko), James Belushi (Art Ridzik), Peter Boyle (Lou Donnelly), Ed O'Ross (Viktor Rostavili), Larry Fishburne (Leutnant Stobbs), Gina Gershon, Richard Bright, J.W. Smith, Brent Jennings, Gretchen Palmer
Drehbuch: Harry Kleiner, Walter Hill, Troy Kennedy Martin
Kamera: Matthew F. Leonetti (Technicolor)
Musik: James Horner
Schnitt: Freeman Davies, Carmel Davies, Donn Aron
Produktion: Walter Hill, Gordon Carroll für Carolco/Lone Wolf/OAK, USA 1988
Verleih: Senator/Constantin/Alpha/Starlight Video
Kinostart: 6.10.88
FSK: ab 16, ffr.
Länge: 103 Min.

Im Zeichen von Glasnost versucht ein russischer Dealer sein Land mit Kokain zu überschwemmen, erst von Moskau, dann von Chicago aus. Da hilft alles nichts, zwei Superbullen,

Ivan (UdSSR) und Art (USA) müssen dem Dreckskerl den Garaus machen. Arnold Schwarzenegger und James Belushi spielen das infantile Dealer- & Gendarm-Spiel mit unbändigem Einsatz.
Doch zwei Stars, zwei Null-Rollen, ergeben keinen 007-Effekt. Es fehlt an Humor. Walter Hills Regie hat weder parodistische Schärfe noch realistischen Hintergrund. Daß Schwarzenegger, der russische Eisblock als Anabolik-Cop dem Großstadt-Schlitzohr Belushi die Schau stehlen kann, trotz fehlender slawischer Seele, verblüfft... *Kai Niemeyer, AZ*

Eine gelungene Action-Komödie um ein ungleiches Polizisten-Paar. Schwarzenegger spielt einen wortkargen russischen Eisblock, James Belushi einen wortgewaltigen, schmierigen Cop aus Amerika. Zusammen versuchen sie in Chicago, einem sowjetischen Drogen-Dealer das Handwerk zu legen. *tip*

Peter Buchka in: SZ, 8.10.88; Marli Feldvoss in: FAZ, 8.10.88

Das Reich der Sonne 784

EMPIRE OF THE SUN ***

Regie: Steven Spielberg
Darsteller: Christian Bale (Jim), John Malkovich (Basie), Miranda Richardson (Mrs. Victor), Nigel Havers (Dr. Rawlins), Joe Pantoliano (Frank Demarest), Leslie Phillips (Mr. Maxton), Masato Ibu (Sergeant Nagata), Emily Richard (Jims Mutter), Rupert Frazer (Jims Vater), Peter Gale, Takatoro Kataoka, Ben Stiller, David Neidorf, Ralph Seymour, Burt Kwouk
Drehbuch: Tom Stoppard nach dem gleichn. Roman von J.G. Ballard
Kamera: Allen Daviau (Farbe)
Musik: John Williams
Schnitt: Michael Kahn
Produktion: Steven Spielberg, Kathleen Kennedy, Frank Marshall für Amblin, USA 1987
Verleih: Warner Bros./dito/dito
Erstaufführung: 23.2.88, außer Konkurrenz bei den Int. Filmfestspielen Berlin
Kinostart: 10.3.88
FSK: ab 12, ffr.
Länge: 152 Min.

Steven Spielberg schildert die Erlebnisse eines Kindes englischer Diplomaten während des Zweiten Weltkrieges in China. Der Knabe wird beim Angriff der Japaner von seinen Eltern getrennt, gerät in ein Gefangenenlager und versucht, durch Anpassung an die Umwelt und Aneignung von Tricks zu überleben. Den hohen thematischen Anspruch kann Spielberg aber nicht einlösen, da seine filmischen Mittel letztlich wieder die eines »naiven Kinos« seiner früheren Werke sind. Perfekt inszenierte emotionale Vordergründigkeit geht hier zu Lasten der Glaubwürdigkeit bei der Darstellung eines so komplexen Themas. *multimedia*

...Abermals ist Steven Spielbergs handwerkliche Geschicklichkeit so groß wie sein Mangel an Geschmack. Auch aus diesem kriegerischen Stoff hat er einen Märchenfilm für Erwachsene gemacht – so wie man am Broad-

Ein Junge auf sich allein gestellt, mitten im Krieg. Christian Bale in »Das Reich der Sonne«.

Mit den Augen eines 13jährigen. Christian Bale in »Das Reich der Sonne«.

way aus jedem Stoff ein Musical macht. Spielberg ist groß, wenn er realistisch ist, und er ist klein, sobald er Übergrößen anprobiert. Er ist der größte kleine Mann des amerikanischen Films: die Hollywood-Variante des Riesenzwergs... *Georg Hensel, FAZ*

Michael Althen in: SZ, 11.3.88; Volker Baer in: Der Tagesspiegel, 25.2.88; Georg Hensel in: FAZ, 12.3.88; Helmut Schmitz in: FR, 10.3.88

Reise ins Grauen 785

TWISTED NIGHTMARE

*

Video

Regie: Paul Hunt
Darsteller: Rhonda Gray (Laura), Cleve Hall, Brad Bartrum, Robert Padillo, Heather Sullivan, Scott King, Juliet Martin
Drehbuch: Paul Hunt
Kamera: Paul Hunt, Gary Graver (Astral Bellevue Pathe Color)
Schnitt: Allen Persselin
Produktion: Sandy Horowitz für United Filmmakers, USA 1987
Verleih: -/-/-/RCA/Columbia Video
Erstaufführung: Mai 88
FSK: nicht unter 18 J.
Länge: 94 (91) Min.

Ein einsames Ferienlager, eine böse Vorgeschichte und vierzehn kleine Negerlein...

Reisen ins Landesinnere 786

***

Regie: Matthias von Gunten
Porträtierte: Bertha Massmünster, Catherine Schenker, Franz Jaeck, Giovanni Simonetto, Hans Stierli, Hanspeter Sigrist*Drehbuch:* Matthias von Gunten
Kamera: Pio Corradi, Bernhard Lehner (Farbe)
Schnitt: Bernhard Lehner
Produktion: Matthias von Gunten, Alfred Richterich, Schweiz 1988
Verleih: -/-/Look Now
Kinostart: Sept. 88
Länge: 94 Min.

Fünfeinhalb Porträts von Menschen, die hier in der Schweiz arbeiten und/ oder leben. Und doch kein Porträt der Schweiz, vielmehr eine Spurensuche nach den Dimensionen, in welchen wir uns hier und heute bewegen. Welches ist der Bezug des einzelnen zu dem, was er tut, und wo finden sich die Träume von einer anderen Welt versinn»bild«licht - das sind die Fragen, die Matthias von Guntens lange nachwirkendes Zeit-Dokument behutsam in den Raum (Schweiz) stellt. *Zoom*

Ursula Blättler in: Zoom, 19/88

Renegade 787

RENEGADE ***

Regie: E.B. Clucher
Darsteller: Terence Hill (Luke), Robert Vaughn (Lawson), Ross Hill (Matt), Norman Bowler (Moose)
Drehbuch: Marco Tullio Barboni
Kamera: Aldo Contini (Farbe)
Musik: Mauro Paoluzzi
Produktion: Lucio Bompani für Paloma Films, Italien 1987
Verleih: Tobis/Constantin/Rex/Marketing-Film Video
Kinostart: 21.4.88
FSK: ab 12, ffr.
Länge: 93 Min.

Der Film zeigt Terence Hill als Pfiffikus und sympathischen Highway-Abenteuerer mit seinem halbstarken Sohn. Er hilft einem alten Kumpel aus der Patsche, linkt tölpelhafte Verfolger, unterstützt freundliche Amish-Nachbarn und will eigentlich nur seine Ruhe. Passable Unterhaltung fürs kindliche Gemüt, schöne Kulisse und Situationskomik. *tip*

Jürgen Richter in: FAZ, 23.4.88; Rolf Selas in: Rheinische Post, 22.4.88

Return Fire – Dschungelwolf 2 788

RETURN FIRE – JUNGLE WOLF 2 *

Video

Regie: Noel Callaghan
Darsteller: Ron Marchini, Adam West, Ty Randolph, D.W. Landingham
Produktion: Garrick Huey, USA 1988
Verleih: -/-/-/Pacific Video
Erstaufführung: 5.12.88

Ein Dschungelkämpfer hetzt den Drogenboß, der seinen Sohn gewaltsam entführen ließ.

Revenge – Todesschwur der Rache 789

DANGEROUS ORPHANS ***

Video

Regie: John Laing
Darsteller: Peter Stephens (O'Malley), Jennifer Ward-Lealand (Costello), Michael Hurst (Moir), Ross Girven (Rossi), Peter Bland (Jacobs), Ian Mune (Hanna)
Drehbuch: Kevin Smith
Kamera: Warrick Attewell (Colorfilm)
Musik: Jonathan Crayford
Schnitt: Michael Horton
Produktion: Don Reynolds für Cinepro Films. In Zusammenarbeit mit The New Zealand Film Commission, Neuseeland 1986
Verleih: -/-/-/Splendid Video
Erstaufführung: 4.2.88
FSK: ab 16 J.
Länge: 90 Min.

Der junge O'Malley, den brutale Banditen zum Waisenkind gemacht haben, hat Rache für den Tod seines Vaters geschworen. Mit zwei Freunden tüftelt er einen gefährlichen Plan aus, um die mit Drogengeschäften reich gewordenen Mörder sich gegenseitig und der Polizei ans Messer zu liefern. Packender Actionthriller aus Neuseeland, der eine spannende Story mit guten Actionszenen und überzeugenden Darstellern kombiniert. *VideoWoche*

Der richtige Dreh 790

ALL THE RIGHT MOVES **

Video

Regie: Michael Chapman
Darsteller: Tom Cruise (Stef), Craig T. Nelson (Nickerson), Lea Thompson (Lisa), Charles Cioffi (Pop), Paul Carafotes (Salvucci), Christopher Penn (Brian), Sandy Faison (Suzie), Paige Price (Tracy)
Drehbuch: Michael Kane
Kamera: Jan DeBont (Farbe)
Musik: David Campbell
Schnitt: David Garfield
Produktion: Stephen Deutch für 20th Century-Fox, USA 1983
Verleih: -/-/-/CBS-Fox Video
Erstaufführung: 15.4.88
FSK: ab 12 J.
Länge: 91 Min.

Der Film zeigt einen Highschool-Absolventen, der versucht, über sein Football-Talent ein Stipendium an einem renommierten College zu bekommen. Sein loses, rebellisches Mundwerk aber lassen ihn eine Zeitlang im Kleinstadtmief stehen - mit der tristen Zukunft eines Stahlarbeiters vor Augen -, bevor es doch zum rührseligen Happy-End kommt. Ein Teenie-Drillstück, in dem das »amerikanische« System gleich dutzendfach eingehämmert wird.
Nur Siege(r) zählen, Besiegte sind Verlierer und gehören an den gesellschaftlichen Rand. *tip*

Right to Die — 791

RIGHT TO DIE **

Video

Regie: Paul Wendkos
Darsteller: Raquel Welch (Emily Bauer), Michael Gross (Bob Bauer), Joanna Miles (Psychiater), Bonnie Bartlett (Lillian), Peter Michael Goetz, Ed O'Neill, Diane Salinger, Mark Shera
Drehbuch: Phil Penningroth
Kamera: Bernd Heinl (Farbe)
Musik: Brad Fiedel
Produktion: Karen Danaher Dorr für Ohlmeyer Communications, USA 1987
Verleih: -/-/-/All Video
Uraufführung: 12.10.87 (NBC)
Erstaufführung: 15.11.88
Länge: 100 Min.

Glücklich verheiratete Mutter erkrankt schwer und erhält dank der Bemühungen ihres Gatten und dessen Anwalts schließlich ihren Euthanasie-Willen.

Rita, Sue und Bob dazu — 792

RITA, SUE AND BOB TOO ****

Regie: Alan Clarke
Darsteller: George Costigan (Bob), Siobhan Finneran (Rita), Michelle Holmes (Sue), Lesley Sharp (Michelle), Ghir Kulvinder, Willie Ross, Patti Nicholls, Paul Oldham
Drehbuch: Andrea Dunbar, nach ihren Bühenstücken »The Arbor« und »Rita, Sue and Bob Too«
Kamera: Ivan Strasburg (Eastmancolor)
Musik: Michael Kamen
Schnitt: Stephen Singleton
Produktion: Sandy Lieberson für Film Four Int./British Screen/Umbrella, Großbritannien 1987
Verleih: Arsenal/Classic/Rialto
Kinostart: 1.9.88
Länge: 91 Min.

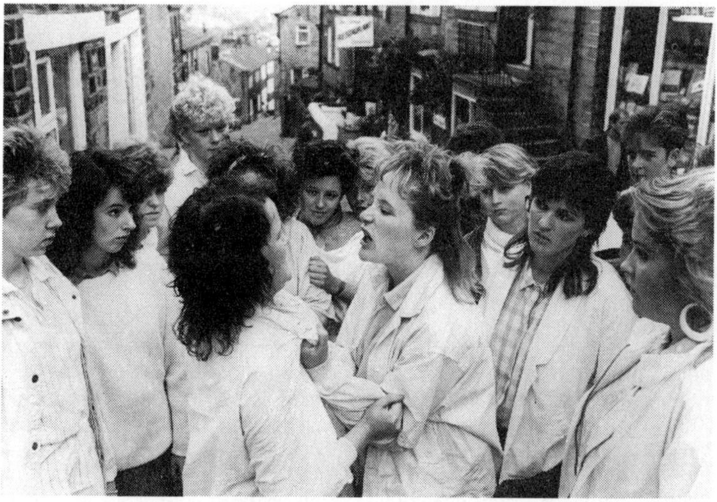

Michelle Holmes und Siobhan Finneran in »Rita, Sue und Bob dazu«.

In einem tristen Vorort im Norden Englands lassen sich Rita und Sue, zwei pummelige, lebenshungrige Teenies aus dem Arbeitermilieu, auf ein Verhältnis mit dem verheirateten Mittelständler Bob ein, was dessen kriselnder Ehe ein Ende macht und zu weiteren Verwicklungen führt. Vordergründig eine freche bis obszöne »Sex- und Sittenkomödie«, hintergründig eine zwiespältig-zynische Farce über soziale Misere, Rassismus, Kleinbürgermief und die Zukunftslosigkeit Jugendlicher, in denen die beiden jungen Frauen nur dank ihrer unverwüstlichen Vitalität und Freundschaft zu überleben vermögen. *Zoom*

Conny E. Voester in: epd Film, 10/88; Bodo Fründt in: SZ, 6.10.88; Ponkie in: AZ, 7.10.88

Robocop 793

ROBOCOP ***

Regie: Paul Verhoeven
Darsteller: Peter Weller (Robocop/Wagner), Nancy Allen (Lewis), Ronny Cox (Jones), Kurtwood Smith (Clarence), Miguel Ferrer (Morton), Robert DoQui (Sergeant Reed), Daniel O'Herlihy (Der Alte), Ray Wise (Leon), Felton Perry (Johnson), Paul McCrane (Emil), Jesse Goins (Joe), Del Zamora (Kaplan)
Drehbuch: Edward Neumeier, Michael Miner
Kamera: Jost Vacano (DuArt Color)
Musik: Basil Poledouris
Schnitt: Frank J. Urioste
Produktion: Arne Schmidt für Orion, USA 1987
Verleih: 20th Century Fox/Constantin/-/RCA/Columbia Video
Kinostart: 7.1.88
FSK: ab 18, nffr.
Länge: 101 Min.

Ein aus den Überresten eines getöteten Polizisten hergestellter Polizeiroboter wird im Detroit einer nahen Zukunft zur Verbrechensbekämpfung eingesetzt. Unkritischer, eher schablonenhafter Actionfilm, der konsequente Dramaturgie und technische Perfektion bietet, aber wegen massiver Brutalitäten zu ernsten Vorbehalten Anlaß gibt. *multimedia*

Michael Althen in: SZ, 8.1.88; Jürgen Richter in: FAZ, 2.1.88; Claudius Seidl in: Die Zeit, 8.1.88

Roboto, die Menschmaschine 794

NOT QUITE HUMAN *

Video

Regie: Steven H. Stern
Darsteller: Alan Thicke, Robyn Lively, Robert Harper, Joseph Bologna, Jay Underwood, Brian Cole, Brandon Douglas
Drehbuch: Alan Ormsby
Kamera: Ken Lamkin (Farbe)
Schnitt: Tom Scott
Produktion: Noel Resnick für Sharmhill/Walt Disney TV, USA 1987
Verleih: -/-/-/Walt Disney Home Video
Uraufführung: 20.12.87 (ABC)
Erstaufführung: 14.12.88
FSK: ab 12 J.
Länge: 87 Min.

Android mit Teenagergesicht entwickelt sich zum Mädchenschwarm und rettet zu guter Letzt seinen entführten Erfinder.

Rock n' Roll Mam 795

ROCK N' ROLL MOM **

Video

Regie: Michael Schultz
Darsteller: Dyan Cannon (Annie Hackett), Michael Brandon (Jeff Robbins), Heather Locklear (Darcy X), Joe Pantoliano, Telma Hopkins, Nancy Lenehan, Josh Blake, Amy Lynne
Drehbuch: Gen le Roy
Kamera: Isidore Mankofsky (Farbe)
Musik: Lee Ritenour
Produktion: Stan Rogow für Walt Disney TV, USA 1988
Verleih: -/-/-/Walt Disney Home Video
Uraufführung: 7.2.88 (ABC)
Erstaufführung: 21.11.88

Die amerikanische Hausfrau und Mutter Annie träumt in ihrer Küche von einer Karriere als Rocksängerin. Durch Zufall wird der Talentscout einer großen Plattenfirma auf einen von Annie komponierten Song aufmerksam. Er stylt Annie kurzerhand zum Vamp um und landet mit ihr einen Discohit... *VideoWoche*

Plakat zu »Robocop«.

Rockin' Road Trip **796**
ROCKIN' ROAD TRIP
**
Video

Regie: William Olsen
Darsteller: Garth McLean (Martin), Margaret Currie (Nicole), Steve Boles (Wally), Marty Tucker (Lenny), Graham Smith (Ivan), LeLand Gantt (Curtis Little), Katherine Harrison (Samantha)
Drehbuch: William Olsen, Nancy Sterling
Kamera: Austin McKinney (TVC Color)
Musik: Ricky Keller
Schnitt: David H. Lloyd
Produktion: William Olsen, Michael Rothschild für Triad Entertainment Group, USA 1986

Verleih: -/-/-/RCA/Columbia Video
Erstaufführung: Juli 88
FSK: ab 12 J.
Länge: 101 (97) Min.

Chaotische Komödie um einen rockenden Geschäftsmann, der sich bei einer Florida-Tournee mit Diamantenräubern herumschlagen muß.

Rollentausch 797

A MONTH LATER ***

Regie: Nouchka van Brakel
Darsteller: Renèe Soutendijk (Liesbeth), Monique van de Ven (Monika), Edwin de Vries (Constant), Sunny Bergman (Judith), Tijmen Bergman, Jeroen Oostenbrink, Jean Yves Berteloot, Bas Voets*Drehbuch:* Nouchka van Brakel, Jan Donkers, Ate de Jong
Kamera: Peter de Bont (Agfacolor)
Musik: Rob van Donselaar
Schnitt: Edgar Burcksen
Produktion: Matthijs van Heijningen für Sigma Prod., Niederlande 1987
Verleih: Warner Bros./dito/dito/ Warner Home Video
Kinostart: 2.6.88
FSK: ab 16, ffr.
Länge: 100 Min.

Man nehme, quer durch die letzten Jahrzehnte, von vielem etwas: Emanzen, Punks, Pseudo-Spät-Existenzialismus, Yuppies, Identitätskrise, Selbstfindung, Liebe, Sex, Erotik, Familie, Psychatrie. Clever auf internationalen Kommerz - zu deutsch: US-Markt - spekulierend, hat die holländische Filmemacherin Nouchka van Brakel aus diesem Allerlei an Lebenseinstellungs-Moden eine grelle, grobe Komödie gemacht. Die Ehefrau und Mutter räumt ihren Platz bei Mann und Kindern für einen Monat einer erotisch und auch sonst höchst unabhängigen lebenslustigen Journalistin - und umgekehrt. Und wer jetzt ahnt, wie's weitergeht, der hat gewonnen ... Allerdings sind Renée Soutendijk und Monique van de Ven wunderschön anzuschauen. *Frauke Hanck, tz*

Michael Althen in: Die Zeit, 17.6.88; Barbro Schuchardt in: Kölnische Rundschau, 4.6.88

Roman Holiday 798

ROMAN HOLIDAY **

Video

Regie: Noel Nosseck
Darsteller: Catherine Oxenberg (Prinzessin Alica), Tom Conti (Joe), Christopher Munke (Phil), Paul Daneman (König), Eileen Atkins (Gräfin), Patrick Allen (General), Ed Begley jr.
Drehbuch: Jerry Ludwig
Kamera: Romano Albani (Farbe)
Musik: Mark Snow
Produktion: Mel Efros für Paramount, USA 1987
Verleih: -/-/-/CIC Video
Erstaufführung: August 88
FSK: ab 6 J.
Länge: 95 Min.

Hier handelt es sich um das TV-Remake des Audrey Hepburn-Films »Ein Herz und eine Krone«.

Die Romanze von Buch und Schwert 799

SHU JIAN EN CHOU LU *****

Regie: Ann Hui (Xu Anhua)
Darsteller: Da Shichang (Kaiser Qian Long), Zhang Duo Fu (Chen Jialuo), Liu Jia (Huo Quingtong, Ai Nuo (Prinzessin Xiangxiang)
Drehbuch: Ann Hui, Kam Yung nach dem gleichn. Roman von Kam Yung (Jin Yong, auch: Louis Cha)
Kamera: Wong Chung Biu (Farbe)
Produktion: Yeung Tse Kong Movie Enterprises/SIL-METROPOLE Organisation, Hongkong/China 1987
Verleih: Freunde der Deutschen Kinemathek/-/-
Uraufführung: 12.8.1987, Hongkong
Erstaufführung: 21.2.88, Forum des Jungen Films, Berlin
Länge: 180 Min.
1. Teil: Die Romanze von Buch und Schwert
2. Teil: Prinzessin »Wohlgeruch«

(...) Das dreistündige Epos erzählt den Kampf eines Geheimbundes gegen die Ching-Dynastie im 18. Jahrhundert.
Palastintrigen, Liebesgeschichten, Kung-Fu-Kämpfe als Luftballett. Kino wie ein leichter Traum, wie ein kristallklarer Trip.
Nichts von der dampfenden Üppigkeit eines Bertolucci; wenn schon, ein

Liebe, Intrige und Kampf perfekt in: »Die Romanze von Buch und Schwert«.

Kurosawa auf Flügeln. Doch eigentlich braucht sich Ann Hui nicht auf Vergleiche einzulassen.

Miklos Gimes, TagesAnzeiger, Zürich

Wilhelm Roth in: FR, 25.2.88

The Rosary Murders 800

THE ROSARY MURDERS ****

Video

Regie: Fred Walton
Darsteller: Donald Sutherland (Pater Koesler), Charles Durning (Pater Nabors), Josef Sommer (Lt. Koznicki), Belinda Bauer (Pat Lennon), James Murtaugh, John Danelle, Addison Powell, Kathleen Tolan, Tom Mardirosian
Drehbuch: Elmore Leonard, Fred Walton. Nach dem Roman »Ein Rosenkranz für jede Leiche« von William X. Kienzle
Kamera: David Golia (Farbe)
Musik: Bobby Laurel, Don Sebesky
Schnitt: Sam Vitale
Produktion: Samuel Goldwyn Co., USA 1987
Verleih: -/-/-/VCL Video
Erstaufführung: 24.10.88
FSK: ab 16 J.
Länge: 105 Min.

Eine junge Nonne erzählt Pater Koessler, daß sie die Schwesternschaft verlassen will, weil sie heiraten möchte. Wenige Stunden später wird sie ermordet aufgefunden, ein Rosenkranz ist ihr um das Handgelenk geschlungen. Weitere Rosenkranz-Morde folgen, der Täter kommt zu Koessler in die Beichte, kann aber entkommen. Über alte Todesanzeigen kommt der Pater schließlich auf den Mörder und sein Motiv. Hochspannender und exzellent gemachter Thriller.

VideoWoche

Rosinante 801

ROCINANTE ****

Regie: Ann Guedes, Eduardo Gedes
Darsteller: John Hurt (Bill), Maureen Douglass (Jess), Ian Dury, Jimmy Jewel, Carol Gillies, Gilliam Heasman
Drehbuch: Ann und Eduardo Guedes
Kamera: Thaddeus O'Sullivan (Eastmancolor)
Musik: Jürgen Knieper

Produktion: Gustav Lamche für Cinema Action/Channel Four, Großbritannien 1986
Verleih: Freunde der Deutschen Kinemathek/-/-
Uraufführung: 15.11.86, London Film Festival
Erstaufführung: 25.2.87 Forum des Jungen Films bei der Berlinale
Kinostart: April 88
Länge: 93 Min. (OmU)

Preis der C.I.C.A.E. (Int. Verband der Filmkunst-Theater) auf dem Int. Forum des Jungen Films 1987

Der Film verwendet die Allegorie des Labyrinths, um die Krise des modernen Menschen auf der Suche nach dem Ziel seines Lebens in der menschlichen und kulturellen Landschaft seines Landes zu schildern.

Aus der Begründung der C.I.C.A.E.

Bill lebt allein in einem verfallenen Kino. Auf die zerrissene Leinwand projiziert er zeitlose Bilder von England – einen Garten der Geheimnisse, einen Ort ohne Handlung. Als der alte Hausmeister und ehemalige Vorführer ihn warnt, daß das Gebäude demnächst abgerissen werde, packt Bill – inspiriert von dem Roman »Don Quichote« seine Sachen und macht sich auf die Reise, versteckt in einer Lkw-Ladung von Weihnachtsbäumen.

... Verleihprogramm

Carla Rhode in: Der Tagesspiegel, 22.2.87

Rote Ameisen – Die Kids von der Straße — 802

O PARADISOS ANIGI ME ANTIKLIDI

***

Video

Regie: Vassilis Buduris
Darsteller: Ian Dury (verkrüppelter Akrobat), Cassandra Voyatzi (Hara), Stephanos Elliot (ihr Bruder), Nicos Melas (ihr Freund), Lydis Lenossi (ihre Mutter)
Drehbuch: Vassilis Buduris
Kamera: Christos Chassapis (Farbe)
Musik: Mivhalis Gregoriou
Schnitt: Andreas Tsilifonis
Produktion: Nicos Yannopoulos für Greek Film Center/Ann Film EPE, Griechenland 1987
Verleih: -/-/-/RCA/Columbia Video
Erstaufführung: 15.10.88
FSK: ab 12 J.
Länge: 93 Min.

Bruder, Schwester und Freundin leben in einem ausrangierten Bus. Als das Mädchen beim Klauen von der Polizei erwischt und eingesperrt wird, schmieden die Jungs einen Befreiungsplan. Der Coup gelingt, doch sie müssen fliehen. Bisweilen ein bißchen kitschige Abenteuergeschichte, unterhaltsam und nicht ohne Charme. *Video-Markt*

Der rote Monarch — 803

RED MONARCH

****

TV

Regie: Jack Gold
Darsteller: Colin Blakely (Stalin), David Suchet (Berija), Carroll Baker (Ellen Brown), Ian Hogg (Shaposchnikow), Nigel Stock (Molotow), David Threlfall (Wassili), David Kelly, Peter Woodthorpe, Brian Glover, George A. Cooper, Jane Galloway, Susan Carpenter
Drehbuch: Charles Wood
Kamera: Mike Fash
Schnitt: Laurence Mery-Clark
Produktion: Graham Benson für Enigma für Goldcrest, Großbritannien 1983
Sendetermin: 19.11.88, ZDF
Länge: 99 Min.

Kalter Hohn grinste aus der satirischen Knallfarce »Der rote Monarch«: Stalin als georgischer Brutaloschlaumeier und paranoider Popanz, um den das geile Aas Berija (Datscha-Orgien!) intrigant herumschwirrt und jeden gegen jeden ausspielt. Eine böse, rabenschwarze Politposse, die das Funktionieren des Terrors in der Stalin-Diktatur mit grausigem Gelächter bloßstellt. *Ponkie, AZ*

Rubicon — 804

ETTER RUBICON

**

Video

Regie: Leidulv Risan
Darsteller: Sverre Anker Ousdal (Jon Hoff), Ewa Carlsson (Mona Axen), Ellen Horn (Maria Hamaröy), Toralv Maurstad (Carl Berntsen), Jack Fjeldstad (Thorvald

Hoff), Alf Malland, Jan Harstad, Björn Sundquist, Christin Sampson
Drehbuch: Arthur Johansen, Harald Paalgard, Leidulv Risan
Kamera: Harald Paalgard (Eastmancolor)
Musik: Geir Böhren, Bent Aserud
Schnitt: Russell Lloyd, Yngve Refseth
Produktion: Dag Alveberg für Filmeffekt/ Norsk Film, Norwegen 1987
Verleih: -/-/-/Atlas Video
Erstaufführung: 15.12.88
Länge: 92 Min. *FSK:* ab 16 J.

Als ein Arzt herausfindet, daß es auf einem Schiff vor der norwegischen Küste zu einem Atomunfall gekommen ist, sieht er sich von NATO-Soldaten mit sehr eindeutigem Auftrag verfolgt. Einer jener schrecklich konventionellen Filme, die ihre »Wichtigkeit« wie ein Aushängeschild stolz vor sich her tragen.

Die Rückkehr der Semmelknödelbande 805

THE APPLE DUMPLING GANG RIDES AGAIN **

Video

Regie: Vincent McEveety
Darsteller: Tim Conway (Amos), Don Knotts (Theodore), Tim Matheson (Jeff Reid), Kenneth Mars (Marshall Woolly Bill Hitchock), Elyssa Davalos (Millie Gaskill), Jack Elam (Big Mac), Robert Pine (Lt. Jim Ravencroft), Joan Crawford (Sherick)
Drehbuch: Don Tait
Kamera: Frank Phillips (Technicolor)
Schnitt: Gordon D. Brenner
Produktion: Ron Miller, Tom Leetch für Walt Disney, USA 1979
Verleih: -/-/-/Walt Disney Home Video
Erstaufführung: 25.2.88
Länge: 88 Min. *FSK:* ab 6 J.

Zwei tolpatschige Gauner kommen in ein Nest im Wilden Westen und werden durch einen dummen Zufall vom örtlichen Marshall für gefährliche Räuber gehalten. Schwache Wildwest-Klamotte.

Die Rückkehr des Soldaten 806

THE RETURN OF THE SOLDIER ***

TV

Regie: Alan Bridges
Darsteller: Glenda Jackson (Margaret), Julie Christie (Kitty), Ann-Margret (Jenny), Alan Bates (Chris), Frank Finlay (William)
Drehbuch: Hugh Whitemore nach dem Roman »The Return of The Soldier« von Rebecca West
Kamera: Stephen Goldblatt
Musik: Richard Rodney Bennett
Produktion: Großbritannien 1982
Sendetermin: 28.2.88, ARD
Länge: 99 Min.

Als Captain Chris Baldry von den Schlachtfeldern des Ersten Weltkriegs heimkehrt, sind durch eine schwere Geschützgraben-Neurose alte Erinnerungen an fünfzehn Ehejahre in seinem Gedächtnis wie ausgelöscht. Voller Glück bekennt er sich statt dessen zu seiner längst geglaubten Jugendliebe, was für seine Frau unerträglich ist. Hochbesetztes Melodram nach einem Roman der namhaften englischen Schriftstellerin Rebecca West. *ARD*

Die Rückkehr des Unbegreiflichen 807

RETRIBUTION **

Regie: Guy Magar
Darsteller: Dennis Lipscomb (George Miller), Leslie Wing (Jennifer Curtis), Suzanne Snyder (Angel), Jeff Pomerantz (Alan Falconer), George Murdock (Dr. Talbot), Pamela Dunlap (Sally Benson), Susan Peretz, Clare Peck, Chris Caputo, Hoyt Axton, Ralph Manza
Drehbuch: Guy Magar, Lee Wasserman
Kamera: Gary Thieltges (Fujicolor)
Musik: Alan Howarth
Schnitt: Guy Magar, Alan Shetland
Produktion: Guy Magar für Renegade, USA 1987
Verleih: Hollywood/-/-/Ufa-Universum Video
Kinostart: 9.6.88
FSK: ab 16, ffr.
Länge: 106 Min.

Der Film erzählt von einem sensiblen Künstler, der nach einem Selbstmordversuch per Elektroschocks ins Leben zurückgeholt wird und fortan als Killer durch die Gegend streift, dabei ist der Maler im Grunde ein friedfertiger Bursche, in den sich jetzt nur der Satan höchstpersönlich »eingenistet« hat, um sein schändliches Werk zu tun. Fauler Zauber um übernatürliche Kräfte und blutigen Horror. *tip*

Run If You Can — 808

RUN IF YOU CAN *

Video

Regie: Virginia Lively Stone
Darsteller: Martin Landau, Yvette Nipar, Jerry van Dike, Morgan Douglas
Drehbuch: J.A.S. McCombie
Produktion: Fleet Films, USA 1987
Verleih: -/-/-/Gloria Video
Erstaufführung: 22.8.88
FSK: nicht unter 18 J.
Länge: 91 Min.

In Beverly Hills geht ein Mädchenmörder um. Die Polizei ist ratlos, stößt dann aber durch den Hilferuf eines jungen Mädchens auf seine Spur. Der Bedrohten ist per Video die Ermordung ihrer Freundin direkt auf die Mattscheibe gespielt worden...

Runner — 809

ON THE EDGE ***

Video

Regie: Rob Nilsson
Darsteller: Bruce Dern (Wes Holman), Pam Grier (Cora), Bill Bailey (Flash Holman), Jim Haynie (Owen Riley), John Marley (Elmo)
Drehbuch: Rob Nilsson
Kamera: Stefan Czapsky (Farbe)
Musik: Herb Pilhofer
Schnitt: Richard Harkness
Produktion: Jeffrey Hayes, Rob Nilsson für Alliance Films, USA 1985
Verleih: -/-/-/Vestron Video
Erstaufführung: März 88
FSK: ab 6 J.
Länge: 92 (83) Min.

Der Film stellt einen 44jährigen Individualisten vor, der es nach jahrelanger Abstinenz sich und den anderen noch einmal in einem mörderischen 14-Meilen-Geländelauf zeigen will. Für Wes Holman werden die Vorbereitungen zum größten und quälendsten Abenteuer in seinem reichlich bewegten Leben. Bruce Dern, Hollywoodbester der zweiten Garde, ist selbst ein fanatischer Dauerläufer und überzeugt in diesem mit minutiösen Renn-Details und wunderschönen Landschaftsbildern aufwartenden Lauf-Thriller. *tip*

Running Man — 810

THE RUNNING MAN **

Regie: Paul Michael Glaser
Darsteller: Arnold Schwarzenegger (Ben Richards), Maria Conchita Alonso (Amber Mendez), Richard Dawson (Damon Killian), Yaphet Kotto (Laughlin), Jim Brown (Fireball), Jesse Ventura (Capt.Freedom), Erland Van Lidth, Marvin J. McIntyre, Gus Rethwisch, Prof. Toru Tanaka, Mick Fleetwood, Dweezil Zappa, Karen Leigh Hopkins, Sven Thorsen
Drehbuch: Stephen E. de Souza nach einer Geschichte von Richard Bachman (= Stephen King)
Kamera: Tom Del Ruth, Reynaldo Villalobos (Technicolor)
Musik: Harold Faltermeyer
Schnitt: Mark Roy Warner, Edward A. Warschilka, John Wright
Produktion: Tim Zinnemann, Georg Linder für Taft Ent./Keith Barish mit Home Box Office für Tri-Star, USA 1987
Verleih: Neue Constantin/Constantin/Rialto/Constanti n Video
Kinostart: 30.6.88
FSK: ab 18, ffr.
Länge: 100 Min.

Im Jahre 2019 werden die USA von einem totalitären Regime beherrscht. Damit die Menschen nicht auf dumme Gedanken kommen und rebellieren, werden sie mit einer Art »Aktenzeichen XY« der Zukunft bei Laune gehalten: In der populären Lifeshow »Running Man« werden Kriminelle oder Regimegegner in einer Todeszone von monströsen Kopfjägern zur Strecke gebracht, bis ein Ex-Cop sich als stärker erweist, die Manipulation des Millionenspiels aufdeckt und dem bösen Spuk ein Ende macht. Vom Thema her weder neu noch originell, gefällt sich dieser aufwendige Streifen im Zelebrieren brutalster Action.

Zoom

Michael Althen in: SZ, 4.7.88; Gregor Dotzauer in: FAZ, 2.7.88

Gladiatorenshow. Plakat zu »Running Man«.

Russkies 811
RUSSKIES ***

Regie: Rick Rosenthal
Darsteller: Whip Hubley (Mischa), Leaf Phoenix (Danny), Peter Billingsley (Adam), Stefan DeSalle (Jason), Susan Walters (Diane), Patrick Kilpatrick (Raimy), Vic Polizos, Charles Frank, Susan Blanchard, Benjamin Hendrickson, Carole King, Vojo Goric, Summer Phoenix
Drehbuch: Alan Jay Glueckman, Sheldon Lettich, Michael Nankin
Kamera: Reed Smoot (Technicolor)
Musik: James Newton Howard
Schnitt: Antony Gibbs
Produktion: Mark Levinson, Scott Rosenfelt für New Century/Vista Org., USA 1987
Verleih: Highlight/-/-/New Vision Video
Kinostart: 16.6.88
FSK: ab 6, ffr.
Länge: 98 Min.

Ein amerikanischer »Glasnost«-Film. Eines Tages strandet ein russischer Seemann an der Küste von Südflorida. Drei Kids, die bislang Russen für Bösewichte hielten, lernen Mischa als sympathischen Hilfsbedürftigen kennen und schätzen, bringen ihn in Sicherheit und verhelfen ihm zurück nach Rußland. Teenie-Komödie mit Sinn, aber auch einigen dramaturgischen Durchhängern, die an Norman Jewisons ironischen Film »Die Russen kommen, die Russen kommen« von 1965 erinnert. *tip*

S

Die Saat der Angst 812
UNA VELA PARA EL DIABLO *

Video

Regie: Eugenio Martin
Darsteller: Judy Geeson, Aurora Bautista, Esperanza Roy, Victor Alcazar, Lone Fleming, Blanca Estrada
Drehbuch: Eugenio Martin, Antonio Fos
Kamera: J.F. Aguayo (Farbe)
Musik: Antonio Perez Olea
Produktion: Verga/Merocfilms/Veza, Spanien 1973
Verleih: -/-/-/IHE Video
Erstaufführung: 5.4.88
Länge: 83 Min.

Das schamlose Benehmen junger Touristinnen ahnden zwei nach außen hin streng moralische Spanierinnen mit Mord. Ein leicht verschrobener Filmthriller aus den Siebzigern, der einen über den Reichtum des Filmschaffens staunen läßt. *VideoWoche*

Die Saat des Alien 813
THE STRANGER WITHIN *

Video

Regie: Lee Philips
Darsteller: Barbara Eden (Ann Collins), George Grizzard (David Collins), Joyce van Patten (Phyllis), David Doyle (Bob), Nehemiah Persoff (Dr. Edward Klein)
Drehbuch: Richard Matheson. Nach seiner Kurzgeschichte
Kamera: Michael Margulies (Farbe)
Musik: Charles Fox
Schnitt: Samuel E. Beetley
Produktion: Neil T. Maffeo für Lorimar, USA 1974
Verleih: -/-/-/Virgin Video
Uraufführung: 1.10.74 (ABC)
Erstaufführung: 2.12.88
Länge: 78 Min.

Barbara Eden als Schwangere, die von ihrem ungeborenen Alien-Kind dazu motiviert wird, das Essen kräftig zu versalzen und die Klimaanlage auf Frost zu stellen.
Ein selten langatmiger Fernsehfilm, der jede Sequenz mindestens zweimal wiederholt.

Safe Breaker 814
YIDDISH CONNECTION **

Video

Regie: Paul Boujenah
Darsteller: Charles Aznavour (Aaron Rapoport), Ugo Tognazzi (Moshe di Cremona), André Dussolier (Seminarist), Vincent Lindon (Zvi), Charlie Chemouny (Samy), Geneviève Mnich, Roland Blanche, Jean-Claude Dauphin, Alain Sarde
Drehbuch: Didier Kaminka
Kamera: Yves Dahan (Eastmancolor)
Musik: George Garvarentz
Schnitt: Eva Zora
Produktion: Maurice Bernart für AFC/UGC/TOP 1/FR 3, Frankreich 1986
Verleih: -/-/-/VCL Video
FSK: ab 12 J.
Länge: 84 Min.

Vier an sich ehrbare Pariser Bürger wollen einen uralten, aber prallgefüllten Geldschrank knacken, um endlich auch einmal mehr vom Leben zu bekommen. Dabei wird ein angehender Priester, obwohl leicht verrückt, aber wenigstens rhetorisch hochbegabt, zum Helfer und Praktiker in der Not. Kurzweilige Krimi-Komödie, die vor allem von der Atmosphäre des jüdischen Viertels von Paris lebt. *tip*

Saigon 815
OFF LIMITS **

Regie: Christopher Crowe
Darsteller: Willem Dafoe (Buck McGriff), Gregory Hines (Albaby Perkins), Fred Ward (Dix), Amanda Pays (Nicole), Kay Tong Lim (Line Green), Scott Glenn (Oberst Armstrong), David Alan Grier, Keith David, Raymond O'Connor, Richard Brooks, Thuy Ann Luu, Richard Lee Reed, Woody Brown
Drehbuch: Christopher Crowe, Jack Thibeau
Kamera: David Gribble (DeLuxe Color)
Musik: James Newton Howard
Schnitt: Douglas Ibold
Produktion: Alan Barnette für 20th Century Fox, USA 1988
Verleih: 20th Century Fox/dto./dto./CBS-Fox Video

Kinostart: 5.5.88
FSK: ab 16, ffr.
Länge: 102 Min.

Zwei amerikanische Militärpolizisten klären unter erheblichen Schwierigkeiten eine Serie von Morden im Prostituiertenmilieu von Saigon auf, in die Kreise der US-Army verwickelt sind. Der Vietnam-Krieg als Hintergrund für einen Großstadtkrimi ist das einzige Novum dieses langatmigen und unambitioniert gemachten Films, der auch durch seinen Chauvinismus unangenehm auffällt.

multimedia

Peter Buchka in: SZ, 7.5.88; Sebastian Feldmann in: Rheinische Post, 27.5.88; Horst Gerhard in: Kölnische Rundschau, 7.5.88; Jürgen Richter in: FAZ, 10.5.88

Saigon Commandos 816

SAIGON COMMANDOS **

Video

Regie: Clark Henderson
Darsteller: Richard Young (Mark Stryker), P.J. Soles (Jean Lassiter), John Allen Nelson (Tim Bryant), Jimi B. jr. (Will Thomas), Spanky Manikan (Jon Toi), Joonee Gamboa (Nguyen Huu Tri), Fred Bailey (Captain Daniels)
Drehbuch: Thomas McKelvey Cleaver. Nach dem Roman »Saigon Commandos – Mad Minute« von Jonathan Cain
Kamera: Juanito Pereira (Motion Picture Color)
Musik: Samuel Asuncion, Noli Aurillo
Schnitt: Pacifico Sanchez
Produktion: John Schouweiler, Isabel Sumayao für Concorde Pictures, USA 1988
Verleih: -/-/-/CBS-Fox Video
Erstaufführung: 21.3.88
FSK: nicht unter 18 J.
Länge: 83 Min.

Militärpolizist im Saigon von 1970 kommt einem Drogenring auf die Spur, in den hohe, vietnamesische Politiker verstrickt sind. Harter Actionfilm vor dem Hintergrund des Vietnamkriegs, manchmal sehr schräg und grell inszeniert, aber für Actionfans routiniert und spannend genug gemacht. *VideoWoche*

Saison für Seitensprünge 817

SEPARATE VACATIONS ***

Video

Regie: Michael Anderson
Darsteller: David Naughton (Richard Moore), Jennifer Dale (Sarah Moore), Mark Keyloun (Jeff Ferguson), Laurie Holden (Karen), Bianca Guerra (Alicia), Suzie Almgren (Helen Gilbert), Lally Cadeau (Shelle)
Drehbuch: Robert Kaufman
Kamera: François Protat (Farbe)
Schnitt: Ron Wisman
Produktion: Robert Lantos, Stephen J. Roth für RSL Entertainment/Playboy Enterprises, Kanada 1986
Verleih: -/-/-/CBS/Fox Video
Erstaufführung: 25.10.88
FSK: ab 16 J.
Länge: 86 Min.

Nach 12 Jahren Ehe verspürt Richard Moore – inspiriert von den amourösen Abenteuern seiner gleichfalls verheirateten Kollegen, den Wunsch, einen zweiten Liebesfrühling zu erleben. Sehr amüsante, kanadische Komödie um die Fährnisse und Gelüste der Wechseljahre, mitproduziert vom Playboy-Konzern. *VideoWoche*

Salem 2 – Die Rückkehr 818

A RETURN TO SALEM'S LOT ***

Video

Regie: Larry Cohen
Darsteller: Michael Moriarty (Joe Weber), Samuel Fuller (Van Meer), Richard Addison Reed (Jeremy Weber), Andrew Duggan (Richter Axel), June Havoc (Tante Klara), Ronee Blakley (Sally), Evelyn Keyes
Drehbuch: Larry Cohen, James Dixon
Kamera: Daniel Pearl (Farbe)
Musik: Michael Minard
Schnitt: Armond Leibowitz
Produktion: Paul Kurta für Larco, USA 1987
Verleih: -/-/-/Warner Home Video
Erstaufführung: 14.7.88
FSK: nicht unter 18 J.
Länge: 95 Min.

Fortsetzung von Tobe Hoopers King-Verfilmung: Journalist und Sohn arrangieren sich zunächst mit ihren vampirischen Nachbarn, legen schließlich aber doch Feuer an die Särge. Ein Film, in dem Sam Fuller als eine Art Dr. van Helsing auftritt, kann nicht wirklich schlecht sein.

Salsa 819
SALSA ***

Regie: Boaz Davidson
Darsteller: Robby Rosa (Rico), Rodney Harvey (Ken), Magali Alvarado (Rita), Miranda Garrison (Luna), Moon Orona, Angela Alvarado, Loyda Ramos, Valente Rodriguez
Drehbuch: Boaz Davidson, Tomas Benitez, Shepard Goldman, nach einer Story von Boaz Davidson und Eli Tabor
Kamera: David Gurfinkel (Farbe)
Musik: Jack Fishman, Michael Linn (Auswahl)
Schnitt: Alain Jakubowicz
Produktion: Menahem Golan, Yoram Globus für Cannon, USA 1988
Verleih: Scotia-Cannon/Czerny/Rialto/VMP Video
Kinostart: 28.7.88
FSK: ab 12, ffr.
Länge: 99 Min.

Auf der Welle von Tanzfilmen, die nach dem Kassenrenner »Dirty Dancing« (spielte bisher allein in der Bundesrepublik 65 Millionen Mark ein) in die Kinos schwappt, rollt nun »Salsa« an. Salsa (spanisch für »scharfe Soße«) ist Musik mit afro-karibischem Rhythmus, ist erotischer Tanz und Ausdruck eines selbstbewußten Lebensgefühls, mit dem Hispano-Amerikaner kulturelle Traditionen verbinden.
Unsere Bewertung gilt nicht dem Regisseur und Co-Autoren Boaz Davidson (»Eis am Stil«), der die schlichte Geschichte eines jungen Puertoricaners, der sich für den Titel »König des Salsa« die Seele aus dem Leib tanzt, auch noch mit peinigenden Klischees befrachtet (Dio, diese Dialoge!).
Sehenswert aber sind die Tanzszenen, die Choreograph Kenny Ortega (»Dirty Dancing«) einstudierte, die Auftritte der Salsa-Stars Tio Puente und Celia Cruz, die Präsenz des Hauptdarstellers Robby Rosa. Mit Temperament und Disziplin verkörpert er dieses Lebensgefühl, das Salsa heißt. So kann man über die Dürftigkeit der Filmhandlung hinwegsehen und sich der Leidenschaftlichkeit des Salsa hingeben. *Angie Dullinger, AZ*

Wilm Hart in: Die Welt, 1.8.88; Otto Heuer in: Rheinische Post, 29.7.88; Milan Pavlocic in: Kölner Stadt-Anzeiger, 30.7.88

Sam Hell is »The Hunter« 820
HELL COMES TO FROGTOWN *

Video

Regie: R.J. Kizer, Donald G. Jackson
Darsteller: Roddy Piper (Sam Hell), Sandahl Bergman (Spangle), Cec Verrell (Centinella), William Smith (Captain Devlin/Graf Sodom), Rory Calhoun (Looney Tunes), Nicholas Worth (Bull), Kristi Somers (Arabella)
Drehbuch: Randall Frakes
Kamera: Donald G. Jackson, Enrico Picard
Musik: David Shapiro
Schnitt: R.J. Kizer, James Matheny
Produktion: Donald G. Jackson, Randall Frakes für New World, USA 1988
Verleih: -/-/-/New Vision Video
Erstaufführung: 25.5.88
FSK: ab 16 J.
Länge: 86 Min.

Komisch gemeinte Endzeitrangeleien zwischen Froschmutanten, Frauen und einem potenten Ex-Soldaten. »Har Har« (Kater Karlo).

Sammy & Rosie tun es 821
SAMMY & ROSIE GET LAID ****

Regie: Stephen Frears
Darsteller: Shashi Kapoor (Rafi), Claire Bloom (Alice), Ayub Khan Din (Sammy), Frances Barber (Rosie), Roland Gift (Danny), Wendy Gazelle (Anna), Suzette Llewellyn (Vivia), Meera Syal, Badi Uzzaman
Drehbuch: Hanif Kureishi
Kamera: Oliver Stapleton (Farbe)
Schnitt: Mick Audsley
Produktion: Tim Bevan, Sarah Radclyffe für Working Title/Film Four/Cinecom/British Screen, GB 1987
Verleih: Concorde/Czerny/Citel/ New Vision Video
Kinostart: 7.7.88
Länge: 101 Min. *FSK:* ab 16, ffr.
Prädikat: Wertvoll

London, am Puls eines brodelnden gesellschaftspolitischen Klimas: In

Frances Barber als »Rosie«, Ayub Kahn Din als »Sammy«: »Sammy und Rosie tun es«.

den Schlafzimmern wird ungetrübt Sexualität ausgelebt, auf den Straßen für Rechte gekämpft. Die allgegenwärtige Gewalttätigkeit führt Rafi einem mächtigen Mann aus Pakistan, dessen zwielichtige Vergangenheit vor Augen. Regisseur Stephen Frears und Autor Hanif Kureishi sagen in ihrer bitterbösen Komödie, thematisch vielschichtig und erzählerisch wie formal kantig, dem lebensfeindlichen Leistungsdenken von Margaret Thatchers Regierung den Kampf an und entwerfen das utopische Gesellschaftsmodell einer kosmopolitischen Gegend, in der Freiheit und Eintracht herrschen. *Zoom*

Armin Eichholz in: Die Welt, 16.7.88; Alfred Holighaus in: tip, 15/88; H.G. Pflaum in: SZ, 8.7.88; Uwe Schmitt in: FAZ, 7.7.88 Wolfram Schütte in: FR, 7.7.88 o.A. in: Der Spiegel, 4.7.88

Santiago 822

IL PLEUT SUR SANTIAGO **

Video

Regie: Helvio Soto
Darsteller: André Dussolier, Jean-Louis Trintignant, Annie Girardot, Marthe Keller, Bernard Fresson, Riccardo Cucciolla
Drehbuch: Helvio Soto, Georges Conchon
Kamera: Georges Barsky (Farbe)
Musik: Astor Piazolla
Produktion: Films Marquises/Studio für Spielfilme, Frankreich/Bulgarien 1975
Verleih: -/-/-/Atlas Video
Erstaufführung: 30.3.88
FSK: ab 12 J.
Länge: 108 Min.

Dokumentarischer Politthriller, in dem der chilenische Exilregisseur Helvio Soto den Sturz der Regierung Allendes schildert und bewußt polemisch mit den Putschisten abrechnet.

Satan in Weiß 823

THE CRADLE WILL FALL **

Video

Regie: John Llewellyn Moxey
Darsteller: Lauren Hutton (Kathy DeMaio), Ben Murphy (Dr. Richard Carroll), James Farentino (Dr. Edgar Highley), Charita Bauer (Bert Bauer), Carolyn Ann Clark (Lesley Ann Monroe), Joe Ponazecki (Detective Wyatt), Elvera Roussel (Hope Spaulding)
Drehbuch: Jerome Coopersmith. Nach dem Roman von Mary Higgins Clark

Kamera: Steven Poster (Farbe)
Musik: Elliot Lawrence
Schnitt: Dennis O'Connor
Produktion: Joseph Cates für Cates Films/ Procter & Gamble, USA 1983
Verleih: -/-/-/Taurus Video
Uraufführung: 24.5.83 (CBS)
Erstaufführung: 1.9.88
FSK: ab 12 J.
Länge: 102 Min.

Ein agiles Paar ist den Machenschaften eines Arztes auf der Spur, dessen Experimente mit einem Verjüngungselexier schon zahlreiche Todesopfer gefordert haben. *Film & Fakten*

Satanas – Nacht der Teufel 824
THE THIRD HAND *
Video

Regie: Ferde Grofe jr.
Darsteller: Kenneth McLeod, David Anthony Smith
Produktion: USA 1987
Verleih: -/-/-/IVE Video
Erstaufführung: 24.10.88
Länge: 88 Min.

Nachdem ihr Reisebus den Geist aufgegeben hat, stoßen zwei Männer im südamerikanischen Dschungel auf einer Kleinstadt mit nächtlicher Satans-Erscheinung.

Satan's Bed 825
SATAN'S BED *
Video

Regie: Bam Bang Subana
Darsteller: Mariane Wolf, Didier Hamel, Richie Ricardo
Produktion: P.T. Soraya Inter Cine Film, Hongkong 1986
Verleih: -/-/-/All Video
Erstaufführung: 15.11.88

Satanische Ereignisse in einer auf Gräbern Ermordeter errichteten Luxusvilla.

Satan's Blade 826
SATAN'S BLADE *
Video

Regie: L. Scott Castillo
Darsteller: Tom Bongiorno, Stephanie Leigh-Steel, Thomas Cue
Drehbuch: L. Scott Castillo
Kamera: Terry Kempf (Farbe)
Produktion: M.C. Productions, USA 1982
Verleih: -/-/-/IMC Video
Erstaufführung: 29.8.88
FSK: nicht unter 18 J.
Länge: 84 Min.

Geist eines Ureinwohners ergreift Besitz von einem Polizisten und spielt mit neun Teenagern »Freitag, der 13.«. El Cheapo strikes again.

Satyajit Ray 827
SATYAJIT RAY ****

Regie: Shyam Benegal
Drehbuch: Shyam Benegal
Kamera: Govind Nihalani (Farbe)
Schnitt: Bhanudas Divkar
Produktion: Films Division, Indien 1985
Verleih: Freunde der Deutschen Kinemathek/-/-
Erstaufführung: 22.2.88, Int. Forum des jungen Films, Berlin
Länge: 150 Min. (OmU)

Eine dokumentarische Untersuchung über Satyajit Ray, den größten Filmemacher Indiens, sein Werk, seine Entwicklung und seine Arbeitstechnik; gedreht von Shyam Benegal, der selbst ein renommierter Spielfilmregisseur ist. *Programm Forum*

Savage Harbour 828
SAVAGE HARBOUR **
Video

Regie: Carl Monson
Darsteller: Frank Stallone, Chris Mitchum, Karen Mayo Chandler
Drehbuch: Carl Monson
Kamera: Jack Beckett (Farbe)
Produktion: Mars Productions Corporation, USA 1987
Verleih: -/-/-/Focus Video
Erstaufführung: 24.5.88
FSK: nicht unter 18 J.
Länge: 78 Min.

Bisweilen schlampig inszenierte Rachegeschichte: Prostituierte flieht vor ihrem Zuhälter und verliebt sich in einen Seemann, der ihr aus der Not half. Doch die Leidenschaft währt nur kurz, ihr Lude, ein fieser Frauen- und

Waffenhändler, läßt sie kidnappen und unter Drogen anschaffen.

Video-Markt

Savage Justice 829

SAVAGE JUSTICE *

Video

Regie: Joey Romero
Darsteller: Julia Montgomery, Steven Memel
Produktion: USA 1987
Verleih: -/-/-/Highlight Video
Erstaufführung: 17.10.88
Länge: 90 Min.

Der für B-Filmverhältnisse recht aufwendig produzierte Actionfilm mischt Bürgerkriegsszenen mit Outlaw-Romantik und Eifersuchtsdrama.

Savage Temptation 830

SAVAGE TEMPTATION *

Video

Regie: Charles Lee
Darsteller: Sean Odell, Pierre Kirby, Alan Cooper
Produktion: Joseph Lai, USA 1988
Verleih: -/-/-/Scala Video
Erstaufführung: 7.11.88

Zwei Spezialagenten überführen ein erpresserisches Drogentrio. Eine Bombe in der Torte spielt auch mit.

Say Yes! 831

SAY YES! **

Video

Regie: Larry Yust
Darsteller: Lissa Layng (Annie), Art Hindle (Luke), Logan Ramsey (George), Jonathan Winters (W.D. Westmoreland), Maryedith Burrell (Gladys), Jensen Collier (Belinda), Jacque Lynn Colton (Nachrichtenempfänger)
Drehbuch: Larry Yust
Kamera: Isidore Mankofsky (United Color)
Schnitt: Margaret Morrison
Produktion: Larry Yust, Rosemary Le Roy Layng für Faunt Le Roy Productions, USA 1986
Verleih: -/-/-/CBS-Fox Video
Erstaufführung: 15.5.88
FSK: ab 12
Länge: 88 Min.

Junggeselle muß aus Erbschaftsgründen binnen 24 Stunden heiraten.

Scavenger – Der Spion mit der Glut im Blut 832

SCAVENGERS **

Regie: Duncan McLachlan
Darsteller: Kenneth Gilman (John Scavenger), Brenda Bakke (Kimberly Blake), Somizi Mhlongo (Jeffrey), Norman Anstey (Boris), Patrick Mynhardt (Pavloske), Crispen De Nys (Colonel Ya Chenko)
Drehbuch: Duncan McLachlan (Farbe)
Kamera: Johan Van Der Veer, Nic Heroldt
Musik: Nick Picard
Schnitt: Patti Regan
Produktion: Chris Davis, David Barret, USA 1988
Verleih: Esplanade/-/-/Highlight Video
Kinostart: 18.9.88
FSK: ab 12, nffr.
Länge: 93 Min.

Eine krude Mischung verschiedener Abenteuer-Elemente mit KGB-CIA Agenten und einen Schatz.

Schatten im Paradies 833

SHADOWS IN PARADISE ***

Regie: Aki Kaurismäki
Darsteller: Matti Pellonpää (Nikander), Kati Outinen (Ilona), Saku Kuosmanen (Melartin), Esko Nikkari , Kylli Köngäs, Pekka Laiho, Jukka-Pekka Palo
Drehbuch: Aki Kaurismäki
Kamera: Timo Salminen (Eastmancolor)
Musik: Jouko Lumme
Schnitt: Raiji Talvio
Produktion: Mika Kaurismäki für Villealfa Filmprod., Finnland 1986
Verleih: Pandora/Stadtkino/-
Erstaufführung: 27. Juni 1987, Filmfest München
Kinostart: 28.4.88
Länge: 76 Min.

Die Finnen kommen. Und sie teilen sich den frischen Filmruhm sogar brüderlich. Nach der Gangster-Ballade »Helsinki – Napoli« nun die Love Story – nach Mika nun dessen Bruder Aki Kaurismäki als Autor und Regisseur. Es ist eine wundersame, wilde und wahnwitzige Liebesgeschichte, die Kaurismäki mit anarchischem Charme und fast surrealistischer Phantasie erzählt.
Amour fou zwischen einem Müllfah-

Love Story. Matti Pellonpää und Kati Outilnen in »Schatten im Paradies«.

rer und einer Supermarkt-Kassiererin – die Macht der Gefühle als magische Verzauberung des grauen Arbeiteralltags.
Das Leben bekommt plötzlich so etwas wie einen höheren Sinn – jenseits der Supermarktkasse und der Müllabfuhr.
Aki Kaurismäki verbindet Melancholie mit Witz, Melodramatik mit Groteske, Kitsch und Realismus. Das berührt und macht Spaß.

Frauke Hanck, tz

Eine unmögliche Love Story aus einem Finnland, das ganz amerikanisch wirkt und doch zutiefst menschlich ist: Ein Müllarbeiter und eine Supermarktkassiererin wandeln sich darin sehr einfühlsam von stereotypen Prolos zu liebenswürdigen Individuen. *tip*

Marli Feldvoss in: FAZ, 11.6.88; Norbert Grob in: Die Zeit, 6.6.88; H.G. Pflaum in: SZ, 20.5.88; Ponkie in: AZ, 19.5.88

Der Schatz der Mondgöttin 834

TREASURE OF THE MOON GODDESS **

Video

Regie: Joseph Louis Agraz
Darsteller: Asher Brauner (Sam Kidd), Don Calfa (Harold), Linnea Quigley (Lu de Belle), Jo-Ann Ayres (Brandy)
Drehbuch: Eric Weston, Asher Brauner
Kamera: Timothy Ross (United Color)
Musik: Victor Hall, Stephen Metz
Schnitt: Chic Ciccolini, Gabrielle Gilbert
Produktion: Gerald Green für Patsa, USA 1987
Verleih: -/-/-/G.L. Video
Erstaufführung: April 88
Länge: 89 Min. *FSK:* ab 16 J.

Eine Barsängerin, ihr Manager und ein leicht heruntergekommener Abenteurer geraten in Südamerika durch Zufall an eine Karte, auf der die Lage des sagenumwobenen Schatzes der Mondgöttin verzeichnet ist. Auf der Jagd nach den lunatischen Klunkern müssen sie sich mit Strauchdieben und einer fanatischen Indio-Sekte herumschlagen. *Video-Markt*

Schauplatz des Verbrechens 835
LE LIEU DU CRIME ***

TV

Regie: André Téchiné
Darsteller: Catherine Deneuve (Lil), Nicolas Giraudi (Thomas), Victor Lanoux (Maurice), Wadek Stanczak (Martin), Danielle Darrieux (Großmutter), Jaques Nolot, Claire Nebout
Drehbuch: Michele Andreucci
Kamera: Pascal Marti
Musik: Philippe Sarde
Produktion: Frankreich 1986
Sendetermin: 29.10.88, ARD
Länge: 87 Min.

Ein Film, der sich tragisch-poetisch gibt und hochdramatisch und sehr bedeutend: Der Knabe, der immer lügt und dem man dann nicht mehr glaubt, als er im Wald von zwei entflohenen Sträflingen bedroht wird, lebt in der Psycho-Spannung zwischen Mutter, Vater, Großmutter, Kaplan und findet den Edelgangster schließlich im Bett seiner Mutter - Familienidylle in der Provinz. Bei genauerem Hinsehen ist der Film jedoch weder tragisch noch poetisch noch bedeutend, sondern nur ein Trivialmelodram, zum Schicksalskammerspiel aufgetakelt und mit Jugendpsychologie hochgemotzt: Saurer Gefühlskitsch vom Feinsten. *Ponkie, AZ*

Der Scherz 836
ZERT ****

Regie: Jaromil Jires
Darsteller: Josef Somr, Jana Ditetová, Ludek Munzar, Vera Kresadlová, Ewald Schorm
Drehbuch: Milan Kundera, J. Kires nach M. Kunderas gleichn. Roman
Kamera: Jan Curik (Farbe)
Musik: Zdenek Poloánik
Produktion: Smido Barrandov, CSSR 1968
Verleih: -/-/Columbus
Kinostart: Juni 88
Länge: 91 Min.

Aus einem politischen Scherz wird für den Wissenschaftler Ludvik Jahn politischer Ernst, als er 1949 wegen antistalinistischer Tätigkeiten zu mehreren Jahren Straflager verurteilt wird. Wieder freigelassen, will er an einem früheren Gegenspieler private Rache nehmen. Jaromil Jires bringt Vergangenheit und Gegenwart seines Helden in eine kontrapunktische Verflechtung und zeigt mit beißender Ironie und in episodischer Verkürzung das ausweglose Scheitern einer individuellen Abrechnung für gesamtpolitische Probleme. *Zoom*

Antonio Gattoni in: Zoom, 13/88

Schlaf gut, Vater 837
THE LAST TENANT ***

TV

Regie: Jud Taylor
Darsteller: Lee Strasberg (Frank Russo), Tony Lo Bianco (Joeey Russo), Christine Lahti (Carol), Julie Bovasso (Marie), Danny Aiello, Anne de Salvo
Drehbuch: George Rubino
Produktion: USA 1978
Sendetermin: 16.7.88, ZDF
Länge: 89 Min.

Der Sohn kümmert sich um den alten Vater - es bleibt ihm kaum noch Zeit für sein Privatleben.
Er und seine Geschwister haben genug eigene Sorgen, doch der Vater beansprucht seinen Platz, verweigert haushälterin und Altenheim, will bei den Kindern wohnen, Zuwendung erzwingen. Ein starrsinniger alter Mann: Lee Straberg spielt den Alten in seiner autoritären und zugleich hilflosen, manchmal auch liebenswerten Unleidlichkeit so lebensnah, daß jedes warme Gefühl der Rührung stets neutralisiert wurde durch das Sich-wehren-müssen gegen einen besitzergreifenden Charakter.
Ein Film, der auf harmonische Schmuse-Illusionen verzichtet: Die Liebe zum Vater kostet den Sohn mehr, als für alle gut sein kann.
Ponkie, AZ

Eberhard Seybold in: Frankfurter Neue Presse, 18.7.88; Beatrix Geisel in: Rheinpfalz, 15.7.88

Die Schlange im Regenbogen 838

THE SERPENT AND THE RAINBOW ***

Regie: Wes Craven
Darsteller: Bill Pullman (Dennis Alan), Cathy Tyson (Marielle), Zakes Mokae (Dargent Peytraud), Paul Winfield (Lucien Celine), Brent Jennings (Mozart), Conrad Roberts (Christophe), Badja Djola (Gason), Theresa Merritt (Simone), Michael Gough (Schoonbacher), Paul Guilfoyle (Andrew Cassedy), Dey Young (Frau Cassedy), Aleta Mitchell (Celestine)
Drehbuch: Richard Maxwell, A.R. Simoun, nach Motiven des gleichn. Romans von Wade Davis
Kamera: John Lindley (Farbe)
Musik: Brad Fiedel; Percussion: Babatunde Olatunji
Schnitt: Glenn Farr
Produktion: David Ladd, Doug Claybourne für Keith Barish Prod., USA 1987
Verleih: UIP/UIP/UIP/CIC Video
Kinostart: 23.6.88
FSK: ab 18, nffr. *Länge:* 98 Min.

Der Film ist ein weiterer mißlungener Versuch, das Thema »Voodoo« filmisch in den Griff zu bekommen. Ein amerikanischer Wissenschaftler kommt nach Haiti auf der Suche nach einem teuflischen Zauberpulver, mit dem man Menschen in ferngelenkte Zombies verwandeln kann. Der Film leidet an atmosphärischer Armut und der wenig überzeugenden Leistung des Hauptdarstellers Bill Pullman. Nicht zuletzt durch einen geschwätzigen Kommentar aus dem Off wirkt der Film zuweilen wie ein nettes Fernseh-Feature. *tip*

Michael Althen in: SZ, 27.6.88; Gertrud Koch in: FR, 27.6.88

Ein Meister-Regisseur des Horror-Films: Wes Craven bei Arbeiten zu seinem letzten Film »Die Schlange im Regenbogen«.

Schloß Königswald 839

***

Regie: Peter Schamoni
Darsteller: Camilla Horn (Fürstingroßmutter), Dietlinde Turban (Fürstin Ursela), Marianne Hoppe (Gräfin Hohenlohe), Carola Höhn (Gräfin Dohna), Rose Renée Roth (Gräfin Posadowsky), Ortrud von der Recke (Gräfin Woronzoff), Fee von Reichlin (Baronin Schweinitz), Anja Kruse (Milka Piontek), Claudia Vandenberg, Hanna Bergmann, Wolfgang Fierek und Marika Rökk (Freifrau von Boehme)
Drehbuch: Horst Bienek, Peter Schamoni nach dem Roman »Königswald oder die letzte Geschichte« von Horst Bienek
Kamera: Gerard Vandenberg (Kodacolor)
Musik: Ralf Siegel und Motive von: Frédéric Chopin, Jimmy Jackson, Peter Kreuder, Peter Tschaikowsky
Schnitt: Angelika Siegmeier
Produktion: Peter Schamoni Filmprod./Allianz/ZDF, BRD 1987
Verleih: Warner Bros./Warner Bros./-/VCL/Virgin Video
Kinostart: 14.1.88
FSK: ab 6, ffr.
Länge: 89 Min.

Sieben alte Damen, jede ein putziges Individuum, lassen sich und ihr Schloß in Böhmen nicht unterkriegen im Mai 1945.
Gelegenheit für Scherz, Satire, Ironie und tiefere Bedeutung. Regisseur Peter Schamoni aber macht diesen herrlichen Plot (nach Horst Bieneks Roman) zum Schmerz über genau diese treffsicher verpaßte Gelegenheit.

Vornehme Damenriege, v. l. Marianne Hoppe, Marika Röck, Camilla Horn, Ortrud von der Recke, Rose Renée Roth, Carola Höhn und Fee von Reichlin in »Schloß Königswald«.

Ob versprengte deutsche Wehrmacht oder befreiende Ami-Soldaten - die sieben schrullig aufrechten Schloßfräuleins dürfen nur die komischen Alten chargieren im niedlich langweiligen Ambiente einer harmlosen Militärklamotte.
Carola Höhn, Marianne Hoppe, Camilla Horn, Ortrud von der Recke, Fee von Reichlin, Marika Rökk, Rose Renée Roth - statt schwarzen Situations-Humors: Schamoni und die sieben Omis. *Frauke Hanck, tz*

Michael Althen in: SZ, 19.1.88; Sebastian Feldmann in: Rheinische Post, 15.1.88; Fritz Göttler in: Kölner Stadt-Anzeiger, 16./17.1.88; Ponkie in: AZ, 14.1.88; Claudius Seidl in: Die Zeit, 22.1.88

Schmeiß' die Mama aus dem Zug 840

THROW MOMMA FROM THE TRAIN ***

Regie: Danny DeVito
Darsteller: Danny DeVito (Owen), Billy Crystal (Larry), Anne Ramsey (Momma), Kim Greist (Beth), Kate Mulgrew (Margaret), Branford Marsalis (Lester), Rob Reiner, Bruce Kirby, Oprah Winfrey
Drehbuch: Stu Silver
Kamera: Barry Sonnenfeld (CFI Color, Panavision)
Musik: David Newman
Schnitt: Michael Jablow
Produktion: Larry Brezner für Rollins, Morra & Brezner Prod. für Orion, USA 1987
Verleih: 20th Century Fox/Constantin/20th Century Fox/RCA/Columbia Video
Kinostart: 15.9.88
FSK: ab 12, ffr.
Länge: 87 Min.

Ein dilettierender Literat leidet unter der Tyrannei seiner Mutter und entdeckt in seinem Lehrer für »creative writing«, der von seiner Exfrau nach Strich und Faden ausgenützt wird, den geeigneten Komplizen zur Realisierung seiner Mordphantasien: Jeder soll für den andern einen Mord begehen, ein Plan, der selbstredend scheitert und Gelegenheit zu vorwiegend grobschlächtiger Situationskomik gibt. Der amerikanische Komiker

Die Alptraum-Mama Anne Ramsey mit Muttersöhnchen Danny de Vito in »Schmeiß Mama aus dem Zug«.

Danny DeVito strapaziert den vielversprechenden Einfall, Hitchcocks »Strangers on a Train« zur schwarzen Komödie zu machen, bis dem Film das letzte Quentchen Komik abhanden gekommen ist. *Zoom*

Dietmar Bittrich in: Die Welt, 22.9.88; Otto Heuer in: Rheinische Post, 16.9.88; Ponkie in: AZ, 15.9.88

Schmetterlinge 841

****

16mm

Regie: Wolfgang Becker
Darsteller: Bertram von Boxberg (Andi), Lena Boehncke (Katja), Dieter Oberholz (Charlie), Uwe Helfrich (Kommissar), Peter Franke (Kajas Vater)
Drehbuch: Wolfgang Becker nach der gleichn. Erzählung von Ian McEwan
Kamera: Martin Kukula
Schnitt: Wolfgang Becker
Produktion: Deutsche Film- und Fernsehakademie Berlin, BRD 1988
Verleih: DFFB/-/Filmcooperative Zürich
Erstaufführung: 21.2.88, Max-Ophüls-Preis, Saarbrücken
Kinostart: April 88
Sendetermin: 24.10.88, Südwest 3
Länge: 62 Min.
Prädikat: Besonders wertvoll

Max-Ophüls-Preis 1988 (Preis des saarländischen Ministerpräsidenten, dotiert mit DM 10.000,-); Student Film Award für den besten Nachwuchsfilm 1988 der Academy of Motion Picture Arts and Science; Goldener Leopard beim Int. Filmfestival Locarno 1988.

Der Film ist die atmosphärisch stimmige Verfilmung einer großartigen Erzählung von Ian McEwan, deren filmisches Potential der DFFB-Absolvent Becker erkannt und auffallend unangestrengt umgesetzt hat. Erzählt wird die Geschichte eines scheinbar zufälligen Kindermordes aus der Perspektive des Mörders.

Alfred Holighaus, tip

Schmutziger Fluß 842

DORO NO KAWA

****

TV

Regie: Kohei Oguri
Darsteller: Nobutaka Asahara (Nobuo), Takahiro Tamura (Shinpei), Yumiko Sadako (Sadako), Makido Shibata

(Ginko), Minoru Sakurai (Ki'ichi), Mariko Kaga (Shoko), Gannosuke Ashiya (Pferdekutscher)
Drehbuch: Takako Shigemori nach einem Roman von Teru Miyamoto
Kamera: Shohei Ando
Musik: Kuroudo Mori
Schnitt: Nobuo Ogawa
Produktion: Motoyasu Kimura, Japan 1981
Sendetermin: 27.10.88, ZDF
Länge: 101 Min.

Silberner Preis beim Moskauer Filmfestival 1981

»Schmutziger Fluß« erzählt von den Verwüstungen der Nachkriegszeit, von den Spuren, die der Krieg und die Orientierungskrise der fünfziger Jahre in den Menschen hinterlassen haben. Ins Zentrum der Handlung stellt Oguri zwei heranwachsende Kinder, durch deren Augen sich den Zuschauern die Nachkriegswirklichkeit der fünfziger Jahre erschließt. Doch ungeachtet seiner kindlichen Protagonisten erwies sich »Schmutziger Fluß« als ein Film, der jedweder Infantilisierung des Denkens und der Wahrnehmung widerspricht.

Stuttg. Zeitung

Schmutziges Schicksal! 843

SALE DESTIN! ***

Regie: Sylvain Madigan
Darsteller: Victor Lanoux (François Marboni), Pauline Lafont (Rachel), Marie Laforet (Marthe Marboni), Jaques Penot (Alexandre Raguenau), Michel Aumont (Inspektor Marchadon), Martin Lamotte (Denis), Jean François Stevenin (Djebel Zanera), Aurelle Doazan sowie Claude Chabrol und Charlotte De Turckheim
Drehbuch: Sylvain Madigan
Kamera: Patrick Blossier (Farbe)
Musik: Pascal Arroyo
Schnitt: Dominique B. Martin
Produktion: Jean-Marie Duprez, Pascal Hommais, Jean-François Lepetit für Solus Prod./Flach Film/Selena Audiovisuel/Films A2, Frankreich 1987
Verleih: Cine Plus/Oefram/-
Erstaufführung: 14.1.1987; Paris
Kinostart: 7.4.88
Länge: 95 Min.

Ein verheirateter Metzgermeister, der ein Verhältnis zu einer Prostituierten unterhält, versucht sich eines Erpressers zu entledigen, indem er ein Killerkommando anheuert und gerät dadurch in eine ausweglose Situation. Ein von Chabrol inspirierter Thriller, der Heuchelei und Betrug des Bürgertums mit rabenschwarzem Humor entlarvt und das Interesse des Zuschauers durch pointierte Dialoge und kalkulierte Überraschungseffekte fesselt.

multimedia

Frank Arnold in: Zitty, 21/88; Gregor Dotzauer in: FAZ, 11.4.88; Peter Krauss in: FR, 7.4.88

Die Schneekönigin 844

LUMIKUNINGATAR ***

Regie: Päivi Hartzell
Darsteller: Satu Silvo (Schneekönigin), Outi Vainionkulma (Gerda), Sebastian Kaatrasalo (Kai), Tuula Nyman (Hexe), Esko Hukkanen (Narr), Prijo Bergström, Saara Pakkasvirta, Elina Salo, Juulia Ukkonen, Paavo Westerburg
Drehbuch: Päivi Hartzell nach dem gleichn. Märchen von Hans Christian Andersen
Kamera: Henrik Paersch (Farbe)
Musik: Jukka Linkola
Schnitt: Anne Lakanen, Oli Soinio
Produktion: Matti Ollila für Neofilmi Oy, Finnland 1986
Verleih: Atlas/-/-/Atlas Video
Kinostart: 2.11.88
FSK: ab 6, ffr.
Länge: 87 Min.

Bester finnischer Spielfilm 1986, Anjalankaski Filmpreis 1987

...Der Film erzählt nicht nur die Geschichte der Suche Gerdas nach Kai, der von der Schneekönigin entführt wird; die Allegorie des Märchens – ein Junge und ein Mädchen verlassen die Kinderwelt und werden langsam erwachsen – steht im Vordergrund. Die Regisseurin wollte Andersens Märchen nicht detailgetreu nacherzählen, sondern auf moderne Weise interpretieren. So wurde die Story von der mühseligen Reise Gerdas phantasievoll und aufwendig aufgepeppt, die »Erwachsenwerdengefühle« des Märchens betont. (...)

Christiane Müller, Zitty

Die Hexe läßt tanzen in »Die Schneekönigin« nach H. C. Andersen.

Schön war die Zeit 845

****

Regie: Klaus Gietinger, Leo Hiemer
Darsteller: Gottfried John (Franz Bauer), Edgar Selge (Helmut Hartmeyer), Ewa Blasczcyk (Eva Kramer), Joachim Bernhard (Otto Brettschneider), Jessica Kosmalla (Anna Waschmitzius), Dietmar Mössmer (Schuffel), Katharina Brauren (Frau Helmer), Ottfried Fischer (Müller), Jockel Tschiersch, Hussi Kutlucan, Eva Schönherr, Christian Hoening
Drehbuch: Klaus Gietinger mit Marian Czura, Leo Hiemer
Kamera: Marian Czura (Farbe)
Musik: Klaus Roggors
Schnitt: Ilona Bruver
Produktion: Westallgäuer Filmprod./Maran/B.A., BRD 1988
Verleih: Filmverlag der Autoren/-/-
Kinostart: 3.11.88
FSK: ab 12, ffr
Länge: 115 Min.
Prädikat: Wertvoll

Faustdick haben sie es hinter den Schlitzohren, die Rädelsführer der »Westallgäuer Filmproduktion«, die 1985 mit ihrem heimatlichen Weihwasserwerfer »Daheim sterben die Leut'« dank blühender alpiner Laienkreativität einen Riesenerfolg hatten. Für ihr neues Trivial-Ungetüm haben sie jetzt ein paar richtige Schauspieler mobilisiert, denn es geht um die Verdrängungskunststücke eines Nazi-Regisseurs, der sich bruchlos über den Trümmerfilm in den deutschen Heimat-Rauschewildbachfilm, Neo-Fliegerhelden- und U-Boot-Kameradenfilm hinüberlaviert.

Mit Persilschein von den Amis ist der Filmkerl (Edgar Selge spielt ihn als teigig arroganten Kulturschnösel zum Kneten nach Bedarf) bald wieder obenauf, genau wie die Allgäuer Dorfnazis im Wirtshaus.

Nur sein Kameramann (Gottfried John als deutscher G'wissenswurm) leistet sich ein Pfui vor sich selbst. Dafür liebt ihn die Frau des Ekels. Derweil freut sich der Filmvorführer mit seiner Flüchtlingsfrau am Heimatfilm-Boom – bis das Fernsehen seinem Traumpalast den Saft abdreht und die Wirtschaftswundermanderln nach neuen Goldgräber-Objekten Ausschau halten.

Das unbekümmerte Zusammennieten von Satire und Nostalgie, das skurril plakative Stilgemansche aus Kintopp, Kabarett und Heimatchronik – das ergab ein Kuriosum nestwarmer Adenauer-Ära. Naiv, sentimental und bitterbös komisch: Das deutsche Alternativ-Kino – naturrein wie ein Bio-Wirsing. *Ponkie, AZ*

Thomas Brandlmeier in: epd Film 12/88; Armin Eichholz in: Die Welt, 17.11.88; Heike Kühn in: FR, 24.11.88; H.G. Pflaum in: SZ, 5.11.88

Schrei aus dem Jenseits 846

HAUNTED *

Video

Regie: Michael de Gaetano
Darsteller: Aldo Ray, Virgina Mayo, Ann Michelle, Jim Negele
Drehbuch: Michael de Gaetano
Kamera: William E. Kines (Farbe)
Produktion: Michael de Gaetano, USA 1976
Verleih: -/-/-/UFA Video
Erstaufführung: 20.5.88
FSK: ab 16 J.
Länge: 88 Min.

Ein Blick auf das deutsche 50er Jahre-Kino. Ewa Blasczyk und Gottfried John in »Schön war die Zeit«.

Im Wilden Westen wird das Indianermädchen Abanaki barbusig zum Verdursten in die Wüste geschickt. Als eine junge Schauspielerin Jahrzehnte später wegen einer Autopanne in dem von ihr verfluchten Ort hängenbleibt, hält Abanakis Bruder sie für die Reinkarnation seiner Schwester und versucht sie zu töten. Verworrener, billiger Thriller ohne den Anflug einer logischen Handlung. Für den »Schrei aus dem Jenseits«, tatsächlich ein simpler Telefonanruf, wird im Verlauf des Films extra eine Telefonzelle installiert. *VideoWoche*

Der Schrei der Eule 847

LE CRI DU HIBOU ****

Regie: Claude Chabrol
Darsteller: Christophe Malavoy (Robert), Mathilda May (Juliette), Jacques Penot (Patrick), Virginie Thevenet (Véronique), Jean-Pierre Kalfon (Der Kommissar), Jean-Claude Lecas, Patrice Kerbrat, Victor Garrivier, Agnes Denefle, Jacques Brunet, Gérard Croce, Charles Millot, Nadine Hoffmann, Albert Dray
Drehbuch: Claude Chabrol, Odile Barski, nach einem gleichn. Roman von Patricia Highsmith
Kamera: Jean Rabier (Farbe)
Musik: Matthieu Chabrol
Schnitt: Monique Fardoulis
Produktion: Antonio Passalia für Italfrance Films/CI.VI.TE.CA.SA. Films, Frankreich 1987
Verleih: Delta/Oefram/Challenger/Warner Home Video
Kinostart: 2.3.88
FSK: ab 12, ffr.
Länge: 108 Min.

Ein von Depressionen heimgesuchter technischer Zeichner ist fasziniert von einer todessehnsüchtigen jungen Frau. Ihre platonische Begegnung provoziert Eifersucht, Intrigen, Gewalt. Chabrols Adaptation des 1962 entstandenen Romans »Der Schrei der Eule« von Patricia Highsmith wird einmal mehr zum Spiegel einer doppelmoraligen, selbstbetrügerischen modernen bürgerlichen Gesellschaft. Ein psychologischer Thriller mit sur-

Er hat seine Frau verlassen. Christophe Malavoy in »Der Schrei der Eule«.

realen Zügen und opulent arrangierter Tragikomik. *Zoom*

Michael Althen in: SZ, 4.3.88; Andreas Kilb in: Die Zeit, 4.3.88; Friedrich Luft in: Die Welt, 5.3.88; Daland Segler in: FR, 8.4.88; Hans-Dieter Seidel in: FAZ, 9.4.88

Der Schrei des Panthers 848

THE DAY OF THE PANTHER *

Video

Regie: Brian Trenchard-Smith
Darsteller: Edward John Stazak (Jason Blade), John Stanton (William Anderson), Jim Richards (Jim Baxter), Paris Jefferson (Gemma Anderson), Michael Carman (Damien Zukor), Matthew Quartermaine (Konstabler)
Drehbuch: Peter West
Kamera: Simon Akkerman (Atlab Color)
Musik: Gary Hardman, Brian Beamish
Schnitt: David Jaeger, Kerry Regan
Produktion: Damien Parer für Virgo/TVM Studios, Australien 1988
Verleih: -/-/-/IVE Video
Erstaufführung: 22.8.88
Länge: 84 Min.

Einzelkämpfer Jason Blade (besondere Kennzeichen: »Panthertechnik«) rächt den Mord an seiner Journalistenfreundin, die einem Drogenring auf die Schliche gekommen ist.

Der Schrei nach Freiheit 849

CRY FREEDOM ****

Regie: Richard Attenborough
Darsteller: Kevin Kline (Donald Woods), Penelope Wilton (Wendy Woods), Denzel Washington (Steve Biko), Kevin McNally (Ken), John Thaw (Kruger), Timothy West (Captain De Wet), Juanita Waterman, John Hargreaves, Josette Simon, Kate Hardie, Alec McCowen, Julian Glover
Drehbuch: John Briley nach den Büchern »Steve Biko – Stimme der Menschlichkeit« und »Asking for Trouble« von Donald Woods
Kamera: Ronnie Taylor (Rankcolor, Panavision)
Musik: George Fenton, Jonas Gwangwa
Schnitt: Lesley Walker
Produktion: Richard Attenborough für Marble Arch Prod., GB 1987
Verleih: UIP/dto./dto./CIC Video
Erstaufführung: 19.2.88 außer Konkurrenz bei den Int. Filmfestspielen Berlin
Kinostart: 3.3.88
FSK: ab 12, ffr.
Länge: 158 Min.

Es gibt politische Filme, denen man die Vereinfachung auf triviale Melodramatik nachsehen muß, weil sie gerade durch diese Form wirkungsvoll und wichtig sind (zu dieser Art gehört zum Beispiel auch »Holocaust«).
Richard Attenboroughs mitreißender, effektgeladener Moral-Thriller über weißes und schwarzes Leben im skandalösen Apartheid-System Südafrikas trifft mitten ins Herz. Er basiert auf den Erfahrungsberichten des südafrikanischen Journalisten und Zeitungsherausgebers Donald Woods, der wegen seines Eintretens für den schwarzen Bürgerrechtler Steve Biko (1977 im Gefängnis ermordet) genauso wie Biko unter »Bann« gestellt wurde (das bedeutet ständige Überwachung, Isolation, Schreibverbot) und mit Frau und fünf Kindern auf abenteuerliche Weise nach England fliehen konnte.
Die atemberaubenden Spannungselemente dieser Flucht am Neujahrstag 1978, ebenso wie die hämmernden Tumultszenen in den Schwarzengettos, deren Bewohner von der Polizei mit Hilfe von Notstandsgesetzen jederzeit willkürlich terrorisiert werden können, schaffen eine Atmosphäre zorniger Solidarität.

Regisseur Richard Attenborough (re.) und Kevin Kline, der Darsteller des Donald Woods bei Dreharbeiten zu »Schrei nach Freiheit«.

Steven Biko ist tot, aber seine Ideen leben: »Schrei nach Freiheit«.

Und so sehr man vitalen Anteil nimmt an den Begegnungen mit Biko, an der glücklich gelungenen Flucht des als Priester verkleideten Woods und der List, mit der die ganze Familie den Aufpassern entkommt - so niederdrückend wirken die Schlußszenen vom historischen Blutbad in Soweto und die lange Namensliste aller über Jahrzehnte hinweg durch »Selbstmord« oder »Sturz« oder »Hungerstreik« im Gefängnis »verstorbenen« Bürgerrechtler.
Nicht nur großes Kino, sondern auch notwendige Aufklärung über Südafrikas Apartheid-Regime - jene Muster-Demokratie, die von der bayerischen Staatsregierung in beflissener Wirtschaftskumpanei hofiert wird.

Ponkie, AZ

Volker Baer in: Der Tagesspiegel, 21.2.88; Sebastian Feldmann in: Rheinische Post, 4.3.88; Michael Kötz in: FR, 7.3.88; Claudius Seidl in: SZ, 7.3.88; Hans-Dieter Seidl in: FAZ, 3.3.88

Der Schuh des Patriarchen 850

***

Regie: Bruno Moll
Drehbuch: Bruno Moll, Claudio Moser, Alex Capus
Kamera: Edwin Horak (Farbe)
Musik: Bruno Spoerri
Schnitt: Georg Janett
Produktion: Bruno Moll für Xanadu, Schweiz 1988
Verleih: -/-/Look Now
Kinostart: Jan. 88
Länge: 110 Min.

Ein Dokumentarfilm mit fiktiven Elementen, der uns über 140 Jahre Firmen- und Familiengeschichte der Weltfirma Bally ein Stück Firmen-und Fabrikarchäologie vorführt. Bilder aus dem heuten Arbeitsalltag in der Schuhfabrik, nachgespielte Tableaus mit den Bally-Herren als Akteuren, historisches Fotomaterial, ein Interview mit dem heutigen Manager, der Bally für den Bührle-Konzern führt, bilden u. a. die Stränge, die dank einer raffinierten Montage zu einem spannenden Ganzen führen.

Zoom

Das Schulgespenst 851

***

Regie: Rolf Losansky
Darsteller: Nicole Lichtenheldt (Carola Huflattich), Richardo Roth (Willi Neuenhagen), Karin Düwel (Fräulein Prohaska), Barbara Dittus (Mutter Huflattich), Dietmar Richter-Reinick (Vater Huflattich), Günter Schubert (Herr Palisander), Rolf Ludwig (Hausmeister Potter), Walfriede Schmitt (Direktorin), Jörg Panknin (Anton), Carl Heinz Choynski (Herr Miller)
Drehbuch: Rolf Losansky, Peter Abraham, nach dem gleichnamigen Buch von Peter Abraham
Kamera: Helmut Grewald (Farbe)
Musik: Reinhard Lakomy
Schnitt: Ilse Peters
Produktion: DEFA, Gruppe Roter Kreis, DDR 1986
Verleih: Unidoc/-/-
Kinostart: April '88
FSK: ab 6, ffr.
Länge: 92 Min.

Der Kinderfilm kommt aus der DDR und erzählt von Carola, dem Schrekken aller Erwachsenen. Als sie eines Tages auch ihre Identität mit einem Gespenst tauscht, sind die Beteiligten noch mehr verwirrt. Guter Rat ist teuer, als das Gespenst an seinem neuen Dasein viel mehr Gefallen findet als geplant. Netter, aber nicht sehr origineller Film, bei dem immerhin die Moral stimmt: Bleib wie und was du bist, dann kommst du am besten über die Runden.

tip

Schwarze Augen 852

OCI CIORNIE

*****

Regie: Nikita Michalkov
Darsteller: Marcello Mastroianni (Romano), Silvana Mangano (Elisa), Marthe Keller (Tina), Elena Sofonova (Anna), Pina Cei (Elisas Mutter), Vsevolod Larionov (Pavel), Innokenti Smoktunovski (Gouverneur von Sisoiev), Roberto Herzlitzka (Rechtsanwalt), Paolo Baroni, Oleg Tabakov, Jury Bogatiriov, Dimitri Zolothukin, Jean-Pierre Bardos, Nino Bignamini

Sinnliche Elena Sofonova in »Schwarze Augen«.

Drehbuch: Alexander Adabachian, Nikita Michalkov; Mitarbeit: Suso Cecchi D'Amico, nach den Kurzgeschichten von Anton Tschechow
Kamera: Franco Di Giacomo (Eastmancolor)
Musik: Francis Lai
Schnitt: Enzo Meniconi
Produktion: Silvia D'Amico Bendico', Carlo Cucchi für Excelsior Film-TV und Raiuno, Italien 1987
Verleih: Concorde/Czerny/Citel
Erstaufführung: 10.5.87, Wettbewerb der Int. Filmfestspiele Cannes
Kinostart: 4.2.88
FSK: ab 6, ffr.
Länge: 118 Min.

Nur Bilder, Stimmen, Augenblicke: Keine Story, kaum Handlung und noch weniger Dialog. »Schwarze Augen« ist von Tschechow inspiriert, von Nikita Michalkow inszeniert – und um den Film kongenial zu schildern, müßte man wie Rilke schreiben können. Denn Poesie ist das Thema, und das Genre heißt Elegie. Folglich taugt Marcello Mastroianni nicht wirklich zum Helden; eher spielt er den Rezitator. Am Vormittag trifft er einen freundlichen Herrn – und bis zum Mittagessen hat er ihm sein halbes Leben erzählt: Von der Langeweile in Rom, von der Liebe zu einer Russin, von Briefen, Träumen, Küssen und von Momenten des Glücks. Wie alles kam, und wie es damit zu Ende ging, das ist nicht so wichtig. Nur eines zählt: Es ist vorbei. Michalkow inszeniert im Imperfekt, ignoriert souverän die Zwänge der Wahrscheinlichkeit und bekämpft erfolgreich die Diktatur des Erzählkinos: Ein alternder Römer, eine junge Russin. Er verliebt sich, das öffnet ihm die Augen, die Ohren, die Seele. Uns Zuschauern geht's ähnlich – das liegt daran, daß Michalkow noch eine zweite Affäre inszeniert: zwischen Kamera und Publikum. Auch diese Liebe steckt voller Wehmut, denn im Grunde macht Michalkow eine Art von Kino, die es gar nicht mehr gibt: verschwenderisch und geduldig, voller Leidenschaft fürs Überflüssige, voller Lust auf Nebensachen und Zwischentöne.

Claudius Seidl, Die Zeit

Volker Baer in: Der Tagesspiegel, 28.2.88; Gerd Berghoff in: Kölner Rundschau, 6.2.88; Doris Blum in: Die Welt, 3.2.88; Eva-Maria Lenz in: FAZ, 5.2.88; H.G. Pflaum in: SZ, 6.2.88

Schweigende Stimmen 853

SILENT VOICE ***

Regie: Mike Newell
Darsteller: Gregory Peck (US-Präsident), Jamie Lee Curtis (Lynn Taylor), William L. Peterson (Chucks Vater), Joshua Zuehlke (Chuck), Frances Conroy (Pamela), Alex English (Amazing Grace Smith), Dennis Lipscomb (Johnny B. Goode)
Drehbuch: David Field
Kamera: Robert Elswit (Farbe)
Musik: Elmer Bernstein
Schnitt: Peter Hollywood
Produktion: David Field für Turnstar/David Field Prod. für Tri-Star und Rastar, USA 1987
Verleih: Columbia Tri-Star/Columbia/-/RCA/Columbia Video
Kinostart: 11.2.88
FSK: ab 6, ffr.
Länge: 115 Min.

Aus Protest gegen die Atomwaffen der Welt hört ein Junge auf, Baseball zu spielen. Große Sportler schließen sich ihm an. Durch die Ausweitung seines stummen Protests auf totales Schweigen gelingen ihm und den Kindern der Welt tatsächlich, daß die

Supermächte abrüsten. Ein Märchen mit realem Hintergrund. So simpel gestrickt die Sache ist, so sehr kann sie doch Kinder zum Nachdenken anregen. *multimedia*

Bodo Fründt in: SZ, 16.2.88; Otto Heuer in: Rheinische Post, 10.6.88

Scorpio Force – Das Kommando 854

THE SCORPIO FORCE *

Video

Regie: Gilberto de Anda
Darsteller: Hugo Stiglitz, Cruz Infanto
Produktion: USA/Mexiko 1987
Verleih: -/-/-/IHE Video
Erstaufführung: 24.10.88
Länge: 81 Min.

Ehemaliger Vietnamkämpfer führt Gemeines im Schilde: Er bedient sich alter Nervengift-Bestände aus einem US-Depot und zieht damit nach Südamerika. Reißer, der eine Actionsequenz an die andere heftet und darüber Inhalt und Schauspielkunst schon mal vergißt. *Video-Markt*

Screamplay 855

SCREAMPLAY ***

Regie: Rufus Butler Seder
Darsteller: Rufus B. Seder (Edgar Allan), George Kuchar, Katy Bolger, Bob White, M. Lynda Robinson
Drehbuch: Ed Greenberg, Rufus B. Seder
Kamera: Dennis M. Piana (s/w)
Musik: George Cordeiro, Basil J. Bova
Produktion: Boston Movie, USA 1984
Verleih: Edition Manfred Salzgeber/-/-
Kinostart: 22.7.88
Länge: 90 Min. (OmU)

Der Film erzählt die Geschichte eines jungen, zu allem entschlossenen Drehbuchautors, den es aus der Provinz nach Hollywood verschlägt, wo er Karriere machen will. Doch die wird dem Horror-Autor zum Horror-Trip. Das schräge, unabhängig produzierte B-Picture voller parodistischer Anspielungen wurde zu einer komischen Hommage an die gleichartigen Filme der vierziger und fünfziger Jahre. Ideal für Mitternachtsvorstellungen.

Alfred Holighaus, tip

Georg Lacher-Remy in: Zitty, 13/88

Second Victory 856

THE SECOND VICTORY ***

Video

Regie: Gerald Thomas
Darsteller: Anthony Andrews (Major Hanlon), Max von Sydow (Dr. Huber), Helmut Griem (Karl Fischer), Mario Adorf (Dr. Sepp Kunzli), Birgit Doll (Anna Kunzli), Wolfgang Reichmann (Max Holzinger), Renee Soutendijk (Traudi Holzinger), Wolfgang Preiss (Pater Albertus), Günther Maria Halmer
Drehbuch: Morris L. West
Kamera: Alan Hume
Musik: Stanley Myers
Produktion: Gerald Thomas für Melaleuka Productions, Großbritannien 1986
Verleih: -/-/-/Taurus
FSK: ab 12 (60315/V)
Länge: 112 (95) Min., Rank Color

Recht gelungene Verfilmung des Romans von Morris L. West, die eine Reihe bekannter Stars im österreichischen Bad Gastein zusammenführt und die dortige Besatzungszeit und deren Ereignisse nach dem 2. Weltkrieg behandelt.

Secret Honor 857

SECRET HONOR ****

Regie: Robert Altman
Darsteller: Philip Baker Hall (Richard Milhous Nixon)
Drehbuch: Donald Freed, Arnold M. Stone nach ihrem Bühnenstück
Kamera: Pierre Mignot, Robert Harders (Farbe)
Musik: George Burt
Schnitt: Juliet Weber
Produktion: Robert Altman für Sandcastle 5 mit Universität Michigan und Los Angeles Actors' Theatre, USA 1984
Verleih: Freunde der deutschen Kinemathek/Stadtkino/-
Erstaufführung: Berlinale 1987
Kinostart: Nov. 87
BMUK: Jugendverbot; Wien: ab 16
Länge: 90 Min. (OmU)

Verfilmung des gleichnamigen Bühnenstücks um die fiktive Figur des

Ex-Präsidenten Nixon, der in seinem Arbeitszimmer eine letzte Bilanz seines Lebens auf Tonband spricht. Das aus Fakten, schriftlichen Äußerungen Nixons und Dingen, die über ihn geschrieben wurden, zusammengesetzte Mosaik vermag zu fesseln und zum Nachdenken anzuregen.

multimedia

Secret of the Lost Empire — 858

ROYAL WARRIORS

*

Video

Regie: Chung Chi Man
Darsteller: Michelle Kheng, Michael Wong, Mike Abbott, Stafan Bredhart, Phil Parker
Drehbuch: Chung Chi Man
Kamera: Wilson Chan
Produktion: John Sham für Film & Arts, Hongkong 1986
Verleih: -/-/-/Pacific Video
Erstaufführung: 14.4.88
FSK: nicht unter 18 J.
Länge: 93 (84) Min.

Ein heimtückischer Mord bringt den Abenteurer Baron in den Besitz des Lageplans für einen sagenhaften Goldschatz. Im tiefen Dschungel von Burma stellen er und sein Freund fest, daß noch mehr Schatzsucher fündig werden wollen. *VideoWoche*

Die Seele des Geldes — 859

***

16 mm

Regie: Peter Krieg
Sprecher: Ullo von Peinen, Ilse Bötcher*Drehbuch:* Peter Krieg
Kamera: Peter Krieg
Schnitt: Peter Krieg
Produktion: Barfuss-Film/NDR/Landeszentr. für polit. Bildung NRW, BRD 1987
Verleih: Barfuss/-/-
Uraufführung: Okt. 87, Int. Filmwoche Mannheim
Kinostart: 19.11.87
Länge: 135 Min.

Der Film ist ein Brocken. Krieg gründelt in Mythologien, bemüht Psychologen, Historiker, Wirtschaftswissenschaftler, versucht, hinter die Gründe der Dritte-Welt-Verschuldung zu kommen, springt von Schauplatz zu Schauplatz und errichtet einen Berg von Aspekten und Informationen, von dem man ob der Fülle immer wieder runterrutscht. Dies aber habe ich begriffen: Geld folgt keinen rationalen Gesetzen. *Der Tagesspiegel*

September — 860

SEPTEMBER

****

Regie: Woody Allen
Darsteller: Denholm Elliott (Howard), Dianne Wiest (Stephanie), Mia Farrow (Lane), Elaine Stritch (Diane), Sam Waterston (Peter), Jack Warden (Lloyd), Ira Wheeler (Mr. Raines), Jane Cecil (Mrs. Raines), Rosemary Murphy (Mrs. Mason)
Drehbuch: Woody Allen
Kamera: Carlo Di Palma (Farbe)
Musik: Songs von Frank Loesser, Jerome Kern, Cole Porter, Sam Coslow, Irving Berlin u.a.
Schnitt: Susan E. Morse
Produktion: Robert Greenhut für Jack Rollins/Charles H. Joffe Prod., USA 1987
Verleih: 20th Century Fox/Constantin/20th Century Fox/RCA/Columbia Video
Erstaufführung: 13.2.88 im Wettbewerb der Int. Filmfestspiele Berlin
Kinostart: 31.3.88
FSK: ab 12, ffr.
Länge: 83 Min.

Liebeskummer und Familienneurosen wirken auf die Mitmenschen entweder rührend komisch oder nervtötend tragisch. Der Film hat für beides Spezialisten. Wenn sich aber ein Filmgenie wie Woody Allen nicht an seine Spezialistenschublade hält (Etikett: komisch), sondern als sensibler Misanthrop mit bitterem Ernst in offenen Seelenwunden bohrt, fühlt sich so mancher Dreiquartel-Cinéast, der bei Woody Allen unbedingt lachen will, gekränkt über die Langweilerei.
Das widerfuhr Woody Allen schon bei seiner exzellenten Psychostudie »Innenleben«: Er sollte gefälligst komisch sein und nicht im Revier von Tschechow, Ingmar Bergman und Strindberg wildern.
Genau das tut er nun wieder in »Sep-

Woody Allen bei den Dreharbeiten zu »September«, mit seinen Darstellern v. l. Jack Warden, Elaine Stritch und Mia Farrow.

tember« - und zwar, wie ich finde, mit meisterhafter Beherrschung der angemessenen Mittel. Samt Radar-Antenne für Tschechow und Bergman.

Sechs Sommerhausgäste im herbstlichen Aufbruch: Subtil und gesittet schindet man sich mit ewig falsch gepolten Gefühlen ab. Nachbar Howard liebt die Graumaus Lane. Doch Lane liebt nur ihren Schriftsteller-Untermieter Peter. Peter aber liebt Lanes Freundin Steffi (Dianne Wiest in bezaubernd und verklemmter Anmut) - und in diese elektrisch aufgeladene Gewitterstimmung dröhnt Lanes Übermutter, der Exfilmstar, mit der groben Vitalität vulgärer Lebenstüchtigkeit hinein: Elaine Stritch gibt da eine Gala-Vorstellung als unkompliziert lärmende Sex-Dampfwalze, den gutmütigen Physiker-Gatten im Schlepptau (Jack Warden als dankbarer Gehirnmensch am prallen Busen animalischer Weiblichkeit) und die Graumaus-Tochter im eisernen mütterlichen Klammergriff. Woody Allens amerikanische »Herbstsonate«, diskret auf klassischen Jazz eingestimmt, ist ein Film der virtuosen Nuancen - von den leisen Knisterspannungen bis zur Gewitter-Entladung in einem schrillen Mutter-Tochter-Furioso. Ein hochempfindliches Psycho-Magnetfeld.

Ponkie, AZ

Wolf Donner in: tip, 8/88; Sebastian Feldmann in: Rheinische Post, 17.2.88; H.G. Pflaum in: SZ, 2.4.88; Hans-Dieter Seidel in: FAZ, 5.4.88; Hans Schifferle in: Kölner Stadt-Anzeiger, 2./3.4.88; Helmut Schödel in: Die Zeit, 1.4.88

Sex Appeal 861

SEX APPEAL *

Video

Regie: Chuck Vincent
Darsteller: Louie Bonanno (Tony Cannelloni), Tally Brittany (Corrine), Marcia Karr (Christina Cannelloni), Jerome Brenner (Joseph Cannelloni), Marie Sawyer (Louise Cannelloni), Philip Campanaro (Ralph)
Drehbuch: Chuck Vincent, Craig Horrall
Kamera: Larry Revene (Farbe)

Musik: Ian Shaw, Kai Joffee
Schnitt: Marc Ubell
Produktion: Chuck Vincent für Vestron, USA 1986
Verleih: -/-/-/Vestron Video
Erstaufführung: 15.6.88
Länge: 84 Min.

Genervt von der permanenten Kontrolle seiner Mutter zieht Sohnemann von zu Hause aus. Doch kaum hat er seine eigenen vier Wände bezogen, geht der Trubel auch schon los. Ein ideenloser Schriftsteller sucht Anschauungsmaterial für seine Sexserie und installiert dem Junggesellen eine Videokamera. Erotisch angeheizte Komödie, schlicht in der Ausführung.

SFX Man 862

SFX RETALIATOR

**

Video

Regie: John Gale
Darsteller: Chris Mitchum, Linda Blair, Gordon Mitchell, Christine Landson
Drehbuch: Timothy Jorge
Kamera: Mar Rasca (Farbe)
Produktion: Silver Star, USA 1987
Verleih: -/-/-/IHE Video
Erstaufführung: 29.2.88
FSK: nicht unter 18 J.
Länge: 86 Min.

Steve Barker ist bei Hollywood-Produktionen ein gefragter Experte für Spezialeffekte. Die Bekanntschaft mit der undurchsichtigen, aber begehrenswerten Doris verstrickt ihn in eine lebensgefährliche Intrige. Um heil wieder herauszukommen, bleibt Steve nichts anderes übrig, als seine raffinierten Filmtricks im wirklichen Leben einzusetzen. *VideoWoche*

Shallow Grave – Reise in die Hölle 863

SHALLOW GRAVE

*

Video

Regie: Richard Styles
Darsteller: Tony March (Sheriff Dean), Lisa Stahl (Sue Ellen), Tom Law (Deputy Scott), Carol Cadby (Patty), Donna Baltron (Rose), Just Kelly (Cindy), Vince Tumeo (Chad), Gregory Todd Davis (Owen)
Drehbuch: George E. Fernandez
Kamera: Orson Ochoa (Continental Color)
Musik: Mason Daring
Schnitt: Carolyn J. Horton
Produktion: Barry H. Waldman für E.L.F., USA 1987
Verleih: -/-/-/Taurus Video
Erstaufführung: 30.5.88
Länge: 89 Min.

Vier College-Girls beobachten einen Mörder beim Vergraben der Leiche; als sie die Tat beim Sheriff melden wollen, entpuppt sich dieser als der Täter.

Shaolin from Shantung 864

BANDITS FROM SHANTUNG

*

Video

Regie: Huang Feng
Darsteller: Chang Yi, Pai Ying, Hu Ching
Drehbuch: Huang Feng
Kamera: Li Yu-Tang (Farbe)
Produktion: Golden Harvest, Hongkong 1987
Verleih: -/-/-/Highlight Video
Erstaufführung: 4.10.88
Länge: 80 Min.

Wackerer Samurai gegen die »Grünen Drachen«, die das Haus seiner Verlobten niedergebrannt haben.

Shark – Stunde der Entscheidung 865

NIGHT OF THE SHARK

*

Video

Regie: Teodore Ricci
Darsteller: Treat Williams, John Steiner, James Agren, Antonio Fargas, Christopher Connelly
Drehbuch: Tito Carpi
Kamera: Giovanni Bergamini (Farbe)
Musik: Stelvio Cipriani
Produktion: Italian International/RAI Uno, Italien 1988
Verleih: -/-/-/All Video
Erstaufführung: August 88
FSK: ab 16 J.
Länge: 94 Min.

Bruder eines Ex-Agenten verfüttert hochbrisante CD-Platte an einen Hai, worauf ein frohes Fisch-Halali vor hübschen Palmenstränden seinen

Anfang nimmt. Die Bemerkung gehört wahrscheinlich nicht hierher, aber was würde Ihr CD-Player dazu sagen, wenn der Goldfisch an Ihrem Ludwig Van herumgeknabbert hätte?

Shinobi Warriors **866**
THE SHINOBI NINJA *
Video

Regie: Tomas T. Hirahara
Darsteller: Tadashi Yamashita, Karen Lee Shepard, Yasuyoshi Shikamura, Eric Lee
Drehbuch: Syuji Gothe, Luk Chuen
Produktion: Noble Pictures, USA 1986
Verleih: -/-/-/AVP Video
Erstaufführung: August 88
FSK: ab 16 J.
Länge: 100 Min.

Einzelkämpfer im Regierungsauftrag gegen eine Ninja-Sekte, die geheime Dokumente entwendet haben.

Shocking Heavy Metal **867**
BLOOD TRACKS *
Video

Regie: Mats Olsson
Darsteller: Jeff Harding (John), Naomi Kaneda (Suzie), Michael Fitzpatrick (Bob), Brad Powell (Tonmann), Peter Merrill (Nick), Harriet Robinson (Carrie), Tina Shaw (Sarah), Frances Kelly (Louise)
Drehbuch: Mats Olsson, Anna Wolf
Kamera: Hans von Dittmer (Fujicolor)
Musik: Dag Unenge
Schnitt: David Gilbert
Produktion: Tom Sjoberg für Smart Egg Pictures, Schweden 1985
Verleih: -/-/-/Highlight Video
Erstaufführung: August 88
Länge: 86 Min.

Handwerklich saubere und dunkel gefilmte Horror-Story um eine Familie von grunzenden Halb-Mutanten. Der Film besteht aus fortwährendem Gemetzel. *Video-Markt*

Shooter – Reporter in der Hölle **868**
SHOOTER ***
Video

Regie: Gary Nelson
Darsteller: Jeffrey Nordling (Matt Dobson), Alan Ruck (Stork O'Connor), Helen Hunt (Tracy Dryer), Noble Willingham, Carol Huston, Rosalind Chao, Kario Salem, Jeffrey Allan Chandler, Cu-Ba Nguyen
Drehbuch: Stephen Kline, David Hume Kennerly
Kamera: Gayne Rescher (Farbe)
Musik: Paul Chihara
Produktion: Barry Berg für UBU/Paramount TV, USA 1988
Verleih: -/-/-/CIC Video
Uraufführung: 11.9.88 (NBC)
Erstaufführung: September 88
FSK: ab 16 J.
Länge: 100 Min.

An vorderster Front in Vietnam ist Matt immer zur Stelle, wenn spektakuläre Kriegsfotos zu schießen sind. In den Wirren des Krieges lernt er Tracy kennen, sie verlieben sich ineinander. Als sie in die Staaten zurück muß, versucht sie, Matt zu überreden, mit ihr zu kommen, doch Matt bleibt. Auch als er sein Ziel erreicht hat und als Fotograf gefeiert wird, erfüllt sich Tracys Hoffnung nicht. Matt fliegt wieder an die Front. Eindrucksvolles, hochprofessionell photographiertes Kriegsberichterstatter-Drama, Ende der Sechziger in Vietnam angesiedelt. *VideoWoche*

Shopping **869**
CHOPPING MALL **
Video

Regie: Jim Wynorski
Darsteller: Kelli Maroney (Allison), Tony O'Dell (Ferdy), John Terlesky (Michael), Russell Todd (Freund), Paul Bartel (Paul Bland), Mary Woronov (Mary Bland), Dick Miller (Walter Paisley), Karrie Emerson (Linda), Barbara Crampton (Suzy), Suzee Slater (Leslie)
Drehbuch: Jim Wynorski, Steve Mitchell
Kamera: Tom Richmond (DeLuxe Color
Musik: Chuck Cirino
Schnitt: Leslie Rosenthal
Produktion: Julie Corman für Trinity Pictures/Concorde Pictures, USA 1986
Verleih: -/-/-/Vestron Video
Erstaufführung: 19.12.88
FSK: nicht unter 18 J.
Länge: 76 Min.

Klaufreudiger, hartnäckig an der platten Oberfläche klebender Reißer um acht Teenager, ein Einkaufszentrum und drei gewittergeschädigte Robotwächter.

Shy People – Bedrohliches Schweigen 870

SHY PEOPLE ****

Video

Regie: Andrei Konchalovsky
Darsteller: Jill Clayburgh (Diana), Barbara Hershey (Ruth), Martha Plimpton (Grace), Merritt Butrick (Mike), John Philbin (Tommy), Pruitt Taylor Vince (Paul), Don Swayze (Mark), Michael Audley (Louie)
Drehbuch: Gérard Brach, Andrei Konchalovsky, Marjorie David
Kamera: Chris Menges (Rank Color)
Musik: Tangerine Dream
Schnitt: Alain Jakubowicz
Produktion: Menahem Golan, Yoram Globus für Cannon, USA 1987
Verleih: -/-/-/Cannon/VMP Video
Erstaufführung: 31.10.88
FSK: ab 16 J.
Länge: 118 Min.

Die New Yorker Journalistin Diana soll für ein Frauenmagazin eine Story über ihren Großonkel Joe schreiben, der in den Sümpfen Louisianas fernab jeder Zivilisation vor Jahren eine Siedlung gründet. In den verfallenen Resten der Siedlung trifft sie die junge Frau des Großonkels an, die mit starker Hand ihre Familie regiert und für die Städter nur Verachtung empfindet. Die beiden Frauen freunden sich zögernd an und beginnen, die Welt der jeweils anderen zu begreifen. Außergewöhnliches Drama um zwei starke Frauen, in dem die fremdartige, mal betörend schöne, mal bedrohlich wirkende Landschaft der Sümpfe Louisianas die Dramaturgie der Handlung bestimmt. *VideoWoche*

Sie weidete Pferde auf Beton 871

PASLA KONE NA BETONE ***

TV

Regie: Stefan Uher
Darsteller: Milka Zimkova (Johanna), Veronika Jenikova (Pavlinka), Peter Vons (Brunnenbauer), Peter Stanik (Berty), Marie Logojdova (Jozefka), Valerie Jergova (Teca), Anton Tron (Lehrer)
Drehbuch: Milka Zimkova, Stefan Uher
Kamera: Stanislav Szomolanyi
Musik: Svetozar Stur
Produktion: Filmstudio Koliba, CSSR 1982
Sendetermin: 3.8.88, ZDF
Länge: 79 Min.

Seit zwanzig Jahren schlägt sich die Genossenschaftsbäuerin Johanna tapfer als ledige Mutter durchs Leben, geachtet zwar in ihrem kleinen Heimatdorf, aber auch immer mit dem Vorurteil kämpfend, daß eine Frau ohne Mann weniger Rechte hat und eigentlich nur die Hälfte wert ist. Deshalb reagiert Johanna ziemlich fassungslos, als sie von ihrer Tochter Pavlinka hört, daß sich dieses Schicksal zu wiederholen droht: Auch das Kind ist schwanger und auch hier fehlt vom Vater jede Spur. *ZDF*

Uhers Komödie im ländlichen Milieu ist durchaus unterhaltsam im besten Wortsinne: witzig, geistreich und frei von krachledernem Humor. Uher spielt mit den Koventionen des Volksstücks und der Komödie, in denen sich bekanntlich die Eingemeindung der Unangepaßten und die Bändigung der Erotik durch Heiratsrituale als dominante Motive ausgebildet haben. *Stuttgarter Zeitung*

27 Stunden 872

27 HORAS ***

TV

Regie: Montxo Armendariz
Darsteller: Martxelo Rubio (Jon), Maribel Verdu (Maite), Jon San Sebastian (Patxi), Antonio Banderas (Rafa), Michel Duperrer (Maites Bruder), Jose Albuena (Xabi), Silvia Arrese-Igor (Jons Schwester)
Drehbuch: Elias Querejeta, Montxo Armendariz
Kamera: Javier Aguirresarobe
Schnitt: Juan I. San Mateo
Produktion: Elias Querejeta, Spanien 1986
Sendetermin: 6.4.88, ZDF
Länge: 87 Min.

Silberne Muschel beim Filmfestival San Sebastian 1986

Der baskische Autor und Regisseur Montxo Armendariz schildert in seinem zweiten Spielfilm wie schon im Titel angedeutet einen Tag und drei Stunden im Leben des 18jährigen Jon. Quasidokumentarisch folgt die Kamera dessen Weg durch den Hafen und die Lokale der Stadt.
Die jugendlichen Laiendarsteller überzeugten zwar, dennoch geriet das Porträt der Schattenseiten der Bade- und Hafenstadt San Sebastian konventionell - so, oder so ähnlich, hat man schon öfter Fixer-Schicksale erlebt, obwohl die Nüchternheit, mit der Armendariz die Abhängigkeit seines Helden zeigte, schon bemerkenswert war.

Michael Peter, Saarbrücker Zeitung

Ponkie in: AZ München, 8.4.88; Peter Michael in: Abendpost Nachtausgabe, 8.4.88; jur in: Hannoversche Allgemeine, 7.4.88; Bernd Luchner in: FAZ, 8.4.88; René Gralla in: Die Zeit, 1.4.88

Die 7. Macht 873

THE LEGEND OF THE GOLDEN PEARL **

Regie: Teddy Robin Kwan
Darsteller: Samuel Hui, Ti Lung, Bruce Baron, Teddy Robin Kwan, Wong Joe Yin, Heidi Makinen
Kamera: Peter Pau (Farbe)
Musik: Lo Ta Yu
Schnitt: Cinema City, Editing Unit
Produktion: Samuel Hui für Cinema City/ Gordonis Film, USA/Hongkong 1987
Verleih: Ring-Film/-/-/Starlight Video
Kinostart: 25.2.88
FSK: ab 16, nffr.
Länge: 86 Min.

In einem Himalaya-Kloster wird eine geheimnisvolle Kugel, die von Außerirdischen dorthin gebracht wurde, als Gottheit verehrt. Ein böser Industrieller und der Ufo-Pilot wollen das Ding zurückhaben und das bietet Anlaß für rasante Kung-Fu Kämpfe und atemberaubende Auto-Stunts.
»Abenteuerlich unbeholfen, comichaft plump und platt erzählt«. *(FAZ)*

Gregor Dotzauer in: FAZ, 21.5.88

Das siebte Zeichen 874

THE SEVENTH SIGN **

Regie: Carl Schultz
Darsteller: Demi Moore (Abby Quinn), Michael Biehn (Russell Quinn), Jürgen Prochnow (Untermieter), Manny Jacobs (Avi), Peter Friedman (Lucci), John Heard, Akosua Busia, John Taylor, Arnold Johnson
Drehbuch: W.W. Wicket (= Ellen Green), George Kaplan (= Clifford Green)
Kamera: Juan Ruiz-Anchia (Technicolor, Panavision)
Musik: Jack Nitzsche
Schnitt: Caroline Biggerstaff
Produktion: Ted Field, Robert Cort für Columbia Tri-Star ML Delphi Premier/ Interscope, USA 1988
Verleih: Columbia Tri-Star/Warner/-/RCA/ Columbia Video
Kinostart: 1.9.88
FSK: ab 16, ffr.
Länge: 97 Min.

Es fängt so aufregend an: Bilder von Umweltzerstörung, tote Meerestiere am Strand, Schnee und Eis in der Wüste, ein monströser Hagelschauer über einer Großstadt. Bekannte, vorstellbare Realität.
Die so wirkungsvoll aufgebaute Spannung hält Regisseur Carl Schultz jedoch nicht lange lebendig. Gemeinsam mit der diffusen Story begibt er sich in den wabernden Bereich des Okulten mit biblischer Quellenangabe. Jürgen Prochnow darf als Vorbote der Apokalypse lakonisch wie ein Spätwestern-Held von drohendem Unheil künden. Das tut er beeindrukkend zurückhaltend.
Poltergeist-Pathos aber hebt den Schwangerschafts-Opfergang von Jungstar Demi Moore in die gefährliche Nähe sektiererischer Ideologie. Kein besonders gutes Zeichen.

Frauke Hanck, tz

Ralph Umard in: tip, 15/88; Claudius Seidl in: SZ, 6,9.88; Eva Strasser in: Wiener, 9/88

Sierra Leone 875

****

Regie: Uwe Schrader
Darsteller: Christian Redl (Fred), Ann Gisel Glass (Alma), Rita Russek (Vera),

Fred und Alma, eine neue Chance. Christian Redl und Ann Gisel Glass in »Sierra Leone«.

Constanze Engelbrecht (Rita), Andras Fricsay (Theo), Yekta Arman, Mehmet Bademsoy, Gottfried Breitfuß, Nikolaus Dutsch, Hans-Eckart Eckhardt, Peter Gavajda, Manfred Götting
Drehbuch: Klaus Müller-Laue, Uwe Schrader
Kamera: Klaus Müller-Laue (Farbe)
Musik: Bülent Ersoy, Garnet Mimms & The Enchanters, Samime Sanay u.a.
Schnitt: Klaus Müller-Laue
Produktion: Hans-Jörg Weyhmüller für Uwe Schrader Filmprod. mit BR, BRD 1987
Verleih: Filmverlag der Autoren/-/-
Uraufführung: 44. Int. Filmfestspiele Venedig 1987 (Settimana Internazionale della Critica)
Erstaufführung: Int. Hofer Filmtage 1977
Kinostart: 21.1.88
FSK: ab 16, ffr.
Länge: 92 Min.

Nachwuchsförderpreis der Produzenten der »Unendlichen Geschichte«
Deutscher Filmpreis 1988

Ein Abenteuerfilm. Von einem, der auszog, um mit erarbeitetem Ersparten daheim in Deutschland ein neues, ein bißchen besseres Leben anzufangen. Regisseur und Autor Uwe Schrader erzählt lakonisch, balladesk von einem Mann, der sich nicht zurechtfindet.

Dieser Fred, mit großer physischer Präsenz und wunderbar sensibel von Christian Redl gespielt, erlebt die Irritationen einer Rückkehr. Nichts ist mehr so wie vorher, als er nach Sierra Leone aufbrach.

Seine Frau hat einen anderen Mann. Eine frühere Freundin liebt ihn für eine Nacht. Während Fred seine Träume schwinden sieht, setzt ein junges Mädchen Hoffnung und Sehnsucht auf ihn. Schraders melancholischer Realismus beeindruckt trotz kleiner Längen. *Frauke Hanck, tz*

Michael Althen in: SZ, 4.2.88; Volker Baer in: Der Tagesspiegel, 21.1.88; Marli Feldvoss in: FAZ, 8.2.88; Alfred Holighaus in: tip, 3/88; Hadayatullah Hübsch in: Die Welt, 25.1.88; Urs Jenny in: Der Spiegel, 18.1.88; Andreas Kilb in: Die Zeit, 22.1.88; Daland Segler in: FR, 5.2.88

Siesta 876
SIESTA ***

Regie: Mary Lambert
Darsteller: Ellen Barkin (Claire), Gabriel Byrne (Augustine), Julian Sands (Kit), Isabella Rossellini (Marie), Martin Sheen (Del), Alexi Sayle (Taxifahrer), Grace Jones (Conchita), Jodie Foster (Nancy), Anastassia Stakis, Gary Cady, Graham Fletcher Cook
Drehbuch: Patricia Louisianna Knop, nach dem gleichn. Roman von Patrice Chaplin
Kamera: Bryan Loftus (Farbe)
Musik: Komponiert und produziert von Marcus Miller, gespielt von Miles Davis
Schnitt: Glenn A. Morgan
Produktion: Gary Kurfirst für Siren/Palace, USA 1986
Verleih: Concorde/Czerny/-/VCL/Virgin Video
Kinostart: 4.8.88
FSK: ab 18, ffr.
Länge: 97 Min.
Prädikat: Besonders wertvoll

Geradezu flächendeckend sind die Elemente Sex, Liebe und Tod in Mary Lamberts Debütfilm »Siesta« ineinandergeknäuelt und wieder ausgebreitet. In einer Riesenvision durchleidet

Sex und Tod. Gabiel Byrne und Ellen Barkin in »Siesta«.

Ellen Barkin nacheinander Situationen des Sterbens, Gedächtnisverlustes, sexueller Nachstellungen, erotischer Sehnsüchte, verzweifelter Emotionen: Sind dies alles Hirngespinste, Wachträume einer Besessenen oder der Lebensfilm, den Sterbende Sekunden vor dem Tod noch einmal durchleiden?
Wo anders als in Spanien kann eine Geschichte über Liebe und Tod spielen, wenn sie, wie die Debütantin Lambert es anstrebt, als sich gleichende ekstatische Augenblicke zu verstehen sind. Mit glänzenden Darstellern vervollständigt Mary Lambert ihre fulminante Begabung, brillante Bilder zu finden. Glanzstoff rangiert hier allerdings vor verläßlicher Webart.

Kai Niemeyer, AZ

Ulrich Bassenge in: Wiener, 9/88; Hans-Dieter Seidel in: FAZ, 1.9.88; Claudius Seidl in: SZ, 5.9.88

Sign O' The Times 877
SIGN O' THE TIMES ****

Regie: Prince
Darsteller: Prince, Sheila E., Sheena Easton; The Band: Dr. Fink, Miko Weaver, Levi Seacer jr., Wally Safford, Gregory Allen Brooks, Boni Boyer, Eric Leeds, Atlanta Bliss und CAT
Kamera: Peter Sinclair, Jerry Watson (Farbe)
Musik: Billy Youdelman, Susan Rogers (Supervision); Songs komponiert und produziert von Prince
Schnitt: Steve Purcell
Produktion: Robert Cavallo, Joseph Ruffalo, Steven Fragnoli für Cavalho-Ruffaloz Fragnoli, USA 1987
Verleih: Arsenal/Constantin/Rialto
Erstaufführung: 12.2.88 in der Reihe Panorama bei den Int. Filmfestspielen Berlin
Kinostart: 17.3.88
FSK: ab 6, ffr.
Länge: 85 Min.

Anders als in seinen beiden vorherigen Filmen versagt sich Prince in diesem pulsierenden Konzert-Mitschnitt eine Spielhandlung und konzentriert sich glücklicherweise auf die eruptive

Sex und Rock in aufregender Mischung. Prince in seinem Konzertfilm »Sign O'The Times«.

Kraft seiner Songs und auf seine schillernde Ausstrahlung. Entstanden ist kein reiner Konzert-Film: Das Material wurde aus mehreren Auftritten zusammengeschnitten, mit überflüssigen, nachträglich gedrehten Szenen bebildert und durch filmisches Blendwerk schöngefärbt, so daß der Film einige Male das Manipulatorische von Video-Clips annimmt. Für Prince-Fans und alle, die hautnah erleben wollen, was Körper-Musik bedeutet.

Zoom

Bodo Fründt in: SZ, 11.4.88; Barry Graves in: tip, 4/88; Peter Krauss in: FR, 24.3.88; Dieter Leder in: Kölner Stadt-Anzeiger, 19./20.3.88

Silent Madness 878
SILENT MADNESS *

Video

Regie: Simon Nuchtern
Darsteller: Belinda Montgomery (Dr. Joan Gilmore), Viveca Lindfors (Mrs. Collins), Solly Marx (Howard Johns), David Greenan (Mark McGowan), Sydney Lassick (Liggett), Roderick Cook (Dr. Kruger), Stanja Lowe (Dr. Anderson)
Drehbuch: Robert Zimmerman, William P. Milling
Kamera: Gerald Feil (Precision Color, 3-D)
Musik: Barry Salmon
Schnitt: Philip Stockton
Produktion: Simon Nuchtern, William P. Milling für Selim Picture Associates, USA 1984
Verleih: -/-/-/Gloria Video
Länge: 97 Min.

Versehentlich entlassener Killer kehrt an den Ort seiner früheren Verbrechen, ein Studentinnenheim, zurück.

Sister Sister 879
SISTER SISTER **

Regie: Bill Condon
Darsteller: Eric Stoltz (Matt Rutledge), Jennifer Jason Leigh (Luci Bonnard), Judith Ivey (Charlotte Bonnard), Dennis Lipscomb (Cleve Doucet), Anne Pitoniak (Mrs. Bettleheim), Benjamin Mouton, Natalia Nogulich, Richard Minchenberg, Bobby Pickett, Jason Saucier
Drehbuch: Bill Condon, Joel Cohen, Ginny Cerella
Kamera: Stephen M. Katz (Farbe)
Musik: Richard Einhorn
Schnitt: Marion Rothman
Produktion: Walter Coblenz für Odyssey, USA 1987
Verleih: Highlight/Constantin/-/New Vision Video
Kinostart: 11.9.88
FSK: ab 18, nffr.
Länge: 91 Min.

Das Geheimnis eines Mordes kettet zwei Schwestern neurotisch aneinander und bringt Männer, die sich für die beiden interessieren, in tödliche Gefahr. Die oberflächliche, nicht sehr glaubwürdige Mischung aus Psychokrimi und Horrorgeschichte, betont stimmungsvoll und bedeutungsschwanger inszeniert, erzeugt häufiger Langeweile als Spannung.

Christl Stadler, multimedia

Der Sizilianer 880
THE SICILIAN ***

Regie: Michael Cimino
Darsteller: Christopher Lambert (Salvatore Giuliano), Terence Stamp (Prinz Borsa),

Plakat zu »Der Sizilianer«.

Joss Ackland (Don Masino Croce), John Turturro (Aspanu Pisciotta), Richard Bauer (Professor Hector Adonis), Barbara Sukowa (Camilla, Herzogin von Crotone), Giulia Boschi (Giovanna Ferra), Ray McAnally (Minister Trezza), Aldo Ray (Don Siano), Barry Miller, Andréas Katsulas, Michael Wincott, Derrick Branche, Richard Venture, Ramon Bieri, Stanko Molnar

Drehbuch: Steve Shagan nach dem gleichn. Roman von Mario Puzo

Kamera: Alex Thomson (Farbe)
Musik: David Mansfield gespielt vom Staatl. ungarischen Symphonieorchester Budapest
Schnitt: Francoise Bonnot
Produktion: Michael Cimino und Joann Carelli für De Laurentiis Ent./Gladden Ent., USA 1987
Verleih: Senator/Constantin/Monopole Pathé/Starlight-Film Video
Kinostart: 14.1.88
FSK: ab 16, ffr.
Länge: 145 Min.

Michael Cimino (sein Meisterwerk: »Heaven's Gate«) schert sich zwar einen Dreck ums Geschäft, wenn er besessen seine Cinéastenträume verwirklicht, doch sein Cinéastentraum vom »Sizilianer« Salvatore Giuliano, dem eitlen Mord-und Totschlagsbanditen im Bunde mit der Mafia, ist durchaus als wohlfeile Spekulation angreifbar. Denn diese Legende vom »wohltätigen« Volksliebling und einsamen Helden ist nun einmal verlogen.
Wen das nicht stört, der kann sich freilich an einer süffig stilisierten Sizilianer-Ästhetik delektieren:
Ein bildschöner Mensch (mehr Wikinger als Sizilianer: Christopher Lambert) durchschreitet die edle Landschaft, zelebriert Blutbäder, nimmt sich die zickige Herzogin (Barbara Sukowa), entführt den kultiviert vor sich hinblässelnden Herzog (Terence Stamp), gefällt sich in Posen, Patentreue und Pathos.
Das ist große Oper, Banditenkintopp, opulenter Männerkitsch. Ein glänzend inszenierter, kunst-süchtiger Italo-Western. *Ponkie, AZ*

Peter Buchka in: SZ, 15.1.88; Wolf Donner in: tip, 2/88 Marli Feldvoss in: FAZ, 14.1.88; Norbert Grob in: Kölner Stadt-Anzeiger, 16./17.1.88; Rainer Nolden in: Die Welt, 15.1.88; Wolfram Schütte in: FR, 21.1.88

Die Skandalreporterin 881

THE GOSSIP COLUMNIST **
TV

Regie: James Sheldon
Darsteller: Kim Cattrall (Dina Moran), Sylvia Sidney (Alma Lewellyn), Bobby Vinton (Marty Kaplan), Conrad Janis (Ivan Bock), Martha Raye (Gloria), Robert Vaughn (Mark Case)
Drehbuch: Michael Gleason
Kamera: Enzo A. Martinelli
Produktion: USA 1980
Sendetermin: 1.6.88, ARD
Länge: 94 Min.

Die junge Journalistin Dina Moran erlebt eine große Enttäuschung, als sie mit ehrgeizigen Hoffnungen nach Hollywood kommt: anstatt politische Artikel schreiben zu dürfen, soll sie die Klatschspalte ihrer neuen Zeitung aufmöbeln. Im Umgang mit publicityhungrigen Stars versucht sie, das Beste daraus zu machen, und gerät in arge Bedrängnis, als sie korrupte Machenschaften aufdecken will. *ARD*

Joachim Hauschild in: SZ, 3.6.88

Skin – Die Haut des anderen 882

SKIN **

Regie: Guido Henderickxs
Darsteller: Arno Hintjens, Josse de Pauw, Hilde van Mieghem, Gene Bervoets, Maggie Wingh Yu, Marc Lauwrys
Drehbuch: Gzuido Henderickxs, Bob Goosens
Kamera: Theo Bierkens (Farbe)
Musik: Arno Hintjens, Serge Feys
Produktion: Lamp, Belgien 1987
Verleih: Allround/-/-
Kinostart: 22.9.88
FSK: ab 18, ffr.
Länge: 83 Min.

Hart-cooler Motorradfreak widersetzt sich der Einberufung zum Militär und kämpft gegen das Schindertum und gegen eine faschistische Polizeitruppe. Verworren und unausgegoren.

Slam Dance 883

SLAM DANCE ***

Regie: Wayne Wang
Darsteller: Tom Hulce (C.C. Drood), Mary Elizabeth Mastrantonio (Helen), Virginia Madsen (Yolanda), Millie Perkins (Bobby Nye), Adam Ant (Jim), Don Opper (Buddy), Harry Dean Stanton (Smiley),

Der Inspektor ist ratlos. Harry Dean Stanton in »Slam Dance«.

Herta Ware (Frau Raines), John Doe (Gilbert), Robert Beltran (Frank), Judith Barsi (Bean), Rosalind Chao, Frazer Smith
Drehb.: Don Opper
Kamera: Amir Mokri (DeLuxe Color)
Musik: Mitchell Froom, John Lurie, Camille Saint Saëns
Schnitt: Lee Percy, Sandy Nervig
Produktion: Rupert Harvey, Barry Opper für Sho Films, Großbritannien 1987
Verleih: Delta/Czerny/Rex/VCL/Virgin Video
Erstaufführung: 26.6.87, Videopremiere im Rahmen des Filmfest München
Kinostart: 7.4.88
FSK: ab 16, ffr. *Länge:* 99 Min.

Der Träumer und Cartoonist Drood gerät in eine zwielichtige Mordaffäre mit »famme fatale«. High-Society-Orgien und Politkorruption. Die »Einer gegen Alle«-Geschichte zehrt genüßlich von supergestylten Intérieurs, »Film noir«-Effekten und spektakulären Örtlichkeiten (Los Angeles, Hollywood), bleibt jedoch an der pompösen Scheinwelt gelangweilt hängen. Der aus Hong-Kong gebürtige Wayne Wang (ehemals Chang) schafft es nicht, eine einheitliche Linie in seinen New-Wave-Thriller hineinzubringen. *Zoom*

Michael Althen in: SZ, 12.4.88; Lars-Olav Beier in: tip, 8/88; Helmut Merker in: Kölner Stadt-Anzeiger, 9./10.4.88; Harry Rowohlt in: Die Zeit, 15.4.88

Sobibor 884

ESCAPE FROM SOBIBOR **
Video

Regie: Jack Gold
Darsteller: Alan Arkin (Leon Feldhendler), Rutger Hauer (Sascha), Joanna Pacula, Hartmut Becker, Jack Shepard, Emil Wolk, Simon Gregor, Linal Haft
Drehbuch: Reginald Rose. Nach dem Roman von Richard Rashke
Kamera: Ernest Vincze (Farbe)
Musik: Georges Delerue
Schnitt: Keith Palmer
Produktion: Dennis E. Doty für Rule/Starger/Zenith Prod., Großbritannien 1987
Verleih: -/-/-/Highlight Video
Uraufführung: 12.4.87 (CBS)
Erstaufführung: 12.4.88
FSK: ab 16 J.
Länge: 143 Min.

Das Grauen im Konzentrationslager Sobibor geht seinen Gang. Scheinbar geduldig ertragen die Juden ihr Schicksal. Doch unter der Oberfläche brodelt es: Ein paar Häftlinge planen den Ausbruch. Nach langen Vorbereitungen schlagen sie endlich zu, machen einigen Nazi-Schergen den Garaus und flüchten aus der Stätte des Terrors. Etwas langatmiges, aber solide inszeniertes Fernsehspiel mit Starbesetzung. *Video-Markt*

Society 885

THE TWO MRS. GRENVILLES **
Video

Regie: John Erman
Darsteller: Ann-Margret (Ann Arden Grenville), Claudette Colbert (Alicia Grenville), Stephen Collins (Billy Grenville), John Rubinstein (Bratsie Bleeker), Sam Wanamaker (Staatsanwalt), Alan Oppenheimer (Sam Rosenthal), Elizabeth Ashley
Drehbuch: Derek Marlowe. Nach dem Roman von Dominick Dunne
Kamera: Dennis Lewiston (Farbe)
Musik: Marvin Hamlisch

Produktion: Preston Fischer für Lorimar, USA 1987
Verleih: -/-/-/Taurus Video
Uraufführung: 8.2.87/9.2.87 (NBC)
Erstaufführung: 25.1.88
Länge: 200 Min. (US-TV-Länge)

Billy Grenville, Mitglied der amerikanischen High Society, heiratet, kurz bevor er in den zweiten Weltkrieg zieht, das billige Revuegirl Ann, was seine standesbewußte Mutter mißbilligt. Ann mausert sich zur feinen Dame. Als Billy erfährt, daß Ann bereits verheiratet ist, verlangt er die Scheidung. Ann erschießt ihn bei einem Streit und verfällt dem Alkohol. Als sich ihr gemeinsamer Sohn umbringt, vereinsamt sie restlos. Mondänes, über die volle Länge fesselndes Melodrama. *VideoWoche*

Soggy Bottom USA 886

SOGGY BOTTOM, U.S.A. **

Video

Regie: Theodore J. Flicker
Darsteller: Ben Johnson, Dub Taylor, Ann Wedgeworth, Lois Nettleton, Anthony Zerbe, Jack Elam, Don Johnson
Drehbuch: Eric Edson, Steven C. Burnham, N. Houck
Kamera: George Bouillet (Farbe)
Produktion: Cinemax, USA 1981
Verleih: -/-/-/IHV Video
FSK: ab 12 J.
Länge: 91 Min.

Während der wilden Jahre der Arbeitslosigkeit und Prohibition kommt eine Gruppe von Alkohol-Detektiven in ein kleines Südstaaten-Nest, um dem Laster ein Ende zu bereiten. Recht turbulentes Komödchen, angesiedelt im sumpfigen Südstaaten-Milieu der Prohibitionszeit. Im ganzen ziemlich harmlos.
Video-Markt

Der Sohn der Hölle 887

BLOODSPELL *

Video

Regie: Deryn Warren
Darsteller: Anthony Jenkins (Daniel), Aaron Teich (Charlie), Alexandra Kennedy (Debbie), John Reno (Luther), Edward Dloughy, Jacque J. Coon, Kimble Jemison
Drehbuch: Gerry Daly
Kamera: Ronn Schmidt (Farbe)
Musik: Randy Miller
Schnitt: Tony Miller
Produktion: Jessica Rains für MCEG/Vista Streets, USA 1988
Verleih: -/-/-/RCA/Columbia Video
Erstaufführung: 15.9.88
FSK: nicht unter 18 J.
Länge: 88 Min.

Telekinetisch begabter Sproß sorgt für einige diabolische Unfälle in einem Privatinternat, stellt sich dann jedoch seinem monströsen Papa, der ihn für seine Verjüngungsaktion benötigt.

Soldiers 888

SOLDAAT VAN ORANJE ***

Video

Regie: Paul Verhoeven
Darsteller: Rutger Hauer, Jeroen Krabbe, Lex van Delden, Derek de Lint, Peter Faber, Eddy Habbema, Edward Fox, Belinda Meuldijk
Drehbuch: Gerard Soeteman, Kees Holierhoek, Paul Verhoeven. Nach einem Roman von Erik Hazelhoff Roelfzema
Kamera: Jost Vacano, Peter de Bont (Farbe)
Musik: Rogier van Otterloo
Schnitt: Jane Speer
Produktion: Rob Houwer, Niederlande 1977
Verleih: -/-/-/Ascot Video
Erstaufführung: 2.5.88
FSK: ab 16 J.
Länge: 165 (110) Min.

Dramatisches Zeitpanorama über Holland im 2. Weltkrieg, dargestellt am unterschiedlichen Schicksal sechs junger Männer. Hervorragend gespielt und mitreißend inszeniert.

Söldner der Apocalypse 889

APOCALYPSE MERCENARIES *

Video

Regie: John J. Dawson
Darsteller: Karl Landgren, Vassili Karis, Peter Hiatz
Drehbuch: Leandro Lucchetti
Kamera: Luigi Ciccarese (Farbe)
Produktion: Filman S.r.l., Italien 1987
Verleih: -/-/-/VPS Video
Erstaufführung: 17.11.88
FSK: nicht unter 18 J.
Länge: 85 Min.

Während des 2. Weltkriegs gelingt es einer jugoslawischen Partisanengruppe, das deutsche Hauptquartier in den Bergen lahmzulegen.

Der Sommer des Falken 890

****

Regie: Arend Agthe
Darsteller: Andrea Lösch (Marie), Janos Crecelius (Rick), Hermann Lause (Herbert Sasse), Rolf Zacher (Marek Czerny), Volker Brandt (Ricks Vater), Heidi Joschko, Barbara Stanek, Johannes Thannheuser, Peter Zimmermann, Kurt Lanthaler, Hans-Werner Olm, Rudolf Hiesel
Drehbuch: Arend Agthe, Monika Seck-Agthe
Kamera: Jürgen Jürges (Farbe)
Musik: Matthias Raue, Martin Cyrus
Schnitt: Yvonne Kölsch
Produktion: Michael Alexander, Hanns Eckelkamp für Topas/Atlas Saskia/WDR, BRD 1988
Verleih: Atlas Film/-/-/New Vision Video
Kinostart: 23.6.1988
FBW: Wertvoll
FSK: ab 6, ffr.
Länge: 106 Min.
Prädikat: Wertvoll

Gefördert durch: BMI/Filmförderungsanstalt Berlin/Filmbüro NRW/ Filmkredit Treuhand Berlin

Der Film erzählt von der Begegnung vierer sehr unterschiedlicher Menschen mit ebenso unterschiedlichen Absichten in einer abgelegenen

»Der Sommer des Falken«.

Alpengegend. Der Film verwendet die Elemente eines Heimatfilms, wächst aber durch die moderne, spannende Erzählweise über diesen hinaus. Im Mittelpunkt stehen Marie, das Mädchen aus den Bergen und der Berliner Mode-Punk Rick, die mit ihrem Spiel wirklich überzeugen.

Beate Ostermann, tip

Michael Althen in: SZ, 16.6.88; Anne Frederiksen in: Die Zeit, 24.6.88; Manfred Hobsch in: Zitty, 13/88; Heike Kühn in: FR, 23.6.88

Die Sonne Satans 891

SOUS LE SOLEIL DE SATAN ***

TV

Regie: Maurice Pialat
Darsteller: Gérard Depardieu (Donisson), Sandrine Bonnaire (Mouchette), Maurice Pialat (Menou-Segrais), Alain Artur (Cadigan), Yann Dedet (Gallet), Brigitte Logendre, Jean-Christophe Bouvet
Drehbuch: Sylvie Danton, Maurice Pialat nach dem gleichnamigen Roman von Georges Bernanos
Kamera: Willy Kurant
Musik: Henri Dutilleux
Schnitt: Yann Dedet
Produktion: Daniel Toscan du Plantier für Taurus/Erato/Flach Films/Action Films, Oase Film in Zusammenarbeit mit Centre National De la Cinematographie, Sofica, ZDF, ORF, Frankreich 1987
Erstaufführung: 13.5.88, Wettbewerb der Int. Filmfestspiele Cannes
Verleih: –/–/Regina Film
Sendetermin: 18.9.88, ZDF
Länge: 93 Min.

Goldene Palme, Filmfestspiele Cannes 1987

Welch ein lähmend pompöser, schwerfällig symbolgeblähter Film. In Maurice Pialats »Die Sonne Satans«, provozierend belangloser Cannes-Sieger von 1987, wird religiöser Wahn zelebriert, als handle es sich um ein Gleichnis. Doch der fanatisch um das Berufen-Sein eines Heiligen ringende Priester, vom »Teufel« erleuchtet und mit der Erlösung einer jungen Mörderin beschäftigt, wirkt weit weg von jeder allgemein zugänglichen Glaubenserfahrung: Hier wälzt sich ein übersinnliches Melodram des Katholizismus mit tragischer Pose ins bäuerliche Land – fesselnd allenfalls Gérard

Gerard Dépardieu.

Depardieu, der die besessene Inbrunst des ungeschlachten Kerl in der Soutane wie einen Gottesfluch erleidet. *Ponkie, AZ*

Space Invaders 892

KILLER KLOWNS FROM OUTER SPACE ***

Video

Regie: Stephen Chiodo
Darsteller: Grant Cramer (Mike), Suzanne Snyder (Debbie), John Allen Nelson (Dave Hanson), Royal Dano (Farmer Green), John Vernon (Mooney), Michael Siegel (Rich), Peter Licassi (Paul)
Drehbuch: Charles Chiodo, Stephen Chiodo
Kamera: Alfred Taylor (Farbe)
Musik: John Massari
Schnitt: Chris Roth
Produktion: Edward, Stephen und Charles Chiodo für Chiodo Brothers/Sarlui/Diamant, USA 1988
Verleih: -/-/-/VPS Video
Erstaufführung: 30.11.88
FSK: nicht unter 18 J.
Länge: 88 Min.

Hungrige außerirdische Clowns schießen mit Popcorn-Kanonen auf die arme Erdbevölkerung und spinnen ihre Opfer hernach in Zuckerwatte ein. Knallbunte Parodie, mal an die Untaten von Batmans Erzfeind »Joker«, dann wieder an Lon Chaneys Bemerkung erinnernd, wonach nichts grauenvoller sei als ein Clown im Mondlicht.

Space Pirates 893

L'ISOLA DEL TESORO *

Video

Regie: Antonio Margheriti
Darsteller: Itaco Nardulli (Jimmy), Anthony Quinn (Silver), Ernest Borgnine (Billy Bones), Klaus Löwitsch (Captain Smollet), Philippe Leroy, David Warbeck, Ida di Benedetto, Renato de Carmine
Drehbuch: Renato Castellani, Lucio de Caro
Kamera: Sandro Messina (Farbe)
Musik: Gianfranco Plenizio
Produktion: Bavaria Film/RAI-2/TF-1, Italien 1987
Verleih: -/-/-/EuroVideo
Uraufführung: 19.11.1987–17.12.1987 (RAI-2)
Erstaufführung: 19.10.88
Länge: 450 (120) Min.

Robert Louis Stevensons »Schatzinsel« ins Jahr 2300 verlegt, mit billigen Spezialeffekten und einigen abgehalfterten Stars garniert. Für den absolut schwachsinnigen Schüttelreim »Jo-Ho-Ho, und 'ne Flasche mit Crack« gebührt den Synchronautoren dieser gekürzten Miniserie allerdings ein Sonderlob.

Specters – Mächte des Bösen 894

SPETTRI *

Video

Regie: Marcello Avallone
Darsteller: John Pepper (Marcus), Katrine Michelsen (Alex), Donald Pleasence (Professor Lasky), Massimo de Rossi, Riccardo de Torrebruna, Lavinia Grizi, Riccardo Parisio Perrotti, Giovanni Bilancia
Drehbuch: Marcello Avallone, Maurizio Tedesco, Andrea Purgatori, Dardano Sarchetti
Kamera: Silvano Ippoliti (Luciano Vittori Color)
Musik: Lele Marchitelli, Daniele Rea

Schnitt: Andriano Tagliano
Produktion: Maurizio Tedesco für Reteitalia/ Trio Cinema & TV, Italien 1987
Verleih: -/-/-/VPS Video
FSK: nicht unter 18 J.
Länge: 90 Min.

Ein Archäologe stößt beim Buddeln unterhalb von Rom auf einen Sarkophag mit der Aufschrift »Das Böse« und öffnet ihn natürlich prompt, das Dummerle. Zu einer italienischen Ausgabe von »Quatermass and the Pit« hat es dann aber doch nicht ganz gereicht, obwohl Silvano Ippolitis Kamera recht effektvoll durch die Katakomben kurvt.

Speedway Trio 895

GRANDVIEW, U.S.A. **

Video

Regie: Randal Kleiser
Darsteller: Jamie Lee Curtis (Michelle »Mike« Cody), C. Thomas Howell (Tim Pearson), Patrick Swayze (Ernie »Slam« Webster), Jennifer Jason Leigh (Candy Webster), Troy Donahue (Donny Vinton), William Windom (Bob Cody), Carole Cook (Betty Wells), Ramon Bieri (Mr. Pearson), John Philbin (Cowboy)
Drehbuch: Ken Hixon
Kamera: Reynaldo Villalobos (Astro Color)
Musik: Thomas Newman
Schnitt: Robert Gordon
Produktion: William Warren Blaylock, Peter W. Rea für CBS Theatrical Film, USA 1984
Verleih: -/-/-/CBS-Fox Video
Erstaufführung: 25.6.88
FSK: ab 12 J.
Länge: 97 Min.

Drei parallel verlaufende und ineinander übergreifende Geschichten aus einer Kleinstadt. Während sich die attraktive Tony Curtis-Tochter bemüht, ihren Car-Crash-Park zu erhalten, läßt sich Neu-Star Swayze von seiner dümmlichen Blondinen-Ehefrau Hörner aufsetzen und rastet aus. Dritter im Bunde ist der sensible und schmächtige Sohn des mächtigen Baugiganten, der mit seinem Alten ständig im Clinch liegt. Man tut sich nicht groß weh in dieser rührseligen Dreiecks-Romanze, die nur für den unterhaltsamen Augenblick geschaffen wurde und für uns hier auch nur wegen der mittlerweile zu Stars gewordenen Darsteller interessant sein dürfte. *tip*

Spider Labyrinth

IL NIDO DEL RAGNO *

Video

Regie: Gianfranco Giagni
Darsteller: Roland Wybenga, Paolo Rinaldi, Stephane Audran, Marghareta von Krauss, William Berger
Drehbuch: Tonino Cervi
Kamera: Nino Celeste (Farbe)
Musik: Franco Piersanti
Produktion: Tonino Cervi für Reteitalia/ Splendida Film, Italien 1988
Verleih: -/-/-/VPS Video
Erstaufführung: 31.10.88
FSK: nicht unter 18 J.
Länge: 93 Min.

Amerikanischer Wissenschaftler gerät mit einem Spinnenkult aneinander, die sich für ein geheimnisvolles Buch interessieren.

Spiel ums Leben 897

VAMPING ***

TV

Regie: Frederick King Keller
Darsteller: Patrick Duffy (Harry Baranski), Catherine Hyland (Diane Anderson), Rod Arrants (Raymond O'Brien), David Booze, Fred A. Keller, Ted Cooper, Steven Gilborn
Drehbuch: Michael Healy nach einer Story von Frederick King Keller
Kamera: Skip Roessel
Musik: Ken Kaufman
Schnitt: Darren Kloomok
Produktion: Howard Kling für Vamping Company/Atlantic, USA 1983
Sendetermin: 3.12.88, ARD
Länge: 105 Min.

Ein heruntergekommener junger Jazzmusiker läßt sich zu einem Diebstahl verleiten. Beim Einbruch in eine Villa wird er von der schönen Besitzerin ums Haar auf frischer Tat ertappt. Er ahnt nicht, was er damit für sich heraufbeschwört, als er sich in die geheimnisvolle junge Frau verliebt. Fredrick King Keller inszenierte die spannende Geschichte des Jazzmusikers, der ahnungslos das Beweisstück eines Verbrechens stiehlt, mit viel Sinn für Atmosphäre und dramatische Kontraste. *ARD*

Die Spur des Mörders 898

CONFIDENTIAL *

Video

Regie: Bruce Pittman
Darsteller: Neil Munro (Hugh Jameson), August Schellenberg (Charles Ripley), Chapelle Jaffe (Amelio), Tom Butler (Edmund Eislin), Antony Parr (Rufus), Doris Petrie (Mrs. McAlister), Kay Hawtrey (Doris)
Drehbuch: Bruce Pittman
Kamera: John Herzog (Farbe)
Musik: Bruce Ley
Schnitt: Bruce Pittman
Produktion: Anthony Kramreither für Brightstar Films, Kanada 1986
Verleih: -/-/-/RCA/Columbia Video
Erstaufführung: 15.2.88
Länge: 95 Min.

Ein Polizeireporter zeigt sich 1947 von dem Fall einer Axtmörderin fasziniert, die 30 Jahre früher vor Gericht freigesprochen wurde. Er bemüht sich in ihrem Heimatort um ein Interview und bezahlt seine Neugier mit dem Tod. Nicht anders ergeht es einem Privatdetektiv, der langwierig nach dem Reporter fahndet. Zwar ist die Axtmörderin längst gestorben, aber ihr unglückseliger Sohn hat eine Psychopathin geheiratet, und die weiß gut mit dem Messer umzugehen. Mysteriöser Film Noir-Thriller, der nicht sehr überzeugend und mit zu kleinem Budget die düstere Atmosphäre der Hollywood-Krimis der 40er Jahre nachahmt. *VideoWoche*

Stadt der Gewalt 899

THE CITY **

Video

Regie: Harvey Hart
Darsteller: Robert Forster (Lt. Matt Lewis), Don Johnson (Sgt. Brian Scott), Ward Costello (Capt. Lloyd Bryant), Jimmy Dean (Wes Collins), Mark Hamill (Eugene Banks), Susan Sullivan (Carol Carter)
Drehbuch: John Wilder
Kamera: Jacques R. Marquette (Farbe)
Musik: John Elizalde
Schnitt: Ray Daniels, James Gross
Produktion: John Wilder für Quinn Martin Productions, USA 1978
Verleih: -/-/-/Highlight Video
Uraufführung: 12.1.77 (NBC)
Erstaufführung: 8.3.88
Länge: 78 Min.

Unscheinbarer Junge vom Land läuft plötzlich Amok und macht Jagd auf einen berühmten Sänger.

Der stählerne Vorhang 900

WEEDS ***

Regie: John Hancock
Darsteller: Nick Nolte (Lee Umstetter), Lane Smith (Claude), William Forsythe (Burt), John Toles-Bey (Navarro), Joe Mantegna (Carmine), Ernie Hudson (Bagdad), Mark Rolston (Dave), J.J. Johnson (Lazarus), Rita Taggart (Lillian), Orville Stoeber, Essex Smith, Cyro Baptista
Drehbuch: Dorothy Tristan, John Hancock
Kamera: Jan Weincke (Technicolor)
Musik: Angelo Badalamenti
Schnitt: Dennis O'Connor (Supervising)
Produktion: Bill Badalato für Kingsgate Films, USA 1988
Verleih: 20th Century Fox/dto./dto./VCL/Virgin Video
Kinostart: 6.10.88
FSK: ab 16, ffr.
Länge: 115 Min.
Prädikat: Besonders wertvoll

Der altbekannte amerikanische Aufsteigertraum: Sogar ein Bankräuber, der im Gefängnis über seine verzweifelte Lage ein Jean Genet nachempfundenes Theaterstück auf die Beine stellt, kann es damit – wenngleich auf Umwegen – am Broadway zu einem Erfolg bringen.
Wäre doch John Hancock nur auch so vermessen gewesen wie sein wacher Held und hätte für seine Geschichte eine packende künstlerische Form gesucht; so aber versanden seine gutgemeinten sozialen Fingerzeige in einem konventionellen Verschnitt von Pseudoauthentitzität und sentimentalem Pathos. *Zoom*

Albert Kock in: Die Welt, 23.11.88; Milan Pavlocic in: Kölner Stadt-Anzeiger, 19.11.88

Stand And Deliver — 901

STAND AND DELIVER ****

Regie: Ramon Menendez
Darsteller: Edward James Olmos (Jaime Escalante), Lou Diamond Phillips (Angel), Rosana de Soto (Fabiola Escalante), Andy Garcia (Ramirez), Estelle Harris (Sekretärin), Mark Phelan (Polizist), Virginia Paris (Raquel Ortega), Mark Eliot (Tito), Will Gotay, Patrick Baca, Ingrid Oliu, Carmen Argenziano, Tyde Kierney
Drehbuch: Ramon Menendez, Tom Musca
Kamera: Tom Richmond (Farbe)
Musik: Craig Safan
Schnitt: Nancy Richardson
Produktion: Tom Musca für Menendez/Musca & Olmos, USA 1988
Verleih: Warner Bros./-/-/Warner Home Video
Erstaufführung: 25.6.88, Eröffnungsfilm Filmfest München
Kinostart: 7.7.88
FSK: ab 12, ffr.
Länge: 103 Min. (OmU)

Hollywood entdeckt die Minderheiten, besonders die Latinos. Nach »La Bamba« nun wieder eine authentische Geschichte aus dem Milieu der Chicanos, wie man die Mischung aus Mexikaner und Nordamerikaner mit Wohnsitz USA nennt. Regisseur Ramon Menendez, dessen erster Spielfilm dies ist, hatte das Glück, daß er Edward James Olmos, den »Miami-Vice«-Boß, für die Hauptrolle gewinnen konnte. Olmos spielt den Lehrer, der mit Engagement und unorthodoxen Methoden seinen Chicano-Schülern höhere Mathematik und Selbstbewußtsein beibringt, mit viel Witz, menschlicher Wärme und Verständnis.

Dank Olmos gelingt das Unvorstellbare: Mathematik-Unterricht wird spannendes Kino. Die Problematik der Minderheiten in Amerika läßt sich allerdings nicht so leicht und happyendlich lösen. *Frauke Hanck, tz*

Peter Buchka in: SZ, 6.7.88

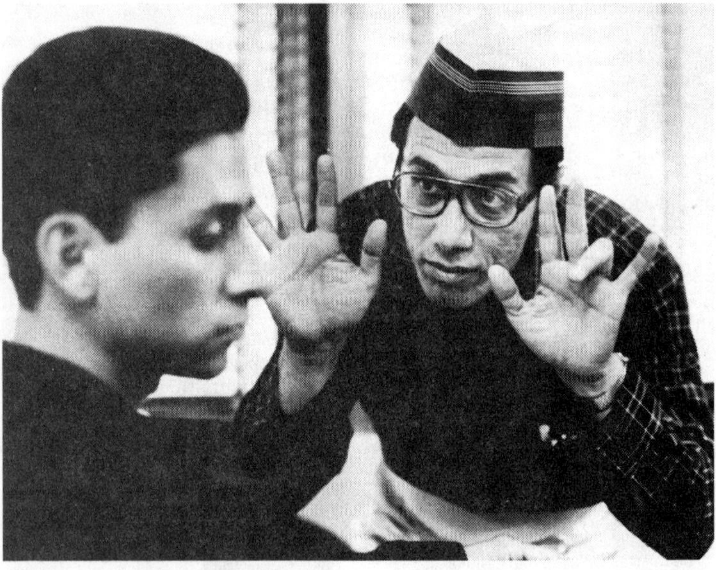

Der Lehrer als Showman. Edward James Olmos in »Stand and Deliver«.

Regisseur Ramon Mendez mit Darstellerinnen aus einem East L. A.-Film »Stand and Deliver«.

Stanley 902

STANLEY – EVERY HOME SHOULD HAVE ONE **

Video

Regie: Esben Storm
Darsteller: Peter Bensley (Stanley Dunstan), Michael Craig (Sir Dunstan), Graham Kennedy (Norm Norris), Nell Campbell (Amy Benton), Max Cullen (Berger), David Argue (Morris Norris)
Drehbuch: Esben Storm, Andrew Gaty
Kamera: Russell Boyd (Farbe)
Musik: William Motzing
Schnitt: William Anderson
Produktion: Andrew Gaty für Seven Keys, Australien 1983
Verleih: -/-/-/EVC Video
Erstaufführung: 17.10.88
Länge: 103 (89) Min.

Der schrullige Millionärssohn Stanley Dunstan möchte endlich »normal« werden und reißt von zu Hause aus. Er quartiert sich bei der australischen Durchschnittsfamilie Norris ein, wobei sich bald herausstellt, daß sie hinter der Fassade alles andere als normal sind. Der gelungene Ansatz läuft allerdings ins Leere, viele Gags wirken isoliert und aufgesetzt. *Video Woche*

Star Knight – Der Herr der Sterne 903

EL CABALLERO DEL DRAGON **

Video

Regie: Fernando Colomo
Darsteller: Klaus Kinski (Boetius), Harvey Keitel (Clever), Fernando Rey (Fray Lupo), Maria Lamor (Alba), José Vivo (Graf von Ruc), Miguel Bosé (Ix)
Drehbuch: Andreu Martin, Fernando Colomo, Miguel Angel Nieto
Kamera: José Luis Alcaine (Eastmancolor)
Musik: José Nieto
Schnitt: M.A. Santamaria
Produktion: Fernando Colomo für Salamandra, Spanien 1986
Verleih: -/-/-/UFA Video
Erstaufführung: 21.3.88
FSK: ab 12 J.
Länge: 90 Min.

Im Mittelalter landet ein Raumschiff im See. Tags darauf verschwindet die Tochter des Burgherrn dort beim Baden und taucht erst Tage später wieder auf. Sie und der außerirdische Raumfahrer haben sich ineinander verliebt. Der Priester am Hof und ein Ritter bekämpfen den Außerirdischen und sein Schiff als Teufelswerk.

Mixtur aus Fantasy-, Märchen- und Ritterfilm, hübsch anzusehen, aber nicht allzu spannend oder spektakulär. *VideoWoche*

Starke Zeiten 904

**

Regie: Siggi Goetz, Klaudi Fröhlich, Rolf Ohlsen, Otto W. Retzer
Darsteller: Michael Winslow (Mike), Dey Young (Carry), Helmut Fischer (Monaco Franze), David Hasselhoff (David), Rudi Carrell (TV-Entertainer), Hansjoachim Kulenkampff (Hansjoachim Jennings), Otto Schenk (Eugen Doleschal), Karl Dall (Abu Dallha), Julia Kent, Hias Mayer, Gerd Dudenhöfer, Wolfgang Fiereck, Christine Schuberth, Margit Geissler, Zachi Noy, Hansi Kraus, Ottfried Fischer, Rainer Basedow, Manfred Lehmann, Gisela Schneeberger, Hans Brenner
Kamera: Heinz Hölscher, Franz X. Lederle (Farbe)
Schnitt: Ute Albrecht-Lovell
Produktion: Lisa Film/K.S. Film/Roxy Film, BRD 1988
Verleih: Tivoli/Constantin/-/Starlight-Film Video
Kinostart: 12.5.88
FSK: ab 6, ffr.
Länge: 92 Min.

Sechs lose aneinandergereihte deutsche Lustspielepisoden mit einigen populären Film- und Fernsehstars, von denen aber nur zwei Kurzstories etwas Komödienqualität erreichen. Ansonsten sehr anspruchslose und seichte Unterhaltung. *multimedia*

Ponkie in: AZ, 14.5.88

Stars and Bars 905

STARS AND BARS

***

Regie: Pat O'Connor
Darsteller: Daniel Day-Lewis (Henderson Dores), Harry Dean Stanton (Loomis Gage), Martha Plimpton (Bryant), Matthew Cowles (Beckman), Joan Cusack (Irene Stien), Maury Chaykin (Freeborn), Deirdre O'Connell (Shanda), Will Patton (Duane), Steven Wright, Keith David, Laurie Metcalf, Glenne Headly
Drehbuch: William Boyd nach seinem gleichn. Roman
Kamera: Jerzy Zielinski (Farbe)
Musik: Stanley Myers, Song: Sting
Schnitt: Michael Bradsell
Produktion: Sandy Lieberson für Columbia Tri-Star, USA 1988
Verleih: Columbia Tri-Star/Warner Bros./-/ RCA/Columbia Video
Erstaufführung: 3.7.88, Filmfest München
Kinostart: 15.9.88
FSK: ab 12, ffr.
Länge: 94 Min.

Der ganz normale amerikanische Wahnsinn muß einen guterzogenen Briten in ebendenselben treiben: Was Henderson Dores, frisch von der Insel in die USA importiert, auch anfaßt, es geht schief. Henderson ist Kunstexperte, Schöngeist. Nur leider kapiert er nicht, daß die Yankees dem Takt und scheinbaren Feinsinn der Engländer stets überlegen sind.
Wenn dann noch dazu kommt, daß ein längst vermißter Renoir in einer verlotterten Bruchbude in Georgia angekauft werden soll, dann wird dieses wundersame Gemälde einer schönen Frau fast zur Guillotine für den taktvollen und korrekt gekleideten Spät-Yuppie.
Daniel Day Lewis verleiht dieser Rolle

Ein Engländer im tiefen Süden der USA. Daniel Day Lewis und Maury Chaykin in »Stars and Bars«.

neben seiner bereits bekannten unerträglichen Leichtigkeit Unschuldscharme und Internatsstupidität. Das trägt fast den ganzen Film. Harry Dean Stanton, der wandlungsfähige, hält seine Wahnsinnsfamilie, die sich um den Renoir rauft, bis zum Tod im Lotterbett zusammen. Doch dann geht es dem Briten und dem Renoir an den Kragen. Man darf dies als Symbol für die Überlegenheit der Südstaatler gegenüber good old Europe werten.

Kai Niemeyer, AZ

Michael Althen in: SZ, 27.9.88; Albert Baer in: Rheinische Post, 21.10.88; Ralph Umard in: tip, 16/88

Steel Dawn – Die Fährte des Siegers 906

STEEL DAWN **

Regie: Lance Hool
Darsteller: Patrick Swayze (Nomad), Lisa Niemi (Kasha), Christopher Neame (Sho), Brion James (Tark), John Fujioka (Cord), Brett Hool (Jux), Anthony Zerbe (Damnil), Marcel Van Heerden, Arnold Vosloo, James Whyle
Drehbuch: Doug Lefler
Kamera: George Tirl (Farbe)
Musik: Brian May
Schnitt: Mark Conte
Produktion: Lance Hool, Conrad Hool für Vestron Pic. mit Silver Lion, USA 1987
Verleih: Apollo Film/-/Rex/Gloria Video
Kinostart: 14.4.88
FSK: ab 16, ffr.
Länge: 97 Min.

Der Wüstennomade Patrick Swayze kämpft als ehemaliger Kriegsoffizier in einer Abenteuergeschichte für Liebe und Gerechtigkeit. Er beschützt eine Farmerin und ihren kleinen Sohn vor herumstreunenden Banden und verhilft durch mutigen Kampf einem Wüstental zu Wasser und Fruchtbarkeit. Der Film spielt in einer Mischzeit aus Mittelalter und ferner Zukunft: Hypermoderne Installationen und grauenvoll ausgeklügelte Schwerter gehen Hand in Hand mit altertümlichen Sippenbräuchen. Mäßiges Drehbuch, aufgesetzt wirkende Schauspieler und eine flüchtige Kamera lassen den Film schnell vergessen.

Zoom

Gregor Dotzauer in: FAZ, 23.4.88; Peter Krauss in: FR, 25.4.88; Barbro Schuchardt in: Kölnische Rundschau, 7.5.88

Sticks of Death 908

THE STICKS OF DEATH *

Video

Regie: Ava C. Capares
Darsteller: Roland Dantes, Rosemarie Gil, Veronica Jones
Produktion: Rolando Pintoy, Philippinen 1987
Verleih: -/-/-/GMP Video
Erstaufführung: 27.10.88

Verprügelter Cop lernt bei seinem Großvater die Kunst des Stockfechtens und macht sich hernach an die Trockenlegung des kriminellen Sumpfes.

Sternstunde 907

***

Kamera: Burkhard Hilgenstock
Produktion: Windrose für , BRD 1986
Verleih: C. Winterhalter/-/-
Programm aus vier Kurzfilmen

I. Sterne
Regie: Thomas Struck
1984, Farbe, handgemalter Animationsfilm, 10 Min., 35mm

II. Die Anprobe
Regie: Franz Winzentsen
1985, Farbe, 14 Min.

III. Die Achse
Regie, Buch und Kamera: Thomas Mauch
1984, s/w, 15 Min., 35mm

IV.Brief an die Produzentin
Regie: Jochen Kuhn
Buch, Zeichnungen, Produktion, Darsteller: Jochen Kuhn
1985, s/w, 19 Min.

Gefördert vom Hamburger Filmbüro

Versuch des Hamburger Filmbüros neue Vertriebsformen für Filme unter Spielfilmlänge auszuprobieren.

Sticky Fingers

siehe: 900.000 $ zuviel

Stirb langsam 909
DIE HARD ****

Regie: John McTiernan
Darsteller: Bruce Willis (John McClane), Bonnie Bedelia (Holly Gennaro-McClane), Reginald Veljohnson (Sgt. Al Powell), Paul Gleason (Dwayne T. Robinson), De'Voreaux White (Argyle), William Atherton (Thornburg), Hart Bochner (Ellis), James Shigeta (Takagi), Alan Rickman (Hans Gruber), Alexander Godunov (Karl), Robert Davi, Clarence Gilyard jr.
Drehbuch: Jeb Stuart, Steven E. de Soza, nach dem Roman »Nothing Lasts Forever« von Roderick Thorpe
Kamera: Jan De Bont (DeLuxe Color, Panavision)
Musik: Michael Kamen
Schnitt: Frank J. Urioste, John F. Link
Produktion: Lawrence Gordon, Joel Silver für Gordon Co./Silver Prod., USA 1987
Verleih: 20th Century Fox/dto./dto.
Kinostart: 10.11.88
FSK: ab 16, ffr.
Länge: 132 Min.

Nicht nur Filmemachen ist ein Investitions-Geschäft, auch Unterhaltung durchhalten kostet immense Summen. Klotzen, nicht rumkleckern muß also die Devise sein. In »Stirb langsam« entfesselt Regisseur John McTiernan in Los Angeles eine Actions-Orgie, die keinen erprobten Effekt ausläßt.
Terroristen bringen in einem Wolkenkratzer Geiseln in ihre Gewalt, die Medien sind Nullkommanichts mit von der Partie, ein simpler Revierpolizist kann seinen gesunden Menschenverstand wegen des blöden Einsatzleiters nicht zur Geltung bringen, Sprengsätze zerreißen den Tower, eine Art Computer-Rififi löst ein flammendes Inferno aus. Bruce Willis ist der New Yorker Cop, der wider Willen in diesen Riesen-Showdown am Heiligen Abend verwickelt wird. Er macht seine Sache so gut wie perfekt.

Kai Niemeyer, AZ

Michael Althen in: Die Zeit, 11.11.88; Bodo Fründt in: SZ, 21.11.88; Thomas Linden in: Kölnische Rundschau, 12.11.88; Milan Pavlovic in: Kölner Stadt-Anzeiger, 12.11.88

Unter Hochspannung. Bruce Willis in »Stirb langsam«.

Stormquest 910
STORMQUEST *
Video

Regie: Alex Sessa
Darsteller: Brent Huff (Zar), Kai Baker (Ara), Monica Gazonga (Tani), Rocky Giordani (Sulan), Linda Lutz (Sturmkönigin), Dudizile Mkhize (Kinya), Christina Whitaker (Asha)
Drehbuch: Charles Saunders
Kamera: Leonard Solis (Citeco Color)
Musik: Cardozo Ocampo
Schnitt: Edward Lowe
Produktion: Hector Olivera für Aries Films, Argentinien 1988
Verleih: -/-/-/Focus Video
Erstaufführung: 7.11.88
FSK: ab 16 J.
Länge: 89 Min.

Drei Amazonen kämpfen um die Gleichberechtigung und gegen eine böse Sturmkönigin. Prädikat »Undurchschaubar«.

Stormy Monday 911
STORMY MONDAY ****

Regie: Mike Figgis
Darsteller: Melanie Griffith (Kate), Tommy Lee Jones (Cosmo), Sting (Finney), Sean

Bean (Brendan), James Cosmo, Mark Long, Brian Lewis, Andrzej Borkowski, Caroline Hutchison, Clive Curtis und »The Krakow Jazz Ensemble«
Drehbuch: Mike Figgis
Kamera: Roger Deakins (Agfacolor)
Musik: Mike Figgis
Schnitt: David Martin
Produktion: Nigel Stafford-Clark für The Moving Pict. mit British Screen und Film Four, Großbritannien 1988
Verleih: Delta/Classic/Citel/ Warner Home Video
Erstaufführung: 1988, Int. Filmfestival Cannes, Directors Fortnight
Kinostart: 1.9.88
FSK: ab 16, ffr.
Länge: 93 Min.

Ein schöner, melanchonischer, melodramatischer Thriller mit viel Jazz-, Blues- und Gangster-Feeling ist diese erste Spielfilmregie des britischen Filmemachers Mike Figgis.
Newcastle ist der Schauplatz, eine sehr stilvolle, atmosphärische Industrie- und Hafenstadt. Figgis, von dem auch das Drehbuch stammt, erzählt einen äußerst spannenden und immer mal wieder verblüffenden Großstadt-Thriller. Sting war schauspielerisch noch nie so gut - als Besitzer eines Jazz-Clubs im Hafenviertel, den ein texanischer Grundstücksspekulant wegsanieren will. Melanie Griffith erlebt eine fast tödliche Liebesgeschichte.
Figgis, in den sechziger Jahren Jazzer mit Brian Ferry, inszeniert musikalisch, baut seine Spannung ungewohnt auf, verliert sich nicht in routinierter Action, sondern widmet sich mit Sorgfalt und Liebe seinen Figuren. Ein reizvoll moderner altmodischer Film. *Frauke Hanck, tz*

Frank Arnold in: Zitty, 18/88; Wolfgang Brenner in: tip, 15/88; Gregor Dotzauer in: FAZ, 3.9.88; Michael Kötz in: FR, 2.9.88; Anne Worst in: Wiener, 9/88

Straight to Hell – Fahr zur Hölle 912
STRAIGHT TO HELL **

Regie: Alex Cox
Darsteller: Sy Richardson (Norwood), Joe Strummer (Simms), Dick Rude (Willy), Courtney Love (Velma), Dennis Hopper

Newcastle-Blues. Sting in »Stormy Monday«.

(Farben), Grace Jones (Sonya), Elvis Costello (Hives, The Butler), Zander Schloss (Karl), Del Zamora (Poncho), Jim Jarmusch (Mr. Dade), Luis Contreras (Sal), Miguel Sandoval, Jennifer Balgobin, Biff Yaeger, Sue Kiel, Edward Tudor-Pole
Drehbuch: Dick Rude & Alex Cox
Kamera: Tom Richmond (Farbe)
Musik: The Pogues
Schnitt: David Martin
Produktion: Eric Fellner für Island/Initial Pictures, Großbritannien 1986
Verleih: Senator/Constantin/-/Starlight-Film Video I&M
Kinostart: 11.2.88
FSK: ab 16, nffr.
Länge: 86 Min.

Wer kann am schönsten töten, wer am originellsten? In der Wüste von Almeria, einst Schauplatz hitziger Italo-Western, herrscht heute das Gesetz der Anarchie. Durch die Steppe streift der blutrünstige McMahon-Clan und sucht nach Opfern: kein Tag ohne Leiche zum Dessert. Eines Tages aber taucht ein noch schlimmeres Killer-Kommando auf und haut alles in Stücke, einschließlich der Dramaturgie des Films. Alex Cox, seit »Repo-Man« und »Sid & Nancy« von den Kennern verehrt, inszeniert das Gemetzel wie einen Comic: chaotisch, orgiastisch, wild. Jeder fällt über jeden her, die Bilder explodieren, die Story stirbt, und der Zuschauer fühlt sich wie ein geprügelter Kojote. *Angela Schmitt, Tempo*

Babro Schuchardt in: Kölner Rundschau, 13.2.88

Stranded – Gestrandet 913
STRANDED ***

Regie: Tex Fuller
Darsteller: Ione Skye (Deirdre), Joe Morton (Sheriff McMahon), Maureen O'Sullivan (Grace Clark), Susan Barnes (Helen Anderson), Cameron Dye (Lt. Scott), Michael Greene (Vernon Burdett), Brendan Hughes, Gary Swanson, Flea, Spice Williams
Drehbuch: Alan Castle
Kamera: Jeff Jur (Farbe)
Musik: Stacy Widelitz
Schnitt: Stephen R. Rivkin
Produktion: Scott Rosenfelt, Mark Levinson für New Line Cinema, USA 1987
Verleih: Delta/-/-/RCA/Columbia Video
Kinostart: 28.7.88
FSK: ab 16, ffr.
Länge: 81 Min.

Auf der Flucht landen einige Außerirdische bei einer alten Frau, die allein mit ihrer Enkelin lebt. Die beiden Gruppen verstehen sich, aber die Umwelt denkt Böses. Originelles B-Picture mit »Anliegen«.

Straße zur Hölle 914
ALICE TO NOWHERE **
Video

Regie: John Power
Darsteller: John Waters (Johnny), Steve Jacobs (Dave), Rosey Jones (Barbara), Esben Storm (Frog), Swawomir Wabik (Ivan), Ruth Cracknell (Helen Spencer), Joy Smithers (Betty Spencer)
Drehbuch: David Boutland. Nach dem Roman von Evan Green
Produktion: Brendon Lonney für Crawford Prod., Australien 1986
Verleih: -/-/-/CIC Video
Erstaufführung: Februar 88
FSK: nicht unter 18 J.
Länge: 187 Min.

Im Gepäck der Krankenschwester Barbara, die auf dem Weg in die australische Provinz ist, verstecken zwei brutale Gangster ein wertvolles Collier. Um endlich wieder an ihre Beute und danach heil durch die Wüste in die nächste Stadt zu gelangen, nehmen sie Barbara und einen LKW-Fahrer als Geiseln. Spannend und handwerklich überzeugend inszeniert, wenn auch mit nahezu drei Stunden überlanger, australischer Thriller. *VideoWoche*

Street Hunter 915
CHARLEY HANNAH **
Video

Regie: Peter Hunt
Darsteller: Robert Conrad (Charley Hannah), Shane Conrad (Frankie Packard), Christian Conrad (Andy Simms), Joan Leslie (Sandy Hannah), Red West (David Buck), Kelly Minter (Toni), B. Miko Machalski (André)

Drehbuch: David J. Kinghorn
Kamera: James Pergola (Farbe)
Musik: Jan Hammer
Schnitt: Robert L. Sinise, Kurt Bullinger
Produktion: Roger Bacon für Shane Company, USA 1986
Verleih: -/-/-/Taurus Video
Uraufführung: 5.4.86 (ABC)
Erstaufführung: 28.3.88
FSK: ab 12 J.
Länge: 70 Min.

Drogenfahnder erschießt versehentlich einen Jugendlichen, läßt sich in die Abteilung für Jugendkriminalität versetzen und gewinnt mühevoll das Vertrauen eines Freundes des toten Jungen. Der wird von einer Dealerorganisation gejagt, weil er eine Tasche mit 250 000 Dollar geklaut hat. Dramatischer Pilotfilm zu einer nie entstandenen Cop-Serie. *VideoWoche*

Street Justice 916

STREET JUSTICE *

Video

Regie: Richard C. Sarafian
Darsteller: Michael Ontkean, Joanna Kerns, William Windom, Catherine Bach, J.D. Cannon
Produktion: Michael A. Masciarelli, David Witz, USA 1987
Verleih: -/-/-/USA Video
Erstaufführung: 19.12.88

Totgeglaubter Agent kehrt aus russischem Gefangenenlager zurück und wird – für das State Department nun zur persona non grata geworden – prompt zum Abschuß freigegeben. Zwischendurch rettet er auch noch seine Heimatstadt vor einem korrupten Sheriff. What a guy!

Street Life 917

HOUSE OF THE RISING SUN *

Video

Regie: Greg Gold
Darsteller: Frank Annese, Jamie Barett
Produktion: , USA 1987
Verleih: -/-/-/Charter Video
Erstaufführung: 8.9.88
Länge: 90 Min.

Die ebenso attraktive wie ehrgeizige Reporterin Janet arbeitet für eine Boulevardzeitung in Los Angeles. Als sie das High Society-Callgirl Corey kennenlernt, wittert sie die Chance für eine erstklassige Skandalstory. Sie läßt sich in ein Edelbordell einführen, doch der Besitzer kommt Janet auf die Schliche ... *VideoWoche*

Street Power 918

STREETS OF DEATH *

Video

Regie: Jeff Hathcock
Darsteller: Tommy Kirk, Simon de Soto, Larry Thomas, Michael N.J. Wright, Suzanne Smith
Drehbuch: Jeff Hathcock
Produktion: John Tomlinson, USA 1987
Verleih: -/-/-/G.L. Video
Erstaufführung: 8.2.88

Zwei junge Filmstudenten nehmen Prostituierte zu sich nach Hause und verstümmeln und töten sie vor laufender Kamera. Spekulativ-brutaler Schocker, der als reine Videoproduktion für den schier unersättlichen Videomarkt recht lieblos heruntergekurbelt wurde. *VideoWoche*

Streets of Gold 919

STREETS OF GOLD **

Regie: Joe Roth
Darsteller: Klaus Maria Brandauer (Alek Neuman), Adrian Pasdar (Timmy Boyle), Wesley Snipes (Roland Jenkins), Angela Molina (Elena Gitman), Elya Baskin (Klebanov), Rainbow Harvest (Brenda), Adam Nathau, John Mahoney, Jaroslav Stremien, Dan O'Shea
Drehbuch: Heywood Gould, Richard Price, Tom Cole nach einer Story von Magyar
Kamera: Arthur Albert (DeLuxe Color)
Musik: Jack Nitzsche
Schnitt: Richard Chew
Produktion: Joe Roth, Harry Ufland für Roundhouse Prod., USA 1986
Verleih: Tivoli/Czerny/Rialto/Vestron Video
Kinostart: 25.2.88
FSK: ab 12, ffr.
Länge: 95 Min.

...»Streets of Gold« handelt von der Unfähigkeit eines grandiosen Theaterschauspielers, wenigstens die Körperpräsenz eines drittklassigen ameri-

kanischen Kinoakteurs zu erlangen. Und er handelt von der Rache eines jüdischen Exilrussen in den USA, der es nie verwunden hat, daß er, der Meisterboxer, wegen seiner Religion in der sowjetischen Heimat von allen Kämpfen ausgeschlossen wurde. Er hängt durch, trinkt, quält sich als Tellerwäscher.
Als er zwei Nachwuchsboxer zu unterrichten beginnt, wittert er die Chance einer Vergeltung. Einer der beiden schlägt dann tatsächlich den Star des russischen Teams, das zum Turnier nach Amerika reist. Der freie Westen besiegt den fiesen Osten, Brandauer, als sein eigener Synchronsprecher in der Rolle des Russen mit österreichischem Akzent beinahe lächerlich, ein Schatten von Sylvester Stallone, die »Streets of Gold« ein Abglanz von »Rocky IV«... *Gregor Dotzauer, FAZ*

Rolf Selas in: Rheinische Post, 24.6.88; Helmut Schmitz in: Fr.6.2.88

Strike Force 920

STRIKE FORCE **
Video

Regie: Barry Shear
Darsteller: Cliff Gorman (Joey Gentry), Donald Blakely (Jerome Ripley), Richard Gere (Walter Spenser), Edward Grover (Captain Peterson), Joe Spinell (Sol Terranova), Marilyn Chris, Mimi Cecchini
Drehbuch: Roger O. Hirson
Kamera: Jack Priestley (Farbe)
Musik: John Murtaugh
Schnitt: Murray Solomon
Produktion: Philip d'Antoni, Barry Weitz für D'Antoni-Weitz TV, USA 1975
Verleih: -/-/-/IHE Video
Uraufführung: 12.4.75 (NBC)
Erstaufführung: Mai 88
FSK: ab 16 J.
Länge: 78 Min.

Wieder einmal macht die Mafia mit ihren schmutzigen Geschäften und Typen der übrigen Menschheit zu schaffen, also muß – wieder einmal – eine Sondereinheit besonders cleverer New Yorker Polizisten an die vorderste Schnüffler-Front. Wie in »French Connection« stehen auch hier weniger die spektakulären Aktionen und mehr die sorgfältige Beschreibung der mühseligen Polizei- und Drecksarbeit im Blickpunkt des Geschehens; und dann erst folgen die aufregenden Verfolgungsjagden zu Fuß und per Auto durch die hektische City. Konventionell gestrickter, aber durchaus ansprechender New York-Krimi. *tip*

Stripped to Kill 921

STRIPPED TO KILL **
Video

Regie: Katt Shea Ruben
Darsteller: Kay Lenz (Cody/Sunny), Greg Evigan (Sgt. Heineman), Norman Fell (Ray), Athena Worthey (Zeena), Carlye Brown (Cinnamon), Debbie Nassar (Dazzle), Lucia Nagy Lexington (Brandy), Michelle Foreman (Angel), Pia Kamakahi (Eric/Roxanne)
Drehbuch: Andy Ruben, Katt Shea Ruben
Kamera: John Leblanc (Film House Group Color)
Musik: John O'Kennedy
Schnitt: Zach Staenberg
Produktion: Andy Ruben, Mark Byers, Matt Leipzig für Concorde Pictures, USA 1987
Verleih: -/-/-/IMV Video
Erstaufführung: 21.6.88
FSK: nicht unter 18 J.
Länge: 84 Min.

Um einem Prostituiertenkiller das Handwerk zu legen, bietet sich eine Zivilbeamtin selbst als Opfer an.

Stripper 922

STRIPPER **
Video

Regie: Jerome Gary
Darsteller: Janette Boyd, Sara Costa, Danyel, Mouse, Gio
Drehbuch: Geof Bartz, Bob Eisenhardt, Lawrence Silk
Kamera: Edward Lachman
Musik: Jack Nitzsche, Buffy Sainte-Marie, Joe Lynn Turner
Schnitt: Bob Eisenhardt, Geof Bartz, Lawrence Silk
Produktion: Jerome Gary, Geof Bartz, Melvyn Estrin für Arnon Milchan Production/Visionaire Communications, USA 1985
Verleih: -/-/-/G.L. Video
Länge: 90 Min. *FSK:* nicht unter 18 J.

Es geht um Frauen, die als Stripperinnen ihre Dollars verdienen. Wer sie sind, wo sie herkommen, was ihre Motive sind und wie sie mit ihrer Rolle als Lustobjekt klarkommen. Solche Fragen bemüht sich der Film realistisch abzuhandeln: häusliches Milieu, soziales Umfeld, das schnelle Geld, die harte Trainingsarbeit. Zwischendurch aber immer wieder aufregende Striptease-Nummern zum Aufheizen. *tip*

Student Affairs 923

STUDENT AFFAIRS *

Video

Regie: Chuck Vincent
Darsteller: Louie Bonanno (Louie Balducci), Jim Abele (Andy Armstrong), Deborah Blaisdell (Kelly), Beth Broderick (Alexis), Alan Fisler (Devon Wheeler), Jane Hamilton (Veronica Harper)
Drehbuch: Craig Horrall, Chuck Vincent
Kamera: Larry Revene (Farbe)
Musik: Flash Cadillac & The Continental Kids
Schnitt: Marc Ubell, James Davalos, Chip Lambert
Produktion: Chuck Vincent für Platinum Pictures, USA 1988
Verleih: -/-/-/Lightning Video
Erstaufführung: 31.10.88
Länge: 94 Min.

Bei den Dreharbeiten zu einem Highschool-Film kommt es bald zu Reibereien zwischen Autor, Regisseur und Schauspieler. B-Film-Crack Chuck Vincent goes Truffaut.

Die Stunde des Meuchelmörders 924

HOUR OF THE ASSASSIN ***

Video

Regie: Luis Llosa
Darsteller: Erik Estrada (Martin Fierro), Robert Vaughn (Sam Merrick), Alfredo Alvarez Calderon (Ortiz), Orlando Sacha (Folco), Reynaldo Arenas (Paladoro), Lourdes Berninzon (Adriana), Ramon Garcia (Navarro)
Drehbuch: Matt Leipzig
Kamera: Cusi Barrio (Farbe)
Musik: Fred Myrow, Richard Emmett
Schnitt: William Flicker
Produktion: Luis Llosa für Concorde Pictures, USA 1987
Verleih: -/-/-/MGM/UA Home Video
Erstaufführung: 26.7.88
FSK: ab 16 J.
Länge: 93 Min.

Das Militärregime eines kleinen Andenstaates will den neugewählten Präsidenten durch ein Attentat aus dem Weg räumen. Roger Corman hatte bei der Produktion die Finger drin, von daher nicht ganz so schlimm.

Die Stunde des Todes 925

THAT SECRET SUNDAY ***

Video

Regie: Richard A. Colla
Darsteller: James Farentino (Gerald Remson), Parker Stevenson (Scott Dennis), Daphne Ashbrook (Collie Sherwood), George Grizzard (Tom Guerney), William Lucking (Bernie Hodges), Michael Lerner (Mario Pinelli), Dan Hedaya (Captain Bates)
Drehbuch: Philip Saltzman, Al Martinez
Kamera: Laszlo George (Farbe)
Musik: Bob Alcivar
Schnitt: Ray Daniels
Produktion: Philip Saltzman für CBS, USA 1986
Verleih: -/-/-/CBS/Fox Video
Uraufführung: 25.11.86 (CBS)
Erstaufführung: 30.5.88
FSK: ab 12 J.
Länge: 90 Min.

Bei einer Koks-Party stirbt ein junges Mädchen an einer Überdosis. Ihre Schwester verunglückt tödlich, als sie Hilfe holen will. Die vier Polizisten, die diese Party veranstaltet haben, vertuschen den Fall, indem sie ihn als Mord inszenieren und dem berüchtigten »Supermarktmörder« in die Schuhe schieben. Gute Idee, in der Auflösung aber zu einfach und glatt. *Video-Markt*

Süden – Sur 926

SUR ****

Regie: Fernando E. Solanas
Darsteller: Susu Pecorao (Rosi), Miguel Angel Sola (Floreal), Philippe Léotard (Roberto), Lito Cruz (El Negro), Ulises

Melancholie vor nächtlichem Café. Szene aus »Sur«.

Dumont (Emilio), Roberto Goyeneche, Gabriela Toscano, Mario Lozano, Nathan Pinzon
Drehbuch: Fernando E. Solanas
Kamera: Felix Monti (Farbe)
Musik: Astor Piazzolla, gespielt von Astor Piazzolla und seinem Quintett; Tangos von Anibal Troilo, gesungen von Roberto Goyeneche
Schnitt: Juan Carlos Macias, Pablo Mari
Produktion: Fernando E. Solanas, Sabina Sigler, Diamila Olivesi für Cinesur/Pacific/Canal Plus, Argentinien/Frankreich 1988
Verleih: Filmwelt/-/-
Erstaufführung: Wettbewerb der Int. Filmfestspiele Cannes 1988
Kinostart: 24.11.88
FSK: ab 16, ffr.
Länge: 127 Min. (OmU)

Eine poetische Trauerarbeit über die belastete Geschichte Argentiniens und zugleich eine Liebeserklärung an ein im Leiden couragiertes, kämpferisches Volk: Nach einer visionären Alptraumnacht findet Floreal, 1983 mit dem Ende der Militärdiktatur nach fünfjähriger Folterhaft entlassen, zurück zu seiner Familie, zu neuem Lebensmut. Ein kunstvoller, zutiefst berührender Film – zum Weinen schön (daran haben auch Astor Piazzollas wehmütige Tango-Klänge schuld) und zum Hoffen animierend. Solanas bekam in Cannes zurecht den Regie-Preis. *Angie Dullinger, AZ*

H. G. Pflaum in: SZ, 1.12.88; Wilfried Wiegand in: FAZ, 5.12.88

Sugar Cookies 927

SUGAR COOKIES *

Video

Regie: Theodore Gershuny
Darsteller: George Shannon, Mary Woronov, Lynn Lowry
Drehbuch: Lloyd Kaufmann, Theodore Gershuny
Kamera: Hasse Wellin (Farbe)
Produktion: Troma, USA 1973
Verleih: -/-/-/Bullit Video
Erstaufführung: 15.3.88
FSK: nicht unter 18 J.
Länge: 87 Min.

Max Purcell ist Sexfilm-Produzent und Liebhaber morbider Erotik. Er tötet seinen Star Alta beim Liebesspiel mit Revolver – der Mord geht als Freitod durch, und Max verschafft sich bei Camilla ein Alibi. Die züchtet mit der Schauspiel-Elevin Julie eine Alta-Kopie heran und zu dritt stellen sie die Revolver-Liebesszene nach, bei der Julie Max erschießt. Bizarrer Softsex-Thrill mit wenigen Glanzlichtern umständlich arrangiert. *VideoWoche*

Summer Heat 928
SUMMER HEAT ***

Regie: Michie Gleason
Darsteller: Lori Singer (Roxy), Anthony Edwards (Aaron), Bruce Abbott (Jack), Kathy Bates, Clu Gulager
Drehbuch: Michie Gleason, nach der Novelle »Here to get my Baby out of Jail« von Louise Shivers
Kamera: Elliot Davis (Farbe)
Musik: Richard Stone
Schnitt: Mary Bauer
Produktion: William Tennant für Atlantic, USA 1987
Verleih: Ascot/-/-/Ascot Video
Kinostart: 26.5.88
FSK: ab 12, ffr.
Länge: 90 (80) Min.

Junge Frau verliebt sich in einen anderen Mann der, um Platz zu schaffen, ihren Ehemann umbringt. Die Gerechtigkeit siegt, der Mörder wird gefaßt und die untreue Ehefrau ist fürderhin ganz allein und einsam.

Summer School 929
SUMMER SCHOOL **
Video

Regie: Carl Reiner
Darsteller: Mark Harmon (Freddy Shoop), Kirstie Alley (Robin Bishop), Robin Thomas (Phil Gills), Patrick Laborteaux (Kevin), Courtney Thorne-Smith (Pam), Dean Cameron (Chainsaw), Gary Riley (Dave)
Drehbuch: Jeff Franklin
Kamera: David M. Walsh (Farbe, Panavision)
Musik: Danny Elfman
Schnitt: Bud Molin
Produktion: George Shapiro, Howard West für Paramount, USA 1987
Verleih: -/-/-/CIC Video
Erstaufführung: März 88
FSK: ab 16 J.
Länge: 98 Min.

Sympathischer Jung-Pädagoge muß in seinen Ferien eine Nachholklasse unterrichten. Nach einigem Abtasten entwickelt sich ein kurioses Kurzschuljahr, bei dem Toleranz und gegenseitiges Respektieren eine wesentliche Rolle spielen. Sehr zum Mißvergnügen der schulischen Leitung. Jux und Tollerei, verrückte Figuren und Situationen zum Mitlachen, eine liebenswerte, kurzweilige Unterhaltung. *tip*

Sunset – Dämmerung in Hollywood 930
SUNSET ****

Regie: Blake Edwards
Darsteller: Bruce Willis (Tom Mix), James Garner (Wyatt Earp), Malcolm McDowell (Alfie Alperin), Mariel Hemingway (Cheryl King), Kathleen Quinlan (Nancy Shoemaker), Jennifer Edwards (Victoria Alperin), Patricia Hodge (Christina Alperin), Richard Bradford (Captain Blackworth), M. Emmet Walsh (Chief Dibner), Joe Dallesandro (Dutch Kieffer), Andreas Katsulas, Dermot Mulroney
Drehbuch: Blake Edwards, nach einer Story von Rod Amateau
Kamera: Anthony B. Richmond (Technicolor, Panavision)
Musik: Henry Mancini
Schnitt: Robert Pergament
Produktion: Tony Adams für Tri-Star/ML Delphi mit Hudson Hawk, USA 1988
Verleih: Columbia Tri-Star/Warner/-/RCA/Columbia Video
Kinostart: 18.8.88
FSK: ab 12, ffr.
Länge: 107 Min.

Tatsächlich hat sich die Geschichte nicht zugetragen – aber es hätte ja sein können: Westernstar Tom Mix soll in einem Film den legendären Marshall Wyatt Earp spielen, der wiederum als Berater zur Verfügung steht. Die beiden freunden sich an, werden in einen Mord verwickelt und klären ihn. Alles bewegt sich in der morbiden Welt Hollywoods 1929, Korruption, chice Lokale und ein Showdown während der Oscar-Verleihung nebenan.
Trotz allem – und Gewalt kommt

Legenden. James Garner als Wyatt Earp und Bruce Willis als Tom Mix in »Sunset«.

nicht zu kurz – ist es ein höchst amüsanter Film, wie von Blake Edwards nicht anders zu erwarten, der eine Reihe vorzüglicher Schauspieler wunderbar führt, allen voran James Garner und Bruce Willis. Schwelgerisch, und zum Glück nicht verkitscht nostalgisch das Ambiente, witzig die Klischee-zitierende Musik von Henry Mancini. *Rainer Seyppel, tz*

Michael Althen in: SZ, 18.8.88; Hans-Dieter Seidel in: FAZ, 22.8.88; Claudius Seidl in: Die Zeit, 19.8.88; Helmut Schmitz in: FR, 19.8.88

Sunset Strip 931

SHAKEDOWN ON THE SUNSET STRIP

***

Video

Regie: Walter Grauman
Darsteller: Perry King (Charles Stoker), Joan van Ark (Brenda Allen), Season Hubley (Audrey Davis), Joan McMurtrey (Mrs. Stoker), Vincent Baggetta, Alan Blumenfeld, David Graf, Robert Hirschfeld, Michael McGuire, Joan McMurtrey, Charles Siebert, Richard Greene, Harris Laskaway
Drehbuch: Harold Gast
Kamera: Robert C. Moreno (Farbe)
Schnitt: Lalo Schifrin
Produktion: Walter Graumann, Harold Gast für CBS, USA 1987
Verleih: -/-/-/CBS-Fox Video
Uraufführung: 22.4.88 (CBS)
Erstaufführung: 25.9.88
FSK: ab 12 J.
Länge: 90 Min.

Sittenpolizist soll im Hollywood der späten vierziger Jahre ein stadtbekanntes Bordell hochgehen lassen. Bei seinen Recherchen stellt er überrascht fest, daß selbst hohe Polizeitiere von der resoluten Puffmutter bestochen werden. Als er dennoch hartnäckig weiterforscht, kostet ihn das seinen Job. *Video-Markt*

Super Cup 932

TIGER TOWN

**

Video

Regie: Alan Shapiro
Darsteller: Roy Scheider (Billy Young), Justin Henry (Alex), Noah Moazezzi (Alex' Vater), Bethany Carpenter (Alex' Mutter)
Drehbuch: Alan Shapiro
Kamera: Robert Elswit (Farbe)
Musik: Eddy L. Manson

Schnitt: Richard A. Harris, John F. Link
Produktion: Susan B. Landau für Walt Disney, USA 1984
Verleih: -/-/-/Walt Disney Home Video
Erstaufführung: 1.7.88
FSK: ab 6 J.
Länge: 96 (73) Min.

Verwaister Baseballnarr gibt einem abgehalfterten Baseballstar moralischen Rückhalt. Rührend, wirklich rührend.

Supercarrier 933

SUPERCARRIER ***

Video

Regie: William A. Graham
Darsteller: Robert Hooks, Paul Gleason, Ken Olandt, Cec Verrell, John David Bland, Geraldo Mejia, Michael Stuart Sharrett
Drehbuch: Stanford Whitmore, Steven E. de Souza. Nach dem Roman von George C. Wilson
Kamera: Bob Steadman (Farbe)
Musik: Bill Conti, Jack Eskew
Produktion: Richard Maynard für Real Tinsel/Fries Entertainment, USA 1988
Verleih: -/-/-/VPS Video
Uraufführung: 6.3.88 (ABC)
Erstaufführung: 17.10.88
Länge: 90 Min.

Mit Navy-Unterstützung an Bord des Flugzeugträgers USS Kennedy gedrehter Actionfilm um die Rettung eines abgestürzten Piloten. Dokumentarmaterial, sehenswerte Flugaufnahmen und ein routiniertes Darstelleraufgebot lassen Vergleiche zu »Top Gun« aufkommen, dessen Brillanz allerdings nicht erreicht wird. *VideoWoche*

Der Superchamp 934

THE FIGHTER **

Video

Regie: David Lowell Rich
Darsteller: Gregory Harrison (Merle Banks), Glynnis O'Connor (Rindy Banks), Pat Hingle (Henry Banks, Steve Inwood (Toby), Susan Kellerman (Monty), Justin Lord (Willie), Roxanne Reese (Caren)
Drehbuch: Jerome Kass
Kamera: Charles F. Wheeler (Farbe)
Musik: Patrick Williams
Schnitt: David Finfer
Produktion: Franklin R. Levy, Ron Parker, Ellen I. Levine für Martin Manulis Prod./ Catalina Prod. Group, USA 1983
Verleih: -/-/-/UFA Video
Uraufführung: 19.2.83 (CBS)
Erstaufführung: 5.10.88
FSK: ab 16 J.
Länge: 96 Min.

Boxer-Geschichte mit dem fürs Genre typischen sozialdramatischen Einschlag. Die Inszenierung ist akzeptabel, die darstellerischen Leistungen nicht immer oskarreif.

Supergrass – Unser Mann bei Scotland Yard 935

THE SUPERGRASS ***

Regie: Peter Richardson
Darsteller: Adrian Edmondson (Dennis), Jennifer Saunders (Lesley), Peter Richardson (Harvey Duncan), Dawn French (Andrea), Keith Allen (Wong), Nigel Planer (Gunter), Robbie Coltrane (Troy), Daniel Peacock (Jim Jarvis), Ronald Allen, Alexei Sayle, Michael Elphick, Patrick Durkin, Marika Rivera
Drehbuch: Pete Richens, Peter Richardson
Kamera: John Metcalfe (Farbe)
Musik: Keith Tippet, Working Week Big Band
Schnitt: Geoff Hogg
Produktion: Elaine Taylor für Comic Strip Film mit Channel Four, Großbritannien 1985
Verleih: Impuls/-/-/Marketing-Film Video
Kinostart: 18.2.88
FSK: ab 16, ffr.
Länge: 95 Min.

... Als »Supergrass« entstand, gab es für Peter Richardson keine Theorie des neuen britischen Kinos, sondern schlicht die Idee zu einer hanebüchenen Geschichte, die sich im Südwesten Englands, an der Küste von Devon ereignen sollte: Ein liebenswerter Kretin mit wenig Glück bei den Frauen versucht das Mädchen seiner Träume zu gewinnen, indem er ihr die abenteuerliche Geschichte vorgaukelt, er sei in ein riesiges Drogengeschäft verwickelt. Zu seinem Unglück erfährt die Polizei von der Story, nimmt den Aufschneider fest und zwingt ihn, sie zu den Drahtziehern des vermeintlichen Drogendeals zu führen. Der Junge kann nicht mehr zurück und spielt das Spiel bis zu seinem so überraschenden wie verrückten Ende... *Alfred Holighaus, tip*

Frank Arnold in: Zitty, 5/88; Sven Hansen in: Die Welt, 12.2.88; Kai Hoffmann in: FR, 23.2.88;

Superman IV – Die Welt am Abgrund 936

SUPERMAN IV – THE QUEST FOR PEACE **

Regie: Sidney J. Furie
Darsteller: Christopher Reeve (Superman/Clark Kent), Gene Hackman (Lex Luthor), Jackie Cooper (Perry White), Marc McClure (Jimmy Olsen), Jon Cryer (Lenny), Sam Wanamaker (David Warfield), Mark Pillow (Nuclear Man, Mariel Hemingway (Lacy Warfield), Margot Kidder (Lois Lane)
Drehbuch: Lawrence Konner, Mark Rosenthal nach einer Story von Christopher Reeve und Lawrence Konner
Kamera: Ernest Day (Rank Color, JDC-Widescreen)
Musik: John Williams, Alexander Courage (Adaption)
Schnitt: John Shirley
Produktion: Menahem Golan, Yoram Globus für Cannon Group, Großbritannien 1987
Verleih: Scotia-Cannon/Czerny/Monopole Pathé/VMP Video
Kinostart: 24.3.88
FSK: ab 6, ffr.
Länge: 92 Min.

Unermüdlich zieht der muskelbewehrte Schönling seine Kreise. Diesmal gilt es, die unvernünftige Menschheit von der atomaren Bedrohung zu befreien, was aber dem Erzbösewicht Lex Luthor nicht in den Kram passt, und so erschafft er aus der Erbmasse von Supermann einen diesem beinah ebenbürtigen Gegner. Die wie üblich vom Doppelleben biederer Journalist/edler Held – mit entsprechend romantischen Geplänkeln – ausgehende Story hat ihren Reiz nur für fanatische Anhänger noch nicht verloren, und selbst die Tricks lassen zu wünschen übrig. Eine Bestätigung, daß, was lange währt, nicht unbedingt gut wird. *Zoom*

Thomas Eckert in: Der Tagesspiegel, 26.3.88; Norbert Stresau in: Zitty, 9/88

Ein Supertruck auf Gangsterjagd 937

TWISTER'S REVENGE **

Regie: Bill Rebane
Darsteller: Dean West, Meredith Orr, David Alan Smith
Produktion: MTP Prod., USA 1987
Verleih: HVW Focus/Gloria Video
Kinostart: 26.5.88
FSK: ab 16, nffr.
Länge: 89 Min. (Farbe)
Videotitel: Twister's Rache

Drei vertrottelte Gauner, ein Naturbursche und ein Truck mit intelligentem Computer erzeugen zwar Turbulenzen aber nicht mal eine in Ansätzen pfiffige Komödie.

The Surfer 938

THE SURFER ***

Video

Regie: Frank Shields
Darsteller: Gary Day (Sam Barlow), Gosia Dobrowolska (Gina), Rod Mullinar (Hagan), Tony Barry (Calhoun), Gerard MacGuire (Jack), Kris McQuade (Trish), Stephen Leeder (Slaney), David Glendenning (Murph)
Drehbuch: David Marsh
Kamera: Michael Edols (Eastmancolor)
Musik: Davood Tabrizi
Schnitt: Greg Bell
Produktion: James M. Vernon, Frank Shields für Frontier Films, Australien 1987
Verleih: -/-/-/Vestron Video
Erstaufführung: 19.12.88
Länge: 96 Min.

Sam Barlow kann nicht verhindern, daß sein Freund Jack ermordet wird. Er weiß, daß sein Tod im Zusammenhang mit einer Erpressung steht, und daß eine gewisse Gina in den Mord verwickelt ist. Nachdem er sie aufgespürt hat, müssen die beiden gemeinsam vor den Mördern fliehen. Aus anfänglicher Abneigung entwickelt sich Liebe... *VideoWoche*

Survival 939

DESPERATE WOMEN **

Video

Regie: Earl Bellamy
Darsteller: Dan Haggerty (Benjamin Ward), Susan Saint James (Esther Winters), Ronee Blakley (Selena Watson), Ann Dusenberry (Joanna Dance), Susan Myers (Amy), Randy Powell (Terry), Max Gail (Lt. Spangler)
Drehbuch: Jack B. Sowards
Kamera: Jorge Stahl (Farbe)
Musik: Dick DeBenedictis
Schnitt: Sam Vitale
Produktion: Robert Stambler für Lorimar, USA 1978
Verleih: -/-/-/Taurus Video
Uraufführung: 25.10.78 (NBC)
Erstaufführung: 25.1.88
FSK: ab 12 J.
Länge: 93 Min.

Drei Schwerverbrecherinnen sitzen in ihrem vergitterten Gefängniswagen bei sengender Wüstenhitze fest, als ihre Bewacher vergiftetes Wasser trinken. Ein vorüberziehender Cowboy, in Wahrheit ein Marshall, befreit sie aus ihrer mißlichen Lage. Gemeinsam wehren sie einen Überfall skrupelloser Banditen auf den Gefängniswagen ab, der mit seinen goldenen Gitterstäben tatsächlich einen geheimen Goldtransport darstellt.

VideoWoche

Survivor 940

SURVIVOR ***

Video

Regie: David Hemmings
Darsteller: Robert Powell (Keller), Jenny Agutter (Hobbs), Joseph Cotten (Priester), Angela Punch-McGregor (Beth Rogan), Ralph Cotterill (Slater), Peter Summer (Tewson), Adrian Wright (Goodwin)
Drehbuch: David Ambrose. Nach dem Roman von James Herbert
Kamera: John Seale (Eastmancolor, Panavision)
Musik: Brian May
Schnitt: Tony Patterson
Produktion: Antony I. Ginnane für Tuesday Films, Australien 1980
Verleih: -/-/-/Virgin Video
Erstaufführung: 25.8.88
FSK: ab 16 J.
Länge: 84 Min.

Ein mysteriöser Flugzeugabsturz fordert den Tod aller Passagiere, doch der Pilot David Keller entkommt wie durch ein Wunder dem Flammenmeer. Mittels einer jungen Frau versenkt er sich in die Vergangenheit und kann seinen Vorgesetzten Slater als wahnsinnigen Attentäter überführen. Nach Lösung des Falles findet man Davids Leiche im Cockpit des Flugzeugs. Preisgekrönter australischer Horrorfilm, thematisch interessant und versiert inszeniert von David Hemmings.

VideoWoche

Survivor – Zum Überleben verdammt 941

SURVIVOR *

Video

Regie: Michael Shackleton
Darsteller: Chip Mayer (Survivor), Richard Moll (Kragg), Sue Kiel (die Frau), Ben Dekker, Richard Haines, John Carson, Rex Garner, Sandra Duneau
Drehbuch: Bima Stagg
Produktion: Martin Wragge, Großbritannien 1986
Verleih: -/-/-/CBS/Fox Video
Erstaufführung: 25.1.88
FSK: ab 16 J.
Länge: 87 Min.

Wieder mal hat es geknallt, wieder mal sucht der wackre Held nach der letzten Zuflucht, und wieder mal wird das nach harschem Wüstenmarsch endlich aufgespürte Paradies von einem sadistischen Spinner beherrscht.

Suspect – Unter Verdacht 942

SUSPECT ****

Regie: Peter Yates
Darsteller: Cher (Kathleen Riley), Dennis Quaid (Eddie Sanger), John Mahoney (Judge Matthew Helms), Joe Mantegna (Charlie Stella), Liam Neeson (Carl Wayne Anderson), Philip Bosco (Paul Gray), E. Katherine Kerr (Grace Comisky), Fred Melamed (Morty Rosenthal), Lisbeth Bartlett (Marilyn), Paul D'Amato
Drehbuch: Eric Roth
Kamera: Billy Williams (Farbe)
Musik: Michael Kamen
Schnitt: Ray Lovejoy

Cher als Kathleen Riley in »Suspect«.

Produktion: Daniel A. Sherkow für Tri-Star Pictures, USA 1987
Verleih: Columbia Tri-Star/Columbia/20th Century Fox/RCA/Columbia Video
Kinostart: 3.3.88
FSK: ab 12, ffr.
Länge: 121 Min.

Des Mordes an der Sekretärin eines hohen Richters angeklagt wird ein heruntergekommener, obdachloser und taubstummer Vietnam-Veteran. An seine Unschuld glaubt nur seine Pflichtverteidigerin, die, illegal unterstützt von einem Geschworenen, die Spur des wahren Täters findet und dabei selbst in Lebensgefahr gerät. Hervorragend gespielter und spannend inszenierter Thriller, der - in der Tradition des Film noir - auch eine gesellschaftliche Wirklichkeit spiegelt: Korruption in Politik und Justiz und die Armut von Menschen am Rande der amerikanischen Gesellschaft. *Zoom*

Gregor Dotzauer in: FAZ, 7.3.88; Bodo Fründt in: SZ, 5.3.88; Otto Heuer in: Rheinische Post, 29.4.88; Helmut Schmitz in: FR, 5.3.88

Das süße Wort Verheißung 943

TICKET TO HEAVEN ***

TV

Regie: Ralph L. Thomas
Darsteller: Nick Mancuso (David), Saul Rubinek (Larry), Meg Foster (Ingrid), Kim Cattral (Ruthie), R.H. Thomson (Linc Strunk), Jennifer Dale (Lisa), Dixie Seatle (Sarah), Harvey Atkin (Mr. Stone), Stephen Markle (Karl)
Drehbuch: Ralph L. Thomas, Anne Cameron adaptiert nach dem Roman »Moonwebs« von Josh Freed
Kamera: Richard Leitermann
Musik: Micky Erbe, Maribeth Solomon
Schnitt: Ron Wiseman
Produktion: Ronald Cohen, Vivienne Leebosh für Stalkers Prod., Kanada 1981
Sendetermin: 22.1.88, ZDF
Länge: 103 Min.

Kanadischer Film-Preis »Genie-Award« 1981 als bester Film des Jahres, Genie-Award für Nick Mancuso als bester männlicher Hauptdarsteller und Saul Rubinek für die beste männliche Nebenrolle

David, ein labiler junger Lehrer in einer persönlichen Krise, gerät zufällig in den Kreis einer Jugendsekte. Das »süße Wort Verheißung«, das er dort vernimmt, fällt bei ihm auf fruchtbaren Boden. Doch statt der ersehnten »Fahrkarte zum Himmel« (so die Übersetzung des Originaltitels) erhält er eine Lektion in Sachen Unterwerfung: Er wird einer Gehirnwäsche unterzogen, die aus ihm einen willenlosen Automatenmenschen macht. Voller Entsetzen konstatiert ein Freund die Veränderung Davids und kidnappt ihn buchstäblich aus den Fängen der Religionseiferer. *AZ München*

Jürgen Richter in: FAZ, 25.1.88; cas in: Stuttg. Zeitung, 25.1.88

Tage des Terrors 944
ABOVE THE LAW *

Video

Regie: Corey Yuen
Darsteller: Cynthia Rothrock, Roy Chiao
Produktion: Hongkong 1987
Verleih: -/-/-/Starlight Video
Erstaufführung: 7.9.88
Länge: 90 Min.

Junger Staatsanwalt kann aufgrund der Ermordung eines Zeugen zwei Gangster aus der Drogenszene nicht vor Gericht festnageln. Er nimmt das Gesetz selbst in die Hand und ermordet einen der mutmaßlichen Verbrecher... *Video-Markt*

Tagebuch für meine Lieben 945
NAPLO SZEREMEIMNEK ****

TV

Regie: Márta Mészáros
Darsteller: Zsuzsa Czinkoczi (Juli), Anna Polony (Magda), Jan Nowicki (Janos), Erzsébet Kútvölgyi (Erzsi), Irina Kouberskaia (Anna Pavlovna), Adel Kovats (Natasha)
Drehbuch: Márta Mészáros, Éva Pataki
Kamera: Miklós Jancsó jr.
Musik: Zsolt Döme
Schnitt: Éva Karmento
Produktion: Mafilm, Ungarn 1986
Sendetermin: 7.3.88, ARD
Länge: 141 Min. (TV-Fassung 126 Min.)

Budapest, Anfang der 50er Jahre. Die 18jährige Juli, Arbeiterin in einer Textilfabrik, will Filmemacherin werden. Widerstrebend nimmt sie die Hilfe ihrer beim Staatssicherheitsdienst beschäftigten Pflegemutter an, die ihr einen Studienplatz in Moskau besorgt. So pendelt Juli zwischen Moskau, wo sie ihre Kindheit verbrachte und Budapest, findet aber nirgends ihren Platz. Mit dem Tauwetter, das nach Stalins Tod in der Sowjetunion wie in Ungarn einsetzt, lebt Juli endlich wieder auf. Sie dreht Dokumentarfilme und schließt sich einer Gruppe der ungarischen Reformer an. Als sie im Oktober 1956 in Moskau ihr Diplom entgegennehmen will, erreicht sie die Nachricht vom Aufstand in Ungarn. Sie will sofort heimkehren, doch die Grenze ist gesperrt. *ARD*

Taifun-Club 946
TAYFU CURABU ***

TV

Regie: Shinji Somai
Darsteller: Yuichi Mikami (Kyoichi), Shigeru Benibayashi (Ken), Toshiyuki Matsunaga (Akira), Yuki Kudoh (Rie), Yuka Ohnishi (Michiko), Akiko Aizawa, Ryuko Tendoh, Yuriko Fuchizaki, Tomokazu Miura
Drehbuch: Yuji Katoh
Kamera: Akihiro Itoh
Schnitt: Isao Tomita
Produktion: Susumu Miyasaka für Miyasaka-Somai-Prod., Japan 1984
Sendetermin: 4.5.88, ARD
Länge: 114 Min. (TV-Fassung 109 Min.)

Preis für »Junges Kino« beim Filmfestival Tokio 1985

Szenen aus einer Vorort-Schule bei Tokio, in der ein Schuljahr zu Ende geht. Die Examen rücken näher, und Wolkenbrüche kündigen einen Taifun an. Der Streß der Schüler entlädt sich in heftigen Stimmungsschwankungen und übersteigerten Gefühlsausbrüchen. In der Sturmnacht, wenn die meisten Klassenkameraden, vom Unwetter überrascht, im Schulgebäude bleiben müssen, glätten sich die Spannungen wie im »Auge des Taifuns«. Geradezu zärtlich wird die Stimmung einer fröhlichen Gemeinschaft herbeigespielt, in der sich individuelle Gegensätze auflösen, bis spät nachts, mit dem Ende des Unwetters, die Stimmung erneut umschlägt. Shinji Somai verleiht dem Sujet der Pubertät, des Zwiespalts zwischen Erwachsensein-Wollen und Abscheu vor der müden Kompromißbereitschaft der Erwachsenen, durch konsequente Stilisierung neue Wucht. *ARD*

Take Two 947

TAKE TWO **

Video

Regie: Peter Rowe
Darsteller: Grant Goodeve (Barry/Frank), Robin Mattson (Susan Bentley), Frank Stallone (Ted Marvin), Nita Talbot (Betty Griffith), Warren Berlinger (Appartement-Manager), Mickey Morton (Det. Stratton)
Drehbuch: Moshe Hadar
Kamera: James Mathers (Fotokem Color
Musik: Donald Hulette
Schnitt: Terry Chiappe
Produktion: Ronnie Hadar für TBJ Films, USA 1988
Verleih: -/-/-/Charter Video
Erstaufführung: 25.4.88
Länge: 100 Min. *FSK:* ab 16 J.

Eine Leihmutter wird gezwungen, ihre beiden Kinder herzugeben, behält aber widerrechtlich eines der beiden bei sich. Jahre später erzählt sie auf dem Sterbebett ihrem Sohn von dem Bruder und dessen millionenschwerem Erbe. Er macht sich daraufhin auf, seinen rechtmäßigen Anteil einzuklagen... *Video-Markt*

Tanz der Schatten 948

WATCH THE SHADOWS DANCE *

Video

Regie: Mark Joffe
Darsteller: Tom Jennings, Nicole Kidman, Vince Martin, Joanne Samuel
Drehbuch: Mark Joffe
Kamera: Martin McGrath (Farbe)
Produktion: Cine Funds, Australien 1987
Verleih: -/-/-/Vestron Video
Erstaufführung: 11.7.88
Länge: 88 Min. *FSK:* nicht unter 18 J.

Ehrgeiziger Karatelehrer bringt in der eigenen Schule seinen Zöglingen die hohe Kunst der Selbstverteidung bei. Als sein Drogenlieferant mehr Geld für Stoff erpressen will, kommt es zum Eklat: Der Musterschüler des Kampf-Pädagogen ermordet den Dealer. Etwas konzeptlose und zu konstruierte Geschichte. *Video-Markt*

Tanz der Teufel II – Jetzt wird noch mehr getanzt 949

EVIL DEAD 2 ***

Regie: Sam Raimi
Darsteller: Bruce Cambell (Ash), Sarah Berry (Annie), Dan Hicks (Jake), Kassie Wesley (Bobby Joe), Theodore Raimi (Possessed Henrietta), Denise Bixler (Linda), Richard Domeier (Ed), John Peaks (Professor), Lou Hancock (Henrietta)
Drehbuch: S. Raimi, Scott Spiegel
Kamera: Peter Deming, Eugene Shlugleit (Technicolor)
Musik: Joseph LoDuca
Schnitt: Kaye Davis
Produktion: Robert G. Tapert für Renaissance Pic./Dino De Laurentiis, USA 1987
Verleih: Prokino/Czerny/Monopole Pathé/VCL/Virgin Video
Kinostart: 28.1.88
FSK: n.u. 18, nffr.
Länge: 82 Min.

Auszeichnungen beim 16. Int. Science-fiction und Fantasy Film Festival, Paris: Großer Preis (Goldenes Einhorn) als bester Film; Bester Darsteller – Bruce Campbell; Bester Film – Publikumspreis.

Zwei junge Paare werden in einer Waldhütte von Dämonen und einem in Zombies verwandelten Forscherpaar, das die Unwesen mit einer magischen Formel herbeibeschworen hat, attackiert und teilweise in blutgierige Monster verwandelt. Mit einer extrem beweglichen Kamera gestalteter Fortsetzungs-Horrorfilm, der einschlägige Filmzitate und Ansätze zu makabrem Humor unter einer pausenlosen Flut abscheulichster Brutaloszenen begräbt. *Zoom*

Ulrich von Berg in: Kölner Stadt-Anzeiger, 13./14.2.88; Otto Heuer in: Rheinische Post, 5.2.88; Helmut Schmitz in: FR, 6.2.88; Claudius Seidl in: SZ, 9.2.88

Target in the Sun 950

THE MAN WHO WOULD NOT DIE **

Video

Regie: Robert Arkless
Darsteller: Alex Sheafe, Dorothy Malone, Keenan Wynn, Aldo Ray, Joyce Ingalls
Drehbuch: Steven Taylor, Robert Arkless. Nach dem Roman »The Sailcloth Shroud« von Charles Williams

Kamera: Lowell MacFarland (Farbe)
Produktion: Lawrence M. Dick, Robert Arkless, USA 1975
Verleih: -/-/-/Westside Video
Erstaufführung: 4.3.88
Länge: 79 Min.

Der Segler Rogers nimmt einen gewissen Baxter an Bord seines Schiffes. Der erliegt auf hoher See einem Herzinfarkt und erhält ein Seemannsbegräbnis.
Weder die Polizei noch eine Gangsterbande, die hinter Baxter her ist, glaubt die Geschichte jedoch . . .

VideoWoche

Targoor 951

THE INTRUDER WITHIN *

Video

Regie: Peter Carter
Darsteller: Chad Everett (Jake Nevins), Joseph Bottoms (Scott), Jennifer Warren (Colette Beaudroux), Rockne Tarkington (Mark), Lynda Mason Green (Robyn), Paul Larson (Sam), James Hayden (Harry Colman)
Drehbuch: Ed Waters
Kamera: James Pergola (Farbe)
Musik: Gil Melle
Schnitt: Richard E. Rabjohn
Produktion: Neil T. Maffeo für Furia-Oringer Prod., USA 1981
Verleih: -/-/-/Carrera Topline Video
Uraufführung: 20.2.81 (ABC)
Erstaufführung: 12.3.88
FSK: ab 16 J.
Länge: 95 Min.

Bohrarbeiten in großer Tiefe befördern ein seltsames Monster und stacheliges Urgestein ans Tageslicht, aus dem weitere Monster schlüpfen. Einige Männer der Bohrinsel verwandeln sich nach Berührung mit dem Gestein in zombiegleiche Mörder. Im weiteren Verlauf wächst eines der vorsintflutlichen Wesen zu voller Statur heran und kann von den wenigen überlebenden Besatzungsmitgliedern vernichtet werden. *VideoWoche*

Tatort 911

siehe: No Man's Land

Telefon Terror 952

THE TELEPHONE **

Video

Regie: Rip Torn
Darsteller: Whoopi Goldberg (Vashti Blue), Severn Darden (Max), Amy Wright (Honey Boxe), Elliott Gould (Rodney), John Heard (Telefonmann), Ronald J. Stallings (Saxophonspieler)
Drehbuch: Harry Nilsson, Terry Southern
Kamera: David Claessen (Monaco Color)
Musik: Christopher Young
Schnitt: Sandra Adair
Produktion: Robert Katz, Moctesuma Esparza für New World, USA 1987
Verleih: -/-/-/Highlight Video
Erstaufführung: 1.8.88
FSK: ab 12 J.
Länge: 82 (73) Min.

Exzentrische Schauspielerin entwickelt ein inniges Schwafelverhältnis zu ihrem Telefon. Quo vadis, Whoopi Goldberg, die du nach zwei ansehnlichen Filmen (»The Color Purple«, »Jumping Jack Flash«) inzwischen einen außerirdischen Bartender in der nächsten Star Trek-Generation mimen mußte?

Tennessee Buck 953

THE FURTHER ADVENTURES OF TENNESSEE BUCK *

Video

Regie: David Keith
Darsteller: David Keith (Buck Malone), Kathy Shower (Barbara Manchester), Brant van Hoffman (Ken Manchester), Sillaiyoor Selvarajan (Sinaga), Tiziana Stella (Che), Patrizia Zanetti (Monique), Sumith Mudanayaka (Häuptling)
Drehbuch: Barry Jacobs, Stuart Jacobs
Kamera: Avraham Karpick (Farbe)
Schnitt: Anthony Redman
Produktion: Gideon Amir für Trans World Entertainment, USA 1988
Verleih: -/-/-/VPS Video
Erstaufführung: 28.12.88
Länge: 90 Min.

Reiches Touristenpärchen engagiert einen Crocodile Dundee-Verschnitt als Buschführer. Nachdem der Reiche von Kannibalen gefressen wird, darf seine Freundin mit dem Croco happy enden. David Keiths Film wurde auf dem Klon-Festival mit dem goldenen

Doppelgänger für den frechsten Filmklau des Jahres 1988 ausgezeichnet.

Tentazione – Die Geschichte der A. 954

TENTAZIONE *

Video

Regie: Sergio Bergonzelli
Darsteller: Katrine Michelsen, Antonio Marsina, Olivia Link, Marzio Honorato
Drehbuch: Sergio Bergonzelli
Kamera: Roberto Gionetti (Farbe)
Produktion: Film International Company, Italien 1987
Verleih: -/-/-/VPS Video
Erstaufführung: 21.1.88
FSK: nicht unter 18 J.
Länge: 82 Min.

Junge Frau wird durch den Tod ihres Ehemanns zur Chefin einer Werbeagentur, deren Geschäftsführer selbst auf das Unternehmen scharf ist. Italienischer Softsex mit Krimitouch.

Terminus 955

TERMINUS *

Video

Regie: Pierre-William Glenn
Darsteller: Karen Allen (Gus), Johnny Hallyday (Manchot), Jürgen Prochnow (Doktor/Mister/Fahrer des »kleinen Bruders«), Gabriel Damon (Mati), Julie Glenn (Prinzessin), Dieter Schidor, Janos Kulka, Dominique Valera, Jean-Luc Montama
Drehbuch: Patrice Duvic, Pierre-William Glenn
Kamera: Jean-Claude Vicquery (Fujicolor)
Musik: David Cunningham
Schnitt: Thierry Derocles
Produktion: Anne François für CBL/CAT/ Films du Cheval de Fer/Initial Groupe/ Films A2, F/BRD 1986
Verleih: -/-/-/Taurus Video
Erstaufführung: 10.9.88
FSK: ab 12 J.
Länge: 115 (81) Min.

In einer »Mad Max«-Welt des Jahres 2037 beharken sich die in zwei Lager hausenden Überlebenden. Geklonte Wissenschaftler haben militanten Barbaren den Kampf angesagt und einen neuen Menschentypen geschaffen, der das Weiterleben garantieren soll. Dieser aber muß sich erst in einem Kampf, auch »Spiel« genannt, bewähren. So in etwa könnte der Inhalt dieses einfältigen Films sein, der als aufwendiges Action-Spektakel mehr Krach als Sinn und Vergnügen macht. *tip*

Terror Force Kommando 956

THREE MEN ON FIRE *

Video

Regie: Richard Harrison
Darsteller: Gordon Mitchell, Richard Harrison, Romano Kristoff
Produktion: Richard Harrison, Italien/ Kamerun 1986
Verleih: -/-/-/Carrera Video
Erstaufführung: 28.1.88
Länge: 89 Min.

Eine Gruppe Terroristen verübt ein Attentat auf einen Professor. Als sie auch die Tochter des ermittelnden Inspektors in ihre Gewalt bringen, entschließt sich der zur Zusammenarbeit mit einem amerikanischen Kollegen. *VideoWoche*

Terror Night – Hochhaus in Angst 957

ENEMY TERRITORY ***

Video

Regie: Peter Manoogian
Darsteller: Gary Frank (Barry), Ray Parker jr. (Will Jackson), Jan-Michael Vincent (Parker), Frances Foster (Elva Briggs), Stacey Dash (Toni Briggs), Deon Richmond (Chet), Tony Todd (Graf), Tiger Haynes (Barton)
Drehbuch: Stuart M. Kaminsky, Bobby Liddell
Kamera: Ernest Dickerson (Precision Color)
Musik: Sam Winans, Richard Roz Kosinaki
Schnitt: Peter Teschner
Produktion: Cynthia DePaula, Tim Kincaid für Millenial, USA 1987
Verleih: -/-/-/CBS-Fox Video
Erstaufführung: 15.3.88
FSK: nicht unter 18 J.
Länge: 90 Min.

Der Vertreter Barry soll nach Feierabend in einem verwahrlosten Ghetto-Hochhaus noch einen Versicherungsvertrag abschließen. Das Gebäude wird nach Einbruch der

Dunkelheit von einer schwarzen Halbstarken-Gang mit dem Faustrecht regiert. Die fühlt sich prompt provoziert und veranstaltet die Nacht über eine Hetzjagd auf den völlig überraschten Barry. Recht spannender Actionthriller, der fast ausnahmslos in den labyrinthischen Gängen eines Hochhauses spielt und unaufwendig, aber temporeich und geradlinig inszeniert ist. *VideoWoche*

Terror Serpent 958

THUNDER OF GIGANTIC SERPENT *

Video

Regie: Charles Lee
Darsteller: Pierre Kirby, Edowan Bersmea, Danny Raisebeck
Produktion:, Hongkong 1988
Verleih: -/-/-/IVE Video
Erstaufführung: 29.4.88
Länge: 90 Min.

Terroristen mit Weltherrschaftsplänen versuchen die Formel für genetische Manipulationen an sich zu bringen. Durch Zufall wächst die Hausschlange eines kleinen Mädchens ins Gigantische und sorgt für Chaos und Zerstörung. *VideoWoche*

Le terroriste suisse 959

****

16 mm

Regie: Christian Iseli
Drehbuch: Christian Moser, Christian Iseli
Kamera: Norbert Wiedmer, Hansueli Schenkel (Farbe)
Schnitt: Norbert Wiedmer
Produktion: Fama-Film, Schweiz 1988
Verleih: -/-/Filmccoperative Zürich
Kinostart: Jan. 88
Länge: 70 Min.

Christian Iseli hat den als Jura-Terroristen 1966 zu acht Jahren Zuchthaus verurteilten, ein Jahr Später aber entflohenen Marcel Boillat in Spanien, wo er politisches Asyl gefunden hat, besucht und, nach Ablauf der Verjährungsfrist, auf seiner ersten Rückkehr in die Schweiz begleitet. Entstanden ist das lebendige Porträt eines von seinen Taten unerschütterlich überzeugten politischen Hitzkopfes, dessen fanatische Seite noch immer irritiert. Nebenbei auch eine Lektion in jüngster Schweizer Geschichte. *Zoom*

Franz Ulrich in: Zoom, 4/88

A Test of Love 960

ANNIE'S COMING OUT/
A TEST OF LOVE ***

Video

Regie: Gil Brealey
Darsteller: Angela Punch McGregor (Jessica Hathaway), Drew Forsythe (David Lewis), Tina Arhondis (Annie O'Farrell), Charles Tingwell (Richter), Monica Maughan (Vera Peters), Mark Butler (Dr. John Monroe), Philippa Baker (Schwester Waterman), Liddy Clark (Sally Clements), Wallas Eaton (Dr. Rowell), John Frawley
Drehbuch: John Patterson, Chris Bortwick. Nach der Erzählung »Annie's Coming Out« von Anne McDonald und Rosemary Crossley
Kamera: Mick von Bornemann (Farbe)
Musik: Simon Walker
Schnitt: Lindsay Frazer
Produktion: Don Murray für Film Australia, Australien 1984
Verleih: -/-/-/CIC Video
Erstaufführung: 1.2.88
FSK: ab 12 J.
Länge: 93 Min.

Junge Therapeutin bringt einem geistig behinderten Kind Schreiben und Lesen bei und kann es schließlich nach langem Kampf gegen die Behörden aus der Anstalt holen.

Tex 961

TEX ***

Video

Regie: Tim Hunter
Darsteller: Matt Dillon (Tex McCormick), Jim Metzler (Mason McCormick), Meg Tilly (Jamie Collins), Bill McKinney (Pop McCormick), Frances Lee McCain (Mrs. Johnson), Ben Johnson (Cole Collins), Emilio Estevez (Johnny Collins)
Drehbuch: Charlie Haas, Tim Hunter. Nach dem Roman von S.E. Hinton
Kamera: Ric Waite (Technicolor)
Musik: Pino Donaggio
Schnitt: Howard Smith

Produktion: Tim Zinnemann für Walt Disney, USA 1982
Verleih: -/-/-/EuroVideo
Erstaufführung: 26.4.88
FSK: ab 12 J.
Länge: 103 Min.

Die Brüder Tex und Mason leben allein auf ihrer Oklahoma-Farm. Die Mutter ist gestorben, der Vater als Rodeo-Cowboy unterwegs. Mason versucht das Familienleben aufrechtzuhalten, während Tex seine Tage ziellos vertut und seinen aufrechten Bruder haßt. Stimmiger, überzeugend inszenierter Problemfilm nach einem dramatischen Jugend-Bestseller der populären Autorin S.E. Hinton.

VideoWoche

That's My Baby – Ein Mann sieht rosa — 962

THAT'S MY BABY — **

Video

Regie: Edie Yolles, John Bradshaw
Darsteller: Timothy Weber (Louis), Sonja Smits (Suzanne), Joann McIntyre (Sugar), Lenore Zann (Sally), Derek McGrath (Bob Morgan)
Drehbuch: Edie Yolles, John Bradshaw
Kamera: W.W. Reeve (Farbe)
Musik: Eric N. Robertson
Schnitt: Stephen Withrow
Produktion: Edie Yolles für Gemini Film Prod., Kanada 1985
Verleih: -/-/-/RCA/Columbia Video
Erstaufführung: 15.9.88
FSK: ab 12 J.
Länge: 98 (92) Min.

Junggeselle wünscht sich ein Kind und macht sich auf die Suche nach einer potentiellen Mutter. Noch ein Mann, noch ein Baby, diesmal von kanadischer Provenienz.

Therapie zwecklos — 963

BEYOND THERAPY — ***

Regie: Robert Altman
Darsteller: Jeff Goldblum (Bruce), Julie Hagerty (Prudence), Glenda Jackson (Charlotte), Tom Conti (Stuart), Christopher Guest (Bob), Geneviéve Page (Zizi), Cris Campion, Sandrine Dumas, Bertrand Bonvoisin

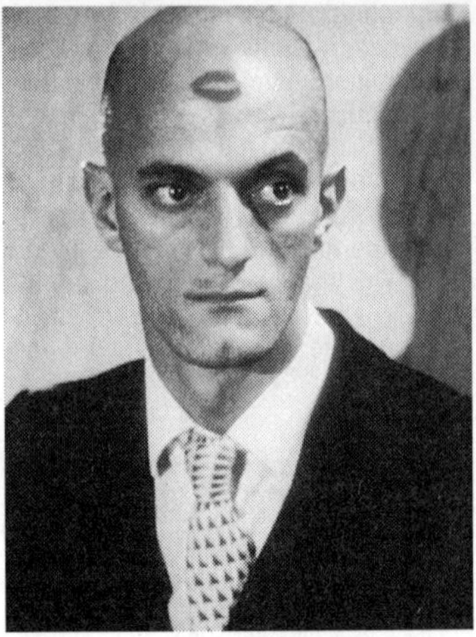

Ein Stammgast im Feinschmeckerlokal: »Therapie zwecklos«.

Drehbuch: Christopher Durang, Robert Altman nach dem gleichn. Theaterstück von Christopher Durang
Kamera: Pierre Mignot (Farbe)
Musik: Gabriel Yared
Schnitt: Steve Dunn, Jennifer Augé
Produktion: Steven M. Haft für Sandcastle 5 Film, USA 1987
Verleih: Highlight/Constantin/Alexander Film/Highlight Video
Erstaufführung: 24.1.87, US Film Festival, Park City
Kinostart: 7.1.88
FSK: ab 16, ffr.
Länge: 93 Min.

In einer süffigen, ungemein komischen intellektuellen Posse führt Robert Altman die Psychiatrieabhängigkeit der Amerikaner ad absurdum, indem er die Psychotherapeuten als mindestens ebenso ver-rückt und rollenfixiert zeigt wie ihre Patienten. In einer Katharsis signalisiert er den Figuren, ausgestattet mit pointierten Dialogen und treffsicheren Darstellern, den Ausweg aus ihrer Verständigungsarmut: ein Leben zwischen Norm und Irrsinn. Auf vielschichtige Weise kostet der Film die Verwirrung zwischen Sein und Schein aus und löst am Ende seine eigene Realität auf augenzwinkernde Weise auf. *Zoom*

Gregor Dotzauer in: FAZ, 12.1.88; Andreas Kilb in: Die Zeit, 8.1.88; H.G. Pflaum in: SZ, 19.1.88; Richard Richter in: Multimedia 15534; Helmut Schmitz in: FR, 7.1.88; Josef Schnelle in: Kölner Stadt-Anzeiger, 30./31.1.88; Roland Vogler in: Zoom 4/88; Kläre Warnecke in: Die Welt, 6.1.88

Thrashin' – Krieg der Kids 964

THRASHIN' **

Video

Regie: David Winters
Darsteller: Josh Brolin (Cory Webster), Robert Rusler (Tommy Hook), Pamela Gidley (Chrissy), Brooke McCarter (Tyler), Brett Marx (Bozo), Josh Richman (Radley), David Wagner (Little Stevie)
Drehbuch: Paul Brown, Alan Sacks
Kamera: Chuck Colwell (Farbe)
Musik: Barry Goldberg
Schnitt: Nicholas Smith
Produktion: Alan Sacks für Fries Entertainment, USA 1986
Verleih: -/-/-/Vestron Video
Erstaufführung: 19.12.88
Länge: 90 Min.

Skateboard-As gerät mit einer rauhen Straßengang aneinander. Der Film prallt unterdessen an die Videoclip-Ästhetik.

Thunder 3 965

THUNDER 3 *

Video

Regie: Larry Ludman
Darsteller: Mark Gregory, Horst Schön, Werner Pochath, Ingrid Lawrence
Drehbuch: David Parker, Larry Ludman
Kamera: Federico del Zoppo (Farbe)
Produktion: Fabrizio de Angelis für Fulvia, Italien 1987
Verleih: -/-/-/ECV Video
Erstaufführung: 25.1.88
FSK: ab 16 J.
Länge: 84 Min.

Thunder, die stahlharte Kämpfernatur von indianischer Abstammung, sieht sich erneut mit einer erdrückenden feindlichen Übermacht konfrontiert. Ein Ex-Green-Beret-Offizier, der Finsteres im Schilde führt, macht mit seiner Privatarmee Menschenjagd auf den rothäutigen Störenfried. Der säubert in gewohnter Manier sein heimatliches Arizona von den üblen Mordbuben. *VideoWoche*

Thunderbolt 966

FREDY EL CROUPIER **

Video

Regie: Alvaro Saenez de Heredia
Darsteller: Javier Elorrieta, Ana Obregon, Jaime Adalid, Luis Suarez
Drehbuch: Alvaro Saenez de Heredia
Kamera: Andres Berenguer (Farbe)
Produktion: Producciones A.S.H. Films, Spanien 1985
Verleih: /-/-/EVC Video
Erstaufführung: 25.4.88
FSK: ab 16 J.
Länge: 97 Min.

Madrids Unterweltkönig reißt sich brutal ein privates Spielcasino unter den Nagel. Der Sohn des ermordeten Inhabers heckt einen raffinierten Coup aus, mit dem er das Zockerparadies wieder in Familienbesitz bringen und dem Gangster den Garaus machen will. Solider spanischer Thriller mit einem originellen Plot.

Ein Ticket für zwei 967

PLANES, TRAINES & AUTOMOBILES ***

Regie: John Hughes
Darsteller: Steve Martin (Neal Page), John Candy (Del Griffith), Laila Robbins (Susan Pope), Michael McKean (Grenzpolizist), Kevin Bacon (Taxifahrer), Dylan Baker (Owen), Carol Bruce (Joy), Olivia Burnette, Diana Douglas, William Windom, Martin Ferrero, Larry Hankin, Richard Herd, Susan Kellerman
Drehbuch: John Hughes
Kamera: Don Peterman (Technicolor)
Musik: Ira Newborn
Schnitt: Paul Hirsch
Produktion: John Hughes für Paramount, USA 1987
Verleih: UIP/UIP/UIP/CIC Video
Kinostart: 28.4.88
FSK: ab 6, ffr.
Länge: 92 Min.
Prädikat: Wertvoll

Der Film zeigt Steve Martin und John Candy als gegensätzliche Charaktere, die sich auf einer an Mißgeschicken

Mobilität, fast eingefroren. John Candy und Steve Martin in »Ein Ticket für zwei«.

reichen Reise von New York nach Chicago auf die Nerven gehen. Regisseur Hughes hat das Genre der Teenager-Komödie fürs erste hinter sich gelassen und nun einen Film gedreht, in dem die ernsten und komischen Momente geschickt austariert sind. Der Film ist anrührend, ohne rührselig zu werden, ist witzig, ohne in Klamauk auszuarten.

Lars-Olav Beier, tip

Michael Althen in: Die Zeit, 28.4.88; Helmut W. Banz in: Kölner Stadt-Anzeiger, 30.4.88; Alice Goetz in: Kölnische Rundschau, 30.4.88

Ticket to Hell — 968

FINAL CUT

**

Video

Regie: Ross Dimsey
Darsteller: Louis Brown, Jennifer Cluff, David Clendenning, Narelle Johnson, Carmen J. McCall, Thaddeus Smith
Drehbuch: Jonathan Dawson, Ross Dimsey
Kamera: Ron Johanson (Eastmancolor)
Musik: Howard Davidson
Schnitt: Tony Patterson
Produktion: Mike Williams für Wilgar, Australien 1980
Verleih: -/-/-/EuroVideo
Erstaufführung: 24.8.88
FSK: ab 16 J.
Länge: 82 Min.

Australischer Thriller um einen Mann, der aus dekadenter Langeweile ein tödliches Spiel treibt. Ruhig inszeniert, die Verfremdungseffekte schaffen eine unterschwellige, prickelnde Spannung. *Video-Markt*

Ticket zum Himmel — 969

SEVEN MINUTES IN HEAVEN

**

Video

Regie: Linda Feferman
Darsteller: Jennifer Connelly (Natalie Becker), Byron Thames (Jeff Moran), Maddie Corman (Polly Franklin), Michael Zaslow (Bob Becker), Alan Boyce (Casey), Polly Draper (Aileen Jones), Marshall Bell (Gerry Jones)
Drehbuch: Jane Bernstein, Linda Feferman
Kamera: Steven Fierberg (Technicolor
Schnitt: Marc Laub
Produktion: Fred Roos für Zoetrope Studios/Fifteen Productions, USA 1986
Verleih: -/-/-/Warner Home Video

Erstaufführung: 9.12.88
FSK: ab 12 J.
Länge: 90 (84) Min.

Das Leben und Lieben zweier Fünfzehnjähriger. Sehr ernsthaft und einfühlsam inszeniert: Dr. Sommer wäre stolz.

Ticket zur Hölle 970

TRAIN D'ENFER ***

Video

Regie: Roger Hanin
Darsteller: Roger Hanin (Couturier), Gérard Klein (Salviat), Christine Pascal (Isabelle), Robin Renucci (Muller), Fabrice Eberhard (Lacombe), Xavier Maly (Le Goff), Benoit Regent (Jouffroy)
Drehbuch: Roger Hanin, Jean Curtelin
Kamera: Jean Penzer (Farbe)
Musik: Michel Legrand
Schnitt: Youcef Tobni
Produktion: Christine Gouze-Renal für Progefi/TF 1/Canal Plus/Hachette Première/Les Productions Fox Europa, Frankreich 1984
Verleih: -/-/-/Atlas Video
Erstaufführung: 19.1.88
FSK: ab 16 J.
Länge: 90 Min.

Im Mittelpunkt des Geschehens stehen die Machenschaften rechter Polit-Gruppierungen, die sich die alarmierenden sozialen Mißstände in bestimmten Regionen für ihre Propaganda gegen Asylanten und Ausländer zunutze machen wollen. Ein Mord an einem von ihnen schürt die Emotionen, aber besonnene Beamte können schließlich die Rädelsführer überführen. Ihr Fahndungserfolg ist jedoch nur der berühmte Tropfen auf dem heißen Stein, die Flamme der Intoleranz wird weiter brennen. Ein wichtiger und spannender Film, der schonungslos Wunden aufreißt. Nicht nur in Frankreich. *tip*

Tiger's Tale – Ein Tiger auf dem Kissen 971

TIGER'S TALE ***

Regie: Peter Douglas
Darsteller: C. Thomas Howell (Bubber Drumm), Ann-Margret (Rose Butts), Kelly Preston (Shirley Butts), Charles Durning (Charlie Drumm), William Zabka (Randy), Ann Wedgeworth (Claudine), James Noble (Sinclair), Angel Tompkins (La Vonne)
Drehbuch: Peter Douglas nach dem Roman »Love and Other Natural Disasters« von Allan Hannay III.
Kamera: Tony Pierce-Roberts (Farbe)
Musik: Lee Hodridge
Produktion: Peter Douglas für Atlantic Ent., USA 1987
Verleih: Ascot/Constantin/Elite/Ascot Video
Kinostart: 24.3.88
FSK: ab 16, ffr.
Länge: 98 Min.

Der Veterinärssohn Bubber Drumm besitzt einen Tiger als Spielkameraden und liebt die hübsche Shirley. Weil sie nun aber eine so fürchterliche Göre ist, verliebt sich der frühreife Neunzehnjährige in Shirleys geschiedene Mutter Rose, die sich ihrerseits nicht ungern mit ihm einläßt. Zu guter Letzt erwartet Rose noch ein Baby und das ungleiche Paar zieht gen Kalifornien. Mit diesem autobiografisch inspirierten Erstlingsfilm hat der Sohn von Kirk Douglas, Peter, eine recht amüsante kleine Komödie geschaffen, die allerdings ohne große Ansprüche eher oberflächlich dahinplätschert. *Zoom*

Frank Arnold in: Zitty, 7/88

A Time for Dying 972

A TIME FOR DYING *

Video

Regie: Luis Nepomuceno
Darsteller: Rick Bacher, Rod Webb
Produktion:, Philippinen 1983
Verleih: -/-/-/Focus Video
Erstaufführung: 18.4.88
Länge: 90 Min.

Während des 2. Weltkriegs besetzen Japaner eine philippinische Festung. Der brutale Guerillero-Führer Bruno will um jeden Preis gegen sie kämpfen und ermordet deswegen den besonnenen Colonel Ramos, den Führer der örtlichen Truppen. Als der Zufall Bruno moderne Waffen in die Hände spielt, versuchen Ramos' Tochter, ihr kleiner Bruder und der japanische Kommandant unnötiges Blutvergießen zu verhindern. *VideoWoche*

Time Traveller 973
THE NEXT ONE *
Video

Regie: Nico Mastorakis
Darsteller: Keir Dullea (Glenn), Adrienne Barbeau (Andrea Johnson), Jeremy Licht (Tim Johnson), Peter Hobbs (Dr. Caldwell), Betty Arvanlis, Michael Yamatos
Drehbuch: Nico Mastorakis
Kamera: Art Stavrou (Farbe)
Musik: Stanley Myeis
Produktion: Constantine Vlachakis für Allstar, Griechenland, Großbritannien 1982
Verleih: -/-/-/G.L. Video
Erstaufführung: 15.3.88
FSK: ab 12 J.
Länge: 100 Min.

Jesus' Bruder aus einer zukünftigen Dimension taucht auf einer griechischen Insel auf, erweckt ein Kind zum Leben und verschwindet wieder.

Timesweep – Reise ins Grauen 974
TIMESWEEP *
Video

Regie: Dan Diefenderfer
Darsteller: Michael Fountain, Pamela de Bord
Produktion: GB 1986
Verleih: -/-/-/Carrera Topline Video
Erstaufführung: 15.9.88
Länge: 85 Min.

Eine Gruppe von Leuten betritt ein altes Gebäude, das seine Besonderheiten hat. Sie werden in eine andere Zeit geschleudert, schlagen sich durch dunkle labyrinthische Gänge und werden von Monstern aller Schattierungen angegriffen. *Video-Markt*

Ein Tisch für Fünf 975
TABLE FOR FIVE **
TV

Regie: Robert Lieberman
Darsteller: Jon Voight (J.P. Tannen), Richard Crenna (Mitchell), Marie-Christine Barrault (Marie), Millie Perkins (Kathleen), Roxana Zal (Tilde), Robby Kiger (Truman-Paul), So Hoang Bui (Trung)
Drehbuch: David Seltzer
Kamera: Vilmos Zsigmond
Schnitt: Michael Kahn
Musik: Miles Goodman, John Morris
Produktion: Jon Voigh/Robert Schaffel für CBS Theatrical Films, USA 1983
Sendetermin: 25.9.88, ARD
Länge: 116 Min.

Der Amerikaner J.P. Tannen hat sich nach seiner Scheidung um seine frühere Familie nicht besonders gekümmert. Um versäumte Vaterpflichten nachzuholen, tritt er eines Tages mit seinen drei Kindern eine Schiffsreise nach Europa und durchs Mittelmeer an.
So reizvoll die Kreuzfahrt auch ist, als Vater tut sich J.P. sehr schwer. Als die vier sich einigermaßen zusammengerauft haben, tritt eine familiäre Katastrophe ein, die zu schwerwiegenden Entscheidungen für die Zukunft zwingt: Die Mutter ist Opfer eines Verkehrsunfalls geworden.

Tod im Regen 976
LES PRINCES ***
TV

Regie: Tony Gatlif
Darsteller: Gerard Darmon (Nara), Muse Dalbray (Die Alte), Celine Militon (Zorka), Concha Tavora (Miralda), Dominique Maurin (Petiton), Marie-Helene Rudel, Farid Chopel, Hagop Arslanian, Tony Gatlif, Tony Librizzi
Drehbuch: Tony Gatlif
Kamera: Jacques Loiseleux
Musik: Tony Gatlif
Schnitt: Claudine Bouché
Produktion: ACC Babylone Films, Frankreich 1983
Sendetermin: 3.2.88
Länge: 94 Min.

Filmpreis der Europäischen Gemeinschaft 1984

Tragikomisches Porträt einer französischen Zigeunerfamilie im Konflikt zwischen traditonellen Stammesbräuchen und modernem Großstadtleben. Tony Gatlif, der selbst Zigeuner ist, inszeniert dies nicht als realistische

Sozialstudie, sondern als Groteske voller absurder Typen und Situationen, die gegen Schluß des Films immer tragischer werden.

Krischan Koch, Die Zeit

Florian Hopf in: tip, 17/85; Eva-Maria Lenz in: FAZ, 5.2.88

Die Todesbucht der Shaolin 977

THE BEACH OF THE WAR GODS **

Video

Regie: Wang Yu
Darsteller: Wang Yu, Lung Fei, Tien Yeh, Tsao Chien
Drehbuch: Wang Yu
Kamera: Chin Yao-Hu (Farbe)
Produktion: Raymond Chow für Golden Harvest Group, Ltd., Hongkong 1984
Verleih: -/-/-/New Vision Video
Erstaufführung: 17.2.88
FSK: nicht unter 18 J.
Länge: 96 Min.

Zur Zeit der ausgehenden Ming-Dynastie sind chinesische Küstendörfer den Überfällen und Plünderungen japanischer Piraten wehrlos ausgeliefert. Die Bürger des Dorfes Lee wollen sich gegen die nahenden Piraten wehren. Unter Führung eines erfahrenen Kämpfers leisten sie erbitterten Widerstand und können unter großen Verlusten den Kampf für sich entscheiden. Aufwendiger und kompetenter gemacht als vergleichbare Produktionen. *VideoWoche*

Die Todesfarm 978

DEMENTED DEATH FARM MASSACRE *

Video

Regie: Fred Olen Ray, Donn Davison
Darsteller: John Carradine, Ashley Brookes, George Ellis, Trudy Moore
Drehbuch: Barbara Morris Davison
Schnitt: Avrum Fine
Produktion: Fred Olen Ray, Donn Davison für Troma, USA 1986
Verleih: -/-/-/Bullit Video
Erstaufführung: 15.3.88
FSK: nicht unter 18 J.
Länge: 83 Min.

Gangster, Hinterwäldler und offenherzige Girlies in einer öden Troma-Produktion mit Altstar John Carradine als orakelndem Todesengel. Weit unter Norm und Niveau jeglicher Art. *VideoWoche*

Die Todesjagd 979

CHASE **

Video

Regie: Rod Holcomb
Darsteller: Jennifer O'Neill (Sandy Albright), Robert S. Woods (Sheriff Dean Hartley), Richard Farnsworth (Richter Grant Pettit), Kathleen York (Darlene), Michael Parks (Larry Butler), Terence Knox (Craig Phalen), John Philbin (Bobby), J.E. Freeman (Dixon), Cooper Huckabee (Coy)
Drehbuch: David E. Peckinpah
Kamera: Frank Beasoechea (Farbe)
Musik: Robert Drasnin
Produktion: Sam Strangis für CBS Entertainment, USA 1985
Verleih: -/-/-/CBS-Fox Video
Uraufführung: 23.11.85 (CBS)
Erstaufführung: 25.6.88
FSK: ab 12 J.
Länge: 90 Min.

Rechtsanwältin kehrt in ihre Heimatstadt zurück und tritt zum Kampf gegen Rednecks und korrupte Politiker an, die einem Emigranten den Mord an ihrem Mentor in die Schuhe schieben wollen.
Solide Fernsehware.

Die Todesparty 980

APRIL FOOL'S DAY *

Video

Regie: George Dugsdale, Mark Ezra, Peter Litten
Darsteller: Caroline Munro (Carol), Simon Scuddamore (Marty), Carmine Iannoccone (Skip), Donna Yeager (Stella), Gary Martin (Joe), Sally Cross (Nancy)
Drehbuch: George Dugsdale, Mark Ezra, Peter Litten
Kamera: Alan Pudney (Farbe)
Musik: Harry Manfredini
Schnitt: Jim Connock
Produktion: Steve Minasian, Dick Randall für Vestron Entertainment, USA 1985
Verleih: -/-/-/Vestron Video
Erstaufführung: Februar 88
Länge: 89 Min.

Sexuell frustrierter Teenie verätzt sich das Gesicht und schlitzt sich einige

Jahre später durch ein Klassentreffen. »Was wir wirklich dringend brauchen, sind ein paar brandneue Klischees« (Samuel Z. Arkoff).

Todesspiele 981

I SAW WHAT YOU DID **

Video

Regie: Fred Walton
Darsteller: Shawnee Smith (Kim), Tammy Lauren (Lisa), Candace Cameron (Juliet), David Carradine (Steve Lancer), Robert Carradine (Adrian Lancer), Rosanna Huffmann, Jo Anderson, Bob Brundin
Drehbuch: Cynthia Cidre. Nach dem Roman von Ursula Curtiss
Kamera: Woody Omens (Farbe)
Musik: Dana Kaproff
Produktion: Barry Greenfield für Universal TV, USA 1988
Verleih: -/-/-/CIC Video
Uraufführung: 20.5.88 (CBS)
Erstaufführung: Mai 88
FSK: ab 16 J.
Länge: 90 Min.

Ein paar Mädchen wählen eine Nummer und sagen »Wir haben gesehen, was sie gemacht haben«. Der Teilnehmer am anderen Ende ist völlig verstört. Er hat nämlich tatsächlich vor kurzem seine Freundin umgebracht. Nun glaubt er, es mit Erpressern zu tun zu haben und fordert die ahnungslosen Mädchen auf, in sein Haus zu kommen ... die Story ist alles in allem etwas sehr zufällig.

Tödliche Angst 982

LE SEPTIEME CIBLE ****

Video

Regie: Claude Pinoteau
Darsteller: Lino Ventura (Bastien Grimaldy), Lea Massari (Nelly), Jean Poiret (Jean), Elisabeth Bourgine (Laura), Béatrice Agenin (Catherine), Jean-Pierre Bacri (Esperanza), Robert Hoffmann (Hagner), Erick Desmarestz (Inspektor Buvard)
Drehbuch: Claude Pinoteau, Jean-Loup Dabadie
Kamera: Edmond Séchan (Eastmancolor)
Musik: Vladimir Cosma
Schnitt: Marie-Josèphe Yoyotte
Produktion: Alain Poiré für Gaumont, Frankreich 1987
Verleih: -/-/-/Atlas Video
Erstaufführung: 24.11.88
FSK: ab 12 J.
Länge: 108 Min.

Der Schriftsteller Bastien wird von Unbekannten zusammengeschlagen. Nach weiteren Anschlägen fordert ein Erpresser eine Million Dollar. Die Übergabe der ersten Rate kann von der Polizei verhindert werden, doch der Erpresser rächt sich an Bastiens Freund Jean, den er überfährt. Stilvoller Thriller von Claude Pinoteau. Die großen Stärken des Films sind die kleinen Schwächen der Protagonisten und die liebevolle Milieuschilderung, wobei die Handlungsführung allerdings nicht immer stringent erscheint. *VideoWoche*

Der tödliche Feind 983

DEADLY INTRUDER *

Video

Regie: John McCauley
Darsteller: Chris Holder (Bob), Molly Cheek (Jessie), Tony Crupi (Drifter), Stuart Whitman (Capt. Pritchett), Danny Bonaduce (John), Laura Melton (Amy), Santos Morales (Carlos)
Drehbuch: Tony Crupi
Kamera: Thomas Jewett (Farbe)
Musik: John McCauley
Schnitt: Bruce Cook
Produktion: Bruce Cook für Channel One, USA 1985
Verleih: -/-/-/UFA Video
Erstaufführung: April 88
FSK: nicht unter 18 J.
Länge: 84 Min.

Ein psychopathischer Herumtreiber setzt ein Mädchen in ihrem einsamen Haus fest; der eigentliche Mörder ist allerdings ein anderer.

Tödliche Parties 984

MURDER IN THREE ACTS ***

Video

Regie: Gary Nelson
Darsteller: Peter Ustinov (Hercule Poirot), Tony Curtis (Charles Cartwright), Emma Samms (Jennifer Eastman), Jonathan Cecil (Hastings), Fernando Allende (Ricardo Montoya), Pedro Armendariz (Colonel Mateo), Lisa Eichhorn (Cynthia

Dayton), Dana Elcar (Dr. Walter Strange), Diana Muldaur (Angela Stafford)
Drehbuch: Scott Swanton. Nach dem Roman von Agatha Christie
Kamera: Neal Roach (Farbe)
Musik: Alf Clausen
Schnitt: Donald R. Rode
Produktion: Paul Waigner für Warner Bros. TV, USA 1986
Verleih: -/-/-/Warner Home Video
Uraufführung: 30.9.86 (CBS)
Erstaufführung: 25.2.88
FSK: ab 12 J.
Länge: 89 Min.

Acapulco. Als bei einer Party der gastgebende Nervenarzt beim Aperitif tot umfällt, entlarvt Hercule Poirot einen paranoiden Patienten als Doppelmörder, der auch einen Pfarrer als unschuldiges Opfer einer zynischen Generalprobe auf dem Gewissen hat. Routinierte TV-Verfilmung eines gewohnt vertrackten Agatha Christie-Krimis; gepflegte Unterhaltung mit viel englischem Humor. *VideoWoche*

Tödliche Umarmung 985

BLOOD VOWS: THE STORY OF A MAFIA WIFE **

Video

Regie: Paul Wendkos
Darsteller: Melissa Gilbert, Joe Penny
Produktion: , USA 1987
Verleih: -/-/-/USA Video
Erstaufführung: 10.4.88
Länge: 95 Min.

Marian Winslow, eine junge Mode-Designerin, lernt den Rechtsanwalt Edward Moran kennen und verliebt sich in ihn. Nach ihrer Hochzeit begreift Marian, daß sie in eine Mafia-Sippe eingeheiratet hat und tödliche Gefahr ein ständiger Wegbegleiter ist.

Toll treiben es die wilden Zombies 986

RETURN OF THE LIVING DEAD PART II **

Regie: Ken Wiederhorn
Darsteller: James Karen, Thom Mathews, Dana Ashbrook, Marsha Dietlein, Philip Bruns, Michael Kenworthy
Drehbuch: Ken Wiederhorn
Musik: J. Peter Robinson
Produktion: Tom Fox für Greenfox Prod., USA 1987
Verleih: Columbia Tri Star/Monopole Pathé /-/VCL/Virgin Video
Kinostart: 18.8.1988
FSK: ab 18, nffr.
Länge: 81 Min. (Farbe)

Eine schonungslose Comic-Strip-Dramaturgie, nekrofashion-life-style, die Zombies sind kurzsichtig und husten Staub: Wiederhorn treibt seinen Untoten mit ironischer Attitüde den letzten Rest menschlicher Würde aus den Knochen. Aus George Romeros brandgefährlichen Blindgängern sind muntere Monster-Muppets geworden, die die Straße mißbrauchen als Laufsteg für erdig-schleimigen Make-up-Schmuck.

Philip Siegel, Kölner Stadt-Anzeiger

Gregor Dotzauer in: FAZ, 20.8.88; Rolf Selas in: Rheinische Post, 19.8.88

Tongs – Terror in Chinatown 987

TONGS – A CHINATOWN STORY *

Video

Regie: Philip Chan
Darsteller: Simon Yam, Larry Tan, Anthony Gioia, Christopher O'Connor, Quitan Han, Daisey Yong
Drehbuch: Peter C.M. Chan, Neil P. Mainiello, Felipe Luciano
Kamera: Michael Ma (Farbe)
Produktion: Pan Pacific, Hongkong 1986
Verleih: -/-/-/IMV Video
Erstaufführung: 26.7.88
FSK: nicht unter 18 J.
Länge: 98 (87) Min.

Aufstieg und Fall eines Exilchinesen in der Unterwelt von Chinatown.

Top Mission 988

TOP MISSION *

Video

Regie: Henry Lee
Darsteller: Janet Deway, Mike Smith, Alphonse Beni, Kurt Eberhard
Drehbuch: Benny Keung
Produktion: Filmark International, Hongkong 1987
Verleih: -/-/-/Spitfire Video

Erstaufführung: 20.5.88
FSK: nicht unter 18 J.
Länge: 87 Min.

Ehemaliger CIA-Agent wechselt die Fronten. Mit einer eigens dafür ausgebildeten Terrorgruppe entführt er eine Passagiermaschine, um eine geheimgehaltene Laserwaffe zu erpressen. Wüster Actionfilm mit Geballere, Ninjakunst, Karatetricks am laufenden Band und notdürftig gezimmerter Geschichte. Der Leichenberg dürfte eine Turnhalle füllen. *Video-Markt*

Top Model 989
TOP MODEL *

Regie: Joe d'Amato
Darsteller: Jessica Moore (Sarah), James Sutterfield (Cliff), Ale Dugas
Produktion: Filmirage, Italien 1987
Verleih: Esplanade/Elysee/Fleur
Kinostart: 22.9.88
FSK: ab 18, nffr.
Länge: 85 Min. (Farbe)

Sarah arbeitet als Call-Girl in einem »Escort-Service« in New Orleans. Als das expandierende Unternehmen die Dienste eines Computerfachmanns sucht, wird dieser ihre große Liebe. Vor dem Happy-End allerdings muß sie ihn aus seinen homophilen Verstrickungen lösen.

Die Top-Cops 990
THE WILD PAIR **
Video

Regie: Beau Bridges
Darsteller: Beau Bridges (Joe Jennings), Bubba Smith (Benny Avalon), Lloyd Bridges (Colonel Hester), Gary Lockwood (Captain Kramer), Raymond St. Jacques (Ivory), Danny de la Paz (Tucker), Lela Rochon (Debby), Ellen Geer (Fern Willis)
Drehbuch: Joseph Gunn
Kamera: Peter Stein (Farbe)
Musik: John Debney
Schnitt: Christopher Holmes
Produktion: Paul Mason, Randall Torno für Sarlui/Diamant, USA 1987
Verleih: -/-/-/VPS Video
FSK: nicht unter 18 J.
Länge: 88 Min.

Polizei-Sergeant Benny Avalon ist die schwarze Kopie von Bud Spencer. Joe Jennings dagegen ist ein weißes FBI-Bübchen und das genaue Gegenteil des schwarzen Hünen. Anfangs reiben sie sich noch in einem Kriminalfall um einen mächtigen Drogen-King und einen irrwitzigen Militärfanatiker, der das Land säubern und moralisch neu aufrüsten will. Dann aber machen sie gemeinsame Schnüffler-Sache und werden zu Partnern und Freunden, denen niemand mehr gewachsen ist. Amüsante, manchmal brutale Action-Komödie. *tip*

Topline 991
TOPLINE **

Regie: Ted Archer (= Nello Rosati)
Darsteller: Franco Nero (Ted Angelo), Deborah Barrymore (Jo), Mary Stavin (Maureen), George Kennedy (Heinrich Holzmann), William Berger, Larry Dolgin, Steven Luotto
Drehbuch: Nello Rosati, Roberto Gianviti
Kamera: Guglielmo Mancori (Farbe)
Musik: Maurizio Dami
Schnitt: Adalberto Ceccarelli
Produktion: National Cinematografica/Dania/Rete Italia/Surf Film, Italien 1988
Verleih: Scotia-Cannon/Czerny/-/Cannon Screen Video
Kinostart: 22.9.88
Länge: 92 Min. *FSK:* ab 16, ffr.

Wirres Abenteuer um einen pleiten Schriftsteller, der in Kolumbien nicht nur den Spuren von Außerirdischen folgt, sondern auch hinter einem Schatz her ist!

Sascha Gorkow in: Rheinische Post, 23.9.88

Die total verrückte Clique – Lucky Harry 992
PERFECT TIMING *
Video

Regie: Reneé Bonniere
Darsteller: Stephen Markle, Michelle Scarabelli, Paul Boretski
Kamera: René Verzier (Farbe)
Produktion: Moviecorp VIII, USA 1984
Verleih: -/-/-/Vestron Video
Erstaufführung: 19.12.88
Länge: 84 Min. *FSK:* nicht unter 18 J.

Bei Harry geht's rund. Sein Bruder Joe läuft jedem Rock hinterher, seine Managerin versucht, ihn dazu zu bringen, trotz seiner künstlerischen Ideale - er fotografiert am liebsten Wände - ab und zu ans Geldverdienen zu denken, um die mehr als geräumige Wohnung halten zu können. Nach gelungenem Start geht dem verrückten Treiben jedoch die Luft aus.

VideoWoche

Eine total verrückte Formel — 993

HAPPY HOUR **

Video

Regie: John de Bello
Darsteller: Richard Gilliland (Blake Teegarden), Jamie Farr Fred), Tawny Kitaen (Misty Roberts), Ty Henderson (Bill), Rich Little (Mr. X), Eddie Deezen (Hancock), Kathi Diamant (Cathy Teegarden)
Drehbuch: John de Bello, Constantine Dillon, J. Stephen Peace
Kamera: Kevin Morrisey (CFI Color)
Musik: Rick Patterson, Neal Fox
Schnitt: John de Bello
Produktion: J. Stephen Peace, John de Bello für Four Square Prod., USA 1985
Verleih: -/-/-/UFA Video
Erstaufführung: 13.9.88
FSK: ab 16 J.
Länge: 86 Min.

Etwas verworrene Geschichte um die Hatz nach einem süchtig machenden Bierpräparat, bei der ein Gag den anderen jagt. Teilweise äußerst belustigend, bei der Masse an Witzen kommen auch schon mal Plattheiten vor.

Tote leben länger — 994

DEAD MAN WALKING *

Video

Regie: Gregg Brown
Darsteller: Wings Hauser (John Luger), Brion James (Dekker), Pamela Ludwig (Lelia), Sy Richardson (Snake), Leland Crooke (Nomade), Jeffrey Combs (Chaz), Joseph d'Angerio (Gordon), Tasia Vallenza (Rika)
Drehbuch: John Weidner, Rick Marx
Kamera: Paul Desatoff (United Color)
Musik: Claude Cave
Produktion: Gregory Brown für Metropolis Pictures/Hit Films, USA 1987
Verleih: -/-/-/Cosmos Video
Erstaufführung: 22.2.88
FSK: nicht unter 18 J.
Länge: 90 Min.

Actionreicher Zukunftsthriller um »Pest-Zonen« und eine entführte Industriellentochter, der unverhohlen die Schreckensvisionen in Sachen AIDS als bizarre Kulisse für seine ansonsten nicht übermäßig originelle Krimihandlung nutzt. *VideoWoche*

Tote lügen nicht — 995

DYING DECLARATION **

Video

Regie: William Wiard
Darsteller: Vincent Baggetta (Eddie Capra), Ken Swofford (Jack Devlin), Hector Elizondo (Pete Strickland), Kitty Winn (Erica Landers), Barbara Rush (Vanessa Trautman), Michael Horton (Harvey), Wendy Phillips (Lacy), Troy Donahue, L.Q. Jones
Drehbuch: Peter S. Fischer
Kamera: Mario Dileo (Farbe)
Produktion: Universal, USA 1978
Verleih: -/-/-/CIC Video
Erstaufführung: April 88
Länge: 95 Min. *FSK:* ab 16 J.

Nach der Ermordung eines Polizisten nimmt dessen Anwaltsfreund die Ermittlungen auf und gerät dabei selbst in Lebensgefahr.

Töte, was du liebst — 996

MON BEL AMOUR **

Video

Regie: José Pinheiro
Verleih: -/-/-/Starlight-Film Video

Lief 1987 unter dem Originaltitel in den Kinos. Deshalb vollständige Angaben und Kritik im Heyne Filmjahrbuch 1988.

Die Toten lehren die Lebenden — 997

MRTVI UCIA ZIVYCH ***

TV

Regie: Martin Holly
Darsteller: Vladimir Kratina (Dr. Daniel Turcan), Michal Docolomansky (Ing. Emil Orsula), Stefan Kvietik (Dr. Stropko),

Ctibor Filcik (Professor), Jana Krausova (Elena), Tana Kuliskova (Olga)
Drehbuch: Stefan Smihla, Jiri Krizan
Kamera: Stanislav Szomolanyi
Musik: Svetozar Stur
Produktion: Filmstudio Koliba, CSSR 1983
Sendetermin: 6.7.88, ZDF
Länge: 87 Min. (TV-Fassung 74 Min.)

Der Autowerkstattbesitzer, der für Schmiergeld das Beste an Material und pünktlicher Arbeit liefert, will das Prinzip »Geld regiert die Welt« auch auf die Krankenhausärzte anwenden. Für die Bestausführung seiner Magenoperation »schmiert« er den Chirurgen mit einem Geldcouvert, mißdeutet die Rückgabe des Geldes als »Unheilbar«-Diagnose und bringt sich um. Im Trivialmuster des Ärztefilms stecken hier die alten Probleme der Wohlstandswerte (schließlich hatte der Chirurg auch Schmiergeld für seine Autoreparatur springen lassen!): Der Arzt als Handwerker - das war nicht ohne bittere Ironie. *AZ*

Anne Rose Katz in: SZ, 8.7.88

Tough Cop 998
TOUGH COP
*
Video

Regie: Dominic Elmo Smith
Darsteller: Rom Kristoff, James Bridges, Anthony East, Kenneth Peerless
Drehbuch: Dominic Elmo Smith
Produktion: F. Puzon Film Enterprises, USA/Philippinen 1987
Verleih: -/-/-/New Vision Video
Erstaufführung: 21.3.88
FSK: nicht unter 18 J.
Länge: 89 Min.

Drei ehemalige Vietnamstreiter gegen den neuen Rauschgiftkönig von Miami.

Touristenfalle – Robin Hoods tollkühne Erben 999
RESTLESS NATIVES
***
Video

Regie: Michael Hoffmann
Darsteller: Vincent Friell (Will Bryce), Joe Mullaney (Ronnie Witherspoon), Teri Lally (Margot), Ned Beatty (Fritz Bender), Robert Urquhart (Inspektor Baird), Anne Scott-James (Mutter), Bryan Forbes, Nanette Newman
Drehbuch: Ninian Dunet
Kamera: Oliver Stapleton (Technicolor)
Musik: Stuart Adamson
Schnitt: Sean Barton
Produktion: Rick Stevenson für Thorn EMI/ Oxford Film Co., Großbritannien 1985
Verleih: -/-/-/Cannon/VMP Video
Erstaufführung: April 88
Länge: 89 Min.

Skurrile Außenseiterkomödie aus Schottland, die mit viel Tempo und Witz die kriminelle Energie der kauzigen Nachwuchs-Robin-Hoods beschreibt. *VideoWoche*

The Transformer 1000
INVISIBLE STRANGLER
*
Video

Regie: John Florea
Darsteller: Robert Foxworth (Lt. Charles Barrett), Stefanie Powers (Candy Barrett), Elke Sommer (Chris), Sue Lyon (Miß de Long), Leslie Parrish (Coleen Hudson), Mariana Hill (Bambi)
Drehbuch: Arthur C. Pierce
Kamera: Alan Stensvold (Farbe)
Musik: Richard Hieronymous, Alan Oldfield
Schnitt: Bud S. Isaacs
Produktion: Earle Lyon für Jordan Lyon Prod. mit New Century Prod., USA 1984
Verleih: -/-/-/VPS Video
Erstaufführung: 21.4.88
FSK: ab 16 J.
Länge: 85 Min.

Dem geistesgestörten Muttermörder Roger gelingt es, sich mittels parapsychologischer Willenskraft unsichtbar zu machen. So aus seiner Verwahranstalt entkommen, erwürgt er all die mit seiner Mutter befreundeten Hollywood-Starlets, deren Zeugenaussagen er seine Verurteilung zu verdanken hat. *VideoWoche*

Der Traum von Paris 1001
***
16 mm

Regie: Johannes Flütsch, Thomas Tanner
Darsteller: Charles Rudin, René Rimml
Drehbuch: Johannes Flütsch, Thomas Tanner

Kamera: Johannes Flütsch (Farbe)
Musik: Carma Sound
Schnitt: Johannes Flütsch, Thomas Tanner, Petra Heymann
Produktion: Johannes Flütsch, Schweiz 1987
Verleih: -/-/Filmcooperative Zürich
Erstaufführung: 23.1.88, Max-Ophüls-Preis, Saarbrücken
Kinostart: März 88
Länge: 40 Min.

Charly ist in der reichen Stadt Zürich ein armer Mann. Eines Tages hat er Glück. Im Laden um die Ecke kauft er etwas zu trinken und zu essen und füllt einen Wettbewerbszettel aus. Er gewinnt eine Reise nach Paris für zwei Personen. Rene ist sein bester Freund. Er lädt ihn ein, ihn auf seiner Traumreise zu begleiten.

Katalog Saarbrücken

Traumdämon 1002

THE DREAM DEMON ***

Regie: Harley Cokliss
Darsteller: Kathleen Wilhoite (Jenny), Jemma Redgrave (Diana), Timothy Spall (Peck), Jimmy Nail (Paul), Mark Greenstreet (Oliver), Susan Fleetwood (Deborah), Nickolas Grace, Annabelle Lanyon, Robert Warner
Drehbuch: Christopher Wicking, Harley Cokliss
Kamera: Ian Wilson (Farbe)
Musik: Bill Nelson
Schnitt: Ian Crafford, David Martin
Produktion: Paul Webster für Palace, Großbritannien 1988
Verleih: Delta/-/-/Warner Home Video
Kinostart: 6.10.88
FSK: ab 18, nffr.
Länge: 92 Min.

Ein nervenaufreibender Psycho-Schocker um zwei junge Frauen, die den Horror nichtendenwollender Alpträume durchleben. Die Situation spitzt sich zu, als die Grenzen von Traum und Wirklichkeit zu verwischen beginnen. Die beiden Frauen müssen sich dem Kampf gegen die eigenen Ängste stellen. Der Film lebt vor allem von seiner dichten, beunruhigenden Atmosphäre, für die der Regisseur zu ebenso bewährten wie wirkungsvollen Mitteln des Horrorfilms gegriffen hat. *Beate Ostermann, tip*

Frank Schnelle in: Zitty, 21/88

Träume der Liebe 1003

TI PRESENTO UN'AMICA **

Regie: Francesco Massaro
Darsteller: Giuliano De Sio (Nagra), Michele Placido (Lionello), Kate Capshaw (Brunetta), David Naughton (Mauro), Luca Barbareschi (Claudio), Carolina Rosi (Marina), Sergio Fantoni, Lina Polito, Micaela Goodwin, Silvio Ciammarughi
Drehbuch: Suso Cecchi D'Amico, Franco Ferrini, Enrico Vanzina, Francesco Massaro
Kamera: Luigi Kuveiller (Farbe)
Musik: Celsio Valli
Schnitt: Sergio Montanari
Produktion: Alessandro Fracassi für Racing/Reteitalia, Italien 1988
Verleih: Jugendfilm/Constantin/-
Kinostart: 8.12.88
FSK: ab 12, ffr.
Länge: 105 Min.

Römische Beziehungskiste um sechs Personen die nicht zueinander kommen konnten. Deshalb benötigte man auch vier Drehbuchautoren, denen es aber auch nicht gelang, Sinn in die desperaten Beziehungen der Protagonisten zu bringen.

Träume des Wahnsinns 1004

DEADLY DREAMS **

Video

Regie: Kristine Peterson
Darsteller: Mitchell Anderson (Alex), Juliette Cummins (Maggie), Xander Berkeley (Jack), Thom Babbes (Danny), Timothy Austin (Alex als Junge), Beach Dickerson
Drehbuch: Thom Babbes
Kamera: Zoran Hochstatter (Fotokem Color)
Musik: Todd Boekelheide
Schnitt: Bernard Caputo
Produktion: Matt Leipzig für New Classics, USA 1988
Verleih: -/-/-/RCA/Columbia Video
Erstaufführung: 13.12.88
Länge: 79 Min.

Junger Erbe träumt vom toten Mörder

seiner Eltern alp, am Ende entpuppt sich alles als gemeine Intrige. Und ewig rinnt die Dusche...

Traumfrau vom Dienst 1005

MAID TO ORDER ***

Regie: Amy Jones
Darsteller: Ally Sheedy (Jessie Montgomery), Beverly DAngelo (Stella), Michael Ontkean (Nick McGuire), Valerie Perrine (Georgette Starkey), Dick Shawn (Stan Starkey), Tom Skerritt (Charles Montgomery), Merry Clayton (Audrey James), Begoña Plaza (Maria)
Drehbuch: Amy Jones, Perry und Randy Howze
Kamera: Shelly Johnson (DeLuxe Color)
Musik: Georges Delerue
Schnitt: Sidney Wolinsky
Produktion: Herb Jaffe, Mort Engelberg für Vista Organization, USA 1987
Verleih: Ascot/Constantin/Elite/Ascot Video
Kinostart: 4.2.88
FSK: ab 6, ffr.
Länge: 93 Min.

»Es war einmal...«: Aus Hollywoods immer noch funktionierendem Zauberhut taucht eine gute Fee auf und läßt eine verwöhnte, reiche Göre in einer umgekehrten Aschenputtel-Version die Erfahrung machen, daß Geld menschliche Werte nicht aufwiegen kann. Die junge Regisseurin Amy Jones vollbringt das Kunststück, eine modische, musikalisch ausgeschmückte Teenager-Komödie mit dem altmodischen Läuterungskino Hollywoods ansprechend zu vereinen. Lediglich gegen Ende des mit zahmen Spott über die Verschrobenheit von Kaliforniens Neureichen durchsetzten Films kommt der Wunsch nach weniger Gefühlsduselei und mehr Realitätsnähe auf. *Zoom*

Frank Arnold in: Zitty, 4/88; Babro Schuchardt in: Kölnische Rundschau, 9.4.88

Ein Treffen mit Rimbaud 1006

***

Regie: Ernst-August Zurborn
Darsteller: Anke Sevenich (Charlotte), Sven Wollter (Heinrich), Hannelore Elsner (Wirtin), Klaus Behrendt (Thomas), Walter Kreye (Paul), Ewa Fröling (»Löwin«),
Drehbuch: Ernst-August Zurborn
Kamera: Thomas Mauch (Farbe)
Musik: Brynmor Jones
Schnitt: Raimund Barthelmes
Produktion: Panorama Film/Aspekt Telefilm/Ulrike Ottinger/Ecco/Pro-jekt/BR, BRD 1986
Verleih: Filmverlag der Autoren/-/-
Uraufführung: 24.2.87, Wettbewerb der Int. Filmfestspiele Berlin
Kinostart: 19.5.88
FSK: ab 12, ffr.
Länge: 81 Min.
Prädikat: Wertvoll

Diese Krimi-Stilübung zeigt durchaus, daß der Regisseur sein Handwerk versteht. Und die Darsteller sind gut. Aber die Standard-Story mit dem nachgeäfften, lässigen Cool-Getue des »film noir«-Kults mußte ins Auge gehen: Zickige junge Gans macht alternden Bügelfaltengangster im Jaguar an – und da redeten die unentwegt Dialoge daher, als wollten sie sich schnurstracks Humphrey Bogart auf den Schoß setzen. *Ponkie, AZ*

Marli Feldvoss in: FAZ, 21.5.88; Astrid Heinrich in: Kölner Stadt-Anzeiger, 21.5.88; H.G. Pflaum in: SZ, 17.9.88; Carla Rhode in: Der Tagesspiegel, 26.2.87

Treibjagd in Bitter Creek 1007

NIGHTMARE AT BITTER CREEK ***

Video

Regie: Tim Burstall
Darsteller: Lindsay Wagner, Tom Skerritt, Constance McCashin, Joanna Cassidy, Janne Mortil, Ray Guth, Dwight McFee
Drehbuch: Scott Swanton, Greg McCarty
Kamera: Jack Steyn (Farbe)
Musik: Arthur B. Rubinstein
Schnitt: John F. Link
Produktion: Scott Swanton für Swanton Films/Guber-Peters Entertainment/Phoenix Entertainment Group, USA 1988
Verleih: -/-/-/Virgin Video
Uraufführung: 24.5.88 (CBS)
Erstaufführung: 17.11.88
FSK: ab 16 J.
Länge: 88 Min.

TV-Actionfilm, der geschickt das seit »Deliverance« beliebte Thema von den großstädtischen Ausflüglern, die in hinterwäldlerischer Abgeschiedenheit zu Gejagten werden, mit einer Terroristen-Bekämpfungsgeschichte verknüpft. *VideoWoche*

Trenchcoat 1008

TRENCHCOAT **

Video

Regie: Michael Tuchner
Darsteller: Margot Kidder (Mickey Raymond), Robert Hays (Terry Leonard), David Suchet (Inspektor Stagnos), Gila von Weitershausen (Eva Werner), Daniel Faraldo (Nino Tenucci), Ronald Lacey (Prinzessin Aida), John Justin (Marquis de Peña)
Drehbuch: Jeffrey Price, Peter Seaman
Kamera: Tonino Delli Colli (Technicolor)
Musik: Charles Fox
Schnitt: Frank J. Urioste
Produktion: Jerry Leider für Walt Disney, USA 1983
Verleih: -/-/-/Walt Disney Home Video
Erstaufführung: 27.6.88
FSK: ab 12 J.
Länge: 91 Min.

Bei ihren Recherchen auf Malta wird eine Kriminalschriftstellerin zur Zielscheibe eines Gangstersyndikats. Wenig durchdachte und durchkonzipierte Geschichte, die keinem Genre so recht zuzuordnen ist. *Video-Markt*

A Trip to Bountiful – Reise ins Glück 1009

A TRIP TO BOUNTIFUL ****

Regie: Peter Masterson
Darsteller: Geraldine Page (Mrs. Watts), John Heard (Ludie), Carlin Glynn (Jessie Mae), Richard Bradford (Sheriff), Rebecca DeMornay (Thelma)
Drehbuch: Horton Foote, nach seinem gleichn. Theaterstück von 1953
Kamera: Fred Murphy (Farbe)
Musik: J.A.C. Redford
Schnitt: Jay Freund
Produktion: Sterling Van Wagenen, Horton Foote für Film Dallas/Bountiful Partners, USA 1985
Verleih: Hollywood/-/-/Ufa-Universum Video

Heimkehr. Für ihre Rolle in »Die Reise nach Bountiful« bekam Geraldine Page den Oscar.

Kinostart: 7.7.88
FSK: ab 6, nffr.
Länge: 107 Min.

Geraldine Page wurde 1986 mit dem »Oscar« als »Beste Darstellerin« ausgezeichnet. In der Bühnenversion 1953 spielten u.a. Lillian Gish (Mrs. Watts) und Eva Maria Saint (Thelma).

Ein kleiner Film für eine große Schauspielerin: Nach sieben Oscar-Nominierungen erhielt Geraldine Page 1986 den Academy Award für diese »Reise nach Bountiful«, 1987 starb sie. Die kurze Reise, die Peter Masterson schlicht und mit außerordentlicher Einfühlung inszenierte, ist Geraldines Folie, um kompliziertestе Empfindungen in »Schauspielerei« zu verwandeln und umgekehrt.
Mutter Watts lebt in Houston/Texas bei ihrem Sohn und dessen tyrannischer Frau, die Mamas Rente liebt. Nach einem der zahllosen Zänkereien erfüllt sich Carrie Watts den Wunsch, noch einmal ihren Heimatort zu sehen. Doch dieser ist nur noch eine Geisterstadt. Es gibt keine Busverbindung mehr, die letzte Bewohnerin ist soeben auf ihrer Landwirtschaft gestorben.
Geraldine Page und Peter Masterson konkretisieren diese Reise in eine Vergangenheit durch lauter kleine Szenen des Erinnerns, der Hoffnung, Rechthaberei und Ängstlichkeit. Am Ende holen die Jungen Mutter Watts wieder zurück in die Stadt. Weg von den alten Äckern. Ein Heimatfilm der subtilen Art. *Kai Niemeyer, AZ*

Anne Frederiksen in: Die Zeit, 22.7.88; Otto Heuer in: Rheinische Post, 12.8.88; Eva-Maria Lenz in: FAZ, 12.7.88; Friedrich Luft in: Die Welt, 15.7.88; Helmut Schmitz in: FR, 9.7.88

Triple Trouble 1010

IRRECONCILABLE DIFFERENCES ***
Video

Regie: Charles Shyer
Darsteller: Ryan O'Neal (Albert Brodsky), Shelley Long (Lucy van Patten Brodsky), Drew Barrymore (Casey Brodsky), Sam Wanamaker (David Kessler), Allen Garfield (Phil Hanner), Sharon Stone (Blake Chandler), David Graff (Bink)
Drehbuch: Nancy Meyers, Charles Shyer
Kamera: William A. Fraker (Technicolor)
Musik: Paul de Senneville
Schnitt: John Burnett
Produktion: Alex Winitsky, Arlene Sellers für Hemdale, USA 1984
Verleih: -/-/-/VCL Video
FSK: ab 12 J.
Länge: 114 Min.

Nachdem eine Neunjährige jahrelang mitansehen und -hören mußte, wie sich ihre Eltern beharken, geht sie kurzerhand zu einem Anwalt und verlangt die Trennung von den Rabeneltern. Interessant gespielte und erzählte Komödie mit vielen tragikomischen Pointen und sensiblen Zwischentönen. *tip (gekürzt)*

Triumph der Gerechten 1011

***

Regie: Josef Bierbichler
Darsteller: Josef Bierbichler (Der Affe), Rudi Klaffenböck, Alfons Scharf, Annemarie Bierbichler, Sigi Reindl, Wolfgang Marquard, Robert Spitz (Bauern), Edgar Liegl (Der Intellektuelle), Oskar Neumann, Michael Altmann (Die Geistlichen), Harry Täschner (Der Offizier), Felix von Manteuffel (Maximilian I), Michael Strobel (Der Jesuit), Peter Brombacher (Der Erzähler)
Drehbuch: Josef Bierbichler, frei nach einer Erzählung von Oskar Maria Graf
Kamera: Jörg Schmidt-Reitwein (Farbe)
Musik: Rudolf Knabl, Peter Vogel
Schnitt: Christian Virmond
Produktion: Robert Spitz für Bierbichler Filmproduktion, BRD 1985/87
Verleih: Filmwelt/-/-
Uraufführung: 23.2.87 Int. Forum des Jungen Films bei der Berlinale
Kinostart: 3.3.88
Länge: 81 Min.

Im Forum sind die geistigen Abenteuer verwegener und vertrackter. Bierbichlers Erstling ist ein sperriger Trumm Film, in dem sich literarische Erkenntnistexte, Bilderphantasien, intellektuelle Schlußfolgerungen und handfester bäuerlicher Eigensinn auf eine skurril gedankenschwere Weise überlagern.

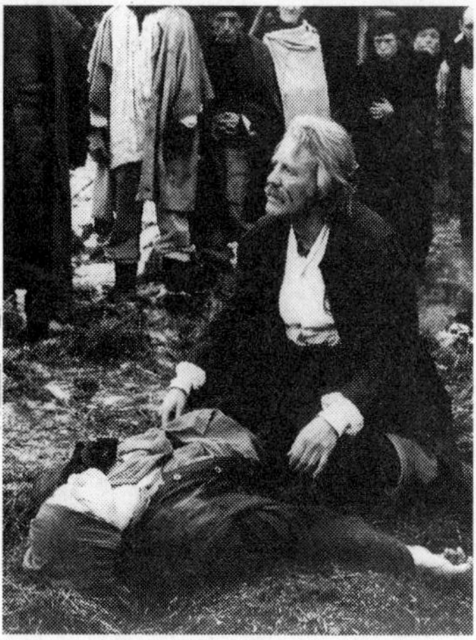

»Triumph der Gerechten«.

Die Verbindungslinie führt vom Bauernaufstand im Dreißigjährigen Kieg (nutzlos, da der Kurfürst Maximilian I. schlau genug war, die Rebellischen zu spalten) über die Friedensbewegung (nutzlos, weil die Bürger sich von den neuen Rüstungskurfürsten alles gefallen lassen?) bis in die Zukunftsvision eines nackten Neandertaler-Menschenaffen, der in seinem Endzeit-Steinhaufen jede Menge Zitate aus dem Walter-Benjamin- und Karl-Kraus-Fundus parat hat.
Bierbichler stemmt das zu einem Assoziationsmauerwerk hoch, das vor lauter abstrakter Kopflastigkeit allzuleicht wegbröckelt. Politisch-historischer Denker-Kraftakt eines sensiblen Kraftmenschen – ein ganz persönliches Einzelstück des Josef Bierbichler (Achternbusch-Vergleiche liegen schief).
Trotz aller formalen Mühseligkeiten wär's immerhin ein passender Eröffnungsfilm für das »Haus der bayerischen Geschichte«, mit Widmung für den Kurfürsten. *Ponkie, AZ*

Peter Buchka in: SZ, 5.3.88; Rolf May in: tz, 3.3.88; Carla Rhode in: Der Tagesspiegel, 22.2.88

Trouble Cops — 1012

CASE CLOSED **

Video

Regie: Dick Lowry
Darsteller: Charles Durning (Les Gabowsky), Byron Allen (David Brockman), Erica Gimpel (Kathy), Marc Alaimo (Max Doffo)
Drehbuch: Byron Allen, Steve Crider
Kamera: Brian West (Farbe)
Produktion: Andrew Gottlieb, USA 1987
Verleih: -/-/-/CBS/Fox Video
Erstaufführung: 21.11.88
FSK: ab 16 J.
Länge: 90 Min.

Eddie Murphy-Verschnitt auf der Hatz nach einem Diamantendieb, der seine Mitwisser um die Ecke bringen möchte.

Trouble in Paradise — 1013

SOTTO IL RISTORANTE CHINESE ***

Video

Regie: Bruno Bozzetto
Darsteller: Claudio Botosso (Ivan Rosco), Amanda Sandrelli (Eva), Nancy Brilli (Ursula Bridge), Bernard Blier (Vater), Claudia Lawrence (Mutter)
Drehbuch: Bruno Bozzetto, Fabio Conara
Kamera: Agostino Castiglioni
Musik: Ugo Rossi
Schnitt: Roberto Frattini
Produktion: Reteitalia/Bozzetto International, Italien 1987
Verleih: -/-/-/Atlas Video
Erstaufführung: 18.8.88
FSK: ab 12 J.
Länge: 89 Min.

Erfolgreicher junger Mann ist der einzige Zeuge eines Banküberfalls. Er flüchtet in den Keller eines chinesischen Restaurants, landet in einer wundersamen Welt, begegnet Fabelwesen und einer märchenhaften Frau, die sich unsterblich in ihn verliebt. Vergnügliche Fantasy-Komödie mit gutem Witz und guten Tricks.

Video-Markt

Troublemaker — 1014

***

TV

Regie: Andy Bausch
Darsteller: Thierry Vanwerveke (Jacques Guddebuer), Ender Frings (Chuck Moreno), Nicole Max (Jenny), Jochen Senf

Die jungen Wilden in »Troublemaker«.

(Erwin, die Ratte), Konrad Scheel (Konrad Wackernagel), Volker Wolff, Peter Anderson
Drehbuch: Andy Bausch, Michael Treinen
Kamera: Klaus Peter Weber
Musik: Guy Schmit, Strange Brew, Matthew Dawson, Felix Schaber
Schnitt: Monika Solzbacher
Produktion: Andy Bausch, Armand Strainchamps für Visuals/Saarländischer Rundfunk, BRD/Luxemburg 1987
Erstaufführung: Ophüls-Wettbewerb 1988
Sendetermin: 11.10.88
Länge: 100 Min.

Sonderpreis beim 1. Internationalen Fernsehfilm-Festival »Das Goldene Vlies«

»Troublemaker« erweist sich als kesser Gangsterfilm. Er schildert die Abenteuer zweier Eierdiebe, die ständig auf die Nase fallen und die luxemburgische Antwort auf »Blues Brothers geben. Der Film lebt auch von seiner Dreisprachigkeit, von seinem Wortwitz und der Angst des Zuschauers, die Helden könnten mit ihrem riesigen Ami-Schlitten bei ihren waghalsigen Verfolgungsjagden aus Versehen über die Landesgrenze geraten.

Klaus Tröster, Mannheimer Morgen

Troubleshoot 1015

TROUBLE IN THE CITY OF ANGELS **

Video

Regie: Steven Hilliard Stern
Darsteller: George Peppard, Kathryn Harrod, Max Gail, Barry Corbin
Drehbuch: John Rester Zodrow, David H. Kinghorn
Kamera: Dennis Lewiston (Farbe)
Produktion: Phillipp Wylly, USA 1987
Verleih: -/-/-/Taurus Video
Erstaufführung: 1.9.88
FSK: ab 12 J.
Länge: 92 Min.

Los Angeles, Ende der vierziger Jahre. Eine Mordserie an jungen Mädchen hält die Stadt in Angst und Schrecken. Langsam kommt die Polizei der Sache auf die Spur: Die Mädchen hatten etwas mit einer ominösen Künstleragentur zu tun . . .

Video-Markt

Tucker 1016

TUCKER: THE MAN AND HIS DREAM ****

Regie: Francis Ford Coppola
Darsteller: Jeff Bridges (Preston Tucker), Joan Allen (Vera Tucker), Martin Landau

Auto-Traum der Traumfabrikanten: Jeff Bridges als Preston Tucker (oben). George Lucas und Francis Ford Coppoloa als Erbauer der Legende »Tucker«.

(Abe Karatz), Fredérick Forrest (Eddie Dean), Mako (Jimmy Sakuyama), Dean Stockwell (Howard Hughes), Lloyd Bridges (Sen. Homer Ferguson), Elias Koteas, Christian Slater, Corky Nemec, Anders Johnson, Jay O. Sanders, Peter Donat, Patti Austin

Drehbuch: Arnold Schulman, David Seidler
Kamera: Vittorio Storaro (Technicolor)
Musik: Joe Jackson, Carmine Coppola
Schnitt: Priscilla Nedd
Produktion: Fred Roos, Fred Fuchs für Lucasfilm, Zoetrope Studios, USA 1988
Verleih: Neue Constantin/Constantin/-

Kinostart: 17.11.88
FSK: ab 6, ffr.
Länge: 111 Min.
Prädikat: Wertvoll

Traum ist das große magische Zauberwort dieses Films von zwei wahren Traumfabrikanten: Francis Ford Coppola (Regie) und George Lucas (Produktion). Preston Tucker hieß jener legendäre Auto-Designer, der im Chicago der 40er Jahre mit einem genialen Entwurf die US-Industrie erschüttert. Vor allem die großen Drei von Detroit, Ford, Chrysler, General Motors, wittern drohende Konkurrenz. Der »Tucker-Torpedo« ist seiner Zeit voraus und technisch perfekt. Aber die Industrie hat ihre Lobby, und so findet sich der Idealist und unerbittliche Optimist Tucker bald in den Fängen der großen Bürokratie. Mehr als 50 »Tucker« hat er nie herstellen können. (Von den 46, die heute noch funktionstüchtig existieren, besitzen Coppola und Lucas je zwei). Coppola hat einen bis in die Kaffeetasse hinein detailgenauen, perfekten Film gemacht - eine euphorisch optimistische Liebeserklärung an Amerika, einen Film über sich selbst. Nur die Verwirklichung des Traums zählt - diese Devise von Tucker gilt auch für den ungeachtet des eigenen finanziell-existenziellen Ruins erfinderisch besessen filmenden Coppola. Deshalb ein hochinteressanter Film, wenn auch sein Hochdruck-Optimismus manchmal ein bißchen nervt. Traum(a)haft amerikanisch.

Frauke Hanck, tz

Fritz Göttler in: Kölner Stadt-Anzeiger, 19.11.88; Matthias Matussek in: Der Spiegel, 24.11.88 (47/88); Jürgen Richter in: FAZ, 17.11.88; Claudius Seidl in: SZ, 18.11.88

Ein turbulentes Wochenende 1017

LES SAISONS DU PLAISIR **

Regie: Jean-Pierre Mocky
Darsteller: Charles Vanel (Charles), Denise Grey (Emmanuelle), Bernadette Lafont (Jeanne), Jean-Luc Bideau (Paul), Jean Poiret (Bernard), Eva Darlan (Marthe), Fanny Cottencon (Hélène), Richard Bohringer (Adam), Bernard Menez (Simon), Stéphane Audran (Bernadette), Darry Cowl (Daniel D.), Jacqueline Maillan, Jean-Pierre Bacri, Sylvie Joly, Roland Blanche
Drehbuch: Jean-Pierre Mocky
Kamera: William Lubtchansky (Farbe)
Musik: Gabriel Yared
Schnitt: Jean-Pierre Mocky, Bénédicte Teiger
Produktion: A.F.C./Koala Films, Frankreich 1987
Verleih: Highlight/Constantin/-/Highlight Video
Kinostart: 20.10.88
FSK: ab 16, ffr.
Länge: 86 Min.

...»Ein turbulentes Wochenende« beginnt, das neben verschiedenen harmlosen Intrigen vor allem aus einer Revue aller möglichen Spielarten von Sex besteht: Die frustrierte Ehefrau stellt der braungebrannten Hausangestellten nach, die »Schwuchtel« ist mit Anhang angereist, zwei Wächter treiben es in den Bergen, der Verehrer der Tochter (ungewollt) mit der Mutter, der Hirte mit der Ziege und so weiter.

...Zwischen Pornofilm, Parfüm und Gasmasken eine so penetrante Vorführung von weiß-schwarzem Humor, daß es schon wieder gar nicht komisch ist. *FAZ*

Heiner Gassen in: Kölner Stadt-Anzeiger, 19.11.88; Helmut Schmitz in: FR, 20.10.88

Turnaround 1018

TURNAROUND *

Video

Regie: Ola Solum
Darsteller: Doug McKeon, Eddie Albert, Gayle Hunnicutt, Ramon Sheen
Drehbuch: Sandra Bailey
Kamera: Roger Dean (Farbe)
Produktion: Rose Production A/S/Major Film, Norwegen 1986
Verleih: -/-/-/Vestron Video
Erstaufführung: Mai 88
FSK: nicht unter 18 J.
Länge: 87 Min.

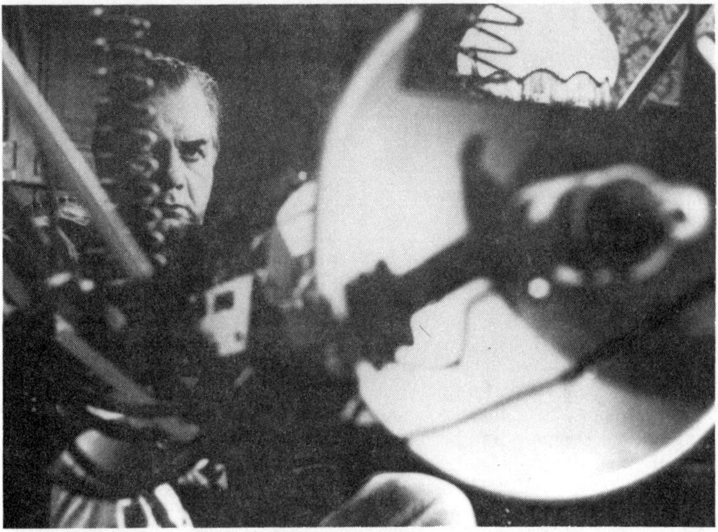

Michel Galabru als besessener Tüftler in »Kamikaze«.

Norwegische (!) Variante eines alten Themas: Ein Zauberlehrling rächt sich auf seine Weise an den bösen Rockern, die sein Auto demoliert und seine Gäste in Angst und Schrecken versetzt haben.

TV-Tod – Kamikaze Live 1019

KAMIKAZE ***

Regie: Didier Grousset
Darsteller: Michel Galabru (Albert), Richard Bohringer (Romain), Dominique Lavanant (Laure), Riton Liebman (Olive), Kim Massée (Léa), Harry Cleven, Romane Bohringer, Etienne Chicot
Drehbuch: Michéle Halberstadt, Luc Besson, Didier Grousset
Kamera: Jean-Francoise Robin (Eastmancolor)
Musik: Eric Serra
Schnitt: Oliver Mauffroy
Produktion: Louis Duchesne für Films de Loup/Gaumont/ARP
Verleih: -/-/-/Warner Home Video
Erstaufführung: 25.11.88
FSK: ab 18 J.
Länge: 87 Min.

Der geistig wirre, unverstandene Albert hat eine Fernmordwaffe erfunden, mit der er durch die TV-Strahlung Menschen bei Life-Sendungen töten kann. Der Polizeiexperte ist auch nicht unbegabt und kann mit Hilfe eines Wissenschaftlerteams ein Antigerät konstruieren.
Science-Fiction-Krimi der sich nicht entscheiden kann und deshalb belanglos bleibt.

Über alle Meere 1020

TEN'PYO NO IRAKA ***

TV

Regie: Kei Kumai
Darsteller: Katsuo Nakamura, Masaaki Daimon
Drehbuch: Yoshika Ida
Kamera: Masahisa Himeda
Musik: Toru Takemitsu
Produktion: Japan/VR China 1979
Sendetermin: 4.1.88, ARD
Länge: 120 Min.

Mit einer kaiserlichen Gesandtschaft reisen im 8. Jahrhundert junge Mönche aus Japan nach China, um heilige Schriften zu kopieren und berühmte Lehrer zu gewinnen für eine Reform des Buddhismus in ihre Heimat. Aus der Reise wird eine jahrzehntelange Odyssee, die durch ganz China führt. Mit prächtigen Bildern chinesischer Landschaften und Kulturdenkmäler feiert der japanische Film das große China als Mutterland ostasiatischer Kultur. *ARD*

Überfall im Wandschrank 1021

MONSTER IN THE CLOSET **

Regie: Bob Dahlin
Darsteller: Donald Grant (Richard Clark), Denise DuBarry (Diane Bennett), Claude Akins (Sheriff Ketchum),Howard Duff (Father Martin), Henry Gibson (Prof. Pennyworth), Donald Moffat (Gen.Turnbull), Paul Dooley (Roy Crane), Stella Stevens (Margo Crane), John Carradine (Joe), Frank Ashmore, Paul Walker
Drehbuch: Bob Dahlin
Kamera: Ronald McLeish (Farbe)
Musik: Barrie Guard
Schnitt: Raja Gosnell, Stephanie Palinski
Produktion: David Levy, Peter L. Bergquist für Closet Prod. für Troma, USA 1986
Verleih: Hollywood/-/-
Kinostart: 14.4.88
FSK: ab 16, nffr.
Länge: 89 Min.

Videotitel: Ein Krümelmonster im Haus

Der Film erzählt von Kleinstadt-Terror durch ein »Alien«-Monster, das durch Wandschränke geistert und meuchelt. Niemand und nichts scheint ihm etwas anhaben zu können. Wie es dann schließlich doch besiegt wird, beschreibt diese Horror-Science-Fiction-Persiflage mit Verweisen auf die Genre-Muster aus den Fünfzigern und Sechzigern. Allerdings mehr zitierend denn persiflierend. Mit der Folge, daß das Ganze eher langweilig als gruselig oder witzig ist. *Beate Ostermann, tip*

Die Unbarmherzigen 1022

NOWHERE TO HIDE **

Regie: Mario Azzopardi
Darsteller: Amy Madigan (Barbara Cutter), Daniel Hugh Kelly (Rob Cutter), Robin MacEachern (Johnny Cutter), Michael Ironside (Ben), John Colicos (General Howard), Chuck Shamata, Clark Johnson
Drehbuch: Alex Rebar, George Goldsmith nach einer Erzählung von Alex Rebar
Kamera: Vic Sarin (Farbe)
Musik: Brad Fiedel
Schnitt: Rit Wallis
Produktion: Andras Hamori für Alliance Entertainm. Prod., USA 1987
Verleih: Highlight/Czerny/-
Kinostart: 28.7.88
FSK: ab 16, ffr.
Länge: 90 Min.

Ein Action-Stoff, bei dem einmal nicht ein harter Kerl, sondern eine tapfere Frau gejagt wird und sich auch brutal zur Wehr setzt. Hinter allem stecken hochrangige Geschäftsleute aus der Rüstungsindustrie, die ihre Profite gefährdet sehen. Also wird drauflosgeballert, was die Waffen nur so hergeben. *tip*

Und sie erkannten ihn nicht 1023

L'INCHIESTA ***

TV

Regie: Damiano Damiani
Sendetermin: 1.4.88, ZDF

Kam bereits 1987 unter dem Titel »Die Untersuchung« auf Video heraus. Daher alle vollständigen Angaben und Besprechungen im Heyne Filmjahrbuch 1988.

Undercover O.S.S. 1025

92 GROSVENOR STREET *

Video

Regie: Sheldon Larry
Darsteller: Hal Holbrook, David McCallum, Ray Sharkey
Produktion: GB 1985
Verleih: -/-/-/New Vision Video
Erstaufführung: 14.11.88

Olle Fernsehkamelle um zwei Agententeams, die im Norwegen des 2. Weltkriegs eines Wissenschaftlers habhaft werden wollen, der das Geheimnis der Atombombe entdeckt hat.

Under the Gun 1024

UNDER THE GUN **

Video

Regie: James Shardellati
Darsteller: Vanessa Williams, Sam Jones
Produktion: , USA 1987
Verleih: -/-/-/USA Video
Erstaufführung: 25.4.88
Länge: 93 Min.

Ein verwegener Cop macht sich nach Los Angeles auf, um den Mörder seines Bruders ausfindig zu machen. Bei den Recherchen stößt er auf einen Waffenhändler, der gerade seinen größten Deal vorbereitet: den Verkauf von Plutonium. Solide amerikanische Actionware mit plausibel erzählter Story, einer gelungenen Verfolgungsjagd und einer attraktiven Frau.

Video-Markt

Underground Werewolf 1026

CELLAR DWELLER **

Video

Regie: John Carl Buechler
Darsteller: Debrah Mulrowney (Whitney Taylor), Vince Edwards (Meshelski), Brian Robbins (Philip), Cheryl-Ann Wilson (Lisa), Jeffrey Combs (Colin Childress), Pamela Bellwood (Amanda), Yvonne de Carlo (Mrs. Briggs), Michael S. Deak (Underground Werewolf)
Drehbuch: Kit DuBois
Kamera: Sergio Salvati (Technicolor)
Musik: Carl Dante
Schnitt: Barry Zetlin
Produktion: Bob Wynn für Dove Corp., Empire Pic., USA 1988
Verleih: -/-/-/VPS Video
Erstaufführung: 28.4.88
FSK: nicht unter 18 J.
Länge: 77 Min.

Die talentierte Comiczeichnerin Whitney erschafft im Keller der Villa ihres toten Vaters ein Horrorcomic um eine leichenfressende Mischung aus Werwolf und Vampir. Wie vor 30 Jahren wird das Untier Realität und beginnt die Kunststudenten zu ermorden. Origineller Horrorthriller, der als Hommage an die legendären EC-Horrorcomics wesentlich gelungener ist als George Romeros »Creepshow«.

VideoWoche

Underworld 1027

UNDERWORLD **

Video

Regie: George Pavlou
Darsteller: Denholm Elliott (Dr. Savary), Steven Berkoff (Hugo Motherskille), Larry Lamb (Roy Bain), Miranda Richardson (Oriel), Art Malik (Fluke), Nicola Cowper (Nicole), Ingrid Pitt (Pepperdine), Irina Brook (Bianca)
Drehbuch: Clive Barker, James Caplin
Kamera: Sydney Macartney (Farbe)
Musik: Freur
Schnitt: Chris Ridsdale
Produktion: Kevin Attew, Don Hawkins für Limehouse Pictures/Green Man Productions, Großbritannien 1985
Verleih: -/-/-/Vestron Video
Erstaufführung: Juni 88
FSK: nicht unter 18 J.
Länge: 100 (88) Min.

Rauschgiftabhängige Untergrundmutanten kidnappen ein gegen die Droge immunes Mädchen, worauf sich deren Ex-Freund auf die Suche nach ihr macht. Dies war einer jener Filme, die Clive Barker dazu bewogen haben, bei »Hellraiser« selbst die Regie zu übernehmen.

Der große schwedische Kameramann Sven Nykvyst, der viele Bergman-Filme photographiert hat und Regisseur Philip Kaufman bei den Dreharbeiten zu »Die unerträgliche Leichtigkeit des Seins«.

Die unerträgliche Leichtigkeit des Seins **1028**
THE UNBEARABLE LIGHTNESS OF BEING ****

Regie: Philip Kaufman
Darsteller: Daniel Day-Lewis (Tomas), Juliette Binoche (Teresa), Lena Olin (Sabina), Derek de Lint (Franz), Erland Josephson (Botschafter), Pavel Levandovksy (Pavel), Donald Moffat (Chefarzt), Daniel Olbrychski (Agent des Innenministeriums), Stellan Starsgard (Ingenieur), Tomek Bork (Jiri)
Drehbuch: Jean-Claude Carrière, Philip Kaufman, nach dem gleichn. Roman von Milan Kundera
Kamera: Sven Nykvist (Technicolor)
Schnitt: Walter Murch
Produktion: Saul Zaentz für Saul Zaentz Company, USA 1987
Verleih: Tobis/Constantin/Rialto/CBS-Fox Video
Kinostart: 7.4.88
FSK: ab 16, ffr.
Länge: 172 Min.

Die Verfilmung von Milan Kunderas vielfach verschlungenem Roman verzichtet auf die philosophischen Ausführungen, den spielerischen Charakter der Vorlage und konzentriert sich auf die chronologische Ausmalung einer Liebesgeschichte im Prag von 1968. Der Film verdeutlicht zuwenig die zwingende Verbindung zwischen Geschichtsschreibung und persönlichem Schicksal, dafür tritt er mit seinem ungemein einfühlsamen Gespür für Orte, Gegenstände und vor allem für Körper, in deren Zusammenspiel sich wortlos das Spannungsfeld von Sexualität und Gefühl erschließt, dem poetischen Universum Kunderas erstaunlich nahe. *Zoom*

Dietmar Bittrich in: Die Welt, 9.4.88; Wolf Donner in: tip, 8/88; Norbert Grob in: Kölner Stadt-Anzeiger, 9.4.88; Peter Körte in: FR, 14.4.88; H.G. Pflaum in: SZ, 7.4.88; Hans-Dieter Seidel in: FAZ, 19.4.88

Magische Erotik. Lena Olin in »Die unerträgliche Leichtigkeit des Seins«. ▶

Das unheimliche Auge **1029**
LE FOTO DI GIOIA **
Video

Regie: Lamberto Bava
Darsteller: Serena Grandi (Gloria), Daria Nicolodi (Evelyn), Katrine Michelsen (Kim), Capucine (Flora), Sabrina Salerno (Sabrina), David Brandon (Roberto)
Drehbuch: Gianfranco Clerici, Daniele Stoppa
Kamera: Gianlorenzo Battaglia (Technicolor)
Musik: Simon Boswell

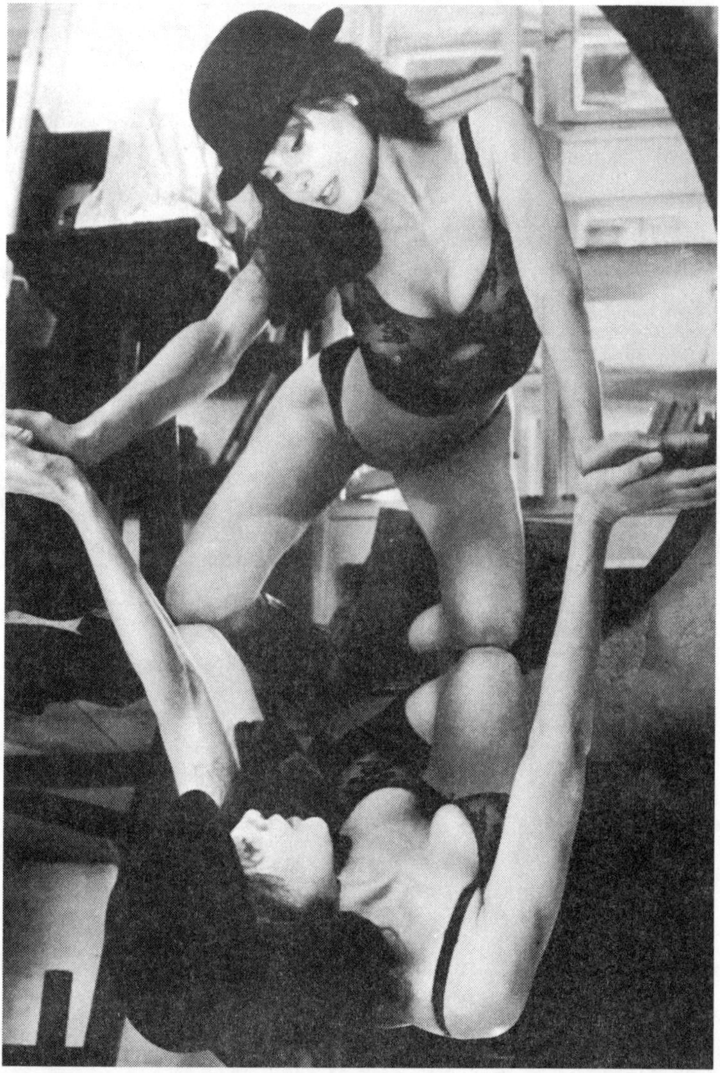

Produktion: Devon/Dania/Medusa/Filmes International/Nat. Cinematografica, Italien 1987
Verleih: -/-/-/New Vision Video
Erstaufführung: 25.4.88
Länge: 93 Min.

Das ehemalige Fotomodell Gloria ist Besitzerin des Girlie-Magazins »Pussycat«. Nacheinander fallen ihre Mädchen einer mysteriösen Mordserie zum Opfer, ihre Leichen werden vor einem Bild von Gloria, die das eigentliche Ziel des Mörders ist, fotografiert. Harter Horrorthriller voller Irritationen. *VideoWoche*

Eine Uni voller Affen 1030

MONKEY'S UNCLE **
Video

Regie: Robert Stevenson
Darsteller: Tommy Kirk, Annette Funicello, Leon Ames, Frank Feylan, Arthur O'Connell
Drehbuch: Tom August, Helen August
Kamera: Edward Colman (Farbe)
Musik: Buddy Baker
Produktion: Walt Disney, USA 1965
Verleih: -/-/-/Walt Disney Home Video
Erstaufführung: 1.7.88
FSK: ab 0 J.
Länge: 89 Min.

Musterschüler Merlin wendet zuerst die an seinem dressierten Affen erprobte »Schlaflern-Methode« an, um zwei unbegabte Football-Stars durch die Prüfung zu bringen. Danach muß er ein mit Muskelkraft betriebenes Fluggerät konstruieren, um der Football-Fraktion die millionenschwere Spende eines Privatmanns zu sichern, der sich allerdings als entlaufener Irrer entpuppt. Harmloser Disney-Ulk aus den Sechzigern.
VideoWoche

Uninvited 1031

UNINVITED *
Video

Regie: Greydon Clark
Darsteller: George Kennedy (Mike Harvey), Alex Cord (Walter Graham), Clu Gulager (Albert), Toni Hudson (Rachel), Eric Larson (Martin), Clare Carey (Bobbie), Rob Estes (Corey), Shari Shattuck (Suzanne)
Drehbuch: Greydon Clark
Kamera: Nicholas von Sternberg (Farbe)
Musik: Dan Slider
Schnitt: Travis Clark
Produktion: Greydon Clark für Heritage Entertainment, USA 1988
Verleih: -/-/-/Splendid Video
Erstaufführung: 24.10.88
FSK: nicht unter 18 J.
Länge: 89 Min.

Bei einem Segeltörn darf die durch Tierversuche zur Bestie gewordene Miezekatze eines Teenagers am verbrecherischen Besitzer der Luxusjacht ihre Krallen wetzen.

Die unschlagbaren Super-Nieten 1032

VAMPIRE RIDERS NINJA QUEEN *
Video

Regie: Bruce Lambert
Darsteller: Martin Dukes, Walter Jackson, Agnes Chan, Chris Peterson
Drehbuch: Antonin Gassner
Kamera: Ashley Morgan (Farbe)
Produktion: Filmark, Hongkong 1987
Verleih: -/-/-/Onyx Video
Erstaufführung: 28.3.88
Länge: 89 Min.

Actionreiches Verwirrspiel um Ninjas jeder Couleur, die für Chaos und Schrecken in der Hotelbranche sorgen.

Unschuldig gefangen 1033

LUST FOR FREEDOM *
Video

Regie: Eric Louzil
Darsteller: Melanie Coll (Jillian Cates), William J. Kulzer (Sheriff Cole), Judi Trevor (Pusker), Deana Booher (Big Eddie), Howard Knight (Warden Maxwell), Elizabeth Carlisle (Vicky)
Drehbuch: Craig Kusaba, Duke Howard
Kamera: Ron Chapman (TVC Color)
Musik: John Messari
Schnitt: Steve Mann, David Khachatorian
Produktion: Eric Louzil für Troma/Mesa Films, USA 1987
Verleih: -/-/-/Bullit Video
Erstaufführung: 18.1.88
Länge: 91 Min.

Nach dem Tod ihres geliebten Partners quittiert die Polizistin Gillian den

Dienst und verläßt die Stadt. Im Bundesstaat Georgia wird sie grundlos verhaftet und in ein Frauenzuchthaus gesteckt, in dem die Insassinen von der kriminellen Anstaltsleitung vergewaltigt, für Pornofilme mißbraucht und ermordet werden. Ziemlich überdrehter Zuchthausthriller aus dem Hause Troma, garniert mit voyeuristischen Softsex-Einlagen. *VideoWoche*

Unter Freunden 1034

**

Regie: Lukas Stepanik
Darsteller: Oliver Sauer (Edgar), Klaus Rohrmoser (Robert), Patrizia Piccinini (Sasa), Ferdinando Orlandi (Nando, Sasas Vater), Karl-Heinz Weixelbraun (Helmut), Julia Stemberger (Verena), Michael Galli (Regina)
Drehbuch: Markus Heltschl, Lukas Stepanik
Kamera: Bernd Neuburger (Farbe)
Musik: Martin Stepanik, Vögel Europas, Very Serious
Schnitt: Veronika Putz, Hubert Canaval
Produktion: Rudi Palla für Extrafilm, Österreich 1988
Verleih: -/topfilm/-
Erstaufführung: 2.7.88, Filmfest München
Kinostart: Sept. 88
BMUKS: Jugendverbot, Wien: ab 16
Länge: 90 Min.

Der Wiener Stepanik hat schon einiges gedreht, doch diese Story ging ihm ziemlich daneben. Da gibt es eine kleine, aparte Italienerin, die, von ihrem Vater, einem Ex-Boxer und Aussteiger, unglücklich geliebt, zwischen einem Romantiker und Body-Yuppie hin und her springt. Die zwei pennen mit ihr, sind dann aber doch wieder »Freunde«. Ohne erkennbare eigene Handschrift, ohne Psychologie: sterile Amore. *Kai Niemeyer, AZ*

Unter Null 1035

LESS THAN ZERO **

Regie: Marek Kanievska
Darsteller: Andrew McCarthy (Clay), Jami Gertz (Blair), Robert Downey jr. (Julian), James Spader (Rip), Michael Bowen (Hop), Nicholas Pryor (Benjamin Wells), Tony Billi, Dona Mitchell, Sarah Buxton
Drehbuch: Harley Peyton, nach einer Erzählung von Bret Easton Ellis
Kamera: Edward Lachman (DeLuxe Color)
Musik: Thomas Newman
Schnitt: Peter E. Berger, Michael Tronick
Produktion: Jon Avnet, Jordan Kerner mit Marvin Worth für 20th Century Fox mit American Films und American Ent., USA 1987
Verleih: 20th Century Fox/dto./dto./ CBS-Fox Video
Erstaufführung: 18.2.88, Reihe Panorama bei den Int. Filmfestspielen Berlin
Kinostart: 28.4.88
FSK: ab 16, ffr.
Länge: 96 Min.

Die Mühsal der reichen Leute in Beverly Hills: Den Mangel an elterlicher Liebe und an Lebenserfüllung betäuben sich die geschleckten Finanzsprösslinge während ausgelassener Klubnächte mit Alkohol und Drogen. Marek Kanievskas Film hat sich ganz der kühlen, synthetischen Äußerlichkeit dieser konsumgierigen Schickeria verschrieben und kreist mit einer ausgesuchten bildlichen Ästhetik den schönen Schein ein, in dem die Figuren bis in den Tod gefangen bleiben: Sie sterben bei betörendem Sonnenaufgang, ohne je richtig gelebt zu haben. *Zoom*

Michael Althen in: Die Zeit, 22.7.88; Peter Buchka in: SZ, 24.4.88; Gregor Dotzauer in: FAZ, 30.4.88; Roland Vogler in: Zoom, 11/88

Until Death 1036

UNTIL DEATH *

Regie: Lamberto Bava
Darsteller: Gioia Scola, David Brandon, Urbano Barberini, Marco Vivio
Produktion: Dania/Devon Film, Italien 1987
Verleih: -/-/-/Skyline Video
Erstaufführung: 22.11.88
Länge: 93 Min.

Ein vor Jahren ermordeter Ehemann taucht plötzlich wieder auf und fordert Rache. Stellenweise faszinierender Horror-Thriller voll Alptraumvisionen und surrealistischer Bilder.

Urban Warriors 1037

URBAN WARRIORS *

Video

Regie: Joseph Warren
Darsteller: Karl Landgren, Alex Vitale, Bjorn Hammer
Produktion: Italien 1987
Verleih: -/-/-/VPS Video
Erstaufführung: 21.7.88
Länge: 82 Min.

Postatomarer Wissenschaftler gegen die gehirnmutierten Motorrad-Desperados. »Apokalypse am Baggersee mit dümmlichen Dialogen«, formulierte es die VideoWoche boshaft.

Das Urteil des Richters 1038

CRY FOR JUSTICE ***

TV

Regie: Bob Kelljan
Darsteller: Dennis Weaver (Sergeant Bently), Robert Culp (Sergeant Price), Larry Hagman (Dwight Sheppard), Diana Muldaur (Jessica Bently), Warren Kemmerling (Driscoll), Michael Conrad (Babchuck), Robert Englund (Painter), Donald Reid, Biff McGuire, Sharon Acker, Nehemiah Persoff
Drehbuch: Joshua Hanke
Kamera: Emmett Bergholz
Musik: Richard Shores
Schnitt: Arthur D. Hilton
Produktion: David Gerber für Columbia, USA 1978
Sendetermin: 28.6.88, ZDF
Länge: 89 Min.

Es dauerte etwas lange, ehe der Film über den üblichen Krimi-Verlauf hinauslief: Es ging in Bob Kelljans Film weniger um einen versuchten Polizistenmord als um die psychologischen Spannungen zwischen zwei gleichwertigen, doch verschieden bewerteten Polizisten unterschiedlicher Rechtsauffassung. Dennis Weaver machte aus dem Durchschnittstyp des guten Polizisten Bentley einen stillen Kämpfer für Gerechtigkeit. Daß ihn sein selbstsicherer Partner Price in der allgemeinen Anerkennung ständig überrundet, fühlt er als Stachel erst, als Price auch noch den unverdienten Dank kassiert für Bentleys Lösung eines komplizierten Falls.

Münchner Merkur

U2 – Rattle & Hum 1039

U2 – RATTLE & HUM ***

Regie: Phil Joanou
Darsteller: Bono Vox, »The Edge« Dave Evans, Adam Clayton, Larry Mullen
Kamera: Jordan Cronenweth (Farbe), Robert Brinkman (s/w)
Musik: U2; Jimmy Iovine (Produktion), Chris Jenkins (Re-Recording Mixer)
Schnitt: Phil Joanou
Produktion: Michael Hamlyn für Midnight Films, USA 1988
Verleih: UIP/-/UIP
Kinostart: 17.11.88
FSK: ab 12, ffr.
Länge: 99 Min. (OmU)

Der Film zeigt vier Kids aus Irland, die in Amerika zu Superstars des Popgeschäfts wurden. Der Film dokumentiert ihren Siegeszug durch die Konzertarenen in den Staaten, während der Tournee 87. Vier Millionäre im zerschlissenen Proletenlook finden im Geburtsland des Rock'n'Roll zurück zu ihren musikalischen Wurzeln, zu B.B. King, Elvis und anderen. Ein Muß für Fans, aufgrund der schönen Fotografie aber auch für andere Musikfreunde ein Erlebnis. *tip*

Wolfgang Höbel in: SZ, 23.11.88; Hans Hoff in: Rheinische Post, 18.11.88

La Vallée Fantôme 1040

LA VALLEE FANTOME ***

Regie: Alain Tanner
Darsteller: Jean-Louis Trintignant (Paul), Jacob Berger (Jean), Laura Morante (Dara), Caroline Cartier (Madeleine), Ray Serra, Jane Holzer, Françoise Michaud
Drehbuch: Alain Tanner
Kamera: Patrick Blossier (Eastmancolor)
Musik: Arie Dzierlatka
Schnitt: Laurent Uhler
Produktion: Jean-Louis Porchet für Filmograph/MKS/WDR/TSR/La SEPT/CAB, Schweiz/Frankreich 1987
Verleih: -/-/Regina
Uraufführung: Biennale Venedig, 1987
Kinostart: Jan. 88
Länge: 102 Min.

An der Biennale 1987 in Venedig uraufgeführt, hat Alain Tanners Film die ihm gehörende Anerkennung leider nicht gefunden. Hauptfigur ist ein alternder Filmemacher, den der Überdruß an Bildern, die die Wirklichkeit des Lebens alle verbraucht haben, erdrückt. Eine Schauspielerin, die unverbraucht ist, so malt er sich aus, könnte ihn wieder in Gang setzen, ihn aus seiner Schaffenskrise herausreißen. Die Geschichte des Films ist die Geschichte dieses Suchens. In der Rolle des Filmemachers, dessen Erleben Alterserfahrung überhaupt spiegelt, glänzt Jean-Louis Trintignant. *Zoom*

Martin Schlappner in: Zoom, 2/88

The Vals 1041

THE VALS *

Video

Regie: James Polakof
Darsteller: Jill Caroll (Samantha), Elena Stratheros (Trish), Michelle Laurita (Beth), Gina Calabrase (Annie), Chuck Connors (Trishs Vater), Tiffany Bolling (Samanthas Mutter), Sue Anne Langdon (Fernsehstar)
Drehbuch: James Polakof, Deborah Amelon
Kamera: G.W. »Dink« Read (Farbe)
Musik: Daphna Edwards
Schnitt: Millie Paul
Produktion: James Polakof für Entertainment Artists, USA 1982
Verleih: -/-/-/UFA Video
Erstaufführung: 15.1.88
FSK: ab 16 J.
Länge: 100 Min.

Ein Mädchenquartett vom Lande kommt in die Stadt auf der Suche nach erotischen Abenteuern. Teenie-Komödie der Mittelklasse mit ein paar erotischen Einlagen. Handlung, Hauptdarsteller und Humor können nicht überzeugen, Dialoge und Geschichte sind sehr mäßig. *Video-Markt*

Die Venusfalle 1042

**

Regie: Robert van Ackeren
Darsteller: Myriem Roussel (Marie), Horst-Günther Marx (Max), Sonja Kirchberger (Coco), Hanns Zischler (Kurt), Rolf Zacher (Dr. Steiner), Ellen Umlauf
Drehbuch: Robert van Ackeren, Catharina Zwerenz
Kamera: Jürgen Jürges (Farbe)
Musik: Peer Raben
Schnitt: Clarissa Ambach
Produktion: Robert Van Ackeren, Theo Hinz für Robert van Ackeren Filmprod./Pro-ject/M + P/ZDF, BRD 1988
Verleih: Filmverlag der Autoren/Constantin/Sadfi/Starlight-Film Video
Erstaufführung: Int. Filmfestspiele Cannes 1988
Kinostart: 8.9.88
FSK: ab 16, ffr.
Länge: 103 Min.
Prädikat: Wertvoll

Ein Arzt (trocken: Horst-Günther Marx) schiebt einen Nachtdienst nach dem anderen, bloß um nicht dauernd von seiner fleischfressenden Pflanze daheim vernascht zu werden (wirklich eine Entdeckung: Sonja Kirchberger). In Traumszenen und realiter beim nächtlichen Heimweg sucht er sich eine neue Traumfrau und findet sie in einer eher herben Schönheit (umwerfend: Myriem Roussel).

Die völlig neue Thematik deckt Regisseur Robert van Ackeren wieder mit seiner geliebten Designer-Ästhetik zu, verführt mit schönen Menschen, schönem Interieur und schönen Soft-Porno-Szenen zum Genuß. Aber es bleibt halt immer das gleiche: Mal ist's die flambierte Frau - mal der Mann, der nichts anbrennen läßt.

Rainer Seyppel, tz

Marli Feldvoss in: FAZ, 9.9.88; Gertrud Koch in: FR, 13.9.88; Margarete von Schwarzkopf in: Die Welt, 7.9.88; Claudius Seidl in: SZ, 8.9.88

Verbieten verboten 1043

***

16 mm

Regie: Lothar Lambert
Darsteller: Dagmar Beiersdorf, Dorothea Moritz, Dennis Buczma, Stefan Menche, Renate Soleymany, Doreen Heins, Inga Schrader, Nilgün Taifun, Sigurd Wendland, Ingrid Caven, Dieter Schidor
Drehbuch: Lothar Lambert
Kamera: Albert Kittler, Lothar Lambert
Schnitt: Lothar Lambert
Produktion: Lothar Lambert Prod., BRD 1987
Verleih: Lothar Lambert/-/-
Erstaufführung: 23.2.88, Reihe Panorama bei der Berlinale 1988
Kinostart: März 88
Länge: 60 Min.

Der Film ist weniger ein Vergnügen für Cineasten, als vielmehr der über weite Strecken gelungene, subversive Versuch, den offiziösen Berlin-Kult auf ebenso witziges wie schmutziges Maß an provinzieller Realität zurechtzustutzen, wobei Lothar Lambert seinem Lieblingsthema auf erfrischend einfallsreiche Weise treu bleibt. *tip*

Anke Sterneborg in: Der Tagesspiegel, 25.2.88

Eine verdammt heiße Ware 1044

HOT PAINT

**

Video

Regie: Sheldon Larry
Darsteller: Gregory Harrison, John Larroquette, Cyrielle Claire, John Glover, Jonathan Cecil, Maury Chaykin, Julie Bovasso
Drehbuch: Eliot Wald, Andrew Kurtzman
Kamera: Rene Ohashi (Farbe)
Musik: Brad Fiedel
Produktion: Mike Rauch, Matthew Rushton für Catalina, USA 1988
Verleih: -/-/-/MGM/UA Home Video
Uraufführung: 20.3.88 (CBS)
Erstaufführung: 21.6.88
Länge: 88 Min.

Ein Gauner will seinen Beruf an den Nagel hängen, wird aber mit einer List von einem Freund in den nächsten Coup verstrickt. Sie klauen teure Gemälde, die ihnen bis auf eines bei der Flucht abhanden kommen. Das eine aber erweist sich gerade als millionenschweres Objekt. Dynamische Krimikomödie ohne große visuelle Reize, dafür aber mit guten Einfällen und viel Wortwitz. *Video-Markt*

Verfluchtes Amsterdam 1045

AMSTERDAMNED

***

Regie: Dick Maas
Darsteller: Huub Stapel, Monique van de Ven, Serge-Henri Valcke, Wim Zomer
Drehbuch: Dick Maas
Kamera: Marc Felperlaan (Farbe)
Musik: Dick Maas
Schnitt: Hans van Dongen
Produktion: Lauren Geels, Dick Maas für First Floor Features, Niederlande 1988
Verleih: Scotia-Cannon/Czerny/Alpha/VMP/Cannon Video
Kinostart: 23.6.88
FSK: ab 16, ffr.
Länge: 113 Min.

Der Film lädt ein zu einer ungewöhnlichen Sightseeing-Tour durch eine ungewöhnliche Stadt, durch Amsterdam. Ein Taucher schlachtet von den Grachten aus Menschen ab, die Polizei ist seiner Raffinesse hilflos ausgeliefert. Ein hervorragend gemachter Thriller, wie es sich gehört: konventionell und solide, ein bißchen banal und vordergründig, dafür aber schnell, spannend und bis zur letzten Minute voller Überraschungen. Ein Film mit dem Duft, aber auch dem Gestank Amsterdams, ein Thriller von altem Schrot und Korn, mit einem toughen

Huup Stapel und einer aufregenden Monique van de Ven.

Wolfgang Brenner, tip

Frank Arnold in: Zitty, 13/88

Die Verführung 1046

LA SEDUCCION

****

TV

Regie: Arturo Ripstein
Darsteller: Katy Jurado (Isabel), Viridiana Alatriste (Mariana), Gonzalo Vega (Felipe), Noe Murayama (Romulo)
Drehbuch: Arturo Ripstein, Carlos Castanon frei nach der Novelle »Die Verlobung« von Heinrich von Kleist
Kamera: Alex Phillips
Musik: Leonardo Velazquez
Schnitt: Rafael Ceballos
Produktion: Mexiko 1980
Sendetermin: 30.6.88, ZDF
Länge: 81 Min.

Ein Intrigenspiel in Mexiko der dreißiger Jahre, zur Zeit der Revolution: Eine Mutter läßt ihre Tochter regierungstreue Soldaten verführen, die dann wehrlos getötet werden. Doch das hinterhältig-brutale Spiel wird jäh durchkreuzt, als das Mädchen sich in einen Capitano, der auch verführt werden soll, verliebt. Nun tut sie alles, um ihn zu retten. Der Film beschränkt sich vor allem im Handlungsort: Nicht Revolutionsschlachten dominierten, sondern das Leben im Haus. Das ließ die Konflikte in den Personen leicht nachvollziehbar werden.

Berliner Morgenpost

Anne Rose Katz in: SZ, 2.7.88; gg in: Stuttgarter Zeitung, 2.7.88

Die vergessene Insel 1047

PASCALI'S ISLAND

****

Regie: James Dearden
Darsteller: Ben Kingsley (Basil Pascali), Charles Dance (Anthony Bowles), Helen Mirren (Lydia Neuman), Nadim Sawalha (Pasha), Stefan Gryff (Izzet Effendi), George Murcell (Herr Gesing), T.P.McKenna (Dr. Hogan), Danielle Allan (Mrs. Hogan), Sheila Allan, Nick Burnell, Kevork Malikyan, Vernon Dobtcheff, Josh Losey
Drehbuch: James Dearden nach dem gleichn. Roman von Barry Unsworth
Kamera: Roger Deakins (Farbe)
Musik: Loek Dikker
Schnitt: Edward Marnier

Vertrauen und Verdacht am Rande der Welt: Ben Kingsley und Helen Mirren in »Pascali's Island«.

Produktion: Eric Fellner für Avenue Initial mit Film Four/Dearfilm, Großbritannien 1987
Verleih: Concorde/Czerny/Monopole Pathé/VCL/Virgin Video
Uraufführung: 11.5.88, Wettbewerb der Int. Filmfestspiele Cannes
Erstaufführung: 26.6.88 Filmfest München
Kinostart: 18.8.88
FSK: ab 12, ffr.
Länge: 103 Min.
Prädikat: Besonders wertvoll

In der exotischen Welt einer kleinen Ägäis-Insel unter türkischer Herrschaft zu Beginn des Jahrhunderts siedelt der 38jährige britische Regisseur James Dearden (als Drehbuchautor des Kassenrenners »Eine verhängnisvolle Affäre« zu Hollywood-Meriten gelangt) eine sensibel inszenierte und ewig gültige Tragödie von Verlassenheit und Verrat an.

Zwanzig Jahre hat Pascali (großartig Ben Kingsley in einer Studie kafkaesker Verzweiflung) eine Schattenexistenz geführt als unbedeutender Spion des Sultans, der niemals auf die ergebenen Berichte reagiert hat. 1908, vor dem Zusammenbruch des Osmanischen Reiches, machen internationale Waffenschieber die Insel zum Stützpunkt zynischer Geschäfte. Als der geheimnisvolle britische Archäologe Bowles auftaucht, sieht der gedemütigte Pascali eine letzte Chance, seinem Leben einen Sinn zu geben. Zwei Herren will er nun dienen und wird zerrieben in diesem Konflikt.

Pascali verstrickt sich in notorischem Mißtrauen bis zum blutigen Verrat an den einzigen beiden Menschen, die ihm ihre Freundschaft angeboten haben, an Bowles und der Malerin Lydia. Endgültig ist Pascali verdammt zu lebenslänglicher Bitterkeit und Reue. Ben Kingsleys Schauspielkunst erweckt Mitgefühl mit dem tragischen Versager. Ein Menschendrama, zeitlos. *Angie Dullinger, AZ*

Gerd Berghoff in: Kölnische Rundschau, 20.8.88; Siegfried Diehl in: FAZ, 24.8.88; Astrid Heinrich in: Kölner Stadt-Anzeiger, 20.8.88; Claudius Seidl in: SZ, 16.8.88

Eine verhängnisvolle Affäre 1048

FATAL ATTRACTION ****

Regie: Adrian Lyne
Darsteller: Michael Douglas (Dan Gallagher), Glenn Close (Alex Forrest), Anne Archer (Beth Gallagher), Ellen Hamilton Latzen (Ellen Gallagher), Stuart Pankin (Jimmy), Ellen Foley (Hildy), Fred Gwynne (Arthur), Meg Mundy (Joan Rogerson), Tom Brennan (Howard Rogerson), Lois Smith (Martha)
Drehbuch: James Dearden
Kamera: Howard Atherton (Farbe)
Musik: Maurice Jarre
Schnitt: Michael Kahn, Peter E. Berger
Produktion: Sherry Lansing, Stanley R. Jaffe für Paramount, USA 1987
Verleih: UIP/UIP/UIP/CIC Video
Erstaufführung: 23.1.88, Max Ophüls Preis, Saarbrücken
Kinostart: 4.2.88
FSK: ab 16, ffr.
Länge: 119 Min.

Dieser hinterhältig vom mittelständischen Dreiecksmelodram in einen dämonischen Ausbruch des Bösen umschlagende Thriller, exzellent inszeniert und gespielt, ist ein Film der panischen Männer-Angst: Das Phantombild »emanzipierte Frau« verzerrt sich zur riesenhaften Medusa, bereit, den Mann zu verschlingen.

Aids mag den letzten Anstoß gegeben haben für diese kaum verkappte Hexenfurcht. Doch man braucht gar keinen Tiefenpsychologen zu bemühen, um hier die alte puritanische Familienordnung als neue Heilslehre (gegen vermeintliche feministische Bedrohung) zu entdecken. Das New Yorker Single-Weib, hinreißend schön, spontan und erotisch explosiv, entpuppt sich – ist der solide Gatte und Familienvater erst einmal in die Sexfalle gestolpert – als hysterisches Miststück und als erpresserische Psychopathin, deren besitzgierige Fangarme Vatis heimeliger Kleinfamilie tückisch die Luft abzuschnüren trachten.

Am Anfang ist die Dame sehr sympathisch. Als lockende Charme-Bohemienne liefert sie dem Wochenend-

Die Liebe ist kein Spiel. Michael Douglas und Glenn Close in dem Superhit »Eine verhängnisvolle Affäre«.

Strohwitwer höchstes Männerglück: Die kleine unverbindliche Quicky-Orgie als ungewohntes Sinnenfeuerwerk. Glenn Close, eine frappant beunruhigende Zweitausgabe Meryl Streeps, und Michael Douglas als Musterexemplar des guten US-Bürgers spielen subtil die Szenen eines

heiter-elektrisierenden Seitensprungs.
Wie dann aus dem Blondkopf ein schlangenzüngelndes Gorgonenhaupt wird und aus dem kurzen Freudenquell ein langer Schrecken (mit Telefonterror, furienhaften Bedrohungen, Ums-Haus-Schleichen, Durchdrehen), das erhält immer mehr die Dimension einer irrealen, symbolischen Vernichtungs-Attacke: Ein Horrorschocker. Befreiung gibt es nur durch physische Ausrottung: Stirb, Satan!
In dieser Gleichsetzung von »Emanze« mit Wahnsinn und teuflischer Bösartigkeit steckt so etwas wie ein Racheakt des männlichen Unterbewußtseins: Das aggressive, verantwortungslose Frauen-Ego stört Ordnung und Moral.
Ein blendend gemachter Psychothriller auf der Hitchcock-Spur – aber zugleich ein ausgemacht mieses, wohlfeiles Sündenbockmodell. *Ponkie, AZ*

Helmut W. Banz in: Kölner Stadt-Anzeiger, 6./7.88; Norbert Grob in: Die Zeit, 5.2.88; Peter Krauss in: FR, 6.2.88; Hans-Dieter Seidel in: FAZ, 9.2.88; Claudius Seidl in: SZ, 8.2.88; o.a. Der Spiegel: 1.2.88

Eine verhängnisvolle Erfindung 1049

14 GOING ON 30 **

Video

Regie: Paul Schneider
Darsteller: Steve Eckholdt, Daphne Ashbrook, Adam Carl, Gabey Olds, Irene Tedrow, Patrick Duffy, Harry Morgan, Loretta Swit, Dick van Patten
Drehbuch: Richard Jeffries
Kamera: Fred J. Koenekamp (Farbe)
Musik: Lee Holdridge
Produktion: Susan B. Landau für Walt Disney TV, USA 1988
Verleih: -/-/-/Walt Disney Home Video
Uraufführung: 6.3.88 (ABC)
Erstaufführung: 21.11.88
Länge: 81 Min.

Märchenhafte Disney-Komödie um den derzeit beliebten Topos der Gestalts- und Altersveränderung, recht flott und ansprechend in Szene gesetzt. *VideoWoche*

Verhängnisvolle Leidenschaft 1050

RAPE AND MARRIAGE: THE RIDEOUT CASE ***

Video

Regie: Peter Levin
Darsteller: Mickey Rourke (John Rideout), Linda Hamilton (Greta Rideout), Rip Torn (Charles Burt), Eugene Roche (Gary Gortmaker), Conchata Ferrell (Helen), Gail Strickland (Jean Christensen)
Drehbuch: Hesper Anderson
Kamera: Robert Caramico (Farbe)
Musik: Gil Melle
Schnitt: J. Howard Terrill
Produktion: Blue Andre, Vanessa Greene für Stonehenge/Blue Greene/Lorimar, USA 1980
Verleih: -/-/-/VCL Video
Uraufführung: 30.10.80 (CBS)
Erstaufführung: 24.5.88
FSK: ab 16 J.
Länge: 96 Min.

Mickey Rourke als Macho-Ehemann übelster Art, der seine Frau vergewaltigte und vertrimmte, bis es ihr zu viel wurde und sie ihn verklagte. Im Staat Oregon gibt es seit Mitte der Siebziger den entsprechenden Tatbestand im Gesetz, aber bis 1978 hatte es noch nie eine Frau gewagt, so gegen ihren Mann vorzugehen. Auf den Fakten dieses ersten Falles, der weit über die Region hinaus in Amerika für Aufsehen und Schlagzeilen sorgte, basiert dieser Film. Es kommt zum Prozeß, der aus dem Opfer eine Täterin macht. Ein diskutabler und brisanter Film.

tip

Verhext 1051

JINXED **

TV

Regie: Don Siegel
Sendetermin: 8.7.88, ZDF

Wurde im ZDF als angebliche Erstaufführung ausgestrahlt. Erschien aber 1987 bereits auf Video. Deshalb vollständige Angaben und Kritik im Heyne Filmjahrbuch 1988.

Der verliebte Prügelknabe 1052

THE ALMIGHTY EXTRA **

TV

Regie: Chang Hsin Yen
Darsteller: Fan Ping (Tong), Liu Hsueh Wua (Azhen), Ping Fan (Regisseur), Li Tziang (Tong's Mutter), Sun Chih Chun, Tan Chin Ming, Chao Chi Ling, Tan Pao
Drehbuch: Wu Tsang Chou
Kamera: Chou Pai Ling
Produktion: Sin Tong, Hongkong 1980
Sendetermin: 18.6.88, ZDF
Länge: 100 Min.

Filmkomparse Tong muß heftig rackern, um seine Heirat mit der hübschen Azhen finanzieren zu können: Jeden drittklassigen Auftrag in Kung-Fu-Klamotten nimmt er an, muß für die jeweiligen Hauptdarsteller immer den Kopf hinhalten. Dabei will er doch Karrierre machen, kommt aber über die Rolle als Prügelknabe nicht hinaus. Eine tempo- und gagreiche Komödie, die Hongkongs Filmindustrie und den Kung-Fu-Boom kräftig, aber durchaus wohlwollend, parodiert. *ZDF*

Die Verlockung 1053

***

Regie: Dieter Berner
Darsteller: Levin Kress (Rudi Blaha), Fritz Karl (Manfred), Therese Jaggersberger (Brigitte Bardot), Dominic Raacke (Fritz Anders), Sabine Gautier, Tina Engel, Hans Brenner, Hilde Berger, Helmut Berger, Bela Erny
Drehbuch: Peter Turrini, Rudi Palla
Kamera: Frank Brühne (Eastmancolor)
Musik: Matthias Rüegg
Schnitt: Ingrid Koller
Produktion: Dr. Heinz Scheiderbauer/ORF/ZDF, Österreich 1987
Verleih: -/top-film/-
Erstaufführung: 18.2.88; Reihe »Panorama« bei den Int. Filmfestspielen Berlin
Kinostart: Dez. 88
FSK: BMUKS: Jugendverbot, Wien: ab 16
Länge: 90 Min.

Zwei Lehrlinge haben hochfliegende Urlaubspläne, daneben aber auch Probleme daheim, in der Gewerkschaftsjugend und nicht zuletzt in Liebessachen, die sie mächtig bedrängen. Gut gemeinte Jugenderinnerungen an das Wien der sechziger Jahre mit wenig Sensibilität und Ausdruckskraft, allerdings mit ausgezeichnerter Photographie. *multimedia*

Jochen Metzner in: Der Tagesspiegel, 20.2.88

Verne Miller – Staatsfeind Nr. 1 1054

VERNE MILLER **

Video

Regie: Rod Hewitt
Darsteller: Scott Glenn (Verne Miller), Barbara Stock (Vi), Thomas G. Waites (Al Capone), Ed O'Ross, Andrew Robinson
Drehbuch: Rod Hewitt
Kamera: Misha Suslov (Farbe, s/w)
Musik: Tom Chase, Steve Rucker
Schnitt: John O'Connor
Produktion: Ann Broke Ashley für Three Aces, USA 1987
Verleih: -/-/-/VPS Video
Erstaufführung: 21.7.88
FSK: ab 16 J.
Länge: 95 Min.

Chicago 1925. Der ehemalige Sheriff Verne Miller verdingt sich nach zweijähriger Haftstrafe wegen Veruntreuung öffentlicher Gelder bei Gangsterfürst Al Capone und wird als Meisterschütze dessen »Vollzugsperson« in Kansas City. *VideoWoche*

Die verrückten Abenteuer eines Playboys 1055

I WAS A MAIL ORDER BRIDE **

Video

Regie: Marvin J. Chomsky
Darsteller: Valerie Bertinelli (Kate Tosconi), Ted Wass (Robert Fitzgerald), Karen Morrow (Eve Wister), Kenneth Kimmins (Joe Kimbel), Holland Taylor (Dottie Birmington), Sam Wanamaker (Frank Tosconi), Jason Bernard (Richter), Judith Baldwin (Rita Kimbel)
Drehbuch: Stephen Zito
Kamera: Don H. Birnkrant (Farbe)
Musik: John Addison
Schnitt: James T. Heckert
Produktion: Michael Jaffe, Ervin Zavada, Andrew Hill für Jaffe Prod./Tuxedo/MGM TV, USA 1982
Verleih: -/-/-/IMV Video
Uraufführung: 14.12.82 (CBS)
FSK: ab 12 J.
Länge: 100 Min.

Junger Anwalt interessiert sich seit seiner Scheidung für keine Frau. Bis sein Kompagnon in einer Kontaktanzeige die vermeintlich richtige für ihn findet und mit dem Desillusionierten eine Wette abschließt. Doch die Kontaktete sucht gar keinen Mann, sondern eine Story - sie ist Journalistin. Amüsante Geschichte um zwei romantische Lonely Hearts im gehobenen Milieu. *Video-Markt*

Verschwörung der Frauen 1056

DROWNING BY NUMBERS ****

Regie: Peter Greenaway
Darsteller: Bernhard Hill (Madgett), Joan Plowright (Cissie Colpitts 1), Juliet Stevenson (Cissie Colpitts 2), Joely Richardson (Cissie Colpitts 3), Jason Edwards (Smut), Bryan Pringle (Jake), Trevor Cooper (Hardy), David Morrissey (Bellamy), Joan Rogan, Paul Mooney
Drehbuch: Peter Greenaway
Kamera: Sacha Vierny (Farbe)
Musik: Michael Nyman
Schnitt: John Wilson
Produktion: Kees Kasander, Denis Wigman für Allarts Prod. mit VPRO TV, Großbritannien 1988
Verleih: Pandora/-/Citel
Erstaufführung: Int. Filmfestspiele Cannes 1988
Kinostart: 17.11.88
Länge: 118 Min.

Vertrieb gefördert durch Europäisches Filmbüros mit ECU 76.892,46

Drei Frauen verschiedenen Alters ertränken nacheinander und nach festgefügten Regeln ihre Ehegatten und werden dabei vom amtlichen Leichenbeschauer gedeckt. Kein Krimi, sondern sicher einer der ungewöhnlichsten »Spiel«-Filme der letzten Jahre: Peter Greenaway hat ein optisches Puzzle geschaffen, das für den Zuschauer zum vergnüglichen Rätselspiel wird, in dem es soviel zu entdekken gibt, daß wohl erst ein mehrmaliges Betrachten den ganzen Reichtum dieses Werks offenlegt. Voraussetzung allerdings. Einen Sinn für britischen Humor der allerschwärzesten Art muß man schon mitbringen. *Zoom*

Michael Althen in: SZ, 19.11.88; Marli Feldvoss in: FAZ, 18.11.88; Heike Kühn in: FR, 18.11.88; Josef Schnelle in: Kölner Stadt-Anzeiger, 26.11.88

Skurill und interessant: »Verschwörung der Frauen«.

Das versunkene Imperium 1057

HRAFNINN FLYGUR **

Video

Regie: Hrafn Gunnlaugsson
Darsteller: Jakob Thor Einarsson (Gest), Edda Bjorgvinsdottir (seine Schwester), Helgi Skulason (Thor), Egill Olafsson (Thors Bruder), Flosi Olafsson (Erik), Sveinn Eidsson (Wächter)
Drehbuch: Hrafn Gunnlaugsson
Kamera: Tony Forsberg (Fujicolor)
Musik: Hans-Erik Phillip
Schnitt: Hrafn Gunnlaugsson
Produktion: Bo Jonsson für F.I.L.M./Viking Film/Svenska Filminstitutet, Island/Schweden 1984
Verleih: -/-/-/Media Entertainment Video
Erstaufführung: 10.5.88
FSK: ab 12 J.
Länge: 168 (97) Min.

Die pazifistisch gesonnenen Eltern des jungen Iren Gest werden von einer Bande marodierender Wikinger ermordet. Zwanzig Jahre muß Gest mit seiner Rache warten, seine verschleppte Schwester ist inzwischen mit dem Kopf der Wikinger verheiratet. Blutiges Spektakel ohne besondere Qualität, das dennoch Wert auf historische Detailtreue legt.

Video Woche

Verurteilt zum Tode 1058

DEATH PENALTY **

TV

Regie: Waris Hussein
Darsteller: David Labiosa (Carlos Rivera), Colleen Dewhurst (Elaine Lipton), Dana Elcar (John Mulligan), Joe Morton (William Terry), Ted Ross (Woody), Alba Oms, Marcelino Sanchez, David Harris, Thomas Hill, Paul McCrane, Dan Hedaya
Drehbuch: Edward Adler
Kamera: Tony Imi
Schnitt: Craig McKay
Produktion: Herbert Brodkin für Broadway Prod., USA 1979
Sendetermin: 15.1.88, ZDF
Länge: 93 Min.

Ein ehrenwertes amerikanisches Justizdrama um sozial vorprogrammierte Jugendkriminalität in den haßgeladenen armen Einwanderer-Randgruppen von Puertorikanern, Iren, Italienern und Schwarzen. Ein Anwalt und eine Psychologin erkämpfen die Begnadigung von Carlos, der als 15jähriger wegen Mordes das Todesurteil erhielt.
Vieles ist hier im humanitären Eifer allzu simpel geraten. Ein rechtschaffen humaner, bieder-redlicher Gesinnungsfilm.

Ponkie, AZ

Jürgen Richter in: FAZ, 18.1.88; Frank Scheller in: SZ, 18.1.88;

Verwandtschaft 1059

RODNJA ****

TV

Regie: Nikita Michalkow
Darsteller: Nonna Mordjukowa (Marija Konowalowa), Swetlana Krjutschkowa (Nina), Andrej Petrow (Ljapin), Iwan Bortnik (Wowtschik), Juri Bogatyrjow (Stassik), Fedja Stukowa (Irischka)
Drehbuch: Viktor Mereschko
Kamera: Pawel Lebeschew
Musik: Eduard Artemjew
Schnitt: E. Praksina
Produktion: Mosfilm, UdSSR 1981
Sendetermin: 17.8.88, ZDF
Länge: 94 Min.

Ort der Handlung ist Moskau. Dorthin bricht aus der sowjetischen Provinz die Bäuerin Marija auf, um ihre Tochter Nina zu besuchen. Doch der Besuch in der Hauptstadt entpuppt sich als grandioser Kulturschock. Nichts ist mehr, wie es nach den Vorstellungen Marijas sein sollte: Die Tochter hat sich von ihrem Ehemann getrennt, die Enkelin geht mit dem Walkman ins Bett und kann ohne westlichen Sound offenbar nicht mehr leben. Die Glanzlichter dieser bitterbösen Komödie setzte Drehbuchautor Viktor Mereschko mit seiner Dialoggestaltung.

Stuttgarter Zeitung

Wilfried Geldner in: SZ, 19.8.88; peko in: Hamburger Abendblatt, 19.8.88

Die verzauberte Leinwand 1060

LA VELA INCANATA ***

TV

Regie: Gianfranco Mingozzi
Darsteller: Massimo Ranieri (Angelo), Moni-

ca Guerritore (Anna), Lina Sastri (Nives), Remo Remotti (Andrea), William Berger (Giovanni), Paolo Ricci (Tonino), Giulia Fossa (Alberta)
Drehbuch: Gianfranco Mingozzi, Lucia Drudi Demby, Tommaso Chiaretti
Kamera: Luigi Verga
Musik: Nicola Piovani
Produktion: Italien 1982
Sendetermin: 1.2.88, ARD
Länge: 118 Min.

Gianfranco Mingozzi benutzte nostalgische Wanderkino-Poesie für ein Zeitbild des Mussolini-Faschismus. Zwei Brüder (Anpasser und Rebell), die mit ihren Stummfilmen durch die Po-Ebene reisen und sich in Liebeshändeln und Feudalfamilienmacht verfangen:
Provinz-Idylle im Schatten der Schwarzhemden-Politik – das Kino als Fluchtburg, brauchbar für Lüge und Wahrheit. *Ponkie, AZ*

Vibes – Die übersinnliche Jagd nach der glühenden Pyramide 1061
VIBES **

Regie: Ken Kwapis
Darsteller: Cyndi Lauper (Sylvia Pickel), Jeff Goldblum (Nick Deezy), Julian Sands (Dr. Harrison Steele), Googy Gress (Ingo Swedlin), Peter Falk (Harry Buscafusco), Michael Lerner (Burt Wilder), Ramon Bieri, Elizabeth Peña, Ronald G. Joseph
Drehbuch: Lowell Ganz, Babaloo Mandel
Kamera: John Bailey (Farbe, Panavision)
Musik: James Horner
Schnitt: Carol Littleton
Produktion: Deborah Blum, Tony Ganz für Imagine Entertainment, USA 1988
Verleih: Columbia Tri-Star/-/-
Kinostart: 13.10.88
FSK: ab 12, ffr.
Länge: 99 Min.

... Die Geschichte erzählt von einem Pärchen, das mit parapsychologischen Gaben gesegnet ist ...
Ein kleiner Gauner engagiert das illustre Gespann unter dem Vorwand, in den Anden von Ecuador nach seinem gekidnappten Sohn zu suchen: Aber nach der Ankunft in Südamerika stellt sich schon bald heraus, daß es in Wahrheit nur um eine versunkene Stadt und sagenhafte Schätze geht ...
Das Originellste an dem ganzen Spektakel sind zweifellos die Klamotten von Cyndi Lauper, die in jeder zweiten Szene ihre Leoparden-Miniröckchen wechselt. Aber letztlich fragt man sich, wie um alles in der Welt es Ken Kwapis gelingen konnte, seinen Stars ein derartig ideenloses Projekt aufzuschwatzen.

Thomas Linden, Kölnische Rundschau

Brigitte Desalm in: Kölner Stadt-Anzeiger, 15.10.88

24 Stunden bis zur Hölle 1062
SKELETON COAST **

Regie: John »Bud« Cardos
Darsteller: Ernest Borgnine (Colonel Smith), Oliver Reed, Leon Isaac Kennedy, Herbert Lom, Robert Vaughn, Daniel Greene, Peter Kwong, Simon Sabella, Nancy Mulford
Drehbuch: Nadia Caillou
Kamera: Hanro Mohr (Farbe)
Musik: Colin Shapiro, Barry Bekker
Produktion: Harry Allan Towers für Breton Film Prod., USA 1987
Verleih: Filmagentur Werner/-/-/IHV Video
Kinostart: 14.4.88
FSK: ab 18, nffr.
Länge: 98 Min.

Söldner-Truppe befreit vermeintlichen CIA-Agenten aus dem Gefangenenlager schwarzafrikanischer Rebellen. »Wildgänse«-Aufguß.

Vietnam adieu – Im Auge des Krieges 1063
INTIMATE STRANGERS *

Video

Regie: Robert Ellis Miller
Darsteller: Teri Garr (Sally Bierston), Stacy Keach (Jeff Bierston), Cathy Lee Crosby (Shauna Davis), Priscilla Lopez (Wanda Orozco), Justin Deas (Brad Bierston), Max Gail (Sol Kramer), Max Barabas (George)
Drehbuch: Norman McLeod Morrill
Kamera: Larry Pizer (Farbe)
Musik: Barry de Vorzon

Schnitt: Norman Gay
Produktion: Kenneth Utt für Nederlander TV & Film Productions/Telepictures, USA 1986
Verleih: -/-/-/Taurus Video
Uraufführung: 1.1.86 (CBS)
Erstaufführung: 15.5.88
FSK: ab 12 J.
Länge: 91 Min.

Zähe Love-Story um einen Arzt und eine Krankenschwester, die zehn Jahre nach ihrer Begegnung in Vietnam wieder zueinanderfinden.

Villa Air Bel – Varian Fry in Marseille 1940/41 — 1064

***
16 mm

Regie: Jörg Bundschuh
Sprecher: Christian Brückner als Varian Fry, August Zirner, Katalin Zsigmondy
Drehbuch: Jörg Bundschuh
Kamera: Jörg Schmidt-Reitwein (s/w)
Musik: Holm Keller
Schnitt: Clara Fabry
Produktion: Kick Film/BR, BRD 1987
Verleih: N.E.F./-/-
Erstaufführung: 21.6.87, Filmfest München
Kinostart: 9.6.88
FSK: ab 6, ffr.
Länge: 90 Min.
Prädikat: Wertvoll

Gefördert mit DM 50.000,– der hessischen Filmförderung, des Kuratoriums junger deutscher Film, der LFA und der FFA

Die Villa Air Bel ist ein Haus in Marseille, in dem der amerikanische Journalist Varian Fry 1940/41 die Fluchthilfe für mehr als 2000 Künstler und Intellektuelle aus dem besetzten Frankreich organisierte (darunter Marc Chagall, Max Ernst, Lion Feuchtwanger, Franz Werfel, Heinrich und Golo Mann - die halbe Kulturwelt Europas versammelte sich hier).
Der Film von Jörg Bundschuh beginnt wie ein Spurensucher-Krimi in einem einsamen amerikanischen Landhaus in Connecticut: Dort starb 1967 der Mann namens Varian Fry. Seit seiner Verhaftung und Ausweisung aus Frankreich 1941 hatte er nicht mehr viel Erfolg im Leben gehabt - und Bundschuhs sorgfältige Rekonstruktion jenes gefahrvollen Jahres in Marseille wird damit zum melancholischen Nachruf auf einen Vergessenen. Aus den Erzählungen der noch lebenden Beteiligten von damals entsteht diese kaum noch nachvollziehbare Situation einer ständig gefährdeten illegalen Existenz. Beschwörung eines Ortes, einer Vergangenheit - lebendig nur noch in den Köpfen derer, die für die Villa Air Bel arbeiteten oder dort Zuflucht fanden. Ein moralisches Paßfälscherzentrum als illegaler Notwehrakt und ein Abenteuer der Humanität - verblassend in alten Fotos. Ein bewegender Film.

Ponkie, AZ

Bodo Fründt in: SZ, 10.6.88

Virgins of Hell — 1065

PERAWAN DISARANG SINDIKAT — *
Video

Regie: Andrew Anwar
Darsteller: Leily Sagita, Nina Anwar, Ratna Debby
Produktion: Indonesien 1987
Verleih: -/-/-/IVE Video
Erstaufführung: 1.6.88
Länge: 90 Min.

Harter bis sadistischer Actionfilm, in dem dralle Indonesierinnen mißhandeln und mißhandelt werden. Die krude Variante eines Frauenzuchthausfilms mit brutal-voyeuristischen Einlagen dürfte nur beim schlichten und wenig geschmackssicheren Publikum Chancen haben. *VideoWoche*

Vision der Dunkelheit — 1066

BAD DREAMS — **

Regie: Andrew Fleming
Darsteller: Jennifer Rubin (Cynthia), Bruce Abbott (Dr. Alex Carmen), Richard Lynch (Harris), Dean Cameron (Ralph), Harris Yulin (Dr. Beresford), Susan Barnes, E.G. (Elisabeth) Daily, Sy Richardson, Missy Francis
Drehbuch: Andrew Fleming, Steven E. de Souza nach einer Story von Fleming, Michael Dick, Yuri Zeltser, P.J. Pettiette

Die einzige Überlebende eines Massenmords. Jennifer Rubin in »Vision der Dunkelheit«

Kamera: Alexander Gruszynski (DeLuxe Color)
Musik: Jay Ferguson
Schnitt: Jeff Freeman
Produktion: Gale Anne Hurd für No Frills Film mit American Entertainment Partners II, USA 1988
Verleih: 20th Century Fox/Constantin/-/CBS-Fox Video
Kinostart: 25.8.88
FSK: ab 18, ffr.
Länge: 84 Min.

Eine junge Frau hat den kollektiven Selbstmord einer »Liebeskommune« überlebt und wird nach 13jährigem Koma vom »Meister« ins Jenseits gerufen. In Wahrheit treibt ein Psychiater mit Drogen Patienten in den Selbstmord. Obwohl mehr von der »feineren« Sorte, fließt in diesem Gruselfilm viel Blut im Irrenhaus. *multimedia*

Vor dem Abgrund 1067

AL CHAEWAEL DAK ***

TV

Regie: Michal Bat-Adam
Darsteller: Gila Almagor (Pola), Alex Peleg (Nillis Vater), Liat Panski (Nilli)
Drehbuch: Michal Bat-Adam
Kamera: Nurith Aviv
Produktion: Avi Kleinberger, Gideon Amir für Isram, Israel 1980
Sendetermin: 19.12.88, ARD
Länge: 93 Min. (TV-Fassung 81 Min.)

Die eindrucksvolle Studie einer belasteten Mutter-Tochter-Beziehung ist der zweite Spielfilm der israelischen Regisseurin Michal Bat-Adam, die als Schauspielerin begann. Gila Almagor, eine der bekanntesten Darstellerinnen Israels, verkörpert die manisch-depressive Frau, deren Leidensweg der Film vor allem aus der Sicht der jungen Tochter verfolgt. In der kleinen Liat Pansky fand die Regisseurin ein ausgesprochenes Naturtalent für diese ungemein schwierige Rolle; ihr eindrucksvolles Spiel und die gleichermaßen faszinierende schauspielerische Leistung Gila Almagors prägen den Film. *ARD*

Vorfabrizierter Beton 1068

PANELSTORY ****

Regie: Vera Chytilová
Darsteller: Lukas Bech, Antonin Vanha, Michael Nesvadba, Eva Kacirková
Drehbuch: Vera Chytilová, Eva Kacirková
Kamera: Jaromir Sofr (Farbe)
Musik: Jiri Sust
Produktion: Filmstudio Barrandov, CSSR 1979
Verleih: -/-/Columbus Film
Kinostart: Mai 88
Länge: 100 Min.

Panels sind vorfabrizierte Bauelemente. Schnell und billig stampft man damit unüberschaubar große Siedlungen aus dem Boden. Mit Sarkasmus und dem ihr eigenen Durchblick zeigt Vera Chytilová einen Tag auf einer solchen schon bewohnten Baustelle. Zwischen Kränen, Dampfwalzen und lärmigen Baumaschinen spielt der kleine Knabe auf dem zerwühlten Gelände, sucht der Alte vom Land den Wohnort seiner Verwandten, überlegt sich die schwangere Studentin, ob sie wirklich Mutter werden will. Nah aufeinander und doch isoliert bekämpfen und lieben sich die wild zusammengewürfelten Neubaubewohner. Eine filmisch gekonnt durchgestaltete Collage über die moderne Welt. *Zoom*

Wacko – Da wackelt die Bude 1069

WACKO **

Video

Regie: Greydon Clark
Darsteller: Joe Don Baker (Dick Harbinger), Stella Stevens (Marg Graves), George Kennedy (Dr. Graves), Julia Duffy (Mary Graves), Scott McGinnis (Norman Bates), Andrew Clay (Tony Schtonginini), Elizabeth Daily (Bambi), Charles Napier (Patrick O'Hara)
Drehbuch: Dana Olsen, Michael Spound, M. James Kauf jr., David Greenwalt
Kamera: Nicholas von Sternberg (Farbe)
Musik: Arthur Kempel
Schnitt: Earl Watson, Curtis Burch
Produktion: Greydon Clark für Jensen Farley, USA 1983
Verleih: -/-/-/VPS Video
Erstaufführung: 18.2.88
FSK: ab 16 J.
Länge: 84 Min.

Völlig überdrehte, wenig originelle Parodie im »Airplane«-Stil auf alles, was im Horrorfilm der letzten 30 Jahre zu sehen war. Keine Figur im Film, die nicht restlos verrückt ist, und keine Szene ohne ein Dutzend Filmzitate. Trotz guter Situationskomik kommt der Film nie recht in Schwung.

VideoWoche

Wahre Männer 1070

REAL MEN ***

Regie: Dennis Feldman
Darsteller: James Belushi (Nick Pirandello), John Ritter (Bob Wilson), Barbara Barrie (Mom), Bill Morey (Cunard), Iva Andersen (Dolly), Gail Berle (Sherry), Mark Herrier (Bradshaw), Matthew Brooks (Bob jr.)
Drehbuch: Dennis Feldman
Kamera: John A. Alonzo (Metrocolor)
Produktion: Martin Bregman für United Artists, USA 1987
Verleih: FiFiGe/-/-/Warner Home Video
Kinostart: 20.10.88
FSK: ab 16 J.
Länge: 96 (82) Min.

Ein weiterer Film mit James Belushi, der sich immer mehr auch in ungewöhnlichen Rollen profiliert. Hier spielt er einen abgebrühten Agenten, der drauf und dran ist, die Welt zu retten - allerdings mit einem langweiligen Spießer im Schlepptau. Ein wirklich komisches Duo in einer schrägen Geschichte um Außerirdische und Transvestiten, wenn auch manchmal etwas zu viel Klamauk.

tip

Walker 1071

WALKER **

Regie: Alex Cox
Darsteller: Ed Harris (William Walker), Richard Masur (Ephraim Squier), Rene Auberjonois (Major Siegfried Henningson), Keith Szarabajka (Timothy Crocker), Sy Richardson (Captain Hornsby), Xander Berkeley (Byron Cole), John Diehl (Stebbins), Peter Boyle (Cornelius Vanderbilt), Marlee Matlin (Ellen Martin), Alfonso Arau (Raousset), Gerrit Graham (Norvell Walker), Joe Strummer, Edward Tudor Pole, Rudy Wurlitzer
Drehbuch: Rudy Wurlitzer
Kamera: David Bridges (Farbe)
Musik: Joe Strummer
Schnitt: Carlos Puente, Alex Cox
Produktion: Angel Flores Marini, Lorenzo O'Brien für Universal, USA 1987
Verleih: UIP/UIP/UIP/CIC Video
Erstaufführung: 17.2.88 Wettbewerb der Int. Filmfestspiele Berlin
Kinostart: 10.3.88
FSK: ab 18, ffr.
Länge: 102 (95) Min.

Ein ziemlich bescheuertes Chaos-Spektakel hat der eigenwillige britische Punk-Regisseur Alex Cox (»Sid & Nancy«) hier für Hollywood inszeniert.
Kunterbunt wie ein epigonaler Italo-Western, bluttriefende Zeitlupen in memoriam Sam Peckinpah: Walker, ein selbsternannter General und Präsident führt anno 1855 in Nicaragua ein zynisch-brutales Terrorregime. Er will das Land zum Protektorat der USA ummodeln und macht dabei

Ein Glücksritter in Nicaragua. Ed Harris als »Walker«.

gemeinsame Sache mit dem Wirtschaftsmagnaten Thunderbilt.
Die von Cox beabsichtigte Parallele zur heutigen US-Interventionspolitik in Mittelamerika wirkt wie Hohn angesichts der Disco-Operetten-Dramaturgie seines Films. Ed Harris als Walker rettet sich in die Comic-Psychopathen-Groteske. Aber komisch ist der Film leider nicht.

Frauke Hanck, tz

Heiko R. Blum in: Rheinische Post, 4.6.88; Carla Rhode in: Der Tagesspiegel, 19.2.88; H.G. Pflaum in: SZ, 14.3.88

Wall Street — 1072

WALL STREET ****

Regie: Oliver Stone
Darsteller: Charlie Sheen (Bud Fox), Michael Douglas (Gordon Gekko), Martin Sheen (Carl Fox), Terence Stamp (Sir Larry Wildman), Sean Young (Kate Gekko), Daryl Hannah (Darien Taylor), Sylvia Miles (Maklerin), James Spader (Roger Barnes), Hal Holbrook (Lou Mannheim), John McGinley, Saul Rubinek, Frankin Cover, James Karen, Richard Dysart, Josh Mostel, Millie Perkins, Annie McEnroe, Monique van Vooren
Drehbuch: Oliver Stone, Stanley Weiser
Kamera: Robert Richardson (Farbe)
Musik: Stewart Copeland
Schnitt: Claire Simpson
Produktion: Edward R. Pressman mit American Ent., USA 1987
Verleih: 20th Century Fox/dto./dto./ CBS-Fox Video
Erstaufführung: 14.2.88, Reihe Panorama bei den Int. Filmfestspielen Berlin
Kinostart: 18.2.88
FSK: ab 12, ffr.
Länge: 126 Min.

Ein rasanter Börsen-Reißer, spannend wie ein Krimi und mit eiskalt klirrender Brillanz inszeniert von Oliver Stone.
Erzählt wird die Geschichte eines jungen, ehrgeizigen Börsenmaklers (mit typischem Yuppie-Eifer: Charlie Sheen). Er setzt auf einen millionenschweren Spekulanten (steinhart bis dämonisch in seiner Geldgier: Michael Douglas). Die Spielregeln von Insider-Informationen, illegalen Auskünften über den Stand wichtiger Firmen und skrupellosen Manipulationen bringen die Karriere des Jungen flott voran und ihm sogar eine tol-

Der Maestro der Gier in seiner Schaltzentrale. Michael Douglas in »Wall Street«.

Der aufstrebende Bud Fox stellt dem Vater die Freundin vor, v. l. Darryl Hannah, Martin Sheen und Charlie Sheen in »Wall Street«.

le Liebesaffäre mit einer attraktiven Innenarchitektin.
Bis die Firma seines Vaters betroffen ist und er merkt, daß er nur ein Spielball des megalomanen Spekulanten ist: Doch da hat der Yuppie aus seinen Erfahrungen das Richtige gelernt...
Es gelingt Oliver Stone, diese unsinnliche Finanzwelt dem Laien soweit begreifbar zu machen, daß es um Macht und deren Opfer geht, um Gut und Böse, Verbrechen und Moral. Und da ist dann diese Kino-Börse wie eine Western-Szene: Der große Showdown sorgt für Ordnung am Ende.

Frauke Hanck, tz

Robert von Berg in: SZ, 29.1.88; Gert Berghoff in: Kölner Rundschau, 20.2.88; Peter Krauss in: FR, 18.2.88; H.G. Pflaum in: SZ, 20.2.88

Wall Street Blondie 1073

STOCKS & BLONDES
*
Video

Regie: Arthur Greenstands
Darsteller: Leigh Wood, Veronica Hart, Jaime Kantor, Dick Beil
Kamera: Steve Kaman, Sven Nuco (Farbe)
Produktion: G.H. Prod., USA 1984
Verleih: -/-/-/Vestron Video
Erstaufführung: Mai 88
FSK: nicht unter 18 J.
Länge: 79 Min.

Journalistin kommt einem Wirtschaftsskandal auf die Schliche: Eine gut ausgekurvte Blondine hat mit ihrem körperlichen Liebreiz das ganze Versicherungsunternehmen an sich gerissen. Einfach gestrickte Soft-Erotik-Geschichte, die allenfalls dadurch besticht, daß sich einige Hardcore-Darsteller als »echte« Schauspieler versuchen.

Video-Markt

Walls – Mauern der Gewalt 1074

WALLS
***
Video

Regie: Tom Shandel
Darsteller: Winston Rekert (Danny Baker), Andreé Pelletier (Joan Tremblay), Alan Scarfe (Ron Simmons), John Wright (Curt Willis), John Lord (Louis Martin)
Drehbuch: Christian Bruyere
Kamera: Douglas McKay (Farbe)
Musik: J. Douglas Dodd, Michael Oczko
Schnitt: Barbara Evans
Produktion: Christian Bruyere, Tom Shandel für Jericho Films, Kanada 1984
Verleih: -/-/-/Atlas Video
Erstaufführung: 26.2.88
FSK: ab 16 J.
Länge: 92 Min.

Bedrückendes Gefängnisdrama aus Kanada, das auf einem wahren Fall beruht.
Der Film schildert psychologisch sensibel und ohne billige Effekthascherei die skandalösen Haftbedingungen und die daraus resultierende Revolte.

VideoWoche

Warcamp 1075

WARCAMP
*
Video

Regie: Jett C. Espiritu
Darsteller: Urs Hardegger, George Eastregan
Produktion: Philippinen 1988
Verleih: -/-/-/G.L. Video
Erstaufführung: September 88
Länge: 98 Min.

Philippinische Spezialeinheit befreit den abgeschossenen Piloten eines amerikanischen Jets, der den Krieg per Wasserstoffbombe (!) ein für allemal beenden sollte.

Wartime 1076

MOVIE IN ACTION **

Video

Regie: Ted Johnson
Darsteller: Bo Svenson, Robert Mason, Jim Gaines, Mike Monty
Drehbuch: Robert Paul Marius
Kamera: Vic Anderson (Farbe)
Produktion: Silverstar, USA 1987
Verleih: -/-/-/IHV Video
Erstaufführung: 25.2.88
FSK: ab 16 J.
Länge: 85 Min.

Amerikanisches Filmteam dreht an der Grenze zu Kambodscha einen Actionfilm. Mitten aus den Dreharbeiten heraus läßt der Produzent des Films die Hauptdarstellerin von Roten Khmer entführen, um die Produktionskosten mit der Versicherungssumme abzudecken. Das abenteuerlustige Filmteam dringt daraufhin nach Kambodscha vor und befreit den Star in einer spektakulären Aktion. Streckenweise recht witzige Variante des bewährten Söldnerfilm-Schemas. *VideoWoche*

Was Dich bewegt 1077

ADVICE TO THE LOVELORN **

Video

Regie: Harry Falk
Darsteller: Cloris Leachman (Maggie Dale), Kelly Bishop (Rita Borden), Walter Brooke (Walter Sheehan), Melissa Sue Anderson (Maureen Tyler), Desi Arnaz jr. (Steve Vernon), Lance Kerwin (Larry Ames), Donna Pescow (Janice Vernon)
Drehbuch: Howard Berk
Kamera: Michel Hugo (Farbe)
Musik: James DiPasquale
Schnitt: Robert L. Kimble, Vern Shaw
Produktion: Universal TV, USA 1987
Verleih: -/-/-/CIC Video
Uraufführung: 30.11.81 (NBC)
Erstaufführung: September 88
FSK: ab 12 J.
Länge: 92 Min.

Eine professionelle Seelentrösterin löst in ihren Kolumnen die häuslichen Probleme ihrer Mitmenschen, die eigenen bleiben ihr allerdings erhalten. Der Pilotfilm einer abgelehnten Serie.

Was nun? 1078

CROSS MY HEART ***

Video

Regie: Armyan Bernstein
Darsteller: Martin Short (David), Annette O'Toole (Kathy), Paul Reiser (Bruce), Joanna Kerns (Nancy), Jessica Puscas (Jessica), Lee Arenberg (Parkwächter)
Drehbuch: Armyan Bernstein, Gail Parent
Kamera: Thomas del Ruth (DeLuxe Color)
Musik: Bruce Broughton
Schnitt: Mia Goldman
Produktion: Lawrence Kasdan für Aaron Spelling/Alan Greisman Prod., USA 1987
Verleih: -/-/-/CIC Video
Erstaufführung: April 88
FSK: ab 12 J.
Länge: 90 Min.

David und Kathy haben sich gerade kennengelernt und treffen sich zum dritten Rendezvous. Er verschweigt ihr, daß er gerade aus dem Job gefeuert wurde, sie verschweigt ihm, daß sie Mutter einer siebenjährigen Tochter ist. Ihr trauter Abend im vom Freund geborgten Luxus-Appartement wird zur Pannen-Tour-de-Force. Charmante Komödie um einen Hindernislauf in Sachen Liebe.

VideoWoche

Was soll denn nur mit Vater werden 1079

A FAMILY UPSIDE DOWN **

TV

Regie: David Lowell Rich
Darsteller: Fred Astaire (Ted Long), Helen Hayes (Emma Long), Efraim Zimbalist jr. (Mike Long), Pat Crowley (Carol Long), Brad Rearden (Scotty Long), Patty Duke Astin (Wendy)
Drehbuch: Gerald di Pego
Kamera: Joseph Biroc
Musik: Henry Mancini
Produktion: Ross Hunter, USA 1978
Sendetermin: 19.6.88, ZDF
Länge: 94 Min.

Kein großer Hollywoodstar im Greisenalter bleibt offenbar davor verschont, in plumpen Rentnerschnulzen noch einmal die Leuchtkraft seines Charmes erproben zu dürfen. Fred Astaire und Helen Hayes drückten in dem US-Rührstück als Philemon und Baucis kräftig auf die

Tube, und nach Opas Herzinfarkt und seelischer Wiederbelebung durch Omas Liebe wurde kein Familienschneuztüchl-Effekt ausgelassen. Disney-Kinderfilm in Senioren-Ausgabe.

Ponkie, AZ

Der Wauzi Film 1080

POUND PUPPIES AND THE LEGEND OF BIG PAW ***

Regie: Pierre DeCelles
Drehbuch: Jim Carlson, Terrence McDonnell
Musik: Steve Tyrell
Schnitt: John Blizek
Produktion: Donald Kushner, Peter Locke für Atlantic/Kushner-Locke Prod. mit Mattese Com., USA 1988
Verleih: Senator/-/-
Kinostart: 15.12.88
FSK: o.A., ffr.
Länge: 77 Min. (Farbe)

Animationsfilm um die Abenteuer einer Hundebande auf der Suche nach dem mythischen Wunderknochen. Leider ohne den märchenhaften Charme und die zeichnerische Prägnanz der Disney-Filme.

Kölner Stadt-Anzeiger

Sascha Gorkow in: Rheinische Post, 16.12.88

Web 1081

MISSION MANILA *

Video

Regie: Peter M. Mackenzie
Darsteller: Larry Wilcox, Robin Eisenman, Sam Hennings, Neil French, Al Mancini, Tetchie Agbayari
Drehbuch: Peter M. Mackenzie, Sally Marie Hallam
Kamera: Les Parrot (Farbe)
Musik: Nicholas Pike
Produktion: Primrose Path, USA/Philippinen 1987/88
Verleih: -/-/-/All Video
Erstaufführung: 19.4.88
FSK: nicht unter 18 J.
Länge: 95 Min.

Heruntergekommener CIA-Agent befreit seinen Bruder aus den Fängen eines philippinischen Drogendealers.

Wege des Schweigens 1082

CAMINOS DEL SILENCIO **

16 mm

Regie: Felix Zurita de Higes
Drehbuch: Felix Zurita de Higes
Kamera: Ortolf Karla (Farbe)
Musik: Kin Lalat
Schnitt: Chantal Rogeon
Produktion: Alba Films/Plötzlich, Schweiz 1987
Verleih: -/-/Zoom
Kinostart: Febr. 88
Länge: 59 Min.

Durch Militärrepressionen vertrieben, leben viele Indios Guatemalas versteckt in den Hochlandwäldern. Felix Zurita beoachtet den Alltag einer Dorfgemeinschaft und gibt damit Aufschluß über Hintergrund, Lebensweise und Zukunftsperspektiven der Bauern, die Selbstversorger sind. Die Indios erteilten Dreherlaubnis für vier Tage. Doch die Begrenzung des Schauplatzes gibt viel Information über den Text, der aber die ruhigen und exakt gewählten Bildausschnitte des Dorflebens und einzelner Bewohner nicht zudeckt. Die wehmütige Musik von Kin Lalat gibt zusätzlich Spannung und Atmosphäre.

Zoom

Verena Berchtold in: Zoom, 3/88

Die Weiche steht auf Tod 1083

DISASTER ON THE COASTLINER **

TV

Regie: Richard Sarafian
Darsteller: Yvette Mimieux (Paula Harvey), Lloyd Bridges (Al Mitchell), William Shatner (Stuart Peters), E.G. Marshall (Roy Snyder), Raymond Burr (Estes Hill), Pat Hingle (John Marsh), Robert Fuller (Matthew Leigh), Paul L. Smith (Victor Prescott)
Drehbuch: David Ambrose
Kamera: Fred Koenekamp
Musik: Gerald Fried
Schnitt: Robert Florio
Produktion: Filmways TV, USA 1979
Sendetermin: 10.5.88, ZDF
Länge: 89 Min.

So weit ist es also gekommen: Die Traumfabrik schnorrt Gesichter beim

Fernsehen. Ein Armutszeugnis, doch im Grunde nichts dagegen einzuwenden, wenn die Story stimmen würde. Richard Sarafian drehte einen High-Tech-Thriller, wenn man so sagen soll. Die synthetische Spannung resultiert nämlich ausschließlich aus Tücken der Technik. Da rasen zwei Züge aufeinander zu, der eine von Bubenhand gesteuert, das Computersystem versagt, eine Katastrophe ist programmiert und das Happy-Ende gibt's als Knochenbeilage dazu.

Kölnische Rundschau

Der weiße Hai – Die Abrechnung 1084

JAWS – THE REVENGE **

Regie: Joseph Sargent
Darsteller: Lorraine Gary (Ellen Brody), Lance Guest (Michael), Mario Van Peebles (Jake), Karen Young (Carla), Michael Caine (Hoagie), Judith Barsi (Thea), Lynn Whitfield (Louisa), Mitchell Anderson, Cedric Scott, Charles Bowleg
Drehbuch: Michael de Guzman nach den Charakteren von Peter Benchley
Kamera: John McPherson (Farbe)
Musik: Michael Small, Themamusik von John Williams
Schnitt: Michael Brown
Produktion: Joseph Sargent für Universal, USA 1987
Verleih: UIP/UIP/-/CIC Video
Kinostart: 7.1.88
FSK: ab 16, ffr.
Länge: 100 (91) Min.

Das Meeresungeheuer tötet nach Jahren auch den Sohn der Frau, dessen Mann es vor Jahren verschlungen hat. Sie zieht darauf zu ihrem anderen Sohn auf die Bahamas, da dieser in den dortigen wärmeren Gewässern keine Haigefahr vermutet. Natürlich taucht die Bestie auch dort auf... Mit viel Krampf und wenig formaler Ambition entstand der vierte Teil einer Serie, die sich damit hoffentlich totgelaufen hat. *Richard Emele, Multimedia*

Michael Althen in: SZ, 12.1.88; Georg Lacher-Remy in: Zitty, 3/88; Jürgen Richter in: FAZ, 9.1.88

Das Weiße im Auge 1085

DEATH WISH 4: THE CRACKDOWN **

Regie: J. Lee Thompson
Darsteller: Charles Bronson (Paul Kersey), Kay Lenz (Karen Sheldon), John P. Ryan (Nathan White), Perry Lopez (Ed Zacharias), George Dickerson (Detektiv Reiner), Soon-Teck Oh, Dana Barron, Jesse Dabson, Peter Sherayko, James Purcell
Drehbuch: Gail Morgan Hickman nach den Charakteren von Brian Garfield
Kamera: Gideon Porath (Farbe)
Musik: Paul McCallum, Valentine McCallum, John Bisharat
Produktion: Pancho Kohner für Golan-Globus Prod., USA 1987
Verleih: Scotia-Cannon/Czerny/-/VMP Video
Kinostart: 14.7.88
FSK: ab 18, nffr.
Länge: 99 Min.

Charles Bronson sieht wieder »rot«. Diesmal hetzt er, um den Tod der Tochter seiner Freundin, die an einer Überdosis Rauschgift starb, zu rächen, zwei Dealerbanden bis zur völligen Vernichtung aufeinander und erledigt auch den Oberschurken.

multimedia

Welcome in Vienna 1086

WELCOME IN VIENNA ****

Regie: Axel Corti
Darsteller: Gabriel Barylli (Freddy Wolff), Nicolas Brieger (Sergeant Adler), Claudia Messner (Claudia Schütte), Hubert Mann (Captain Karpeles), Liliana Nelska (Die Russin), Kurt Sowinetz (Stodola), Karlheinz Hackl (Treschensky), Joachim Kemmer (Leutnant Binder), Heinz Trixner (Oberst Schütte)
Drehbuch: Georg Stefan Troller, Axel Corti
Kamera: Gernot Roll (s/w)
Musik: Hans Georg Koch, Alban-Berg-Quartett, Wien
Schnitt: Ulrike Pahl, Claudia Rieneck
Produktion: Thalia Film/ORF/ZDF/SRG, Österreich 1985
Verleih: Filmverlag der Autoren/Stadtkino/-
Uraufführung: 1985 ORF
Erstaufführung: Juni 86, Filmfest München
Kinostart: 23.6.88
FSK: ab 12, ffr.
Länge: 127 Min.

Fernsehpreis der Österr. Volksbildung, 1985; Festival International de Cine de San

Sebastian, Auszeichnung als bester Regisseur, 1986; The Chicago International Festival, Preis für beste Regie, 1986; Erster Fernsehpreis der deutschen Akademie der Darstellenden Künste, Frankfurt, 1986; Filmpreis des Bürgermeisters der Stadt Wien, 1987

Zwei Emigranten, davon ein junger Wiener Jude, kommen als Angehörige der US-Army 1945 nach Wien. Während der Wiener in seinem Idealismus scheitert, hat der andere, einst überzeugter Kommunist, diesen zugunsten einer Anpassung an die angenehmen Seiten des Besatzungslebens abgelegt.
In der menschlichen und politischen Problematik der »Sieger« und der »Besiegten« durchaus interessant, verkürzt der formal durchaus beachtliche Film seine Sicht der Einheimischen vor allem auf eine Welt der Ami-Girls und Schieber.

multimedia

Norbert Grob in: Die Zeit, 10.6.88; Michael Kötz in: FR, 23.7.88; H.G. Pflaum in: SZ, 5.7.88; Angela Schmitt in: Tempo, 6/88

Welcome to 18 – Jetzt wird's gefährlich 1087

WELCOME TO 18 **

Video

Regie: Terry Carr
Darsteller: Courtney Thorne-Smith (Lindsey), Mariska Hargitay (Joey), Jo Ann Willette (Robin), Cristen Kauffman (Talia), E. Erich Anderson (Roscoe), John Putch (Corey)
Drehbuch: Terry Carr, Judith Sherman Wolin
Kamera: Stephen L. Posey (Metrocolor)
Musik: Tony Berg
Schnitt: Lois Freeman-Fox
Produktion: David C. Thomas für Summer Release, USA 1986
Verleih: -/-/-/Vestron Video
Erstaufführung: 11.7.88
FSK: nicht unter 18 J.
Länge: 89 Min.

Teenie-Abenteuer dreier Mädchen mit Witz, Liebesromantik, Action und vielen netten Bildern. Ohne große Ambitionen, einfach frech drauflosgefilmt. *Video-Markt*

Wendel 1088

***

Regie: Christoph Schaub
Verleih: Basis
Kinostart: 28.4.88

Lief bereits 1987 in der Schweiz im Kino.
Deshalb vollständige Angaben und Kritik bereits im Heyne Filmjahrbuch 1988 erschienen.

Wenn das Fest beginnt 1089

QUE LA FETE COMMENCE ***

TV

Regie: Bertrand Tavernier
Darsteller: Phillippe Noiret (Philippe d'Orleans), Jean Rochefort (Abbé Dubois), Jean-Pierre Marielle (Marquis de Pontcallec), Christine Pasacal Emilie), Alfred Adam, Jean Roger Caussimon, Gerard Desarthe, Marina Vlady
Drehbuch: Bertrand Tavernier, Jean Aurenche
Kamera: Pierre William Glenn
Musik: Philippe d'Orleans
Schnitt: Armand Psenny, Ariane Boeglin, Sophie Cornu
Produktion: Fildebroc.-PF, Productions de la Guéville, Frankreich 1974
Sendetermin: 4.3.88, ZDF
Länge: 114 Min.

Ein Sittengemälde aus dem Frankreich von 1719, als der lebensfrohe Philippe d'Orleans als Regent fungierte, sein Freund Dubois aber die politischen Fäden zog. Warum Regisseur Tavernier Zeit und Ort der Handlung wählte, ist klar: Für seine Stars Philippe Noiret und Jean Rochefort bot sich auf dem schlüpfigen Parkett von Versailles facettenreiches Rollenmaterial. Daß er es aber bei ironisch angedeuteten Konflikten beließ und das Laisser-faire ausmalte, versteht man weniger.
Für zwei Stunden lang soll der Zuschauer ins morbide Milieu eintauchen. Wo das gelingt, macht der Film Spaß, wo nicht, wirkt er sehr entbehrlich. *Berliner Morgenpost*

Anne Rose Katz in: SZ, 7.3.88; cas in: Stuttgarter Zeitung, 7.3.88

**Wenn Scheidung…
dann Scheidung** **1090**
KDYZ ROZVOD, TAK ROZVOD **
TV

Regie: Stepan Skalsky
Darsteller: Vladimir Mansik (Provaznik), Jan Censky (Hynek), Veronika Zilkova (Pavla), Blanka Bohdanova, Ladka Kozderkova, Marcela Martinkova
Drehbuch: Rudolf Raz
Kamera: Andrej Barla
Musik: Vlastimil Hala
Schnitt: Jiri Brozek
Produktion: Filmstudio Barrandov, CSSR 1982
Sendetermin: 18.9.88, ZDF
Länge: 79 Min.

Ach ja, so sind sie, die jungen Leute, lieben sich, heiraten sich, streiten sich - und lassen sich dann doch nicht scheiden. Oder soll man besser sagen, so waren sie 1982? In dem Jahr wurde dieser allzu harmlose tschechische Spielfilm gedreht, »liebenswert«, »familienfreundlich«, »staaterhaltend« - mit einem Wort: bevölkerungspolitisch wertvoll und langweilig. *Anne Rose Katz, SZ*

Wenn wir zueiander finden **1091**
JESLI SIE AODNAJDZIEMY ***
TV

Regie: Roman Zaluski
Darsteller: Anna Romantowska (Barbara), Krzysztof Kolberger (Maciek), Barbara Klimkiewicz (Sophie), Barbara Horawianka (Professor Kowalewska), Monika Szpilak (Kasia)
Drehbuch: Malgorzata Szejnert, Roman Zaluski
Kamera: Wyslaw Pyda
Musik: Jerzy Matula
Produktion: Polen 1982
Sendetermin: 1.4.88, ARD
Länge: 86 Min.

In einem polnischen Erholungsheim treffen adoptionswillige Ehepaare mit Waisenkindern zusammen. In zwei gemeinsamen Wochen sollen sie einander so gut kennenlernen, daß die Kinder sich ihre zukünftigen Eltern aussuchen können. Als die leitenden Psychologen mit den Gefühlen ihrer kleinen und großen Gäste zu experimentieren beginnen, hat das unvorhergesehene Folgen.
Roman Zaluski rechnet auf boshafthintergründige Weise mit gruppendynamischen Experimenten ab und zeigt die allen Systemen eigene Schwierigkeit, Theorie und Praxis mit der »Stimme des Herzens« in Einklang zu bringen. *ARD*

Wer hat, der hat **1092**
FINDERS KEEPERS ***
TV

Regie: Richard Lester
Darsteller: Michael O'Keefe (Michael Rangeloff), Beverly D'Angelo (Standish Logan), Louis Gossett jr. (Century Milestone), Ed Lauter (Josef Sirola), David Wayne (Stapleton), Pamela Stephenson (Georgiana Latimer), Brian Dennehy (Bürgermeister Frizzoli), John Schuck (Norris)
Drehbuch: Ronny Graham, Terence Marsh, Charles Dennis
Kamera: Brian West
Musik: Ken Thorne
Produktion: USA 1984
Sendetermin: 31.12.88, ARD
Länge: 92 Min.

Turbulente Gaunerkomödie um eine Millionen-Dollar-Beute, die in einem Sarg reist und von diversen Leuten belauert wird. »Ein reiches Sortiment verbaler und optischer Gags« urteilte »The Sunday Telegraph« und »The Financial Times« lobte: »Richard Lester hat so viele gute Gags im Ärmel, daß es ihm gleichgültig ist, ob wir ein paar verpassen, während wir blinzeln.«

West Coast Horror **1093**
CONTAGION *
Video

Regie: Karl Zwicky
Darsteller: John Doyle (Mark), Nicola Bartlett (Cheryl), Roy Barrett (Bael), Nathy Gaffney (Cleo), Pamela Hawksford (Helen), Jacqueline Brennan (Trish)
Drehbuch: Ken Methold
Kamera: John Stokes (Farbe)
Musik: Frank Strangio
Schnitt: Roy Mason
Produktion: Reef Film/Premiere Film Marketing, Australien 1987
Verleih: -/-/-/G.L. Video

Erstaufführung: April 88
FSK: nicht unter 18 J.
Länge: 90 (83) Min.

Makler verfällt einem halluzinierten Kultisten, der ihn zur Ermordung seiner Kollegin bewegen möchte.

Wettervorhersage 1094

PROGNOZA POGODY ***

TV

Regie: Antoni Krauze
Darsteller: Halina Buyno-Loza (Pelagia), Henryka Janikowska (Alte Dame), Lena Wilczynska (Xenia), Jerzy Block (Fremder), Zofia Cegielkowa, Barbara Chojecka, Eugenia Horecka, Jan Lopuszniak
Drehbuch: Antoni Krauze
Kamera: Krzysztof Pakulski
Musik: Zbigniew Preisner
Produktion: Film Polski, Gruppe TOR, Polen 1982
Sendetermin: 27.7.88, ZDF
Länge: 87 Min.

Düster und wenig anheimelnd beginnt dieser polnische Spielfilm. Die Bewohner eines Altersheims hören im Radio, daß ein schwerer Winter bevorsteht, Heizmaterial knapp ist und so mit einigen Kälteopfern gerechnet werden müsse. Als nachts heimlich Särge angeliefert werden, steht für die alten Leute fest: Man hat sie abgeschrieben. Sie brechen, denn etwas Besseres als den Tod finden sie überall. Mit einem lächerlich unverhältnismäßigen Polizeieinsatz wird die Ordnung wieder hergestellt. Die Kälte ist eben auch ein gesellschaftlicher Zustand.

Badische Neueste Nachrichten

Whiteforce 1095

WHITEFORCE *

Video

Regie: Eddie Romero
Darsteller: Sam Jones, Kimberley Pistone
Produktion: USA 1987
Verleih: -/-/-/Highlight Video
Erstaufführung: 7.11.88
Länge: 90 Min.

Amerikanischer Geheimagent auf der Jagd nach einem Drogenhändler im philippinischen Busch, wobei ihm auch die rachsüchtige Tochter seines ermordeten Partners in die Quere kommt.

Whopper-Punch 777 1096

****

16 mm

Regie: Jürgen Tröster
Darsteller: Burkhard Rönnefarth, Manfred Krug, Günter Kaufmann, Kurt Schmidtchen
Drehbuch: Maria Axt
Kamera: Michael Teutsch (Farbe)
Musik: Matthias Brendel
Produktion: Tröster Film/Roxy, BRD 1987
Verleih: Nickelodeon/-/-/Skyline Video
Kinostart: April 88
FSK: o.A., ffr.
Länge: 72 Min.
Prädikat: Wertvoll

Der Sohn des beliebten Berliner Sportreporters Otto Paletti versucht, die berufliche Ehre des Vaters zu retten, als dieser sich gerade auf einer »Dienstreise« in Frankfurt befindet, während der Box-Champion Billy »Whopper-Punch« in die Stadt kommt. Der Junior versteht es, in eindrucksvoller, effektiver Weise die Rolle des Seniors – als Interviewer des Champions – zu übernehmen. Auch die Schwierigkeit, von dem Hotelboy Harry erpreßt zu werden, löst sich für ihn mit Hilfe von Niki, Harrys Schwester, witzig inszeniert auf.

Aus der Begründung der FBW

Wie der Vater, so der Sohn 1097

LIKE FATHER, LIKE SON ***

Regie: Rod Daniel
Darsteller: Dudley Moore (Dr. Jack Hammond), Kirk Cameron (Chris Hammond), Margaret Colin (Ginnie Armbruster), Catherine Hicks (Dr. Amy Larkin), Patrick O'Neal (Dr. Armbruster), Sean Astin (Trigger), Cami Cooper (Lori Beaumont), Micah Grant (Rick Anderson), Bill Morrison (Onkel Earl), Skeeter Vaughan, Larry Sellers, Tami David, Maxine Stuart, David Wohl, Michael Horton, Randolph Dreyfuss
Drehbuch: Lorne Cameron, Steven L. Bloom

Kamera: Jack N. Green (Technicolor, Panavision)
Musik: Miles Goodman
Schnitt: Lois Freeman-Fox
Produktion: Brian Grazer, Imagine Ent. Prod. für Tri-Star, USA 1987
Verleih: Columbia Tri-Star/Columbia/20th Century Fox/RCA/Columbia Video
Kinostart: 25.2.88
FSK: ab 12, ffr.
Länge: 99 Min.

Als zwei flegelhaft-sympathische Schoolboys mit einer afrikanischen Zaubermixtur experimentieren, geschieht das Unglück, daß zwischen Vater, Chefarzt in einem Krankenhaus, und dem Sohn eine Bewußtseinsübertragung stattfindet, worauf durch die vertauschten Rollen allerlei Trubel und Verwirrung entstehen. Die Körper/Geist-Verwechslung dient dieser einfachen, aber genüßlichen Komödie als Ausgangspunkt, um mit der Vater/Sohn-Beziehung und mit gesellschaftlichen Positionen zu jonglieren und mit viel Witz die Welt der Jugendlichen mit der der Erwachsenen zu versöhnen. *Zoom*

Eine hektische Komödie, die viel zu wenig Humor hat, um unterhalten zu können. *Multimedia*

Berthold Dirnfellner in: FAZ, 30.4.88; Bodo Fründt in: SZ, 29.2.88; Otto Heuer in: Rheinische Post, 26.2.88; Helmut Schmitz in: FAZ, 18.3.88

Wie man seine Frau verliert und eine Freundin gewinnt 1098

COME PERDERE UNA MOGLIERE E TROVARE UN'AMANTE **
TV

Regie: Pasquale Festa Campanile
Darsteller: Johnny Dorelli (Alberto Castelli), Barbara Bouchet (Eleonora Rubens), Carlo Bagne, Elsa Vazzoler, Felice Andreasi, Enzo Cannavale
Drehbuch: Gianfranco Bucceri, Roberto Leoni, Luigi Malerba
Kamera: Giuseppe Ruzzolini
Musik: Gianni Ferrio
Schnitt: Alberto Gallitti
Produktion: Luigi Borghere für Cinematografica Alex, Italien 1978
Sendetermin: 15.10.88, ZDF
Länge: 94 Min.

Das kann wohl nicht so ganz das Muster italienischer Kino-Fröhlichkeit gewesen sein. Für das Vertausche-Spielchen zweier Unzufriedener (aus den Siebziger Jahren) muß man schon einen ganz speziellen Nerv haben. *Kieler Nachrichten*

Die Wiege des Schreckens 1099

IT'S ALIVE III: ISLAND OF THE ALIVE **

Regie: Larry Cohen
Darsteller: Michael Moriarty (Steve Jarvis), Karen Black (Ellen Jarvis), Laurene Landon (Sally), Gerrit Graham (Ralston), James Dixon (Dr. Perkins), Neal Israel (Dr. Brewster), Art Lund, Ann Dane, Macdonald Carey
Drehbuch: Larry Cohen
Kamera: Daniel Pearl (Technicolor)
Musik: Laurie Johnson, Themamusik: Bernard Herrmann
Schnitt: Ed Hanson
Produktion: Paul Stader für Larco Prod., USA 1987
Verleih: -/-/-/Warner Home Video
Erstaufführung: 11.11.88
FSK: ab 18 J.
Länge: 91 Min.

Dritter Teil von Cohens Horrorserie über die Monsterbabys im Comicstil mit Plot-Ungereimtheiten. Im Mittelpunkt stehen die Probleme des Monstervaters, mit seiner Popularität und dem Unverständnis der Menschen fertig zu werden.

Das Wildschwein ist los 1100

SLAVNOSTI SNEZENEK ***
TV

Regie: Jiři Menzel
Darsteller: Rudolf Hrušinsky (Franc), Jaromir Hanzlik (Leli), Josef Somr (Vyhnalek), Peter Cepek, Libuše Šafrankova, Frantisek Havlik
Drehbuch: Bohumil Hrabal, Jiri Menzel
Kamera: Jiři Macak
Musik: Jiři Sust
Produktion: Barandov Studio, CSSR 1983
Sendetermin: 21.11.88, ARD
Länge: 82 Min.

Zwei dörfliche Jagdvereine in der ČSSR streiten sich um ein erlegtes Wildschwein. Schließlich einigt man sich, den Keiler gemeinsam zu verspeisen, aber das Festessen verläuft alles andere als friedlich. Schwarzer Humor, aber lichtdurchlässig - diese treffende Charakterisierung für Bohumil Hrabals fabulierfreudige Erzählungen aus der Welt des kleinen Mannes gilt auch für die filmische Umsetzung der literarischen Vorlage. Jiri Menzel hat das vergnügliche ländliche Mosaik mit viel Lust an komischen Details inszeniert und darin manch bissige Anmerkung zum Alltag in der heutigen CSSR untergebracht. *ARD*

Wildwassersommer – Im Augenblick der Gefahr 1101

WHITE WATER SUMMER ***

Video

Regie: Jeff Bleckner
Darsteller: Kevin Bacon (Vic), Sean Astin (Alan), Jonathan Ward (Mitch), Matt Adler (Chris), K.C. Martel (George), Caroline McWilliams (Virginia Block), Charles Siebert (Jerry Block), Joseph Passarelli (Ladenbesitzer)
Drehbuch: Manya Starr, Ernest Kinoy
Kamera: John Alcott (Technicolor)
Musik: Michael Boddicker
Schnitt: David Ray
Produktion: Mark Tarlov für Polar Entertainment, USA 1985
Verleih: -/-/-/RCA/Columbia Video
Erstaufführung: 15.8.88
FSK: ab 16 J.
Länge: 90 Min.

Großstadtjunge Alan wird von seinen Eltern dazu verdonnert, mit drei weiteren Jungen an einem Erlebnistrip durch die Wildnis unter Führung des schikanösen Freiluftfanatikers Vic teilzunehmen. Eindrucksvoll fotografierter, für ein jugendliches Publikum recht spannender Abenteuerfilm um vier Pfadfinder wider Willen.

VideoWoche

Willow 1102

WILLOW ***

Regie: Ron Howard
Darsteller: Val Kilmer (Madmartigan), Warwick Davis (Willow Ofgood), Joanne Whalley (Sorsha), Jean Marsh (Queen Bavmorda), Billy Barty (Aldwin), Patricia Hayes (Raziel), Pat Roach, Gavan O'tterlihy, David Steinberg
Drehbuch: Bob Dolman nach einer Story von George Lucas
Kamera: Adrian Biddle (Rank Color, Panavision)
Musik: James Horner
Schnitt: Daniel Hanley, Michael Hill, Richard Hiscott

Der Zauberlehrling und sein Chef: Warwick Davis und Billy Barty in »Willow«.

Produktion: Nigel Wooll für Lucasfilm mit Imagine Ent., USA 1988
Verleih: UIP/UIP/UIP
Erstaufführung: 23.5.88, Abschlußfilm (außer Wettbewerb) der Int. Filmfestspiele Cannes
Kinostart: 15.12.88
FSK: ab 12, ffr.
Länge: 126 Min.
Prädikat: Wertvoll

Ein aufwendiger Fantasy-Film, wie er nur aus Hollywoods Traumfabrik kommen kann. Der mutige kleine Zwerg Willow versucht, ein Baby zu retten, dem es bestimmt ist, eines Tages die Schreckensherrschaft der bösen Zauberin Bavmorda zu brechen. Er hat unzählige Abenteuer zu bestehen, auf seinem Weg trifft er edle Freunde und furchtbare Feinde. Ein phantasievoller, ebenso spannender wie witziger Streifen.

Beate Ostermann, tip

Rolf Selas in: Rheinische Post, 16.12.88; Claudius Seidl in: SZ, 19.12.88

Willy/Milly 1103

WILLY/MILLY ***

Video

Regie: Paul Schneider
Darsteller: Pamela Segall (Willy/Milly), Eric Gurry (Alfie), Mary Tanner (Stephanie), Patty Duke (Mrs. Niceman), John Glover (Mr. Niceman), Seth Green (Malcolm), John David Cullum (Tom), Jeb Ellis-Brown (Harry)
Drehbuch: Walter Carbone, Carla Reuben
Kamera: Dominique Chapuis (Farbe)
Musik: David McHugh
Schnitt: Michael Miller
Produktion: M. David Chilewich für Cinema Group, USA 1986
Verleih: -/-/-/UFA Video
Erstaufführung: 5.10.88
Länge: 90 Min.

Amüsante Komödie um eine Geschlechtsverwandlung. Bei Inszenierung und Dialog gab man sich erfreulich viel Mühe.

Der Wind der Wüste 1104

HAMSIN ***

TV

Regie: Daniel Wachsmann
Darsteller: Shlomo Tarshish (Gedelia), Yasin Shawap (Khaled), Hemda Levy (Chava), Ruth Geler (Malka)
Drehbuch: Daniel Wachsmann, Yaakov Lifshin, Danny Verete
Kamera: David Gurfinkel
Musik: Raviv Gazit
Schnitt: Levi Zinni
Produktion: Yaakov Lifshin für Nachshom Films, Israel 1982
Sendetermin: 21.4.88, ZDF
Länge: 84 Min.

Der israelische Viehzüchter Gedalia möchte zusammen mit dem Araber Khaled eine Viehfarm aufbauen und zu diesem Zweck Weideland pachten. Angesichts der zahlreichen Störmanöver von privater und offizieller israelischer Seite unmöglich. Man paktiert eben nicht mit einem Araber. So geht alles schief. Als sich Khaled mit Gedalias Schwester einläßt, erwacht auch in Gedalia das alte Vorurteil und er beseitigt den Eindringling auf makabre Weise. Regisseur Daniel Wachsmann demonstrierte glaubhaft, daß es selbst bei den Versöhnungswilligen noch lange dauern kann, bis die ewigen Vorurteile abgebaut sind.

Stuttgarter Zeitung

Windhunde 1105

STREAMERS ****

TV

Regie: Robert Altman
Darsteller: Matthew Modine (Billy), Michael Wright (Carlyle), Mitchell Lichtenstein (Richie), David Alan Gier (Roger), Guy Bond (Roony), George Dzundza (Cokes), Albert Macklin (Martin)
Drehbuch: David Rabe nach seinem Theaterstück
Kamera: Pierre Mignot
Schnitt: Norman Smith
Produktion: Robert Altman, Nick J. Mileti, USA 1983
Sendetermin: 7.12.88, ZDF
Länge: 112 Min.

Preis für die beste schauspielerische Leistung der Filmfestspiele Venedig 1983 für das Darsteller-Team

USA, 1965. Die Rekruten Billy, Roger und Richie haben ihre Ausbildung beendet und warten in einer Kaserne auf den Marschbefehl nach Vietnam.

Billy hat sich mit den Zuständen arrangiert, der farbige Roger will die Dienstzeit ohne Ärger hinter sich bringen, Richie wird trotz reicher Herkunft und homosexuellen Geredes akzeptiert. In dieses Trio platzt der schwarze Rekrut Carlyle: Unangepaßt, aggressiv, neurotisch. Als sich Carlyle und Richie auch sexuell näherkommen, explodiert die angespannte Situation in Gewalt. Ohne die Theaterherkunft zu verleugnen, hat Altman dennoch zu einer gänzlich filmischen Form im Rhythmus der Montage und in der Wahl der Kameraeinstellungen gefunden. So verstärkt der Film noch das Gefühl von Enge und Eingeschlossensein, das allmählich die Nervenstränge der Ängste, Lüste, der Lebenslust und der Todesfurcht bloßlegt. *ZDF*

Windrider 1106

WINDRIDER **

Video

Regie: Vincent Monton
Darsteller: Tom Burlinson (P.C. Simpson), Nicole Kidman (Jade), Jill Perryman (Miß Dodge), Charles Tingwell (Simpson sr.), Simon Chilvers, Kim Bullad, Matt Parkinson, Penny Brown
Drehbuch: Everett de Roche, Bonnie Harris
Kamera: Joseph Pickering (Eastmancolor)
Musik: Kevin Peak
Schnitt: John Scott
Produktion: Paul Barron für Barron Films, Australien 1986
Verleih: -/-/-/UFA Video
Erstaufführung: 20.6.88
FSK: ab 6 J.
Länge: 92 Min.

Erfolgreicher Windsurfer gerät aus dem Gleichgewicht, als er eine Sängerin kennenlernt. Es gibt einen Punkt, an dem das Schimpfwort »Klischee« schlicht seine Bedeutung verliert.

Wisdom 1107

WISDOM **

Video

Regie: Emilio Estevez
Darsteller: Emilio Estevez (John Wisdom), Demi Moore (Karen Simmons), Tom Skerritt (Lloyd Wisdom), Veronica Cartwright (Samantha Wisdom), William Allen Young (Williamson)
Drehbuch: Emilio Estevez
Kamera: Adam Greenberg (DeLuxe Color)
Musik: Danny Elfman
Schnitt: Michael Kahn
Produktion: Bernard Williams für Gladden Entertainment, USA 1986
Verleih: -/-/-/Cannon/VMP Video
Erstaufführung: April 88
FSK: ab 16 J.
Länge: 109 Min.

Moderne Robin Hood-Variante von und mit Emilio Estevez. Narzißtisch veranlagt und dramaturgisch nicht perfekt.

Wish you were here 1108

WISH YOU WERE HERE ***

Regie: David Leland
Darsteller: Emily Lloyd (Lynda), Tom Bell (Eric), Clare Clifford (Mrs. Parfitt), Barbara Durkin (Valerie), Geoffrey Hutchings (Hubert), Charlotte Barker (Gillian), Chloe Leland (Margaret), Trudy Cavanagh
Drehbuch: David Leland
Kamera: Ian Wilson (Farbe)
Musik: Stanley Myers
Produktion: Sara Radclyffe für Zenith Prod. mit Working Title, Großbritannien 1987
Verleih: Jugendfilm/Constantin/Sadfi/Marketing Film Video
Erstaufführung: Int. Filmvestival Cannes 1987
Kinostart: 26.5.88
FSK: ab 16, ffr.
Länge: 92 Min.

Ein wunderbar schräg aufmüpfiges Lebensgefühl, in jüngster Zeit häufiger in britischen Filmen zu bemerken, vermittelt auch dieses Regiedebüt des bisherigen Drehbuchautoren (»Mona Lisa«, »Personal Services«) David Leland.
Die Patina der fünfziger Jahre setzt richtige Distanz ohne Nostalgie zu der temperamentvollen Emanzipationsgeschichte eines rigorosen Lausemädels. Die 16jährige Lynda (schön, rotzig, empfindsam: Emily Lloyd), die ihre Schwester blöd findet und ihren Vater beschimpft, will endlich

Mädchen mit Rad. Emily Lloyd in »Wish You Were Here – Ich wollte du wärst hier«.

Sex haben. Ihre verschiedenen aberwitzigen Versuche und Erfahrungen führen immer wieder zu Skandalen in dem kleinen englischen Küstenstädtchen. Und schließlich zu Lyndas Mutterschaft...
David Leland bringt das Kunststück fertig, Ironie, Häme und Liebe zu seinen Personen miteinander zu einem schrill witzigen Film zu verbinden.

Frauke Hanck, tz

Helmut W. Banz in: Kölner Stadt-Anzeiger, 28.5.88; Peter Buchka in: SZ, 1.6.88; Eva-Maria Lenz in: FAZ, 27.5.88; Heike Kühn in: FR, 27.5.88;

The Witch 1109

SUPERSTITION **

Video

Regie: James W. Roberson
Darsteller: James Houghton (Reverend Thompson), Albert Salmi (Inspektor Sturgess), Lynn Carlin (Melinda Leahy), Larry Pennell (George Leahy), Maylo McCaslin, Heidi Bohay, Billy Jacoby
Drehbuch: Michael Sajbel, Bret Plate, Brad White, Donald G. Thompson
Kamera: Lee Madden (CFI Color)
Musik: David Gibney
Schnitt: Al Rabinowitz
Produktion: Ed Carlin für Penaria für Mario Kassar, Andrew Vajna, USA 1981
Verleih: -/-/-/Unistar Video
Erstaufführung: 11.10.88
Länge: 84 Min.

In einem alten, der Kirche gehörenden Haus treibt der Geist einer vor 300 Jahren ertränkten Hexe ihr mörderisches Unwesen.

Witchcraft – Vom Teufel besessen 1110

WITCHCRAFT *

Regie: Martin Newlin
Darsteller: Linda Blair, David Hasselhoff, Cathrin Hickland, Annie Ross, Leslie Cumming, Hildegard Knef
Produktion: Filmirage, Italien 1988
Verleih: Esplanade, Nova/-/-
Kinostart: 8.12.88
FSK: ab 18, nffr.
Länge: 95 Min.

Das Böse lebt und zwar wieder mal in der arg gebeutelten Linda Blair. Während »Hildchen« Knef als olle Hexe dazu dämonisch ablacht. Typisches Metzel-Kino um den Teufel. *tip*

Withnail and I 1111

WITHNAIL AND I ****

Regie: Bruce Robinson
Darsteller: Richard E. Grant (Withnail), Paul McGann (Marwood/I), Richard Griffiths (Monty), Ralph Brown (Danny), Michael Elphick (Jake), Daragh O'Mallery, Michael Wardle, Una Brandon-Jones, Noel Johnson, Irene Sutcliffe
Drehbuch: Bruce Robinson
Kamera: Bob Smith (Farbe)
Musik: David Dundas
Schnitt: Alan Strachan
Produktion: Paul M. Heller für Handmade Films, GB 1986
Verleih: -/-/Cactus
Kinostart: April 88
Länge: 105 Min.

Inhaltlich spielt der eigenwillige Regieerstling des Drehbuchautors Bruce Robinson Ende der sechziger Jahre zur Zeit der gesellschaftlichen Auflehnung, formal weist er noch weiter zurück: Durch seine exzentrischen Charaktere und deren schlagfertigen Witz lebt, wenngleich überdreht, der Geist der typisch britischen »Ealing«-Komödien wieder auf.
In den Depressionen der beiden liderlichen, arbeitslosen Schauspieler Withnail und »I«, ihren Ängsten und dem Chaos ihrer Lebensumstände spiegelt sich durchaus auch das zeitgenössische Klima Englands wider, wo »etwas gratis nur für denjenigen ist, der es sich leisten kann« (Withnail). *Zoom*

Roland Vogler in: Zoom, 10/88

Wo is' Papa? 1112

WHERE'S POPPA? ****

Regie: Carl Reiner
Darsteller: George Segal (Gordon Hocheiser), Ruth Gordon (Mrs. Hocheiser), Ron Leibmann (Sidney Hocheiser), Trish van Devere (Louise Callan), Rae Allen (Gladys Hocheiser), Vincent Gardenia (Colonel Williams), William Le Massena (Richter), Rob Reiner (Roger)
Drehbuch: Robert Klane nach seinem gleichn. Roman
Kamera: Jack Priestly (DeLuxe Color)
Musik: Jack Elliott
Schnitt: Bud Molin, Chic Ciccolini
Produktion: Jerry Tokofsky, Marvin Worth für United Artists, USA 1970
Verleih: Impuls/-/-
Kinostart: 11.8.88
Sendetermin: 1974
FSK: ab 16, nffr.
Länge: 83 Min.
Prädikat: Wertvoll

Kinofreunde, die keinen Sinn für Irrenwitze haben, seien vor dem Besuch gewarnt. Die Fans von »Harold & Maude« indes werden darauf aufmerksam gemacht, daß ihr Schwarm, die betagte Ruth Gordon in diesem 1970 gedrehten Film eine besonders perfide Solonummer hinlegt – als verkalktes, gräßliches Mütterchen, das bei ihrem »lieben Jungen« wohnt. Der, ein hilfsbedürftiger Rechtsanwalt (brillanter Hampelmann: George Segal) muß jeden Morgen Mama anziehen, ihr das Frühstück ans Bett bringen und ihre stereotype Frage »Wo is' Papa?« abschlägig bescheiden. Papa ist nämlich schon lange tot.
Als das Ödipusserl sich in eine blitzsaubere Krankenschwester verliebt (Trish van Devere als Inbegriff der Deo-Werbung) geht Mama zu weit: Sie küßt Sohnemännchen auf den Hintern. Wie man sieht, hat Regisseur Carl Reiner seine Comic-Ästhetik so unverfroren anarchistisch in der schwärzesten Psycho-Ecke angesiedelt, daß man darüber fast die anhaltende Parodie auf den auch heute noch existierenden »American way of live« vergißt. *Kai Niemeyer, AZ*

Bodo Fründt in: SZ, 23.9.88; Otto Heuer in: Rheinische Post, 2.9.88; Carla Rhode in: Der Tagesspiegel, 20.8.88; Karsten Visarius in: FR, 20.8.88

Wohin? 1113

****

Regie: Herbert Achternbusch
Darsteller: Gabi Geist (Gabi Rothammer), Franz Baumgartner (Franz Totharsch), Gunter Freyse (Bruder Gunter), Annamirl Bierbichler (Rosa), Josef Bierbichler (Skunk), Edda Petri, Judit Achternbusch, Dietmar Schneider, Luise Ertel, Hartmut

Geerken, Marion Vetter, Barbara Vogelmeier, und als Gast Kurt Raab
Drehbuch: Herbert Achternbusch
Kamera: Adam Olech (Farbe)
Musik: Tom Waits
Schnitt: Micki Joanni
Produktion: Herbert Achternbusch Filmprod., BRD 1987
Verleih: Filmwelt/-/-
Uraufführung: 23.2.88, Wettbewerb der Int. Filmfestspiele Berlin
Kinostart: 5.5.88
FSK: ab 16, ffr.
Länge: 96 Min.
Prädikat: Wertvoll

Ein schwarzes Lebensbild in bunten Farben, die Aggressivität mit melancholischer Trauer aufgemischt: Herbert Achternbuch erzählt mit ungewohnt besonnener Gradlinigkeit und in kraftvoll-ruhigen schönen Bildern seine poetische Geschichte von Leben und Tod.
Frau Rothammer (klirrend infam: Gabi Geist) wird tv-Nachrichtensprecherin durch Beziehungen zur hohen Politik. Sie hat zwar versucht, den haltlosen Ministerpräsidenten in die Kehle zu beißen, aber das ADIS-Virus hat nicht sie ihm angehängt. Mit todbringenden Kräften stattet Herbert, darstellerisch als stummer chaplinesker Verunsicherer, die Biergarten-Kellnerin Annamirl Bierbichler aus. Die Leichen stapeln sich.
Und da ist der erschütternde Auftritt des AIDS-kranken Kurt Raab, die Tragödie der Wirklichkeit. Seine Rede über die »Bedarf«-Fälle bis zur letzten KZ-Konsequenz sprengt fast das Kino. Doch Achternbusch enttäuscht uns nicht – er läßt seine grotesken Surrealismen schön böse enden.

Frauke Hanck, tz

Gregor Dotzauer in: FAZ, 22.7.88; Ponkie in: AZ, 5.5.88; H.G. Pflaum in: tip, 4/88 (Interview); Carla Rhode in: Der Tagesspiegel, 25.2.88; Claudius Seidl in: SZ, 5.5.88; Helmut Schödel in: Die Zeit, 13.5.88; Wolfram Schütte in: FR, 21.7.88

Wolfmen 1114

THE MARSUPIALS: HOWLING III **
Video

Regie: Philippe Mora
Darsteller: Barry Otto (Professor Harry Beckmeyer), Imogen Annesley (Jerboa), Dasha Blahova (Olga Gorki), Leigh Biolos (Donny), Max Fairchild (Thylo), Ralph Cotterill (Professor Sharp), Jenny

Achternbusch und Companie in »Wohin?«.

Vuletic (Goolah), Glenda Linscott (Bahloo), Pieter van der Stolk (Mikhail), Frank Thring (Jack Citron), Michael Pate (Präsident), Barry Humphries (Dame Edna Everage)
Drehbuch: Philippe Mora. Nach dem Roman »Howling III« von Gary Brander
Kamera: Louis Irving (Farbe)
Musik: Allan Zavod
Schnitt: Lee Smith
Produktion: Charles Waterstreet, Philippe Mora für Bacannia Entertainment, Australien 1987
Verleih: -/-/-/CBS/Fox Video
Erstaufführung: 21.11.88
FSK: nicht unter 18 J.
Länge: 94 Min.

Interessanter, wenn auch nicht hundertprozentig geglückter Versuch an einer Pseudo-Dokumentation über die Entdeckung und langsame Assimilation einer Rasse von Werwölfen; zum Happy-End geht der Oscar zum ersten Mal an einen Lykanthropen.

Wolfsmilch 1115

IRONWEED ****

Regie: Hector Babenco
Darsteller: Jack Nicholson (Francis Phelan), Meryl Streep (Helen Archer), Tom Waits (Rudy), Carroll Baker (Annie Phelan), Michael O'Keefe (Billy), Diane Venora (Peg), Fred Gwynne (Oscar Reo), Margaret Whitton, Jake Dengel, Nathan Lane, James Gammon
Drehbuch: William Kennedy nach seinem gleichn. Roman
Kamera: Lauro Escorel (Technicolor)
Musik: John Morris
Schnitt: Anne Goursaud
Produktion: Keith Barish, Marcia Nasatir für Taft Entertainment/Barish Prod., USA 1987
Verleih: Metropol/-/Rialto/VPS Video
Kinostart: 8.12.88 (nur München, Berlin); Deutschlandstart: 5.1.1989
FSK: ab 16, ffr.
Länge: 142 Min.
Prädikat: Wertvoll

Triumph zweier Schauspieler: In diesem gefühlvoll bitteren amerikanischen Genossenschicksalsmelodram von Hector Babenco (nach dem Pulitzer-Preis-Roman von William Kennedy) sind Meryl Streep und Jack Nicholson als tragisches Pennerpaar, das auf dem letzten Loch pfeift, sehenswert.

Francis und Helen kommen 1938 nach 20 Jahren in ihre Heimatstadt Albany im Staat New York zurück: Versoffen und abgewrackt drücken sie sich in zugigen Mauernischen und Abbruchlöchern herum, schlabbern Suppe bei der Mission, keifen sich an, helfen einander nach den stolzen Regeln der Straße. Nicholson als Ex-Baseball-Star Francis: Kaputt durch schlechtes Gewissen (schuld am Tod seines Babys) und von Erinnerungen gepeinigt – einer, der immer davonlief, aber auf Würde achtet. Meryl Streep als Ex-Sängerin Helen kriecht mit wahrer Verwandlungs-Inbrunst in diese ausgemergelte, selbstzerstörerische Lumpenjule hinein – eine spitznasig um sich hackende Vogelscheuche des Bürgertums.
Ob Francis seine Familie im blitzsauberen Häuschen besucht (brave Schürzenmutti: Carroll Baker), oder ob Helen in der Bibliothek gegen alte Bekannte randaliert: Die beiden versenken sich so radikal in die Penner-Existenz, daß man die Straßenkälte spürt und den eisigen Wind der Schrottplätze. *Ponkie, AZ*

Heiko R. Blum in: Rheinische Post, 6.1.89; H. G. Pflaum in: SZ, 9.12.88

Wooden Man 1116

WOODEN MAN *

Video

Regie: C. Chiwa
Darsteller: Jackie Chan, L. Yuen
Produktion: Hongkong
Verleih: -/-/-/Pacific Video
Erstaufführung: 10.10.88
Länge: 95 Min.

Stummer Shaolin-Schüler auf der Suche nach den Mördern seines Vaters.

World of Horror 1117

WORLD OF HORROR ***

Video

Regie: Michelle Soavi
Darsteller: Karl Malden, Jessica Harper, Donald Pleasence

Jack Nicholson und Tom Waits in »Wolfsmilch«.

Drehbuch: Michelle Soavi
Produktion: Dac Film, Italien 1986
Verleih: -/-/-/Focus Video
Erstaufführung: 1.8.88
FSK: nicht unter 18 J.
Länge: 66 Min.

Informativer Dokumentarfilm über Dario Argento, den unumstrittenen Meister farb- und formvollendeter Horroropern.

Das Wunder in der 8. Straße 1118

BATTERIES NOT INCLUDED/
MIRACLE ON 8. STREET **

Regie: Matthew Robbins
Darsteller: Hume Cronyn (Frank), Jessica Tandy (Faye), Frank McRae (Harry), Elizabeth Peña (Merisa), Michael Carmine (Carlos), Dennis Boutsikaris (Mason), Tom Aldredge (Sid), Jane Hoffman (Muriel)
Drehbuch: Matthew Robbins, Brad Bird, Brent Maddock, S.S. Wilson nach einer Story von Mick Garris
Kamera: John McPherson (DeLuxe Color)
Musik: James Horner
Schnitt: Cynthia Scheider
Produktion: Ronald L. Schwary für Amblin, USA 1987
Verleih: UIP/UIP/UIP/CIC Video
Kinostart: 30.6.88
FSK: ab 6, ffr.
Länge: 107 Min.

Die letzten fünf Mieter eines alten vor dem Abbruch stehenden Hauses in Manhattans Lower-East-Side erhalten tatkräftige Hilfe durch ein geheimnisvolles Pärchen kleiner Raumschiffe, das mit zahlreichen Artgenossen schließlich sogar für die totale Renovierung sorgt. Naiv-märchenhafte Familienunterhaltung mit Science-fiction-Einschlag, die das Thema vom Zusammenstehen in einer schwierigen Situation gefühlsbetont und mit einem Schuß Sozialkritik abhandelt.

Multimedia

Y

Yasemin 1119

****

Regie: Hark Bohm
Darsteller: Ayse Romey (Yasemin), Uwe Bohm (Jan), Sener Sen (Vater), Sevigi Özdamar (Mutter), Nedim Hazar (Hassan), Ilhan Emirli (Dursun), Nursel Kösse, Sebnen Seldüz, Katharina Lehmann, Kaja Gürel, Michael Gwisdek
Drehbuch: Hark Bohm
Kamera: Slawomir Idziak (Farbe)
Musik: Jens Peter Ostendorf
Schnitt: Moune Barius
Produktion: Hakr Bohm für Hamburger Kino-Kompanie/ZDF, BRD 1988
Verleih: Impuls Film/Constantin/Rex/ Warner Video
Erstaufführung: 18.2.88, Wettbewerb der Intern. Filmfestspiele Berlin
Kinostart: 5.5.88
FSK: ab 12, ffr.
Länge: 85 Min. (Deutsch und türkisch mit deutschen Untertiteln)
Prädikat: Besonders wertvoll

Produziert mit Mitteln des BMI, der Filmförderungsanstalt, des Hamburger Filmbüros (DM 200.000,–) und des Filmförderungsausschusses Hamburg

Von einer Liebe in Deutschland heute zwischen einem Hamburger Jungen und einer Türkin erzählt Autor und Regisseur Hark Bohm mit viel Leichtigkeit, Sensibilität und Humor.
Dabei vergißt er aber auch nicht die realistische Brisanz des Themas. Das Zusammenprallen zweier verschiedener Kulturen und Lebensarten zeigt Bohm mit ernsthaftem Engagement und Liebe zu seinen Figuren. Er berichtet vom Alltäglichen mit seinen normalen Problemen – auf der türkischen ebenso wie auf der deutschen Seite. Als Yasemin und Jan sich ineinander verlieben, beginnen die großen Probleme.
Bohm macht einen Film über Emotionen, deren verschiedene Facetten und Auswirkungen.
Das gelingt ihm in der Dramatik besser als in der Intimität.

»Yeelen – Das Licht« von Souleymane Cisse.

Trotzdem ein schöner deutscher Liebesfilm. *Frauke Hanck, tz*

Michael Althen in: SZ, 17.5.88; Volker Baer in: Der Tagesspiegel, 20.2.88; Anne Frederiksen in: Die Zeit, 6.5.88; Heike Kühn in: FR, 7.5.88; Ponkie in: AZ, 13.5.88; Hans-Dieter Seidl in: FAZ, 20.2.88

Yeelen – Das Licht 1120

YEELEN ****

Regie: Souleymane Cissé
Darsteller: Issiaka Kane (Nianankoro), Aoua Sangare, Niamanto Sanogo, Balla Moussa Keita, Soumba Traoré
Drehbuch: Souleymane Cissé
Kamera: Jean-Noël Ferragut, Jean-Michel Humeau (Farbe)
Musik: Michel Portal, Salif Keita
Schnitt: Andrée Davanture
Produktion: Les Films Cissé, Mali 1987
Verleih: Freunde der../Stadtkino/Regina Film
Erstaufführung: 19.2.88, Int. Forum des Jungen Films bei der Berlinale
Kinostart: Okt. 88
BMUKS: Jugendverbot, Wien: ab 16
Länge: 105 Min.

Der junge Nianankoro steht am Übergang zum Erwachsensein. Er sollte mit den Fähigkeiten vertraut gemacht werden, die es ihm erlauben, die ihn umgebenden Kräfte zu beherrschen. Sein Vater, ein mächtiger Magier, möchte allerdings verhindern, daß sein Sohn ihm ebenbürtig wird. Er will ihn töten, aber Nianankoro wird von seiner Mutter gerettet und auf eine Reise geschickt. Unterwegs erwirbt er jenes Wissen und jene Kräfte, die es ihm erlauben, seinem Vater gegenüberzutreten. In verführenden, wundervollen Bildern, die man nicht mehr vergißt, zeigt Cissé, daß Kino eine universelle Kunstform ist, aber auch, daß wir von Afrika noch (fast) nichts wissen. *Zoom*

Jochen Metzner in: Der Tagesspiegel, 21.2.88; Karsten Witte in: Die Zeit, 4.11.88

You Ruined My Life 1121

YOU RUINED MY LIFE *

Video

Regie: David Ashwell
Darsteller: Soleil Moon Frye (Minerva), Paul Reiser, Mimi Rogers, Allen Garfield, Tony Burton, Lisa Raggio, Edith Fields
Drehbuch: Robin Swicord
Kamera: Ric Waite (Farbe)
Schnitt: Jonathan Tunick
Produktion: Mark H. Ovitz, Dylan Sellers für Walt Disney TV, USA 1986
Verleih: -/-/-/Walt Disney Home Video
Uraufführung: 1.2.87 (ABC)
Erstaufführung: 19.10.88
FSK: ab 6 J.
Länge: 90 Min.

Als Strafe für seinen versuchten Computerbetrug im Spielcasino muß ein arbeitsloser Lehrer der Tochter des Casinobesitzers Manieren beibringen.
Sogenannte Familienunterhaltung aus der Disney-Fabrik.

Z

Zarte Knospen 1122
TENDRE ADOLESCENTE *
Video

Regie: André Marchand
Darsteller: Loretta Loew, Chuck Ballinger, Isa Pigot
Produktion: Frankreich 1984
Verleih: -/-/-/VPS Video
Erstaufführung: 17.10.88
Länge: 83 Min.

Softsexfilm, der sich teilweise gesellschaftskritisch und problemorientiert gibt, im Grunde aber nur dazu dient, viel nackte Haut zu zeigen und als Höhepunkt mit sadistischen Szenen aufzuwarten. Da die Heldin entsprechend der Filmhandlung bei den zahllosen Sexszenen nie etwas empfindet und völlig gelangweilt reagiert, hält sich auch das Vergnügen des Zuschauers in Grenzen. *VideoWoche*

Zärtliche Chaoten II 1123
**

Regie: Holm Dressler; Mitarbeit: Gaby Zerhau
Darsteller: Michael Winslow (Ronny), Thomas Gottschalk (Frank), Helmut Fischer (Xaver), Deborah Shelton (Sandy), David Hasselhoff (Beau), Margit Geissler (Cleo), Harald Leipnitz (Hoteldirektor), Jango Edwards (Geiger), Georg Marischka (Dr. Kneitz), Jannis Kyriakidis, Gerhard Zemann, Lisa Kreuzer
Drehbuch: Thomas Gottschalk
Kamera: Atze Glanert (Farbe)
Schnitt: Ute Albrecht-Lovell
Produktion: K.S. Film/Roxy-Film, BRD 1988
Verleih: Tivoli/Constantin/Rex/Starlight-Film Video
Kinostart: 30.6.88
FSK: o.A., ffr.
Länge: 96 Min.

Verwechslungsklamotte, die in der Zukunft und heute spielt. Dabei soll die Mutter eines Fieslings an ihrer zukünftigen Mutterschaft gehindert werden, damit Frank und Xaver im Jahre 2038 nicht so einen üblen Chef ertragen müssen. Das ewige Zeitmaschinen-Thema und altbekannte, läppische Posen und Possen als Schnellschuß-Kalauer.

Hans-Ulrich Pönack, tip

Rolf Selas in: Rheinische Post, 1.7.88

Der Zauberer der Träume 1124
EL MAGO DE LOS SUENOS *
Video

Regie: Francisco Maciàn
Produktion: Izaro Films S.A., Spanien 1983
Verleih: -/-/-/Taurus Video
Erstaufführung: April 88
FSK: ab 12 J.
Länge: 69 Min.

Zeichentrickmusical nach Hans Christian Andersen um einen guten und einen bösen Zauberer, die sich um die Macht über Kinderträume in die Wolle kriegen.

Z. B. Otto Spalt 1125
**

Regie: René Perraudin
Darsteller: Otto Sander (Otto Spalt, 1. Passant, Otto Trebert, Bulettenkiller, Kommissar Spalt, Professor Spalt), Udo Samel (Edgar, Fallschirmjäger), Katharina Thalbach (Tamara), Alfred Edel (Dr. hc. Kohlhammer), Rolf Zacher (Reporter Schnellwind), Günter Meisner (Cutter, KGB-Chef), Romy Haag, Helmut Krauss, Irm Hermann, Heinz Meier, Ingeborg Steiert, Dieter Kursawe
Drehbuch: René Perraudin
Kamera: Werner Nitschke (Farbe)
Musik: Klaus Doldinger
Schnitt: René Perraudin
Produktion: René Perraudin Filmprod., BRD 1987
Verleih: FiFiGe/Filmladen/-
Erstaufführung: 21.1.88, Max Ophüls-Preis, Saarbrücken
Kinostart: 26.5.88
FSK: o.A., ffr.
Länge: 100 Min.
Prädikat: Besonders wertvoll

Kurzfilme haben nicht einmal eine schlechte Konjunktur, sie haben über-

haupt keine. Regisseur René Perraudin weiß das seit 10 Jahren: seine Filme bekommen Preise - aber kein Publikum. So entschloß er sich zu einer Rahmenhandlung, in die er fünf seiner eigenständigen Kurzfilme einbettete. Das Ergebnis: eine Filmkomödie üblicher Länge und leider auch mit den üblichen Mängeln.
Otto Spalt führt einem Filmprojektprüfungshauptausschuß seine bisherigen Produkte (eben jene Kurzfilme von Perraudin) vor, um für ein neues Projekt Förderung zu erhalten. Doch die grobe Rahmenhandlung erschlägt den mitunter naiv-pfiffigen Charme der Kurzfilme, zu mager die Pointen, zu platt die Figuren, zu plump die Ausführung.
Diese Experimentalgroteske hätte eine nette Filmförderungssatire mit kabarettistischem Einschlag werden können, nur leider bleibt sie in ihren wohlgemeinten Ansätzen stecken und - langweilt. *W.O.P. Kistner, AZ*

Bodo Fründt in: SZ, 3.6.88; Astrid Heinrich in: Kölner Stadt-Anzeiger, 11.6.88; Heike Kühn in: FR, 1.6.88; Thomas Linden in: Kölnische Rundschau, 11.6.88

Zeit der Rache 1126

THE LADIES CLUB **

Video

Regie: A.K. Allen
Darsteller: Karen Austin (Joan Taylor), Diana Scarwid (Lucy Bricker), Christine Belford (Constance Lewis), Bruce Davison (Richard), Marilyn Kagan (Rosalie), Beverly Todd (Georgiane), Kit McDonough (Carol), Shera Danese (Eva Johnson)
Drehbuch: Paul Mason, Fran Lewis Ebeling. Nach dem Roman »Sisterhood« von Betty Black und Casey Bishop
Kamera: Adam Greenberg (Farbe)
Musik: Lalo Schifrin
Schnitt: Marion Segal, Randall Torno
Produktion: Nick J. Mileti, Paul Mason für Media Home Entertainment/Heron, USA 1986
Verleih: -/-/-/CBS-Fox Video
Erstaufführung: 15.9.88
FSK: nicht unter 18 J.
Länge: 90 (79) Min.

Die Polizistin Joan wird in ihrer Wohnung von drei Einbrechern vergewaltigt, die Täter aber werden vor Gericht freigesprochen. Mit der Ärztin Constance und anderen Vergewaltigungsopfern gründet Joan eine Selbsthilfegruppe, die aktenkundige Wiederholungstäter überwältigt und zur Kastration in Constances Wohnung bringt. Spannende und ernstzunehmende Abrechnung mit der Gewalt, die Frauen von Männern angetan wird, erreicht aber nicht ganz die Klasse von »Extremities«. *VideoWoche*

Zeit der vergessenen Helden 1127

NAM, TOUR OF DUTY *

Regie: Bill L. Norton
Darsteller: Terence Knox, Stephen Caffrey, Joshua Maurer, Kevin Conroy
Drehbuch: L. Travis Clark, Steve Duncan
Kamera: Stephen L. Posey (Farbe)
Musik: Joseph Conlan
Produktion: Ronald L. Schwary für New World, USA 1987
Verleih: Highlight/-/-/Highlight Video
Kinostart: 4.2.88
FSK: ab 16, ffr.
Länge: 93 Min.

Vietnam 1967: Ein Zug GI's einer Luftlande-Kompanie macht sich auf, die bösen Vietcongs aus dem Busch zu klopfen, um ihnen in Dschungel- und Tunnelkämpfen Saures zu geben. Nach »Platoon« und vor allem »Full Metal Jacket« gewiß überflüssiger, in jeder Hinsicht belangloser Vietnamschinken, in dem Krieg als makabre Show inszeniert wird, wo Onkel Sams angeblich »vergessene Helden« ohne jeglichen biographischen Kontext letztlich maskenhaft-anonym bleiben. *Zoom*

Berthold Dirnfellner in: FAZ, 5.3.88

Die Zeit des Birkenjungen 1128

**

Regie: Elld Antonio Morandy
Darsteller: Marlies Schönau, Dominik

Hammerstein, Hans Peter Dürr, Jan Krüger, Michael Grube, Eberhard Schulz
Drehbuch: Simon Schott
Kamera: Elld Antonio Morandy (Farbe)
Musik: Gert Wilden
Schnitt: Helga Bernetti
Produktion: Bernd Int. Movie Prod., BRD 1987
Verleih: Ring Film/-/-
Kinostart: 14.7.88
FSK: ab 16, ffr.
Länge: 96 Min.

Mühsamer Versuch Umweltzerstörungen und die Lebenskraft einer heilen Natur dramaturgisch in Einklang zu bringen.

Die Zeit mit Julien 1129

KUNG-FU MASTER! ****

Regie: Agnès Varda
Darsteller: Jane Birkin, Mathieu Demy, Charlotte Gainsbourg, Eva Simonet, Judy Campbell
Drehbuch: Agnès Varda nach einer Idee von Jane Birkin
Kamera: Pierre-Laurent Chenieux (Farbe)
Musik: Joanna Bruzdowicz, Rita Mitsouko
Schnitt: Marie-Josée Audiard
Produktion: Ciné-Tamaris/La Sept für , Frankreich 1987
Verleih: Pandora/Stadtkino/-
Erstaufführung: 20.2.88, Wettbewerb der Int. Filmfestspiele Berlin
Kinostart: 6.10.88
Länge: 80 Min.

Ein anmutiger Film von spröd-individuellem Charme und heiter-melancholischer Unbefangenheit: Man sieht Jane Birkin als apart angewelkte Mutter, die vom 15jährigen Julien, dem Schulkameraden ihrer Tochter, verehrt wird. Was heißt verehrt: Der Junge macht sie richtig an.
Da Julien ein besessener Meister der Kung-Fu-Videospiele ist, sieht sich die verdutzte Mama alsbald mit einer infantilen Spielphantasie konfrontiert, die sie reizt. Es wird eine kleine unmögliche Liebe daraus - von der Umgebung mit Naserümpfen und schließlich mit Abscheu als »Verführung Minderjähriger« mißbilligt.
Eine sanfte Amour-fou-Affäre, von Agnes Varda mit Sinn für Humor und zarte Gefühle verfilmt - wobei das spielerisch Private noch dadurch betont wird, daß der Film in Jane Birkins Haus mit ihren zwei Töchtern gedreht wurde, und daß Agnes Vardas Sohn den Julien spielt. Ein kapriziöses Familienunternehmen, harmloser Voyeursneugier dienlich. *Ponkie, AZ*

Marli Feldvoss in: FAZ, 13.10.88; Sascha Gorkow in: Rheinische Post, 7.10.88; Karena Niehoff in: Der Tagesspiegel, 23.2.88; Kläre Warnecke in: Die Welt, 7.10.88

Zimatar 1130

ZIMATAR **
Video

Regie: Ric P. Acasio
Darsteller: J.C. Bonnin, Aca Vergel, Al Tanday, Michael de Mesa, Leo Delfin
Kamera: Anijano (Farbe)
Produktion: Stuff Productions, Philippinen 1982
Verleih: -/-/-/Videolife
Erstaufführung: Mai 88
FSK: ab 12
Länge: 133 Min.

Ein jugendlicher Prinz zieht aus, um im Land der Hexe seinen Vater und seine Brüder, die bei der Suche nach der Goldenen Blume verschollen gingen.

Zoo Gang 1131

THE ZOO GANG **
Video

Regie: John Watson, Pen Densham
Darsteller: Ben Vereen, Jackie Earle Haley, Eric Gurry, Tiffany Helm, Jason Gedrick
Drehbuch: John Watson, Pen Densham. Nach einer Story von Stuart Birnbaum und David Dashev
Kamera: Robert New (Eastmancolor)
Schnitt: James Symonds
Produktion: John Watson, Pen Densham für Hersch Production/Insight Group Film, USA 1985
Verleih: -/-/-/New Vision Video
Erstaufführung: 21.3.88
FSK: ab 12 J.
Länge: 93 Min.

Ein paar Jugendliche erhalten vom Eigentümer eines abgewrackten Nachtclubs die Erlaubnis, daraus einen gut besuchten Teenager-Treff mit Namen »Zoo« zu machen. Das paßt einen mißgünstigen Rüpeln aus der Nachbarschaft nicht... *Video Woche*

Zoomstone 1132

INITIATION **

Video

Regie: Michael Pearce
Darsteller: Bruno Lawrence (Nat Molloy), Rodney Harvey (Danny Molloy), Arna-Maria Winchester (Sal), Miranda Otto (Stevie), Bobby Smith (Kulu)
Drehbuch: James Barton
Kamera: Geoffrey Simpson (Eastmancolor)
Schnitt: Denise Haratzis
Produktion: Jane Ballantyne für Filmbar, Australien 1987
Verleih: -/-/-/VPS Video
Erstaufführung: 26.5.88
FSK: ab 12 J.
Länge: 100 (88) Min.

Großstadtverwöhnter junger Mann besucht seinen Vater, einen drogendealenden Ex-Vietnam-Piloten in der australischen Wildnis. Typisch australische Mischung aus Sozialstudie, Wildnisabenteuer und Aborigine-Mystik. *Video-Markt*

Zottis tolle Abenteuer 1133

THE RETURN OF THE SHAGGY DOG *

Video

Regie: Stuart Gillard
Darsteller: Gary Kroeger (Wilby Daniel), Todd Waring (Moochie Daniel), Michelle Little, Cindy Morgan, Jane Carr, Gavin Reed, K. Callan
Drehbuch: Diane Wilk, Paul Haggis
Kamera: Fred J. Koenekamp (Farbe)
Musik: David Bell
Produktion: Harvey Marks für Walt Disney TV, USA 1987
Verleih: -/-/-/Walt Disney Home Video
Uraufführung: 1.11.87 (ABC)
Erstaufführung: 14.12.88
FSK: ab 6 J.
Länge: 100 Min.

28 Jahre später fürs US-Fernsehen gedrehte Fortsetzung des Disney-Klassikers, die ihre Komik ansatzweise um die sexuelle Komponente erweitert. Weder von der Besetzung noch von der Machart her sonderlich attraktiv. *Video Woche*

Zu Freiwild verdammt/ Blutiger Schnee 1134

RUTH ***

TV

Regie: Jerzy Hoffman
Darsteller: Sharon Brauner (Ruth), Anna Dymna (Rachel), Günter Lamprecht (Kleinschmidt), Matthieu Carriere Knoch)
Drehbuch: Jerzy Hoffman, Jan Purzyski
Kamera: Jerzy Goscik
Musik: Andrzej Korzynski
Schnitt: Zenon Piorecki
Produktion: CCC-Filmkunst, Film Polski, BRD/Polen 1983
Erstaufführung: Filmfestspiele Berlin 1985
Sendetermin: 29.8.88, ARD
Länge: 90 Min.

Der Film lebt von einer atemlosen Spannung und großen Nüchternheit der Erzählung, die sowohl Melodramatik als erhobenen Zeigefinger vermeidet, und bewältigt den uferlosen Stoff mit dem Kunstgriff, alles aus der Sicht und dem Verstehungsrahmen eines jungen Mädchens zu schildern. Auch der dämonisch-banale, fanatische SS-Führer, überlegen und hintergründig zugleich von Mathieu Carriere dargestellt, der eigentliche Gegenspieler zum Mädchen Ruth gerät nicht zur Schablone.

Volksblatt Berlin

Hoffman zerstört die Wirkung durch unnötig banale Idyllik-Drücker, macht aus Auschwitz-Erfahrung und authentischen SS-Perversionen ein plattes Kinoreißerstück. Möglich, daß in 50 Jahren das Ghetto-Melodram ein ganz normales Kino-Genre ist, mit fernem Schicksalsgrusel wie bei »Oliver Twist« oder ähnlichen steinerweichenden Geschichten. Aber soweit sind wir noch lange nicht.

Ponkie, AZ

Die Zunge des Todes 1135

DEAD TIME STORIES **

Video

Regie: Jeffrey S. Delman
Darsteller: Scott Valentine (Peter), Nicole Picard (Rachel), Cathryn de Prume (Goldilocks), Melissa Leo (Mama Bär),

Michael Mesmer (Mike), Matt Mitler, Kathy Fleig, Brian de Persia
Drehbuch: Jeffrey Delman, Charles Shelton, J. Edward Kiernan
Kamera: Daniel Canton (Farbe)
Musik: Taj
Schnitt: Jim Rivera
Produktion: Bill Paul für Scary Stuff, USA 1986
Verleih: -/-/-/RCA/Columbia Video
Erstaufführung: 15.3.88
FSK: nicht unter 18 J.
Länge: 81 Min.

Ein kleiner Junge bettelt solange, bis sein Onkel ihm Gutenachtgeschichten erzählt. In der ersten bringen zwei Hexen blutige Menschenopfer, um einen Toten zum Leben zu erwecken. Die zweite ist eine rüde Variation von Rotkäppchen und dem (Wer)Wolf, und die dritte erzählt von zwei ausgebrochenen Irren und einer attraktiven Massenmörderin. Einfallsreicher und effektsicherer Horrorfilm, der mit bitterbösem Humor und drastischen Details drei Stories mit einer hübschen Rahmenhandlung zu einem Nachzieher zu »Creepshow« verbindet. *VideoWoche*

Zwei einsame Herzen 1136

LONELY HEARTS **
TV

Regie: Paul Cox
Darsteller: Wendy Hughes (Patricia), Norman Kaye (Peter), John Finlayson (George), Pamela (Julia Blake), Jonathan Hardy (Bruce)
Drehbuch: Paul Cox, John Clarke
Kamera: Yuri Sokol
Musik: Norman Kaye
Schnitt: Tim Lewis
Produktion: John B. Murray für Adams-Packer-Prod., Australien 1981
Sendetermin: 16.11.88, ZDF
Länge: 92 Min.

Paul Cox hat die Geschichte eines per Partnervermittlung zusammengekommenen Paares mit Witz inszeniert. Was störte, war die überzogene Rolle »graues Mäuschen« der Frau, die wesentlich jünger als der Mann sein sollte, aber wie seine Mutter wirkte. Da wurde dann auch die Sexangst fast zur Karikatur. Diesen Holzhammer hätte es gar nicht gebraucht.

Augsburger Allgemeine

Zwei halbe Helden 1137

FUCKING FERNAND ***

Regie: Gérard Mordillat
Darsteller: Thierry Lhermitte (Fernand), Jean Yanne (Binet), Marie Laforet (Lotte), Charlotte Valandrey (Lily), Martin Lamotte (La Fouine), Hark Bohm (Von Schaltz), Patrice Valota, Claude Evrard, Jacques Pater, Xavier Rasse
Drehbuch: Jean Aurenche, Vera Belmont, Gérard Mordillat, frei nach dem Roman von Walter Lewino
Kamera: Jean Monsigny (Farbe)
Musik: Jean-Claude Petit
Schnitt: Nicole Saunier
Produktion: Vera Belmont, Richard Claus für Stephan Films/UGC/Films A2/ICE/Delta, Frankreich 1987
Verleih: Delta Film/-/-
Kinostart: 21.7.88
FSK: ab 18, nffr.
Länge: 81 Min.

Frankreich gegen Ende des Krieges unter deutscher Besatzung: Ein Blinder auf der Suche nach Liebe und ein Mörder auf der Flucht, schlagen sich durch zwischen Nazis, Kollaborateuren und der Résistance. Bei Regisseur Gérard Mordillat wird daraus eine Komödie, in der einige Tabus der Grande Nation auf der Strecke bleiben und mit dem Entsetzen Scherz getrieben wird.
Das ergibt eine deftige, respektlose Mischung aus schräger Farce und »geschmacklosem« Klamauk, wo die Komik immer wieder ins Makabre umschlägt – und umgekehrt.
»Zwei halbe Helden« ist eine Gratwanderung zwischen Groteske und Klamotte, mit einigen sanfteren Untertönen und mit Hark Bohm als deutschem Offizier, der sich am liebsten im Bordell aufhält.

Kölner Stadt-Anzeiger

Claudius Seidl in: Tempo, 7/88

Zwei knallharte Cops 1138
LINE OF DUTY **

Video

Regie: Christian J. Nyby
Darsteller: Charles C. Hill, Justin Deas, William Hootking, Bad Tzuditer
Drehbuch: Lee David Zlotoff
Produktion: Touchstone, USA 1986
Verleih: -/-/-/EuroVideo
Erstaufführung: 17.5.88
FSK: ab 12 J.
Länge: 90 Min.

Zwei US-Marshals mischen sich in einen Fall des FBI ein, bei dem es um illegalen Waffenhandel geht. Typisch amerikanische TV-Serie im Stile von »Starsky & Hutch«.

Zwei tolle Hechte im Knast 1139
BUY AND CELL **

Regie: Robert Boris
Darsteller: Robert Carradine (Herbie Altman), Michael Winslow (Sly), Malcolm McDowell (Warden Tennant), Lise Cutter (Dr. Ellen Scott), Randall »Tex« Cobb (Wolf), Ben Vereen, Tony Plana, Rowdy Roddy Piper, Michael Goodwin
Drehbuch: Neal Israel, Larry Siegel
Kamera: Danielle Nannuzzi (Farbe)
Musik: Jonathan Scott Bogner
Schnitt: Bert Glatstein
Produktion: Frank Yablans für Empire/Altar Prod., USA 1987
Verleih: Metropol/Fleur/-/Empire/VPS Video
Kinostart: 16.6.88
FSK: ab 16, nffr.
Länge: 102 Min.

Der Film parodiert »Wall Street«. Zwei Häftlinge (Robert Carradine und »Police Academist« Michael Winslow) werden hinter Gittern zu erfolgreichen Börsenmaklern.
Aus Übeltätern werden gerissene Kapitalisten. Nur mäßig überzeugendes Lustspiel, da unstimmig im Drehbuch und mit aufgesetzten Gags. Außerdem hat hier wieder einmal die deutsche Synchronisation gepfuscht. *tip*

Rolf Selas in: Rheinische Post, 18.6.88

Zwei trickreiche Gauner 1140
TRUHANES ****

TV

Regie: Miguel Hermoso
Darsteller: Francisco Rabal (Gines), Arturo Fernandez (Gonzalo), Isabel Mestres (Marta), Lola Flores, Vicky Lagos, Rafael Diaz, Elena Arnao, Angel Alcazar
Drehbuch: Manolo Marinero, Mario Camus, José Luis G. Sanchez, Miguel Hermoso
Kamera: Fernando Arribas
Musik: Jose Nieto
Schnitt: Blanca Guillem
Produktion: A.P.E. Films, Spanien 1983
Sendetermin: 19.8.88, ARD
Länge: 96 Min.

Zwei trickreiche Gauner schließen im Gefängnis ein Zweckbündnis: Der feine Gonzalo Milares, wegen Geldschmuggels zum ersten Mal hinter schwedischen Gardinen, nimmt in der Zelle die Hilfe des erfahrenen Knastbruders Gines in Anspruch – dafür soll er diesem nach der Entlassung draußen weiterhelfen. Doch als die beiden Ganoven freikommen, nistet sich Gines bei Gonzalo ein und bringt ihn mit seinen dauernden Eskapaden an den Rand der Verzweiflung. *AZ*

Zwei verrückte Kinovögel 1141
ARPA COLLA ***

TV

Regie: Nikos Perakis
Darsteller: Dimitris Chryssomallis (Giorgos), Nikos Kalogeropoulos (Kostas), Despina Pajanou (Soula), Rebecca Taylor (Shirly), Ilias Logothetis (Alexion)
Drehbuch: Nikos Perakis
Kamera: Giorgos anoussopoulos
Musik: Nikos Mamangakis
Schnitt: Giorgos Triantafyllou
Produktion: Nikos Perakis, Giorgos Panoussopoulos für Spentzos Film, Griechisches Filmzentrum, Taurus Film, Griechenland 1982
Sendetermin: 2.9.88, ZDF
Länge: 98 Min.

Die griechische Cineastenkomödie enthielt auf ironisch gebrochene Weise Zeitbild und Nationalität (Griechenland im Nach-Junta-Klima), gespiegelt in allerlei Filmideen: Zwei Filmregisseure – der liberale Unterhaltungsopportunist und der marxistische Oberlehrertyp – beim Vermarkten ihrer Phantasien. Flink und witzig. *Ponkie, AZ*

Zwei Welten 1142

A WORLD APART *****

Regie: Chris Menges
Darsteller: Barbara Hershey (Diana), Jodhi May (Molly), David Suchet (Muller), Jeroen Krabbe (Gus), Tim Roth (Harold), Albee Lesotho (Solomon), Yvonne Bryceland, Linda Mvusi, Nadine Chalmers, Paul Freeman
Drehbuch: Shawn Slovo, nach ihrer authentischen Geschichte
Kamera: Peter Biziou (Metrocolor)
Musik: Hans Zimmer
Schnitt: Nicolas Gastner
Produktion: Sarah Radclyffe für Working Title Prod. mit Film Four, GB 1988
Verleih: Concorde/Czerny/Monopole Pathé
Uraufführung: Int. Filmfestspiele Cannes 1988
Erstaufführung: 26.6.88, Filmfest München
Kinostart: 13.11.88
FSK: ab 12, ffr.
Länge: 112 Min.
Prädikat: Besonders wertvoll

Preis der Ökumenischen Jury bei den Int. Filmfestspielen Cannes 1988 an Chris Menges

Selten gelingt in einem Film die Verbindung von privaten Einzelschicksalen und großer Politik so vollkommen wie in diesem Regie-Debüt von Kameramann Chris Menges.
Die Geschichte einer 13jährigen Weißen in Südafrika in den sechziger Jahren. Das Mädchen erfährt die Apartheid besonders schmerzlich: Der Vater taucht unter, die Mutter, Journalistin und Regimegegnerin, wird verhaftet. Die Tochter begreift die Zusammenhänge nicht, erlebt nur Trennung, Verlassensein, Ablehnung durch ihre Schulfreundinnen. Jodhi May spielt mit einer so frischen Kindlichkeit an der Schwelle zum allzu plötzlichen Erwachsenwerden, daß keinen Moment auch nur ein falscher Ton aufkommen kann. Entsprechend funktioniert Menges' Regie, seine Schauspielerführung und Bilderzählung: Kompromißlos, detailgenau, leidenschaftlich, ehrlich. Realität ist nie bloß dekorativer Action-Background: Drehbuchautorin Shawn Slovo hat die Geschichte selbst erlebt.
Hier wird nicht nach Freiheit geschrieen, sondern für Gerechtigkeit plädiert, an Herz und Verstand.
Frauke Hanck, tz

Barbara Hershey und Jdhi May in »Zwei Welten«.

Bodo Fründt in: SZ, 17.10.88; Gerhard Kadelbach in: FAZ, 19.10.88; Heike Kühn in: FR, 13.10.88; Rainer Nolden in: Die Welt, 13.10.88

Zweimal zwei 1143

BIG BUSINESS ***

Regie: Jim Abrahams
Darsteller: Bette Midler (Sadie & Sadie), Lily Tomlin (Rose & Rose), Fred Ward (Roone Dimmick), Edward Herrmann (Graham Serbourne), Michele Placido (Fabio A«berici), Daniel Gerroll (Chuck), Barry Primus (Michael), Michael Gross, Deborah Rush, Nicolas Coster, Patricia Gaul, J.C. Quinn
Drehbuch: Dori Pierson, Marc Rubel
Kamera: Dean Cundey (Farbe)
Musik: Lee Holdridge
Schnitt: Harry Keramidas
Produktion: Steve Tisch, Michael Peyser für Touchstone Pic. mit Silver Screen Part. III, USA 1988
Verleih: Warner Bros./dto./dto./Warner Home Video
Kinostart: 6.10.88

Komisches Doppel. Bette Midler und Lily Tomlin in »Zwei mal zwei«.

FSK: ab 6, ffr.
Länge: 97 Min.

In einem Krankenhaus auf dem Land vertauschte weibliche Zwillinge treffen sich Jahre später als Kontrahenten der Aktionärsversammlung eines New Yorker Konzerns wieder. Enttäuschende Verwechslungskomödie, die weder von der Idee noch der Inszenierung her überzeugt und die nur begrenzt ihr Können ausspielenden Schauspielerinnen in den Mittelpunkt einer langatmigen Unterhaltung nach üblichen Mustern stellt. *Zoom*

Michael Althen in: SZ, 11.10.88; Heike Kühn in: FR, 6.10.88; Michael Laages in: Die Welt, 6.10.88; Claudius Seidl in: Die Zeit, 7.10.88

Zwischen den Zeilen 1144
84 CHARING CROSS ROAD ****
Video

Regie: David Jones
Darsteller: Anne Bancroft (Helene Hanff), Anthony Hopkins (Frank Doel), Judi Dench (Nora Doel), Jean de Baer (Maxine Bellamy), Maurice Denham (George Martin), Eleanor David (Cecily Farr), Mercedes Ruehl (Kay), Daniel Gerroll (Brian)
Drehbuch: Hugh Whitemore. Nach dem Buch von Helene Hanff und dem Bühnenstück von James Roose-Evans
Kamera: Brian West (Rank Color)
Musik: George Fenton
Schnitt: Chris Wimble
Produktion: Geoffrey Helman für Brooksfilms, USA 1987
Verleih: -/-/-/RCA/Columbia Video
Erstaufführung: 17.10.88
FSK: ab 6 J.
Länge: 97 Min.

Ihre Freundschaft beginnt 1949. Sie – Helene Hanff, Gelegenheitsautorin – lebt in New York und interessiert sich brennend für englische Literatur. Er – Frank Doel – leitet in London ein Antiquariat. Im Laufe der Jahre wird ihre Korrespondenz immer tiefer, verbundener und amüsanter, ohne daß es je zu einer persönlichen Begegnung kommt... Ein wunderbar altmodischer Film mit zwei ganz hervorragenden Hauptakteuren: Anne Bancroft und Anthony Hopkins. In einer Geschichte, die ebenso simpel wie beeindruckend Intelligenz, Witz und Menschlichkeit vermittelt. Der Film ist ein außerordentlich sinnliches Erlebnis und trotz verkalkter Aktionen spannend und berührend. *tip*

Deutsche Filme und ihre Förderungen

A.D.A.M.
FFA 100.000, FFA-REF 87, Film/TV 400.000, BLN 87, VF 100.000 plus 30.000 für engl. Synchronisation
Adrian und die Römer
HBG 150.000, VF 20.000
ANNA
FFA 500.000, BAY 88
Anita - Tänze des Lasters
FFA 180.000, FFA-REF 86; Film/TV 170.000, BLN 84, VF 20.000
Antarctica Project
HBG 102.500, NRW 64.000
Ballhaus Barmbeck - Let's Kiss And Say Goodbay
FFA-REF 87, VF 25.000
Brennende Betten
HBG 180.000, VF 60.000
Der Gläserne Himmel
FFA, 100.000, K 150.000, BLN 87, BAY 86
Das Brot des Siegers
K, HBG 80.000, NRW 50.000, VF-H 15.000*
Der Commander
FFA-REF 87, BLN 87, VF 30.000
Der Experte
FFA 500.000, FFA-REFD 87, Film/TV 382.631, VF 100.000
Drachenfutter
K 100.000, HBG 35.700, VF-HBF 30.000
Faust
BMI 300.000, FFA 450.000, Film/TV 750.000, BAY 87
Fifty-Fifty
VF 50.000
Fürchten und Lieben
FFA-REF 87, Film/TV 600.000, VF 100.000, Bundesfilmpreis 1986 (für »Rosa Luxemburg«)
Geierwally
FFA-REF 87, Film/TV 250.000, NRW/W 87, VF 30.000
Hanussen
BMI 300.000, FFA 400.000, BLN 86, VF 100.000
Heimkehr
BMI 300.000, FFA 400.000, K, BLN 86
Ich und Er
FFA-REF 87, BAY 87, BMI-Preis 1987 »Der Name der Rose«)
Im Jahre der Schildkröte
K 100.000, NRW/W 87, VF 76.000
In der Arche ist der Wurm drin
BMI 250.000, FFA 300.000, BLN 84; BAY 84; K 100.000, VF 100.000

Der Indianer
BMI 80.000, Film/TV 250.000, HBG 120.000, NRW 48.000, VF-HH 29.590, VF-NRW 30.000
Der Kuß des Tigers
FFA 400.000, FFA-REF 87, BLN 87
Johnny Flash
FFA-REF 86, NRW 1970
Die Katze
FFA 600.000, NRW 1987, BAY 87, VF 100.000
Kiebich und Dutz
FFA 200.000, Film/TV 500.000, BLN 87, VF 30.000
Killing Blue
BAY, VF 100.000
Der Kuß des Tigers
BLN, VF 60.000
Linie 1
FFA 500.000, FFA-REF 87, Film/TV 1.000.000, BLN 87, VF 100.000
Der Madonna-Mann
FFA 350.000, HBG 1.000.000, VF 30.000
Man spricht deutsh
FFA 500.000, HH 100.000
Martha Jellneck
FFA 100.000
Das Mikroskop
VF 20.000
Ödipussi
Film/TV 1.250.000
Der Passagier - Welcome to Germany
BMI 300.000, FFA 300.000, FFA-REF 87, BLN 87
Plaza Real
VF 30.000
Der Radfahrer vom San Christobál
Schloß Königswald
BMI 250.000, FFA 350.000, FFA-REF 87, Film/TV 900.000, BAY 86, VF 70.000
Schön war die Zeit
VF 50.000
Sierra Leone
BMI 250.000, FFA 200.000, Film/TV 275.000, K 100.000, VF 30.000, Bayerischer Filmpreis für Produzenten, von den drei Produzenten 1984 gestiftet
Der Sommer des Falken
BMI 250.000, FFA 100.000, FFA-REF 87, Film/TV 600.000, BLN 87, NRW 120.000
Starke Zeiten
FFA 400.000, VF 100.000, VF-BAY
Ein Treffen mit Rimbaud
FFA 200.000, FFA-REF 86, BLN 85, K 100.000

Triumph der Gerechten
BMI 250.000, K, VF-H 15.000
Villa Air Bel - Varian Fry In Marseille 1940/41
FFA 40.000, Film/TV 160.000, K 40.000; BAY 85; H 50.000; K, VF-H 15.000*
Wohin?
FFA-REF 87, K 32.000; BLN
Yasemin
BMI 300.000, FFA 300.000, HBG 200.000
Venusfalle
FFA 500.000, FFA-REF 87, Film/TV 800.000, BLN 87; BAY 87, VF 100.000
Zärtliche Chaoten II
FFA 500.000, BAY, VF 100.000
Z. B. Otto Spalt
K, FFA-REF, BLN 87, BMI-Filmpreis für Kurzfilm 30.000

Erklärung:

BMI	=	Projektförderung des Bundesinnenministerium für Filmvorhaben (Spielfilm, Dokumentarfilm, Kinder/Jugendfilm)
FFA	=	Projektförderung der Filmförderungsanstalt
FFA-REF	=	in den erwähnten Film wurden Referenzmittel der Filmförderungsanstalt investiert, die für den Erfolg eines früheren, anderen Film zuerkannt wurden
FILM/TV	=	Fördermittel innerhalb des Film/Fernseh-Abkommens zuerkannt
BLN	=	Mittel der Berliner Filmförderung (mit Jahresangabe der Förderzusage)
BAY	=	Mittel der Bayerischen Filmförderung (mit Jahresangabe) Beide Instanzen geben wegen des Bankgeheimnisses keine Summen an, die zunächst über Bankkredite laufen
HBG	=	Hamburger Filmförderung (durch das Hamburger Filmbüro)
NRW	=	Filmförderung durch Nordrhein-Westfalen
NRW/W	=	Filmförderung durch NRW innerhalb der wirtschaftlichen Förderung
VF	=	Vertriebs-/Verleihförderung der FFA. Bei den Angaben handelt es sich um den Höchstbetrag, der ausbezahlt werden kann. Der effektive Betrag kann also auch niedriger liegen
VF-H	=	Vertriebs-/Verleihförderung der Bundesländer (Beispiel Hessen)

Alle Zahlen beziehen sich, soweit veröffentlicht, auf die Förderzusagen. Die tatsächlich ausgezahlten Förderbeträge können in dem einen oder anderen Fall von der Zusagen abweichen.

K	=	Kuratorium junger deutscher Film
H	=	Hessische Filmförderung

Bundesfilmpreise haben Folgeprojekte. Die Mittel (z.B. aus »Rosa Luxemburg« fließen in neue Projekte (im vorliegenden Falle in »Fürchten und Lieben«)

* Förderung für den Vertrieb in Hessen

Deutsche Filme, die 1988 ausgezeichnet wurden

Sofern nicht anders angegeben, sind die Filme im lexikalischen Teil ausführlich vorgestellt.

Brennende Betten
Regie: Pia Frankenberg
Publikumspreis beim Festival des Int. du Film de Comèdie in Vevey 1988

Drachenfutter
Regie: Jan Schütte
Unesco Preis und Preis der italienischen Filmkritik bei der Mostra Internazional del Cinema 1987 (Venedig); François Truffaut-Preis 1987 beim Festival von Valladolid; Preis der Interfilm Jury beim Max Ophüls Preis 1988; 2. Preis der Nürnberger Filmschau 1987; Preis des Verbandes dt. Kritiker 1988; Bundesfilmpreis-Nominierung 1988.

Der Flieger
Regie: Erwin Keusch
Bundesfilmpreis-Nominierung 1987; Gilde-Filmpreis in Silber 1987, Bronzenen Charlie-Chaplin Schuh beim Deutschen Darstellerpreis 1988 an Martin May.
Vollständige Angaben und Kritik im Heyne Filmjahrbuch 1988.

Der Gläserne Himmel
Regie: Nina Grosse
Bayerischer Filmpreis 1987 für bestes Spielfilmdebüt; Bundesfilmpreis-Nominierung.

Günther Walraff »Ganz unten«
Regie: Jörg Gfrörer
Grand Prix International de la Creation Video, Paris 1987; Preis für die beste ausländische Fernsehproduktion der britischen Film- und Fernsehakademie 1988.
Vollständige Angaben und Kritik im Heyne Filmjahrbuch 1987.

Der Himmel über Berlin
Regie: Wim Wenders
Regiepreis in Cannes 1987; Bayerischer Filmpreis 1987 für beste Regie; Preis der französischen Filmkritik 1987 (Leon-Moussinac-Preis) 1988; Gildepreis in Silber 1988; Filmband in Gold 1988, Filmband in Gold 1988 für Kamera; Europäischer Filmpreis 1988 für beste Regie und bester Nebendarsteller (Curt Bois).
Vollständige Angaben und Kritik im Heyne Filmjahrbuch 1988.

Hochzeit in Galiläa
Regie: Michel Khleifi
Gold Tanit auf dem Filmfest Karthago in Tunis 1988
Vollständige Angaben und Kritik im Heyne Filmjahrbuch 1988.

Der Indianer
Regie: Rolf Schübel
Bundesfilmpreis-Nominierung 1988; Filmband in Silber 1988; Spezialpreis der Internationalen Jury auf der 31. Leipziger Dokumentar- und Kurzfilmwoche 1988.

Jäger der Engel
Regie: Paris Kosmidis
Förderpreis beim Max Ophüls Preis 1988
Noch nicht im Kino gelaufen.

Die Katze
Regie: Dominik Graf
Filmband in Gold 1988 für Regie; 1. Preis auf dem Festival International de Cognac du Film Policier 1988.

Der kleine Staatsanwalt
Regie: Hark Bohm
Bundesfilmpreis-Nominierung 1988.
Vollständige Angaben und Kritik im Heyne Filmjahrbuch 1988.

La Amiga
Regie: Jeanine Meerapfel
Preis für beste Darstellerin (Liv Ullman, Cipe Lincovski) in San Sebastian 1988.
Noch nicht im Kino gelaufen.

Land der Väter, Land der Söhne
Regie: Nico Hofmann
Intern. Filmfestspiele San Sebastian 1988, Fipresci-Preis.

Man kann ja nie wissen
Regie: Gerd Hostermann
Bundesfilmpreis-Nominierung 1988.
Vollständige Angaben und Kritik im Heyne Filmjahrbuch 1988.

Das Mikroskop
Regie: Rudolf Thome
Filmband in Gold 1988 für darstellerische Leistung an Vladimir Weigl und Adriana Altaras.

Ödipussi
Regie: Vicco von Bülow
Ernst-Lubitsch-Preis 1988 als beste deutschsprachige Filmkomödie.

Out of Rosenheim
Regie: Percy Adlon
Goldene Tukan 1987 beim 4. Int. Film-, Fernseh- und Videofestival von Rio de Janeiro; Ernst Lubitsch Preis 1987; Bayerischer Filmpreis 1987 für bestes Drehbuch; Bundesfilmpreis-Nominierung 1988; Gildepreis in Gold 1988; Filmband in Silber 1988 Filmband in Gold 1988 für darstellerische Leistung an Marianne Sägebrecht.
Vollständige Angaben und Kritik im Heyne Filmjahrbuch 1988.

Die potemkinsche Stadt
Regie: Popp/Bergmann
Hauptpreis auf der Ökomedia 1988 in Freiburg.
Noch nicht im Kino gelaufen.

Schlaflose Nächte
Regie: Marcel Giesler
Brozener Leopard in Locarno 1988
Noch nicht im Kino gelaufen.

Schmetterlinge
Regie: Wolfgang Becker
Preis des saarländischen Ministerpräsidenten beim Max Opüls Preis 1988, Hauptpreis des 15. Student Film Award, New York, Goldener Leopard auf dem Internationalen Filmfestival Locarno 1988.

Sierra Leone
Regie: Uwe Schrader
Bundesfilmpreis-Nominierung 1988.

Spaltprozesse
Regie: Verhaag/Strigel
Förderpreis Dokumentarfilm der Stadt München 1987; Silberne Taube 1987 auf der Internationalen Leipziger Dokumentar-Kurzfilmwoche; Preis der Filmkritik auf der Duisburger-Dokumentarfilmwoche 1987; Deutscher Jugend-Video-Preis 1987; 1. Preis in der Kategorie Jugendvideo; Förderpreis der Stadt Salzburg 1988.
Vollständige Angaben und Kritik im Heyne Filmjahrbuch 1988.

Das Treibhaus
Regie: Peter Goedel
Bundesfilmpreis-Nominierung 1988.
Vollständige Angaben und Kritik im Heyne Filmjahrbuch 1988.

Das Weite Land
Regie: Luc Bondy
Bundesfilmpreis-Nominierung 1988 Filmband in Gold 1988 für darstellerische Leistung an Michel Piccoli; Filmband in Gold 1988 für Ausstattung an Birgit Hutter, Ina Peichl und Beatrix Stein-Leppert
Vollständige Angaben und Kritik im Heyne Filmjahrbuch 1988.

Welcome in Vienna
Regie: Axel Corti
Bronzenen Charlie Chaplin Schuh beim Deutschen Darstellerpreis 1988 an Claudi Messner.

Yasemin
Regie: Hark Bohm
Int. Filmfestival in Chicago 1988, Preis für das beste Drehbuch; Oscar-Nominierung 1988.

Z. B.... Otto Spalt
Regie: Renée Perraudin
Publikumspreis beim Max Ophüls Preis 1988.

38. Internationale Filmfestspiele Berlin

Volker Bär hatte mit feinen Sinnen die Preisvergabe beobachtet und darüber im »Tagesspiegel« berichtet: »Übergeben wurden die Silbernen und Goldenen Bären von Ellen Burstyn, der Vizepräsidentin, und Guglielmo Biraghi, dem Präsidenten der Jury, deren Entscheidungen offenbar weithin mit der Meinung von Publikum, Filmwirtschaft und Kritik übereinstimmte; zumindest meldete sich kaum Protest an bei der Überreichung der Preise. Freundlich war der Beifall eigentlich für alle, besonders anerkennend wirkte er bei Janusz Zaorski, dem polnischen Regisseur, bei Manfred Möck und Jörg Pose, den beiden DDR-Schauspielern, bei Aleksandr Askoldov, dem sowjetischen Regisseur, und auch bei Zhang Yimou, dem chinesischen Gewinner des Goldenen Bären. Leisen Widerspruch gab es lediglich bei Holly Hunter, die allerdings wegen Dreharbeiten nicht anwesend war, und bei Norman Jewison.«
Der 88er Berlinale-Jahrgang war nicht gerade einer der besten. »Die respektablen Einzelleistungen, die hier prämiert wurden, ändern indessen nichts an dem relativ schwachen Gesamteindruck, der nicht zuletzt auf das Konto der allzu üppig ins Kraut schießenden Kommerzware der Amerikaner geht« bemerkte Ponkie aus München in der »AZ« und Frauke Hanck hoffte in der »tz« auf die gelbe Konkurrenz: »Die Chinesen kamen! Sie stahlen den mit massiver Übermacht angerückten Amerikanern die Schau. Glücklicherweise endlich mal eine originelle Jury-Entscheidung, die sich nicht nur diplomatisch, sondern auch künstlerisch motiviert.« Claudius Seidl in der »Süddeutschen Zeitung« sah das anders: »Die Bären beißen nicht« maulte er und freute sich lieber über die Retrospektive mit 56 Spiel- und 47 Kurzfilmen, mit der die Entwicklung des Farbfilms gezeigt wurde.
Das Forum des Jungen Films hatte neben seinem Hauptprogramm eine Reihe mit zehn Filmen des Schauspielers Toto (1898–1967) aus den 50er und 60er Jahren zusammengestellt. Außerdem stellte das Forum mit 13 Beispielen das Filmland Indien vor. Entdeckungen und cineastische Besonderheiten waren also wieder einmal im »Forum« anzutreffen und die grandiose »Romanze von Buch und Schwert« hätte den Wettbewerb auch geschmückt.

Toto vor dem »Forum«.

Goldener Berliner Bär, Großer Preis der Filmfestspiele: *Rotes Kornfeld* von Zhang Yimou (China)
Silberner Berliner Bär, Spezialpreis der Jury: *Die Kommissarin* von Aleksandr Askoldov (UdSSR)
Silberner Berliner Bär: *Die Schuld* von Miguel Pereira (Argentinien)
Silberner Berliner Bär für die beste Regie: Norman Jewison für *Mondsüchtig* (USA)
Silberner Berliner Bär für die beste Darstellerin: Holly Hunter in *Nachrichtenfieber*
Silberner Berliner Bär für den besten Darsteller: Zu gleichen Teilen an Jörg Pose und Manfred Möck für ihre Darstellungen in *Einer trage des anderen Last* von Lothar Warneke (DDR)
Silberner Berliner Bär für eine hervorragende Einzelleistung: Janusz Zaorski als Drehbuchautor und Regisseur von *Mutter Krol und ihre Söhne* (Polen)
Goldener Berliner Bär für einen Kurzfilm: *Die Macht* von Zdravko Barisic (Jugoslawien)
Silberner Berliner Bär für einen Kurzfilm: Pavel Koutsky für *Liebe auf den ersten Blick* (CSSR)
UNICEF-Preis: *Hasenherz* von Gunter Friedrich (DDR) und lobende Erwähnungen für *The Kid Brother* von Claude Gagnon (Kanada) sowie *Aaj Ka Robinhood* von Tapan Sinha (Indien).
UNICEF-Kurzfilmpreis: *Herr Bohm och Sillen* von Peter Cohen und Olof Landström (Schweden)
Preis des Internationalen Zentrum für Kinder- und Jugendfilm: *The Kid Brother* von Claude Gagnon (Kanada) sowie eine lobende Erwähnung für *Herr Bohm och Sillen*
Preis der Berliner Kinderjury: *Hasenherz* von Gunter Friedrich (DDR)
Preis der Gilde deutscher Filmkunsttheater: *Schrei nach Freiheit* von Richard Attenborough (Großbritannien) sowie eine spezielle Empfehlung für *Mondsüchtig* von Norman Jewison
Preis der Leserjury der »Berliner Morgenpost«: *Einer trage des anderen Last* von Lothar Warneke (DDR)
Preis der katholischen Filmorganisation OCIC: *Der Kommissar* von Aleksandr Askoldov (UdSSR) und eine besondere Empfehlung für *Die Schuld* von Miguel Pereira. Der Preis für einen Film aus dem Programm des »Forum des jungen Films« ging an *En Nombre de Dios* von Patricio Guzman (Chile)
Interfilm-Preis: *Der Kommissar* von Aleksandr Askoldov (UdSSR) aus dem Wettbewerbsprogramm und an *Der Indianer* von Rolf Schübel aus dem Programm des Internationalen Forums des jungen Films. Außerdem lobende Erwähnungen für *Die Schuld* (Argentinien), *Einer trage des anderen Last* (DDR), *Family Viewing* (Kanada) und *Sagolandet* (Schweden/BRD)
FIPRESCI-Preis der internationalen Filmkritik: *Der Kommissar* von Aleksandr Askoldov aus dem Wettbewerbsprogramm mit einer besonderen Erwähnung für *Asino Scaste* (UdSSR) und *Matka Krolow* von Janusz Zaorski (Polen). Der Preis für einen Film aus dem Programm des Forums des jungen Films ging an *Dani, Michi, Renato & Max* von Richard Dindo (Schweiz)
CICAE-Preis der Verbandes der Filmkunsttheater: Zu gleichen Teilen an *Brise-Glace* von Jean Rouch, Titte örnroth und Raoul Ruiz (Frankreich) und an *Terirem* von Apostolos C. Doxiadis (Griechenland). Der Preis für einen Film aus dem Forums-Programm ging an *The Last of England* von Derek Jarman (Großbritannien)
Preis der »zitty«-Leser für den besten Film im Forums-Programm: *Pabo Sunon* von Lee Chang-Ho (Republik Korea)
Caligari-Filmpreis: *Nagunenun gilesado schizi annunda* von Lee Chang-Ho (Volksrepublik Korea)
Friedensfilm-Preis: Christian Black-

wood für seinen Film *Signed: Lino Brocka* (USA) und lobende Erwähnungen für *En Nombre de Dios* (Chile), *Schrei nach Freiheit* (Großbritannien) und *Risk* (UdSSR)

Filmfestspiele Cannes 1988

Für viele Kritiker in Cannes war Clint Eastwood mit seinem Film *Bird* der Favorit für die »Goldene Palme«. Und so war es schon eine Überraschung, als Jury-Präsident Ettore Scola den dänischen Triumph verkündete. Große Proteste regten sich allerdings im Vergleich zur Entscheidung im Vorjahr kaum, hatten doch die Kandidaten für Preise in irgendeiner Kategorie ihre Würdigung erhalten. Das Regenwetter in Cannes sorgte in diesem Jahr für mehr Gesprächsstoff als das Programm, auch wenn Peter Buchka in der »Süddeutschen Zeitung« erst die Rückkehr des politischen Films in Cannes beschwor und dann das »Ende der schwarzen Phase« kommen sah. Andreas Kilb in »Die Zeit« konterte: »So reiht sich ein historisches Sujet ans andere. Das Kino ist auf der Flucht: aus der Gegenwart in die Geschichte, aus der fluchbeladenen Aktualität in die ruhigen Gewässer der Vergangenheit. Aber je mehr Flotten diesen Strom befahren, desto größer wird die Verzweiflung. Was in Cannes beginnt, ist, fürchte ich, nicht das Ende der schwarzen Phase des Kinos, wie Peter Buchka in der SZ schrieb, sondern der Beginn der grauen Epoche der Routiniers.«
Die Preise des Filmfestivals im einzelnen:
Goldene Palme: *Pelle, der Eroberer* (Dänemark)
Großer Spezialpreis der Jury: *A World Apart* von Chris Menges (Großbritannien)
Beste Darstellerin: Zu gleichen Teilen an Barbara Hershey, Linda Mvusi und Jodhi May in *A World Apart*
Bester Darsteller: Forrest Whitacker in *Bird*
Beste Regie: Fernando Ezequiel Solanas für *Sur* (Argentinien)
Preis der technischen Kommission: *Bird* von Clint Eastwood
Jury-Preis: Krzystsof Kieslowski für *Du sollst nicht töten* (Polen) und Marcel Ophüls für *Hotel Terminus*
Bester künstlerischer Beitrag: *Drowning By Numbers* von Peter Greenaway (Großbritannien)
Goldene Kamera für den besten Erstlingsfilm: *Salaam Bombay* von Mira Nair (Indien)
Bester Kurzfilm: Zu gleichen Teilen an *Physikalische Struktur* (Frankreich), *Bukpytacy* (UdSSR), *A b Ovo* (Ungarn)
Prix Jeunesse für den besten ausländischen Film: *Trotz allem* (Türkei)
Prix Jeunesse für den besten französischen Film: *Mon Cher Sujet*
FIPRESCI-Preis der internationalen Filmkritik: *Distant Voices* (Großbritannien)

24. Chicago Film Festival

Im Jahr vor dem Vierteljahrhundert-Jubiläum hatte sich auch das Chicago Filmfest gesundgeschrumpft: Statt fast 120 Filmen im Vorjahr wurden 1988 nur 90 Filme gezeigt. Insgesamt 21 Werke waren in der Konkurrenz um die Preise, die von der Jury wie folgt vergeben wurden:
Goldener Hugo für den besten Film: *Little Vera* von Vassili Pitchul (UdSSR)
Goldener Hugo für die beste Regie: Theo Angelopoulos für *Landscape in the Mist*
Goldplakette für die beste Darstellerin: Natalia Negoda in *Little Vera*
Goldplakette für das beste Schauspieler-Ensemble: Sylvia Chang, Danny Dun, Jodi Long und Soon-Tek Oh in *Soursweet* (Großbritannien)
Silberne Plakette für die beste Kamera:

Giorgios Arvanitis für *Landscape in the Mist*
Silberne Plakette für das beste Drehbuch: Hark Bohm für *Yasemin*
Spezial-Preis der Jury: *The Debt* von Miguel Pereira (Argentinien)

42. Edinburgh International Film Festival

Edinburgh ist das älteste durchgehend veranstaltete Filmfestival der Welt, hat somit einen langen Atem bewiesen. Doch der scheint auch den Festivalchefs in Edinburgh langsam auszugehen. »Zwar gelingt es den Orgnaisatoren trotz wachsender Finanznöte stets aufs Neue, den Spielplan um große Namen zu bereichern. Aber dem Festival, darüber können auch sie nicht hinwegtäuschen, gehen mit dem Geld auch langsam die Filme aus«, berichtete Frank Schnelle in »Zitty« aus Edinburgh. Immerhin lobte auch Schnelle die Retrospektiven des Filmfestes. Charles Crichton, dem großen alten Manndes britischen Kinos war eine gewidmet, dem DDR-Regisseur Jürgen Böttcher eine andere. Peter Buchka aber entdeckte in Edinburgh den dritten Künstler, dem eine Werkschau gewidmet war: Seijun Suzuki, der mit Gangster- und Yakuza-Filmen bekannt wurde. Eine halbe Seite in der »Süddeutschen Zeitung« war dem Japaner sicher.

22. Internationale Hofer Filmtage

»Die Dramaturgie der Hofer Filmtage kennt auch im 22. Jahr noch keine Regeln: ausschlaggebend ist nach wie vor der Geschmack von Heinz Badewitz. Den einzigen Zwang, den er sich selber auferlegt, besteht im freiwilligen Verbot des Bekannten und erst recht des abgedroschenen,« führte Peter Buchka in der »Süddeutschen Zeitung« in die Hofer Filmfestregeln ein, um dem Chef des Ganzen nachfolgend ganz kräftig am Lack zu kratzen: »Lieber nimmt Badewitz Qualitätseinbußen in Kauf als die Festival-Renner des Jahres nach- und die internationalen Winterhits vorzuspielen. Hof hat immer kompromißlos auf das unabhängige, junge Kino gesetzt. Genau darin aber besteht neuerdings das Dilemma: weil es dieses zu Hofer Gründungszeiten hochaktuelle und allmählich längst klassische unabhängige und junge Kino kaum mehr gibt. Trotzig hat Badewitz nun schon zum zweitenmal diese Tatsache ignoriert und tapfer an seinem Konzept festgehalten.« Eingeschossen hatte sich die Kritik nahezu einmütig auf Monika Treuts »Die Jungfrauenmaschine«, der nicht irgendwo im Programm lief, sondern in der prominenten Samstagabend-Vorstellung, mit der Badewitz große Entdeckungen zu präsentieren pflegte. Nach *Kiebich und Dutz* im Vorjahr ist ihm dies mit Monika Treuts Film mißlungenen: »Filme wie der von Monika Treut vernichten das Kino« erregte sich Helmut Schödel in »Die Zeit«.

Unter den vielen deutschen Beiträgen innerhalb des Programm aus insgesamt 64 Filmen der Hofer Filmschau machte Peter Buchka in der »Süddeutschen Zeitung« einzig Wolfram Paulus als Filmemacher mit eigenem Stil aus und Helmut Schödel trauerte in »Die Zeit« mit Hinweis auf die Filme *Schön war die Zeit* und *Wilder Mann:* »Bei den 22. Hofer Filmtagen spielten die Projektionisten und das Kino selber eine Hauptrolle: Wenn das Kino den deutschsprachigen Film nur noch selten vorführt, zeigt der deutschsprachige Film das Kino.«

Aber es waren nicht nur deutsche Filme in Hof zu sehen. Die Schweiz präsentierte sich gleich mit fünf Filmen, Neuseeland, die USA und die Briten waren wieder mit Independent-Produktionen vertreten und aus Japan kam eine besondere Entdeckung: Sieben Gangster- und Yakuza-Filme des Japaner Seijun Suzuki.

Filmfestival Karlsbad

Obwohl zum 20. Internationalen Filmfestival mehr Filme aus den Ostblockländern denn je gemeldet wurden, suchte sich die Jury Filme aus China und Großbritannien für die beiden Hauptpreise des Festivals aus:
Großer Preis: *Fuzhung Cheng* von Xie Jin (China)
Rose von Lidice: *The Dressmaker* von Jim O'Brien (Großbritannien)
Hauptpreise: *Weeds* von John Hancock (USA), *Thorn Under the Fingernail* von Sandor Sara (Ungarn)
Bester Darsteller: Les Seruk in *Straw Bells* (UdSSR)
Beste Darstellerin: Corinna Harfouch in *Die Schauspielerin* (DDR)
Spezial-Preis der Jury: *Pfadfinder* von Nils Gaup (Norwegen)
Opera Prima: *Lo Que Vendra* von Gustavo Mosquera (Argentinien) mit einer besonderen Erwähnung für *The Raggedy Rawney* von Bob Hoskins (Großbritannien)
FIPRESCI-Preis: *Anataram* von Adoor Gopalakrishnan

Filmfestival Locarno 1988

Mehr als 120 Produktionen, darunter eine Reihe von Erstlingswerken, zeigte das 41. Internationale Filmfestival in Locarno mit einem Wettbewerb, der wieder neuen Filmautoren und Filmländern mit junger Tradition vorbehalten war. Immerhin die Hälfte der 18 Filme im Wettbewerb waren Erstlingswerke. Die »Carte Blanche« gestaltete in diesem Jahr der italienische Regisseur Ettore Scola, der Werke von De Sica, Fellini, Rosselini, Steno, Chaplin und John Huston aussuchte. Die Retrospektive war dem brasilianischen Regisseur Alberto Cavalcanti gewidmet.
Goldener Leopard: Zu gleichen Teilen an *Distant Voices* von Terrence Davies (Großbritannien) und an *Schmetterlinge* von Wolfgang Becker (BRD)
Silberner Leopard (Spezialpreis der Jury): *Halodhia Choraye Baodhan Khai* von Jahnu Barua (Indien)
Bronzener Leopard: *Nakhoda Khorshid* von Nasser Taghvai (Iran), *Schlaflose Nächte* von Marcel Gisler (Schweiz)
Darsteller-Preis: Indra Bania in *Halodhia Choraye Baodhan Khai*
Preis der Ökumenischen Jury: *Family Viewing* von Atom Egoyan (Kanada), außerdem besondere Empfehlungen für *Halodhia Choraye Baodhan Khai* und *Gost* von Alexandr Kajdanowskij (UdSSR)

9. Madrid Film Festival

Geierwally-Regisseur Walter Bockmayer saß in der Jury des 9. Madrider Film Festivals, die folgende Preise vergab:
Bester Film: *Vero Videno* von Goran Markovic (Jugoslawien)
Beste Regie: Wes Craven für *The Serpent and The Rainbow*
Bestes Drehbuch: Richard Maxwell und A.R. Simoun für *The Serpent and The Rainbow*
Bester Darsteller: Zu gleichen Teilen and David Jacobson in *The Beat* (USA) und Agustin Gonzalez in *Testigo Azul* (Spanien)
Beste Kamera: Grahamn Berry und Leonidas Zourdoumis für *Powaqquatsi* (USA)
Bestes technisches Team: *Prison* (USA)
Spezialpreis der Jury: *The Last of England* von Derek Jarman (Großbritannien) und *O Princazne Jasnence a Leta-*

jicim Sevci von Zdenek Troska (CSSR)
Bester Kurzfilm: *Zabranjena Igracka* von Zrinko Ogresta (Jugoslawien)
Kritiker-Preis: *Veo Videno*
Publikums-Preis: *Powaqquatsi*

37. Internationale Filmwoche Mannheim

Der Pleitegeier schwebte in diesem Jahr ganz niedrig über Mannheim und seiner internationlen Filmwoche und warf seine Schatten auf Präsentation und Programm. Schon im Vorfeld der 88er Filmwoche hatte die Fachpresse mehr über die Finanznöte der Veranstaltung zu berichten als über das Programm. Direktorin Fee Vaillant dachte gar laut über ein Ende der Traditionseinrichtung nach: »Entweder wir können das Niveau halten, oder wir machen Schluß«. Fee Vaillant hat immer größere Schwierigkeiten, gute Filme für die Wettbewerbe zu gewinnen, das Preissummen wie der Große Preis mit seinen 10 000 Mark zu niedrig seien. Mit solchen Preisen sei Mannheim gegenüber anderen Festivals nicht mehr konkurrenzfähig. Das Mannheimer Festival habe auch zu wenig Geld, um etwa Filmemachern aus dem Ausland die Anreise zu bezahlen.
»So waren heuer auch Mangelerscheinungen nicht zu übersehen«, schrieb Richard Emele in »multimedia«, »zu keinem der sowjetischen Filme gab es deutsche Untertitel, auch Informationsmaterial dazu war praktisch nicht vorhanden.«
Insgesamt 46 Filme aus vier Kontinenten wurden aus über 230 Einsendungen für den Wettbewerb um die Hauptpreise ausgewählt. Erfolgreich waren schließlich folgende Filme:
Großer Preis der Stadt Mannheim: *Trotz alldem* von Orhan Oguz (Türkei)
Dritte-Welt-Preis: Zu gleichen Teilen an *Dunia* von S. Pierre Yameogo (Burkina Faso, *Buenos Aires – Cronicas Villeras* von Marcelo Cespedes (Argentinien) und *Haben Kakteen eine Seele* von Gilles Dinnematin (Palästina/ Frankreich)
Sonderpreis der Filmwoche: Ewgenij Zymbal für *Advokat Sedow* (UdSSR)
Josef von Sternberg-Preis: *Der Fall Harms* von Slobodan Pesic

12. Montreal World Film Festival

Zum dritten Mal hintereinander machte in Montreal wieder ein Film aus dem französisch-sprachigen Kulturraum das Rennen: Nach *Betty Blue* von Jean-Jacques Beineix 1986 und Claude Gagnons *The Kid Brother* entschied sich die Jury beim 12. World Film Fest mit Michel Deville und seinem Film *La Lectrice* wieder für eine französische Produktion. Überhaupt fiel Beobachtern eine zunehmende frankophile Atmosphäre in Montreal auf, was bei der nordamerikanischen Festival-Delegation mit großen Mißbehagen registriert wurde. Die Preise im einzelnen:
Großer Preis für den besten Film: *La Lectrice* von Michel Deville (Frankreich)
Bester Darsteller: Davor Janjic in *Zivot Sa Stricem* von Krsto Papic (Jugoslawien)
Beste Darstellerin: Shin Hye-Soo in *Adada* von Kwon Taek (Süd-Korea)
Spezial-Preis der Jury: *Malinka Vera* von Vassili Pitchul (UdSSR)
Preis der Jury: *The Dawning* von Robert Knights (Großbritannien) und *Salaam Bombay* von Mira Nair (Indien)
Besondere Erwähnungen der Jury für Marco Bellocchio und seinen Film *La Visione Del Sabba* sowie für Julia Migenes als Darstellerin in *Berlin Blues* von Ricardo Franco (Spanien)
Großer Preis der Jury für einen Kurz-

film: *The Bomb* von Zoran Jovanovic (Jugoslawien)
Jury-Preis für einen Kurzfilm: *The Wanderer* von George Ungar (Kanada)
Preis der ökumenischen Jury: *Salaam Bombay*
FIPRESCI-Preis: *Zivot Sa Stricem*

Festival der Filmhochschulen München

Schade: Überall auf der Welt reisen plötzlich die Russen samt ihren Filmen in Scharen zu den Filmfestivals an – nur beim Nachwuchs hat es nicht geklappt. Die Ausreiseanträge der Moskauer Filmhochschule verschimmelten auf irgendeinem Bürokraten-Schreibtisch. Die anderen Filmhochschulen aber hatten 128 Filme nach München geschickt, wo im Arri-Kino fast jede Vorstellung ausverkauft war. Allen Zuschauern voran war Jury-Präsident Alan Parker, der dann auch die Preisträger bekanntgab.
Interessantester Kurzspielfilm: *Robak* von Mariusz Grzegorzek, Lodz
Originellster Spielfilm: *Willkommen in der Kantine* von Peter Welz, Postdam Babelsberg
Bester Unterhaltungsfilm: *The Hill Farm* von Mark Baker, Beaconsfield

»Nachts« von Mares Pfeiffer.

Jury-Präsident Allan Parker.

Das wichtigste Thema: *Ropaci* von Jan Sverak, Prag
Interessantester Dokumentarfilm: *Du skal sgu vaere Lykkelig* von Eva Bjerregaard, Kopenhagen
Interessantester Animationsfilm: *Libido* von Velislav Kazakoss, Sofia
Sonderpreis für die beste Partitur und besten Einsatz der Musik: *Robak* von Mariusz Grzekorzek, Lodz
Preis für das beste Gesamtprogramm einer Schule: FAMU, Prag
Drehbuchpreis: Ulrich Zrenner für *Zement* (München) und Max Linder für *Außer Gefahr* (Wien)

Filmfest München

Natürlich ist es einfacher, mit den Highlights vorausgegangener Festivals zu reüssieren, als mit eigens geschaffenen,« mokierte sich Alfred Holighaus im »tip« aus dem fernen Berlin über das zusammengesammelte Programm, nannte es letztlich aber doch solide und freute sich über den cineastischen Leckerbissen, die Werkschau mit Filmen von Sergej

Paradschanow. Diese Sensation wurde noch durch die Anwesenheit des Künstlers aufgewertet, der erstmals auch seine bisher verbotenen Werke und den noch unvollständigen letzten Film im Westen zeigte.
Über 100 Filme wurden in den sechs Festivalkinis gezeigt, Regisseure aus dreißig Ländern kamen an die Isar, um ihre Filme hier selbst vorzustellen. Neben dem internationalen Programm gab es wieder die Reihe »Perspektiven«, die sich um das junge, engagierte Kino kümmert, »Neue deutschsprachige Filme«, die »Independents« und »Dokumentarfilme«. Neben Paradschanow war eine weitere Filmereihe der Schauspielerin Stefania Sandrelli gewidmet. Neben Videopremieren und dem Kinderfilmfest wurden außerdem eine Reihe von Symposien und Workshops angeboten. Die Hommage galt in diesem Jahr dem Filmproduzenten und früheren ARD-Programmdirektors Hans Abich.

34. Westdeutsche Kurzfilmtage Oberhausen

Mit 94 Beiträgen aus 37 Ländern lag die Beteiligung an den 34. Kurzfilmtagen in Oberhausen relaitv hoch – höher jedenfalls als das Niveau der aktuellen Produktion. Volker Baer beschwerte sich im »Tagesspiegel«: »Wenn auf einem Fęstival die Beiträge der filmhistorischen Rückschau einen stärkeren Eindruck hinterlassen als die zeitgenössischen Filme, die im internationalen Wettbewerb um einen Preis konkurrieren, so mag das unterschiedliche Ursachen haben. Es mag zum einen an der gegenwärtigen Produktion liegen, die entweder keinen Zugang zu wichtigen Themen findet, es mag zum anderen aber auch mit der wenig glücklichen Auswahl zu begründen sein, wenn die Retrospektive stärker überzeugt als das Neue. Es ist in jedem Falle ein Indiz für eine Krise. Und die war in Oberhausen, wie auch immer man sie interpretieren und begründen mag, nicht zu übersehen.«
Die Jury hat sich trotzdem entschieden und den Großen Preis der Stadt Oberhausen zu gleichen Teil an den Film *Wozwraschenie* von T. Tschubakowa (UdSSR) und an den Dokumentarfilm *Our Marilyn* von Brenda Longfellow (Kanada). Weitere Hauptpreise gingen an *Geedka Nolosha* von Abdulkakir Ahemd Said (Somalia), die Schweizer Wochenschau-Gruppe für *Hungerstreik-Isolationshaft, Kak ni stranno, o chochlowoj* von Daiud Sfarjan (UdSSR), *Lasaya* von Anup Singh (Indien), *Queremos as ondas do ar* von Francisco Cesar Filho und Tata Amaral (Brasilien) und zu gleichen Teilen and die polnischen Beiträge *Moja chwila ciszy* von Renata Mazur und *Zdarzenie* von Hieronim Neumann.

35. Jugoslawischen Filmfestival Pula

Bester Film: *Zivot sa Stricem* von Krsto Papic
Beste Regie: Zarko Radiovojevic für *Kuca Pored Pruge*
Bestes Drehbuch: Zarko Radiovojevic für *Kuca Pored Pruge*
Beste Darstellerin: Neda Arneric für *Pranik Kurvi*
Bester Darsteller: Mustafa Nadarevic für *Glembajevi*
Beste Nebendarstellerin: Ena Begovic für *Glembajevi*
Bester Nebendarsteller: Ljubisa Samardzic in *Kuca Pored Pruge*
Beste Kamera: Boris Gortinski für *Zaborevljeni*
Beste Musik: Gjon Gjevelekaj für *Roejt e Mjegulles*
Beste Ausstattung: Snezani Petrovic für *Slucaj Harms*

45. Internationales Filmfestival Venedig 1988

Der Mailänder »Corriere della Sera« hatte den Filmfestspielen schon vorab zum »Festival der Diven« erklärt, nachdem feststand, daß Shirley MacLaine, Elizabeth Taylor oder Isabelle Huppert in Venedig mit neuen Filmen vertreten sind. Andreas Kilb war da anderer Meinung. In »Die Zeit« schrieb er: »Die Filmfestspiele von Venedig, einst der wichtigste Treffpunkt für das europäische Kino, sind zur VIP-Lounge für das neue internationale Autorenfernsehen geworden.« Als Protagonisten dieses Autorenfernsehfilms sah Kilb den Italiener Ermanno Olmi und seine Joseph Roth-Verfilmung *Die Legende vom heiligen Trinker.* Und der bekam - Fernsehfilm oder nicht - auch Preise:

Goldener Löwe: *La Leggenda del Santo Bevitore/Die Legende des heiligen Trinkers* von Ermanno Olmi (Italien)
Silberner Löwe für die beste Regie: Theo Angelopoulos für *Topio stin omihli/Landschaft im Nebel* (Griechenland)
Großer Sonderpreis der Jury: Ousmane Sembene für *Camp de Thiaroye/Das Lager von Thiaroye* (Senegal/Algerien/Tunesien)
Beste Darstellerinnen: Zu gleichen Teilen an Shirley MacLaine in *Madame Sousatzka* und Isabelle Huppert in *Un Affaire de Femme*
Beste Darsteller: Don Ameche und Joe Mantegna in *Things Change* (USA)
Besondere Erwähnung: David Eberts als junger Darsteller in *Burning Street*
Preis des italienischen Senats: Carlo Lizzani für *Lieber Gorbatschow*
Bestes Drehbuch: Pedro Almodovar für *Mujeres al borde de un ataque de nervio*
Beste Kamera: Vadim Jusov für *Cherni Monakh*
Beste Filmmusik: Jose Maria Vitier, Gianni Nocenzi und Milanes für *Un senor muy viejo con unas alas enormes*
Beste Ausstattung: Bernd Lepl für *Burning Secret/Brennendes Geheimnis*
FIPRESCI-Preis: Zu gleichen Teilen an *Malenkaya Vera* von Vassili Pitchul (UdSSR) und *High Hopes* von Mike Leigh (Großbritannien). Außerdem eine besondere Erwähnung für *Tempos Dificeis* von Joao Botelho (Portugal)
Preis der italienischen Kritik: *Let's Got Lost* von Bruce Weber
CICAE-Preis: *Topio stin omihli/Landschaft im Nebel*
OCIC-Preis: Zu gleichen Teilen an *Topio stin omihli/Landschaft im Nebel* und *La Leggenda del santo bevitore*
Unicef-Preis: *Camp Thiaroye*
Enrico Fulchignoni-Preis: *Un petit monastere en Toscane* von Otar Iosselliani
Cinecritica-Preis: *Let's Got Lost*
Filmcritica-Preis: Zu gleichen Teilen an Martin Scorseses *The Last Temptaion of Christ* und Paul Vecchiali für *Once More - Encore*
Pasinetti-Preis: *Topio stin omihli/Landschaft im Nebel* als Film sowie an Don Ameche für seine Darstellung in *Things Change* und Ornella Muti für ihr Spiel in *Private Codes*
Golden Ciaks: Claude Chabrol für *Une affaire de Femmes,* Carmen Maura für ihre Darstellung in *Mujeres al borde de un ataque de nervios* und an Klaus Maria Brandauer für sein Spiel in *Burning Street*
»The Five Prize« der Kritiker von Le Figaro, Times, Corriere della Sera, El Pais und FAZ: Don Ameche in *Things Change*

EuropaCinema in Bari

Ärger mit der Stadtverwaltung von Rimini veranlaßte »EuropaCinema«-Erfinder und -Leiter Felice Laudadio, die fünfte Ausgabe seines bereits zum

kleinen, feinen Begriff gewordenen Festivals in seine Geburtsstadt Bari zu verlegen.
Etwa 70 Filme aus 18 Ländern, den EG-Staaten und anderen des politisch westlichen Teils unseres Kontinents, standen auf dem Programm. Der Etat für die repräsentative Einbeziehung Osteuropas fehlt Laudadio noch immer. Wenigstens gab es diesmal, als »Ereignis« etikettiert, die beiden Filme *Alaverdoba* und *Khareba und Gogi* des grusinischen Regisseurs Georgij Schengelaja und *Sonntagsstreiche* des polnischen Regisseurs Robert Glinski zu sehen.
Eine Jury unter dem Vorsitz von Lea Massari zeichnete *Testimony* von Tony Palmer (Großbritannien) als besten Film aus. Der türkische Film *Herseye Ragman* von Orhan Oguz bekam den Preis der internationalen Kritiker-Jury, die außerdem den Drehbuchpreis an Andy Hoetzel und Ralf Huettner für *Das Mädchen mit den Feuerzeugen* vergab.
In Werkschauen wurden Carl Theodor Dreyer, Wim Wenders und Suso Cecchi D'Amico gefeiert. Der internationale Wettbewerb der Filmhochschulen fiel diesmal leider aus. Stattdessen gab es »Schätze aus den europäischen Filmarchiven« und europäische Kurzfilme. Und ein bißchen viel Heimspiel – wie Ralf Thissen im »tip« elegant umschrieb: »EuropaCinema 88« blieb, trotz Ortswechsel und Strukturveränderungen (so wurde dem italienischen Film weit mehr Platz eingeräumt als in den Vorjahren), ein Festival mit besonderer Note. Nicht nur, weil Felice Laudadio auch in diesem Jahr wieder hautnahe Begegnungen mit »lebenden Mythen«, wie es Kollegin Frauke Hanck so treffend formulierte, möglich machte. Superstar Marcello Mastoianni, Drehbuchautorin Suso Cecchi D'Amico (aus deren Feder, salopp gesagt, das halbe italienische Nachkriegskino stammt) und Filmkomponist Ennio Morricone zum Beispiel reisten nach Bari an, um ihre »Premi EuropaCinema 88« in Empfang zu nehmen und mischten sich ohne Berührungsängste unters Publikum.«

10. Biberacher Filmfestspiele

Adrian Kutter hat es trotz der Aufregungen im Biberacher Kino-Herbst auch zum zehnten Mal geschafft. Zwischen Morddrohungen, Anschlägen und Altar-Demonstration gegen die Aufführung des Scorsese-Films *Die letzte Versuchung Christi* im oberschwäbischen Biberach hatte er doch noch Zeit, sein Jubiläumsfilmfest zu organisieren. Auch in diesem Jahr gab es neben den aktuellen deutschen Produktionen wieder Leckerbissen am Rande. Etwa die drei Überraschungsprogramme der Münchner Filmhochschule mit jeweils drei Filmen. Und immer noch gilt in Biberach: Jeder Film wird von einem Filmemacher, ob Regisseur, Autor oder Darsteller, dem inzwischen sehr fachkundigen Biberacher Publikum vorgestellt.

2. Filmfest in Braunschweig

Erst zum zweiten Mal hat Braunschweig ein Filmfestival erleben können, die Gäste aber hätte man auch auf jedem renommierten Filmfest sehen können. Regisseur Giles Foster und der Hauptdarsteller seines Films *Consuming Passions* waren gekommen, Clemens Klopfenstein war mit Darsteller Max Rüdlinger angereist, Pia Frankenberg gab sich mit Ian Drury die Ehre, Manfred Stelz war gekommen, die Westallgäuer Filmproduktion, DDR-Regisseur Rainer Simon, Ute Wieland, Günter Rometsch – und zu jedem natürlich die passenden Filme. Erstmals auf einer deutschen Leinwand wurde in Braunschweig *Parade* von Jacques Tati gezeigt, die Retrospektive war Bill Forsyth gewidmet, der allerdings nicht kommen konnte.

14. Kinder-Film-Fest Frankfurt

Die mit fünf Kindern besetzte Kinderjury beim 14. Kinder-Film-Fest in Frankfurt vergab ihren Preis, den »Lucas«, einstimmig an den bundesdeutschen Beitrag *Der Sommer des Falken* von Arend Agthe sowie den israelischen Film *On My Town* von Tamir Paul. Eine »lobende Erwähnung« vergaben die Kinder für den Film *Swamy* von Shankar Nag aus Indien. Die ebenfalls fünfköpfige Erwachsenen-Jury vergab ihren Preis auch an *Der Sommer des Falken.*

3. Europäisches Low Budget Forum Hamburg

Für die Filmemacher selbst war diese Veranstaltung in erster Linie ein Arbeitsfestival.
Nach der Bestandsaufnahme im vergangenen Jahr ging es diesmal um den Stand inzwischen eingeleiteter Initiativen. Im Gegensatz zum Workshop-Programm hatte sich das Filmangebot nicht verringert, fünf Tage lang waren in den Kinos parallel Filme zu sehen. »Schön war es«, schrieb Frank Arnold in »zitty«, »frühere Filme eines Regisseurs kennenzulernen, dessen jüngstes Werk gerade in unseren Kinos zu sehen ist. Diesmal waren es gleich zwei Regisseure, die Brüder Aki und Mika Kaurismäki.« Besucher hatten die Filmvorführungen genügend und mit rund 1000 akkreditierten Gästen und 200 Journalisten braucht sich über mangelnde Resonanz in Hamburg niemand zu beklagen.

Internationales Kino-Film-Fest Hamburg

Das Internationale Kino-Film-Fest, das aus den von 1974 bis 1986 jährlich veranstalteten Hamburger Kinotagen entstanden ist, präsentierte rund 40 Filme in seinem Programm, die zum großen Teil zuvor preisgekrönt waren. So liefen in Hamburg drei Berlinale-Preisträger (*Das rote Kornfeld, Ground Zero, Die Kommissarin*) und zwei Cannes-Sieger (*A World Apart, Pelle, der Eroberer*). Neben den Seminaren zu neuen Kinotechniken, Kinokonzepten und dem Existenzkampf kleiner und mittlerer Kinos gefiel den Besuchern vor allem die Werkschau mit acht Filmen des Schauspielers Joseph Cotten.

5. Jerusalemer Filmfest

Das plötzlich und unerwartete Auftauchen der Russen mit zwei Filmen auf dem Filmfest in Jerusalem prägte die Berichterstattung über das Festival. Im Programm waren *Die Kommissarin* und *Das Thema* gar nicht ausgedruckt, die sowjetische Delegation dagegen umfaßte gleich sechs Prominente: Regisseur Alexander Askoldow und seine Frau, die Historikerin Svetlana, den Star des Film »Die Kommissarin«, Nona Mordiokova, der Drehbuchautor von Thema, Alexander Tschervinsky, der jüdische Dokumentar-Filmer Herz Frank und der Philologe Sergej Aversinsew. Anne Ponger berichtete in der »Süddeutschen Zeitung« auch über eine deutsche Komponente in der israelisch-sojwetischen Film-Annäherung. Irmgard und Bengt von Zurmühlen erregten durch ihre Vermittlertätigkeit Aufsehen: »Der in Estland geborene Adelige besitzt in Westberlin eines der stattlichsten privaten Archive der Welt zum Thema Holocaust einschließlich der Entwicklungen, die

in Nachbarländern auf das Dritte Reich hinführten oder davon beeinflußt wurden. Er sammelt diesbezügliches Filmmaterial wie andere Leute Briefmarken, während seine Frau Irmgard den Rohstoff durch Vermischung mit seltenen Interviews, Ortsbesichtigungen und gewissenhaft recherchierten Kommentaren zu Dokumentarfilmen zusammenstellt, die in Jerusalem jedesmal Furore machen.«

Das Filmfest in Jerusalem ist ein kleines Filmfest. Begonnen hatte man 1984 mit der Präsentation von wenigen Filmen. Vor zwei Jahren erreichte das Festival bereits 80 Filme aus aller Welt. In diesem Jahr waren es bereits 130 Produktionen aus 39 Ländern, die im Verlauf von eineinhalb Wochen immerhin 45 000 Zuschauer sahen.

Nordische Filmtage in Lübeck

Das kleine Festival im Norden Deutschlands, stets dem skandinavischen Filmschaffen gewidmet, wurde 30 Jahre alt, ein großer Meister des schwedische Films feierte seinen 70 Geburtstag – in Lübeck legte man beiden Feiern zusammen und widmete Ingmar Bergman zu seinem und der Filmtage Geburtstag eine Retrospektive mit elf Filmen, die Bergman selbst heraussuchte. Noch älter als Bergman war ein alter Stummfilm aus dem Jahr 1916, der in Lübeck gezeigt wurde: »????« von Mauritz Stiller. Immerhin 80 Langfilme und 13 Kurzfilme hatten die Filmtage-Organisatoren nach Lübeck geholt. Auch zwei Preise wurde in Lübeck vergeben. Der Preis des Nordischen Filminstituts ging an »Directed by Andrei Tarkovsky«, den schwedischen Dokumentarfilm von Michal Lesczylowski. Die »Lübecker Linse« gewann der dänische Film *Emma's Shadow* von Sören Kragh-Jacobsen.

3. Nürnberger Filmschau

Kräftig abgespeckt haben die Organisatoren der Nürnberger Filmschau ihr im Vorjahr zu unübersichtlichen 100 Filmen geratenes Programm. Übersichtliche 37 Filme blieben übrig – und brachten mehr Besucher. Eine 40prozentige Kinoauslastung registrierten die Veranstalter, im Vorjahr waren es zehn Prozent. Hans Friedrich als Sprecher der Jury zeigte sich verblüfft, daß sich so viele junge Filmer mit der Vergangenheit beschäftigten. Das gilt auch für die beiden preisgekrönten Produktionen der Nürnberger Filmschau: *Martha Jellneck* von Kai Wessel wurde mit fünf Kinokopien, Nico Hofmanns *Land der Väter, Land der Söhne* mit drei Kinokopien belohnt. Natürlich gab es in Nürnberg auch wieder die traditionelle Stummfilm-Gala mit Live-Musik. Diesmal war es *Die Austernprinzessin* von Ernst Lubitsch aus dem Jahr 1919.

23. Solothurner Filmtage

Jean-Luc Godard verweigerte sich mal wieder, sein neuestes Werk *Soigne ta Droite* suchte man vergeblich im Programm der Solothurner Filmschau. Da auch Alain Tanner seinen neuen Streifen *La Vallee Fantome* noch nicht zeigen wollte, hatten die Nachwuchs-Filmemacher aus der Schweiz in dem Jahr ein besonders günstiges Forum. Insgesamt 110 Produktionen dokumentierten im Landhaus und dem Konzertsaal die aktuelle Schweizer Filmproduktion. Dabei dominierten, sowohl von der Zahl her als auch in der Qualität, die Dokumentarfilme, ein Genre, das in der Schweiz eine lange Tradition hat.

Taormina Filmfestival

Die spanische Komödie *Esperame en el Cielo* war mit den zwei Hauptpreisen der erfolgreichste Film des Taormina Film Festivals im Juli:

Goldener Carridi: *Esperame en el Cielo* von Antonio Mercero (Spanien)

Silberner Carridi: *Gin* von Li Yalin (China)

Bronzener Carridi: *Illustrious Energy* von Leon Narbey (Neuseeland)

Goldene Maske: Jose Soriano in *Esperame en el Cielo*
Silberne Maske: Hong Pan in *Gin*
Bronzene Maske: Das Darsteller-Team von *Bachnia* von Victor Tregubovich (UdSSR)
Besondere Erwähnung: *Tabataba* von Raymond Rajaonarivelo (Madagaskar), *A la Carte Compagnie* von Kei Ota (Japan), Oliver Benny in *Someone is Listening* von Faliero Rosat (Italien)

13. Festival of Festivals Toronto

Die Sowjets drückten auch dem Festival of Festivals in Toronto ihren Stempel auf. Von den 279 Filmen, die in den zehn Tagen gezeigt wurden, kamen allein 49 aus der Sowjetunion. Von ihnen fand *Die Kommissarin* stärkste Beachtung, während Pedro Almodovars *Frauen amd Rande des Nervenzusammenbruchs* beim Publikum und *Distant Voices, Still Lives* von Terence Davies bei den Kritiker die besten Karten hatte. Die Vorstellungen in Kanadas größter Stadt waren durchgehend gut besucht. Nur bei diesem Festival haben die Torontoer die Möglichkeit, Filme zu sehen, die nicht aus den USA kommen.

5. Französische Filmtage Tübingen

Die Tübinger Filmtage in der Universitätsstadt entwickeln langsam ihren besonderen Reiz. Das liegt nicht nur an den Filmen, sondern vor allem auch an der Atmosphäre am Neckar. Die hat sich mittlerweile herumgesprochen, immerhin konnte man Henri Alekan, den großen alten Bildgestalter des französischen Films für einen Besuch in Tübingen gewinnen. Und das Filmtage-Team wirkte in anderer Form filmpraktisch: Vier Helfer wirkten tatkräftig an der Synchronisation von *Mauvais Sang* von Leos Carax mit, der vom Tübinger Arsenal-Verleih angekauft wurde. Das Programm um die Alekan-Reihe herum: Über ein Dutzend aktuelle französischen Produktionen, Filme von Jacques Prevert, eine Reihe zum Thema »Afrika und die Afrikaner im Kino« mit Filmen von *Black MicMac* bis *Yeelen - Das Licht* und schließlich eine Kurzfilmreihe. Neben Henri Alekan kamen auch Jacques Villeret, Jean-Charles Tacchella, Gerard Courant und rund 8000 Besucher in die Kinos.

Österreichische Filmtage in Wels

Erstmals wohl ohne finanzielle Nöte hatten die Orgnaisatoren die fünfte Auflage der österreichischen Filmtage in Wels organisiert. Gegenüber dem Vorjahr wurden neben den offiziellen Finanziers auch private Sponsoren gefunden, die der Schau der aktuellem Filmproduktion Österreichs über die Runden halfen. »Insgesamt zeigte sich heuer, daß Österreich auf dem Spielfilmsektor international noch nicht konkurrenzfähig ist«, faßte Richard Emele in »multimedia« zusammen, lobte aber die Dokumentarfilmreihe, die Reihe »Menschenporträts« und die Retrospektive des Österreichischen Filmarchivs mit Heimatfilmen. »Leider gar nicht gut läuft es nach wie vor bei den Diskussionen mit den Filmemachern und deren Produkten, denn hier fehlt es an geeigneten Präsentatoren und Moderatoren,« kritisiert Emele, »das ist aber auch schon der einzige gewichtige Einwand gegen die gut organisierten und dokumentierten Filmtage, die heuer gegenüber dem Vorjahr einen quantitativen wie auch qualitativen Fortschritt brachte«.

Viennale 1988 in Wien

Der britische Film stand diesmal im Mittelpunkt der Viennale mit ihren insgesamt 130 Filmen aus 25 Ländern, man sprach gar von der größten britischen Filmschau, die je auf dem Kontinent zu sehen war. Rund 40 Filme stark war der britische Filmblock, der nach dem Gastspiel in Wien auf eine Tour durch weitere österreichische Städte ging. Rund 15 000 Besucher fanden Platz in den Kinos, es hätten sogar noch mehr sein können, würden die Kinos vor allem bei den Nachtvorstellungen mehr Besucher fassen. Besonders guten Besuch konnte neben der Reihe *Made in Britain* auch Karin Brandauers *Einstweilen wird es Mittag* verzeichnen und auch die rekonstruierte Fassung des österreichischen Monumental-Stummfilms *Sodom und Gomorrha* von Michael Kertesz (Curtiz) hatte regen Zuspruch. Auch *Casablanca* wurde gespielt - zu Ehren des letzten lebenden Darstellers aus dem Film, Paul Henreid, der als Gast an der Viennale teilnahm.

14. Internationales Filmwochenende Würzburg

Es kamen viele zum Filmwochenende nach Würzburg - nur einer nicht: Jean-Luc Godard, der geladene Meister, schickte zwar seinen Film, aber auch kurzfristig eine telegraphische Absage für seinen Corpus. Der große Star also fehlte den Würzburgern - es machte in diesem Fall nichts. Gregor Dotzauer lobte sehr heftig in der »FAZ«: »Der Italiener Monicelli präsentierte seine Boulevardkomödien. Der englische Free Jazzer Lol Coxhill spielte nach Frog Dance, einem Porträt seiner skurrilen musiklaischen Welt, live Saxophon. Die Kinder besuchten die Kindervorstellungen. Thriller-Fans vergnügten sich bei Richard Loncraines exzellentem Psycho-Action-Spektakel *Bellman and True* aus Großbritannien. Opernfreunde konnten ihre Leidenschaft befriedigen. Gerard Courant verblüffte das Publikum mit dem billigsten, längsten und starträchtigten Streifen des französischen Kinos. *Cinematom* reiht jeweils drei Minuten und zwanzig Sekunden lange Sequenzen aneinander, in denen prominente Künstler vor der statischen Kamera tun dürfen, was ihnen einfällt: Grimassen schneiden, dumm ins Objektiv starren, verlegen lachen. Was gab es eigentlich nicht in Würzburg?«

Oscars 1988

Bester Film: Nominiert waren *Der letzte Kaiser, Broadcast News, Eine verhängnisvolle Affäre, Hoffnung und Ruhm und Mondsüchtig.* Ausgezeichnet wurde ***Der letzte Kaiser*** von Bernardo Bertolucci
Beste Schauspielerin: Nominiert waren Cher für *Mondsüchtig,* Glenn Close für *Eine verhängnisvolle Affäre,* Holly Hunter in *Nachrichtenfieber,* Sally Kirkland in *Anna,* Meryl Streep in *Wolfsmilch.* Ausgezeichnet wurde Cher für *Mondsüchtig*
Bester Schauspieler: Nominiert waren Michael Douglas für *Wall Street,* William Hurt für *Nachrichtenfieber,* Marcello Mastroianni für *Schwarze Augen,* Jack Nicholson für *Wolfsmilch,* Robin Williams für *Good Morning, Vietnam.* Ausgezeichnet wurde Michael Douglas in *Wall Street*
Beste Nebendarstellerin: Nominiert waren Norma Aleandro für *Gaby - Eine wahre Geschichte,* Anne Archer für *Eine verhängnisvolle Affäre,* Olympia Dukakis für *Mondsüchtig,* Anne Ramsey für *Schmeiß die Mama aus dem Zug,* Ann Sothern für *The Whales of August.* Ausgezeichnet wurde Olympia Dukakis für *Mondsüchtig*

Bester Nebendarsteller: Nominiert waren Albert Brooks für *Nachrichtenfieber,* Sean Connery für *Die Unbestechlichen,* Morgan Freedman für *Street Smart,* Vincent Gardenia für *Mondsüchtig* und Deznel Washington für *Schrei nach Freiheit.* Ausgezeichnet wurde Sean Connery für *Die Unbestechlichen*

Beste Regie: Nominiert waren Adrian Lyne für *Eine verhängnisvolle Affäre,* John Boorman für *Hoffnung und Ruhm,* Bernardo Bertolucci für *Der letzte Kaiser,* Norman Jewison für *Mondsüchtig* und Lasse Hallström für *Mein Leben als Hund.* Ausgezeichnet wurde Bernardo Bertolucci für *Der letzte Kaiser*

Bestes Originaldrehbuch: Nominiert waren Louis Malle für *Auf Wiedersehen, Kinder,* James L. Brooks für *Nachrichtenfieber,* John Boorman für *Hoffnung und Ruhm,* John Patrick Stanley für *Mondsüchtig,* Woody Allen für *Radio Days.* Ausgezeichnet wurde John Patrick Shanley für *Mondsüchtig*

Beste Drehbuchbearbeitung: Nominiert waren Tony Huston für *The Dead,* James Dearden für *Eine verhängnisvolle Affäre,* Stanley Kubrick, Michael Herr und Gustav Hasford für *Full Metal Jacket,* Mark Peploe und Bernardo Bertolucci für *Der letzte Kaiser,* Lasse Hallström und Per Berglund für *Mein Leben als Hund.* Ausgezeichnet wurden Mark Peploe und Bernardo Bertolucci für *Der letzte Kaiser*

Bester ausländischer Film: Nominiert waren *Auf Wiedersehen, Kinder* (Frankreich), *Babettes Gastmahl* (Dänemark), *Course Completed* (Spanien), *Die Familie* (Italien), *Pfadfinder* (Norwegen). Ausgezeichnet wurde *Babettes Gastmahl* (Dänemark)

Bester Dokumentarfilm: *The Ten-Year Lunch: The Wit and Legend of the Algonquin Round Table* von Aviva Siesin

Bester Dokumentar-Kurzfilm: *Young at Heart* von Sue Marx und Pamela Conn

Bester Filmschnitt: Nominiert waren Richard Marks für *Nachrichtenfieber,* Michael Kahn für *Das Reich der Sonne,* Michael Kahn und Peter E. Berger für *Eine verhängnisvolle Affäre,* Gabriella Cristiani für *Der letzte Kaiser,* Frank J. Urioste für *Robocop.* Ausgezeichnet wurde Gabriella Cristiani für *Der letzte Kaiser*

Bestes Make-up: Nominiert waren Bob Laden für *Happy New Year* und Rick Baker für *Harry and the Hendersons.* Ausgezeichnet wurde Rick Baker für *Harry and the Hendersons*

Beste Filmmusik: Nominiert waren George Fenton, Jonas Wangwa für *Schrei nach Freiheit,* John T. Williams für *Das Reich der Sonne,* Ryuichi Sakamoto, Cong Su und David Byrne für *Der letzte Kaiser,* Ennio Morricone für *Die Unbestechlichen,* John T. Williams für *Die Hexen von Eastwick.* Ausgezeichnet wurden Ryuichi Sakamoto, Cong Su und David Byrne für *Der letzte Kaiser*

Bester Song: Nominiert waren *Cry Freedom* aus *Cry Freedom* von George Fenton und Jonas Gwangwa, *(I've Had) The Time Of My Life* aus *Dirty Dancing* von Franke Previte, John DeNicola, Donald Markowitz, *Nothing's Gonna Stop Us Now* aus *Mannequin* von Albert Hammond, und Diane Warren, *Shakedown* aus *Beverly Hills Cop II* von Harold Faltermeyer, Keith Forsey und Bob Seger, *Storybook Love* aus *The Princess Bride* von Willy DeVille. Ausgezeichnet wurde *(I've Had) The Time of My Life* aus *Dirty Dancing*

Bester Kurztrickfilm: Nominiert waren George and Rosemary von Eunice Macaulay, *The Man Who Planted Trees* von Frederic Back, *Your Face* von Bill Plympton. Ausgezeichnet wurde *The Man Who Painted Trees* von Frederic Back

Bester Kurzfilm: Nominiert waren *Making Waves* von Ann Wingate, *Ray's Male Heterosexual Dance Hall*

von Jonathan Sanger und Jana Sue Memel, *Shoeshine* von Robert A. Katz. Ausgezeichnet wurde *Ray's Male Heterosexual Dance Hall* von Jonathan Sanger und Jana Sue Memel

Beste Toneffekte: Nominiert waren Robert Knudson, Don Digirolamo, John Boyde, Tony Dawe für *Das Reich der Sonne,* Bill Rowe und Ivan Sharrock für *Der letzte Kaiser,* Les Fresholtz, Dick Alexander, Vern Poore, Bill Nelson für *Lethal Weapon,* Michael J. Kohut, Carlos DeLarios, Aaron Rochin und Robert Wald für *Robocop,* Wayne Artman, Tom Beckert, Tom Dahl und Art Rochester für *Die Hexen von Eastwick.* Ausgezeichnet wurden Bill Rowe und Ivan Sharrock für *Der letzte Kaiser*

Beste Ausstattung: Nominiert waren Norman Reynolds und Harry Cordwell für *Das Reich der Sonne,* Anthony Pratt und Joan Woolard für *Hoffnung und Ruhm,* Ferdinando Scarfiotti und Bruno Cesari für *Der letzte Kaiser,* Santo Loqausto, Carol Joffe, Les Bloom, George DeTitta Jr. für *Radio Days,* Patrizia Von Brandenstein und Hal Gausman für *Die Unbestechlichen.* Ausgezeichnet wurden Ferdinando Scarfiotti, Bruno Cesari, Osvaldu Desideri für *Der letzte Kaiser*

Beste optische Effekte: Nominiert waren Dennis Muren, William George, Harley Jessup, Kenneth Smith für *Innerspace,* Joel Hynek, Robert M. Greenberg, Richard Greenberg und Stan Winston für *Predator.* Ausgezeichnet wurden Dennis Muren, William George, Harley Jessup, Kenneth Smith für *Innerspace*

Beste Kamera: Nominiert waren Michael Ballhaus für *Nachrichtenfieber,* Allen Daviau für *Das Reich der Sonne,* Philippe Rousselot für *Hoffnung und Ruhm,* Vittorio toraro für *Der letzte Kaiser,* Haskell Wexler für *Matewan.* Ausgezeichnet wurde Vittorio Storaro für *Der letzte Kaiser*

Terence Davies für *Distant Voices,*

Beste Kostüme: Nominiert waren Dorothy Jeakins für *The Dead,* Bob Ringwood für *Das Reich der Sonne,* James Acheson für *Der letzte Kaiser,* Jenny Beavan und John Bright für *Maurice, Marilyn Vance-Straker für Die Unbestechlichen.* Ausgezeichnet wurde James Acheson für *Der letzte Kaiser*

Irving-Thalberg-Preis: Billy Wilder

Europäischer Filmpreis 1988

Bester Film: Nominiert waren *Auf Wiedersehen, Kinder* von Louis Malle (Frankreich), *El Bosque Animado* von José Luis Cuerda (Spanien), *Distant Voices, Still Lives* von Terence Davies (Großbritannien), *Der Himmel über Berlin* von Wim Wenders (Bundesrepublik Deutschland), *Jacob* von Mircea Daneliuc (Rumänien), *Krotki Film O Zabijaniu* von Krzystof Kieslowski (Polen), *Pelle, der Eroberer* von Bille August (Dänemark). **Ausgezeichnet wurde** Krzysztof Kieslowski

Bester junger Film: Nominiert waren *Dni atmenija* von Alexandr Sokurov (UdSSR), *Domani Accadra* von Daniele Luchetti (Italien), *Karhozat* von Bela Tarr (Ungarn), *Mujeres al Borde De Un Ataque De Nervios* von Pedro Almodovar (Spanien), *Reefer and the Model* von Joe Comerford (Irland), *Stormy Monday* von Mike Figgis (Großbritannien), *Pathfinder* von Niels Gaup (Norwegen). **Ausgezeichnet wurde** Pedro Almodovar

Beste Regie: Nominiert waren Terence Davies für *Distant Voices, Still Lives* (Großbritannien), Louis Malle für *Auf Wiedersehen, Kinder* (Frankreich), Manoel de Oliveira für *Os Canibais* (Portugal), Sergej Paradshanov für *Aschik-Kerib* (UdSSR) und Wim Wenders für *Der Himmel über Berlin* (BRD). **Ausgezeichnet wurde** Wim Wenders.

Bestes Drehbuch: Nominiert waren

Ingmar Bergman beim »Europäischen Filmpreis« von Nastassjy Kinski vereinnahmt.

Still Lives (Großbritannien), Wolfgang Held für *Einer trage des Anderen Last* (DDR), Daniele Luchetti, Franco Bervini und Angelo Pasquini für *Domani Accadra (Italien), Louis Malle für Auf Wiedersehen, Kinder,* Manoel de Oliveira für *Os Canibais* (Portugal). **Ausgezeichent wurde** Louis Malle.

Bester Schauspieler: Nominiert waren Klaus Maria Brandauer für *Hanussen* (Ungarn), Alfredo Landa für *El Bosque Animado* (Spanien), Udo Samel in *Notturno* (Österreich), Max von Sydow in *Pelle, der Eroberer* (Dänemark) und Dorel Visan für *Jacob* (Rumänien). **Ausgezeichnet wurde** Max von Sydow.

Beste Schauspielerin: Nominiert waren Tinna Gunnlaugsdottir für *I Skugga Hrafnsins* (Island), Carmen Maura für *Mujeres al Borde de un Ataque de Nervios* (Spanien), Ornella Muti in *Codice Privato* (Italien), Carol Scanlan für *Reefer and the Model* (Irland). **Ausgezeichnet wurde** Carmen Maura.

Bester Nebendarsteller: Nominiert waren Curt Bois für *Der Himmel über Berlin* (BRD), Björn Granath für *Pelle, der Eroberer* (Dänemark), Ray McBride für *Reefer and the Model* (Irland), Wojtek Pszoniak für *Notturno* (Österreich), Helgi Skulason für *Pathfinder* (Norwegen) und *I Skugga Hrafnsins* (Island). **Ausgezeichnet wurde** Curt Bois.

Beste Nebendarstellerin: Nomoniert waren Lene Brondum für *Hip Hip Hurra* (Schweden), Freda Dowie für *Distant Voices, Still Lives* (Großbritannien), Karin Gregorek für *Einer trage des Anderen Last* (DDR), Johanna ter Steege für *Spoorloos* (Holland). **Ausgezeichnet wurde** Johanna ter Steege.

Beste(r) Nachwuchsdarsteller(in): Nominiert waren Pelle Hvenegaard in *Pelle, der Eroberer* (Dänemark), Andrej Vetchy in *Dum Pro Dva* (CSSR), Michael Widhalm in *Notturno* (Österreich), Stefan Wood, Enrico Böttcher, Rupert Seidl, Arnold Frühwald in *Das Mädchen mit den Feuerzeu-*

gen (BRD). **Ausgezeichnet wurde** Pelle Hvenegaard.
Preis für einen Sonderbereich: Nominiert waren *Distant Voices, Still Lives* (beste Musik), Henri Alekan für *Der Himmel über Berlin* (beste Kamera), Mario Barroso für *Os Canibais* (beste Kamera), G. Aleksi-Meschischiwili, N. Sandukeli und Sch. Gogolaschwili für *Aschik-Kerib* (beste Ausstattung), Felix Murcia für *Mujeres al Borde de un Ataque de Nervios* (beste Ausstattung). **Ausgezeichnet wurde das Ausstattungs-Team** von *Aschik-Kerib*
Sonderpreis für außergewöhnliche Leistungen: Bernard Bertolucci und Juri Chamin
Sonderpreis für ein Lebenswerk: Marcello Mastroianni, Richard Attenborough, Ingmar Bergman

Deutscher Filmpreis 1988

Filmband in Gold: *Der Himmel über Berlin* von Wim Wenders
Filmband in Silber: *Der Indianer* von Rolf Schübel, *Out of Rosenheim* von Percy Adlon
Drehbuchpreis: Oliver Schütte und Peter Kramm für *Koan*
Filmbänder in Gold für herausragende Einzelleistungen: Henri Alekan für seine Kameraarbeit für *Der Himmel über Berlin,* Dominik Graf für seine Regie von *Die Katze,* die Darstellerinnen Adriana Altares in *Das Mikroskop* und Marianne Sägebrecht in *Out of Rosenheim,* die Darsteller Michel Piccoli in *Das weite Land* und Vladimir Weigl in *Das Mikroskop,* Beatrix Stein-Läppert, Birgit Hutter und Ina Peichel für die Ausstattung von *Das weite Land*
Filmbänder in Gold für langjähriges Wirken im deutschen Film: Ottomar Domnick (Regisseur), Käthe Gold (Schauspielerin), Walter Groß (Schauspieler), Irene von Meyendorff (Schauspielerin), Karl Schneider (Filmarchitekt), Maria Stadler (Theaterbesitzerin)

Bayerische Filmpreise 1988

Regiepreis: Wim Wenders für *Der Himmel über Berlin*
Produzentenpreis: Werner Herzog und Lucki Stipetic für *Cobra Verde*
Regiepreis für einen Low-Budget-Film: Hans Noever für *Lockwood Desert, Nevada*
Regiepreis (Nachwuchs): Nina Grosse für *Der gläserne Himmel*
Darstellerpreis: Carola Höhn, Marianne Hoppe, Camilla Horn, Ortrud von der Recke, Fee von Reichlin, Marika Röck, Rose Renée Roth für ihre Darstellung in *Schloß Königswald*
Drehbuchpreis: Ulf Miehe und Klaus Richter für *Der Unsichtbare* und Eleonora Adlon für *Out of Rosenheim*
Tonmeisterpreis: Milan Bor für sein Gesamtschaffen
Ehrenpreis: Luggi Waldleitner

Britische Filmpreise 1988

Bester Film: Jean de Florette
Beste Regie: Oliver Stone für *Platoon*
Bestes Original-Drehbuch: David Leland für *Too Much*
Beste Drehbuchbearbeitung: Claude Berri und Gerard Brach für *Jean de Florette*
Beste Darstellerin: Anne Bancroft in *48 Charing Croos Road*
Bester Darsteller: Sean Connery in *Der Name der Rose*
Beste Nebendarstellerin: Susan Wooldridge in *Hoffnung und Ruhm*
Bester Nebendarsteller: Daniel Auteuil in *Jean de Florette*
Beste Musik: Ennio Morricone für *Die Unbestechlichen*
Bester ausländischer Film: *Das Opfer* von Andrej Tarkowskij (Schweden/Frankreich)
Bester Kurzfilm: *Artisten* von Jonas Grinmas (Schweden)

Michael-Balcon-Preis: Das Monty Python-Team

Cesars 1988

Bester Film: *Auf Wiedersehen, Kinder* von Louis Malle
Beste Regie: Louis Malle für *Auf Wiedersehen, Kinder*
Beste Darstellerin: Anemone in *Am großen Weg*
Bester Darsteller: Richard Bohringer in *Am großen Weg*
Beste Nebendarstellerin: Dominique Lavanant in *Agent trouble*
Bester Nebendarsteller: Jean-Claude Brialy in *Les Innocents*
Bestes Drehbuch: *Auf Wiedersehen, Kinder*
Beste Kamera: Renato Berta für *Auf Wiedersehen, Kinder*
Beste Ausstattung: Jean-Claude Laureux und Bernard Leroux für *Auf Wiedersehen, Kinder*
Bester Ton: Claude Villand für *Auf Wiedersehen, Kinder*
Bester Schnitt: Emmanuelle Castro für *Auf Wiedersehen, Kinder*
Bester ausländischer Film: *Der letzte Kaiser* von Bernardo Bertolucci
Beste Nachwuchsdarstellerin: Mathilda May in *Der Schrei der Eule*
Bester Nachwuchsdarsteller: Thierry Fremont in *Travelling avant*

Golden Globes 1988

Bester Film (Drama): *Der letzte Kaiser*
Beste Schauspielerin (Drama): Sally Kirkland in *Anna*
Bester Schauspieler (Drama): Michael Douglas in *Wall Street*
Bestes Musical/Komödie: *Hoffnung und Ruhm*
Beste Schauspielerin (Musical/Komödie): Cher in *Mondsüchtig*
Bester Schauspieler (Musical/Komödie): Robin Williams in *Good Morning, Vietnam*
Bester ausländischer Film: *Mein Leben als Hund* (Schweden)
Beste Nebendarstellerin: Olympia Dukakis in *Mondsüchtig*
Bester Nebendarsteller: Sean Connery in *Die Unbestechlichen*
Beste Regie: Bernardo Bertolucci für *Der letzte Kaiser*
Bestes Drehbuch: Bernardo Bertolucci, Marc Peploe für *Der letzte Kaiser*
Beste Musik: Ryuichi Sakamoto, Su Zong, David Byrne für *Der letzte Kaiser*
Bester Song: *The Time of my Life* aus »Dirty Dancing«

Italienischer Filmpreis »David« 1988

Film des Jahres. *Der letzte Kaiser* von Bernardo Bertolucci
Beste Regie: Bernardo Bertolucci für *Der letzte Kaiser*
Bestes Drehbuch: Bernardo Bertolucci für *Der letzte Kaiser*
Beste Produktion: Franco Giovale, Jeremy Thomas, Joyce Herlihy für *Der letzte Kaiser*
Beste Kamera: Vittorio Storaro für *Der letzte Kaiser*
Beste Ausstattung: Ferdinando Scarfiotti, Bruno Cesari, Osvaldo Desideri für *Der letzte Kaiser*
Bester Schnitt: Gabriella Cristiani für *Der letzte Kaiser*
Bester Darsteller: Marcello Mastroianni für *Schwarze Augen*
Beste Darstellerin: Elena Safonova in *Schwarze Augen*
Bester Nebendarsteller: Peter O'Toole in *Der letzte Kaiser*
Beste Nebendarstellerin: Elena Sofia Ricci in *Io e mia sorella*
Beste Musik: Ennio Morricone für *Brille mit Goldrand*
Bestes Erstlingswerk: *Domani accadra* von Daniele Luchetti
Preise für langjährige Verdienste: Mario Checchi Gori, Francesco Rosi, Aldo Fabrizi, Giulio Andretti

Kanadische Genie-Preise

Großer Gewinner des kanadischen Filmpreises war der Film »Night Zoo« von Jean-Claude Lauzon, der die wichtigsten Preise einheimste. Die Gewinnerliste der kanadischen Film- und Fernsehakademie:

Bester Film: *Night Zoo*
Bester Hauptdarsteller: Roger Le Bel in *Night Zoo*
Beste Hauptdarstellerin: Sheila McCarthy in *Night Zoo*
Bester Nebendarsteller: Germain Houde in *Night Zoo*
Beste Nebendarstellerin: Paule Baillargeon in *I've Heard The Mermaids Singing*
Beste Regie: Jean-Claude Lauzon für *Night Zoo*
Beste Kamera: Guy Dufaux für *Night Zoo*
Beste Ausstattung: Jean-Baptiste Tard für *Night Zoo*
Bester Schnitt: Michel Arcand für *Night Zoo*
Beste Kostüme: Andree Morin in *Night Zoo*
Beste Musik: Jean Corriveau für *Night Zoo*
Bester Ton-Schnitt: Marcel Pothier, Diane Boucher, Viateur Paiement für *Night Zoo*
Bester Ton: Yvon Benoit, Hans-Peter Strobl, Adrian Roll für *Night Zoo*
Bestes Drehbuch: Jean-Claude Lauzon für *Night Zoo*
Bester Song: *Lost in a Hurricane* aus *Night Zoo* von Robert Stanley, Jean Corriveau, Daniel de Shaimes, Jean-Pierre Bonin
Bester Dokumentarfilm: *Good Rides a Harley* von Andreas Erne und Stavros C. Stavrides
Bester Kurzfilm: *George and Rosemary* von David Fine und Alison Snowden
Norman Jewison erhielt einen Spezialpreis für seine Verdienste um die Gründung des Canadian Centre for Advanced Film Studios

US-Kritiker-Preis

Die in der National Society of Film Critics vereinten amerikanischen Filmkritiker wählten John Hustons *The Dead* zum besten Film des Jahres 1987. Im Januar 1988 gab die Vereinigung die ihre Preisträger bekannt, zu denen auch John Boormans *Hope and Glory* für beste Regie, bestes Drehbuch und beste Fotografie gehört. Als beste Schauspieler wurden Steve Martin in *Roxanne* und Emily Lloyd in *Wish You Were Here* benannt, beste Nebendarsteller waren nach Kritikermeinung Morgan Freeman in *Street Smart* und Kathy Baker in *Prick Up Your Ears.*

Los Angeles Filmkritik-Preis

Hope and Glory von John Boorman wurde von den Filmkritikern in Los Angeles als bester Film prämiert. Boorman selbst wurde auch bester Regisseur und bester Drehbuchautor der Los Angeles Film Critics Association. *Der letzte Kaiser* gewann die Auszeichnungen für beste Fotografie und beste Musik. Beste Hauptdarsteller waren Holly Hunter in *Nachrichtenfieber* und Sally Kirkland in *Anna* sowie Steve Martin in *Roxanne* und Jack Nicholson in *Die Hexen von Eastwick.* Bester ausländischer Film wurde Louis Malles *Auf Wiedersehen, Kinder.* Für Lebensverdienste zeichneten die Kritiker Joel McCrea und Samuel Fuller aus. Beste Nebendarsteller wurden Olympia Dukakis in *Mondsüchtig,* Vanessa Redgrave in *Prick Up Your Ears,* Morgan Freeman in *Street Smart* und Sean Connery in *Die Unbestechlichen.*

Deutscher Darstellerpreis 1988

Der Bundesverband der Fernseh- und Filmregisseure vergab seine Darstellerpreise 1988 an Marianne Hoppe für ihre Darstellung der Thea in dem Fernsehfilm *Bei Thea* von Dominik Graf und an Hans Korte für seine Darstellung in dem Fernsehfilm *Der Vater eines Mörders* von Carlheinz Caspari. Die Nachwuchspreise gingen an Claudia Messner und Martin May.

Gilde-Preise 1988

Zum 11. Mal wurden die Preis der Gilde Deutscher Filmkunsttheater vergeben. In der Kategorie »deutscher Film« wurde *Out of Rosenheim* von Percy Adlon mit dem Großen Gilde-Preis in Gold und *Der Himmel über Berlin* von Wim Wenders mit einem Gild-Preis in Silber ausgezeichnet. In der Kategorie »ausländischer Film« erhielt *Der Letzte Kaiser* von Bernardo Bertolucci - *Gold* und *Auf Wiedersehen, Kinder* von Louis Malle Silber

Helmut Käutner-Preis 1988

Die Jury für die Vergabe des Helmut-Käutner-Preises in Düsseldorf hat diesen Auszeichnung zu gleichen Teilen zwei renommierten Persönlichkeiten der bundesdeutschen Filmarbeit zuerkannt: Dem Frankfurter Kulturdezernenten Hilmar Hoffmann und Ulrich Gregor, dem Leiter des »Internationalen Forums des jungen Films« der Berliner Filmfestspiele.

Ernst Lubitsch-Preis 1988

Out of Rosenheim von Percy Adlon

One-Future-Preis 1988

Anläßlich des Filmfestes München verlieh die Interfilm-Jury (Jury der Internationalen Evangelischen Filmarbeit) den One-Future-Preis an den polnischen Film *Krotki Film o zabijaniu* (Ein kurzer Film über das Töten) von Krzystof Kieslowski

Max-Ophüls-Preise 1988

Festivalchef Albrecht Stuby entdeckte einen neuen Trend: Hatten im Vorjahr sich überraschend viele Filme im Wettbewerb von Saarbrücken sich mit der Asylanten-Problematik beschäftigt, so sei nun ein »Rückzug zu individuellen Problemstellungen« festzustellen: Die Filmemacher würden sich immer weniger mit gesellschaftlichen und politischen Themen beschäftigen. »Das ist zweifellos richtig«, pflichtete Georg Lacher-Remy im Stadtmagazin »Zitty« bei, »und wäre auch gar nicht so schlimm, wenn sich der Rückzug ins Private nicht auch ästhetisch bemerkbar machen würde. Aber gerade auf formalem Gebiet fällt bei vielen Filmen eine gewissen Selbstverliebtheit unangenehm auf.« Sonst aber freute sich Lacher-Remy »Denn der Saarbrücker Max-Ophüls-Preis hat auch im 9. Jahr nichts von seinem Charme, seiner Lebendigkeit verloren. Wo sonst legt man den Journalisten Kondome ins Pressefach, werden die Filmemacher nach Mitternacht zur Talkshow aufs Sofa gebeten, werden die müden Gäste danach noch zum Suppenessen eingeladen?«

Preis der Jury: *Wendel* von Christoph Schaub (Schweiz)

Preis des Ministerpräsidenten: *Schmetterlinge* von Wolfgang Becker

Saarfilm-Förderpreis: *Jäger der Engel* von Paris Kosmidis

Preis der Sparkasse: *Nabuli – Ein Clan sucht seine Vergangenheit* von Ellen Umlauf

Concorde-Preis: *Drachenfutter* von Jan Schütte

Preis des Oberbürgermeisters: *Ete und Ali* und *Vorspiel,* beide von Peter Kahane

Spezialpreis Neonherzen: *Vergiß Schneider* von Götz Spielmann

Preis der Saarbrücker Zeitung: *Das Mädchen mit den Feuerzeugen*

Preis des Publikums: *z. B ... Otto Spalt*

Filmliteratur

Neuerscheinungen deutschsprachiger Filmliteratur 1988

Filmbücher, Bücher zum Kino – mehr als 100 deutschsprachige Erstveröffentlichungen haben wir wieder in unsere Bücherliste aufnehmen können.
Wie in den vorherigen Film-Jahrbüchern haben wir auch dieses Mal auf eine Wertung verzichtet; dem Leser, dem Filminteressierten bleibt die Auswahl überlassen.
Die Titel- und Themenpalette ist wie eh und je vielfältig: Film-Theorie, -Geschichte und -Klatsch stehen einträchtig nebeneinander.
Hier findet sich der Roman zur aktuellen Kinoproduktion genauso wie Otto Friedrichs äußerst kurzweilige und informative »Geschichte Hollywoods in seiner großen Zeit«, oder Eva Hohenbergers interessante wissenschaftliche Arbeit zum Dokumentar- und Ethnographischen-Film.
Daneben, fast schon ein Klassiker der deutschen Filmliteratur, die von Peter W. Jansen und Wolfram Schütte herausgegebenen Regisseur-Porträts in der »Reihe Film«.
Eine Überraschung hält Dieter Prokops »Hollywood, Hollywood« selbst für Kenner bereit: Mit über 500 zum großen Teil bislang noch nicht veröffentlichten Fotos berichtet der Autor über »Stars, Geschichte, Geschäfte« der Filmmetropole. Auf München beschränkten sich Ulrich Kurowski und Sylvia Wolf. Ihr voluminöses »Münchner Film- und Kinobuch« ist die erste sachlich recherchierte und großzügig illustrierte Filmgeschichte dieser Stadt.
Selbst zum deutschen Kino findet sich diesmal unbedingt lesenswertes: »Augenzeugen – 100 Texte neuer deutscher Filmemacher«. Die Augenzeugen, die Macher berichten selbst. Deutsche Filmgeschichte erhellend und spannend aus dem Blickwinkel der Beteiligten beschreiben; über 25 Jahre hinweg, vom Oberhausener Manifest 1962 bis heute. Für jeden Filminteressierten ein Muß.
Also, viel Spaß beim Lesen.

Rolf Selas

1. Film-Geschichte und -Theorie

Peter Buchka: *Ansichten des Jahrhunderts.* Film und Geschichte in zehn Porträts. Carl Hanser Verlag, München

Werner Faulstich: *Die Filminterpretation.* Verlag Vandenhoeck u. Ruprecht, Göttingen

Otto Friedrich: *Markt der schönen Lügen.* Die Geschichte Hollywoods in seiner großen Zeit. Verlag Kiepenheuer & Witsch, Köln

Rolf Giesen: *Sagenhafte Welten.* Der Trickspezialist Ray Harryhausen. Schriftenreihe des Deutschen Filmmuseums, Frankfurt

Adolf Heinzlmeier: *Nachkriegsfilm und Nazifilm.* Anmerkungen zu einem deutschen Thema. Frankfurter Bund für Volksbildung GmbH, Frankfurt

Hilmar Hoffmann: *Es ist noch nicht*

zu Ende. Sollen Nazikunst und Nazifilm wieder öffentlich gezeigt werden? Frankfurter Bund für Volksbildung GmbH, Frankfurt

Katrin Hoffmann: *Magische Schatten.* Ein Kinderbuch zur Entstehung des Kinos. Deutsches Filmmuseum, Frankfurt

Eva Hohenberger: *Die Wirklichkeit des Film.* Dokumentarfilm - Ethnographischer Film - Jean Rouch. Olms Verlag, Hildesheim

Ali Hubert: *Hollywood - Legende und Wirklichkeit.* (Reprint von 1930) Verlag Das Wunderhorn, Heidelberg

Helmut Karasek: *Karaseks Kulturkritik.* Literatur, Film, Theater. Rasch und Röhring Verlag, Hamburg

Reinhold Keiner: *Hanns Heinz Ewers und der phantastische Film.* Olms Verlag, Hildesheim

Stephen King: *Danse Macabre.* Die Welt des Horros in Literatur und Film. Heyne Verlag, München

Gert Koshofer: *Color - Die Farben des Films.* Verlag Volker Spiess, Berlin

Elfriede Ledig (Hrsg.): *Der Stummfilm.* Konstruktion und Rekonstruktion. (diskurs film Bd. 2, Münchner Beiträge zur Filmphilologie.)
Verlegergemeinschaft Schaudig/Bauer/Ledig, München

»Metropolis. Nachdruck des Presseheftes von 1926.« Landeshauptstadt München, Kulturreferat

Josef Nagel: *Frühe Entwicklungstendenzen einer medienspezifischen Filmsprache.* Erlanger Beiträge zur Medientheorie und -praxis.

Joachim Paech: *Literatur und Film.* Verlag Metzler, Stuttgart

Alfred Paffenholz (Hrsg.): *Spurensicherung Bd. 1.* Kunsttheoretische Nachforschungen über Max Raphael, Raoul Hausmann, Sergej Eisenstein, Viktor Schklowskij. Junius Verlag, Hamburg

Werner Petermann/Ralph Thoms (Hrsg.): *Kino-Fronten.* 20 Jahre '68 und das Kino. Trickster Verlag, München

Hans Helmut Prinzler/Eric Rentschler (Hrsg.): *Augenzeugen.* 100 Texte neuer deutscher Filmemacher. Verlag der Autoren, Frankfurt

Dieter Prokop: *Hollywood, Hollywood.* Stars, Geschichte, Geschäfte. vgs Verlagsgesellschaft, Köln

Ulrich Rügner: *Filmmusik in Deutschland zwischen 1924 und 1934.* Olms Verlag, Hildesheim

Hans Joachim Schlegel (Hrsg.): *Film und Perestrojka.* Texte und Dokumente zur sowjetischen Filmdebatte. Pahl-Rugenstein Verlag, Köln

Georg Seeßlen: *Liebe, Sehnsucht, Abenteuer.* Essays. Mitarbeit und Photographie: Christion Rost. Ullstein Verlag, Frankfurt/Berlin

»Gordian Troeller und Marie Claude Deffarge im Gespräch. Über Ansichten, Sichtweisen und Werdegang.« CON Film, Bremen

»Trickster« (Heft Nr. 16): *Flahertys Erben.* Die Stunde der Ethnofilmer. Trickster Verlag, München

Helmut Weihsmann: *Gebaute Illusionen.* Architektur im Film. Promedia Verlag, Wien

Wim Wenders: *Die Logik der Bilder.* Essays und Gespräche. Verlag der Autoren, Frankfurt

Gösta Werner: *Die Geschichte des schwedischen Films.* Deutsches Filmmuseum, Frankfurt

Karsten Witte: *Der Passagier - Das Passagere.* Gedanken über Filmarbeit (am Beispiel Thomas Brasch). Frankfurter Bund für Volksbildung GmbH., Frankfurt

Dieter Wöhrle: *Bertolt Brechts medienästhetische Versuche.* Prometh Verlag, Köln

Sylvia Wolf/Ulrich Kurowski: *Das Münchner Film und Kino-Buch.* Edition Achteinhalb Ebersberg

2. Handbücher und Nachschlagewerke

cinema – Film-Jahrbuch 1989. Kino Verlag, Hamburg.

Fischer Film almanach 1988. Filme, Festivals, Tendenzen. Hrsg.: **Walter Schobert/Horst Schäfer.** Fischer Verlag, Frankfurt

Lothar R. Just (Hrsg.): *Filmjahrbuch 1988.* Alle Erstaufführungen im Kino, Fernsehen, Video – in Deutschland, Österreich, und der Schweiz. Heyne Verlag, München

tip – Filmjahrbuch Nr. 4. Vertrieb Eichborn Verlag, Frankfurt

Bayerisches Staatsministerium für Wissenschaft und Kunst (Hrsg.): *Der Bayerische Filmpreis '85, '86, '87.* Günter Olzog Verl., München

Günther Dahlke/Günter Karl (Hrsg.): *Deutsche Spielfilme von den Anfängen bis 1933.* Ein Filmführer. Henschelverlag, Berlin (DDR)

Gemeinschaftswerk der Evangelischen Publizistik und Jury der Evang. Filmarbeit (Hrsg.): *Krieg und Frieden.* Atomare Bedrohung. Filme zum Thema Band 1. Gemeinschaftswerk der Evang. Publizistik e. V., Frankfurt

Gemeinschaftswerk der Evangelischen Publizistik und Jury der Evang. Filmarbeit (Hrsg.): *Deutsche Geschichte bis 1945.* Ereignis und Entwicklung. Filme zum Thema Band 2. Gemeinschaftswerk der Evang. Publizistik e. V., Frankfurt

Adolf Heinzlmeier, Berndt Schulz: *Lexikon Filme im Fernsehen.* 5000 Spielfilme. TV-Video-Kabel. Rasch und Röhring Verlag, Hamburg

Jan-Christopher Horak u. a.: *film theory.* Sonderheft. Bibliographie, Literatur und Film. Heft 19–20. MAKS Publikationen, Münster

»Katalog Kinderfilm im Kino. Ein Verleihübergreifender Kinder- und Familienkatalog für gewerbliche Filmtheater.« Förderverein Deutscher Kinderfilm e. V., Duisburg

Gudrun Lukasz-Aden/Christel Strobel: *Der Kinderfilm von A bis Z.* Heyne Verlag, München

Massimo Moscati: *Comics und Film.* Verlag Ullstein, Frankfurt/Berlin

Berndt Schulz: *Monster machen mobil.* Die Schrecken der Kinoleinwand. Bastei Lübbe Verlag, Bergisch Gladbach

Peter B. Schumann: *Handbuch des brasilianischen Films.* Verlag Vervuert, Frankfurt

Wolfgang Trostorf: *Das internationale Repertoire.* Kinohandbuch »Dritte Welt«. Evangelisches Zentrum für entwicklungsbezogene Filmarbeit, Stuttgart

3. Autobiographien, Biographien, Monographien

a) Regisseure

Franz Antel: *Großaufnahme.* Mein verdrehtes, verliebtes Leben. Paul Neff Verlag, Wien

Geza von Cziffra: *Ungelogen – Erinnerungen an mein Jahrhundert.* Herbig Verlag, München

Peter W. Jansen/Wolfram Schütte (Hrsg.): *Lina Wertmüller.* Reihe Film 40. Carl Hanser Verlag, München

Hauke Lange-Fuchs: *Ingmar Bergmann.* Heyne Verlag, München

Michael Schaper: *Wir handeln mit Träumen.* Von Woody Allen bis Steven Spielberg. 13 Interviews übers Filmemachen. Fischer Verlag, Frankfurt

Laurence Schifano: *Luchino Visconti.* Fürst des Films. Casimir Katz Verlag, Gernsbach

Claudius Seidl: *Billy Wilder.* Heyne Verlag, München

Manoel de Oliveira. Freunde der Deutschen Kinemathek, Heft 73, Berlin 1988.

b) Stars

Jutta Ahlemann: *Ich bleibe die große Adele.* Die Sandrock. Eine Biographie. Droste Verlag, Düsseldorf
Chuck Berry: *Hail! Hail! Rock 'n' Roll.* Die Autobiographie. Verlag Arthur Moewig, Rastatt
Friedemann Beyer: *Peter Lorre.* Heyne Verlag München
Heiko R. Blum: *Götz George.* Heyne Verlag, München
Melvyn Bragg: *Richard Burton.* Die Biographie. Paul Neff Verlag, Wien
Curtis F. Brown: *Jean Harlow.* Heyne Verlag, München
Charlotte Chandler: *Groucho.* Der Chef der Marx-Brothers. Heyne Verlag, München
Joseph Cotten: *Mein unbescheidenes Leben.* Lambda Edition, Hamburg
Kirk Douglas: *Weg zum Ruhm.* Verlag Ullstein, Berlin
Claudio G. Fava, Mathilde Hochkofler: *Marcello Mastroianni.* Heyne Verlag, München
Lothar Fischer: *Tanz zwischen Rausch und Tod.* Anita Berber 1918–1928 in Berlin. Haude & Spenersche Verlagsbuchhandlung, Berlin
Adolf Heinzlmeier/Berndt Schulz: *Internationale Filmstars.* Verlag Busse und Seewald, Herford
Michael Jackson: *Moon Walk.* Die Autobiographie. Goldmann Verlag, München
Garson Kanin: *Spencer Tracy und Katharine Hepburn.* Fischer Verlag, Frankfurt
Shirley MacLaine: *Zauberspiel.* Goldmann Verlag, München
»Madonna Superstar. Photographien.« Schirmer und Mosel Verlag, München
Groucho Marx: *Bettgeschichten.* Fischer Verlag, Frankfurt
Groucho Marx: *Ein ramponierter Frauenheld.* Fischer Verlag, Frankfurt
Brigitte Mira: *Kleine Frau was nun?* Erinnerungen an ein buntes Leben. Herbig Verlag, München
»Marilyn Monroe – Gesehen von Eve Arnold.« Verlag Busse und Seewald, Herford
Tozzi Romano: *Spencer Tracy.* Heyne Verlag, München
Karl Schönböck: *Wie es war durch achtzig Jahr.* Verlag Langen Müller, München
Renate Seydel (Hrsg.): *Ich, Romy.* Tagebuch eines Lebens. Verlag Langen Müller, München
Robert Shelton: *Bob Dylan.* Sein Leben und seine Musik. Goldmann Verlag, München
»Katharina Thalbach. Ihre Filmrollen 1972 bis 1988.« Kommunales Kino in der Pumpe, Kiel
Georg Thomalla: *In aller Herzlichkeit.* Verlag Langen Müller, München
Jerry Vermilywe: *Bette Davis.* Heyne Verlag, München
Ulli Weiss: *Sylvester Stallone.* Heyne Verlag, München
Cornelia Zumkeller: *Zarah Leander.* Heyne Verlag, München
Meinolf Zurhorst: *Die neuen Gesichter Hollywoods.* Heyne Verlag, München

4. Literatur im Film

Herbert Achternbusch: *Wohin?* Verlag Kiepenheuer und Witsch, Köln
Jay McInerney: *Ein starker Abgang.* (Die grellen Lichter der Großstadt) Rowohlt Verlag, Reinbek bei Hamburg
Fred M. Stewart: *Ellis Island.* Tor zum Leben. Heyne Verlag, München

Donald Woods: *Ein Schicksal in Südafrika.* Steve Biko. (Film: »Schrei nach Freiheit«) Heyne Verlag München

5. Das Buch zum Film

(Drehbücher, Produktionsnotizen, Gespräche, Kommentare)

Federico Fellini: *Die Gauner.* Drehbuch. Diogenes Verlag, Zürich

Federico Fellini: *Der weiße Scheich.* Drehbuch. Diogenes Verlag, Zürich

Fritz Lang: *Der Berg des Aberglaubens und andere Geschichten.* Europaverlag, Wien

Loriot: *Loriots Ödipussi.* Drehbuch. Diogenes Verlag, Zürich

Peter Sempel u. a.: *Dandy.* Ein Filmbuch. Pendragon Verlag, Bielefeld

Paolo und **Vittorio Taviani:** *Die Nacht von San Lorenzo.* Ein Filmbuch. Delphi Verlag, Nördlingen

6. Der Roman nach dem Film

Patrice Chaplin: *Siesta.* Bastei Lübbe Verlag, Bergisch Gladbach

Mike Cogan: *Presidio.* Bastei Lübbe Verlag, Bergisch Gladbach

Wayland Drew: *Willow.* Goldmann Verlag, München

B. B. und Neil W. Hiller: *Big.* Heyne Verlag, München

Kenneth Lipper: *Wall Street.* Heyne Verlag, München

Paul Monette: *Midnight Run – 5 Tage bis Mitternacht.* Verlag Droemer-Knaur, München

Joel Norst: *Colors – Farben der Gewalt.* Goldmann Verlag, München

Claudia Reilly: *N. U. T. S. – durchgedreht.* Verlag Droemer-Knaur, München

Robert Tine: *Red Heat.* Bastei Lübbe Verlag, Bergisch Gladbach

Yvonne Viehover: *Hanussen.* Heyne Verlag, München

Yvonne Viehöfer: *Die Venusfalle.* Heyne, Verlag München

7. Varia

Günter Bentele, Otfried Jarren (Hrsg.): *Medienstadt Berlin.* Verlag Vistas, Berlin

Christoph Bignens: *Kinos: Architektur als Marketing.* Verlag Hans Rohr, Zürich

Geza von Cziffra: *Dr. Martin Ottler, Mitläufer Roman.* Lambda Editions Verlag, Hamburg

Roland Keller: *Die Traumfabrik.* Bavaria-Filmstadt Geiselgasteig. Ein Blick hinter die Kulissen. Heyne Verlag, München

Kristian Lutze: *Mein Freund Marlowe.* Das einsame Leben des Raymond Chandler. Verlag Rasch und Röhring, Hamburg

Ross Russel: *Bird lebt!* Das Leben von Charlie »Yardbird« Parker. Hannibal Verlag, Wien

Marcus Scholz: *Die Drehbuchmacher.* So schreiben Sie Ihr Fernsehspiel. vgs Verlagsgesellschaft, Köln

Filmwirtschaft 1988

Mit freundlicher Genehmigung des Fachblattes film-echo, Filmwoche, Wiesbaden

Mehr als 20% Marktanteil – Berechenbar geworden: die deutsche Produktion

Der deutsche Film hat in den letzten Jahren seinen Marktanteil ausbauen können. Zumeist mit 1 oder 2 Spitzenfilmen, die allen 75% ausmachten. Auch 1988 war ein gutes Jahr für den deutschen Film. Die in der Branche erwarteten 20% können übertroffen werden. In unserer Hit-Box-Jahresstatistik erreicht er sogar 22. Ohne Zweifel: der Aufwärtstrend hält an.
Wiederum sind zwei Spitzenfilme auszumachen: »Ödipussi« (über 4 Mio. Besucher) und »Ich und Er« (deutlich über 3 Mio. Besucher) – wen wundert's, daß diese beiden Matadore von Horst Wendtlandt und Bernd Eichinger ins Rennen geschickt wurden. Doch mit einigem Abstand – um einmal in der Wettkampf-Sprache zu bleiben – folgen zwei weitere Neue-Constantin-Filme, »Man spricht deutsh« und »Die Katze«. »Die zärtlichen Chaoten«, aus dem Hause Tivoli, halten mit. Dahinter ein dicht gestaffeltes Mittelfeld. Und hier liegt doch ein Unterschied zu den vergangenen Jahren. Sowohl die Spitze als auch das Mittelfeld sind breiter besetzt.
Was das für den Markt bedeutet, muß hier nicht näher ausgeführt werden.
Anhand unserer Marktbeobachtung und der Box-Office-Zahlen läßt sich ein Drittel der deutschen Produktionen, die von Ende November 87 bis Ende November 88 an den Start gegangen sind, mit mehr als 100 000 Besucher registrieren (siehe Tabelle). Diese Begrenzung mag willkürlich erscheinen, bietet sich jedoch an, da hier genauere Zahlen vorliegen.

Top 20 des deutschen Films
Es sind exakt 20 Filme, die sich statistisch näher auswerten lassen. Man mag sie auch als Top 20 für das Jahr 88 ansehen.
Dabei ist aufflällig, daß die Neue Constantin und Tobis ihre Marktposition mit starken deutschen Produktionen erreicht haben. Der Filmverlag – traditionell mit dem Vertrieb heimischer Produktionen verbunden – konnte mit Wenders' »Der Himmel über Berlin«, Percy Adlons Komödie »Out of Rosenheim« und Van Ackerens ironisch gefärbter Männer-Satire »Die Venusfalle« gleich drei Kino-Hits landen. Daß diese Filme auch im Ausland Erfolge wurden, stärkt zudem das für den Filmverlag wichtige Exportgeschäft. Neben dem Verkauf der Fernsehrechte eine der tragenden Säulen der Filmfinanzierung. Um so mehr, als ein Film seine Produktionskosten im Kino allein nur noch selten einspielt.
Tivoli liegt mit seinen Komödien in der Regel richtig. Mit »Zärtliche Chaoten« erreichte man mehr als 1 Mio. Kinobesucher. Das »Chaoten-Team« um Thomas Gottschalk erweist sich mittlerweile als sichere Bank. Auch Concorde liegt mit der deutschen Produktion gut im Rennen, wobei »Auf Wiedersehen Kinder« nur nominell durch die Beteiligung der NEF als deutsche Coproduktion durchgehen kann. Überraschungserfolge landeten Impuls mit »Yasemin« von Hark Bohm und Delta mit der »Aufklärungsrolle«.
Gut die Hälfte der Erfolgsfilme sind

Komödien. Das Geschäft folgt auch hierzulande dem internationalen Trend nach Entertainment. Nur ein einziger Thriller, »Die Katze« mit Götz George und Gudrun Landgrebe, konnte sich unter den ersten 20 behaupten. Hinzu kommen ein Zeichentrickfilm, ein Kinderfilm, Erich Kästners »Das doppelte Lottchen« als ewig junge Reprise und seit langem mal wieder ein Musical, »Linie 1«, das allerdings auf der Leinwand den Theater-Erfolg nicht fortsetzen konnte.

Neben den zahlreichen Förderungen haben sich die deutschen Sendeanstalten als Coproduktionspartner bei einer Vielzahl von Filmen direkt engagiert. Unter den ersten 20 Filmen sind es mehr als die Hälfte, die mit Fernsehbeteiligung entstanden.

Vielseitigkeit und Kontinuität

Zwei markante Phänomene lassen sich aus dem statistischen Material herausfiltern: Obgleich die Tendenz zur Komödie evident ist, zeichnet sich der deutsche Film durch Vielseitigkeit aus. Gut 7 Filme in der Top 20 lassen sich dem Autorenfilm zurechnen: Wenders, Van Ackeren, Margarethe von Trotta, Werner Herzog, Hark Bohm, Istvan Szabo liefern in steter Regelmäßigkeit Filme ab, die im In- und Ausland beachtet werden. Darin liegt eine Kontinuität, die sich für die deutsche Produktion überhaupt abzeichnet. So kann man in den nächsten ein, zwei Jahren wieder mit einem Doris-Dörrie-Film (»Geld«) rechnen, mit Dieter Hallervorden, einer neuen Adlon-Komödie; Götz George wird mehrfach zu sehen sein; Hark Bohm, Wim Wenders, Margarethe von Trotta - sie alle arbeiten wieder an neuen Projekten. Wenders dreht nächstes Jahr sein heute schon mit Spannung erwartetes »Bis ans Ende der Welt«. Delta versucht es mit einer Fortsetzung der so erfolgreichen »Aufklärungsrolle«. Kontinuität: das heißt freilich auch wieder Bernd Eichinger und Horst Wendlandt; das heißt »Otto«, »Letzte Ausfahrt Brooklyn« usw. Das Geschäft ist zu launisch, um genauere Vorhersagen treffen zu können. Doch eines steht fest: Der deutsche Film ist berechenbarer geworden. *Bernd Jetschin*

100 Filme aus der Hit-Box

vom 3.12.1987 bis 30.11.1988 (Wochen 48/87 bis 48/88)

Land	Verleih	Besucher	%-Anteil	Kinos	Start
Dirty Dancing	Apollo	1 989 554	6,76	111	87/41
Das Dschungelbuch	Fox	1 548 826	5,26	146	87/49
Ödipussi	Tobis	1 517 622	5,16	128	88/11
Eine verhängnisvolle Affäre	UIP	1 473 767	5,01	85	88/06
Ich und Er	Neue Constantin	1 123 079	3,82	99	88/83
Falsches Spiel mit Roger Rabbit	Warner	1 065 806	3,62	88	88/44
Der Prinz aus Zamunda	UIP	1 044 502	3,55	108	88/36
Crocodile Dundee II	UIP	1 018 241	3,46	112	88/83
Die Reise ins Ich	Warner	818 677	2,78	77	87/50
Man spricht deutsh	Neue Constantin	747 920	2,54	84	88/08
Rambo III	Jugendfilm	607 397	2,06	94	88/29
Der letzte Kaiser	Jugendfilm	540 362	1,84	118	87/44
Wall Street	Fox	465 175	1,58	91	88/08
Die Katze	Neue Constantin	439 168	1,49	75	88/04

Land	Verleih	Besucher	%-Anteil	Kinos	Start
Die unerträgliche Leichtigkeit des Seins	Tobis	416156	1,41	84	88/15
Big	Fox	390947	1,33	80	88/49
Noch drei Männer, noch ein Baby	Warner	345708	1,18	71	88/18
Frantic	Warner	342943	1,17	83	88/35
Sommer-Film-Festival 1988	Verschiedene	319637	1,09	55	85/00
Zärtliche Chaoten II	Tivoli	316293	1,08	87	88/27
Nuts ... durchgedreht	Warner	316152	1,07	74	88/13
Police Academy V	Warner	279608	0,95	75	88/15
Die Venusfalle	Futura/Filmverlag	271083	0,92	80	88/37
Als die Liebe laufen lernte	Delta	263223	0,89	78	88/26
Red Heat	Senator	257766	0,88	75	88/41
Out of Rosenheim	Futura/Filmverlag	239407	0,81	69	87/46
Der Sizilianer	Senator	235789	0,80	70	88/03
Salsa	Scotia-Cannon	216389	0,74	86	88/31
Didi – Der Experte	Tobis	214774	0,73	74	88/06
Presidio	UIP	202982	0,69	77	88/42
Running Man	Neue Constantin	196496	0,67	82	88/27
Aristocats	UIP	190303	0,65	84	88/26
Bigfoot und die Hendersons	UIP	188611	0,64	65	87/51
Yasemin	Impuls	185208	0,63	53	88/19
Stirb langsam	Fox	180806	0,61	60	88/46
Midnight Run – 5 Tage bis Mitternacht	UIP	179812	0,61	69	88/40
Das siebte Zeichen	Columbia	177202	0,60	70	88/36
Schrei nach Freiheit	UIP	164462	0,56	102	88/09
Die Fürsten der Dunkelheit	Senator	154592	0,53	61	88/19
Der große Leichtsinn	Kuchenreuther	145733	0,50	52	88/13
Mondsüchtig	UIP	144627	0,49	68	88/12
Wish you were here	Jugendfilm	144324	0,49	60	88/22
Die Hexen von Eastwick	Warner	139813	0,48	74	87/44
Cobra Verde	Concorde	139101	0,47	50	87/49
Auf Wiedersehen Kinder	Concorde	137864	0,47	42	87/45
Der Himmel über Berlin	Futura/Filmverlag	134666	0,46	52	87/44
Hanussen	Tobis	134300	0,46	44	88/42
Schlappe Bullen beißen nicht	UIP	133618	0,45	61	87/51
Robocop	Fox	133392	0,45	60	88/01
In der Arche ist der Wurm drin	UIP	115632	0,39	58	88/13
Im Rausch der Tiefe – The Big Blue	Fox	113568	0,39	56	88/39
No way out – Es gibt kein Zurück	Fox	112189	0,38	62	88/10
Wie der Vater so der Sohn	Columbia	108821	0,37	60	88/09
Das Wunder in der 8. Straße	UIP	107483	0,37	64	88/27
Tanz der Teufel II	Prokino	196401	0,36	56	88/05
Renegade	Tobis	104575	0,36	61	88/17
Good Morning Vietnam	Warner	103657	0,35	58	88/36
Overboard – Ein Goldfisch fällt ins Wasser	UIP	103363	0,35	70	88/17
Action Jackson	Columbia	101065	0,34	74	88/28
Spaceballs	UIP	100990	0,34	72	87/44
Linie I	Tobis	100899	0,34	47	88/07
Die Beduinen von Paris	Concorde	100266	0,34	36	88/30
Das Reich der Sonne	Warner	95559	0,33	60	88/11
Dirty Tiger	CinePlus	96157	0,33	58	88/20

Land	Verleih	Besucher	%-Anteil	Kinos	Start
Can't buy me love	Warner/Touchstone	96 105	0,33	56	88/25
Ishtar	Columbia	91 825	0,31	50	88/03
Fürchten und Lieben	Concorde	90 977	0,31	37	88/40
Milagro	UIP	89 073	0,30	43	88/32
Miez und Mops – Zwei tierische Freunde	Tobis	88 019	0,30	53	87/44
Sammy & Rosie tun es	Concorde	84 981	0,29	34	88/28
Barfly	Scotia-Cannon	84 961	0,29	55	88/02
Die Nacht hat viele Augen	UIP	84 522	0,29	66	88/04
Nachrichtenfieber	Fox	84 396	0,29	59	88/16
Masters of the Universe	Scotia-Cannon	82 206	0,28	54	87/50
Dance Academy	Ascot	81 971	0,28	67	88/22
Zwei Welten	Concorde	79 755	0,27	32	88/42
Hairspray	Arsenal	75 907	0,26	28	88/32
Beetlejuice	Warner	73 692	0,25	38	88/46
Mörderischer Vorsprung	Warner/Touchstone	73 565	0,25	63	88/32
Baby Boom – Eine schöne Bescherung	UIP	72 657	0,25	57	88/21
Buster	Warner	72 656	0,25	47	88/45
Die Braut des Prinzen	Jugendfilm	64 690	0,22	33	88/42
Bloodsport	Scotia-Cannon	61 354	0,21	56	88/24
Nightmare 3	Arsenal/Delta	69 780	0,21	38	88/02
Maurice	Concorde	59 816	0,20	30	88/05
Der Flug des Navigators	Filmwelt	57 646	0,20	50	88/30
Die letzte Versuchung	UIP	56 585	0,19	26	88/46
Der weiße Hai – Die Abrechnung	UIP	56 205	0,19	46	88/02
Die grellen Lichter der Großstadt	UIP	56 085	0,19	53	88/29
Verfluchtes Amsterdam	Scotia-Cannon	55 904	0,19	48	88/25
Braddock – Missing in Action III	Scotia-Cannon	55 133	0,19	53	88/11
Beverly Hills Cop II	UIP	52 669	0,18	90	87/39
Eis am Stiel 8. Teil – Summertime Blues	Scotia-Cannon	52 364	0,18	53	88/34
He's my Girl	Tivoli	50 183	0,17	48	88/05
Suspect – Unter Verdacht	Columbia	49 082	0,17	43	88/10
Der Couch-Trip	Fox	48 863	0,17	51	88/34
Die dunkle Seite des Bösen – Poltergeist III	UIP	48 331	0,16	52	88/38
Die letzten Tage in Kenya	Filmwelt	48 239	0,16	34	88/18
Cannes-Rolle 1987	Decofilm	45 669	0,16	28	87/52
U2 – Rattle and Hum	UIP	44 706	0,15	30	88/47

Filme nach Ihren Produktionsländern

Länderanteile

Land	Besucher lt. Hit-Box	%-Anteil	Anzahl Filme
A (Österreich)	4 033	0,01	3
B/F	1 489	0,01	1
Belgien	182	0,00	1
CH (Schweiz)	194	0,00	1
China	2 404	0,01	1
ČSSR	3 281	0,01	3
D	6 079 781	20,66	89
D/A	1 177	0,00	2
D/B	218	0,00	1
D/F	282 307	0,96	5
D/F/I	99 366	0,34	7
D/Finnland	4 615	0,02	1
D/I	7 037	0,02	2
D/I/E	305	0,00	1
D/Ungarn	134 300	0,46	1
D/USA	1 233	0,00	3
DDR	5 165	0,02	2
Diverse (Sommerfestivals)	323 835	1,10	4
DK	29 774	0,10	1
F	815 445	2,77	52
F/B	182	0,00	1
F/I	43 089	0,15	9
F/I/USA	16 279	0,06	1
F/Japan	710	0,00	1
Finnland	4 335	0,01	2
GB	1 416 000	4,82	70
GR	2 705	0,01	3
Hongkong	42 501	0,14	4
Hongkong/USA	5 007	0,02	1
Irland	269	0,00	1
Italien	424 121	1,45	38
Japan	88 019	0,30	1
Kanada	36 599	0,12	5
Mexiko	496	0,00	1
NL	70 888	0,24	4
Norwegen	5 671	0,02	1
S/UdSSR	28 796	0,10	1
Schweden	19 218	0,07	4
Schweiz	412	0,00	1
Südafrika	313	0,00	2
UdSSR	26 993	0,09	2
USA	19 391 607	65,91	371
Summe	29 420 351	100,00	705

Verleihanteile 1988

Verleih	Besucher lt. Hit-Box	%-Anteil	Anzahl Filme
Apollo	2005247	6,82	4
Columbia	828941	2,82	43
Concorde	812888	2,76	28
Delta	376808	1,28	16
Filmwelt/Prokino	469643	1,59	26
Fox	3424587	11,64	60
Futura/Filmverlag	761704	2,59	29
Jugendfilm	1583615	5,38	31
Neue Constantin	2570904	8,74	23
Scotia-Cannon	773290	2,63	27
Senator	766084	2,60	17
Tivoli	432014	1,47	13
Tobis	2607719	8,86	24
UIP	6023698	20,47	87
Warner	4088683	13,89	42
Sonstige	1894526	6,46	235
Summe	29420351	100,00	705

Die deutschen Filmproduktionen

Titel	Verleiher	Produzenten
Ödipussi	Tobis	Rialto/Bavaria
Ich und Er	Neue Constantin	Neue Constantin
Man spricht deutsh	Neue Constantin	Vision/Maran/Solaris
Die Katze	Neue Constantin	Bavaria
Zärtliche Chaoten II	Tivoli	KS Film/Lisa Film
Out of Rosenheim	Filmverlag	Pelemele/pro-ject
Aufklärungsrolle	Delta	Delta/BB Film
Didi - Der Experte	Neue Constantin	UFA
Himmel über Berlin	Filmverlag	Road Movies/Argos (F)
Die Venusfalle	Filmverlag	M + P/Van Ackeren/pro-ject
Yasemin	Impuls	Hamburger Kino Kompanie
Cobra Verde	Concorde	Herzog
Auf Wiedersehen Kinder	Concorde	NEF/Stella
In der Arche ist der Wurm drin	UIP	M + S/Artemis/Paramount
Linie 1	Tobis	Bioskop
Fürchten und Lieben	Concorde	Bioskop
Hanussen	Tobis	CCC
Eis am Stiel - 8. Teil	Scotia	KF Film
Das doppelte Lottchen (WA)	Atlas	Carlton
Starke Zeiten	Tivoli	Lisa/Roxy/K. S. Film

Loriot sanierte den deutschen Film mit »Ödipussi«.

Die verstorbenen Filmschaffenden des Jahres 1988

A

Ambesser, Axel von (78) 22.6.1910 bis 6.9.1988
Als Axel Eugen von Österreich in Hamburg geborener Schauspieler, Regisseur und Schriftsteller, der neben seiner Theater- und Fernseharbeit auch in Filmen seinen unwiderstehlichen Charme versprüht (*Die seltsamen Abenteuer des Fridolin B.,* 1949 uva.) und niveaureiche Unterhaltungsfilme inszenierte: *Der Pauker,* 1958; *Der brave soldat Schwejk,* 1960 - mit dem Goden Globe ausgezeichnet; *Er kann's nicht lassen,* 1962 uva.
Er wurde u. a. mit dem Bundesverdienstkreuz (1981), dem »Filmband in Gold« (1985) ausgezeichnet.

Andrade, Joaquim Pedro de (56) 1932 bis 10.9.1988
Brasilianischer Regisseur der »Cinema Novo« - Welle dessen bekanntester Film *Macunaima* (1969) zum Kassenschlager wurde. Für das Westdeutsche Fernsehen drehte er Dikumentationen (»Cinema Nove« usw.).

Angermeyer, Hein (78), 1909 bis 13.3.1988
Deutscher Filmproduzent von Erfolgen wie *Wir Wunderkinder,* 1958; *Schloß Gripsholm,* 1963; *Rheinsberg,* 1967 u. a., Bundesverdienstkreuz und andere Ehrungen.

Ashby, Hal (52), 1939 bis 27.12.88
Als Cutter erhielt er 1967 den Oscar für *In der Hitze der Nacht.* Als Regisseur erhielt er eine Nominierung für *Coming Home.* Drehte den Kultfilm *Harold und Maude* und 1979 einen der besten Filme mit Peter Sellers *Being There/Willkommen Mr. Chance.* Filme u. a.: *Das letzte Kommando, Shampoo, Acht Millionen Wege zu sterben.* War in den letzten Jahren etwas glücklos mit seinen Filmen.

Hal Ashby

Auclair, Michel (65), 14.9.1922 bis 7.1.1988
Französischer Bühnen- und Filmschauspieler, der oft die Rolle des Scheiternden verkörperte, melancholisch im Ausdruck. Filme: *Es war einmal/La belle et la béte,* 1946; *Manon,* 1948; *Der Schakal, The day of the Jackal,* 1973; *Preuve d'amour,* 1988 und 56 andere.

B

Baker, Chet (58), 23.12.1929 bis 13.5.1988
Amerikanischer Jazz-Trompeter mit eigenem lyrisch-melancholischen Stil, dem sich der Film *Chet's Romance* widmet, der in Cannes 1988 kurz vor seinem Tod gezeigt wurde.

Ball, John (77), 8.7.1911–15.10.1988
Amerikanischer Schriftsteller, dessen Roman »In der Hitze der Nacht« 1967 von Norman Jewison mit Sidney Poitier und Rod Steiger verfilmt wurde. Der Film wurde mit vier »Oscars« ausgezeichnet.

Ballard, Lucien (84) 1904–1.10.1988
Bedeutender amerikanischer Kameramann, der vornehmlich die Filme von Josef von Sternberg, Henry Hathaway, Raoul Walsh, Budd Boetticher und Sam Peckinpah fotografierte.

Balz, Bruno (85), 1903–14. 3. 1988
Deutscher Lieder- und Schlagertexter, der für 170 Filme einprägsame Sangeszeilen erfand: »Das kann doch einen Seemann nicht erschüttern«, »Ich brech' die Herzen der stolzesten Frau'n« (für Heinz Rühmann), »Kann denn Liebe Sünde sein?«, »Ich weiß, es wird einmal ein Wunder gescheh'n« für Zarah Leander u. v. a.

Baudrier, Yves (82), 1904–9. 11. 1988
Französischer Komponist, der auch für den Film arbeitete: *Schienenschlacht/La bataille du rail,* 1945; *Die Welt des Schweigens/Le monde du silence,* 1956.

Bessel, Ehmi (83), 11.10.1904–3.2.1988
Deutsche Staatsschauspielerin, die neben großen Bühnenrollen auch in Filmen auftrat: *Das Mädchen von Montparnasse,* 1932; *Bekenntnisse des Hochstaplers Felix Krull,* 1958; *Rheinsberg,* 1967 u. a. Verheiratet mit Werner Hinz.

Bodeen, DeWitt (79), 1909–12.3.1988
Amerikanischer Drehbuchautor (*Katzenmenschen/Cat People,* 1942 – Remake 1981; *Geheimnis einer Mutter/I remember Mama,* 1948 *Verdammten der Meere/Billy Budd,* 1961 – seine Arbeit daran wurde aus obskuren Gründen Robert Rossen und Peter Ustinov zugesprochen; u. v. a.) und Filmbuchautor (»The Films of Cecil B. DeMille« u. a.).

Boffety, Jean (62), 1925–25. 6. 1988
Führender französischer Kameramann, der häufig für Claude Sautet drehte: *Die Dinge des Lebens/Les Choses de la Vie,* 1969; *Eine einfache Geschichte/Une histoire simple,* 1977, etc. Arbeitete auch für Claude Lelouch, Alain Resnais, Vittorio De Sica und Robert Altmann (*Diebe wie wir/Thieves like us,* 1973; *Quintett,* 1978) u. a.

Bozzuffi, Marcel (59) 1929–2.2.1988
Französischer Filmstar mit dem Image des kaltblütigen Killers. Filme: *Gas/Oil,* 1955; *Z,* 1969; *Brennpunkt Brooklyn/The French Connection,* 1971 u. v. a.

Butler, Lawrence W. (80), 1908 bis 19.10.1988
Amerikanischer Special-Effects-Experte, dessen innovative Tricktechnik mit mechanisch bewegten Phantastereien in *Der Dieb von Bagdad/The thief of Bagdad,* 1940 »Oscar« gekrönt wurde. Seine Arbeit war auch in *Das Dschungelbuch/Jungle Book,* 1942; *1001 Nacht/A thousand and one nights,* 1945 u. v. a. zu bewundern. 1975 wurde er mit einem Spezial-»Oscar« für seine Verdienste um die Filmprojektionstechnik geehrt.

C

Carey, Olive (92), 1896–13.3.1988
Amerikanische Filmschauspielerin, Witwe des Western-Stars Harry Carey und Mutter von Harry Carey jr., als welche sie auch in John Fors *Der schwarze Falke/The searchers,* 1956 agierte.

Carradine, John (82), 5.2.1906 bis 27.11.1988
Hagerer amerikanischer Film- und Bühnenschauspieler, der zu John Fords Ensemble gehörte *(Ringo/Stagecoach,* 1939; *Früchte des Zorns/Grapes of Wrath,* 1940; u. v. a.), in

zahlreichen Horror-Filmen mitwirkte (mehrfach als Dracula) und von dessen fünf Söhnen vier als Schauspieler arbeiten.

Chodorov, Edward (84) 1904–9.10.1988
Amerikanischer Dramatiker und Drehbuchautor *(Louis Pasteur/The story of Louis Pasteur,* 1935; *Nachtclub-Lilly/Road house,* 1948 etc.).

Clements, John (77), 1910–4.1988
Britischer Schauspieler, Regisseur und Theaterleiter, der 1968 in den Adelstand erhoben wurde. Filme: *Rembrandt,* 1937; *Vier Federn/Four Feathers*, 1939; *Oh! What a lovely war*, 1969 u.a.

Cruickshank, Andrew (80), 1907 bis 29.4.1988
Schottischer Bühnenschauspieler mit zahlreichen Filmrollen: *Vier Frauen und ein Mord/Murder must foul*, 1964; *Dynamit und krumme Touren/There once was a crooked man*, 1960 etc.

D

Diamond, I.A.L. (67), 27.6.1920 bis 22.4.1988
In Rumänien als Itek Domnici gebürtiger Drehbuchautor, der 30 Jahre lang erfolgreich mit Billy Wilder zusammenarbeitete (*Manche mögen's heiß/Some like it hot*, 1959; *Der Glückspilz/The Fortune Cookie*, 1966) und bei einigen Wilder-Filmen auch als Co-Produzent fungierte *Das Appartment/The Apartment*, 1960 mit dem »Oscar« ausgezeichnet.

Divine 42), 19.10.1945–7.3.1988
Über Tote nur Gutes: »Der ekelerregenste Schauspieler der Welt«, ein Kompliment für Harris Glenn Milstead, der als Transvestit Divine in den Filmen seines Freundes John Waters sein Publikum zum Kotzen brachte, was er als Applaus verstand. *Pink Flamingos*, 1972; *Polyester*, 1981; *Hairspray*, 1988. In Alan Rudolphs *Trouble in Mind*, 1986 profilierte sich der Dreizentner-Kultstar in einem Männerpart. Als Interpret von Disco-Hits trat er auch im deutschen Fernsehen auf.

Donnell, Jeff (66), 10.7.1921–11.4.1988
Amerikanische Nebenrollendarstellerin, meist als beste Freundin, bzw. später als Mutter der Heldin: *Meine Schwester Ellen/My sister Ellen*, 1955; *Ein einsamer Ort/In a lonely place*, 1955; *Jede Stimme zählt/Stand up and be counted*, 1972, u.a.

Duggan, Andrew (64), 1923–15.5.1988
Amerikanischer Fernseh- und Filmschauspieler, dessen markantes Gesicht häufig in TV-Serien (»Lancer« 1968–69) und prägnanten Nebenrollen auf der Leinwand zu sehen war: *Fahrkarte ins Jenseits/Decision at sundown*, 1957; *Sieben Tage im Mai/Seven Days in May*, 1963; *Dr. Detroit*, 1983.

E

Esser Paul (74), 24.4.1913–20.1.1988
Deutscher Theaterschauspieler, -regisseur und -gründer (Hansa-Theater in Berlin), der auch in über 100 Filmen mitwirkte (*Rotation*, 1949; *Der Untertan*, 1951; *Der Schinderhannes*, 1958 etc.) und im Fernsehen seit 1955 zu sehen war (z.B. als »Tatort« Kommissar). Träger des Bundesverdienstkreuzes.

F

Folsey, George (90), 1898–1.11.1988
Amerikanischer Kameramann, der dreizehnmal für den »Oscar« nominiert wurde und tatsächlich jedesmal leer ausging. Er drehte für Vincente Minelli (*Meet me in St. Louis*, 1944), Victor Fleming (*A guy named Joe*, 1944), Frank Capra (*Zur Lage*

der Union, 1948), George Cukor (*Ehekrieg/Adam's Rib*, 1949) u. v. a.

Frank, Melvin (75) 1917–13.10.1988
Amerikanischer Drehbuchautor, Regisseur und Produzent, der zunächst mit Norman Panama zusammen erfolgreiche Komödien schuf (*Die Lachbombe/ Knock on wood*, 1953; *Ich heirate meine Frau/That certain feeling*, 1956 ua), ehe eigene Wege ging: *Buona Sera Mrs. Campbell*, 1968; *Das Nervenbündel/The prisoner of Second Avenue*, 1974 etc.

Frey, Erik (80), 1.3.1908 bis 2.9.1988
Populärer österreichischer Bühnenschauspieler mit etlichen Filmrollen: *Burgtheater*, 1936; *Der Postmeister*, 1940; *Es geschah am 20. Juli*, 1955 und 130 weitere.

Fröbe, Gert (75), 25.2.1913–5.9.1988
Als Gerhart Karl Fröber in Sachsen geborener Film-, Theater- und Fernsehschauspieler von Weltstarstatus, der sowohl den Otto Normalverbraucher (*Berliner Ballade*, 1948) als auch den »bösen Deutschen (*Spion zwischen zwei Fronten*, 1966 u. a. verkörperte. Neben unvergessenen Parts im deutschen Film (*Der Pauker, Es geschah am hellichten Tag*, beide 1958; *Räuber Hotzenplotz*, 1974 u.v.a.) wirkte er in vielen internationalen Produktionen unterschiedlichster Art (*Goldfinger*, 1964; *Das Schlangenei*, 1977; *Die Regenschirmmörder*, 1980 u.v.a.). Titel seiner Autobiographie: «Auf ein Neues».
Neben dem Ernst-Lubitsch-Preis 1961 und dem Bundesverdienstkreuz wurden ihm andere große Ehrungen zuteil.

Gert Fröbe

Fürbringer, Ernst-Fritz (88), 27.7.1900 bis 31.10.1988
Deutscher Theater- und Filmschauspieler von nobler, eleganter Erscheinung, der ab 1967 auch durch zahlreiche Fernsehrollen populär und unverwechselbar wurde. Filme: *Ein Volksfeind*, 1937; *Titanic*, 1943; *Robinson soll nicht sterben*, 1956 u.v.a.

G

Gattinger, Hellmuth P. (69), 29.5.1919 bis 2.6.1988
Österreichischer Journalist, der ab 1954 für die US-Großverleiher als PR-Fachmann in der Filmwirtschaft tätig wurde. Er arbeitete für Columbia, Disney, United Artists, Paramount u.a. und war bis 1968 Generaldirektor der 20th Century Fox of Germany GmbH.

Gibbs, Alan R. (47), 1941–18.3.1988
Amerikanischer Stuntman und Second-Unit-Regisseur, der besonders häufig mit Jack Nicholson seine Knochen riskierte (z.B. *Die Hexen von Eastwick/The Witches Of Eastwick*, 1986), aber auch für Burt Reynolds, Charles Bronson, Paul Hogan u.a.

Gomez, Manuel Octavio (54), 1934 bis 1988
Kubanischer Filmregisseur und

nach 1959 Mitbegründer des Instituts für Filmkunst und -industrie in Havanna. Filme: *Die erste Schlacht mit der Machete/La primera carga al machete*, 1969; *Sie haben das Wort/Ustedes tienen la palabra*, 1973 u.a.

Gottlieb Alex (81) 21.12.1906 bis 9.10.1988
In Rußland gebürtiger, in den USA tätiger Drehbuchautor *(Goldtransport durch Arizona/Arizona Raiders,* 1964; *Frankie und Johnny/Frankie and Johnny,* 1965 etc.). Schrieb auch Fernsehshows und produzierte.

Granville Wrather, Bonita (65), 2.2.1923–11.10.1988
Amerikanischer Kinderfilmstar (Infame Lügen/These Three, 1936; Escape, 1940 etc.), die später die TV-Serie »Lassie« (1955-1967) produzierte und administrative Aufgaben im American Film Institute und anderen Institutionen übernahm.

Grimes, Stephen (61) 18.4.1927 bis 12.9.1988
Britischer Produktionsdesigner, der in erster Linie die Filme von John Huston und Sydney Pollack ausstattete. Für *Die Nach des Leguans/The night of the iguana,* 1964 wurde er ebenso für den »Oscar« nominiert wir für *Cherie Bitter/The way we were,* 1973. Für *Jenseits von Afrika/Out of Africa,* 1986 erhielt er die Auszeichnung.

Guido, Beatriz (63), 1925–4.3.1988
Argentinische Roman- und Drehbuchautorin, die ihr Land auch als Kulturattachée vertrat. Sie schrieb mit einer Ausnahme alle Filme ihres Lebensgefährten Leopoldo Torre Nilsson (*Dias de odio*, 1953; *Haus des Engels/La casa del angel*, 1957; *Die Hand in der Falle/La mano en la trampa*, 1961; etc.).

H

Harmon, Sidney (80), 1908–29.2.1988
Amerikanischer Drehbuchautor, der für *The Talk of the Town*, 1942 mit Cary Grant und Jean Arthur eine »Oscar«-Nominierung erhielt.

Hassenkamp, Oliver (66), 10.5.1921 bis 31.3.1988
Deutscher Roman- und Kinderbuchautor, dessen »Bekenntnisse eines möblierten Herrn« 1962 von Franz Peter Wirth verfilmt wurde.

Hawtrey, Charles (73), 1914–27.10.1988
Britischer Komiker, der seit 1960 zum Ensemble der Carry on - (Ist ja irre) - Filmserie zählte. Der schmächtige Brillenträger mit Knatschstimme spielte in *Don't lose your head/Nur nicht den Kopf verlieren* (1966) den legendären Duc de Pommfrit.

Hee, Thornton (77), 1911–30.10.1988
Langjähriger Zeichner bei Disney (*Fantasia*, 1940; *Pinocchio*, 1940 u.a.), der sich auch als Karikaturist (besonders von Hollywood-Größen) einen Namen machte und das Buch schrieb: »The Art of Caricature - the T. Hee Way«.

Heller, Lukas (58), 1930–2.11.1988
In Kiel gebürtiger Drehbuchautor, der über Großbritannien seinen Weg nach Hollywood fand und häufig mit Regisseur Robert Aldrich zusammenarbeitete (*Was geschah wirklich mit Baby Jane/What ever happened to Baby Jane?*, 1962; *Wiegenlied für eine Leiche/Hush ... Hush sweet Charlotte*, 1964; *Der Flug des Phönix/The Flight of the Phoenix*, 1965 etc.). Weitere Filme: *Monte Walsh*, 1969; *Blue City*, 1986 u.a.

Hickox, Douglas (59), 1929–25.7.1988
Britischer Filmregisseur, der als Werbefilmer zunächst Preise errang, bevor er mit der Joe Orton-Adaption *Seid nett zu Mr. Sloane/Entertaining Mr. Sloane*, 1970 seinen Spielfilmdurchbruch schaffte. Au-

ßerdem: *Theater des Grauens/Theatre of Blood*, 1972; *Brannigan – Ein Mann aus Stahl*, 1974 u.a.

Higgins, Collin (41), 1947–5.8.1988
Amerikanischer Drehbuchautor von Erfolgskomödien *Harold & Maude*, 1971; *Transamerikaexpress/ Silver Streak*, 1977) und Regisseur (*Warum eigentlich bringen wir den Chef nicht um?/Nine to five*, 1980 u.a.)

Hofer, Johanna (91), 30.7.1896 bis 30.6.1988
Grandiose deutsche Bühnenschauspielerin. Ihre Anmut und ihre gütige Ausstrahlung waren auch in Filmen zu bewundern: *Der Ruf*, 1949; *Der Verlorene*, 1951; *Die Sehnsucht der Veronika Voss*, 1982 u.a. Verheiratet mit Fritz Kortner.

Horney, Brigitte (77), 29.3.1911 bis 27.7.1988
Große Dame und Star des deutschen Films, Theaters und Fernsehens, die mit ihren hohen Wangenknochen und ihrem durchdringenden Blick von einprägsamer Schönheit und hintergründiger Kühle war. In einem ihrer ersten Filme *Liebe, Tod und Teufel*, 1934 sang sie »So oder so ist das Leben«, und es gab niemanden, der ihr diese Worte nicht abnahm. Neben Hans Albers spielte sie in *Savoy Hotel 217*, 1936 und *Münchhausen*, 1943 und vielen anderen Ufa-Filmen. Nach dem Krieg: *Die Frau am Wege*, 1948; *Der gläserne Turm*, 1957 u.v.a. Seit 1976 Trägerin des Filmbandes in Gold. Fernsehserien: »Jakob und Adele«, 1983–86; »Die Guldenburgs«, 1987/8 etc.

Houseman, John (86), 22.9.1922 bis 30.10.1988
Als Jacques Haussmann in Bukarest (Rumänien) geborener Schauspieler und Produzent, der für seine Darstellerleistung in *Zeit der Prüfungen/The paper chase* 1974 einen »Oscar« erhielt. Anfänglich arbeitete er mit Orson Welles zusammen an dem Hörspiel »War of the worlds« und dem Filmklassiker *Citizen Kane*, 1940 zusammen. Er produzierte u.a. *Vincent van Gogh – Ein Leben in Leidenschaft/Lust for Life*, 1956.

Howard, Trevor (71), 29.9.1916 bis 7.1.1988
Britischer Filmstar mit markantem Charakterkopf, der sowohl den charmanten Gentleman wie den rauhbeinigen Draufgänger hervorkehren konnte. Mit seinen Leistungen in *Der dritte Mann/The third man*, 1949 und *Meuterei auf der Bounty/Mutiny on the Bounty*, 1962 hat er Filmgeschichte geschrieben. Zu seinen 70 Filmen zählen *Ryan's Tochter/Ryan's daughter*, 1970; *Der unheimliche Besucher/The night visitor*, 1971; *Gandhi*, 1982 u.v.a.

J

Jansen, Wolfgang (49), 3.4.1938 bis 10.1.1988
Deutscher Schauspieler von Bühne, Film und Fernsehen, der bereits als 13-Jähriger vor der Kamera stand (*Sündige Grenze*, 1953; *Ober zahlen*, 1956; *Das verrückte Strandhotel*, 1983) und später für Kinder in der TV-Sendung »Kli-Kla-Klawitter« spielte.

Jary, Michael (81), 24.9.1906 bis 12.7.1988
Als Maximilian Jarcyk im polnischen Kattowitz geborener Film- und Schlgerkomponist, der der Ufa und ihren Leinwandidolen Zarah Leander, Marika Rökk, Johannes Heesters, Hans Albers, Heinz Rühmann usw. geradezu programmatische Lieder schrieb. »Das kann doch einen Seemann nicht erschüttern«, »Ich weiß, es wird einmal ein Wunder gescheh'n«. Auch die Nachkriegsära-Filme profitierten

Brigitte Horney

vom schwungvollen Optimismus seiner Kompositionen. 1981 erhielt er das »Filmband in Gold«.

Joloff, Friederich (79), 14.12.1908 bis 4.1.1988

Deutscher Schauspieler, der wegen seines unverwechselbaren, markanten Gesichtes vom Fernsehen häufig in sinistren Schurkenrollen präsentiert wurde (»Babeck, 11 Uhr 20«) oder als Oberst in »Raumpatrouille Orion«. Joloff synchronisierte James Mason, John Barrymore u.v.a.

K

Kapoor, Raj (64), 14.10.1924–2.6.1988
Populärer indischer Schauspieler und Regisseur, dem seine über 100 Filme den Beinamen »der indische Charlie Chaplin« einbrachten.

Kinnear, Roy (54) 1934–20.9.1988
Sympathischer britischer Schauspieler, dessen füllige Figur ihm in der Regel komische Rollen einbrachte: *Hi- Hi-Hilfe/Help!,* 1966; *Wie ich den Krieg gewann/How I won the war,* 1967; *Ein Haufen toller Hunde/The hill,* 1965. Er starb bei den Dreharbeiten zu *Return of the Musketeers* nach einem Sturz vom Pferd.

Kirchhoff, Herbert (77), 5.5.1911 bis 24.9.1988
Vielbeschäftigter deutscher Filmarchitekt der Nachkriegszeit, der häufig mit Helmut Käutner arbeitete (*Unter den Brücken*, 1943; *In jenen Tagen*, 1947 u.v.a.) und auch Revuefilme entwarf (*Die Dritte von rechts*, 1950).

Kjellin, Alf (68), 28.2.1920–5.4.1988
Schwedischer Schauspieler und Regisseur, der nach ersten Filmerfolgen in seiner Heimat (*Die Hörige/Hets*, 1944) als Darsteller von David O. Selznick nach Hollywood engagiert wurde (*Madame Bovary und ihre Liebhaber/Madame Bovary*, 1949), aber auch in Schweden unter Ingmar Bergmans Regie filmte und selbst inszenierte. Hollywood lockte ihn mit Regieaufgaben (*Gestatten, das sind meine Kohlen/Midas Run*, 1968), die er auch für Fernsehserien erfüllte (»Dallas«, »Denver Clan«/»Dynasty«, etc.)

Klering, Hans (81), 8.11.1906 bis 30.10.1988
Ost-Berliner Schauspieler, der nach 14 Jahren Arbeit in der Sowjetunion 1945 die DEFA mitbegründete und bis 1950 leitete. Er spielte selbst in ca. 150 Produktionen mit (*Die Buntkarierten*, 1949; *Sie nannten ihn Amigo*, 1959 etc.).

Kohner, Paul (85), 25.5.1902–16.3.1988
Einer der wenigen bedeutenden Agenten Hollywoods, der die Karrieren von Marlene Dietrich, Billy Wilder, Greta Garbo und vielen anderen vorantrieb.
Vorher war er als Produzent in Deutschland tätig: *Der Rebell*, 1932 u.a.

Kollo, Willi (83), 28.4.1904–4.2.1988
Deutscher Komponist und Liedtexter, der neben Revuen, Musicals und politischen Chansons auch für den Film arbeitete: *Meine Frau, die Hochstaplerin*, 1931 u.v.a. Vater von René Kollo.

Koster, Henry (83), 1.5.1905–21.9.1988
Als Hermann Kosterlitz in Berlin geborener Filmregisseur, der – selbst Emigrant – von den Nazis Verfolgten ins Exil half. Im Film war seine Stärke die leichte Komödie: *Die flotte Pariserin/The rage of Paris*, 1938; *Mein Freund Harvey/Harvey*, 1950; *Mein Mann Gottfried/My man Godfrey*, 1957 etc. Er inszenierte auch farbenprächtige Kostümfilme (*Das Gewand/The Robe*, 1953 u.a.).

Krasner, Milton (84), 17.2.1904 bis 16.7.1988
Amerikanischer Kameramann, der ca. 170 Spielfilme ablichtete, darunter Fritz Langs *Gefährliche Begegnung/The woman in the window*, 1944; Robert Siodmaks *Der schwarze Spiegel/The dark mirror*, 1946; Joseph L. Mankiewicz *Alles über Eva/All about Eve*, 1950; Billy Wilders *Das verflixte 7. Jahr/The seven year itch*, 1955; 7 Filme von Vincente Minelli u.v.a.

Krims, Milton Robert (84), 1904 bis 11.7.1988
Amerikanischer Drehbuchautor von Filmen wie *Ich war ein Spion der Nazis/Confessions of a Nazi spy*, 1939; *Mann mit Phantasie/A*

dispatch from Reuter's, 1940 u.v.a. War darüber hinaus auch als Journalist für Politik und Film tätig, als Kriegsberichtserstatter und engagierte sich für die Belange des Theaters in Californien.

Krüger, Franz-Otto (70) 1.4.1917 bis 17.3.1988
Berliner Komiker, Conférencier, Regisseur und Autor, der in Filmen *(Peter Voss, der Millionendieb,* 1945) mitwirkte und häufig in der Synchronarbeit tätig war (Charles Chaplin, Sig Ruman uva. Buch und Regie der deutschen Fassung von *Die Reue,* UdSSR 1984).

L

Laage, Barbara (67), 1925–27.5.1988
Französischer Filmstar der 50er Jahre, die mit bürgerlichem Namen Claire Colombat hieß. Berühmt wurde sie durch die Sartre-Verfilmung *Die ehrbare Dirne/La putain respecteuse*, 1952; 1954 spielte sie neben Kirk Douglas in *Ein Akt der Liebe/Act of love.* Weitere Filme: *Die weiße Sklavin/L'esclave blanche*, 1954; *Privat-Vorstellung/Projection privée*,m 1973; u.a.

L'Amour, Louis (80), 1908–10.6.1988
Amerikanischer Bestsellerautor, von dessen 86 Romanen, zumeist Western, fast die Hälfte verfilmt wurden, darunter: *Man nennt mich Hondo/Hondo*, 1953 mit John Wayne und *Das war der wilde Westen/ How the west was qon*, 1962. Als einziger US-Schriftsteller erhielt er nicht nur vom Kongress eine Auszeichnung für sein Lebenswerk, sondern von Präsident Reagan die höchste Auszeichnung der USA, die Freiheitsmedaille (1984).

Lasky, Jesse jr. (77), 1910–11.4.1988
Amerikanischer Drehbuchautor, der an 50 Filmen mitwirkte, darunter Hitchcocks *Geheimagent/Secret Agent*, 1936; *Union Pacific*, 1939; *Die 10 Gebote/The ten commandments*, 1956; er schrieb diverse Romane, Gedichte und seine Autobiographie: »Whatever Happended to Hollywood« (1974).

Ledoux, Jacques (66), 1921–6.6.1988
In Polen gebürtiger belgischer Filmarchivar und Filmhistoriker, der sich um Filmrekonstruktion (*Napoleon*, 1927) ebenso bemühte, wie um adäquate Stummfilmvorführungen. Andererseits organisierte er das Experimental Film Festival in Knokke und ermöglichte Truffaut die Sichtung von Hitchcock-Filmen im Vorfeld seines legendären Hitchcock-Interviews.

Lemare, Jacques (75) 1913–2.6.1988
Französischer Kameramann, der für Jacques Becker filmte *(Haute Couture/Falbalas,* 1944), und Gréville *(Für eine Liebesnacht /Pour une nuit d'amour,* 1946) sowie Lemmy Caution-Krimis.

Leyda, Jay (78) 1910–15.2.1988
Amerikanischer Filmhistoriker, der sich durch seine Freundschaft zu und Mitarbeit bei Sergej M. Eisenstein als Fachmann für russische Filmkunst etablieren konnte.

Lindinger, Hugo (76) 1.9.1911 bis 10.1.1988
Markanter österreichischer Bühnenschauspieler, der auch durch zahlreiche Film- *(Die Liebesprobe,* 1949; *Du bis wunderbar,* 1959; *Meister Eder und sein Pumuckl,* 1981) und Fernsehrollen (als Pastor Kneipp in »Heiße Wickel – kalte Güsse«, 1984) populär war.

Loewe, Frederick (86) 10.6.1901 bis 14.2.1988
Als Fritz Löwe in Wien geborener Komponist, der ab 1942 mit dem Librettisten Alan Jay Lerner einige der erfolgreichsten Musicals schrieb, die auch zu Filmerfolgen wurden: »My Fair Lady«, 1956; »Paint your wagon«, 1951; »Gigi«, 1958 ua.

Löwinger, Paul (84) 10.11.1904 bis 12.1988
Österreichischer Volksschauspieler und Theaterdirektor (»Löwinger-Bühne« in Wien), der im Fernsehen und in Filmen auftrat: *Zyankali,* 1947; *Lachendes Wien,* 1957; *Das Dorf ohne Moral,* 1960 etc.

Logan, Joshua (79), 5.10.1908 bis 12.7.1988
Amerikanischer Broadway-Regisseur, der seine Bühnenerfolge oft auch recht theaterhaft verfilmte (*Picknick/Picnic*, 1955; *Bus Stop*, 1956; *Sayonara*, 1957 etc.).
Der Princeton-Absolvent studierte auch bei Stanislawskit in Moskau, erhielt 1950 den Pulitzer-Preis für seine Mitautorenschaft beim Musical »South Pacific« und schrieb zwei Autobiographien (eine davon: »Movie Stars, Real People an Me«, 1978).

Lühr, Peter (81) 3.5.1906–15.3.1988
Herausragender deutscher Theaterschauspieler, dessen einzigartige Schauspielkunst auch in Filmen zu bewundern war: *Wir Wunderkinder,* 1958; *Die Buddenbrooks,* 1959; *Die Marquise von O...,* 1975; *Kaltes Fieber,* 1983 etc.

Lummis, Dayton (84), 1903–23.6.1988
Amerikanischer Charakterdarsteller, der über Bühne und Radio zum Film kam: *Wildes Blut/Ruby Gentry*, 1952; *Die Glenn Miller Story/The Glenn Miller Story*, 1954 u.v.a.

M

Manahan, Sheila (64), 1924–29.3.1988
Irische Bühnen- und Filmschauspielerin, die in ambitionierten britischen Filmen mitwirkte: u.a. *Angst hat 1000 Namen/Abandon Ship*, 1956; *Eine Stadt hält den Atem an/Seven Days to Noon*, 1950.

Martienzen, Gerd (70) 1918–5.1988
Deutscher Schauspieler, der neben Filmrollen *(Der Fuchs von Paris,* 1957; *Mensch im Hotel,* 1959) besonders aktiv in der Synchronisation war. Er war die deutsche Stimme von Louise de Funés sowie Groucho Marx, Frank Sinatra uva.

Meeker, Ralph (67), 21.11.1920 bis 5.8.1988
Amerikanischer Filmschauspieler mit Broadway-Erfahrung, der jedoch nie Star-Status erreichte (*Rattengift/Kiss me deadly*, 1955; *Wege zum Ruhm/Paths of glory*, 1957 u.v.a.).

Mitry, Jean (81), 7.11.1907–18.1.1988
Französischer Filmkünstler, -regisseur, -theoretiker, -historiker, -archivar.
In seinen Filmen verband er Elemente der Musik, der Malerei und der Poesie mit lebenden Bildern (*Pacific 231*, 1949; *Symphoniemé chanique*, 1953). Er war Mitbegründer der Cinémathéque Française und der Filmwissenschaft als akademischer Disziplin.

Moore, Colleen (85), 19.8.1902 bis 25.1.1988
Amerikanisches Leinwandidol der Stummfilmzeit (*Little orphan Annie*, 1918; *So big*, 1925 etc.), deren Autobiographie bezeichnenderweise »Silent Star« heißt.

Morris, Mary (72), 1915–14.10.1988
Britische Charakterdarstellerin mit starker Bühnen- und Leinwandpräsenz, später auch in prägnanten Fernsehrollen. Filme u.a.: *Der Dieb von Bagdad/The thief from Bagdad*, 1940; *Pimpernel Smith*, 1941.

Muxeneder, Franz (67) 19.10.1920 bis 3.1.1988
Österreichischer Schauspieler von Bühne, Film und Fernsehen, der in über 230 Filmen, vornehmlich heiterer bis derber Natur, mitwirkte: *Maresi,* 1947; *Der brave Soldat Schwejk,* 1960; *Zwei Däninnen in Lederhosen,* 1978 u.a.

N

Napier, Alan (85), 7.1.1903–8.8.1988
Britischer Filmdarsteller mit Hollywood-Karriere, häufig als eleganter Butler oder Lord (*Das Ministerium der Angst/Ministry of Fear*, 1943; *Marnie*, 1964 etc.).

Nico (49), 1939–18.7.1988
In Deutschland als Christa Päffgen oder Pavlovski geborene Rock-Sängerin der Gruppe Velvet Underground und Darstellerin in den Filmen von Andy Warhol (*The Chelsea Girls*, 1966 u.a.) und Philippe Garrel (*The inner scar*, 10/2 u.a.).

Nissen, Greta (82), 1906–15.5.1988
Amerikanischer Stummfilmstar norwegischer Herkunft. (*Hell's Angels*, 1930; *Women of all nations*, 1931).

Noack, Ursula (69) 7.4.1918–13.2.1988
Deutsche Schauspielerin und Kabarettistin, die von 1957 an 15 Jahre lang dem erfolgreichen Ensemble der Münchner Lach- und Schießgesellschaft angehörte.

Norden, Christine (63) 1924–21.9.1988
Britische Filmschauspielerin mit bürgerlichem Namen Maria Lydia Thornton, die als Sex-Symbol Furore machte *(Tödliches Geheimnis/Mine own executioner,* 1947; *Ein idealer Gatte/An ideal husband,* 1948 etc.).

O

Orbison, Roy (52) 23.4.1936–7.12.1988
Amerikanischer Rock- und Country-Sänger mit gelegentlichen Filmauftritten: *The fastest guitar alive* (Hauptrolle), 1968; *Roadie,* 1980.

O'Rourke, Heather (12) 1976–1.2.1988
Amerikanischer Kinderstar, populär durch die Spielberg-Produktion *Poltergeist,* 1982 und die beiden Fortsetzungsfilme 1985 und 1987.

Osborn, Paul (86), 1902–12.5.1988
Amerikanischer Theater- und Drehbuchautor, der neben Broadwayerfolgen auch zweimal für den »Oscar« nominiert wurde: *Jenseits von Eden/East of Eden*, 1955; *Sayonara*, 1957.

P

Paton, Alan (85) 11.1.1903–12.4.1988
Südafrikanischer Schriftsteller und liberaler Politiker, dessen erfolgreichstes Buch »Denn sie sollen getröstet werden« (Cry beloved country) 1951 von Zoltan Korda verfilmt wurde.

Pelissier, Anthony (75), 1912–2.4.1988
Britischer Regisseur, der vom Theater gelegentliche Ausflüge zum Film unternahm: *Dacapo/Encore*, 1951; *Nacht ohne Sterne/Night without stars*, 1951; *Ihre erste Enttäuschung/Personal affair*, 1953; u.a.

Poivre, Annette (70), 25.6.1917 bis 2.6.1988
Französische Filmdarstellerin der 40er und 50er Jahre (*Zwei in Paris/Antoine et Antoinette*, 1947; *Die Mausefalle/Porte des Lilas*, 1957 etc.).

Pratsch-Kaufmann, Kurt (80) 1908 bis 29.6.1988
Deutscher Schauspieler vom Komödienfach, der auch in Filmen für Stimmung sorgte: *Wenn am Sonntagabend die Dorfmusik spielt,* 1953; *Schützenliesel,* 1954 uva.

Pressburger, Emeric (85), 5.12.1902 bis 4.2.1988
Ungarischer Drehbuchautor und Regisseur, der in Co-Operation mit Michael Powell (auch als Produzent) optisch und inhaltlich originelle und mitreißende Filme schuf, die zu Meilensteinen des britischen Kinos wurden (*Irrtum im Jenseits/A matter of life and death*, 1946; *Die roten Schuhe/The red shoes*, 1948).

Prévert, Pierre (81), 26.5.1906 bis 6.4.1988
Französischer Filmregisseur *Das*

Ding ist geschaukelt/L'affaire est dans le sac, 1932; *Fahrt ins Blaue/Voyage surprise*, 1947 - sein Bruder Jacques schrieb die Drehbücher), der auch als Regieassistent von Jean Renoir, Marcel Carné u.a. arbeitete und in 20 Filmen als Darsteller auftrat (z.B. *Das goldene Zeitalter/L'age d'or*, 1930 von Luis Bunuel). Er drehte Dokumentarfilme fürs Fernsehen und war aktives Mitglied der Cinémathéque Française.

R

Raab, Kurt (46), 20.7.1941–28.6.1988
»Inbegriff des Pyknikers« und »legitimer Nachfolger des großen Peter Lorre« (F.A.Z.), der als Assistent, Mitautor, Ausstatter und Darsteller mit Rainer Werner Fassbinder zu Erfolgen kam: *Warum läuft Herr R. Amok?*, 1969; *Bolwieser*, 1977... Zuletzt war der vom AIDS-Virus Befallene in Herbert Achternbuschs *Wohin*, 1988 zu sehen: »Gestatten Sie: Mein Name ist Kurt Raab. Ich habe AIDS.«

Raines, Ella (66), 6.8.1922–30.5.1988
Amerikanische Filmschauspielerin, die sich in Filmen von Robert Siodmak profilieren konnte, u.a. in: *Zeuge gesucht/Phantom Lady*, 1943; *Unter Verdacht/Suspect*, 1945.

Ramsey, Anne (59) 1929–11.8.1988
Amerikanische Charakterschauspielerin von unverwechselbarer Physiognomie, die ihr Meisterstück als Titelheldin in Danny DeVitos Komödie *Schmeiß' die Mama aus dem Zug/Throw Momma from the train* (1988) lieferte. Außerdem: *Die Goonies/The Goonies,* 1985 ua.

Rich, Irene (96) 13.10.1891-22.4.1988
Als Irene Luther geborene US-Stummfilmheldin *(Beau Brummel,* 1924; *Lady Wintermere's Fan,* 1925 u.a.) die im Tonfilm nur noch Nebenrollen spielte *(Johanna von Orleans/Joan of Arc,* 1948 u.a.).

Roberson, Chuck (69). 8.6.1988
Amerikanischer Hüne, der 30 Jahre lang John Wayne doublierte, wenn gefährliche Szenen angesagt waren. Auch für John Waynes letzten Film *Der letzte Scharfschütze/The Shootist*, 1976 schmiß sich Roberson in den Staub.

Rochan, Werner 12.1988
Deutscher Presse- und Werbemanager, der überwiegend für amerikanische Majorkompanies arbeitete und jahrelang die Öffentlichkeitsarbeit für United Artists leitete.

Rogell, Albert S. (86), 1901-7.4.1988
Amerikanischer Kameramann und Regisseur von vielen B-Pictures, von denen *Die Hölle von Oklahoma/In old Oklahoma*, 1943 mit John Wayne; *Michael schafft Ordnung/Heaven only knows*, 1947 auch hierzulande bekannt wurden.

Rose, George (68), 1920–5.5.1988
Britischer Charakterdarsteller von Bühne und Film, der am Broadway Triumphe feierte und über 30 Filmrollen in England und den USA spielte: *Mr. Pickwick/Pickwick Papers*, 1952; *Keiner killt so schlecht wie ich/A new leaf*, 1971.

Rosson, Harold (93), 1895–6.9.1988
Britischer Kameramann, der in Hollywood mit Josef von Sternberg, René Clair, Victor Fleming (*Das zauberhafte Land/The wizard of Oz*, 1939), Stanley Donen (*Du sollst mein Glückstern sein/Singin' in the Rain*, 1952), Howard Hawks (*El Dorado*, 1967) und vielen anderen drehte. Zeitweise mit Jean Harlow verheiratet.

S

Salvatori, Renato (55), 20.3.1933 bis 27.3.1988
Italienischer Charakterschauspieler, dessen Rollen in Viscontis *Rocco und seine Brüder/Rocco e i suoi fratelli*, 1960 und Costa-Grav-

ras' *Z*, 1968 sein Image als Schlägertyp prägten. Er drehte unter Rosselini, Rosi, Bertolucci u.a., war lange mit Annie Girardot verheiratet. Seine Tochter ist die Schauspielerin Giulia Salvatori.

Santi, Jacques (49), 1939–1988
Französischer Schauspieler und Regisseur, der nach seiner Assistentätigkeit für Claude Zidi, Robert Enrico u.a. 1987 seinen ersten Film *Flagrant delicto* vorlegte und gleich für den »César« nominiert wurde.

Schäfer, Martin (44) 6.7.1943 bis 11.4.1988
Vielseitiger und vielbeschäftigter deutscher Kameramann, der von 1970 bis 1977 als Assistent von Robby Müller z. B. an Wim Wenders' Filmen beteiligt war *Die Angst des Tormanns beim Elfmeter,* 1970; *Der amerikanische Freund,* 1976/7 u.a.) und seit 1972 selbst bei mehr als 40 Produktionen als »Bildermacher« (N. Grob) fungierte. Zuletzt *Des Teufels Paradies,* 1987; *Die Katze,* 1987; *Das Mikroskop,* 1988 uvm. Träger des Bundesfilmpreises (1983).

Schmidt jr., Ernst (50) 1938–9.2.1988
Österreichischer Experimentalfilmer und Autor (»Lexikon des Avantgarde-, Experimental- und Undergroundfilms«, 1974 zusammen mit Hans Scheugl).

Schorm, Ewald 1931–15.12.88
Tschechoslowakischer Regisseur und wesentlicher Vertreter des Films in den sechziger Jahren. Nach Kurzfilmen die bei dem Int. Kurzfilmtagen in Oberhausen auffielen, drehte er 1964 seinen Erstling. Mut für den Alltag. Nach »Siebter Tag, achte Nacht« Berufsverbot das erst im vergangenem Jahr aufgehoben wurde.

Schündler, Rudolf (82) 17.4.1906 bis 12.1988
Vielseitiger deutscher Schauspieler und Regisseur von Theater, Film

Sigfrit Steiner

und Fernsehen, dessen unvergeßliche Darstellung des irrsinnigen Hofmeister in *Das Testament des Dr. Mabuse,* 1933 eine beeindruckende Vielfalt von Charakterrollen in mehr als 150 Filmen einleitete *(Zwischen Nacht und Morgen,* 1944; *Der Exorzist/The Exorcist,* 1973 u.v.a). Als Regisseur wurden ihm meist Lustspiele anvertraut: *Das fröhliche Dorf,* 155; *Willy, der Privatdetektiv,* 1960 etc.

Seitz, Jane (45), 17.8.1942–4.1.1988
Cutterin der Filme von Christel Buschmann, sowie der Eichinger-Produktionen *Die unendliche Geschichte*, 1983 und *Der Name der Rose*, 1986 u.a.

Steiner, Sigfrit (81), 31.10.1906 bis 21.3.1988
Ausdrucksstarker schweizer Schauspieler, der durch seine Präsenz jeden Kino- und Fernsehfilm bereicherte. *Die plötzliche Einsamkeit des Konrad Steiner*, 1979 war ein Höhepunkt in der Filmlaufbahn des Baslers, die mit *Füsilier Wipf* 1938 begann. Als Regisseur hat Steiner fünf Filme von 1941 bis 1955 selbst inszeniert.

Stoppa, Paolo (81), 6.6.1906–1.5.1988
Italienischer Schauspieler, der für

ca. 200 Filme vor die Kamera trat, darunter Viscontis *Rocco und seine Brüder/Rocco e i suoi fratelli*, 1960; *Der Leopard/Il Gattopardo*, 1962 und Leones *Spiel mir das Lied vom Tod/C'era una volta il west*, 1968.

Strassl, Ernst Erich (76), 1.10.1911 bis 16.5.1988
Vielseitiger deutscher Filmfachmann, der sich auf den Sektoren Filmjournalismus, Filmtechnik, Filmvertrieb und Filmwirtschaft einen besonderen Ruf erwarb.

T

Tiede, Herbert (72) 3.3.1915–1.1988
Deutscher Schauspieler, der in über 250 Fernsehproduktionen mitwirkte und neben seinen Theaterengagements auch noch 30 Kinofilme drehte: *Untergang der Titanic*, 1942; *Ein Tag, der nie zuende geht*, 1959; *Der letzte Zeuge*, 1960 u.v.a.

Thellmann, Erika von (86), 31.8.1902 bis 27.10.1988
Deutsche Komödienschauspielerin, die neben ihrer Boulevardtheaterarbeit in ca. 160 Filmen mitwirkte, darunter *Rosen in Tirol*, 1940; *Kohlhiesels Töchter*, 1943; *Der brave Soldat Schwejk*, 1960.

Thomé, Maximilian (16), 2.4.1971 bis 18.3.1988
Sohn der Filmemacher Karin und Rudolf Thomé, der am Drehbuch von *Atlanta Saga* mitwirkte.

Tonti, Aldo (78), 2.3.1910–7.7.1988
Führender italienischer Kameramann, der das Bild des Neorealismus entscheidend mitprägte. Er drehte für Visconti, Rosselini, Lattuada, Fellini und John Huston.

V

Vanzina, Stefano (71) 1917–13.3.1988
Italienischer Komödienregisseur mit Künstlernamen Steno, der nach Filmen mit dem Komiker Totò *(Räuber und Gendarm/guardie e ladri* – zusammen mit Maria Monicelli, 1952 u.a.) in den 70er Jahren die populären Prügelpossen mit Bud Spencer *(Sie nannten ihn Plattfuß/Piedone lo sbirro*, 1973; *Plattfuß am Nil/Piedone d'egitto*, 1979 etc.) inszenierte.

W

Williams, Kenneth (62), 1926 bis 15.4.1988
Britischer Komiker, der in mehr als 20 Folgen der parodistischen *Ist ja irre.../Carry on*-Filmserie (1958–78) den hochnäsigen, näselnden Snob spielte, ob als Julius Cäsar, als Bürger Camembert oder als Käpt'n Fearless. Weitere Filme: *Moby Dick*, 1956; *Hotel Paradiso*, 1965; *Die größten Gauner weit und breit/Loot*, 1969; u.a.

Z

Zourdoumis, Leonidas (45) 1943 bis 28.9.1988
Kanadischer Kameramann, der für Godfrey Reggio *Powaqqatsi* (1988) drehte. Als einziger Kameramann der Welt arbeitete er neben den üblichen Techniken auch für die riesigen IMAX-Leinwände und drehte im Showscan-Verfahren (70-mm, 60 Bilder pro Sek.). Der außerdem als Luftaufnahmen-Experte gefragte Zourdoumis stürzte in der Schweiz mit dem Flugzeug ab.

Fremdsprachige Originaltitel

A

A CORPS PERDU A Corps Perdu
ABOVE THE LAW Nico
ABOVE THE LAW Tage des Terrors
ACTION JACKSON Action Jackson
ADIOS, PEQUENA Cocaine Connection
ADVICE TO THE LOVELORN Was Dich bewegt
AENIGMA Dämonia
AEROBICIDE Aerobicide
AJANTRIK Ajantrik
AL CHAEWAEL DAK Vor dem Abgrund
ALICE Alice
ALICE TO NOWHERE Straße zur Hölle
ALIEN OUTLAW Alien Outlaw
ALIEN PREDATOR Alien Predators
ALL THE KIND STRANGERS Im Netz der Spinne
ALL THE RIGHT MOVES Der richtige Dreh
THE ALMIGHTY EXTRA Der verliebte Prügelknabe
ALMOST GROWN American Love
ALVIN RIDES AGAIN Alvin kehrt zurück
AMAZON WOMEN ON THE MOON Amazonen auf dem Mond oder Warum die Amis den Kanal voll haben
AMERICAN FORCE 2 American Eagle
AMERICAN GOTHIC Dark Paradise
AMERICAN ROULETTE Amerikanisches Roulette
THE AMERICAN WAY The American Way
L' AMI DE MON AMIE Der Freund meiner Freundin
AMITYVILLE 3-D Amityville 3
AMSTERDAMNED Verfluchtes Amsterdam
AMY Amy – Die Stunde der Wahrheit
ANGEL OF DEATH Angel of Death
ANGEL RIVER Angel River
ANGEL 3 – THE FINAL CHAPTER Angel 3
ANGUSTIA Im Augenblick der Angst
ANNA Anna ... Exil New York
ANNA KARENINA Anna Karenina
ANNIE'S COMING OUT A Test of Love
EL ANO DE LAS LUCES Das Jahr der Aufklärung
APOCALYPSE MERCENARIES Söldner der Apocalypse
THE APPLE DUMPLING GANG RIDES AGAIN Die Rückkehr der Semmelknödelbande
APRIL FOOL'S DAY Die Todesparty
AQUARIUS Aquarius – Theater des Todes
THE ARM Chicago Blues
ARPA COLLA Zwei verrückte Kinovögel
THE ARROGANT Flucht in den Tod
THE ASPHYX Experiments
UN ASSASSIN QUI PASSE Killing Love
ATTENTION BANDITS! Attention Bandits – Die Zeit des Verbrechens
AUSTRALIAN DREAM Ich glaub' mich knutscht ein Känguruh

B

BABETTES GÄSTEBUD Babettes Fest
BABY BLUES Baby Blues
BABY BOOM Baby Boom
BACK TO THE BEACH High-Life am Strand
BACKFIRE Final Night – Die letzte Nacht
BACKLASH Outback – Flucht in die Wüste
BAD DREAMS Vision der Dunkelheit
BAD RONALD Bad Ronald
BANDITS FROM SHANTUNG Shaolin from Shantung
BANTSUMA – BANDO TSUMASABURO NO SHOGAI Bantsuma – Das Leben des Bando Tsumasaburo
I BARBARI Die Barbaren
BARFLY Barfly
BARNUM Barnum
BATTERIES NOT INCLUDED Das Wunder in der 8. Straße
BAY COVEN Die Hexen von Bay Cove
BEACH BALLS Beach Balls
THE BEACH OF THE WAR GODS Die Todesbucht der Shaolin
BEAKS Birds of Prey
THE BEAST MUST DIE Mondblut
BEAST OF WAR Bestie Krieg
BEETLEJUICE Beetlejuice
BEGINNER'S LUCK Anfängerglück

BEIRUT: THE LAST HOME MOVIE Beirut: Der letzte Privatfilm
BENJI THE HUNTED Benji – sein größtes Abenteuer
BES SWIDETELIJ Ohne Zeugen
BEST REVENGE New York – Tanger
BEST SELLER Bestseller
BETTER LATE THAN NEVER Ein Opa kommt selten allein
BETTER OFF DEAD Lanny dreht auf
BEYOND THERAPY Therapie zwecklos
BIG Big
THE BIG BET Nachhilfe in Sachen Liebe
THE BIG BLUE The Big Blue
BIG BUSINESS Zweimal zwei
THE BIG EASY Der große Leichtsinn
BIG TIME Big Time
THE BIG TOWN Chicago Blues
BIGFOOT Auf der Suche nach Bigfoot
THE BIKINI SHOP Bikini Shop
A BILLION FOR BORIS Die Glücksritter von Manhattan
BILLY GALVIN Billy Galvin
BILLY ZE KICK Billy Ze Kick
BILOXI BLUES Biloxi Blues
BIONIC NINJA Bionic Ninja
BIRD Bird
BIRD NOW Bird Now
BITCHIN' SORORITY BABES IN THE SLIMEBALL BOWL-O-RAMA Beast You!
BLACK EAGLE Red Eagle
BLACK MIC MAC Black Mic Mac
BLACK TUNNEL Black Tunnel
BLADE IN HONG KONG Big Trouble in Hong Kong
THE BLOB Der Blob
BLOOD HOOK Leichen an der Angel
BLOOD MONEY Blutiges Geld
BLOOD TRACKS Shocking Heavy Metal
BLOOD VOWS: THE STORY OF A MAFIA WIFE Tödliche Umarmung
BLOODSPELL Der Sohn der Hölle
BLOODSPORT Bloodsport
BLOODY NEW YEAR Bloody New Year
THE BLUE MAN Eternal Evil
BLUE MONEY Blue Money
BOARDINGHOUSE Bad Force
BOARDWALK Promenade am Strand
BOHATER ROKU Held des Jahres
BORIS GODUNOW Boris Godunow
BORN IN EAST L.A. Born in East L.A.
THE BOURNE IDENTITY Agent ohne Namen
BOY SOLDIER Boy Soldier – Soldat ohne Vaterland
THE BOY WHO COULD FLY Eric hebt ab
BRADDOCK – MISSING IN ACTION III Braddock – Missing in Action III
BRAIN DAMAGE Elmer
BREEDERS Killer-Alien
BRIDE OF BOOGEDY Die Monsterbraut
BRIDGE TO HELL Bridge to Hell
BRIGHT LIGHTS, BIG CITY Die grellen Lichter der Großstadt
BROADCAST NEWS Nachrichtenfieber
BROKEN NOSES Broken Noses
BROTHER FROM SPACE Brother from Space
BRUXELLES-TRANSIT Brüssel Transit
BUCKSTONE COUNTY PRISON Der Menschenfänger
BUDDIES – GETTING EVEN Buddies – Zwei knallharte Typen
BULLETPROOF Bulletproof – Der Tiger 2
BURNING VENGEANCE Burning Vengeance
BUSINESS AS USUAL Gewagtes Spiel
BUSTER Buster
BUSTERS VERDEN Buster, der Zauberer
BUY AND CELL Zwei tolle Hechte im Knast
BYE BYE BABY Bye Bye Baby

C

EL CABALLERO DEL DRAGON Star Knight – Der Herr der Sterne
CALIGULA'S SLAVES Caligula 3 – Imperator des Schreckens
CAMERA ARABE Camera Arabe
CAMINOS DEL SILENCIO Wege des Schweigens
CAMPING DELLA MORTE Body Count
CANDLESHOE Abenteuer auf Schloß Candleshoe
OS CANIBAIS Die Kannibalen
CAN'T BUY ME LOVE Can't buy me love
CAPOTTO DE LEGNO Gefährliche Zeugen
CAPRICCIO Die italienische Affäre
LA CASA CON LA SCALA NEL BUITO A Blade in the Dark
LA CASA DEL SUR Das Haus im Süden
CASE CLOSED Trouble Cops
A CASE OF DEADLY FORCE Im Netz der Gewalt
IL CASO MORO Die Affäre Aldo Moro

CASSANDRA Cassandra
CASUAL SEX? Gar kein Sex mehr?
THE CAT AND THE CANARY House of the Cat and the Canary
CATACOMBS Catacombs - Im Netz des Dunkeln
CAVE GIRL Cave Girl
CAYENNE-PALACE Cayenne Palace - Dschungelgold
CELLAR DWELLER Underground Werewolf
THE CHAIR The Chair
CHALLENGE OF LADY NINJA Lady Ninja - Geheimkommando D.E.A.T.H.
CHARLEY HANNAH Street Hunter
CHARLOTTE FOR EVER Charlotte for ever
CHASE Chase - Tödliches Spiel
CHASE Die Todesjagd
THE CHIPMUNK ADVENTURE Alwin und die Weltenbummler
CHOPPING MALL Shopping
THE CITY Stadt der Gewalt
CLASS OF NUKE 'EM HIGH Class of Nuke 'em High
CLOCKWISE Clockwise
CLUB MED Club Med
COACH OF THE YEAR Coach of the Year
COBRA MISSION Cobra Mission 2
CODA Coda - Symphony of Evil
CODE NAME: ZEBRA Code Name: Zebra
CODENAME: EMERALD Codename: Emerald
THE COLD ROOM Cold Room
COLORS Colors
COLPO DI STATO Overthrow
COMBAT HIGH Combat Academy
COME PERDERE UNA MOGLIERE E TROVARE UN'AMANTE Wie man seine Frau verliert und eine Freundin gewinnt
LA COMEDIE DU TRAVAIL Die Komödie der Arbeit
COMING TO AMERICA Der Prinz aus Zamunda
COMING UP ROSES Coming up Roses
COMMANDER The Last American Soldier
COMMANDO SQUAD Commando Squad
CONFIDENTIAL Die Spur des Mörders
CONTAGION West Coast Horror
CONTROL Control
COONSKIN Coonskin
COP Der Cop
CORRUZIONE AL PALAZZO DI GIUSTIZIA Korruption im Justizpalast
COTO DE CAZA Hunting Ground
THE COUCH TRIP Der Couch-Trip
COUNTERFORCE Counterforce
COURAGE Drug Fighter
THE COURIER Der Kurier
COURS PRIVÉ Erpreßt - Das verhängnisvolle Foto
COVERT ACTION Hangmen 2 - The Mission
CRACKDOWN Crackdown
THE CRADLE WILL FALL Satan in Weiß
CRAZY LOVE Crazy Love
CREEPOZOIDS Creepzone
CREEPSHOW II Creepshow II
LE CRI DU HIBOU Der Schrei der Eule
CRITTERS 2: THE MAIN COURSE Critters II
CROCODILE DUNDEE II Crocodile Dundee II
CROSS Cross - Zwei knallharte Profis
CROSS MISSION Combat Attack
CROSS MY HEART Was nun?
CRUSOE Crusoe
CRY FOR JUSTICE Das Urteil des Richters
CRY FREEDOM Der Schrei nach Freiheit
CRYSTAL HEART Crystal Heart
CSOK, ANYU Küßchen von Mama
THE CURE IN ORANGE The Cure in Orange
CYCLONE Cyclone

D

DANCE ACADEMY Dance Academy
DANCERS Giselle
DANGEROUS COMPANY Dirty Kid
DANGEROUS ORPHANS Revenge - Todesschwur der Rache
DARK HORSE Headline - Das Todescamp
THE DARK SIDE The Dark Side - Taxi zur Hölle
DAVID & SANDY David & Sandy
DAY AND NIGHT Day and Night
THE DAY OF THE PANTHER Der Schrei des Panthers
DAY OF THE SURVIVALIST Master Blaster 2
DEAD MAN WALKING Tote leben länger
DEAD OF WINTER Dead of Winter
DEAD TIME STORIES Die Zunge des Todes
DEADLINE: MADRID Deadline: Madrid

DEADLY DREAMS Träume des Wahnsinns
DEADLY INTRUDER Der tödliche Feind
DEADLY LESSONS Highschool Killer
DEATH BEFORE DISHONOR Helden USA
DEATH BY DIALOGUE Evil Nightmare
DEATH DRUG Angel Dust – Die tödliche Droge
DEATH FLASH Deathflash
DEATH MASK Halloween Night
DEATH PENALTY Verurteilt zum Tode
DEATH WISH 4: THE CRACKDOWN Das Weiße im Auge
DEFENCE OF THE REALM Button – Im Sumpf der Atommafia
DEFENSE PLAY Defense Play
THE DELIBERATE STRANGER Alptraum des Grauens
DELTA FEVER Delta Fieber
DELTA FORCE COMMANDO Delta Force Commando
DEMENTED DEATH FARM MASSACRE Die Todesfarm
DEMON WARRIOR Demon Warrior
DEMONI Dämonen 2
THE DEMONS OF LUDLOW Das Grauen um Ludlow
DENG-BYOD Gleißende Sonne
DESCENTE AUX ENFERS Abstieg zur Hölle
DESERT HEARTS Desert Hearts
DESERT WARRIOR Desert Warrior
DESIDERANDO GIULIA Giulia
DESPERADO Desperado
DESPERATE WOMEN Survival
DESTINATION ZERO Destination Zero
DHARAMTALLA KA MELA Markt in Dharamtalla
DIAMOND NINJA FORCE Diamond Ninja Force – Im Würgegriff des Bösen
DIAMONDS ON WHEELS Die Jagd nach den gestohlenen Diamanten
A DIFFERENT AFFAIR A Different Affair
DISASTER ON THE COASTLINER Die Weiche steht auf Tod
DISORDERLIES Die Fat Boys als Chaotenteam
DISTANT VOICES, STILL LIVES Distant Voices, Still Lives
DISTORTIONS Distortions
DÖGKESELYÜ Der Aasgeier
DOMINICK & EUGENE Dominick & Eugene
DON'T BE AFRAID OF THE DARK Gate of Darkness
DON'T PANIC Don't Panic
DORO NO KAWA Schmutziger Fluß
DOUBLE AGENT Double Agent
DOWN TWISTED Hetzjagd in St. Lucas
DOWNPAYMENT ON MURDER Mord auf Bestellung
DR. SUN YAT-SEN Das Ende eines Kaiserreichs
DRAGON FIST Dragon Hero
DRAGONARD Dragonard
THE DREAM DEMON Traumdämon
DREAMS LOST, DREAMS FOUND Erfüllte Träume
DRESSAGE Dressage
DRIBBLE Dribbling
DROWNING BY NUMBERS Verschwörung der Frauen
DURUGIN ANG KUTANG BATO Die Rebellen
DYING DECLARATION Tote lügen nicht
DYING ROOM ONLY Nightmare Motel

E

EARTH STAR VOYAGER Die Galaxis der Gesetzlosen
EASTERN CONDORS Eastern Condors
EAT AND RUN Big Harry
EAT THE RICH Eat the Rich
L'EBREO FASCISTA Patriot ohne Vaterland
EDGE OF DARKNESS Die Plutonium-Affäre
THE EDGE OF HELL Im Angesicht der Hölle
EGY ERKÖLCSÖS EJSZAKA Eine moralische Nacht
18 AGAIN Endlich wieder 18
84 CHARING CROSS ROAD Zwischen den Zeilen
EMMANUELLE 6 Emmanuelle 6
EMOH RUO House Broken
EMPIRE OF ASH Empire of Ash – Die Zeit nach dem Ende
EMPIRE OF SPIRITUAL NINJA American Force Ninja
EMPIRE OF THE SUN Das Reich der Sonne
EMPTY QUARTER – UNE FEMME EN AFRIQUE Empty Quarter – Eine Frau in Afrika
END OF THE WORLD Das Ende der Welt

ENEMY TERRITORY Terror Night – Hochhaus in Angst
ENIGMA Das Rätsel
L'ENNEMIE PUBLIC NO. 2 Der große Deal
ENTER THE DEVIL Priester der Dunkelheit
EPITAPH Epitaph
ERNEST GOES TO CAMP Chaos im Camp
ESCAPE FROM SOBIBOR Sobibor
ETTER RUBICON Rubicon
EURYTHMICS LIVE The Eurythmics
EVIL ALTAR Evil Altar
EVIL DEAD 2 Tanz der Teufel II – Jetzt wird noch mehr getanzt
EVIL LAUGH Evil Laugh
THE EXPENDABLES Platoon ohne Rückkehr
EYE OF THE EAGLE Jungle Force
EYES OF THE CONDOR Eyes of the Condor

F

FACES OF DEATH 2 Gesichter des Todes 2
FAIR GAME Hunting Season
A FAMILY UPSIDE DOWN Was soll denn nur mit Vater werden
THE FANTASIST The Fantasist
FATAL ATTRACTION Eine verhängnisvolle Affäre
FATAL BEAUTY Fatal Beauty
FATAL PULSE Killer's Run
FEAR Black Scorpion
FEBBRE A 40! Happy Birthday, Harry
FEEL THE HEAT Fire Game
FEROZ Pablos Verwandlung
THE FIGHTER Der Superchamp
FINAL CUT Ticket to Hell
FINAL REPRISAL Platoon Without Return
FINDERS KEEPERS Wer hat, der hat
FIRE IN THE NIGHT Fire in the Night
FIREHOUSE Firehouse ... wie die Feuerwehr
THE FIRING LINE Der Kampfgigant 2
FLASH Flash
THE FLIGHT OF THE NAVIGATOR Der Flug des Navigators
FLOWERS IN THE ATTIC Blumen der Nacht
FOLLOW THAT BIRD Bibos abenteuerliche Flucht
FONTAMARA Fontamara
FOR A BETTER TOMORROW City Wolf
FOR KEEPS Maybe Baby
FOR THE LOVE OF BENJI Benji in Gefahr
FORBIDDEN LOVE Liebe einen Sommer lang
FORTRESS Fortress
LE FOTO DI GIOIA Das unheimliche Auge
LE FOU DU VIADUC Der Narr auf der Brücke
14 GOING ON 30 Eine verhängnisvolle Erfindung
FOXTROT Foxtrot
FRANTIC Frantic
FREDY EL CROUPIER Thunderbolt
FREEWAY Freeway
FRIDAY THE RABBI SLEPT LATE Am Freitag schlief der Rabbi lang
FRIDAY THE 13TH PART 7 – THE NEW BLOOD Freitag, der 13. – Jason im Blutrausch
FRIENDSHIP'S DEATH Friendship's Death
FRISCO KING Frisco King
FROG DREAMING Der Geisterjäger
FROM A WHISPER TO A SCREAM Die Nacht der Schreie
FROM BEYOND From Beyond – Aliens des Grauens
THE FRUIT MACHINE The Fruit Machine
FUCKING FERNAND Zwei halbe Helden
FUGA Fuga – Die Schöne und der Gesetzlose
FUNLAND Funland – Ein tödliches Vergnügen
THE FURTHER ADVENTURES OF TENNESSEE BUCK Tennessee Buck

G

GABY – A TRUE STORY Gaby – Eine wahre Geschichte
LA GALETTE DU ROI 30 Grad Minus
THE GAME OF LOVE Lucky Date
GEEK Backwoods
GEMINI – THE TWIN STARS Gemini – Die Zwillingssterne
GEZOCHT: LIEVE VADER EN MOEDER Gesucht: Lieber Vater und liebe Mutter
GHARE-BAIRE Das Heim und die Welt

GHOST FEVER Ghostfever
GHOST HOUSE Ghost House
GHOST TOWN Ghost Town
GHOSTRIDERS Bloody Outlaws
GIMME AN F Cheerballs
GIULIA E GIULIA Julia und Julia
THE GLASS JUNGLE The Glass Jungle
GLORY YEARS Glory Years
GOING BANANAS Im Urwald ist die Hölle los
THE GOING UP OF DAVID LEV David reißt aus
THE GOLDEN GATE MURDERS Der Golden-Gate-Mörder
GOOD MORNING BABYLONIA Good Morning Babylon
GOOD MORNING VIETNAM Good Morning Vietnam
GOOD NIGHT, GOD BLESS Occult
GOR Gor
THE GOSSIP COLUMNIST Die Skandalreporterin
LE GRAND BLEU Im Rausch der Tiefe
GRANDVIEW, U.S.A. Speedway Trio
GRAVEYARD DISTURBANCE Die Gruft
THE GREAT SANTINI Der große Santini
GRIJPSTRA & DE GIER Outsider in Amsterdam
GROTESQUE Grotesk - Kampf ums Überleben
GUNBUS Gunbus - Zwei Blechpiloten und ihre fliegenden Kisten
GYERTEK EL A NEVNAPOMRA Kommt zu meinem Namenstag

H

HAIL! HAIL! ROCK'N ROLL Hail, Hail, Rock 'n Roll
HAIRSPRAY Hairspray
HAKHOREF HA'ACHARON Im Schatten des Krieges
HAMBURGER HILL Hamburger Hill
HAMSIN Der Wind der Wüste
HANDS OF A STRANGER Hands of a Stranger - Ein Mann nimmt Rache
HANNA D. - THE GIRL FROM VONDEL PARK Angel in the Dark
HAPPY HOUR Eine total verrückte Formel
HAPPY NEW YEAR Happy New Year
DIE HARD Stirb langsam
HAUNTED Schrei aus dem Jenseits
HEALTH Der Gesundheits-Kongreß
HEART Heart of a Champion
HEART OF MIDNIGHT Heart of Midnight - Im Herzen der Nacht
HEAT STREET Die Ratten von der Heat Street
HELL COMES TO FROGTOWN Sam Hell is »The Hunter«
HELL ON THE BATTLEGROUND Battleground
THE HELL RAIDERS Hell Raiders
HELLRAISER Hellraiser - Das Tor zur Hölle
HE'S MY GIRL David Halliday - He's my Girl
HICKEY AND BOGGS Magnum Heat
HIDING OUT Inkognito
HIGH MOUNTAIN RANGERS High Mountain Rangers
THE HIGHWAYMAN Highway Man
HISTOIRE D'ADRIEN Die Geschichte von Adrien
HOLD YOUR MAN Ganovenbraut
HOLLOW POINT Hollow Point
HOLLYWOOD CHAINSAW HOOKERS Mit Motorsägen spaßt man nicht
HOLLYWOOD SHUFFLE Hollywood Shuffle
HOLLYWOOD ZAP Hollywood Zap
HOMBRE MIRANDO AL SUDESTE Rantes
UN HOMME AMOUREUX A Man in Love
L'HOMME AUX YEUX D'ARGENT Der Mann mit dem stahlharten Blick
UN HOMME ET UNE FEMME: VINGT ANS DEJA Ein Mann und eine Frau - 20 Jahre später
HOOSIERS Freiwurf
HOSTAGE Hostage
HOT CHILD IN THE CITY Dancing in the City
HOT NIGHTS Hot Nights
HOT PAINT Eine verdammt heiße Ware
HOT SPLASH Hot Splash - Eine Jungfrau geht baden
HOT WATER Operation: Hot Water
HOTEL DES AMERIQUES Begegnung in Biarritz
HOTSHOT Hot Shot - Der Weg zum Sieg
THE HOUND OF THE BASKERVILLE Der Hund von Baskerville
HOUR OF THE ASSASSIN Die Stunde des Meuchelmörders
HOUSE OF GAMES Haus der Spiele
HOUSE OF THE RISING SUN Street Life

I

J

K

L

THE LAST OF ENGLAND The Last of England
THE LAST OF PHILIP BANTER Banter – Eine geheimnisvolle Affäre
THE LAST TEMPTATION OF CHRIST Die letzte Versuchung Christi
THE LAST TENANT Schlaf gut, Vater
LEGACY OF RAGE Born Hero
THE LEGEND OF THE GOLDEN PEARL Die 7. Macht
LEONARD PART 6 Leonard 6
LESS THAN ZERO Unter Null
LETHAL PURSUIT Lethal Pursuit
THE LIBERATORS Liberators – Sie kämpfen für die Freiheit
LE LIEU DU CRIME Schauplatz des Verbrechens
LIGHT OF DAY Light of Day – Im Licht des Tages
LIKE FATHER, LIKE SON Wie der Vater, so der Sohn
LINE OF DUTY Zwei knallharte Cops
THE LION OF AFRICA Lion of Africa – Durch die Hölle Afrikas
LITTLE NIKITA Little Nikita
LONE RUNNER Flashfighter
LONE WOLF Lone Wolf
LONELY HEARTS Zwei einsame Herzen
LONG JOURNEY HOME Bloody Home
THE LOST BOYS Lost Boys
LOVE AMONG THIEVES Flashpoint Mexico – Farbe des Goldes
LUMIKUNINGATAR Die Schneekönigin
LUNGA VITA ALLA SIGNORA! Lang lebe die gnädige Frau!
LUST FOR FREEDOM Unschuldig gefangen

M

MACE Mace
MADE IN HEAVEN Made in Heaven
MAFIA PRINCESS Mafia Princess
MAGIC CRYSTAL Magic Crystal
MAGIC IS ALIVE, MY FRIENDS Diamanten Expreß
THE MAGICIAN Monster of the Universe
MAGNIFICENT WARRIORS Dynamite Fighters
EL MAGO DE LOS SUENOS Der Zauberer der Träume
MAID TO ORDER Traumfrau vom Dienst
THE MAJORETTES American Killer
MALONE Malone
MAN ON FIRE Man on Fire
MAN OUTSIDE Man Outside
THE MAN WHO BROKE 1000 CHAINS Escape – Die Flucht
THE MAN WHO WOULD NOT DIE Target in the Sun
MANHATTAN GIGOLO Manhattan Gigolo
THE MANHATTAN PROJECT The Manhattan Project
MANHUNT FOR CLAUDE DALLAS Manhunt for Claude Dallas
MANIA Mania
MANIAC COP Maniac Cop
MANKILLERS Death Squad
MANNIGAN'S FORCE American Wardog
THE MARK OF CAIN Mad Killer
MARRIED TO THE MOB Die Mafiosi-Braut
THE MARSUPIALS: HOWLING III Wolfmen
MARY, BLOODY MARY Mary, Bloody Mary
MASCARA Mascara
MASQUERADE Masquerade – Ein tödliches Spiel
MAURICE Maurice
MAUVAIS SANG Die Nacht ist jung
MAX DUGAN RETURNS Max Dugans Moneten
MAXIMUM SECURITY Aufstand der Verfluchten
MAYFLOWER MADAM Mayflower Madam
MEANEST MAN IN THE WEST Gesetz des Westens
MÉLO Mélo
MELVIN, SON OF ALVIN Melvin
MER OM OSS BARN I BULLERBYN Neues von uns Kindern aus Bullerbü
MIA MOGLIA TORNA A SCUOLA Hilfe, meine Frau geht wieder zur Schule
MIAMI CONNECTION American Streetfighter
MIDNIGHT CROSSING Midnight Crossing
MIDNIGHT MADNESS Midnight Madness
MIDNIGHT RUN Midnight Run – 5 Tage bis Mitternacht
MIDT OM NATTEN Kopenhagen – Mitten in der Nacht
THE MILAGRO BEANFIELD WAR Milagro – Der Krieg im Bohnenfeld

MILWR BYCHAN Boy Soldier - Soldat ohne Vaterland
MIND KILLER Mind Killer
MIO, MIN MIO Mio, mein Mio
MISS MARY Miss Mary
MISS MONA Miss Mona
MISSION MANILA Web
MISSION TERMINATE Mission Terminate
MISSION WAR FLAME Mission War Flame - Das tödliche Inferno
MISTRESS OF PARADISE Das Letzte Paradies - Schatten der Vergangenheit
MODERN ROMANCE Modern Romance - Muß denn Liebe Alptraum sein?
MOM, THE WOLFMAN AND ME Die Chaotin und der Wolfmann
LE MOME Blues Cop
MON BEL AMOUR Töte, was du liebst
MONDO TOPLESS Mondo Topless
MONGREL Mongrel
MONKEY'S UNCLE Eine Uni voller Affen
MONSTER IN THE CLOSET Überfall im Wandschrank
THE MONSTER SQUAD Monster Busters
A MONTH LATER Rollentausch
MOON IN SCORPIO Blood Moon
MOONLIGHT Moonlight
MOONSTRUCK Mondsüchtig
MORT UN DIMANCHE DE PLUIE Mord an einem regnerischen Sonntag
MOSCA ADDIO Farewell Moskau
MOVIE IN ACTION Wartime
MOVING Moving - Rückwärts ins Chaos
MR. INSIDE/MR. OUTSIDE Mr. Inside/ Mr. Outside
MR. NORTH Mr. North - Liebling der Götter
MRTVI UCIA ZIVYCH Die Toten lehren die Lebenden
MUNCHIES Munchies
MURDER IN THREE ACTS Tödliche Parties
MURDER ORDAINED Blutige Hände
MUTANT HUNT Mutant Hunt
MY AFRICAN ADVENTURE Im Urwald ist die Hölle los
MY DEMON LOVER Mein teuflischer Liebhaber
MYSTERIOUS PLANET Mysterious Planet

N

NAKED CIVIL SERVANT Naked Civil Servant
NAM, TOUR OF DUTY Zeit der vergessenen Helden
NAPLO SZEREMEIMNEK Tagebuch für meine Lieben
NAPOLEON AND SAMANTHA Flucht in die Wildnis
NEAR DARK Near Dark - Die Nacht hat ihren Preis
NECROMANCER Necromancer - Das Tor zur Hölle
NEVESTA K ZULIBANI Eine Braut zum Küssen
THE NEW ADVENTURES OF PIPPI LONGSTOCKING Pippi Langstrumpfs neueste Streiche
NEW YORK'S FINEST New York's Finest
THE NEXT ONE Time Traveller
NICE GIRLS DON'T EXPLODE Hübsche Mädchen explodieren nicht
IL NIDO DEL RAGNO Spider Labyrinth
NIGHT CREATURE Night Creature
NIGHT OF THE DEMONS Night of the Demons
NIGHT OF THE SHARK Shark - Stunde der Entscheidung
A NIGHT ON THE TOWN Die Nacht der Abenteuer
NIGHT VISION Night Vision
NIGHTFLYERS Nightflyer
NIGHTMARE AT BITTER CREEK Treibjagd in Bitter Creek
A NIGHTMARE ON ELM STREET 3: DREAM WARRIORS Nightmare 3 - Freddy Krueger lebt
NIGHTSTICK Nightstick
19-SAI NO CHIZU Mordgedanken
92 GROSVENOR STREET Undercover O.S.S.
NINJA - DEMON'S MASSACRE Demon's Massacre
NINJA, THE BATTALION Ninja, The Battalion
NINJA, THE VIOLENT SORCERER Ninja the Violent Sorcerer
NINJA U.S.A. Ninja U.S.A.
NINJA, WARRIOR FROM BEYOND Black Panther
NO BLOOD, NO SURRENDER No Blood, no Surrender
NO DEAD HEROES Geheimcode Leopard

NO MAN'S LAND No Man's Land – Tatort 911
NO WAY OUT No Way Out – Es gibt kein zurück
LES NOCES BARBARES Barbarische Hochzeit
LA NOCHE DE LOS LAPICES Die Nacht der Verhöre
NOMADS Nomads – Tod aus dem Nichts
NORTH SHORE North Shore
NOSFERATU A VENEZIA Nosferatu in Venedig
NOT QUITE HUMAN Roboto, die Menschmaschine
NOWHERE TO HIDE Die Unbarmherzigen
NOYADE INTERDITE Ertrinken verboten
NUEVO MUNDO Die Herren der Neuen Welt
LA NUIT DU RISQUE Die Nacht des Siegers
NUMBER ONE WITH A BULLET Der Berserker
NUTS Nuts . . . Durchgedreht

O

O PARADISOS ANIGI ME ANTIKLIDI Rote Ameisen – Die Kids von der Straße
GLI OCCHIALI D'ORO Brille mit Goldrand
OCI CIORNIE Schwarze Augen
OCTAVIA Octavia
L'ŒIL AU BEUR(R)E NOIR Die Beduinen von Paris
OFELAS Pathfinder
OFF BALANCE Off Balance – Der Tod wartet in Venedig
OFF LIMITS Saigon
OFF THE MARK Crazy Legs
OGGETTO SESSUALE Dreieck der Lust
OH, GOD! YOU DEVIL Oh Gott! Du Teufel!
ON THE EDGE Runner
ONE LITTLE INDIAN Ein Kamel im Wilden Westen
ONLY WHEN I LAUGH Mrs. Hines und Tochter
OPEN HOUSE Open House – Trautes Heim kann tödlich sein
OPERATION: GET VICTOR CORPUS THE REBEL SOLDIER Rebel Soldier
THE ORDER OF THE BLACK EAGLE Black Eagle
ORFLEUR Ransom – Gewalt gegen Gewalt
ORPHANS Kellerkinder – Orphans
OS CANIBAIS Die Kannibalen
THE OUTING Klauen des Todes
OUTLAW Der Geächtete von Gor
OUTLAW FORCE Outlaw Force
THE OUTLAW INFERNO The Outlaw Inferno
OVERBOARD Overboard – Ein Goldfisch fällt ins Wasser
OVIRI Die Augen des Wolfs
OXFORD BLUES Oxford Blues

P

PAN TAU Pan Tau – Der Film
PANELSTORY Vorfabrizierter Beton
PANIC ON THE 5:22 Panic on the 5:22
PAPER DRAGONS Eyes of the Dragon
PARADISE MOTEL Paradise Motel
PASCALI'S ISLAND Die vergessene Insel
PASLA KONE NA BETONE Sie weidete Pferde auf Beton
PATRICK IS STILL ALIVE Patrick lebt
PATTI ROCKS Patti Rocks – Sex macht Spaß
PATTY HEARST Patty
PAURA E AMORE Fürchten und Lieben
PEKING OPERA BLUES Peking Opera Blues
PENALTY PHASE Dead or Alive
PENITENTIARY 3 Knast-Fighter
PEQUENA REVANCHA Kleine Revolte
PERAWAN DISARANG SINDIKAT Virgins of Hell
A PERFECT MATCH Entscheidung des Herzens
THE PERFECT MATCH The Perfect Match
PERFECT TIMING Die total verrückte Clique – Lucky Harry
THE PERFECTIONIST Die Perfektionistin
PERMANENT VACATION Permanent Vacation
PERSONAL BEST Personal Best
PESSI JA ILLUSIA Pessi und Illusia
PHENOMENA Phenomena
PHOENIX – THE WARRIOR Phönix – The Warrior
I PICARI I Picari
PICASSO TRIGGER Die Hawaii Connection

P.K. AND THE KID Kid Kane
PLACE OF WEEPING Afrika - Land der Hoffnung
PLAIN CLOTHES Plain Clothes - Mord an der Highschool
PLANES, TRAINES & AUTOMOBILES Ein Ticket für zwei
PLAYING BEATLE BOW Beatle Bow - Das Spiel mit der Zeit
IL PLEUT SUR SANTIAGO Santiago
POLICE Police
POLICE ACADEMY 5: ASSIGNMENT MIAMI BEACH Police Academy V
POLICIAS DE NARCOTICOS Killer aus Leidenschaft
POLIZIA Police
POLTERGEIST III Die dunkle Seite des Bösen - Poltergeist III
POOR ALBERT AND LITTLE ANNIE Höllenfeuer
POSITIVE I.D. Positive I.D. - Eine Frau sieht rot
LES POSSÉDÉS Die Dämonen
UN POSTO IDEALE PER UCCIDERE Deadly Trap
POUND PUPPIES AND THE LEGEND OF BIG PAW Der Wauzi Film
POUSSIERE D'ANGE Engel aus Staub
P.O.W. THE ESCAPE P.O.W. Die Vergeltung
POWAQQATSI Powaqqatsi
POWER Power - Weg zur Macht
THE PRESIDIO Presidio
PRETTY SMART Die Bikinifalle
PRETTYKILL Pretty Kill
PREY The Destructer
PRIKLUTSCHENIJA BURATINO Die Abenteuer des Buratino
PRINCE OF THE DARKNESS Die Fürsten der Dunkelheit
LES PRINCES Tod im Regen
THE PRINCESS ACADEMY The Princess Academy
THE PRINCESS BRIDE Die Braut des Prinzen
THE PRINCIPAL Der Prinzipal - Einer gegen Alle
PRISON Prison
PRIVATE SESSIONS Private Sessions - Im Labyrinth des Wahnsinns
PROGNOZA POGODY Wettervorhersage
PROJECT A, PART 2 Project A, Part 2
PROJECT X Project X
PULSE Pulse
PUMPKINHEAD Das Halloween Monster

Q

QUE LA FETE COMMENCE Wenn das Fest beginnt
QUEEN CITY ROCKER Queen City Rocker
A QUESTION OF LOVE Liebe vor Gericht
THE QUICK AND THE DEAD The Quick and the Dead
QUIET COOL Quiet Cool - Die Abrechnung

R

RAGING THUNDER Karate Tiger 2
RAMBO III Rambo III
RAPE AND MARRIAGE: THE RIDEOUT CASE Verhängnisvolle Leidenschaft
THE RATMAN Ratman
RAW Eddie Murphy - Raw
REAL BULLETS Real Bullets - Die Kokainfabrik
REAL MEN Wahre Männer
RE-ANIMATOR Re-Animator
REBEL HIGH Die Chaoten-Highschool
RED ALERT Alarmstufe Rot
RED HEAT Red Heat
THE RED LIGHT STING Der große Bluff im Sperrbezirk
RED MONARCH Der rote Monarch
RED ROSES FOR A CALLGIRL Manila Tattoo
RENEGADE Renegade
RESTLESS NATIVES Touristenfalle - Robin Hoods tollkühne Erben
RETRIBUTION Die Rückkehr des Unbegreiflichen
RETURN FIRE - JUNGLE WOLF 2 Return Fire - Dschungelwolf 2
THE RETURN OF DESPERADO Desperado - Die Rache
RETURN OF THE LIVING DEAD PART II Toll treiben es die wilden Zombies
THE RETURN OF THE SHAGGY DOG Zottis tolle Abenteuer
THE RETURN OF THE SOLDIER Die Rückkehr des Soldaten
A RETURN TO SALEM'S LOT Salem 2 - Die Rückkehr

REWARD Der Kopfgeldjäger
RIGHT OF WAY Am Ende des Weges
RIGHT TO DIE Right to Die
RIOT ON 42ND STREET New York: 42nd Street
RITA, SUE AND BOB TOO Rita, Sue und Bob dazu
RIVER OF PROMISES Grenze der Hoffnung
ROBOCOP Robocop
ROCINANTE Rosinante
ROCK N' ROLL MOM Rock n' Roll Mam
ROCKIN' ROAD TRIP Rockin' Road Trip
RODNJA Verwandtschaft
ROMAN HOLIDAY Roman Holiday
THE ROSARY MURDERS The Rosary Murders
LES ROSES DE MATMATA Das Geheimnis der goldenen Rose
ROYAL WARRIORS Secret of the Lost Empire
RUN IF YOU CAN Run If You Can
RUN, SIMON, RUN Der Mörder meines Bruders
THE RUNAWAY BARGE Deep River – Entscheidung am Fluß
THE RUNNING MAN Running Man
RUNNING ON EMPTY Die Flucht ins Ungewisse
RUSSKIES Russkies
RUTH Zu Freiwild verdammt
THE RUTHERFORD COUNTY LINE Ein knallharter Bulle

S

SAGOLANDET Das Märchenland
SAIGON COMMANDOS Saigon Commandos
LES SAISONS DU PLAISIR Ein turbulentes Wochenende
SAIYU-KI Alakazam – König der Tiere
SALE DESTIN! Schmutziges Schicksal!
SALSA Salsa
SAMMY & ROSIE GET LAID Sammy & Rosie tun es
SARABA ITOSHIKI DAICHI Abschied von der geliebten Erde
SATAN'S BED Satan's Bed
SATAN'S BLADE Satan's Blade
SATYAJIT RAY Satyajit Ray
SAVAGE HARBOUR Savage Harbour
SAVAGE JUSTICE Savage Justice
SAVAGE TEMPTATION Savage Temptation
SAY YES! Say Yes!
SCAVENGERS Scavenger – Der Spion mit der Glut im Blut
THE SCORPIO FORCE Scorpio Force – Das Kommando
SCREAMPLAY Screamplay
SCROOGED Die Geister, die ich rief...
SEARCH FOR VENGEANCE Night of Fire
SECOND DEGREE Killing in Action
THE SECOND VICTORY Second Victory
SECRET HONOR Secret Honor
THE SECRET OF THE INCA'S EMPIRE Inka Man – Fluch der Todeshöhle
LA SEDUCCION Die Verführung
SEIZURE Die Herrscherin des Bösen
SEPARATE VACATIONS Saison für Seitensprünge
SEPTEMBER September
LE SEPTIEME CIBLE Tödliche Angst
THE SERPENT AND THE RAINBOW Die Schlange im Regenbogen
SERVANTE ET MAITRESSE Dienerin und Herrin
SEVEN MINUTES IN HEAVEN Ticket zum Himmel
THE SEVENTH SIGN Das siebte Zeichen
SEX APPEAL Sex Appeal
SFX RETALIATOR SFX Man
SHADOW KILLERS TIGER FORCE Frauenlager der Ninja
SHADOWS IN PARADISE Schatten im Paradies
SHAKEDOWN Blue Jean Cop
SHAKEDOWN ON THE SUNSET STRIP Sunset Strip
SHALLOW GRAVE Shallow Grave
SHATTERED INNOCENCE Dead And White
SHE MUST BE SEEING THINGS Die Last der Gefühle
THE SHINOBI NINJA Shinobi Warriors
SHOOT TO KILL Mörderischer Vorsprung
SHOOTER Shooter – Reporter in der Hölle
SHORT CIRCUIT 2 Nummer 5 gibt nicht auf
SHOULD I BE GOOD? Drug Hunter
SHU JIAN EN CHOU LU Die Romanze von Buch und Schwert
SHY PEOPLE Shy People – Bedrohliches Schweigen
THE SICILIAN Der Sizilianer
27 HORAS 27 Stunden

SIESTA Siesta
SIGN O' THE TIMES Sign O' The Times
SIGNED: LINO BROCKA Gezeichnet: Lino Brocka
SILENCE OF THE NORTH Gefangene der Wildnis
SILENT MADNESS Silent Madness
SILENT VOICE Schweigende Stimmen
SISTER SISTER Sister Sister
SKELETON COAST 24 Stunden bis zur Hölle
SKIN Skin - Die Haut des anderen
SLAM DANCE Slam Dance
SLAMMER GIRLS Knastakademie 1
SLAVNOSTI SNEZENEK Das Wildschwein ist los
SOGGY BOTTOM, U.S.A. Soggy Bottom USA
SOLDAAT VAN ORANJE Soldiers
I SOLITI IGNOTI ... VENT'ANNI DOPO Big Deal - Diebe haben's schwer
SOMEONE TO WATCH OVER ME Der Mann im Hintergrund
SOTTO IL RISTORANTE CHINESE Trouble in Paradise
SOUS LE SOLEIL DE SATAN Die Sonne Satans
SPETTRI Specters - Mächte des Bösen
SRECNA NOVA '49 Prosit Neujahr '49
STAKEOUT Die Nacht hat viele Augen
STAND AND DELIVER Stand And Deliver
STANLEY - EVERY HOME SHOULD HAVE ONE Stanley
STAR SLAMMER Gefangene im Weltraum
STARK Las Vegas Cop
STARS AND BARS Stars and Bars
STATE PARK American Eiskrem 2. Teil
STEEL DAWN Steel Dawn - Die Fährte des Siegers
THE STEPFATHER Kill, Daddy, kill!
THE STEPFORD CHILDREN Genesis - Stadt der lebenden Toten
THE STICKS OF DEATH Sticks of Death
STICKY FINGERS 900.000 $ zuviel
STOCKS & BLONDES Wall Street Blondie
STORMQUEST Stormquest
STORMY MONDAY Stormy Monday
STRAIGHT TO HELL Straight to Hell - Fahr zur Hölle
STRANDED Stranded - Gestrandet
STRANDED IN DINOSAUR VALLEY Amazonas
THE STRANGER WITHIN Die Saat des Alien
STRANGERS KISS Der Kuß des Fremden
STREAMERS Windhunde
STREET JUSTICE Street Justice
STREETS OF DEATH Street Power
STREETS OF GOLD Streets of Gold
STRIKE FORCE Strike Force
STRIKE FORCE 2 Heroin Force
STRIPPED TO KILL Stripped to Kill
STRIPPER Stripper
STUDENT AFFAIRS Student Affairs
SUGAR COOKIES Sugar Cookies
SUMMER HEAT Summer Heat
SUMMER SCHOOL Summer School
SUNSET Sunset - Dämmerung in Hollywood
SUPER PLATOON Dschungelratten 2 - Black Warrior
SUPERCARRIER Supercarrier
THE SUPERGRASS Supergrass - Unser Mann bei Scotland Yard
SUPERMAN IV - THE QUEST FOR PEACE Superman IV - Die Welt am Abgrund
SUPERSTITION The Witch
SUR Süden - Sur
THE SURFER The Surfer
SURVIVAL GAME DynaMike
SURVIVOR Survivor - Zum Überleben verdammt
SURVIVOR Survivor
SUSPECT Suspect - Unter Verdacht
SWEET REVENGE Boone - Ein Schurke unter Schurken
SWITCHING CHANNELS Eine Frau steht ihren Mann
SWORN TO SILENCE Cold Silence

T

TABLE FOR FIVE Ein Tisch für Fünf
TAKE TWO Take Two
UN TAXI MAUVE Irisches Intermezzo
TAYFU CURABU Taifun-Club
THE TELEPHONE Telefon Terror
TENDRE ADOLESCENTE Zarte Knospen
TEN'PYO NO IRAKA Über alle Meere
TENTAZIONE Tentazione - Die Geschichte der A.
TERMINUS Terminus
A TEST OF LOVE A Test of Love

TEX Tex
THAT SECRET SUNDAY Die Stunde des Todes
THAT'S MY BABY That's My Baby - Ein Mann sieht rosa
THEY STILL CALL ME BRUCE Alle nennen mich Bruce
THE THIRD HAND Satanas - Nacht der Teufel
THIS HOUSE POSSESSED Devil's House - Wenn Mauern töten
THIS IS KATE BENNETT (DEADLINE) Kate Bennett, Reporterin
THRASHIN' Thrashin' - Krieg der Kids
THREE BEWILDERED PEOPLE IN THE NIGHT Drei Verirrte in der Nacht
THREE KINDS OF HEAT Drei abgebrühte Supercops
THREE MEN AND A BABY Noch drei Männer, noch ein Baby
THREE MEN ON FIRE Terror Force Kommando
THREE O'CLOCK HIGH Faustrecht - Terror in der High School
THROW MOMMA FROM THE TRAIN Schmeiß' die Mama aus dem Zug
THUNDER OF GIGANTIC SERPENT Terror Serpent
THUNDER 3 Thunder 3
TI PRESENTO UN'AMICA Träume der Liebe
TICKET TO HEAVEN Das süße Wort Verheißung
TIEMPO DE LOBOS Eine hohe Zeit für Wölfe
TIGER SHARK Kommando Tiger Shark
TIGER TOWN Super Cup
TIGER WARSAW Dirty Tiger
TIGER'S TALE Tiger's Tale - Ein Tiger auf dem Kissen
TIME BOMB Die Bombe tickt
A TIME FOR DYING A Time for Dying
TIME OF THE APES 3001 - Die Zeit der Affen
TIMESWEEP Timesweep - Reise ins Grauen
TIR GROUPE Kaltes Blut
TONGS - A CHINATOWN STORY Tongs - Terror in Chinatown
TOP MISSION Top Mission
TOP MODEL Top Model
TOPLINE Topline
TOUCH AND GO Gangster Kid
TOUGH COP Tough Cop
TOUGH GUYS DON'T DANCE Harte Männer tanzen nicht
LES TRACES DU REVE Auf den Spuren des Traums
TRAIN D'ENFER Ticket zur Hölle
TRANSFORMATIONS Alien Transformations
TREASURE OF THE MOON GODDESS Der Schatz der Mondgöttin
TRENCHCOAT Trenchcoat
A TRIP TO BOUNTIFUL A Trip to Bountiful - Reise ins Glück
TROPIC OF DESIRE Paradies der Leidenschaften
TROUBLE IN THE CITY OF ANGELS Troubleshoot
TRUHANES Zwei trickreiche Gauner
TUCKER: THE MAN AND HIS DREAM Tucker
TURNAROUND Turnaround
TURTLE DIARY Ozeanische Gefühle
TUSKS African Amok - Die Jagd nach dem weißen Gold
TUTTI DENTRO Ab in den Knast
TWINKLE NINJA FANTASY Empire of the Ninjas
TWINKLE, TWINKLE LUCKY STAR Powerman 2
TWISTED NIGHTMARE Reise ins Grauen
TWISTER'S REVENGE Ein Supertruck auf Gangsterjagd
THE TWO MRS. GRENVILLES Society

U

UMA PEDRA NO BOLSO Der Morgen des Mißtrauens
THE UNBEARABLE LIGHTNESS OF BEING Die unerträgliche Leichtigkeit des Seins
UNDER THE GUN Under the Gun
UNDERWORLD Underworld
UNINVITED Uninvited
UNTIL DEATH Until Death
URBAN WARRIORS Urban Warriors
U2 - RATTLE & HUM U2 - Rattle & Hum

V

VAI VEGLI BUT JAUNAM? Ist es leicht, jung zu sein?
VALET GIRLS Beverly Hills Car Park
LA VALLÉE FANTOME La Vallée Fantôme

THE VALS The Vals
VAMPING Spiel ums Leben
VAMPIRE RIDERS NINJA QUEEN Die unschlagbaren Super-Nieten
VANISHING ACT Kopflos - Die Frau aus dem Nichts
VEIVISEREN Pathfinder
LA VELA INCANATA Die verzauberte Leinwand
UNA VELA PARA EL DIABLO Die Saat der Angst
VERNE MILLER Verne Miller - Staatsfeind Nr. 1
VIBES Vibes - Die übersinnliche Jagd nach der glühenden Pyramide
VICE VERSA Ich bin Du
LA VIE EST UN LONG FLEUVE TRANQUILLE Das Leben ist ein langer ruhiger Fluß
VIETNAM WAR STORY Lost Heroes
THE VISITORS Die Nacht der Außerirdischen

W

WACKO Wacko - Da wackelt die Bude
WAITRESS Die Chaotenkneipe
WALKER Walker
WALL STREET Wall Street
WALLS Walls - Mauern der Gewalt
WALLS OF GLASS Mauern aus Glas
WAR AND VIOLENCE Kommando schwarzer Panther
WARCAMP Warcamp
WATCH THE SHADOWS DANCE Tanz der Schatten
WEEDS Der stählerne Vorhang
WELCOME TO 18 Welcome to 18 - Jetzt wird's gefährlich
WHERE IS PARSIFAL? Die Himmelsmaschine
WHERE THE BUFFALO ROAM Blast - Wo die Büffel röhren
WHERE'S POPPA? Wo is' Papa?
WHITE MISCHIEF Die letzten Tage in Kenya
WHITE WATER SUMMER Wildwassersommer - Im Augenblick der Gefahr
WHITEFORCE Whiteforce
WHO FRAMED ROGER RABBIT Falsches Spiel mit Roger Rabbit
THE WILD PAIR Die Top-Cops
THE WILD WIND Commando Wild Wind
WILLOW Willow
WILLY/MILLY Willy/Milly
WINDRIDER Windrider
WINNERS TAKE ALL Cross Riders
A WINTER TAN Ich atme mit dem Herzen
WISDOM Wisdom
WISE BLOOD Der Ketzer
WISH YOU WERE HERE Wish you were here
WITCHCRAFT Witchcraft - Vom Teufel besessen
WITHNAIL AND I Withnail and I
THE WIZARD OF SPEED AND TIME Magic Movie
THE WOLF AT THE DOOR Die Augen des Wolfs
THE WOO WOO KID Casanova Junior
WOODEN MAN Wooden Man
A WORLD APART Zwei Welten
WORLD OF HORROR World of Horror

Y

YEELEN Yeelen - Das Licht
YIDDISH CONNECTION Safe Breaker
YO, EL EJECUTOR Lawfighter
YOU RUINED MY LIFE You Ruined My Life
THE YOUNG MASTER Meister aller Klassen
YUCCA FLATS Die furchtbaren Sieben

Z

ZERT Der Scherz
ZIMATAR Zimatar
THE ZOO GANG Zoo Gang

Personenregister

A

B

C

D

E

F

G

H

I

J

K

L

M

N

O

P

S

T

U

V

W

X/Y

Z